架起中国桥

——桥梁工程专业课程教学素材集

JIAQI ZHONGGUO QIAO

—— QIAOLIANG GONGCHENG ZHUANYE KECHENG JIAOXUE SUCAI JI

中南大学桥梁工程系 / 编著

中南大學出版社
www.csupress.com.cn
·长 沙·

内容提要

本书以架起中国桥、实现桥梁强国目标为出发点，从目前中南大学桥梁工程系开设的本科、研究生课程教学中选取经典案例作为素材，编撰而成。全书共计110个素材，分为“砥砺前行”“知行合一”“经世致用”“惟楚有材”“它山之石”“以古鉴今”“止于至善”共7篇，内容涵盖桥梁设计的基本原理，桥梁建造和维养的基本方法，桥梁研究中的创新思维，典型桥梁工程建设成就、经验和教训，桥梁发展历程与方向，桥梁学科人物以及中南大学师生对桥梁工程学科的贡献等。

本书既可作为高等院校桥梁专业(方向)本科和研究生课后教辅用书，也可作为桥梁专业人员参考用书。

前　言

桥梁工程作为土木工程专业的一个方向，知识面很广，学生在本科及研究生阶段学习的专业课程较多，包括“混凝土桥”“钢桥”“桥涵水文”“桥梁建造与维养”“桥梁文化与创新”“桥梁振动”“结构动力学”“桥梁抗震”“桥梁风工程”“结构稳定理论”“大跨度桥梁设计理论”等十多门课程。为了满足案例教学、实践教学、思政教育等教学活动的需求，中南大学桥梁工程系从目前本系所开设的本科、研究生课程教学题材中选用经典素材110个，汇编成本书，内容包括桥梁设计、施工、维养等全生命周期环节中的主要知识点和重难点，桥梁科学研究的创新思维，典型工程案例的经验与教训，学科发展和成就、学科人物以及中南大学师生对桥梁工程学科的贡献等，用于课后自修，以便学生在课程学习的同时，对桥梁工程这门学科有更全面、更系统、更深入的了解。教材编著过程中注重突出“科普、寓意、励志、致用”的特色：

“科普”：各素材深入浅出，简明完整地讲述桥梁工程中的科技发展与人文故事，以增长知识，扩充视野，启迪智慧。

“寓意”：各素材或寓情于景，或寓教于乐，故事中蕴含大道理，挖掘思政元素，洗涤心灵。

“励志”：传承桥梁文化，彰显故事中的科学思维，弘扬桥梁领域优秀前辈的优良品格，激励后学，奋发图强。

“致用”：诠释中南大学校训“知行合一，经世致用”的内涵，提升思维、创新和应用能力，力学笃行。

本书内容共分为7篇，第1篇为“砥砺前行”，主要介绍我国桥梁的建设成就和发展历程；第 2 篇为“知行合一”，阐述桥梁工程的主要基本知识点、基本理论和方法；第 3 篇为“经世致用”，重点为如何利用基本知识和基本理论解决工程实际问题；第 4 篇为“惟楚有材”，主要介绍中南大学师生对桥梁工程学科的贡献；第 5 篇为“它山之石”，主要阐述已有代表性桥梁工程和典型事件的成功经验与失败教训；第 6 篇为“以古鉴今”，主要通过挖掘古桥的文化内涵，讲述家国情怀，传承桥梁文化，赓续红色血脉；第 7 篇为“止于至善”，展现桥梁结构不断追求完美的理念与未来的发展趋势。

为实现立德树人目标，每个素材后均列出了提炼的思政元素，以启迪读者思考，也可作为教学中的思政内容，践行专业教学与思政教育融合的教学理念。

全书由中南大学桥梁工程系全体教师编写完成，各素材的编著者在素材后列出。第 1~7 篇分别由盛兴旺教授、杨孟刚教授、魏标教授、周智辉副教授、邹云峰教授、方淑君副教授和胡狄副教授统稿，并编写篇首语；杨孟刚、盛兴旺、周智辉对全书进行了审定。

架起中国桥、实现桥梁强国，是一项巨大的系统工程，需要我国桥梁建设者持续守正创新、砥砺前行。本书仅从中南大学桥梁工程人才培养和教学视角组织编写，希望能起到抛砖引玉作用，同时也希望读者提出建议和改进意见，以便进一步丰富和完善。

由于编著者水平有限，教材中的素材选取可能存在一些遗漏，且不可避免有谬误之处，敬请读者批评指正。

作者

2022 年 12 月

目 录

第1篇

砥砺前行

当代中国桥梁建造从20世纪50年代的“建成学会”——武汉长江大桥，天堑变通途，到60—70年代的自主探索、80年代的学习追赶、90年代的提高奋进，发展至21世纪，我国桥梁建造技术已经达到全球“创新引领”的水平，成就斐然：

①各类桥梁跨度的世界排行榜上，中国建造均占据了半壁江山，其中拱桥、斜拉桥更是独领风骚；

②高速铁路大跨度桥梁、跨海桥梁、交通繁忙水域桥梁等建造技术和三主桁、三索面、多塔索结构等新桥梁结构水平引领世界；

③桥梁抗风、抗震等抗灾理论和车桥振动等研究的发展，为桥梁建养并重理念的推行保驾护航；

④制运架装备、大型起重船、大直径钻孔设备等桥梁建造新设备独占鳌头；

⑤建桥钢材从“争气钢”到中国桥只用中国钢；

……

本篇共汇编素材10个，从桥梁领域的不同层面，介绍我国桥梁的发展历程和建设成就。而今迈步从头越，我们桥梁建设者将在新征程中不断守正创新、砥砺前行，助推我国桥梁强国的全面实现。

1.1 21 世纪我国桥梁的建设成就

1.1.1 代表性建设成果

1. 大跨度桥梁

公路悬索桥和斜拉桥跨度分别于 1999 年和 2008 年突破千米级，公铁两用斜拉桥和悬索桥跨度也于 2020 年突破了千米级；在典型的大跨度桥型跨度世界排行中，中国桥梁均名列前茅(参见 3.16 节)，这些桥梁主要建于 21 世纪。各类桥梁之最仍在不断更新。

拱桥：石拱桥、钢筋混凝土拱桥、钢拱桥等各类拱桥跨度的世界之最均在中国；即将建成的广西天峨龙滩特大桥，将拱桥的适用跨度提高到了 600 m。

斜拉桥：在建的常泰长江大桥，主跨 1176 m，建成后居世界第一；2020 年建成通车的沪苏通长江公铁两用大桥(图 1-1)，主跨 1092 m，为同类桥梁跨度之最。

悬索桥：全世界跨度排行前十的桥梁中，中国占 8 座；2020 年通车的五峰山长江公铁两用大桥(参见 2.8 节)，主跨 1092 m，为高速铁路桥梁跨度世界第一；在建的主跨 2300 m 的张靖皋长江大桥建成后，将成为人类历史上的最大跨度桥梁。

图 1-1 沪苏通长江公铁两用大桥(主跨 1092 m)

2. 高速铁路桥梁

高速铁路是我国一张靓丽的名片。自 2008 年开通时速 350 km 的京津城际铁路后，我国已建成了 4 万多公里的高速铁路网。高速铁路中桥梁占比很高，其典型成就包括高速铁路简支箱梁制运架一体化施工技术与装备，大跨度桥梁结构设计、施工和控制技术，千米级铁路桥梁建造技术，大跨度桥梁无砟轨道技术，等等，高速铁路桥梁产生了系列创新成果。

3. 组合体系桥梁

为配合高速铁路、高速公路和市政桥梁的建设，我国创新了一批组合体系桥梁，如图 1-2 所示，包括梁-拱组合体系桥梁、斜拉-刚构组合体系桥梁、斜拉-拱-梁组合体系桥梁、连续梁(刚构)-拱组合体系桥梁、拱-拱组合体系桥梁、斜拉-悬索组合体系桥梁等结构，高速铁路桥梁中大量采用了这些组合体系桥梁，以加大结构的跨度和提高结构的刚度。

(a) 梁-拱组合体系

(b) 斜拉-拱-梁组合体系

(c) 连续刚构-拱组合体系

(d) 拱-拱组合体系

图 1-2　新型组合体系桥梁

4. 交通繁忙水域桥梁建造技术

长江下游及出海口水域，航运交通繁忙，通航净空要求高，河面宽，覆盖层厚，受这些难点的制约，一直是建造桥梁的禁区——直到 21 世纪才实现了突破，在该区域先后建成了苏通长江公路大桥、沪苏通长江公铁两用大桥、泰州长江大桥等多座超大跨度桥梁，形成了我国该类水域桥梁建造技术。

5. 复杂海域条件桥梁建造技术

1995 年，汕头海湾大桥的建成拉开了我国跨海桥梁建设的序幕；21 世纪，先后建成了东海大桥、杭州湾跨海大桥、舟山大陆连岛工程、胶州湾大桥、港珠澳大桥、平潭海峡公铁两用大桥等，其中港珠澳大桥被誉为超级工程。此外，在建的有深中通道，拟建的有琼州海峡、渤海湾通道等。

6. 景观桥梁

在城市建设中，为突出景观和地标建造效果，建成了一批建筑效果极佳的景观桥梁。图 1-3 为具有代表性的几座大跨度景观桥。

7. 服役桥梁维养技术

基于我国服役桥梁体量大、渐入老龄化等客观事实，服役桥梁的维养技术水平在 21 世纪大幅度提升，形成了建养并重的格局，主要成就体现在如下几个方面：服役桥梁信息管理和

(a) 重庆东水门长江大桥

(b) 柳州白沙大桥

(c) 怀化鸭嘴岩大桥

图 1-3　大跨度景观桥

大数据分析系统；桥梁全生命周期非线性数值仿真和虚拟图形技术；不中断交通的在线和实时检查技术与装备；服役桥梁状态和寿命评估理论；智能化、系统化、快速化的无损、无人检测技术；基于安全监测数据的损伤智能识别和安全评价技术；长效检测元器件与长效桥梁健康监测系统；基于卫星/无线网络的桥梁安全监测预警系统；基于数据挖掘和深度学习的结构损伤识别和有限元修正理论；灾害与安全预警预报理论和装备；结构耐久性提升和加固强化技术。

8. 旧桥保护

旧桥特别是代表桥梁文化的古桥保护越来越受到重视，参与该项工作的专业人员队伍越来越壮大。做好古桥文化的保护与传承，也是我国桥梁文化自信的体现，这方面主要内容与成果包括古桥三维重构与仿真、古桥修复与加固技术、古桥营造技艺和文化挖掘等。

此外，我国还建成了世界上最长的桥、最高的桥、最长的跨海桥、最大跨度的公铁两用桥、最大跨度的无砟轨道高速铁路桥等，这些世界之最均彰显了我国当代桥梁的建设成就。

中国当代桥梁为国内交通基础设施建设和经济发展贡献了应有的力量。以上成就的取得离不开新材料、新结构、新工艺、新装备、新理论和新理念的发展。

1.1.2　新材料

1. 普通钢筋和线材

采用 Q400 级和 Q500 级钢筋取代过去的 Q235 级和 Q345 级钢筋，以提升经济性和环保性；发展了 2000 MPa 的高强钢丝和钢绞线，用于预应力筋和斜拉索、吊杆等。

2. 钢桥用钢

在桥梁工程中，工程应用与材料发展始终是相辅相成的。材料的发展以工程应用为目的，而工程应用中遇到的困难又促进了材料的发展，高强钢材也不例外。高强钢材应用于桥梁中，可以更好地满足设计及场地要求，减轻桥梁自重，缩短施工工期，取得良好的经济效益。近年来，我国桥梁用钢从武汉长江大桥的 A3 钢到澳氹四桥的 Q690qE 桥梁钢共经历了 7 个发展阶段，详见 1.3 节，支撑了我国各阶段的桥梁建设，为桥梁工程的发展提供了可靠保障。

3. 高性能混凝土

高性能混凝土具有强度高、徐变小、收缩小、抗裂、耐久性强和泵送性能优异等显著特点。C60 高强高性能混凝土应用于杨泗港长江大桥（塔高 242 m）和沪苏通长江公铁两用大桥（塔高 325 m）桥塔，显著降低了塔柱混凝土的开裂风险；超高性能混凝土（Ultra-high performance concrete，UHPC）材料性能优异，已应用于浩吉铁路荆州长江公铁两用大桥、武汉军山长江大桥等桥梁中，改善了钢桥面板受力，有效地解决了桥面沥青混合料面层滑移、脱层、车辙等问题。

4. 纤维增强复合材料

纤维增强复合材料的推广与普及为桥梁工程提供了新的发展方向和更大的创新空间，现阶段桥梁工程常用的复合材料主要是树脂基的纤维增强聚合物，包括玻璃纤维、碳纤维、芳香族聚酰胺纤维及玄武岩纤维等。碳纤维材料适应了现代桥梁结构大跨、轻质、耐久的需求，成为砌体、混凝土和钢材等传统建筑材料之外的重要工程材料，目前主要用于混凝土结构和钢结构的加固。近年来碳纤维组合构件在新建桥梁中得到越来越广泛的应用，碳纤维材料用于桥梁主要受力构件的工程实例越来越多。由该材料制成的索体结构也开始应用。

5. 智能材料

桥梁向大跨度、轻型化、智能化发展，就必须对传统的建筑材料进行革命性突破，研发高性能智能材料。高性能智能材料的应用提升了桥梁结构的自感知性、自适应性、自调节性和自诊断性，目前桥梁工程中主要应用的智能材料包括智能混凝土、形状记忆合金、光导纤维、压电材料、智能涂层等。

1.1.3　新结构

1. 三索面三主桁结构

近年来，三索面三主桁结构在多线铁路大跨度桥梁中逐步得到应用。2009 年建成通车的武汉天兴洲长江大桥（主跨 504 m）首次采用三索面三主桁结构，设计 4 线铁路+6 线高速公路，通过三索面三主桁结构方案解决了跨度大、桥面宽、活载重等带来的技术难题。2016 年建成通车的合福铁路铜陵长江公铁两用大桥（主跨 630 m）和 2020 年通车的沪苏通长江公铁两用大桥（主跨 1092 m）也采用了三索面三主桁结构，其中沪苏通长江公铁两用大桥主梁横断面如图 1-4 所示。

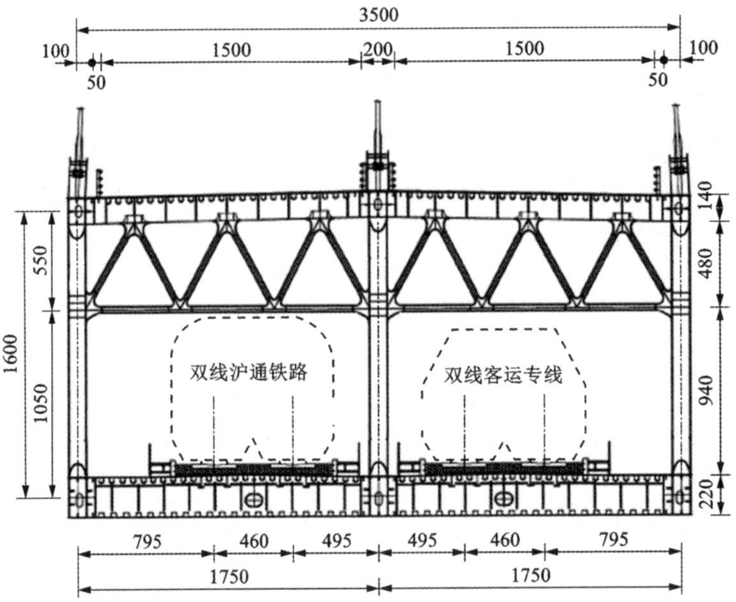

图 1-4　沪苏通长江公铁两用大桥主梁横断面(单位：cm)

2. 钢箱-桁组合结构

该结构典型代表桥梁为芜湖长江公铁两用大桥(芜湖长江三桥)和商合杭高铁裕溪河特大桥。其中，芜湖长江公铁两用大桥为主跨 588 m 的高低矮塔双索面非对称 5 跨连续箱桁组合梁斜拉桥，该桥设计 4 线铁路+8 线公路，双加劲桁设计，两桁间距 33.8 m。该桥主梁采用强箱弱桁的新型钢箱-桁组合结构，解决了塔矮、索平以及主梁水平轴力大的问题，为大跨、重载、高速斜拉桥提供了一种新的主梁断面形式。

3. 多塔索结构体系

随着我国交通建设的大规模发展，近年来多塔索结构体系大跨度桥梁得到广泛应用。

多塔斜拉桥：典型代表桥梁为武汉二七长江大桥[图 1-5(a)]，主跨跨径为 2×616 m，采用中塔塔梁固结、边塔主梁半飘浮体系，主跨为钢-混结合梁、边跨为混凝土梁的组合结构形式，于 2011 年建成通车。类似桥梁有 2013 年建成通车的嘉绍跨海工程嘉绍大桥(主跨跨径为 5×428 m)、2016 年通车的厦蓉高速湖南郴州赤石大桥(主跨跨径为 3×380 m)。

(a) 二七长江大桥

(b) 泰州长江大桥

图 1-5　多塔索结构体系

多塔悬索桥：典型代表桥梁为武汉鹦鹉洲长江大桥，主跨跨径为 2×850 m，中塔采用纵向“人”字形钢-混凝土叠合塔，2014 年建成通车。类似桥梁有马鞍山长江大桥和泰州长江大桥[图 1-5(b)]，这两座大跨度悬索桥均为三塔两跨悬索桥，主跨跨径均为 2×1080 m。

4. 斜拉-悬索协作体系

在建的西堠门公铁两用大桥为主跨 1488 m 的斜拉-悬索协作体系桥，如图 1-6 和图 1-7 所示。该桥式方案提高了体系的竖向刚度，可适应高速铁路行车要求；与同等跨度的斜拉桥、悬索桥相比，减小了桥塔、主缆和基础的建设规模，降低了大跨度桥梁的建设风险，且具有良好的经济性。拟建的江阴第三过江通道(盐宜铁路长江大桥)跨度将达到 1780 m。

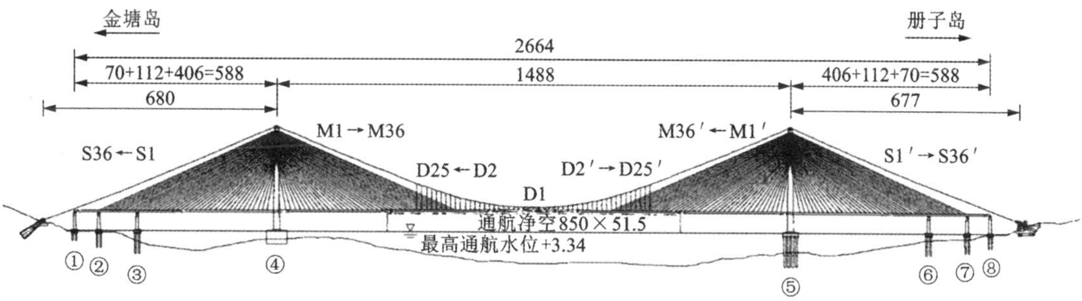

图 1-6　西堠门公铁两用大桥总体布置(单位：m)

图 1-7　西堠门公铁两用大桥景观效果图

(下方为跨度 1488 m 的公铁两用大桥，上方为跨度 1650 m 的公路大桥)

5. 新型基础结构

(1)大直径桩和超长群桩

大直径桩的典型代表桥梁为平潭海峡公铁两用大桥，桩径为 ϕ4.9 m。在建的西堠门公铁两用大桥 5 号桥塔基础水深最深约 60 m，墩位处海床面高程为-60～-45 m，地基为岩石地基，基本无覆盖层，针对 5 号桥塔基础水深、波流及地质条件，采用了 ϕ6.3 m(护筒直径为 6.8 m)大直径钻孔桩基础。

我国超长群桩技术的典型代表：苏通长江公路大桥桩长 117 m，通明海特大桥桩长 138 m，杭绍台铁路椒江特大桥桩长 148 m。

(2)设置基础

设置基础的典型代表桥梁为商合杭铁路芜湖长江公铁两用大桥(主跨 588 m),该桥 3 号主墩采用设置沉井基础,系我国首次在深水、裸岩条件下采用此类桥梁基础形式。它设置于倾斜裸露的光板岩上,水深 15~23 m,嵌岩深度 15 m,岩层单轴抗压强度 25 MPa。在建的西堠门公铁两用大桥也采用该类基础。

(3)巨型沉井

苏通长江公路大桥为主跨 1088 m 的双塔斜拉桥,其主塔墩为钢沉井基础。钢沉井为 88 m×40 m 圆端形截面,沉井高 80 m,工程规模巨大。五峰山长江公铁两用大桥也采用了近似规模的该类基础。

(4)新沉箱基础

21 世纪初,我国校企联合,制造出了拥有自主知识产权的全自动、可遥控的无人沉箱挖掘机和螺旋出土机等,使传统的沉箱基础(见 6.4 节)得到了更好的发展。

1.1.4 新工艺

1. 悬索桥加劲梁架设的轨索滑移法

轨索滑移法以张紧的钢丝绳作为轨索纵向运送悬索桥加劲梁,解决了常规运输方式受地形限制的情况下,大吨位悬索桥加劲梁的水平运输难题,并成功应用于湖南湘西矮寨大桥。

2. 80 m 以上全焊钢桁梁整孔架设技术

我国首座跨海峡公铁两用大桥——平潭海峡公铁两用大桥,以整孔钢桁梁为一个制造单元在工厂进行整孔全焊制造,然后整孔吊装安装,形成了 80 m 以上钢桁梁的整孔全焊接制造及整孔架设技术。

3. 整节段全焊结构拼装技术

该技术的典型代表桥梁为杨泗港长江大桥(主跨 1700 m)。该桥为双层公路悬索桥,单个吊装单元为双节间钢桁梁,平面尺寸为 36 m×32 m,自重 1000 t。采用钢桁梁整节段全焊结构吊装技术,既加快了钢梁架设进度,又有效减少了主梁用钢量。

4. 钢桁梁顶推法、永临结合的平面转体法、多级转体施工法等

1.1.5 新装备

1. 大直径钻机和重型打桩锤

我国自主研发的 KTY5000 型旋转钻机额定最大钻径为 5 m,最大钻深可达 110 m;为满足西堠门公铁两用大桥 ϕ6.3 m 直径的基桩施工,正在研发 ZJD7000 型钻机;SR630RC8 型旋挖钻机最大钻孔直径 4.5 m,最大钻深 140 m。IHCS800 液压锤用于直径 3.4~5.0 m 的钢护筒插打;MHU3500S 液压打桩锤锤体高 18.4 m、自重 318.7 t,激振动能为 3500 kJ,可用于超大直径、超高承载力钢桩的插打。

2. 架梁吊机与缆索吊

我国自主研制的 18000 kN 架梁吊机,额定起重力矩 414000 kN·m,起升高度 75 m,用于沪苏通长江公铁两用大桥双节间钢桁梁整节段架设;800 t 变幅式吊机,额定起重力矩 80000 kN·m,吊机变幅幅度 5~22 m,起升高度 85 m,用于芜湖长江公铁两用大桥钢箱钢桁结合梁架设;2-900 t 缆载吊机用于杨泗港长江大桥和五峰山长江大桥整节段钢梁架设;

880 t 缆索吊机用于山区丽香铁路金沙江铁路悬索桥钢梁整节段架设。

3. 起重船与海上多功能船

3600 t“大桥海鸥号”起重船用于平潭海峡公铁两用大桥钢梁架设，起升高度 130 m；3600 t“天一号”为运架一体起重船，用于孟加拉帕德玛大桥钢梁架设，起升高度 54 m。

目前国内的大型起重船有“振华 30 号”、5000 t“华西 5000”、4000 t“一航津泰”、3600 t“大桥海鸥号”和 3600 t“天一号”等。其中，“振华 30 号”因单臂固定起吊 1.2 万 t、单臂全回转起吊 7000 t 的能力，被称为世界上最大的起重船。“福船三峡号”和“大桥福船号”为目前国内最先进的海上多功能船，配置 1000 t 电动全回转绕桩式起重机，艏部右舷还配置 1 台 200 t 全回转起重机，船体设 4 根支腿，可适应各种海域风浪涌环境下的海上作业。大型起重船在桥梁工程中的应用，极大地提高了我国的桥梁建造水平。

4. 水下施工装备

我国近 15 年来在水下爆破、清基与整平方面取得了长足的发展。为常泰长江大桥主墩沉井施工研制的水下机器人，其工作臂既可以绕本体旋转，也可以伸缩覆盖井孔内及刃脚等盲区土体掘削；芜湖长江公铁两用大桥 3 号墩设置沉井基础总尺寸为 65 m×35 m×36 m，嵌岩深度 15 m，施工中采用多波束三维声呐对水下爆破与清基后的基坑及周边区域进行全覆盖式扫测，形成三维可视化地形图像。

5. 机器人、无人机、雷达、遥感技术应用

无人机搭载高清摄像机用于桥梁表观病害的检测，水下机器人用于桥梁深水基础冲刷的检测。全球导航卫星系统(GNSS)实时动态差分技术具有较高的相对定位精度，能同时进行三维坐标的测量，广泛应用于桥梁结构的运营期监测。

1.1.6　新理论与新理念

1. 桥梁分析理论

荷载体系不断完善，车桥振动和桥梁抗风、抗震、抗水、防撞、承载力等分析理论、方法和手段不断发展，具体见后续章节。

2. 绿色建造理念

绿色建造是着眼于建筑全生命周期，在保证质量和安全的前提下，践行可持续发展理念，通过科学管理和技术进步，最大限度地节约资源和保护环境、实现绿色施工要求、生产绿色建筑产品的工程活动。绿色建造包含绿色策划、绿色设计、绿色施工等阶段，如图 1-8 所示。针对桥梁工程，绿色建造发展的重点在于装配式建造技术、信息化建造技术、建筑材料与施工机械绿色化发展技术、高强钢与预应力结构等新型结构开发应用技术、多功能高性能混凝土技术、清洁能源开发及资源高效利用技术等方面。

3. 建养并重理念

实体桥梁工程全生命周期包括设计、施工、运营、养护、维修、检测与安全监测、加固改造直至报废拆除等不同阶段。桥梁设计使用寿命长达百年，为确保良好的服役性能，除高品质的设计外，还需有高质量的桥梁施工和完善的运营维养技术，甚至必要的加固和性能提升。高品质的养护与维修是确保桥梁正常服役的基本保障，在不久的将来，新建桥梁规模势必减小，长久服役桥梁的劣化问题日益突出，桥梁养护与维修工作量将与日俱增，为适应此形势要求，理念上从“重建轻养”发展为“建养并重”。

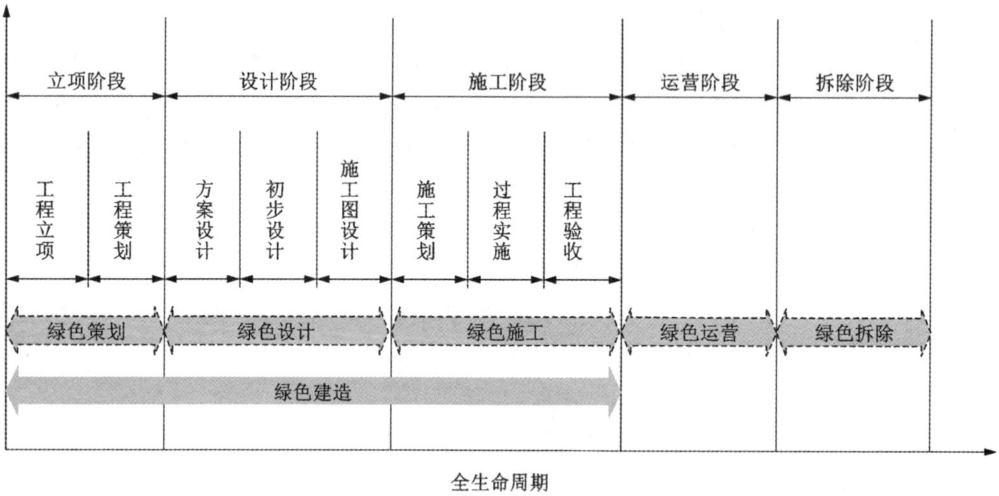

图 1-8　绿色建造

1.1.7　标准体系

进入 21 世纪后，我国主要的桥梁工程设计、施工、检测、评定、验收、养护规范进行了全面的更新，面向新时代需求和发展，并与国际接轨，形成了一套成熟完备的桥梁工程规范体系。

为配合新型桥梁结构的建设需要，我国编制了一系列新结构桥梁的设计标准，如钢管混凝土结构设计规范、波形钢腹板组合梁桥技术标准、新型桥梁支座规范等；为克服多灾害作用下桥梁工程中的设计短板，编制了抗风、防撞等专用规范；针对新技术的应用，编制了新规范，如《公路桥梁结构安全监测系统技术规程》等，形成了桥梁建养全方位、全过程有法可依的局面。

为顺应“走出去”战略的实施，我国技术标准修订过程中注重与国际接轨，实现了国标体系国际化。

[**思政元素**] 创新引领；中国力量；中国贡献

[**素材作者**] 盛兴旺，郑纬奇

1.2　混凝土与我国桥梁建设

1840 年鸦片战争后，中国逐步成为一个半殖民地半封建国家，侵略战争和数不尽的不平等条约，制约了我国经济、科技等各方面的发展。同一时期，水泥混凝土作为一种新的建筑材料在资本主义世界渐渐得到了发展，西方的造桥技术也远远领先中国，很长一段时间里新材料和先进的技术一直为他们所垄断。直到新中国成立之后，民族的独立和国家的崛起为土木工程的发展提供了绝佳的环境，新型建筑材料、更大跨度的桥梁、更加先进经济的施工工艺如雨后春笋般涌现出来。如今，我国在混凝土材料及在桥梁建设领域取得的成就举世瞩目。

1.2.1　国内外混凝土技术的发展历史

1. 新中国成立前

1824 年，英国工程师阿斯普丁以《改进人造石块的生产方法》一文申请获得发明水泥专利，这便是波特兰水泥的诞生（水泥是混凝土的基本成分）。自此以后，混凝土开始被广泛应用到建筑上。钢筋与混凝土的结合则首次出现在 1867 年，法国人莫尼埃制造出钢筋混凝土花盆并申请专利；1875 年莫尼埃与其他工程师合作建造了世界上第一座钢筋混凝土拱式体系人行桥。1890 年，弗朗索瓦获得钢筋混凝土建造方法的垄断权，已经可以利用木模板进行现场浇筑，钢筋混凝土结构在各个领域逐渐得到广泛应用。20 世纪以后，预应力技术的出现使混凝土在工程应用中有了更快的发展。1928 年，法国人弗雷西奈获得预应力专利；1934 年，德国人迪辛格获得体外预应力专利；1938 年，德国人霍耶研究成功不用锚具传力的先张法预应力工艺；1939 年，弗雷西奈发明锥形锚；1940 年，马涅耳研制出楔形锚。预应力混凝土大规模付诸实践。

相比之下，水泥在近代中国被称为“洋灰”，是彻头彻尾的舶来品。我国第一家水泥厂——唐山细棉土厂创立于 1889 年，建厂和建设都是外国人一手操办，设备更是全部引进。同时期的中国正遭受外国侵略，由于半殖民地半封建社会性质的制约，我国难以独立自主地生产混凝土和建造工程，更谈不上研究混凝土结构设计的理论方法和拥有自己的研究成果。

2. 新中国成立后

1949 年以后，西方资本主义国家的混凝土发展延续了之前的势头，更多先进的施工方法被发明出来，例如 1950 年德国人菲斯特瓦德首次采用了悬臂浇筑施工技术，1954 年法国人缪勒发明节段预制拼装技术，1963 年德国人莱昂哈特首次使用顶推施工法，等等。

放眼国内，混凝土技术的发展经历了从起步至快速发展的阶段。1949 年，全国水泥年产量仅 66 万 t，之后水泥产业发展迅速，1985 年我国水泥产量跃居世界第一，年产量达 1.4 亿 t，仅 2011—2013 这 3 年的混凝土消耗量便超过美国整个 20 世纪的混凝土消耗量。短短几十年的发展，我国便成了名副其实的混凝土大国，但要向混凝土强国前进，不仅产量要高，性能上也得有突破。自 1994 年拉拉尔德与赛德兰首次提出超高性能混凝土（UHPC）的概念后，2016 年，长沙市建成世界首座全预制拼装超高性能混凝土桥；2021 年 9 月，我国在一超高层建筑项目中实现了行业内首次在工程实体中泵送 C130 高性能机制砂混凝土（强度达到 149.5 MPa）；上海金茂大厦、东方明珠广播电视塔、首都国际机场航站楼等工程中均应用了高性能混凝土。不难看出，在混凝土技术发展的前沿领域，我国也在不断追赶甚至赶超发达国家。

1.2.2　国内外混凝土桥梁的发展历史

1. 新中国成立前

1875 年，莫尼埃将钢筋与混凝土结合，建造了世界上第一座钢筋混凝土桥，进一步提高了桥梁的跨越能力并丰富了桥梁的结构形式；1905 年，比利时出现了单跨 55 m 的钢筋混凝土桥；1930 年，法国的弗雷西奈建造了跨度为 178 m 的钢筋混凝土拱桥。他于 1928 年提出的预应力技术大大提高了混凝土结构的抗裂性能，土木工程发生又一次飞跃。

二战之后，全球的持续稳定、战后恢复需求与科学技术的高速发展，使桥梁技术迎来了前所未有的快速发展。高强轻质材料的发展和应用、结构形式的多样化和整体化、施工工艺水平的提高造就了前人难以想象的奇迹。

我国虽然在 19 世纪末和 20 世纪初就已经有了钢筋混凝土结构，但由于水泥工业基础薄弱，钢筋也要从国外进口，钢筋混凝土桥梁数量不多，一般采用就地灌注方式，桥梁跨度在 10 m 以下，且结构和施工没有统一标准。

2. 新中国成立后

20 世纪的后半个世纪，国外的混凝土技术是我国学习的内容，西方发达国家研发了高性能材料，发明了系列施工技术，建造了很多混凝土大跨桥梁结构。1950 年，德国的保德尤斯滕桥首次采用悬臂浇筑施工技术，得益于这项技术，预应力混凝土刚构桥得以发展；1998 年，挪威建成新施托姆桥（主跨 301 m）和拉大森德大桥（主跨 298 m），跨度在预应力混凝土连续刚构桥中位居当时世界第一和第二。

中华人民共和国成立 70 多年来，钢筋混凝土桥梁在我国得到了充分发展，材料、设计、施工技术和质量检测评定都形成了标准体系，标准化、装备化、机械化得以实现。以铁路预制简支梁为例，其发展大致可以划分为 5 个阶段：①建立标准，以普通钢筋混凝土梁取代跨度 16 m 及以下钢梁阶段（1965 年以前）；②大量发展预应力混凝土梁，逐步取代跨度 32 m 及以下钢梁阶段（1966 年—20 世纪 70 年代）；③预应力混凝土梁的改进提高阶段（80 年代）；④铁路既有线提速改造 T 梁阶段（90 年代）；⑤高速铁路整孔预制箱梁阶段（21 世纪）。目前预制混凝土简支梁桥占铁路桥长度的 90%以上。

在大跨度桥梁方面，改革开放至 20 世纪 80 年代，我国学习国外先进技术，大力发展预应力混凝土连续梁和连续刚构，在 100 m 以下跨度基本上取代了钢梁；90 年代至今，更是取得了飞跃式发展。1997 年建成的主跨 270 m 的虎门大桥辅航道桥，为预应力混凝土双肢薄壁刚构桥，跨度系当时世界第一；我国 1999 年建成的江阴长江公路大桥，主跨 1385 m，当时跨度居世界第四，主塔和基础均采用混凝土浇筑；2006 年建成的重庆石板坡长江大桥复线桥，主跨 330 m，是现在跨度最大的连续刚构桥，主梁为预应力混凝土和钢的混合结构。

目前，我国桥梁事业取得了举世瞩目的成就，混凝土桥梁很多方面的建设成就国际领先，如预应力混凝土连续梁、连续刚构和混凝土斜拉桥，以及 UHPC 材料及其应用等，形成了赶超的局面。

我国混凝土桥梁的发展，离不开设计规范的保驾护航。我国桥梁的设计规范也同样经历了从无到有，并逐步完善和更新的过程，详见 7.2 节。现行的与混凝土桥梁相关的设计规范，在公路桥梁方面，有《公路桥涵设计通用规范》（JTG D60—2015）、《公路钢筋混凝土及预应力混凝土桥涵设计规范》（JTG 3362—2018）等；在市政桥梁方面，有《城市桥梁设计规范（2019 年版）》（CJJ 11—2011）等；在铁路桥梁方面，有《铁路桥涵设计规范》（TB 10002—2017）、《铁路桥涵混凝土结构设计规范》（TB 10092—2017）、《铁路桥涵设计规范（极限状态法）》（Q/CR 9300—2018）等。为满足高速、重载、城际铁路和一些特殊桥梁结构的建设需要，我国颁布了相应的设计标准。

1.2.3　混凝土在我国桥梁工程中的应用

1. 应用范围

桥梁基础、墩台、桥塔、附属结构等一般均采用钢筋混凝土(RC)，少数桥塔采用了钢或钢-混组合结构，个别桥墩采用钢-混组合结构。

对于梁部结构，大量采用的是预应力混凝土(PC)，如预制标准梁、中等和大跨度混凝土梁；RC 仅用于非标准设计现浇的小跨度桥。

RC 结构的混凝土强度等级不宜低于 C30；PC 结构的混凝土强度等级不应低于 C40。工程实践中，大跨度 PC 梁强度等级一般不低于 C50；桥塔一般不低于 C55。基础中的水下混凝土与同等级混凝土配比不同。

混凝土桥梁的适用跨度 L 大致为：简支梁 $L\leqslant 80$ m；连续体系梁 $L\leqslant 300$ m；拱桥 $L\leqslant 400$ m；斜拉桥和悬索桥 $L\leqslant 500$ m。超过上述跨度，则改用钢结构或钢-混组合结构体系。

2. 高性能混凝土

高性能混凝土是 20 世纪美国等发达国家研究提升普通混凝土抗拉性能的产物，“高性能”泛指高强度、低徐变、低收缩、低水化热、高抗渗性、高抗冻融性等，是一个笼统的概念，一般均包含高强度性能。按我国国家标准，高强度系指混凝土立方体强度不小于 50 MPa，即 C50 级以上混凝土。

混凝土低徐变性能的典型应用为我国高速铁路桥梁。高速铁路要求线路具有高平顺性，而混凝土徐变将导致桥梁产生随时间而增长的变形，如对 32 m 跨度的 PC 箱梁，将产生徐变上拱变形，严重时影响列车行车的平顺性。对此，设计规范规定了简支梁 20 mm 工后徐变变形限值，为满足该要求，工程结构中可采取如下措施：

①在高强度混凝土中掺入适度的粉煤灰或矿粉，可实现低徐变性能。

②合理布置预应力，降低截面上的应力梯度。

③加大梁高，减小弹性变形。

3. 超高性能混凝土

未来的大桥应采用高性能、高强度材料，这一发展趋势已成为桥梁界的共识。超高性能混凝土(UHPC)被认为是过去 30 年中最具创新性的水泥基工程材料，属高强度、高延性、高耐久性和高环保性的水泥基复合材料，其超高性能包含力学性能和耐久性能优异两个方面。活性粉末混凝土(RPC)是一类最典型的 UHPC，于 1993 年在法国实验室首次研制成功，其抗压强度超过 150 MPa。

UHPC 与普通混凝土不同的是，其完全剔除了粗骨料，其组成材料不同粒径颗粒间以最佳比例形成最紧密堆积，细颗粒活性成分硅灰的掺入和低水灰比使得材料内部的缺陷(孔隙与微裂缝)大幅减少，以获得最大强度(尤其是抗拉强度)及优异的耐久性，同时微细钢纤维或碳纤维的掺加使材料表现出优良的韧性和延性。UHPC 抗压强度可达 200 MPa 以上，抗折强度是普通 C50 混凝土的 3 倍，材料耐久性可达 200 年以上，经历 700 次冻融循环后仍然完好无损。以目前国内生产水平，标准立方 UHPC 抗压强度在 150~200 MPa，抗拉强度在 7~12 MPa。

UHPC 在桥梁中的应用主要包括：①钢-UHPC 组合桥面板；②UHPC-NC(普通混凝土)组合结构；③全 UHPC 桥梁结构；④桥梁加固；⑤桥梁接缝。

UHPC 主要不足是造价高，但综合考虑全周期的养护、维修费用，其仍具有很强的竞争力。

4. 混凝土耐久性

混凝土碳化、磨蚀引起结构有效尺寸减小，混凝土开裂诱发钢筋锈蚀风险，氯盐、化学侵蚀环境作用导致结构性能退化，冻融作用导致混凝土损伤，这些都归结为混凝土的耐久性问题。

混凝土结构耐久性设计的主要内容包括设计使用年限、环境类别与作用等级、材料性能与耐久性指标、裂纹控制措施和结构构造措施等，具体如下：

①控制配合比是控制混凝土材料性能、提高其致密性的主要手段，配合比的重要控制参数为胶凝材料最大用量、矿物掺合料掺量、水胶比、含气量、氯离子含量、碱含量等；

②耐久性评价指标包括最低强度等级、氯离子含量、碱含量、电通量、抗裂性、护筋性、抗碱-骨料反应性、抗冻等级、氯离子扩散系数、含气量等；

③结构构造措施包括混凝土保护层厚度、构造钢筋、防排水构造要求等；

④施工措施包括混凝土入模温度、养护温度与时长、混凝土养生期间的温差控制等。

提高混凝土结构的耐久性，延长结构的使用寿命，一直是重要的研究方向。若造价增幅很小，而能使结构设计使用寿命从目前的 100 年延长至 120 年及以上，其经济、环保和社会效益将是巨大的。

[**思政元素**] 凝心聚力；大国“砼”心

[**素材作者**] 魏标

1.3　桥梁用钢的自主研发之路

大跨度、重载、高速铁路桥梁发展迅速，对桥梁结构承载能力及整体性不断提出更高要求，迫切需要提高桥梁用钢强度级别，以及采用整体性较好的焊接技术代替传统铆接与栓接。因此，摆脱高性能桥梁用钢进口依赖，自主研发高强、具有优异低温韧性及良好焊接性能的桥梁钢成为几代中国桥梁人勠力奋斗的目标。

中国桥梁用钢发展与铁路钢桥建造技术进步密切关联。自 1953 年武汉长江大桥设计开始以来，桥梁钢发展经历了 7 个标志性阶段。

第 1 阶段。新中国成立初期，对结构用钢，特别是重型桥梁用钢处于引进、学习阶段。1957 年，我国建成首座跨越长江的武汉长江大桥，主跨为 128 m，由苏联援建，而使用的钢材正是苏联生产的 A3 钢(即 Q235q 钢)，钢材屈服强度仅要求不小于 240 MPa。

第 2 阶段。1969 年，中国自主设计建造的南京长江大桥建成通车，主跨达到 160 m，使用的钢材是鞍钢生产的低合金 16Mnq 钢(即 Q345q 钢)，钢材屈服强度不小于 345 MPa，抗拉强度不小于 520 MPa。新型钢材从研制到实际工程运用打破了苏联技术封锁，被誉为“争气钢”，南京长江大桥由此被誉为“争气桥”。在自力更生的伟大实践中，中国工程师不断总结桥梁钢制造经验，发现 16Mnq 钢板仅能满足 U 型缺口冲击，韧性指标偏低。同时，由于钢材板厚效应明显，仅能使用不超过 32 mm 厚钢板，否则冶金质量难以保证。

第 3 阶段。1993 年建成的九江长江大桥，主跨达到 216 m，采用的是鞍钢研制生产的

15MnVNq 钢(即 Q420q 钢)，最大板厚 56 mm。与 16Mnq 钢相比，钢材强度有了显著提高，屈服强度不低于 412 MPa，抗拉强度不小于 540 MPa。但由于通过加钒提高强度，厚钢板低温韧性和焊接性能较差，给桥梁制造带来很多困难。九江大桥建成后，该钢种一直未能推广应用，桥梁钢成为制约铁路桥梁发展的突出矛盾。现实困难让工程师们认识到，桥梁用钢不能仅关注强度的提升，具有良好低温韧性与焊接综合性能的钢材才是未来发展方向。

第 4 阶段。20 世纪 90 年代初，中国铁路桥梁面临主跨达 312 m 的芜湖长江大桥建设难题，桥梁钢问题显得愈加突出。为了保证桥梁工程的安全性和加工制造的方便，需要重点解决钢板的低温韧性和焊接性能等问题。为此，中铁大桥局和武钢联合开发了大跨度铁路桥梁用钢 14MnNbq。该钢采用降碳加铌和超纯净的冶金方法，保证了在屈服强度不低于 370 MPa、抗拉强度不小于 530 MPa 的基础上，具有-40℃低温冲击韧性(冲击功不低于 120 J)，同时焊接性能也大大提高，解决了板厚效应问题，可大批量供应 32~50 mm 厚钢板。芜湖长江大桥 46000 t 钢的供货统计数据表明，所供 10~50 mm 厚钢板冲击韧性平均标准达到-40℃时冲击功 223 J 的优异水平。在芜湖长江大桥建设后的 10 年时间里，14MnNbq 钢全面满足了铁路桥梁建设的需要，并得到了极为广泛的应用。2000 年，14MnNbq 钢被纳入桥梁钢国家标准，成为 Q370qE 钢。

第 5 阶段。南京大胜关长江大桥是京沪高速铁路和沪汉蓉铁路于南京跨越长江的越江通道，是我国铁路桥梁史上的又一个里程碑，为六线铁路桥梁，设计时速 300 km。该桥具有大跨、重载、高速三大特点。主桁构件最大轴力高达 90000 kN，中主墩最大支座反力约 150000 kN，如果继续使用 14MnNbq 钢，则最大板厚必须使用到 120 mm，这将会给设计施工带来极大困难。为此，武钢和中铁大桥局联合开发了 Q420qE 钢，以满足工程建设需要。Q420qE 钢有以下特点：消除了板厚效应，由于采用一系列精练技术，同时随着轧制力的提高，钢板由传统的最大使用板厚 50 mm 扩展到 68 mm。在焊接材料上，传统 C-Mn、Si-Mn 系焊材的焊缝强度仅在 500 MPa 级别以下，焊缝低温冲击韧性仅能达到-30℃时 48 J。我国自主研制的新型针状铁素体型桥梁用钢的手工焊、气保焊、埋弧焊焊接材料，焊缝强度大于 570 MPa，同时-40℃冲击韧性可以达到 120 J 以上。Q420qE 钢力学性能见表 1-1。

表 1-1　Q420qE 钢力学性能

检测项目	结果或测定值(板厚 12~60 mm)
下屈服强度 R_{el}/MPa	≥420
抗拉强度 R_m/MPa	≥570
断后伸长率 A/%	≥18
纵向-40℃冲击功 KV_2/J	≥100
冷弯试验(180°弯曲)	$d=3a$ 完好

注：d 为弯心直径；a 为钢材厚度。

第 6 阶段。2010 年规划建设的沪苏通长江公铁两用大桥主航道桥为主跨 1092 m 的双塔斜拉桥，是世界上首座跨度超千米的公铁两用斜拉桥，已于 2020 年建成通车。针对高速、大跨、重载铁路桥梁受力要求，中国工程师提出研发 Q500qE 高性能钢用于桥梁关键受力部位。

Q500qE 钢采用了与 Q420qE 钢类似的成分设计与生产工艺，但通过低碳与控制冷却的晶粒细化措施，获得了较高的强度与良好的低温韧性和焊接性能。Q500qE 钢力学性能见表 1-2。

表 1-2　Q500qE 钢力学性能

<table>
<tr><td colspan="2">检测项目</td><td>结果或测定值(板厚≤60 mm)</td></tr>
<tr><td rowspan="4">拉伸试验</td><td>下屈服强度 R_{el}/MPa</td><td>≥500</td></tr>
<tr><td>抗拉强度 R_m/MPa</td><td>630~750</td></tr>
<tr><td>断后伸长率 A/%</td><td>≥18</td></tr>
<tr><td>屈强比 R_{el}/R_m</td><td>≤0.86</td></tr>
<tr><td rowspan="2">V 型缺口冲击试验
(纵向)</td><td>-40℃冲击功 KV_2/J</td><td>≥100(板厚≤16 mm)
≥120(板厚>16 mm)</td></tr>
<tr><td>-40℃纤维断面率 FA/%</td><td>≥80(12 mm<板厚≤32 mm)
≥60(板厚>32 mm)</td></tr>
<tr><td colspan="2">冷弯试验(180°弯曲)</td><td>完好 $d=2a$(板厚≤16 mm)
完好 $d=3a$(板厚>16 mm)</td></tr>
</table>

注：d 为弯心直径；a 为钢材厚度。

第 7 阶段。为推动桥梁工程的技术进步以及桥梁用钢材料的发展，对接新时代“双碳”目标，依托“十三五”国家重点研发计划“高性能桥梁用钢”项目，我国研制出了 Q690qE 高性能桥梁结构钢，并成功应用于武汉汉江湾桥和澳氹四桥等。Q690qE 高性能桥梁结构钢除具有较高强度外，亦兼具良好的低温韧性和焊接性能，为汉江湾桥上部结构节约了钢材约 1500 t，减轻了结构自重，减小了杆件截面规模，降低了主桁结构制造、运输、安装难度。同时得益于 Q690qE 高强度桥梁钢的使用，主桁杆件质量可控制在 100 t 以内，减少了拱上吊机等施工设备的投入，取得了良好的经济效益。Q690qE 钢力学性能见表 1-3。

表 1-3　Q690qE 钢力学性能

<table>
<tr><td rowspan="2">板厚
/mm</td><td colspan="4">横向拉伸性能</td><td>Z 向拉伸性能</td><td colspan="2">纵向冲击性能
(-40℃)</td><td>横向冷弯性能</td></tr>
<tr><td>下屈服强度
R_{el}/MPa</td><td>抗拉强度
R_m/MPa</td><td>屈强比
R_{el}/R_m</td><td>断后伸长率
/%</td><td>断面收缩率
/%</td><td>冲击吸收
能量/J</td><td>纤维断面
率/%</td><td>180°弯曲</td></tr>
<tr><td>≤16</td><td>≥690</td><td>≥770</td><td>≤0.85</td><td>≥14</td><td>—</td><td>≥120</td><td>≥80</td><td>合格($d=2a$)</td></tr>
<tr><td>16~50</td><td>≥690</td><td>≥770</td><td>≤0.85</td><td>≥14</td><td>≥35
(单值≥25)</td><td>≥120</td><td>≥80</td><td>合格($d=3a$)</td></tr>
<tr><td>≥50</td><td>≥650</td><td>≥770</td><td>≤0.85</td><td>≥14</td><td>≥35
(单值≥25)</td><td>≥120</td><td>≥80</td><td>合格($d=3a$)</td></tr>
</table>

注：d 为弯心直径；a 为钢材厚度。

为解决钢材防腐性能不强、钢结构涂装养护工作量大等问题，发达国家致力于耐候钢的研发。我国耐候钢桥的建造起步较晚，但随着国民经济的迅速发展及对全生命周期钢桥经济性能的持续关注，高性能耐候钢已引起桥梁工程师高度重视。目前，国内钢材企业已研发适用于内陆田园大气和工业大气环境的耐候桥梁钢系列，以及适用于海洋大气的镍系列桥梁耐候钢。其中，Q420qENH 钢板厚度可达 80 mm，Q500qENH 钢板厚度可达 60 mm。2009 年建成的重庆朝天门长江大桥使用了 Q420qENH 高性能桥梁耐候钢，并结合涂装使用；京沪高速铁路南京大胜关长江大桥采用了 Q345qENH 高性能桥梁耐候钢。2015 年兴建的拉林铁路藏木雅鲁藏布江特大桥是国内首座免涂装耐候钢桥，大桥拱肋钢管采用自主研发的 Q420qENH 钢，腹杆、横撑及横梁采用 Q345qENH 钢，有效解决了人烟稀少地区养护困难问题，可减少工厂与现场涂装，缩短工期，大幅降低全生命周期成本；同时，减少了涂装材料有机物、挥发物的释放，对环境有利。

目前我国已形成了中国桥只用“中国钢”的可喜局面，其中线材生产技术已处于国际领先水平，但板材方面，较国际最高水平仍有一定的差距，如欧洲的钢材已经达到 960 MPa 级（16 mm 厚钢板），美国的桥梁用耐候钢已达 690 MPa 级，日本采用的微合金化成分钢材已达 800 MPa 级。

中国桥梁用钢发展历程是一部迎难而上的奋斗史，更是一部“丰富生动的教科书”。勤劳智慧的中国工程师坚定信念、不屈不挠、敢于担当、勇于奉献，协同攻关，矢志走自主创新之路，在高性能桥梁钢研发道路上攻坚克难，为一批重大桥梁工程如期建成做出了巨大贡献。

［**思政元素**］自力更生；自主创新；民族自强

［**素材作者**］文颖

1.4　我国预应力混凝土梁桥发展进程

1.4.1　预应力技术在我国桥梁工程中的应用

自 20 世纪 50 年代预应力技术被引入我国并发展至今，预应力结构成为桥梁中最主要和最常用的结构形式。我国预应力技术的发展和推广应用以及预应力混凝土梁桥的发展，与以下几个方面密切相关。

1. 预应力混凝土材料性能的提升

高强度预应力筋和高性能混凝土（高强度、低收缩、低徐变等）的研发及应用为桥梁技术发展奠定了基石，大幅度地提高了经济性、降低了结构自重、提高了桥梁的跨越能力。我国早期预应力混凝土大量采用标号 30 号、40 号混凝土（强度略小于现在的 C30、C40），目前除部分中小跨度梁体采用强度等级为 C40 的混凝土，多数普遍采用 C50、C55 混凝土，个别采用 C60 及以上强度等级混凝土。早期梁体纵向预应力主要为 ϕ4 mm、ϕ5 mm 高强钢丝的拉锚式体系、拉丝式体系，20 世纪 80 年代后主要采用钢绞线体系。目前普遍采用公称抗拉强度为 1860 MPa 的钢绞线，2000 MPa 级钢绞线正在推广应用中。

2. 预应力技术的发展

预应力技术包括预应力体系、预应力张拉工艺及锚固体系、预应力管道灌浆工艺等，其发展积极推动了预应力混凝土梁跨度的提升。预应力技术的发展包括：从早期中小跨度预应力混凝土梁的单向预应力体系至双向(纵向+竖向)和三向(纵向+竖向+横向)预应力体系；从“双控”张拉方式到智能张拉；从锥形锚发展为冷铸锚、镦头锚、扎丝锚、夹片式锚；从小吨位锚具到大吨位锚具；单束钢绞线由过去 7 股发展到目前的 19 股及以上(大吨位)；从普通压浆、真空压浆到智能压浆；等等。

3. 制运架设备的提升

预应力桥梁中，大量采用预制装配式结构，梁体跨度增大，梁重增加，需要更好的制作、运输和架设能力。自 20 世纪 50 年代以来，我国铁路部门不断更新、发展普通铁路 32 m 后张法标准 T 梁(图号从“大 138”至“叁标桥”“专桥”系列等)，重约 220 t，而当下，32 m 高速铁路双线整孔箱梁重 750~800 t[如通桥(2016)2322A 重 790. 3 t]，40 m 高铁整孔箱梁则达 900 t 以上，为此研发了相关制运架设备。

4. 结构分析及时变效应控制水平的提升

相较于钢筋混凝土结构，大跨预应力混凝土梁基本为薄壁轻型结构，对长期变形和开裂敏感，从某种程度上说，时变效应(时变预应力损失、时变变形等)预测和控制水平的提升是预应力混凝土梁向更大跨度推进、应用于高速铁路的最关键技术之一，其控制技术包括设计理论、结构时变效应分析的精度和混凝土材料性能提升等。

预应力混凝土有多种分类方法：按预应力施加工艺可分为先张法和后张法预应力混凝土；按预应力筋与混凝土是否黏结可分为有黏结和无黏结预应力混凝土；按预应力筋与混凝土位置相互关系可分为体内和体外预应力混凝土；按预应力和荷载应力关系(预应力度)可分为全预应力和部分预应力混凝土。上述各类预应力混凝土在我国已经建成的桥梁中都得到了应用。

先张法由于采用直线配束，主要应用于小跨度结构，高速铁路修建中采用折线配筋，将应用跨度提升到了 32 m；部分预应力主要用于 100 m 跨度以下结构，体外预应力目前主要用于旧桥加固。有黏结、全预应力、后张法、体内配筋的预应力混凝土结构在铁路和公路桥梁中应用最为广泛，在各类桥型中也均有应用。下面主要介绍我国有黏结全预应力混凝土梁桥的发展进程。

1.4.2 简支梁

中小跨度简支梁是桥梁中最常用结构，长度占比约 90%。基于我国基本国策，为尽可能地降低造价、提高经济性，中小跨度桥梁大多采用混凝土结构，发展预应力技术后，预制装配式钢筋混凝土梁基本上被预应力混凝土梁所取代，以解决钢筋混凝土结构容易开裂、影响耐久性等问题。

新中国成立以前，我国没有预应力混凝土梁。1955 年，铁道部组织了铁道科学研究院、丰台桥梁厂等单位进行预应力混凝土梁的试制、试验工作；年底，试制了我国第一孔跨度 12 m 的后张法预应力混凝土试验梁，预应力筋采用钢丝束；1956 年第二季度完成了试验工作，随后在丰台桥梁厂开始成批生产后张法预应力混凝土梁，由此开启了我国制作、运用预应力混凝土梁的序幕。

1. 标准简支梁

1955—1956 年，编制了跨径为 19. 8~27. 7 m 的后张法预应力混凝土梁标准设计(图号：大参 134、大参 135)，1958 年跨径扩大到 31. 7 m。

20 世纪 60—70 年代，预应力技术在我国桥梁工程应用中快速发展，公路与铁路桥梁大量采用标准化的后张法预制预应力混凝土简支梁，最大跨径发展至铁路桥的 48 m 和公路桥的 50 m。

1977 年建成的洛阳黄河公路大桥，开启了河南省在黄河上建造公路桥的历史，桥长 3428. 9 m，采用 67 孔 50 m 跨度预应力混凝土 T 型简支梁，每孔 5 片梁。

1979 年，铁道部专业设计院尝试编制了跨度 40 m 的后张法预应力混凝土梁设计图(图号：专桥 2025)；结合南防线柳州良凤江大桥，同年编制了跨度 48 m 的道砟桥面整孔箱型后张法预应力混凝土梁。

目前我国铁路部门编制了时速 160 km、200 km、250 km、350 km 的单、双线 12 m、16 m、20 m、24 m、32 m T 梁和 24 m、32 m 箱梁标准图，公路部门编制了 13~50 m 的 T 型、I 型、空心板和箱梁标准图，并研发了成套的制运架装备。

2. 非标准简支梁

简支梁为静定结构，梁端弯矩为零，不像连续梁和连续刚构可以通过墩位处(支点)截面负弯矩来有效降低跨中正弯矩，因而其经济跨度较小。

1980 年以前，我国建造的预应力混凝土简支梁最大跨度为 50 m，多为 T 型截面(T 梁)，部分为箱型截面(箱梁)或其他截面形式。

1989 年建成通车的浙江省瑞安飞云江大桥，是中国当时最大跨度的预应力混凝土简支梁桥。桥全长 1721 m，分跨为(18×51+5×62+14×35)m，最大跨度 62 m，梁高 2. 85 m，高跨比为 1/21. 75；混凝土标号为 R60；桥面宽 13 m，由 5 片主梁构成，翼缘宽 2. 5 m，安装后下翼缘间设置 12 cm 厚底板，形成 4 横箱截面；每片梁重 2200 kN，用 3000 kN 架桥机安装。

20 世纪 90 年代，铁路部门为配合南昆铁路线等山区桥梁和通航河流桥梁建设，在灵宝支线拼架 48 m 简支梁成功后，编制了 56 m、64 m 移动支架拼架箱梁设计图。1997 年，南昆线上的打埂桥[(4×56+2×32)m]和白水河 1 号桥[(8×56)m]建成通车。

2000 年，我国采用移动支架造桥机建造了 64 m 预应力混凝土简支梁桥——神延铁路秃尾河特大桥，是当时亚洲最大跨度铁路简支梁桥。

2005 年建成的东海大桥则将跨度提升至 70 m，为目前我国最大跨度混凝土简支梁桥。

2018 年 9 月，在河南新乡郑济高铁郑濮段施工现场，运用架桥机成功将重达 1000 t、跨度为 40 m 的简支箱梁落在两桥墩间，打破了世界纪录，我国成为首个实现高速铁路跨度 40 m 简支箱梁整孔预制和架设的国家。

2020 年，昌景黄铁路休宁河特大桥 64 m 支架现浇简支箱梁成功浇筑，为国内目前高速铁路最大跨度预应力混凝土现浇简支梁。

1. 4. 3　T 型刚构、斜腿刚构与 V 型刚构

1. T 型刚构

1966 年，我国首次采用悬臂拼装法建造了第一座大跨预应力混凝土公路桥——四川省石棉桥，该桥为跨径(84+42)m 的 T 型刚构桥，如图 1-9 所示。由于 T 型刚构(以下简称 T 构)受力特点与两侧对称悬臂法施工过程中的墩梁固结体系受力状况吻合，同时 T 构为静定结构且计算简单，因此 T 构、带铰 T 构及带挂梁 T 构成为 20 世纪 60—70 年代我国大跨预应力混凝土梁桥的主要形式。

1968 年，我国首次采用挂篮悬臂浇筑法施工，建造了跨径 124 m 的 T 构公路桥——柳江大桥。

1977 年，建造了国内最大跨度跨中带铰的桁式 T 构——跨径 72.8 m 的江津仁沱桥。运营中发现，这些带剪力铰桥梁在铰处因下挠而产生折角，造成行驶车辆跳动，且剪力铰也易破坏，因而产生了用一定长度挂梁代替剪力铰的 T 构，将桥面折角转换为折线，提升行车平顺性。

1979 年，建造了国内最大跨度带挂梁的桁式 T 构公路桥——跨径 90 m 的黄陵矶桥，如图 1-10 所示，右侧为挂梁。

图 1-9　四川省石棉桥(1966 年)

图 1-10　黄陵矶桥(1979 年)

1980 年 7 月 1 日，长江中游第一座特大公路桥——重庆石板坡长江大桥建成通车，为当时国内最大跨度预应力混凝土 T 构，最大跨径 174 m。

带挂孔或带铰的 T 型刚构运营期间出现了诸多问题，如伸缩缝多、铰结构不易维修、梁端下挠过大、梁体开裂等，直接影响桥梁行车平顺及耐久性。该类结构后来很少使用，而被其他桥型所取代。

2. 斜腿刚构与 V 型刚构

在桥墩附近增加斜腿以支承梁体，或采用 V 型墩，可有效减小墩顶最大负弯矩，降低墩顶附近梁体高度和梁体自重，从而有效提高梁体跨越能力。

1981 年 9 月，在山西黎城与潞城两县交界处建成了我国第一座预应力混凝土斜腿刚构桥——邯长线浊漳河铁路桥(图 1-11)，梁部跨度(23+44+23)m，斜腿支点跨度 82 m，全长 171.12 m，两斜腿下端设铰支座。2008 年建成的石太客专孤山大桥，斜腿支点为永临结合的铰支点，间距 90 m，梁部跨度(42.5+60+42.5)m，斜腿部分竖向制作，转体施工，边跨支架施工后，悬臂浇筑中跨。由于斜腿刚构桥施工不便，应用不多。

1987 年，建成了国内第一座 V 型墩预应力混凝土刚架桥——雉山漓江公路桥(图 1-12)，跨度 95 m。2003 年建成的广东黄州大桥跨度扩展到了 160 m。除跨度的发展外，随着该类桥型的应用，还创新了结构形式，包括 V 型墩支撑下设支座的连续梁、V 型墩刚构-连续组合梁、V 型墩支撑上设支座的连续梁以及 V 型墩与拱的组合等结构形式。

图 1-11　浊漳河铁路桥(1981 年)

图 1-12　雉山漓江桥(1987 年)

1.4.4　预应力连续梁和连续刚构

我国从 20 世纪 70 年代开始建造中等跨度预应力混凝土连续梁桥。1975 年，我国建造了第一座预应力混凝土连续梁桥——北京枢纽东北环线通惠河桥，跨径为(26.7+40.7+25.7)m；1977 年，我国首次采用顶推法建造了预应力混凝土连续梁铁路桥——狄家河桥，跨径为 4×40 m；在狄家河桥试验成功的基础上，1979 年，铁道部专业设计院与中铁第一勘测设计院合作编制了 3×40 m、4×40 m 预应力混凝土箱型连续梁(顶推法)标准设计(图号：专桥 2026、2026a)；同年，中铁第一勘测设计院编制了 3×48 m、4×48 m 预应力混凝土连续梁桥通用图(图号：壹桥 2094)；1979 年 7 月竣工的兰州城关黄河大桥，主桥为(47+3×70+47)m 预应力混凝土连续箱梁公路桥，是当时全国已建成的预应力混凝土连续梁桥中跨径最大的一座。

随着改革开放的逐渐深入，我国高速公路、铁路迅速发展，伴随着计算机技术进步、计算机辅助设计的推广应用及基于杆系有限元桥梁计算软件的开发，20 世纪 80 年代中期后连续梁和连续刚构成为大跨度预应力混凝土梁桥的主要形式，截面主要采用箱型，预应力体系也从单向至双向、三向逐步推进。

1985 年，我国首次建造跨度超过百米的公路预应力混凝土连续梁桥——沙洋汉江大桥(图 1-13)，桥梁全长 1818.5 m，主桥跨径为(62.4+6×111+62.4)m。

1988 年，广东建成了我国第一座大跨预应力混凝土连续刚构桥——洛溪大桥，跨径为(65+125+180+110)m。洛溪大桥第一次采用大吨位预应力体系和平弯束，是我国开展大跨连续刚构桥建设的重要开端。

20 世纪 90 年代，预应力混凝土连续体系桥梁向更大跨度推进。1991 年建成的杭州钱塘江二桥，桥长 1340 m，跨径为(45+65+14×80+65+45)m，由 18 孔一联的预应力混凝土箱型连续梁构成，是国内单联长度最大的铁路桥梁；1995 年建成的黄石长江公路大桥(图 1-14)，主桥长 1060 m，跨径(162.5+3×245+162.5)m，为当时国内最大连续长度的预应力混凝土连续刚构桥；1997 年建成的主跨 270 m 的虎门大桥辅航道桥，其跨径为当时世界上同类桥梁的最大跨径；1999 年建成通车的重庆黄花园嘉陵江大桥主桥为(137.16+3×250+137.6)m 的连续刚构，刷新了当时国内单联连续刚构最长纪录。

图 1-13　沙洋汉江大桥(1985 年)

图 1-14　黄石长江公路大桥(1995 年)

进入 21 世纪，随着计算机辅助设计能力进一步发展、桥梁结构分析及三维结构分析软件更加完善、混凝土和预应力筋材料性能提升、大吨位预应力张拉锚固体系应用及施工工艺进步，桥梁设计能力和施工水平快速提升，预应力混凝土连续体系桥梁向更大跨度、更大规模发展。

2001 年，南京长江二桥北汊大桥建成，主桥为(90+3×165+90)m 的预应力混凝土箱型连续梁；2012 年建成的厦深铁路九龙江大桥主桥跨径布置为(70.5+154+80)m，为我国最大跨度铁路预应力混凝土连续梁桥；2017 年建成的主跨 216 m 的南龙铁路闽江特大桥(图 1-15)，是目前世界上最大跨度铁路连续刚构桥。

2013 年建成的乐自高速公路岷江特大桥主桥为(100.4+3×180+100.4)m 的预应力混凝土箱型连续梁，在亚洲同类型桥梁中跨度最大。同年，我国最大跨径的预应力混凝土连续刚构桥——水盘高速公路北盘江大桥竣工，主桥跨径(82.5+220+290+220+82.5)m，为预应力混凝土空腹(斜腿)式连续刚构(图 1-16)，是世界上首创的空腹式连续刚构，主跨 290 m，为亚洲第一，也是目前世界上跨度排名第四的预应力混凝土连续刚构桥；主墩采用空心薄壁墩，最大墩高 176 m(承台至桥面)。该桥因首创空腹式斜腿刚构设计及采用特殊施工工艺，被誉为“世界第一斜腿”。

图 1-15　南龙铁路闽江特大桥(2017 年)

图 1-16　水盘高速北盘江大桥(2013 年)

目前正在修建的贵州纳晴高速公路六枝特大桥，主桥跨径(166+3×320+166)m，也采用空腹式斜腿刚构设计，最大跨径320 m，预计2024年竣工，建成后将是世界上最大跨径预应力混凝土连续刚构桥。

[思政元素] 创新与发展；追赶与超越

[素材作者] 胡狄

1.5　组合结构桥梁进展

1.5.1　组合结构桥梁的概念

组合结构是指多种建筑材料构件相互结合在一起所形成的一个共同工作的结构体系，而采用组合结构作为主要受力构件的桥梁便称为组合结构桥梁。

依据建筑材料不同，组合结构分为钢-混凝土组合、钢-木组合、木-混凝土组合和混凝土-UHPC组合等。内填和内填外包的钢管混凝土结构、波形钢腹板箱梁、型钢混凝土结构也符合钢-混组合结构的定义，大多数文献采用专用术语表述，也有将其纳入组合结构的。实际工程中大量采用的是钢-混凝土组合(简称钢-混组合)。

广义的钢-混组合方式分为结合梁、混合梁、混合结合梁。其中，主梁承重结构为钢结构而桥面板为混凝土结构的称为结合梁；主梁部分节段为钢结构，其余节段为混凝土结构的称为混合梁；主梁同时存在结合和混合方式的称为混合结合梁，常简称为组合梁。

狭义的钢-混组合系指上述结合梁，其一般定义为“钢-混凝土组合梁是一种通过剪力键将混凝土板和型钢组合成整体协同受力的承重组合部件”。

钢材处于受拉区域时，其强度及延性能够得到较好发挥，而处于受压区域时，其承载力主要由屈曲强度决定，尤其是长细比较小的构件；混凝土自重大，抗拉强度极低，但较之于钢材更经济；故将两种材料合理组合后的组合结构桥梁能够充分发挥出钢与混凝土两种材料的各自优势，如图1-17所示。相较于钢桥而言，组合结构桥梁能够减少钢材用量，减小冲击，更耐疲劳，减少噪声，减少钢材腐蚀；相较于混凝土桥而言，组合结构桥梁能够降低结构自重，提高施工速度。凭借着这些突出优点，组合结构在工程应用中占有重要地位。

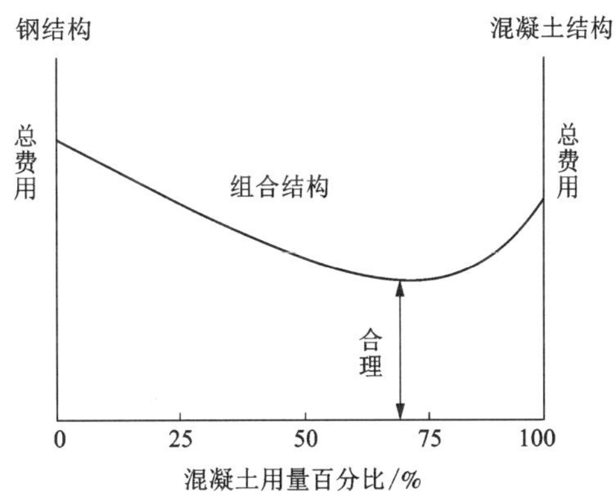

图1-17　组合结构的经济优势

1.5.2　钢-混组合结构的发展

20世纪20年代是组合梁萌芽状态的初始阶段，1920—1930年，国外学者前期的主要研究对象为外包混凝土钢梁。加拿大的桥梁公司曾经对外包混凝土的钢梁进行了静力加载以测试其受力性能。30 年代，首次提出了一种通过剪力键结合的组合梁，各国学者开始对其力学特性进行初步研究。同一时期，制作抗剪键并研究其抗剪性能的试验方法被提出。

40—60 年代是组合梁发展的第二阶段。在此期间，许多技术先进的国家对组合梁开展了比较深入的试验研究，并制定了相关的设计规范或规程，使得组合梁的应用在科学指导下逐渐普及。

60—80 年代是组合梁发展的第三阶段，在总结以往研究和应用成果的基础上，进一步改进和完善了组合梁的有关设计规范或规程。组合结构的应用和发展逐步成熟，几乎赶上钢结构的发展水平，并受到广泛的重视。

80—90 年代为组合梁应用和发展的第四阶段，在这一阶段，相继出现了预制装配式钢-混凝土组合梁、叠合板组合梁、预应力钢-混凝土组合梁、钢板夹心组合梁等多种新的结构形式。同时，新材料、新工艺的研究和应用也促进了组合梁结构的研究和发展。

进入 21 世纪，其发展主要体现在标准体系更为健全、组合形式更新颖、应用跨度超千米等方面。

在国外，美国 AISC、加拿大建筑设计规范、德国 DIN078 分别在 1952 年、1953 年和 1954 年首次列入了有关组合梁的设计条文。1981 年，由欧洲国际混凝土委员会(CES)、欧洲钢结构协会(ECCS)、国际预应力联合会(FIP)和国际桥梁及结构工程协会(IABSE)等组织共同组成的组合结构委员会联合颁布了《组合结构》规范。在此基础上经修订和补充，欧洲标准化委员会(CEN)于 1985 年首次正式颁布了钢-混凝土组合结构的设计规范——欧洲规范 4(EC4)。

钢-混凝土组合梁在我国的应用从新中国成立初期就开始了。1956 年，铁道部编制了组合梁的标准图，跨度有 28 m、32 m、36 m、40 m 及 44 m 五种，并成功应用于一些铁路及公路桥。钢-混凝土组合梁在我国民用建筑中的应用是从 20 世纪 70 年代末开始的，80 年代初组合梁的应用和发展进入一个新时期，目前我国电力、交通、建筑等多部门颁布了相应的规范。

近期组合结构的研究主要包括剪力连接件、组合结构性能两大方面。剪力连接件的研究涵盖栓钉连接件[图 1-18(a)]、PBL 连接件[图 1-18(b)]、螺栓连接件等的基本力学性能以及连接件的耐久与退化性能；组合结构性能的研究包括组合方式、理论模型、组合效应与空间行为、组合梁负弯矩区性能、组合梁动力特性、组合梁劣化性能与检测、组合梁施工方法、新建结构和既有结构加固等方面。

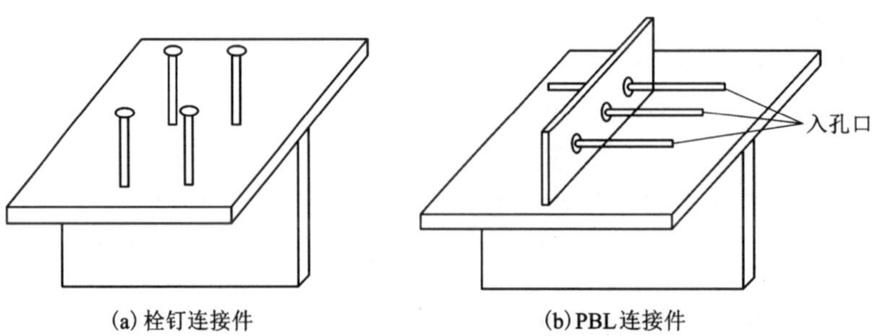

(a) 栓钉连接件　　(b) PBL 连接件

图 1-18　剪力连接件

1.5.3　钢–混组合结构桥梁及其应用

1. 结合梁

按桥梁的结构形式，结合梁分类见表 1–4，表中列出了结合梁的主要形式及其特点，并列举了一些代表性应用桥例。

早期结合梁桥中采用最多的是简支梁桥结构形式，因为简支梁的上缘受压、下缘受拉，最易将混凝土及钢材两种材料合理组合，即上缘为适合受压的混凝土板，下缘为适合受拉的钢梁。

最常见的结合钢板梁桥，是通过连接件把钢板梁和混凝土桥面板加以组合，抗弯刚度能够大幅度提高，减小梁高，增加跨径。现今，结合梁中的钢梁部分也由早先的钢板梁拓宽到钢箱梁、钢槽型梁和钢桁梁，截面形式也由工字型拓宽到箱型、倒梯型甚至是三角形。与此同时，参与共同工作的钢筋混凝土板的位置也不限于梁的上端，而是可根据正负弯矩需要设置于受压区，甚至可将预应力混凝土箱梁的腹板采用波纹钢板或桁架式钢腹杆替代。其中，目前应用较多的波形钢腹板结合箱梁桥是利用波形钢腹板抗剪强度大、纵向刚度小的特点，取代混凝土腹板，达到减轻结构自重和减小腹板承担预应力的目的。同时，从抗弯抗压的角度来看，使用波形钢腹板后，顶底板单独受力，减少了收缩、徐变、温差的影响。

表 1–4　钢–混组合梁结构类型

名称	形式	特点	代表性桥例
结合钢板梁桥	钢板梁+混凝土桥面板	抗弯刚度增大	西镇高速泾洋河大桥
结合箱梁桥	闭口截面钢箱梁+混凝土桥面板 开口截面钢箱梁+混凝土桥面板 开口截面钢箱梁+UHPC 桥面板 槽型截面钢箱梁+混凝土桥面板 波形钢腹板+混凝土上下翼缘板	抗弯、抗扭刚度增大，顶钢板未充分利用 省去顶钢板，施工难度加大 自重减轻，预应力能有效施加	上海长江大桥 杭州九堡大桥 山东沾临黄河大桥
结合桁架桥	钢桁梁+混凝土桥面板 钢桁架腹杆+混凝土上下翼缘板	抗弯刚度增大，连接件设置较困难 省去上下弦杆，施工难度加大	西平铁路后河村特大桥
组合拱桥	钢管混凝土拱 型钢混凝土拱	施工容易，填充质量较难保证 施工容易，无钢材维护问题	广西平南三桥 重庆万州长江大桥
结合梁斜拉桥	钢箱+混凝土桥面	抗弯、抗扭刚度增大，改善抗风性能	武汉二七长江大桥
结合梁悬索桥	钢桁梁+混凝土桥面板	抗弯、抗扭刚度增大，改善抗风性能	武汉鹦鹉洲长江大桥

随着结合梁桥技术的不断发展，其使用范围已扩展到了连续梁桥、拱桥、斜拉桥、悬索桥等多种复杂桥梁结构体系。结合钢桁连续梁桥以其更能适应大跨及重载的特点获得了发展和竞争力，其将钢桁架的上下弦用钢筋混凝土板代替，节省了钢材，减小了截面高度。钢管

混凝土拱桥属于钢-混凝土组合构件中目前应用较广泛的拱桥桥型，钢管既可提高管内混凝土的承载能力和延性，又可作为劲性骨架和模板，解决了大跨度拱桥施工问题，而管内混凝土能提高钢管受压稳定性和抗腐蚀性。大跨度斜拉桥及悬索桥的组合形式主要体现为在钢主梁或钢加劲梁(钢板梁、钢箱梁或钢桁梁)上采用混凝土桥面，既可降低工程造价，又提高了抗弯、抗扭刚度，且有利于抗风。

2. 混合梁

混合梁的技术优势是利用了钢梁自重轻且强度高的特点形成桥梁的主跨，利用混凝土自重和刚度大的特点形成边跨以平衡主跨的恒活载作用。混合梁最初应用在斜拉桥的主梁中，其后不断发展并应用于悬索桥、拱桥和梁桥等结构体系的主梁设计。

斜拉桥主梁钢-混混合形式应用非常广泛，德国在 1972 年建造的 Kurt-Schumache Bridge [跨径(287.04+146.41)m]是第一座独塔混合梁斜拉桥，也是混合梁结构形式在斜拉桥的第一次应用，而后在该桥的经验基础上，于 1979 年建成了主跨 368 m 的 Flehe Bridge，其是当时最宽的桥梁。如今混合主梁的结构形式得到了广泛的应用，法国主跨 856 m 的诺曼底大桥(1994 年)、日本主跨 890 m 的多多罗大桥(1999 年)以及我国主跨 1018 m 的昂船洲大桥(2008 年)、俄罗斯主跨 1104 m 的俄罗斯岛大桥(2012 年)等都是采用混合主梁的形式，应用混合主梁的桥梁跨度突破了千米。

早期梁式桥梁中混合梁结构形式的应用主要出现在跨线桥中，德国于 1980 年修建的主跨 140 m 的 Mosel 桥，采用了中跨钢梁和边跨混凝土梁形式；在日本，随着钢结构在桥梁中的应用，大量的混合梁结构体系出现在梁桥中，如 2000 年修建的主跨 118 m 的新川桥，2007 年修建的主跨 150 m 的大牟田高架桥。在我国，混合梁结构在梁桥中的应用主要是在中跨中间部分采用钢主梁以减小结构总体质量，增强跨越能力。主跨 330 m 的重庆石板坡长江大桥复线桥就是在中跨 108 m 使用了钢主梁，图 1-19 为该桥钢梁段起吊安装照片。

图 1-19　重庆石板坡长江大桥复线桥混合梁吊装施工

3. 混合结合梁

在混合梁的基础上，将大跨度桥梁常用的闭口箱梁改为开口箱梁，箱梁的顶板采用混凝土结构，构成混合结合梁，目前其已应用在我国的多座铁路斜拉桥中，参见文献[38]。我国第一座 300 m 跨度的无砟轨道桥梁——昌吉赣高铁赣江特大桥斜拉桥主梁就采用了混合结合梁结构形式，其边跨为混凝土箱梁，主跨为钢-混凝土箱结合梁，采用开口钢箱-混凝土顶板结合梁截面，如图 1-20 所示，其中的混凝土顶板满足了无砟轨道的刚度需求。

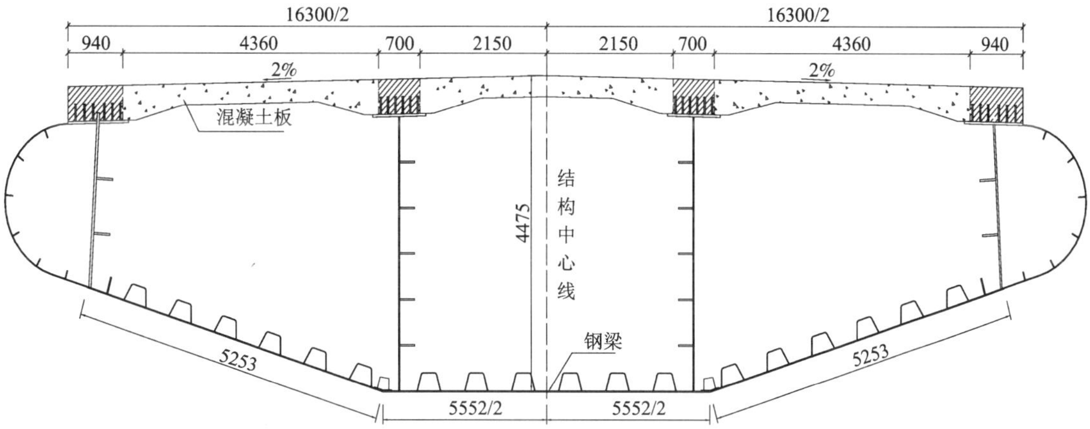

图 1-20　开口钢箱-混凝土顶板结合梁截面(单位：mm)

此外，近年的研究和应用表明，利用组合结构技术加固既有混凝土桥梁，具有很好的发展前景。

[**思政元素**] 优势互补；协同发展；协作精神

[**素材作者**] 郭文华

1.6　列车-桥梁振动发展历程

1.6.1　国外发展历程

1825 年英国建成世界上第一条铁路，开启了人们探索车桥耦合动力作用规律的篇章。由于车桥振动分析具有较大的难度与深度，早期的模型并未考虑系统的随机性，而以确定性时程分析结合现场实测来开展车桥振动研究。在计算机广泛应用前，主要研究手段为试验研究和解析理论分析。1849 年，Willis、Stoke 最先开展了车桥振动理论与试验研究。1887 年，Robinson 发表了桥梁振动的初步理论分析结果与试验测试结果，因没考虑桥梁质量，理论与实际情况出入较大。1905 年，Kolousek 按振型叠加法将轮轨锤击力模拟为单周期作用力得出了连续梁桥竖向振动解，获得了连续梁、刚架和拱桥的车振响应。

试验研究方面，20 世纪初期美国组织了大规模原型试验，并首次提出了“冲击系数”和“冲击系数曲线”的概念。在随后的试验中，又提出了“临界速度”的概念。20 世纪 30 年代，苏联进行了大量试验，主要考虑桥梁的横向振动并提出“帷幕”理论和“侧向摇摆”理论。由于前后试验条件的差距，他们的结论指导意义不大，但冲击系数和车桥共振等概念一直沿用至今。1934 年，Inglis 简化列车荷载为移动的周期力与惯性力，并用试算法求出了车桥振动微分方程的近似解，对车桥振动研究的发展产生了决定性的影响。1937 年，Schallenkamp 将桥梁挠度与轮对惯性力展开为傅里叶级数，分析了独轮过桥问题。

理论研究方面，针对简化的车桥竖向模型，用解析法求得精确解或近似解。1922 年，Timoshenko 求得了匀速简谐力通过简支梁的解析解，并从理论上解释了“共振”现象。1953 年，Muchnikov 结合积分方程法和伽辽金法分析了桥梁自重加活荷载时的振动问题。1956 年，Mise 和 Kunii 等完善了 Inglis 的理论，提出桥梁移动荷载作用下强迫振动响应的计算方法。1960 年，Wen 考虑路面不平顺情况，应用能量法研究双轴车桥动力问题。1964 年，Biggs 得到了匀速质量对简支梁桥作用的近似解，当时他把车辆模拟成弹簧上及弹簧下质量。此间的理论研究虽然做了大量简化，但为现代车桥振动理论研究奠定了良好的基础。

20 世纪 60 年代以来，计算机及有限元的发展极大地推动了车桥振动研究，车桥振动模型的建立、激励源的模拟、计算方法等均有了跨越式发展，可建立基于实际的车辆和桥梁模型并利用数值模拟法计算振动响应。美国、日本、欧洲和我国诸多学者为车桥振动理论的发展做出了诸多贡献。

1979 年，美国伊利诺理工学院的 Chu 和 Garg 等采用较符合实际的车辆模型来分析车桥系统的振动响应。1980 年，Wiriyachai 基于此车辆模型研究了刚接、铰接及半刚接桁架桥的冲击系数和局部杆件的疲劳破坏，并分析了桥梁冲击系数受轮轨缺陷和轨道不平顺的影响。1982 年，Bhatti 更细化车辆模型，建立了具有 21 个自由度的两系弹簧的空间车辆模型，考虑车体、摇枕、转向架系统及弹簧的几何和悬挂非线性的影响，以轨道竖、横向不平顺为激励源，研究了简支桁架桥的振动响应及动力系数。1984 年，Wang 将上述车辆模型改为 19 个自由度后重新分析了桁梁的振动特性，与 Bhatti 均得到结论：桥梁空间铰接与空间刚接的杆件轴力基本相当(忽略扭转刚度)。1989 年，Vu-Quoc 等结合龙格-库塔法、线性多步法和车桥振动的非线性微分方程组，提出了无条件稳定求解相互作用问题的预测-校正算法。1991 年，Wang 又建立了具有 23 个自由度的车辆空间模型，改进了 Bhatti 的车辆模型。虽然 Chu 等人的研究未充分考虑横向蠕滑问题，但多刚体车辆模型得到了各国学者的公认，对现代车桥振动理论具有深远的影响。1994—1995 年，加拿大 Green 等提出了在频域内利用模态脉冲响应函数与模态激扰力，结合模态叠加法及 FFT(快速傅里叶变换)和 IFFT(快速傅里叶逆变换)技术求解桥梁动力响应。

早在 20 世纪 60 年代，日本就进行了较广泛、深入的车桥振动理论、试验研究。1974 年，松浦章夫建立了四轴车辆的 10 自由度车辆模型，考虑轨道不平顺，基于能量法，推导了车桥运动方程，对比分析了各参数对桥梁冲击系数的影响。1984 年，阿部英彦修订与补充了多跨简支梁竖向挠跨比限值的问题。1993 年，日本铁道技术研究所开发了新干线列车轨道结构物相互作用程序(DIATARS)，建立了 31 个自由度的车辆模型，可考虑车体部件之间非线性弹簧和阻尼，按照 Hertz 非线性弹簧和 Kalker 线性蠕滑理论分别得到轮轨竖、横向力，采用 Newmark 法迭代求解方程组。

欧洲国家也对车桥振动进行了广而深的研究。1985 年，瑞典的 Olsson 采用有限元模态技术求解车桥动力响应，通过模态坐标法有效地减少了桥梁的方程数。1988 年，意大利学者 Diana 建立了 23 自由度车辆模型，考虑轮轨关系，分析了列车及风荷载作用下悬索桥的动力问题。1989 年，Diana 研究了列车-大跨度悬索桥系统的列车动力响应及走行安全性问题，并考虑了弹性轨道的影响。1993年，Bogaert通过研究肋式拱桥的车桥竖向冲击效应提出了冲击系数的简化表达式。1996年，捷克的Fryba较早建立了接近现代车桥理论的分析模型，并研究了桥梁结构疲劳问题和随机移动荷载作用下桥梁的随机振动问题。2002年，Noda开展了轨道随机不平顺对车辆-轨道耦合系统的振动响应分析。2005年，意大利学者Biondi等提出用子结构法分析车桥系统动力响应。2009年，Dinh等利用轮轨接触模型分析了三维高速列车-桥梁动态耦合响应，考虑接触刚度与阻尼对振动响应的影响。2012年，Lombaert基于频域方法的傅里叶变换方法研究了道路不平顺作用下车桥耦合系统的随机动力特性。同年，Lu等进行了列车质量对铁路桥梁频响特性的研究分析。2013年，Youcef等采用模态叠加法研究了轨道随机不平顺作用下车桥系统的动力特性与舒适度问题。

1.6.2　国内发展历程

早在20世纪60年代，我国的李国豪教授、陈英俊教授、胡人礼高工、何度心研究员等已对车桥耦合振动进行过研究，打下了良好的基础。

自20世纪80年代以来，以中南大学、中国铁道科学研究院、北京交通大学和西南交通大学为代表的科研院校对车桥耦合振动问题进行了更为系统的理论、试验研究。

中南大学曾庆元院士提出弹性系统动力学势能不变值原理及形成系统矩阵的“对号入座”法则，为建立复杂系统振动方程奠定了理论基础，丰富和发展了结构动力学基础理论。曾庆元带领团队仿照地震波输入，以车辆构架蛇行波作为系统振动激振源，建立列车-桥梁系统空间振动方程，计算出车桥系统一定保证概率的最大响应，从而形成了一套特色鲜明的列车桥梁时变系统能量随机分析理论，著有《列车桥梁时变系统振动分析理论与应用》。郭向荣教授基于该理论研发的列车-轨道-桥梁系统动力学分析软件TBI广泛应用于我国铁路设计、运营维护等，为我国铁路事业做出了巨大的贡献。郭文华教授针对提速列车横向振动问题，提出了中小跨度桥梁的加固设计方案。曾庆元院士团队还提出了铁路钢桥的横向刚度宽跨比限值，该成果被列入《铁路桥梁钢结构设计规范》。在车桥振动分析理论的基础上，曾庆元带领周智辉、向俊等提出了脱轨能量随机分析理论，著有《列车脱轨分析理论与应用》，并将该理论应用于沪苏通长江公铁两用大桥等桥梁列车脱轨控制分析。另外，中南大学余志武教授带领团队将概率密度演化方法与车桥振动理论结合，开展了车桥系统随机振动研究，取得了大量的研究成果。

中国铁道科学研究院程庆国院士、潘家英研究员带领其研究生针对车桥耦合振动进行了系统的研究，考虑轨道不平顺的影响，轮轨间横向力采用简化的轮轨接触理论，分别建立车辆体系、转向架、轮对的运动方程组及桥梁振动方程组，用轮轨间位移关系将这两组振动方程联系起来求解，计算车桥空间振动响应。其团队成员高芒芒研究员综合考虑高速列车、轨道和桥梁的相互作用，开展了车-轨-桥耦合系统振动的研究，在大跨度桥梁刚度控制指标方面取得了很好的研究成果。

北京交通大学陈英俊教授和夏禾教授于20世纪80年代初采用模态综合法建立了包括铁路列车、桥梁墩台、支座在内的车桥系统动力相互作用模型，对桥梁振动响应与车辆运行平稳性进行了系统的分析，并研究了脉动风与列车荷载同时作用下刚梁柔拱组合桥的动力响应及其使用可靠度问题。夏禾教授和阎贵平教授等建立了横风作用下考虑轨道不平顺和车辆蛇行的车桥动力学模型，研究了脉动风、地震作用下的桥梁动力响应问题。夏禾教授团队进一步开展了多方面的研究，与香港理工大学合作，对香港青马大桥在强台风作用下的列车走行性进行了研究；与比利时鲁汶大学合作，研究了铰接式列车与桥梁动力作用问题；开展了高速铁路桥梁列车走行性研究，为我国高速铁路桥梁设计提供了理论支撑。

西南交通大学翟婉明、强士中、李小珍、蔡成标和沈锐利等教授对车桥振动问题进行了深入系统的研究，尤其翟婉明院士课题组历经十余年，在车桥基础理论与应用技术双方面取得突破性进展，其著作《车辆-轨道耦合动力学》(第一/二/三/四版)系统、详细地归纳了其课题组长期以来在车轨动力学领域的研究成果，建立了精细化的轮轨关系模型，为铁路事业、行车安全做出了巨大贡献。2011 年，翟婉明、夏禾合著的《列车-轨道-桥梁动力相互作用理论与工程应用》出版，系统地展示了历经十余年，他们课题组在基础理论和应用技术两方面取得的突破性进展，为我国铁路新桥设计、旧桥加固提供了一套先进的理论分析方法和安全评估技术。

另外，原上海铁道学院曹雪琴教授等对钢桁梁桥车桥横向振动问题进行了大量理论、实测研究，得到了一些有价值的结果。台湾大学杨永斌院士、姚忠达教授等一直致力于车桥系统动力学研究，取得了丰硕的研究成果，其著作《Vehicle-Bridge Interaction Dynamics: with Applications to High-Speed Railways》由浅入深地对列车-轨道-桥梁系统动力学建模、求解进行了详细推导，对车桥系统动力学理论进行了较好的归纳和总结。

随着世界高速铁路的大力发展，基于高速铁路的列车-轨道-桥梁耦合振动分析研究十分活跃，极大地推动了车桥耦合振动理论的发展。

[**思政元素**] 分析问题；解决问题；持之以恒

[**素材作者**] 周智辉

1.7 桥梁抗风进展

1.7.1 桥梁风毁事件

桥梁风毁事件，最著名的就是 1940 年发生的美国旧塔科马大桥(Tacoma Narrows Bridge)风毁事件。旧塔科马大桥位于美国西海岸华盛顿州的西雅图南约 50 km，横跨塔科马海湾，是一座三跨[(336+853+336)m]连续加劲梁悬索桥，桥宽 11.9 m，加劲梁为 2.44 m 高的 H 型板梁，塔高 130 m，由金门大桥设计者之一的莱昂·莫伊瑟夫(Leon·S·Moisseiff)承担大桥上部结构设计。大桥于 1938 年 11 月 23 日开始施工，1940 年 7 月 1 日建成通车。但仅仅过了 4 个月，1940 年 11 月 7 日上午大桥就发生了风毁事故(当时记录风速为 19 m/s)，如图 1-21 所示，详见 5.12 节。

大桥建成通车后，多次发生风致竖向弯曲振动(当地人称“跳跃的格蒂”)。这一现象引起了华盛顿大学的法库哈森(Farquharson)教授的关注。法库哈森教授成立了观测小组，在长达 4 个月的时间里，通过目测、经纬仪测量、16 mm 胶片的拍摄，记录了大桥的振动模态及风毁全过程，为后续的分析研究积累了极为宝贵的资料。大桥风毁后，美国政府正式委托冯·卡门(Von Kármán，流体力学大家)、安曼(Ammann，华盛顿大桥建设者)和伍德拉夫(Woodruff，旧金山奥克兰海湾大桥上部结构设计者)三位权威专家组成调查委员会进行调查

图 1-21　旧塔科马大桥风毁事件

并编制了 290 多页的正式报告。调查报告认为旧塔科马大桥和一般类似结构一样，桥梁设计充分考虑了静力(包括风)作用，但没有考虑风的动力作用，这是导致事故发生的主要原因。风致振动问题由此引起人们高度重视，经过桥梁工程师和流体力学专家的紧密合作，逐渐诞生了一门新兴学科——桥梁风工程。实际上，在旧塔科马大桥风毁之前，已有 10 余座悬索桥(吊桥)遭受风灾垮塌，具体见表 1-5。

表 1-5　历史上主要风毁吊桥一览

序号	桥名	主跨/m	所在国	设计者	垮塌年份
1	德赖堡修道院(Dryburgh Abbey)桥	74	英国	威廉·史密斯	1818 年
2	联邦(Union)桥	137	英国	塞缪尔·布朗	1821 年
3	拿骚(Nassau)桥	75	德国	罗森和沃尔夫	1834 年
4	布莱顿(Brighton)桥	78	英国	塞缪尔·布朗	1836 年
5	蒙特罗斯(Montrose)桥	132	英国	塞缪尔·布朗	1838 年
6	梅奈海峡(Menai Straits)桥	177	英国	托马斯·特尔福德	1839 年
7	拉罗斯伯纳德(Roche Bernard)桥	195	法国	勒布朗	1852 年
8	威灵(Wheeling)桥	308	美国	查尔斯·埃莱特	1854 年
9	尼亚加拉·刘易斯(Niagara-Lewiston)桥	318	美国	爱德华·塞雷尔	1864 年
10	尼亚加拉·克利夫顿(Niagara-Clifton)桥	384	美国	塞缪尔·基夫	1889 年

1.7.2　风对桥梁的作用

风是指空气相对于地球表面的运动，一般分为平均风和脉动风两部分，风灾也是自然灾害中发生最频繁的一种。由于重大工程结构风灾频发，其很早就引起了工程师对风荷载的关注。1759 年，英国工程师约翰·斯密腾(John Smeaton)就提出结构设计时应考虑平均风压，直到 1940 年旧塔科马大桥风毁事件，人们才逐渐注意到风对结构除静力作用外，还会产生更为严重的动力作用(风致振动)。风对结构构件所产生的气动作用力称为气动力，也就是通常所说的风荷载，表征在风作用下结构构件所受气动力的大小的无量纲参数称为气动力系数。

1. 风对桥梁的静力作用

风对桥梁的静力作用是指平均风对桥梁的作用，表征平均风作用在结构构件上的静力作用力称为静气动力。在横桥向风作用下，对主梁可以用静力三分力表示，在体轴上称为横桥向力、竖向力和扭转力矩，在风轴上称为阻力、升力和扭转力矩。相应的气动力系数在体轴上称为横桥向系数、竖向力系数和扭转力矩系数，在风轴上称为阻力系数、升力系数和扭转力矩系数，即静力三分力系数，可通过节段模型风洞试验测定。

由于桥梁较长且是平直的，满足条带假定，即任一桥梁断面的气动力可以代表其他断面的气动力，可以采用二维平面流场理论来研究。处在风场中的桥梁断面，在忽略其自身振动的条件下，可以看作是风场中固定不动的一个刚体。来流经过这一刚体时会产生绕流现象，使得流线分布发生改变。桥梁断面上下表面的压强差的面积分就是升力，前后表面的压强差的面积分就是阻力，扭转力矩则是由升力与阻力的合力作用点与桥梁断面的形心不一致所致。

在静气动力作用下还会产生静风失稳，即因结构的变形所引起的附加气动力超过了结构抵抗能力的增量而出现变形不断增大的失稳或发散现象，包括静风横向失稳和静风扭转发散。静风稳定性为桥梁在静气动力作用下维持平衡状态而不出现静风失稳的能力。不同桥型的静风失稳模式也会不同，如大跨度悬索桥或单索面斜拉桥可能的失稳模式有扭转发散和弯扭屈曲，需要充分考虑结构的几何非线性与外荷载非线性；而大跨度拱桥的失稳模式则主要为横桥向屈曲失稳，需要充分考虑结构的几何非线性与材料非线性。

2. 风对桥梁的动力作用

风对桥梁的动力作用更为复杂，除了风的脉动部分作用，还与结构构件的变形或振动有关，因为这种变形或振动相当于改变了气流边界条件从而引起了流场的变化。桥梁风致振动主要有抖振、涡振、颤振、驰振和风雨振等形态。

①抖振。桥梁的抖振是指在紊流作用下的随机强迫振动，是一种风致限幅振动，发生概率高，容易引起结构构件的疲劳和危及桥上车辆和行人安全。引起结构构件抖振的紊流主要有三种来源：自然风中的脉动风部分(大气紊流)、结构构件自身紊流和其他结构特征紊流。通常所说的桥梁抖振分析理论主要针对大气紊流引起的抖振。

②涡振。涡振在低风速下很容易发生，风经过结构时会产生旋涡脱落，当旋涡脱落频率与结构或构件的某阶自振频率接近或相等时，由涡激力所激发出的结构或构件的一种共振现象是一种带有自激性质的风致限幅振动。虽然是限幅振动，但大幅的涡振也会引起人们恐慌和危及桥梁与行车安全。2020 年 5 月虎门大桥发生的晃动事件就是典型的大跨桥梁涡振现象。

③颤振。颤振是桥梁结构的一种最为严重的气动弹性不稳定现象，振动的桥梁或构件由于气流的反馈作用不断吸取能量，扭转振幅逐步或突然增大产生发散性自激振动失稳，分为扭转颤振和弯扭耦合颤振。颤振最先发现于薄的机翼的扭转发散振动或弯扭耦合振动，也是动力失稳的表现。1940 年旧塔科马大桥风毁事故就是一种典型的颤振不稳定引发的灾害。

桥梁设计时须严格杜绝颤振，但随着悬索桥跨度的不断增加，桥梁越来越柔，颤振临界风速可能很难满足，为此湖南大学陈政清院士提出了“后颤振”新的理论框架。

④驰振。驰振也是桥梁结构的一种主要的气动弹性不稳定现象，振动的桥梁或构件由于气流的反馈作用不断吸取能量，横风向弯曲振幅逐步增大发生发散性自激振动失稳。驰振最先发现于结冰的电线“快马奔腾”式的大幅振动，桥梁的塔柱、拉索、吊杆等都有可能出现驰振现象。对于一定距离内的并列结构或构件，下游结构或构件因受到上游结构或构件尾流的影响还会发生尾流驰振现象。

⑤风雨振。拉索在风和雨共同作用下发生的一种驰振现象，被认为是最严重的拉索风致振动，其发生机理主要是拉索表面形成雨线从而改变了拉索的气动外形。拉索风雨振最早于 20 世纪 80 年代在主跨 402 m 的日本名港西大桥发现；我国 2000 年建成的主跨 310 m 的湖南岳阳洞庭湖三塔斜拉桥，通车不到半年就开始发生大幅的风雨振现象，中南大学风工程研究团队在国内率先用视频记录了洞庭湖大桥拉索风雨振全过程。

1.7.3　桥梁结构主要抗风措施

大跨度桥梁在设计阶段可通过理论分析、风洞试验和 CFD 数值模拟等方法进行静风稳定性检验、风致振动分析与抗风措施研究。主要抗风措施有三大类。

1. 气动措施

气动措施主要是通过改善气动外形来提高结构抗风稳定性。大跨度桥梁的结构外形与风致振动有着十分密切的关系，在不改变桥梁结构性能的前提下，适当改变桥梁的外形可极大程度上改善桥梁抗风性能。加装风嘴、导流板、稳定板，调整防撞栏杆、人行道栏杆和检修车轨道等的外形和位置，都可有效改善主梁抗风稳定性；拉索常通过表面的凹凸或缠绕螺旋线等气动措施来避免水线形成从而抑制风雨振。

2. 机械措施

机械措施主要是通过增大结构阻尼提高结构抗风稳定性。结构阻尼是抑制风致振动的主要参数，但大跨度桥梁自身结构阻尼较小，难以满足抑制风致振动的要求，需要额外提高结构阻尼。通过加装调质阻尼器（TMD）、调谐液体类阻尼器或电涡流阻尼器等各类阻尼器可加快主梁对能量的耗散速度，降低主梁的振幅，提高抗风稳定性；拉索则常通过加装油压阻尼器、磁流变阻尼器等来抑制拉索振动。

3. 结构措施

结构措施主要是通过增加结构的刚度来提高结构抗风稳定性。适当提高主梁的高度，互相连接约束、构件加劲、中央扣索和外加风缆等都是常用措施。

1.7.4　桥梁结构风洞试验

风洞是指采用动力装置产生可控制气流的管道状空气动力试验装备，工程上常用的是可模拟大气边界层风场特性（包括平均风和脉动风）的边界层风洞。目前国内已建成了数十座边界层风洞，中南大学于 2012 年建成先进的回流式双试验段边界层风洞（详见 3.15 节）。风洞试验应按相似准则对桥梁结构整体或主要构件以及来流风场特性进行模拟，可测量空气流经结构的流动现象和桥梁结构整体或主要部件的风荷载及动力响应。桥梁结构风洞试验主要包括以下几类：

1. 节段模型测力试验

节段模型测力试验是指在风洞中测量刚性节段模型受力的试验，一般指测量模型静力三分力的风洞试验。该节段模型应采用桥梁构件的刚性模型，应具有足够的刚度和强度，并满足几何相似关系。为了减小绕流三维效应和端部效应，测力节段模型端部宜安装端板，且模型的长度与宽度之比宜大于2，当不设端板时模型的长度与宽度之比宜大于4。

2. 节段模型测振试验

节段模型测振试验是指在风洞中测量弹性悬挂刚性节段模型振动的试验，一般指测量模型非定常气动力和振动响应的风洞试验。测振节段模型应采用弹簧悬挂刚性节段模型，应具有足够的刚度和强度，并满足几何相似和振型相似。非定常气动力主要通过颤振导数识别试验计算确定，颤振导数识别宜采用自由振动或强迫振动法。风振响应试验宜在均匀风场中进行，主要包括颤振试验、驰振试验和涡振试验。颤振和驰振试验主要考察主梁的颤振和驰振稳定性，并确定其临界风速；涡振试验主要考察主梁的涡振性能，并确定涡振振幅和锁定风速。

3. 桥塔气动弹性模型试验

桥塔气动弹性模型试验是指在风洞中测量桥塔自立状态气动弹性模型振动响应(或风致效应)的试验。桥塔气动弹性模型试验应模拟桥梁自立状态，并满足几何相似关系。风振响应试验宜在均匀风场中进行，必要时考虑紊流影响，主要包括驰振试验、涡振试验和抖振试验。驰振试验主要考察桥梁的驰振稳定性，并确定其临界风速；涡振试验主要考察桥塔的涡振性能，并确定涡振振幅和锁定风速；抖振试验主要考察桥塔的抖振性能，并确定抖振响应及其等效风荷载。

4. 全桥气动弹性模型试验

全桥气动弹性模型试验是指在风洞中测量全桥气动弹性模型振动响应(或风致效应)的试验。全桥气动弹性模型试验应模拟桥梁的成桥状态和主要施工阶段，并满足几何相似关系。风振响应试验宜在均匀风场或紊流风场中进行，主要包括静风稳定性试验、颤振试验、涡振试验和抖振试验。静风稳定性试验主要考察主梁的静风稳定性，确定静风失稳临界风速；颤振试验主要考察桥梁的颤振稳定性，确定其临界风速；涡振试验主要考察主梁的涡振性能，确定涡振振幅和锁定风速；抖振试验主要考察主梁的抖振性能，确定抖振响应。

5. 斜拉索模型试验

斜拉索模型试验是指在风洞中测量斜拉索节段模型或气动弹性模型振动响应的试验。斜拉索节段模型应采用足尺模型，并具有足够刚度，试验包括测力试验、测振试验或风雨振试验，风雨振试验宜模拟实际风雨环境。斜拉索气动弹性模型试验一般采用缩尺模型，需模拟拉索质量、刚度和阻尼比等参数。

1.7.5 我国桥梁抗风研究简要历程

我国桥梁抗风研究始于上海黄浦江大桥的建设。由于受1940年美国旧塔科马大桥风毁事故的影响，上海的桥梁工程师希望通过主跨200 m的上海郊区泖港大桥的斜拉桥预研究为将要建设的主跨超400 m的黄浦江大桥提供经验，1979年初，同济大学项海帆教授接下了泖港大桥的风洞试验研究任务，并于1979年底在中国气动中心4 m×3 m低速风洞中成功进行了国内首次桥梁节段模型风洞试验，拉开了我国桥梁风工程研究的序幕。北京大学的孙天风教授则在1973年就开始从事发电厂冷却塔风荷载研究，是我国最早进行结构风工程研究的主要专家之一，北京大学也于1984年建成了我国最早的直流式边界层风洞。此后边界层风洞逐渐取代低速航空风洞，成为桥梁风洞试验研究的主体风洞。

随着桥梁抗风研究水平的不断提高，研究成果为国家重大桥梁工程建设发挥了重要作用。1996年，项海帆主编的《公路桥梁抗风设计指南》出版，成为我国第一部大跨度桥梁抗风设计指导书；2004年我国颁发实施了《公路桥梁抗风设计规范》(JTG/T D60-01—2004)；2013年开始对2004版规范进行全面修订，2019年颁发实施了《公路桥梁抗风设计规范》(JTG/T 3360-01—2018)；2021年颁布实施了《桥梁结构风洞试验标准》(T/CCES 25—2021)。随着我国高速铁路的迅猛发展，大跨度铁路桥梁越来越多，列车速度越来越快，对风越来越敏感，亟须针对铁路桥梁特点建立其自身的抗风设计标准。2021年，国铁集团下达了《铁路桥梁抗风设计规范》编制任务，由中南大学牵头编制，将于2023年下半年颁布实施。

我国的桥梁抗风研究经历了20世纪70年代的初创、80年代的学习和追赶、90年代的跟踪和提高、21世纪的创新和超越几个历史阶段。伴随我国交通基础设施建设的快速发展和学科建设水平的提高，我国从事桥梁抗风研究的人员规模、风洞试验装备和重大工程应用与科学研究水平均居世界前列。

[**思政元素**] 抗风减灾；方法论——理论联系实际

[**素材作者**] 何旭辉

1.8 桥梁抗震进展

地震，历来是危害人类生命和财产安全的一大自然灾害。根据历史记载统计，全球地震主要分布在两大区带上，即环太平洋地震带和欧亚地震带。我国地处该两大地震带之间，是最为活跃的地震区域之一。事实也证明，近几十年来我国的强震频发，例如1976年唐山地震(M7.8)、1999年台湾集集地震(M7.6)、2008年汶川地震(M8.0)、2010年玉树地震(M7.1)、2013年芦山地震(M7.0)、2021年青海玛多地震(M7.4)以及2022年青海门源地震(M6.9)等。桥梁作为交通运输线的重要组成部分，一旦在地震中遭受破坏，会中断抢险救灾之生命线，使次生灾害加重，造成更大的生命财产损失。

为了减轻桥梁震害，我国的桥梁抗震工作者不断从桥梁震害中汲取经验教训，完善桥梁抗震设防原则、分析理论和试验方法，改进桥梁抗震措施，从而提升桥梁结构的抗震能力。这些成果逐步体现在我国规范的修订过程中。1976年唐山地震以后，我国于1987年和1989年分别颁布了《铁路工程抗震设计规范》(GBJ 111—87)和《公路工程抗震设计规范》(JTJ 004—89)；2008年汶川地震以后，在深入总结以往震害教训和完善设防原则、设计理论的基础上，我国对相关规范进行了修订和补充完善，先后颁布了《公路桥梁抗震设计细则》(JTG/T B02-01—2008)、《铁路工程抗震设计规范(2009年版)》(GB 50111—2006)、《城市桥梁抗震设计规范》(CJJ 166—2011)、《公路工程抗震规范》(JTG B02—2013)；2020年，《公路桥梁抗震设计规范》(JTG/T 2231-01—2020)正式颁布。

1.8.1 桥梁结构抗震设防原则

为进行合理的桥梁结构抗震设计，需首先明确其抗震设防水准。设防水准是指在工程设计中，根据客观的设防环境和已定的设防目标，并考虑具体的社会经济条件而确定的设防地震概率水平。目前，桥梁结构抗震设防原则由原来的单一设防水准逐渐向多水准设防、多目标准则的基于性能的抗震设计方向发展。

我国早期颁布的《铁路工程抗震设计规范》(GBJ 111—87)和《公路工程抗震设计规范》(JTJ 004—89)采用的都是单一水准设防、一阶段设计的方法。美国 AASHTO(美国国家公路与运输协会)规范也采用此方法，要求结构具有较小的倒塌风险，但允许发生各种类型的损伤和破坏。近几十年来，美国、日本和中国等国家的地震工程专家先后提出了"小震不坏、中震可修、大震不倒"的多级设防的抗震设计思想，即在小震(多遇地震)作用下，结构不需修复仍可正常使用；在中震(偶遇地震或设计地震)作用下，结构无重大损坏，经修复后仍可继续使用；在大震(罕遇地震)作用下，结构可能遭受重大破坏，但不致倒塌。我国现行的《城市桥梁抗震设计规范》(CJJ 166—2011)和《公路桥梁抗震设计规范》(JTG/T 2231-01—2020)均采用两水准、两阶段的抗震设计方法，即 E1 地震作用下，要求各类桥梁结构总体反应在弹性范围，基本无损伤；E2 地震作用下，可发生局部轻微损伤或不致倒塌。日本 1996 年修订版的公路桥梁抗震设计规范也采用了此设计方法。我国现行的《铁路工程抗震设计规范(2009 年版)》(GB 50111—2006)则采用了三水准、三阶段的抗震设计方法，规定了在多遇地震、设计地震和罕遇地震作用下桥梁结构应达到的抗震性能要求。新西兰最新的桥梁抗震设计规范也采用此设计方法。

1.8.2 桥梁结构地震反应分析方法

对桥梁结构进行地震反应分析并正确预测桥梁结构的地震行为是进行桥梁抗震设计的基础，也是桥梁抗震设计中最为复杂的部分。其需要解决三个关键问题：确定合适的地震输入；建立结构系统的振动方程；选择合适的方法求解得到响应。对于地震输入问题，由于实际强震记录的不足，这个问题还未得到良好的解决，目前仍是桥梁抗震设计计算中的薄弱环节，现有的解决办法是，根据桥址处的地质构造情况、地震历史资料、场地情况，并参考一些实测地震动记录来确定相关地震动参数。对于建立结构系统和求解地震反应问题，由于地震激励本身具有随机过程的性质，即地震动参数具有不确定性，所以目前发展出了两种地震响应分析方法：一是以地震动为确定过程的确定性地震响应分析，二是以地震动为随机过程的概率性地震反应分析。目前，世界各国的桥梁抗震设计规范中普遍采用的是确定性的地震反应分析方法，主要包括静力法、动力反应谱法和动态时程分析法；概率性地震反应分析方法(例如功率谱法)也被一些规范所采用。

1. 静力法

静力法是结构抗震设计早期采用的分析方法，其假定结构物与地震动具有相同的振动，将结构物(质量为 m)在地震动加速度 $\ddot{\delta}_g$ 作用下产生的惯性力视作静力作用于结构物上进行抗震计算。最大地震惯性力 F 的计算公式为

$$F=m\left|\ddot{\delta}_g\right|_{max} \tag{1-1}$$

由于静力法忽略了结构动力特性这一重要因素，把地震动加速度看作是结构地震破坏的

单一因素，因此具有很大的局限性，只适合非常刚性的结构，例如重力式桥台。

2. 动力反应谱法

反应谱法还是采用“地震荷载”的概念，从地震动出发求解结构的最大地震反应，但同时考虑了地面运动和结构的动力特性，相比静力法有很大的进步。目前这个方法被许多国家纳入相应的工程结构抗震设计规范中。下面以单质点体系（图 1-22）为例，对反应谱理论进行阐述。地震作用下单质点的振动方程为

$$m(\ddot{\delta}_g+\ddot{\delta})+c\dot{\delta}+k\delta=0 \tag{1-2}$$

式中：m、c 和 k 分别为质点的质量、阻尼和刚度；$\ddot{\delta}$、$\dot{\delta}$ 和 δ 分别为质点相对于地面的相对加速度、相对速度和相对位移。

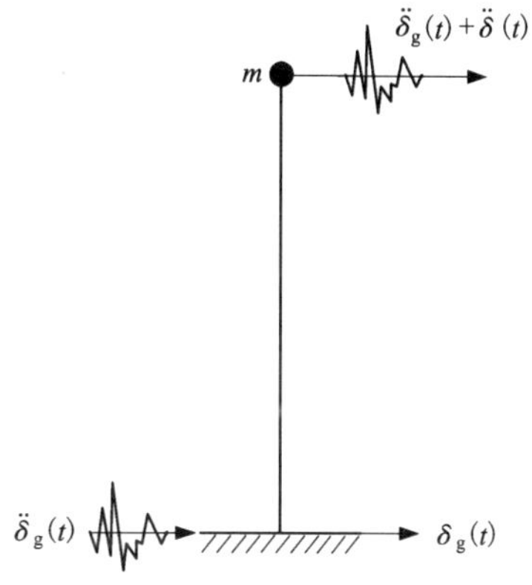

图 1-22　单质点体系

对式（1-2）进行求解，可得到振动方程中质点相对位移 δ 的时程表达式，然后对其分别求一次和二次导数，可得到相对速度 $\dot{\delta}$ 和相对加速度 $\ddot{\delta}$ 的时程。这样，对于具有不同自振周期 T_i 和不同阻尼比 ξ 的单自由度体系，在选定的地震动 $\ddot{\delta}_g$ 激励下，可以求得地震响应最大值 $|\delta_g|_{max}$、$|\dot{\delta}|_{max}$、$|\ddot{\delta}_g+\ddot{\delta}|_{max}$。在确定的 ξ 下，以 T_i 为横坐标，以 $|\delta_g|_{max}$、$|\dot{\delta}|_{max}$ 或 $|\ddot{\delta}_g+\ddot{\delta}|_{max}$ 为纵坐标绘制的曲线，称为反应谱。

以《铁路工程抗震设计规范（2009 年版）》（GB 50111—2006）为例，上述单质点体系的最大地震力 F 为

$$F=m|\ddot{\delta}_g+\ddot{\delta}|_{max}=m\left(\frac{|\ddot{\delta}_g+\ddot{\delta}|_{max}}{|\ddot{\delta}_g|_{max}}\right)|\ddot{\delta}_g|_{max}=m\cdot\beta\cdot|\ddot{\delta}_g|_{max} \tag{1-3}$$

式中：β 为动力放大系数。我国现行《铁路工程抗震设计规范（2009 版）》（GB 50111—2006）所采用的 β 曲线（阻尼比 $\xi=0.05$）如图 1-23 所示，其中 T_g 与场地类别有关。

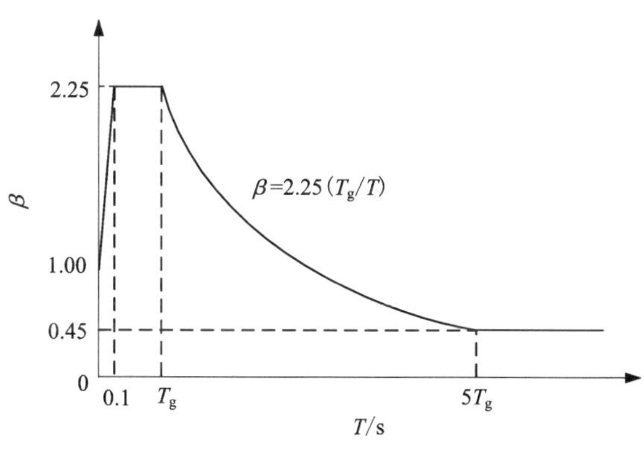

图 1-23　动力放大系数

3. 动态时程分析法

尽管反应谱方法在抗震计算分析中取得了实质性的进步和较广泛的应用，但该方法仅适

用于线弹性体系；且在分析多质点体系时，反应谱法仅能给出结构各振型反应的最大值，难以正确地对各振型最大值进行组合。随着强震记录的增多和计算机技术的广泛应用，一种被公认的抗震计算的精细分析方法获得发展，即动态时程分析法。桥梁结构的地震动方程为

$$\boldsymbol{M}\ddot{\boldsymbol{u}}+\boldsymbol{C}\dot{\boldsymbol{u}}+\boldsymbol{K}\boldsymbol{u}=\boldsymbol{P} \tag{1-4}$$

式中：$\boldsymbol{M}$、$\boldsymbol{C}$ 和 $\boldsymbol{K}$ 分别为结构的质量、阻尼和刚度矩阵；$\ddot{\boldsymbol{u}}$、$\dot{\boldsymbol{u}}$ 和 $\boldsymbol{u}$ 分别为相应自由度的绝对加速度、速度和位移列向量；$\boldsymbol{P}$ 为地震力列向量。

针对地震动方程(1-4)，动态时程分析法是以实际地震波或人工合成地震波作为结构的地震动输入，然后采用逐步积分法对其进行数值求解，计算出结构在地震过程中任意时刻反应的分析方法。动态时程分析法不仅可较好地考虑结构-土-基础相互作用、地震波相位差及不同地震波分量的多点输入等情况，同时还可以考虑桥梁的几何和材料非线性等因素。

4. 功率谱法

随着现代工程科学的发展，基于随机振动理论的功率谱法日益引起了国内外工程界和学术界的高度重视并得以推广应用。功率谱法以地震动加速度平稳功率谱作为输入对结构进行随机振动分析，得到的结果则是结构反应(位移、内力等)的功率谱密度函数及方差等统计特征，其信息量比反应谱法的计算结果丰富得多，对了解结构的地震响应特性非常有用。由它们就可以方便地计算工程师所需要的结构最大响应——通常和反应谱法所计算出的结果相当。响应的功率谱可以通过振型分析的方法计算，但与反应谱法不同的是，这里各振型之间的关系不仅可自动计及，还可以用依赖频率的响应矩阵等其他方法获得。与反应谱法相似，功率谱法不宜直接用于非线性分析。我国《公路桥梁抗震设计规范》(JTG/T 2231-01—2020)对采用功率谱法进行桥梁地震反应分析进行了规定和说明。

1.8.3　桥梁结构主要抗震措施

1. 延性抗震设计

在抗震设计中，除了强度与刚度，还必须重视和加强结构延性。目前，延性抗震设计理论已被广泛纳入各国的桥梁抗震设计规范，不同于强度理论的是，其是通过利用选定部位的塑性变形(形成塑性铰)来消耗地震能量和延长结构周期，从而减小地震反应实现抗震。

2. 桥梁减震技术

一般来说，通过正确的抗震设计可以保证结构的安全，防止结构的倒塌，而结构构件的损伤有时是不可避免的。而且在有些情况下，靠结构自身抵抗地震作用非常困难，要付出很大的代价，因此必须寻求更为有效的抗震手段。减隔震装置是一种简便经济、先进的工程抗震手段，其利用特制装置或体系，设法阻止地震能量进入主体结构或使之在强震时率先进入塑性，产生大阻尼，大量耗散进入结构体系的能量，从而减小结构的地震反应。常用的减隔震装置有分层橡胶支座、铅芯橡胶支座(LRB)、摩擦摆支座(FPI)、高阻尼橡胶支座(HDR)等。这些减隔震装置已广泛应用于我国和日本、新西兰、意大利、美国等桥梁的抗震设计与加固中。除此之外，黏滞阻尼器、磁流变阻尼器、调谐质量阻尼器、电涡流阻尼器、形状记忆合金、压电晶体片、磁致伸缩材料以及组合减震措施等也逐渐应用于桥梁结构的减震控制中。

1.8.4　桥梁结构抗震试验方法

随着计算机技术和计算方法的飞速发展，结构抗震的理论分析方法已经日趋完善，可以

很容易地进行复杂结构系统的地震反应模拟。但是对于非弹性反应的结构或包含有速率相关特性构件的结构，由于理论分析中简化数学模型引起的不确定性，计算结果的精度受到限制，试验研究成为评价此类型结构抗震性能的一种较可靠的方法。结构抗震试验研究近年来也得到了很大的发展，常用的抗震试验方法包括拟静力试验、地震模拟振动台试验、子结构试验。

1. 拟静力试验

该方法是使试件在荷载或变形控制下经历低周反复加载的过程，并在这个过程中实现从弹性变形阶段到破坏阶段的试验方法。拟静力试验常用的设备为 MTS 电液伺服测试系统。其优点是操作简单、成本低，能够最大限度地得到试件的信息，如承载力、刚度和耗能等，应用最多；其缺点是不能获取结构地震反应的全过程，也不能考虑惯性力和阻尼力的影响。

2. 地震模拟振动台试验

地震模拟振动台试验（以下简称振台试验）原理是，把结构试验模型放在一个刚性的平台上，利用加载设备使台面再现各种类型的地震动，试件产生与地震发生时相同的振动。该试验方法的优点是可以真实反映结构在地震作用下的响应；其缺点是试验花费高，台面尺寸以及承载能力的大小决定了该方法基本仅限于缩尺结构模型试验。地震模拟振动台介绍详见 3.14 节。

3. 子结构试验（拟动力试验）

为克服拟静力试验和振动台试验方法的缺陷，一些学者提出了用试验方法和数值积分方法相结合的方式进行结构抗震试验，即子结构试验方法。其步骤为：①采用逐步积分方法计算地震荷载作用下的结构位移；②以一种准静态的方式将计算得到的位移以拟静力试验的方法施加于重点研究的结构构件；③测量构件的恢复力并反馈给计算模型；④根据测量得到的恢复力和已知地震荷载进行下一荷载步计算。与振动台试验相比，其优点是可以较方便地进行大比例模型甚至足尺模型试验，而且可以近距离观测构件局部破坏特性；与拟静力试验相比，其通过数值方法考虑了惯性力和阻尼力的影响，试验结果代表了结构的真实地震反应。

综上所述，地震是一种偶发的且有时也是毁灭性的自然灾害，但可以通过提高桥梁的抗震能力减轻震害和减少损失。桥梁工程作为震区生命线工程，其设计的合理性将影响抗震救灾工作的大局，关系到以人为本的施政方针。随着我国综合国力的提高，势必对桥梁工程的地震安全性提出更高的要求。因此，进一步完善桥梁结构的合理抗震设计是桥梁工程师的使命，其重要性应当融入每位工程师的血液中。

[**思政元素**] 抗震救灾；生命线工程；工程师的使命感

[**素材作者**] 杨孟刚

1.9　我国交通基础设施建设的发展与“桥梁贡献”

1.9.1　我国交通基础设施建设发展历程

1. 改革开放前，相对落后

1949 年，全国公路通车里程仅 8.07 万公里，公路密度仅 0.8 公里/百平方公里。我国大陆用于航空运输的主要航线机场仅有 36 个，且大都设备简陋。这些机场历经多年的战乱破坏，急需改造和建设。而国内铁路建设更加落后，1876—1911年，中国修建铁路约9400 km，其中帝国主义直接修建经营的约占41%，帝国主义通过贷款控制的约占39%。中华民国时期，由于长期战争，国力衰退，中国铁路状况一直未得到改变。当时的全国人民生活只能局限在自己的“一亩三分地”，交通闭塞，全国的资源、人员流通率非常低，出行不便。1952年，中国自行设计施工、建材完全国产化的第一条铁路——成渝铁路建成通车，拉开了新中国铁路建设的大幕。

从20世纪60年代开始，我国在继续大力兴建公路的同时，加强了公路技术改造，油路面道路里程及其高级、次高级路面比重显著增大。70年代中期我国开始对青藏公路进行技术改造，同时民航建设也在同步进行。在一系列举措下，我国的交通建设开始逐渐复苏。

2. 改革开放后，高速发展

改革开放后，国民经济持续高速发展，公路运输需求强劲增长，公路基础设施建设开始发生历史性转变，主要表现在：公路建设得到中央和地方各级政府的重视，“要想富、先修路”，公路建设的重要性逐步为全社会所认识。统计数字表明，1999年，全国公路里程达到135万公里，公路密度达到14.1公里/百平方公里，为1978年的1.5倍。主要城市公路交通条件显著改善，公路交通紧张状况初步缓解。同时，县、乡公路里程快速增长，质量也有很大提高，有的省份已实现全部县道铺筑沥青路面乃至达到二级公路技术标准，全国实现了100%的县、98%的乡和89%的行政村通公路。

高速公路的建设，是改革开放后我国公路事业取得的突出成就。1988年，首条高速公路沪嘉高速公路（18.5 km）建成通车。此后，又相继建成全长375 km的沈大高速公路和143 km的京津塘高速公路。进入20世纪90年代，在国道主干线总体规划指导下，我国高速公路建设步伐加快，每年建成的高速和高等级公路由几十公里上升到1000公里以上。到1999年底，全国高速公路通车里程已达11605 km。短短10年间，我国高速公路就走过了发达国家高速公路一般需要40年走完的发展历程。

民航和高铁，后起勃发，砥砺前行。

数据显示，截至2021年底，全国铁路营业里程达15万公里，高铁营业里程超4万公里，占全世界高铁营业里程的2/3；全国公路总里程528.07万公里，高速公路以16.91万公里的通车里程稳居世界第一；我国境内颁证民用航空机场共248个，年旅客吞吐量达1000万人次以上的通航机场29个；全国港口拥有生产用码头泊位20867个，其中万吨级及以上泊位2659个，占泊位总数的12.7%，位居世界首位。

1.9.2 我国交通状况及评读

《2021年交通运输行业发展统计公报》全面展现了2021年全国交通运输系统上下勠力同心、团结奋斗取得的新成就，生动记录了加快建设交通强国征程中取得的新成绩。

1. 综合立体交通网络加快完善

全年完成交通固定资产投资36220亿元，比上年增长4.1%，两年平均增长5.6%，发挥了重要的稳增长作用。分结构看，铁路完成投资7489亿元，规模继续保持在较高水平；公路完成投资25995亿元，比上年增长6.0%，其中西部地区公路投资占比为45.3%、全国832个脱贫县公路投资占比为29.2%；水路完成投资1513亿元，比上年增长11.4%；民航完成投资

1222 亿元，增长 13.0%。在投资的支撑带动下，交通基础设施建设稳步推进，综合立体交通网络加快完善。

高效率交通基础设施覆盖范围持续扩大。截至 2021 年末，全国高铁营业里程超 4 万公里，占铁路营业里程比重超过 1/4；高速公路里程 16.91 万公里，比上年末增加 8090 公里，占公路总里程比重为 3.2%，呈现稳步提高态势；全国港口万吨级及以上泊位 2659 个，比上年末增加 67 个，占全国港口泊位比重为 12.7%，提高 1 个百分点；定期航班通航机场、通航城市（或地区）分别增加至 248 个和 244 个。

普通干线交通网结构不断完善。截至 2021 年末，全国铁路营业里程达到 15 万公里，比上年末增加超过 3600 公里，路网密度 156.7 公里/万平方公里，增加 4.4 公里/万平方公里，复线率接近六成；二级及以上等级公路里程 72.36 万公里，比上年末增加 2.13 万公里，占公路总里程比重为 13.7%，提高 0.2 个百分点；三级及以上航道通航里程 1.45 万公里，比上年末增加 140 公里，占内河航道总里程比重为 11.4%。

农村交通网络通达通畅水平稳步提升。截至 2021 年末，农村公路里程 446.6 万公里，比上年末增加 8.4 万公里，其中乡镇通三级及以上等级公路比例达 82.2%，提高 1.4 个百分点；农村快递服务营业网点数量占比提高至 30%以上，快递服务乡镇网点覆盖率达到 98%，服务满意度进一步提高。

西部地区路网规模不断扩大、结构持续优化。截至 2021 年末，西部地区公路总里程占全国公路总里程比重达 42.9%，比上年末提高 0.5 个百分点；高速公路里程占全国比重达 41.3%，提高 1.7 个百分点，路网规模和质量与东部、中部地区差距进一步缩小，为实现共同富裕战略目标提供了重要保障。

2. 运输装备进一步提档升级

大型化装备水平不断提高。截至 2021 年末，营运载货汽车平均吨位为 14.6 t/辆，比上年末增加 0.4 t/辆；普通货车中，标记吨位在 4 t 以上的货车吨位占比达 98.5%，提高 1.0 个百分点。营业性运输船舶平均净载重量为 2259 t/艘，比上年末增加 125 t/艘。

专业化装备持续增加。截至 2021 年末，全国铁路拥有动车组 33221 辆，比上年末增加 1881 辆，增长 6.0%，占铁路客车总量超过四成。公路拥有专用货车 60.39 万辆，增加 9.7 万辆，增长 19.2%，占营运载货汽车总量的 5.1%，提高 0.6 个百分点；拥有牵引车 346.68 万辆，增加 35.8 万辆，增长 11.5%，占营运载货汽车总量的 29.5%，提高 1.6 个百分点；拥有挂车 359.25 万辆，增加 24.6 万辆，增长 7.4%，占营运载货汽车总量的 30.6%，提高 0.5 个百分点。

绿色化装备趋势明显。截至 2021 年末，全国铁路拥有电力机车 1.4 万台，占铁路机车总量达 64%，比上年末提高约 1.3 个百分点。全国城市公共汽电车中，拥有纯电动车 41.95 万辆，增加 4.1 万辆，增长 10.8%；拥有天然气车 11.2 万辆、混合动力车 8.6 万辆，三者合计占公共汽电车比重达 87.0%，提高 2.7 个百分点。

3. 物流供应链保障能力不断增强

国内物流供应链保障能力进一步提升。2021 年全年完成营业性货运量 521.6 亿 t，比上年增长 12.3%，两年平均增长 5.7%。其中，铁路货运量比上年增长 4.9%，全国港口集装箱铁水联运量比上年增长 9.8%；公路货运量比上年增长 14.2%，高速公路货车流量比上年增长 6.0%；水路货运量比上年增长 8.2%，全国港口完成货物吞吐量 155.45 亿 t，比上年增长

6.8%；民航货运量比上年增长8.2%，民航运输机场货邮吞吐量比上年增长10.9%。快递业务量完成1083亿件，比上年增长29.9%。

国际物流供应链安全畅通保障水平稳步提高。2021年全年中欧班列开行量达15183列，首次站上1.5万列大关，比上年增长22%。公路水运口岸继续实行"货开客关"政策，国际道路货物运输保持总体稳定，全国港口完成外贸货物吞吐量47.0亿t，增长4.5%，其中煤炭外贸进港量大幅增长21.3%，原油、铁矿石外贸进港量与上年基本持平，规模保持高位；完成外贸集装箱吞吐量1.6亿标箱，增长7.5%；西部陆海新通道班列集装箱发送量57万标箱，增长57.5%。民航开行国际货运航班20万班，增长22%；国际航线货邮量完成266.7万t，增长19.5%。国际及港澳台快递业务量完成21.0亿件，增长14.6%。

1.9.3 交通基础设施建设中的"桥梁贡献"

1. 铁路桥梁规模

据统计，我国铁路桥梁总数超20万座，其中高铁桥梁数量已经超过3万座，总长度超2万公里，中国已经成为世界上铁路桥梁营运里程最长、在建规模最大的国家。高速铁路桥梁长度普遍占线路总长度的50%以上，其中京津城际和沪杭高铁桥梁占比接近90%，广珠城际桥梁占比达到了94.2%。京沪高铁丹昆特大桥(图1-24)全长更是达165 km，是世界上最长的桥梁。

图1-24 京沪高铁丹昆特大桥

2. 公路桥梁规模

根据交通运输行业发展统计数据，2008—2021年中国公路桥梁数量、规模见表1-6，按长度计算，2021年桥梁总长度是2008年的2.92倍，年平均增速为8.61%。截至2021年，全国公路桥梁共有96.11万座，总长7.38万公里，其中特大桥梁7417座，长度1.35万公里；大桥13.45万座，长度3.72万公里。

表 1-6　2008—2021 年中国公路桥梁统计数据

年份	总量		特大桥		大桥	
	数量/万座	长度/万米	数量/座	长度/万米	数量/座	长度/万米
2008 年	59.46	2524.70	1457	250.18	39381	884.37
2009 年	62.19	2726.06	1699	288.66	42859	981.90
2010 年	65.81	3048.31	2051	346.98	49489	1167.04
2011 年	68.94	3349.44	2341	404.28	55229	1330.05
2012 年	71.34	3662.78	2688	468.86	61735	1518.16
2013 年	73.53	3977.80	3075	546.14	67677	1704.34
2014 年	75.71	4257.89	3404	610.54	72979	1863.01
2015 年	77.92	4592.77	3894	690.42	79512	2060.85
2016 年	80.53	4916.97	4257	753.54	86178	2251.50
2017 年	83.25	5225.62	4646	826.72	91777	2424.37
2018 年	85.15	5568.59	5053	902.69	98869	2637.04
2019 年	87.83	6063.46	5176	1033.23	108344	2923.75
2020 年	91.28	6628.55	6444	1162.97	119935	3277.77
2021 年	96.11	7380.21	7417	1347.87	134500	3715.89

3. 桥梁贡献

①桥梁是跨越深沟峡谷的飞虹，是江河湖海上的丝带，是穿越广袤平原的一道线，是交织线路互通的使者，是城市立体交通的守护者，是自然界中的一道人文风景。

②从 20 世纪 80 年代“奋起直追”，90 年代“跟踪提高”，到 21 世纪“创新突破”，我国桥梁取得了系统性的创新成果，突破了一系列关键技术，形成了具有我国自主知识产权的桥梁建设技术体系。

③“以桥代路”，少占耕地，节约宝贵的土地资源，遵循绿色生态建设理念，与大自然和谐共生，为动物迁徙预留通道，有效保护了生态环境。

④100 多万座桥梁是我国人民智慧与奋斗的结晶，极大地提升了交通的便利性，突破了地缘区域障碍，增强了制造产业的活力，促进了社会经济的发展。

在党的领导下，70 多年来，我国交通运输事业实现了翻天覆地的变化，交通基础设施建设取得了举世瞩目的成就，为国民经济持续快速发展提供了强有力的支撑，从“用双脚丈量”到“有河大家走船、有路大家行车”，从蒸汽车到“复兴号”，从时速 40 km 到 350 km，老百姓也正分享着交通发展的红利。我国正在逐步由“交通大国”向“交通强国”迈进。

[思政元素] 民族复兴；交通强国

[素材作者] 杨剑

1.10 中国桥助推“一带一路”发展

1.10.1 “中国桥”的世界舞台

2013 年，我国提出了“一带一路”的合作倡议，并提出要创新合作模式，加强“五通”，即政策沟通、设施联通、贸易畅通、资金融通和民心相通。其中，“设施联通”是“一带一路”建设“五通”中的重点内容。“基础设施是互联互通的基石，也是许多国家发展面临的瓶颈。”国家要发展，基建必先行。从加强基础设施建设入手，往往能够取得比较好的效果。从实践来看，我国与“一带一路”相关国家共建最多的项目大都是基础设施项目，其中交通基础设施项目占有相当大的比例。

正是在这样的背景下，中国的桥梁建设者们走出国门，在海外开展桥梁建设项目。自“一带一路”倡议提出以来，基础设施联通领域的实践取得了实质性进展，“中国桥”也因此拥有了更广阔的世界舞台。

1.10.2 “一带一路”中的重点桥梁建设项目

“一带一路”倡议得到国际社会的广泛关注和积极响应。近 10 年来，“一带一路”建设取得了令人瞩目的成绩，其中一批有影响力的桥梁建设项目也逐步落地。下面对一些海外代表性桥梁建设项目进行介绍。

1. 孟加拉帕德玛大桥

帕德玛大桥(图 1-25)位于孟加拉国首都达卡偏西南约 40 km 处，是连接中国与东南亚泛亚铁路的重要通道之一，是“一带一路”建设的重要交通支点工程，由中国中铁大桥勘测设计院集团有限公司设计，中国中铁大桥局集团有限公司承建。帕德玛大桥的主桥为长 6.15 km 的公铁两用双层钢桁梁桥，上层为四车道高速公路，下层为单线铁路。同时，大桥还预留了天然气及光缆等其他线路设备的管道。

图 1-25　孟加拉帕德玛大桥

帕德玛大桥的建设难度是世界级的。帕德玛河下游河道宽阔、水流湍急、洪水频发，飓风、雷击等时有发生，且桥址处河床土质极其松软。因此大桥在建设过程中，遇到了巨大的挑战。在这样的情况下，施工方将 22 个主桥墩设计变更为在 6 个倾斜桩基础上再加 1 个直桩的方式，其中 11 个墩位钢管桩增设桩外“TAM”压浆管，并采用世界首创钢管桩桩侧预压技术，来进一步增强承载力。经过近 7 年的建设，2022 年 6 月 25 日，帕德玛大桥正式通车。

大桥的建成结束了孟加拉国南部 21 个区与达卡之间居民的摆渡史，更将升级孟加拉国西南部与达卡的交通运输能力，加快商品流通。经初步估算，大桥会为孟加拉国带来每年1.5%左右的 GDP 增长，受益人口超过 8000 万。此外，大桥还为泛亚铁路和亚洲公路网补上重要一环，也会成为“孟中印缅经济走廊”的关键节点。随着大桥投入使用，一个一体化程度更高的孟加拉国也会为南亚乃至其他地区的繁荣做出更大贡献。

2. 北非摩洛哥穆罕默德六世大桥

摩洛哥穆罕默德六世大桥(图 1-26)位于摩洛哥布里格里格河蓄水大坝下游约 1 km 处，横跨布里格里格河谷。大桥由中国中铁大桥局集团有限公司承建，是摩洛哥王国乃至非洲大陆建设的第一座现代化斜拉桥，也是当前非洲大陆已建成的最大跨径斜拉桥。大桥于 2016 年 7 月 7 日建成通车。

图 1-26　北非摩洛哥穆罕默德六世大桥

穆罕默德六世大桥全长 952 m，桥面总宽 30.4 m，主桥采用(183+376+183)m 叠合梁斜拉桥，主塔采用四肢分离式空间曲线型混凝土结构；主梁采用边主梁结构，混凝土边主梁之间通过钢横梁连接，钢横梁上安装预制混凝土桥面板，主塔墩采用扩大基础。“此桥最显著的特点是首次采用空间三维曲线纺锤形主塔及‘Π’型混凝土边主梁结构”，斜拉桥项目总经理赵文艺说，“我国不但为摩洛哥高水平建设了非洲最大斜拉桥，而且为摩方培养了一批桥梁工程师和技术工人”。

穆罕默德六世大桥是摩洛哥首都拉巴特绕城公路的重点控制性工程，对当地经济发展起到了极大的推动作用，成为拉巴特的新地标工程和摩洛哥王国的标志性建筑之一。大桥是我国“一带一路”建设在北部非洲成功实施的代表性项目。该桥的建成通车，展现了“中国建造”的独特魅力。

3. 塞尔维亚泽蒙-博尔察大桥

泽蒙-博尔察大桥(图 1-27)位于塞尔维亚贝尔格莱德市泽蒙区，跨越多瑙河，连接贝尔格莱德市和塞尔维亚郊区。泽蒙-博尔察大桥是中国在欧洲修建的首座大桥，由中国路桥工程有限责任公司(以下简称中国路桥)实施建设。大桥于 2014 年 12 月建成通车，结束了近 70 年来贝尔格莱德市多瑙河上仅有一座大桥的历史。

图 1-27　塞尔维亚泽蒙-博尔察大桥

大桥设计全长 1499 m，宽 29.1 m，高 22.8 m，分为南引桥、主桥、滩桥及北引桥四个部分，主桥上部结构为(95+172+95)m 预应力混凝土连续箱梁。在建设泽蒙-博尔察大桥之初，中国路桥面临的挑战是巨大的——环境陌生，管理难度大，工程质量与环保要求高。此外，该建设项目还肩负着不同寻常的政治意义。为了力保项目完成、不辱使命，经过周密的调研，中国路桥最终确定了属地化建设的根本方针，大力开发并整合当地资源，对接并融入当地市场，适应周边市场项目运作模式，着重了解并掌握欧洲建筑施工管理体系和相关规范法律，同时尊重当地文化习俗。

泽蒙-博尔察大桥建设项目的成功实施，对中国建筑企业进入并拓展欧洲市场具有重要的战略意义。正如中国路桥公司的管理层所说："通过高质量地完成泽蒙-博尔察跨多瑙河大桥项目，中国企业证明了自己有实力打开欧洲基建市场的大门。"泽蒙-博尔察大桥让欧洲人切实感受到中国基建人的专业能力和敬业精神，在国际建筑市场上为中国企业赢得了敬意。

1.10.3 "一带一路"架起"梦想之桥"

在共建"一带一路"倡议下，除了上述所介绍的桥梁，我国还有许多桥梁建设项目在海外落地扎根。这些桥梁都是中国优质基础设施建设的代表作，例如中马友谊大桥、尼雷尔跨海大桥、克罗地亚佩列沙茨跨海大桥等。中国桥梁建设者为许多国家架起了"梦想之桥"，实现了诸多"不可能"的跨越。

一座座饱含中国智慧和中国诚意的桥梁，让当地人民的幸福感更上一层楼。对于中国企业在欧洲修建的第一座大桥——塞尔维亚泽蒙-博尔察大桥，时任贝尔格莱德市长锡尼萨·马里称其让"两岸过去10年间从未被开发过的数千公顷土地有机会重获新生"。中国企业建造的东非最大斜拉式跨海大桥——尼雷尔跨海大桥，在早晚高峰时段可为两岸民众节省通行时间约1 h，同时为坦桑尼亚提供了超过1000个劳动岗位，不仅将中国技术与管理经验留在了当地，也为坦桑尼亚培养了一批桥梁建设人才。许多桥梁建设项目还为当地民众带来了大量在家门口就业的机会，并推动了旅游产业的延伸。中国力量给当地经济和百姓生活带去了切切实实的发展便利，为构建人类命运共同体履行着大国担当。

中国桥梁正逐渐超出原本的物质意义，在"一带一路"倡议下走出去的众多中国工程，更成为中外友谊的象征、增进全球互信互惠的抓手。面对早期对中国制造"质量低劣""环境污染"的抹黑，中国企业以实实在在的行动反驳了这些杂音和偏见，展示了中国制造的可靠、可信。在克罗地亚佩列沙茨跨海大桥工程中，中国的设计、施工等各环节都达到甚至超过欧盟标准，且施工海域处于自然保护区，中国用一系列努力有效杜绝了向海中排污。克罗地亚总理普连科维奇说，它不仅把克罗地亚南北领土连接在一起，也把克罗地亚和中国连接在一起。塞尔维亚泽蒙-博尔察大桥建造期间，遭遇欧洲30年一遇的极寒天气，零下20多摄氏度的多瑙河冰层上，中国工程人员依然在昼夜奋战，大桥的建设工程没有延误一天，获得了当地人民深深的敬意。不论是专业能力还是敬业精神，或是危急时刻伸出的援手，中国企业都堪称典范，不仅有力彰显了社会责任感，也增进了中外人民之间的深情厚谊。

如今，一座座凝结中国桥梁建设者匠心、智慧与汗水的合作之桥、发展之桥、友谊之桥从神州大地出发，沿着"一带一路"走向五洲四海，挺拔屹立在世界各地的高山峡谷之间、江河湖海之上。一个个天堑变通途的桥梁建设故事，彰显着中国与世界共享发展机遇、共创美好未来的愿景。

[**思政元素**] 大国担当；发展共赢；人类命运共同体

[**素材作者**] 魏晓军

本篇参考文献

[1]盛兴旺，乔建东，杨孟刚等. 桥梁工程[M]. 2 版. 北京：中国铁道出版社有限公司，2020.

[2]毛伟琦，胡雄伟. 中国大跨度桥梁最新进展与展望[J]. 桥梁建设，2020，50(1)：13-19.

[3]邹敏勇，易伦雄，吴国强. 商合杭铁路芜湖长江公铁两用大桥主桥钢梁设计[J]. 桥梁建设，2019，49(1)：65-70.

[4]何平根，姜文英，宋建平. 结构钢在我国桥梁工程中的应用及防腐蚀技术研究进展[J]. 材料开发与应用，2022，37(2)：96-100.

[5]崔嵬. 高强度钢材钢构件的研究现状和应用简介[J]. 建筑结构，2011，41(S1)：958-963.

[6]王武勤. 桥梁工程领域的技术发展状况及焦点问题[J]. 施工技术，2021，50(13)：20-33.

[7]李瑞军，牛超然. 智能材料在桥梁工程中的应用[J]. 市政技术，2010，28(4)：145-147.

[8]赵天祺，勾红叶，陈萱颖，等. 桥梁信息化及智能桥梁 2020 年度研究进展[J]. 土木与环境工程学报(中英文)，2021，43(S1)：268-279.

[9]刘俊锋，肖海珠，傅战工，等. 西堠门公铁两用大桥 5 号桥塔基础方案比选[J]. 桥梁建设，2020，50(S2)：16-22.

[10]刘杰文，黄龙华. 深水巨型钢沉井基础施工方案[J]. 桥梁建设，2003(S1)：38-43，46.

[11]闫勇，沈锐利，唐茂林，等. 轨索滑移法节段足尺模型试验研究[J]. 桥梁建设，2013，43(2)：46-50.

[12]易继武，盛希，张念来，等. 矮寨特大悬索桥钢桁加劲梁架设方案研究[J]. 施工技术，2013，42(5)：9-11.

[13]胡建华，崔剑峰. 湘西矮寨大桥设计创新技术[J]. 桥梁建设，2011(6)：54-61.

[14]陈良江，周勇政. 我国高速铁路桥梁技术的发展与实践[J]. 高速铁路技术，2020，11(2)：27-32.

[15]吴智深，刘加平，邹德辉，等. 海洋桥梁工程轻质、高强、耐久性结构材料现状及发展趋势研究[J]. 中国工程科学，2019，21(3)：31-40.

[16]朱志辉，闫铭铭，李晓光，等. 大跨度斜拉桥—无砟轨道结构变形适应性研究[J]. 中国铁道科学，2019，40(2)：16-24.

[17]皮福艳，雷俊卿，卢文良，等. 超大跨度公铁两用钢箱梁悬索桥设计初探[J]. 铁道建筑，2021，61(3)：1-4.

[18]肖绪文. 绿色建造发展现状及发展战略[J]. 施工技术，2018，47(6)：1-4，40.

[19]白伦华，沈锐利，苗如松，等. 箱梁与缆索承重桥梁理论 2020 年度研究进展[J]. 土木与环境工程学报(中英文)，2021，43(S1)：43-52.

[20]肖海珠，高宗余，刘俊锋. 西堠门公铁两用大桥主桥结构设计[J]. 桥梁建设，2020，50(S2)：1-8.

[21]李军堂，秦顺全，张瑞霞. 桥梁深水基础的发展和展望[J]. 桥梁建设，2020，50(S3)：17-24.

[22]孔祥福，符力国，张珂. 近代以来中外桥梁发展概述[J]. 山东交通学院学报，2003(2)：55-58.

[23]项贻强，刘成熹. 西方近代桥梁的杰作及对文化遗产的贡献[J]. 世界桥梁，2010(2)：70-73，78.

[24]杨鸿波，张秋信，杨健，等. 平塘特大桥总体设计[J]. 公路，2019(9)：8-11.

[25]邓文中，代彤. 重庆石板坡长江大桥复线桥总体设计[J]. 桥梁建设，2006(6)：28-32.

[26]孟凡超，刘晓东，徐国平. 港珠澳大桥主体工程总体设计[C]// 中国土木工程学会. 第十九届全国桥梁学术会议论文集(上册). 北京：人民交通出版社，2010.

[27]盛黎明，邓运清. 中国铁路预制梁[M]. 北京：中国铁道出版社有限公司，2020.

[28]李小珍，肖海珠. 高速铁路桥梁[M]. 北京：中国铁道出版社有限公司，2021.

[29]邹德辉，郭爱民. 我国铁路桥梁用钢的现状与发展[J]. 钢结构，2009，24(9)：1-5，56.

[30]毛新平，武会宾，汤启波．我国桥梁结构钢的发展与创新[J]．现代交通与冶金材料，2021，1(6)：1-5.
[31]易伦雄，袁毅，彭最．690 MPa级高性能桥梁钢工程应用[J]．桥梁建设，2021，51(5)：14-19.
[32]张玉玲，刘晓光，潘际炎．铁路桥梁用钢冲击韧性标准研究[J]．中国铁道科学，2005(3)：16-21.
[33]王振华．我国铁路预应力混凝土桥梁及标准设计的发展[J]．铁道标准设计，2004(7)：149-158.
[34]刘玉擎．组合结构桥梁[M]．北京：人民交通出版社，2004.
[35]吴冲．现代钢桥[M]．北京：人民交通出版社，2006.
[36]卫星，肖林温，宗意，等．钢混组合结构桥梁2020年度研究进展[J]．土木与环境工程学报(中英文)，2021，43(S1)：107-119.
[37]米肖松．浅谈混合梁在我国桥梁中的应用与设计要点[J]．工程建设与设计，2018(19)：115-117.
[38]罗世东，刘振标．铁路钢箱混合组合斜拉桥[M]．北京：中国铁道出版社有限公司，2017.
[39]聂建国．钢-混凝土组合结构桥梁[M]．北京：人民交通出版社，2016.
[40]曾庆元，郭向荣．列车桥梁时变系统振动分析理论与应用[M]．北京：中国铁道出版社，1999.
[41]曾庆元，向俊，周智辉，娄平．列车脱轨分析理论与应用[M]．长沙：中南大学出版社，2006.
[42]毛剑锋．基于概率密度演化理论的列车-轨道-桥梁系统随机振动分析与应用[D]．长沙：中南大学，2016.
[43]翟婉明，夏禾．列车-轨道-桥梁动力相互作用理论与工程应用[M]．北京：科学出版社，2011.
[44]夏禾，张楠，郭薇薇等．车辆耦合振动工程[M]．北京：科学出版社，2014.
[45]川田忠树．谁把塔科玛桥弄垮了？[M]．刘健新，译．北京：人民交通出版社股份有限公司，2018.
[46]陈政清．桥梁风工程[M]．北京：人民交通出版社，2005.
[47]项海帆．现代桥梁抗风理论与实践[M]．北京：人民交通出版社，2005.
[48]叶爱君，管仲国．桥梁抗震[M]．3版.北京：人民交通出版社股份有限公司，2017.
[49]罗静，刘洁．百年党史中民族复兴中国梦的整体性解读及根源探寻[J]．新生代，2021(4)：11-16.
[50]李宏宇，李元书．当代中国社会矛盾凸现的原因及其化解之道[J]．哈尔滨工业大学学报(社会科学版)，2022，24(2)：50-56.
[51]王然．梦想之桥-孟加拉国帕德玛大桥[J].一带一路报道(中英文)，2019(6)：75.

第2篇

知行合一

“知行合一”是明朝思想家王守仁提出的哲学思想，即认识事物的道理与实行其事，是密不可分的。土木工程专业培养目标大都是以国家重大需求为导向，面向工业界、面向未来、面向世界，培养土木工程行业精英和领军人才——要求掌握土木工程学科基础理论，具有良好的人文科学素养、扎实的自然科学基础，获得土木工程师基本训练，具有基本工程实践能力、社会适应能力、计算和试验研究能力、创新创业能力和终身学习能力以及比较广阔的国际视野。这一培养目标，正是知行合一人才培养理念的具体体现。

本篇以桥梁工程中所涉及的重要知识点为主线，结合工程案例，介绍桥梁工程践行知行合一的基本要义和重要成果，包括合理结构形式、设计理论、计算方法、施工工艺等。本篇共有素材19个，涵盖桥梁上下部结构、不同桥梁结构形式、桥梁分析中的主要力学概念以及桥梁结构施工等诸多方面的内容，贯穿了桥梁结构的设计、计算、分析、施工、绘图等不同环节，旨在通过素材学习，使读者在掌握基本原理的基础上，提升运用其服务于实际桥梁工程的水平和能力，例如根据桥梁墩台与基础的不同形式的特点来进行实际工程的桥梁下部结构选型，根据各种不同桥梁结构形式的特点与优势提出其适应场合，等等。

桥梁结构形式多样，体系复杂多变，且在不断的创新发展中，本篇仅以几个主要知识点为例抛砖引玉，希望读者能举一反三，将桥梁结构的基本原理和方法与实际应用和创新统一起来，真正做到知行合一。

2.1 桥梁结构的基本体系

桥梁，作为一种跨越障碍时使用的建筑结构，其最基本的体系分为梁、拱和索。梁以受弯为主，拱以受压为主，索以受拉为主，由此构成了最基本的三类桥梁结构体系，分别为梁桥、拱桥和悬索桥；将墩台和主梁固结，其结构的受力特点介于拱与梁之间，此类结构体系称为刚架桥；由两种及以上基本结构体系组成的桥梁，则称为组合体系桥。

2.1.1 梁桥

梁桥在竖向荷载下，主梁以受弯为主，支点只产生竖向反力，如图 2-1 所示。梁桥按主梁结构形式分为实腹梁(简称梁)或桁架梁(简称桁梁)。实腹梁承受弯矩和剪力，而桁架梁的杆件则主要承受轴向力。梁桥又可分为简支梁桥、连续梁桥、悬臂梁桥和连续刚构。

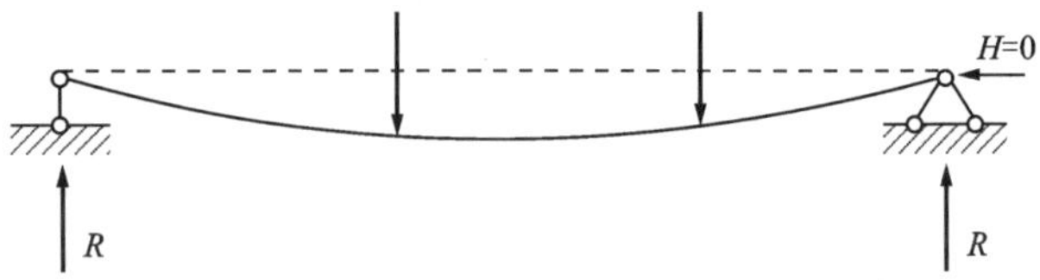

图 2-1 简支梁桥受力简图

桥梁起源于大自然，人们从倒下的树干中思索梁桥的建造，并不断推陈出新，探索着梁桥的更多可能性。我国是文明古国，在桥梁建设史上写下了不少光辉灿烂的篇章。以梁为主要承重构件的桥，是我国最早出现的桥型，远在殷代即已创建。最原始的梁桥为独木桥，进而发展为几根竹、木并置，增强了稳定性。其后梁桥不断演进，在用材方面以石替代竹、木；在结构方面则逐步发展创新，出现了辅助吊杆梁桥、八字撑架梁桥和伸臂梁桥(图 2-2)等结构形式，并由单孔梁桥发展到多孔梁桥。多孔梁桥的支承一般采用木柱、石柱或石墩，也有用铸铁柱的。由于梁桥构造比较简单，施工简便，尤以石梁桥材料耐久、维修省力，所以成为最普遍的桥型。

现代桥梁中，梁桥仍是应用最多的结构体系，占比超过 85%。重庆石板坡长江大桥复线桥(如图 2-3 所示，目前为世界跨径最大的梁桥，主跨 330 m)、挪威新施托姆桥、广东虎门大桥辅航道桥等都是近年来具有代表性的大跨径梁桥。

图 2-2 人行伸臂梁桥

图 2-3 重庆石板坡长江大桥复线桥

2.1.2 拱桥

拱桥在竖向荷载作用下，主拱以受压为主，拱脚有竖向反力和较大的水平推力，无铰拱还有支承弯矩，如图 2-4 所示。如果拱轴线设计合理，拱在竖向荷载作用下只受压不受弯或者受到较小的弯矩作用。

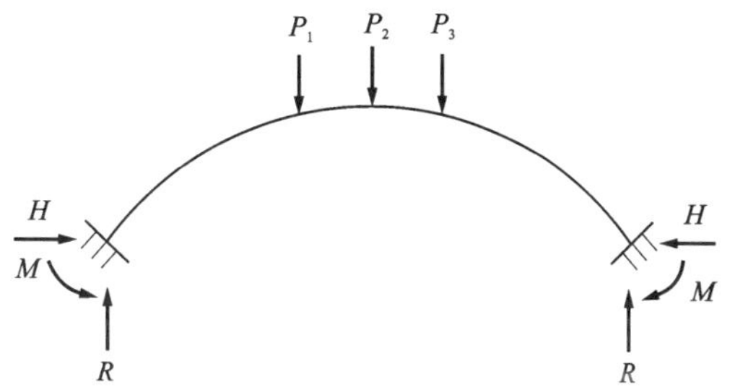

图 2-4 无铰拱桥受力简图

中国的拱桥始建于东汉中后期，已有1800 余年的历史。它是由伸臂木石梁桥、撑架桥等逐步发展而成的。中国的拱桥独具一格，形式之多、造型之美，世界少有。由于中国是一个多山的国家，石料资源丰富，因此古代拱桥以石料为主。具有代表性的赵州桥，始建于隋代，是世界上现存年代久远、跨度最大、保存最完整的单孔坦弧敞肩石拱桥，其建造工艺独特，在世界桥梁史上首创“敞肩拱”结构形式，具体参见 6.1 节。

随着混凝土和钢材的出现，拱桥的建筑材料不再局限于石材，钢筋混凝土拱桥、钢拱桥、钢管混凝土拱桥等应运而生。钢筋混凝土拱桥适合中小跨径拱桥的建造，其中尤以我国 20 世纪 70—80 年代广泛采用的双曲拱桥为代表。大跨度钢拱桥国外建设较早，而我国起步较晚，具有代表性的有澳大利亚悉尼港湾大桥（主跨 503 m，1932 年建成）、上海卢浦大桥（主跨 550 m，2003 年建成）、重庆朝天门长江大桥（主跨 552 m，2009 年建成，如图 2-5 所示）等。钢管混凝土拱桥是我国近二十多年来快速发展并广泛兴建的拱桥形式，2020 年建成通车的主跨 575 m 的广西平南三桥（图 2-6）是目前世界上跨径最大的钢管混凝土拱桥。正在建设中的广西天峨龙滩特大桥，为上承式劲性骨架混凝土拱桥，主跨为 600 m，该桥将再次刷新拱桥的跨径纪录。

图 2-5 重庆朝天门长江大桥

图 2-6 广西平南三桥

2.1.3 悬索桥

悬索桥由主缆（缆索）、索塔、加劲梁、吊杆、锚碇和索鞍等组成，在主缆上悬挂吊杆，吊起加劲梁，因此，主缆是主要承重结构，为典型的受拉构件。索与梁、拱受力明显不同的是：梁具有较大的抗弯刚度，拱抗压能力强，而索是柔性的，只有抗拉刚度，既不能抗压，也不能抗弯。

关于索桥的起源，有人认为是受“猴桥”启示，人们相继发明了以藤、草、竹制成索来建造索桥，这便形成了早期索桥的雏形。后来，随着冶炼技术的发展，形成了一种独特的以铁链成索的铁索桥，泸定桥(参见6.3节)就是其中的典型代表。现代悬索桥由索桥演变而来，是目前大跨径桥梁的主要结构形式，尤其在主跨1000 m以上的桥型选择中具有很强的竞争力。由于悬索桥可以充分利用材料的强度，有用料省、自重轻的特点，因此悬索桥在各种体系桥梁中的跨越能力最大。1998年建成的日本明石海峡大桥(参见5.19节)的跨径为1991 m，该桥保持了24年之久的世界上已建成的最大跨径桥梁纪录，直到2022年3月才被土耳其的1915恰纳卡莱大桥(如图2-7所示，主跨2023 m)打破。我国目前已建成的跨径最大的悬索桥为2019年建成通车的武汉杨泗港长江大桥，主跨为1700 m；建设中的张靖皋长江大桥的主跨2300 m的主航道桥(图2-8)建成后将成为世界上最大跨度桥梁。

图2-7　土耳其1915恰纳卡莱大桥

图2-8　张靖皋长江大桥效果图

2.1.4　刚架桥

刚架桥的特点是桥跨和墩台刚性连接成整体，它与连续刚构桥的区别是桥墩的刚度较大，在桥墩底部会产生较大的水平反力和支承弯矩。其类型有T型刚构、门型刚构和斜腿刚构等。

2.1.5　组合体系桥

由两种及以上基本体系组成的桥梁，称为组合体系桥。

斜拉桥属于梁-索组合体系，斜拉索一端锚在塔上，另一端锚在梁上，梁和索共同承受荷载，是应用最为广泛的组合体系桥。第一座现代斜拉桥是1955年德国DEMAG公司在瑞典修建的主跨为182.6 m的斯特伦松德(Stromsund)桥。随着我国实力的增强，中国的斜拉桥建造技术发展迅速。目前，在世界斜拉桥跨度排行榜上，中国占据一半以上。其中，在建的常泰长江大桥的主跨已达1176 m，建成后将成为世界上跨度最大的斜拉桥。

拱梁组合体系桥也应用较普遍，其受力由拱和梁共同承担，兼顾拱桥和梁桥的受力特点，组合形式也多样，包括系杆拱桥(刚性拱柔性梁)、刚性梁柔性拱、刚性梁刚性拱、连续梁拱、连续刚构拱等，其中内部超静定、外部静定的系杆拱克服了传统拱桥的下部结构需要承担很大水平推力的问题，使拱桥焕发出新的活力。

进入 21 世纪后，随着公路和铁路的快速发展，涌现出梁–拱–索、拱–刚构、拱–拱组合、斜拉–刚构、斜拉–悬索协作等新型组合桥型。

桥梁工程从来都是由需求推动，在继承中不断发展的。不同发展阶段的需求持续激活和推动着人类的创新与创造。随着新结构、新材料、新工艺、新设备的不断面世和设计理念、设计理论、设计方法、维养技术的不断发展，信息时代的桥梁设计与建造必定会有新的突破和惊喜。

[思政元素] 继承传统；推陈出新

[素材作者] 刘文硕

2.2 桥梁支座类型与设置

2.2.1 桥梁支座的功能和类型

桥梁支座是桥梁结构的一个重要组成部分，是连接桥梁上部结构与下部结构的重要部件，其功能是将桥跨结构的支承反力传递给墩台，并保证桥跨结构在荷载(包括温度和混凝土收缩徐变)作用下能满足设计所要求的变形(位移和转角)。在桥梁设计中，要求桥梁支座必须具有足够的承载能力，对设计要求的变形的约束应尽可能地小，同时应便于安装、养护和维修，并在必要时进行更换。桥梁支座是工厂制造的定型产品，通常桥梁设计人员只需进行桥梁支座的选型工作。

随着桥梁建设事业的发展，各种形式的大跨度桥梁不断涌现，对桥梁支座的承载能力以及适应位移和转角能力的要求不断提高，我国的公路、铁路桥梁上采用的桥梁支座形式由传统的钢支座发展到板式橡胶支座、盆式支座、球形钢支座等众多与各种桥型相适应的类型。桥梁支座按照容许变形性能可分为固定支座、单向活动支座和多向活动支座；按照采用的材料可分为钢支座(包括平板支座、弧形支座、摇轴支座和滚轴支座等)、板式橡胶支座(包括普通板式橡胶支座和聚四氟乙烯滑板橡胶支座等)、钢与橡胶的组合支座(包括盆式支座和球形支座等)。此外，为满足某些特殊功能需求，还研制了拉压支座、高度可调板式橡胶支座、高度可调水平盆式橡胶支座、抗震型盆式橡胶固定支座和盆式橡胶测力支座等一些新型支座以及铅芯橡胶支座、高阻尼橡胶支座、双曲面球形和摩擦摆式支座等各种减隔震支座。

2.2.2 桥梁支座布置

桥梁支座的布置需遵循一定的原则：①对桥跨结构而言，最好使得梁的下弦在制动力的作用下受压，抵消一部分竖向荷载作用在下弦时产生的拉力；②对桥墩而言，最好让制动力的方向指向桥墩中心，使墩顶圬工在制动力作用下受压而不受拉；③对桥台而言，最好让制动力的方向指向堤岸，使墩台顶部圬工受压，并能平衡一部分台后土压力。

桥梁支座的布置方式，主要根据桥梁的结构形式及桥梁的跨度、宽度等确定。

简支梁桥一端设固定支座，另一端设活动支座。为了适应温度变化、混凝土收缩等变形，固定支座端一般设置一个固定支座，其余为横向活动支座；对于公路、城市的多梁式桥或宽度较大的桥，横向需设置多个支座时，为使横向变形均匀，固定支座设置在桥梁中部。在活动支座端，与固定支座对应位置处，设纵向活动支座，其余设双向活动支座。简支梁桥的支座布置如图 2-9 所示。

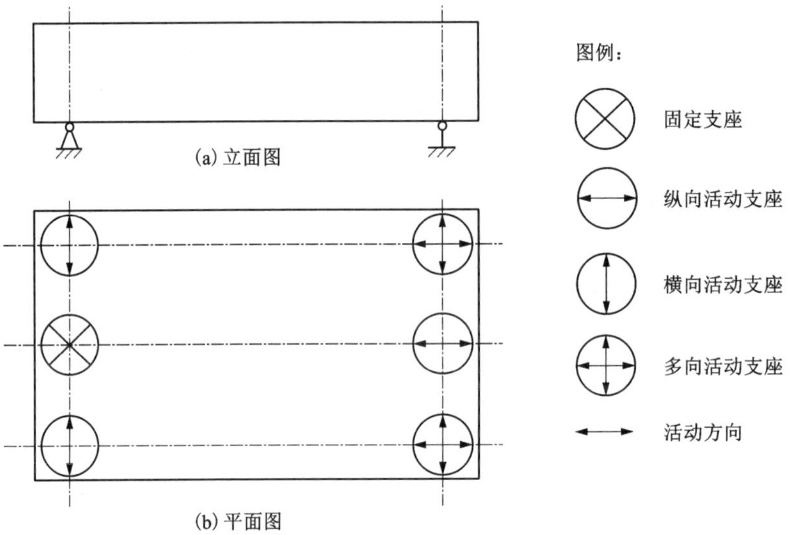

图 2-9　简支梁桥支座布置

连续梁桥一般每联从力学概念上只设一个固定支座，其他支座均为活动支座，如图 2-10(a)所示。首先确定固定支座设置的墩位：为避免梁的活动端伸缩缝过大，固定支座宜置于每联长度的中间支点上。各墩上的支座布置与简支梁类似，如图 2-10(b)所示。

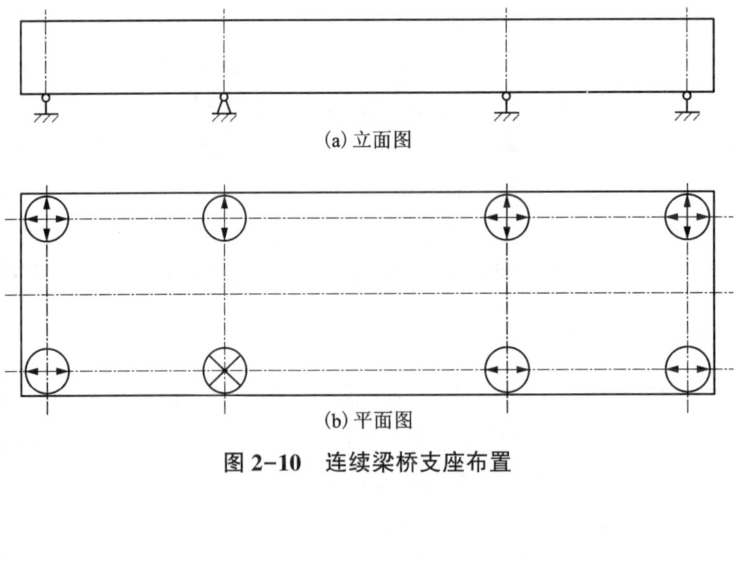

图 2-10　连续梁桥支座布置

2.2.3　桥梁支座维护

桥梁支座在桥梁工程造价中所占比例很小，往往没有引起工程技术人员的足够重视，仍然疏于对支座的日常养护维修管理，因而常常造成支座出现各种病害，进而影响整个桥梁结构的正常使用。铸钢支座、板式橡胶支座和盆式橡胶支座常见的病害包括：

①铸钢支座病害主要包括钢部件损伤、锚固件及定位件失效、上下座板变形、活动支座无法活动、位移超限、转角超限和支承垫石部位缺陷等。

②板式橡胶支座病害主要包括裂纹、钢板外露、不均匀鼓凸与脱胶脱空、剪切超限和支座位置滑动等。

③盆式橡胶支座病害主要包括钢构件裂纹和变形、钢构件脱焊、锈蚀、聚四氟乙烯滑板磨损、支座位移超限、支座转角超限和锚栓剪断等。

2.2.4　小构件、大功能

桥梁支座构件虽小，但其病害和使用性能退化对桥梁的安全、正常运营及行车安全具有重要的影响，属于具有大功能的小构件。如果不了解桥梁支座的功能，在设计阶段不正确布置桥梁支座，在运营阶段不加强对支座的养护和维修，则可能影响整个桥梁结构的正常使用，造成巨大的经济损失。

正如陈寿著《三国志・蜀书・先主传》中记载的刘备遗诏中的一句话，“勿以恶小而为之，勿以善小而不为”。善，即使是小善也必须要做；恶，即使是小恶也不能去做，做人和做事都是这个道理。支座虽然是桥梁结构中的一个小构件，其造价占整个桥梁工程造价的比例也很小，但是如果能够正确理解支座的功能，在设计和施工阶段正确布置和安装支座，在运营维护阶段认真养护和维修支座，则可保证整个桥梁结构的正常运营，延长桥梁使用寿命，产生巨大的经济和社会效益；反之，则可能造成巨大的经济损失和安全问题，产生负面社会影响。同样，对待学习中的小疑问，一定要力争释疑，这样长期积累，就能够学好本领；在工作和生活中，要认真自省自己做的每一件事情，“勿以恶小而为之，勿以善小而不为”，切实提升自己的道德修养。

[思政元素]“勿以善小而不为”；方法论——整体与局部

[素材作者] 黄天立

2.3　桥梁墩台形式与适用场合

桥墩、桥台和基础统称为桥梁的下部结构，它们的主要作用是支承上部结构并将上部结构传来的荷载及本身自重传递到地基。

桥墩指多跨桥梁的中间支承结构，主要承受上部结构的竖向压力和水平力，还可能受风力及可能发生的流水压力、冰压力、船只和桥下漂流物的撞击力、地震力的作用。桥台是连接两岸线路或道路的桥路衔接结构，它除了支承上部结构，还起着衔接路堤和桥跨结构并挡土护岸的作用，因此，桥台在承受支座传来的竖向力和水平力的同时，还要承受台后填土及填土上附加作用引起的土侧向压力。

设计桥梁墩台时，应满足以下要求：

①有效地将荷载从上部结构传递到基础；

②具有承受各种可能的外荷载的强度、刚度及保持足够的稳定性；

③建造桥梁墩台的材料应具有经济、耐用、抗风化、抗冲击及抗腐蚀性能；

④外观自然、简洁、稳重、朴实；

⑤施工方法及工艺尽量简便；

⑥维修和维护方便，且成本低。

2.3.1 桥墩的类型及适用场合

桥墩的形式取决于桥上线路或道路、桥下水流速度、墩位处水深、水流方向与桥梁中轴线的夹角、通航及桥下漂流物情况、基底土壤的承载能力、梁部结构及施工方法等。常用桥墩一般分为重力式实体桥墩、空心桥墩、柱式桥墩、轻型桥墩和拼装式桥墩等。部分桥墩如图 2-11 和图 2-12 所示。桥墩的具体类型及适用场合思维导图如图 2-13 所示。

图 2-11 重力式实体桥墩

图 2-12 轻型桥墩

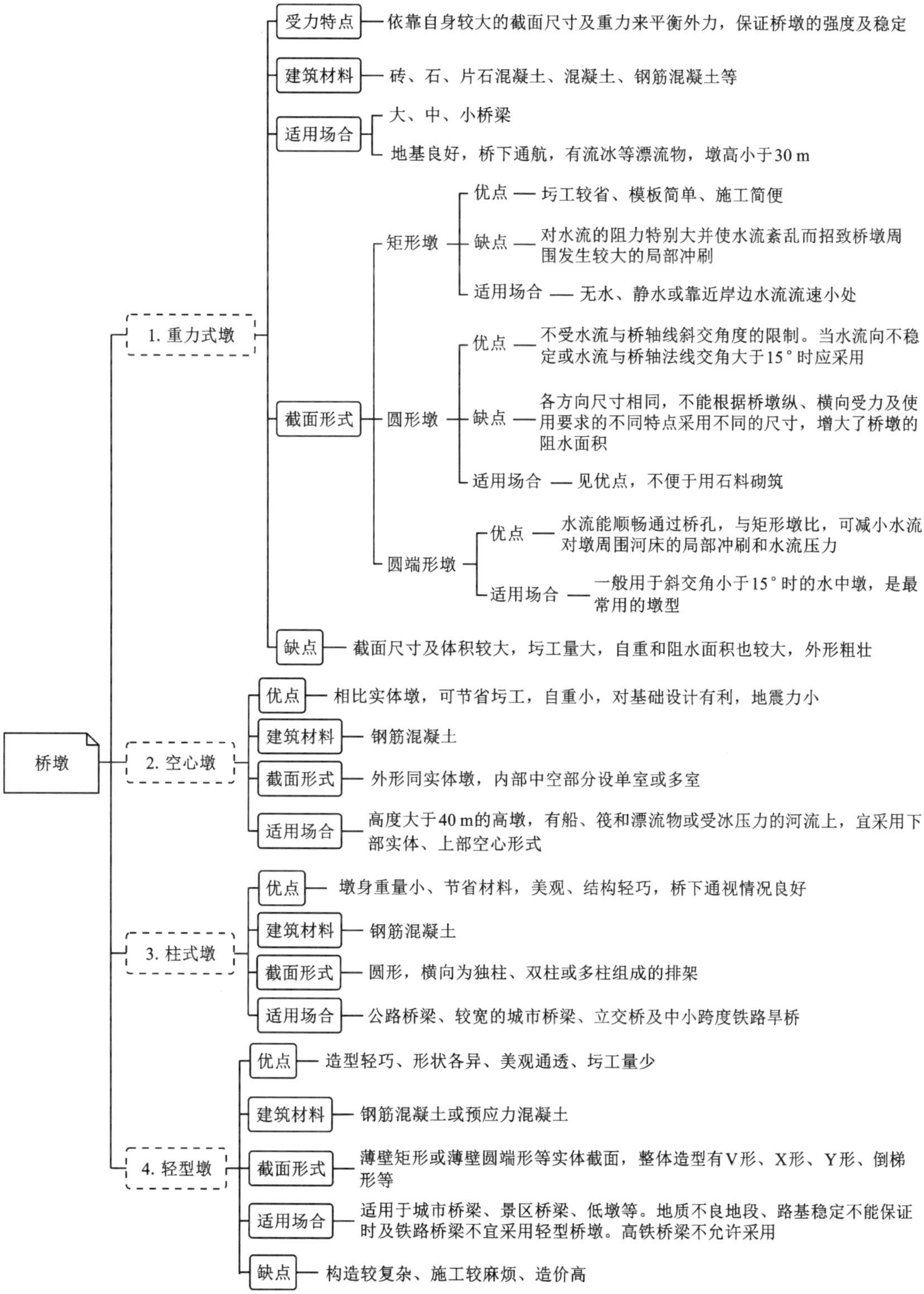

图 2-13　桥墩类型及适用场合思维导图

2.3.2 桥台的类型及特点

与桥墩类同，常用的梁桥桥台也可划分为重力式桥台和轻型桥台两种类型，其中重力式桥台为就地建造的整体式重型结构，主要靠自重来平衡台后的土压力，桥台本身大多由砌石、片石混凝土或混凝土等圬工材料建造，台帽则一般为钢筋混凝土建造。重力式桥台依据形状及台背填土情况分类，常用的有 U 型桥台、T 型桥台、埋式桥台、耳墙式桥台、挖台及一字型重力式桥台等。轻型桥台在铁路桥梁中应用很少，多在公路桥梁中采用，一般体积较小、外观轻巧、自重小、圬工体积小，它主要借助桥台各部分的整体刚度和材料强度承受外力，从而节省圬工，降低对地基承载力的要求和扩大应用范围。轻型桥台的形式多样，一般为钢筋混凝土结构。常见的轻型桥台有八字型和一字型桥台、薄壁轻型桥台、框架式桥台、锚定板桥台等。

墩台在所有的桥梁中都肩负重任，起着“顶梁柱”的作用，外观朴实无华、低调而默默无闻，既追求稳固、修身正直，又有担当，能与塔、梁、基础协作，是桥梁的中坚。我们要发扬“墩台精神”，坚守理想信念不动摇，肩负责任使命不动摇，勇挑时代重任，做民族复兴的顶梁柱。

[思政元素] 顶梁柱；肩负时代重任；人尽其才

[素材作者] 乔建东

2.4 桥梁基础与选型

2.4.1 桥梁基础的类型

桥梁基础大致可以分为浅基础和深基础。在天然地基上的浅基础主要有刚性扩大基础和条形基础两大类型，如图 2-14 所示。刚性扩大基础是重力式桥墩上最常用的基础形式，其平面形状常为矩形，沿高度方向常做成台阶状。为了保证刚性基础在荷载作用下台阶不发生断裂，要求台阶线对竖直线的夹角(扩散角)不得大于规范的容许值。条形基础多用于桥两端引道路堤的挡土墙基础。其横断面可以是矩形，也可以将其一侧筑成台阶形。

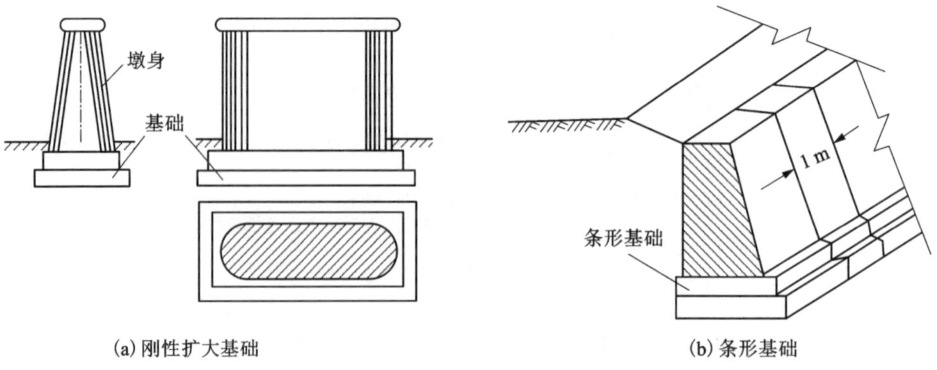

(a) 刚性扩大基础　　(b) 条形基础

图 2-14　浅基础

深基础主要包括沉井基础、沉箱基础、管柱基础和桩基础等。

沉井基础由井壁、刃脚、浮墙、井孔、凹槽、射水管、封底及盖板等组成，如图 2-15 所示，类似于“一个倒置的杯子按到泥巴里”。其中，井壁是沉井的主体部分，在沉井下沉过程中起挡土、挡水及利用本身重力克服土与井壁之间的摩阻力的作用；刃脚在沉井自重作用下利于切开土壤下沉；而射水管预埋在井壁中，当沉井下沉过程中遇到的摩阻力较大时，其通过控制水质和水量来调整下沉方向。沉井按下沉方式可分为就地制造下沉的沉井和浮运沉井。

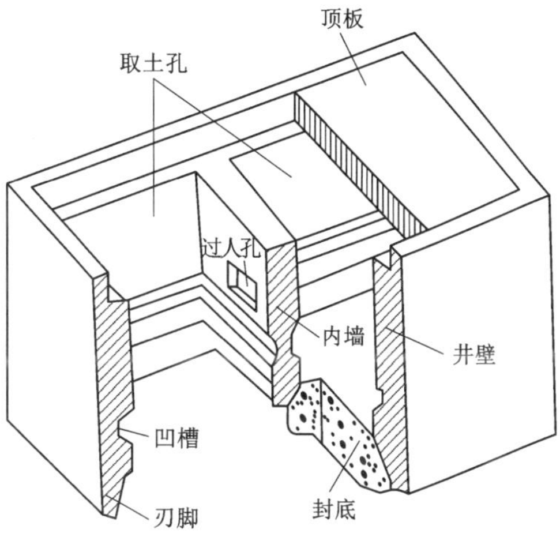

图 2-15　沉井基础

沉箱基础是一种有盖无底的箱型结构物。当采用普通沉井施工会遇到较大障碍物(如基岩表面高差较大或需凿去风化层)时，可采用沉箱基础。沉箱基础的主要构造有工作室、刃脚、顶盖、供升降的竖井及各种管路。它和沉井基础的最大差别是工人处于有一定气压条件的工作室内挖土，目的是通过气压将工作室内的水排出，故其又称气压沉箱，如图 2-16 所示。传统的沉箱基础施工对工人伤害很大，现在发展为机器人作业。

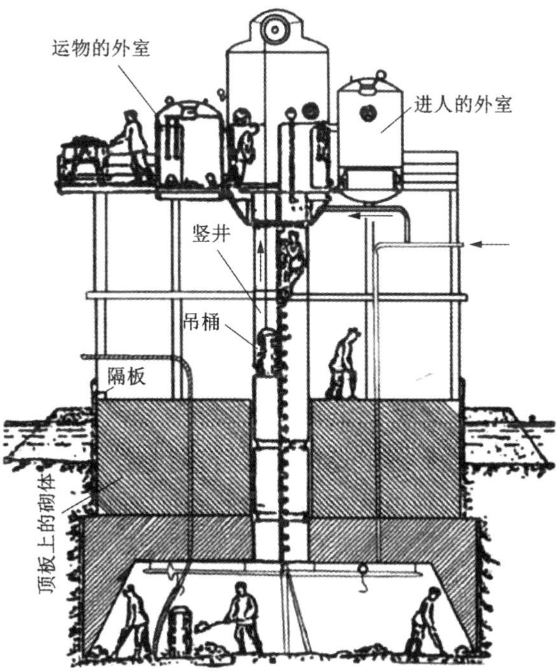

图 2-16　沉箱基础

管柱基础是我国在修建武汉长江大桥时首创的一种新型基础形式，如图 2-17 所示。管柱一般包括管柱体、连接法兰盘和管靴三部分。管柱外形类似于管桩，区别在于管柱一般直径较大，最下端一节制成开口状，在一般情况下，需依靠专门设备强迫振动或扭动，并辅以管内排土而下沉，如落于基岩，可以通过凿岩使其锚固于岩盘，类似于“一把筷子插入基岩里面”；而管桩直径一般较小，桩尖制成闭合端，常用打桩机具打入土中，一般较难通过硬层或障碍，更不能锚固于基岩。大型管柱的外形又类似圆形沉井，但沉井主要是靠自重下沉，其壁较厚，而管柱是靠外力强迫下沉，其壁较薄。

桩基础是一种最常用的深基础，它由若干根桩和承台两部分组成，如图 2-18 所示，古代以木、竹为主，现代基本上采用钢筋混凝土结构。承台以上的结构物传来的外力通过承台传给桩，再由桩传到较深的地基持力层。承台除了起传力作用，还要把各个桩顶固结在一起，使之共同受力。各桩所受的荷载则通过桩周边土的摩阻力及桩端土的抵抗力传递到土中。桩基础按施工方法可分为钻孔灌注桩、挖孔桩、打入桩和振动下沉桩等。桩基础是目前桥梁工程中应用最广泛的基础形式。

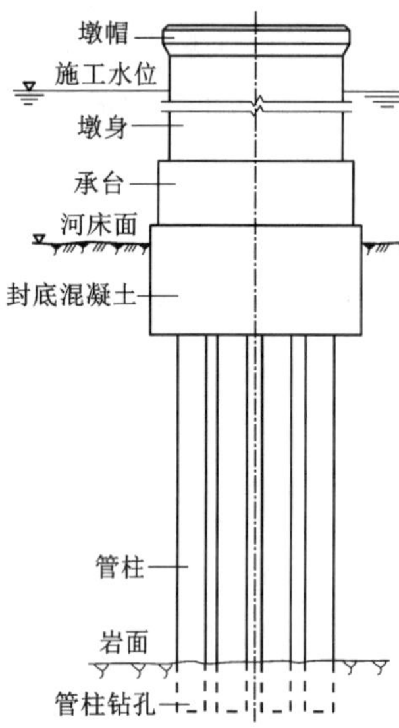

图 2-17　管柱基础

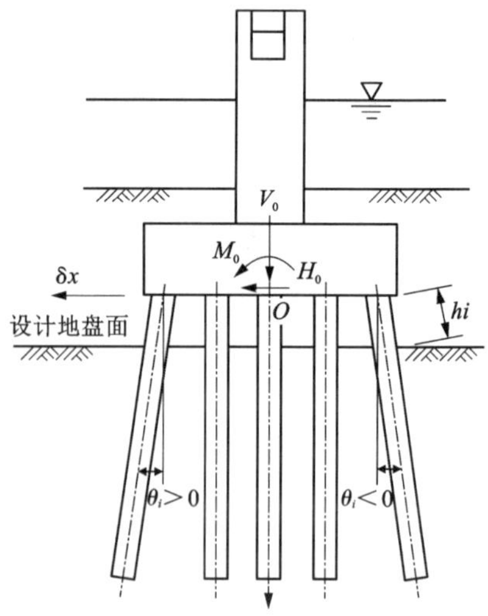

图 2-18　桩基础

此外，深水基础结构还有地下连续墙、组合基础和设置基础等结构形式。

2.4.2　桥梁基础选型实例

下面以我国的南京长江大桥为例，介绍该桥桥墩基础的选型。该桥正桥共有 9 个桥墩，根据现场水文地质条件，8 号、9 号桥墩采用了武汉长江大桥首创的管柱基础(图 2-17)。1 号墩基础采用重型沉井，沉井宽 20.2 m，长 24.9 m，全高 53.5 m，其面积比一座篮球场还大，其高度相当于 19 层高的大楼，是我国当时采用过的最大重型沉井。2 号墩墩址处施工前的水深约 30 m，覆盖层厚约 40 m，施工冲刷后的水深已超过 45 m。在这样的情况下，如采用单一的管柱基础或沉井基础，设计与施工都存在困难，故 2 号、3 号墩创新性地采用了钢沉井加管柱的组合型基础。其基本思路为：用钢沉井代替管柱基础常用的钢板柱围堰，以解决围堰过高、钢板桩长度太大、抽水太深以及管柱长细比大、桥墩位移超限等问题，并可使管柱下沉至岩盘，嵌入岩层，避免下沉深沉井的困难。

而4号、5号、6号和7号4个桥墩，墩址处水深约30 m，覆盖层厚约35 m，基岩强度低，且有挤压破碎层。在这样复杂的水文地质条件下，不仅管柱根数及钻孔深度均需增加，且有发生严重坍孔的可能。于是吸取了该桥1号墩下沉沉井的成熟经验，采用了2号、3号墩浮式钢沉井的合理布置，设计了薄壁钢筋混凝土浮式沉井基础。这4座沉井的轮廓尺寸为宽18.216 m、长22.42 m、高约55 m。如此庞大的沉井是分段建造、逐段接高下沉的。沉井底节为带刃脚底板的双层钢井壁和纵、横梁组成的水密钢结构，能自浮。底节以上为薄壁框格结构，由预制的钢筋混凝土隔墙板、就地浇筑的钢筋混凝土立柱及钢筋混凝土井壁组成。井孔内安设直径3.2 m的钢气筒，借以压气排水，保持沉井在水中悬浮一定的高度，便于沉井接高的施工，并控制沉井在水中的下沉。当沉井沉入河床后，气筒顶盖即可切除，并按经周密计算的部位及顺序灌注混凝土，逐渐增加沉井结构的强度和自重，同时以吸泥为主要手段，使沉井通过深厚的覆盖层以到达设计高程。这类沉井的独特之处，是将沉井刃脚嵌入风化岩以下0.8~1.0 m，然后以冲击式钻机、高压射水设备、空气吸泥机及沉淀盘等，清除井底风化岩，最后施工封底混凝土使沉井与基岩牢固地联结成为一个整体。因此，南京长江大桥正桥9个桥墩根据各个桥墩处的水文地质条件因地制宜地采用了4种不同的基础方案。

[**思政元素**] 因地制宜；具体问题具体分析

[**素材作者**] 严磊

2.5　斜弯梁桥的受力特点与构造处理

2.5.1　斜弯梁桥的概念及使用场合

城市中房屋密集、各种公共设施和管线密布，城市道路综合地形和排水等要求，平曲线半径一般比较小，且有一定的纵坡要求，对桥梁的标高控制也很严格，在设计立交桥、高架桥时，墩位的选择范围非常狭窄，线形的曲折很难避免。

在道路交会处，为满足交通流量需求，常将桥梁设计成多层互通立体交叉结构，桥梁的平面线形多为曲线或异形，如图2-19所示。

为适应山区地形条件，也常常需要将桥梁的平面线形设置成曲线，如图2-20所示。

工程上将这种由于受地形地质条件限制，平面线形设置为曲线的梁桥称为弯梁桥，其通常的平面布置形式如图2-21所示。

与弯梁桥不同，斜交梁桥的梁是直的，但支承边与桥梁轴线非正交。一般用斜交角φ表征斜交梁桥的倾斜程度，如图2-22所示，斜交角φ为桥梁中轴线的法线与支承边的夹角。

斜交梁桥、弯梁桥有时统称为斜弯梁桥，其构造相对于直线梁桥更复杂，工程设计中常采用“以直代曲”或“斜桥正做”的方式来处理斜弯梁桥，这些方式需加大桥跨面积，增加工程造价，对美观也有一定影响。

图 2-19　立交桥

图 2-20　山区弯梁

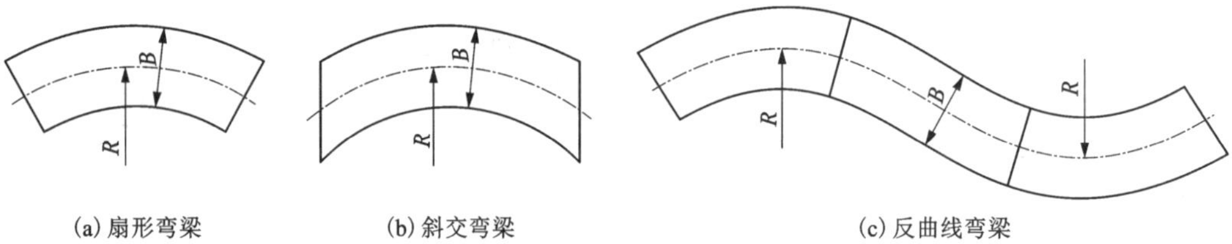

图 2-21　弯梁桥平面布置

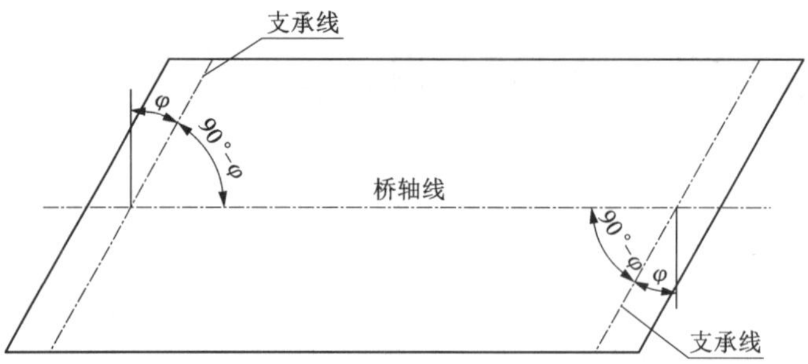

图 2-22　斜交梁桥示意

2.5.2　斜弯梁桥的受力特点

与直线梁一样，在竖向荷载作用下，斜弯梁桥会产生弯矩和剪力，但是由于平面线形和支承形式的影响，斜弯梁桥的支座反力、内力分布及温度效应等与直线梁桥有较大差异，可以说两者间是“求同存异”吧！斜弯梁桥的主要受力特点有：

①在非偏心荷载作用下，斜弯梁截面既有弯矩，也有扭矩，具有弯扭耦合作用。对于与直梁跨度相同、荷载相同的斜弯梁，同一位置的弯矩值一般比直梁稍小，但会有较大的扭矩出现，需增设抗扭纵筋及箍筋。

②由于荷载有沿支承边最短距离传递的趋势，斜弯梁横向多个支座反力一般不均匀，各支座的反力差与斜交角、弯扭刚度比、弯桥的曲率半径和支座间距等因素有关，斜交梁桥的锐角处和弯梁桥的内弧支座可能出现负反力。为了避免负反力造成的支座脱空，可考虑采用压重、拉压支座等措施避免结构体系的失效。

③当温度变化或混凝土收缩徐变时，斜弯梁桥各支座处将产生变位及平面内的约束反力，这些约束反力可能产生不平衡的旋转力矩，使得斜弯梁桥出现“爬行”的现象。如果没有可靠的措施限制此位移，可能出现梁端错位及伸缩缝破坏的现象，如图 2-23 所示。

图 2-23　梁端错位

2.5.3　斜弯梁桥的构造特征

与受力特点相一致，斜弯梁的构造也有其独特之处，以满足结构的受扭等受力之需。

为保证各主梁工作的整体性，斜肋梁桥一般均设置横隔板，其布置方式为垂直于桥梁轴线或平行于支承边，如图 2-24 所示。横隔板垂直于桥梁轴线时，其长度最小，刚度大，受力相对有利[图 2-24(a)]；平行于支承边时，构造简单，施工方便[图 2-24(b)]。

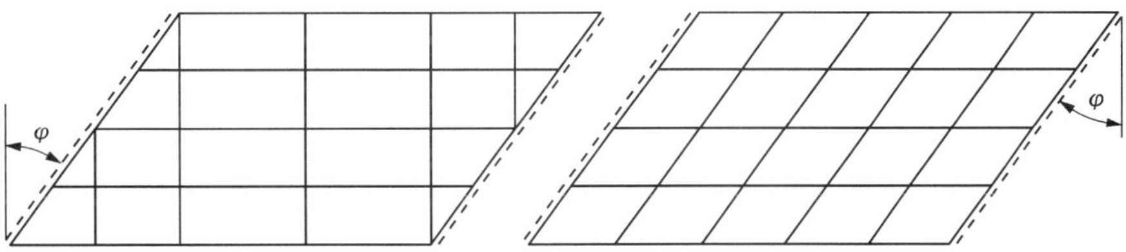

(a) 正交格子梁　　(b) 斜交格子梁

图 2-24　斜肋梁桥横隔板布置

混凝土曲线箱梁与常规箱梁的构造类似，均设置支点横隔板以承担和传递支反力，但一般增设跨间横隔板以加强箱梁的抗扭性能。弯梁预应力筋的径向力部分作用于箱梁腹板上，中间横隔板的设置也可改善箱梁的局部受力状态。

在多跨连续斜交梁桥中，两端支座多为抗扭约束，中间支座可采用抗扭双支座或点铰单支座的形式。双支座的布置方式对于抵抗上部结构的扭矩有利，但是斜置的双柱式墩不利于桥下的美观，若采用独柱墩，则要求具有较大的斜向抗弯刚度。中间墩为点铰支座时可采用独柱墩，但对上部结构的抗扭不利，一般应用于跨数不多、桥宽不大的情况，可通过设置偏心以调整梁部的扭矩大小。当中墩刚度合适时，也可将独柱墩与主梁固结。

弯梁桥的抗扭支承一般沿曲率半径方向布置，采用具有较大横向刚度的桥墩形式；点铰支承则多采用独柱墩。由于轴线处的点铰支承独柱墩不能抵抗上部结构的扭矩，只是起减小主梁跨度的作用，因此，将点铰支承设置一定的横向预偏心，可以达到调整梁内扭矩分布、控制扭矩峰值和抗扭支承处支座反力的目的。弯梁桥可每间隔2~3跨布置抗扭支座，以调整弯梁扭矩的分布；除梁端设置径向约束支座外，还应根据结构平面内刚度和温度作用大小，在各中间支点增设径向约束支座，以减小弯梁横向爬移对结构受力的影响。

［**思政元素**］一切从实际出发；求同存异

［**素材作者**］宋旭明

2.6 拱桥桥型与结构形式的多样性

2.6.1 拱桥的特点与适用范围

拱桥是桥梁工程中应用较多的桥型结构之一。在竖向荷载作用下，拱式结构在支承处不仅产生竖向反力，而且产生水平推力，正是由于水平推力的存在，拱内弯矩大大减小，从而使整个拱的受力状态以承压为主，截面应力分布较为均匀，可以充分提升材料的强度，增大跨越能力。由于拱的上述受力特点，拱桥不仅可以利用钢材、钢筋混凝土等材料修建，也可以利用抗拉性能较差而抗压性能较好的石料、混凝土等圬工材料修建。

拱桥的主要优点：①跨越能力较大，适应的跨径范围较广；②经久耐用，养护、维修费用较少；③造型美观。此外，对于圬工拱桥，其还有便于就地取材、构造简单等优点。

同时拱桥也存在以下缺点：①拱脚水平推力较大，下部结构的工程数量也相应增加，对地基条件要求较高；②施工工序较多，工艺较为复杂，在圬工拱桥施工中，难以采用高度机械化和工业化的方法，需要的劳动力多，施工工期长；③对于多孔连续拱桥，为防止因一孔破坏产生不平衡推力而影响全桥的安全，需要采取较复杂的防护措施，或者设置单向抗推力墩，增加了造价；④上承式拱桥的建筑高度大，当用于城市及平原区的桥梁时会受到限制。

随着设计理论和施工技术的不断发展，各种新的结构形式、施工工艺和材料相继应用于拱桥建造中，很大程度上使拱桥的上述缺点得到了克服和解决，扩大了拱桥的使用范围。因此，在条件许可的情况下，修建拱桥往往是经济合理的，今后拱桥仍将是我国桥梁的主要形式之一。

2.6.2 拱桥的主要类型

拱桥的形式多样，构造各有差异。按照不同的分类标准可将拱桥进行如下分类。

按照主拱圈材料，可以将拱桥分为圬工拱桥、钢筋混凝土拱桥、钢拱桥、钢管混凝土拱桥等。

按照拱上建筑的形式，可以将拱桥分为实腹式拱桥、空腹式拱桥。

按照主拱圈拱轴线的形式，可将拱桥分为圆弧拱桥、抛物线拱桥、悬链线拱桥等。

按照行车道的位置，可以将拱桥分为上承式拱桥、中承式拱桥、下承式拱桥。

作为桥梁结构工程师，更应该关心的是桥梁的结构形式和受力特点。本节针对拱桥的结构体系进行介绍。

1. 简单体系拱桥

在简单体系拱桥中，可以认为主拱单独承受自重及外荷载，行车系结构不参与受力。按照不同的静力图式，主拱可以分为三铰拱、两铰拱和无铰拱(图 2-25)。

(a) 三铰拱　(b) 两铰拱　(c) 无铰拱

图 2-25　主拱的静力图式

三铰拱为静定结构，由温度变化、材料收缩、墩台位移等原因引起的变形不会在拱内产生附加内力。因此，其适用于在地基条件差或在寒冷地区修建的拱桥。但是由于铰的存在，其构造复杂、施工及养护维修困难，而且降低了整体刚度，不利于抗震，同时造成桥面行车不平顺，因此三铰拱一般不用于主拱，常用作空腹式拱上建筑的腹拱。

无铰拱为三次超静定结构，在自重及外荷载作用下，拱的内力分布比较均匀，材料用量较省。由于没有设铰，结构的整体刚度大、构造简单、施工方便、养护维修工作量小，无铰拱在实际中使用最广泛。但由于其超静定次数较多，温度变化、材料收缩、墩台位移等在拱内产生较大的附加内力，因此无铰拱对地基条件要求较高。

两铰拱为一次超静定结构，它的性质介于三铰拱与无铰拱之间。由于取消了跨中铰，结构整体刚度较三铰拱大，而温度变化、材料收缩、墩台位移等产生的附加内力较无铰拱小。在地基条件较差而不宜修建无铰拱时，可考虑采用两铰拱。

2. 组合体系拱桥

组合体系拱桥是将行车系结构与主拱按不同的构造方式构成一个整体，以共同承受荷载。常见组合体系拱桥有拱梁组合体系、拱桁架和拱刚架组合体系以及刚架系杆拱桥等。

(1) 拱梁组合体系

拱梁组合体系将拱和梁两种基本结构组合起来，充分发挥拱受压、梁受弯的特性及其组合作用。这种体系又可分为无推力式(图 2-26)和有推力式(图 2-27)两类。

通常无推力式拱梁组合体系使用较广泛，整体上属于外部静定、内部高次超静定结构，兼有拱跨越能力较大和简支梁对地基适应能力强的特点。其结构组成包括拱肋、系杆(梁)、吊杆、行车道板(梁)及桥面系等。系杆是将两拱脚相互联系在一起的水平构件，在受弯的同时还承受拱的水平推力，因而避免了靠墩台承受水平推力，放宽了对地基条件的要求。吊杆承受节点荷载，尺寸较小，只承受拉力。

根据拱肋和系杆的尺寸大小及布置情况，无推力式拱梁组合体系可分为以下几种形式：

①柔性系杆刚性拱，简称系杆拱，如图 2-26(a)所示，系杆和吊杆均为柔性杆件，只承受轴向拉力，基本不承受弯矩。系杆的刚度远小于拱肋的刚度，组合体系的荷载基本上由拱肋承受，系杆平衡了拱的推力，从而减轻墩台负担，使这种体系能用于软土地基上。

②刚性系杆柔性拱，又称蓝格尔拱，如图 2-26(b)所示，拱肋的刚度与系杆的刚度相比

要小得多，拱肋分配到的弯矩很小，而刚性系杆不仅承受拱的推力，还要承受弯矩，成为拉弯组合的梁式构件。这种体系相当于把桁架弦杆与梁组合起来，以梁为受力主体，曲线桁架对梁加劲。其特点是内力分配均匀，刚性系杆与吊杆、横撑组成刚度较大的桁架，拱肋不会发生面内S形变形，在适用跨度内拱的稳定性有充分保证。

③刚性系杆刚性拱，又称洛泽拱，如图2-26(c)所示，介于上述两种体系之间，拱肋和系杆都有一定的抗弯刚度，荷载引起的弯矩在拱肋和系杆之间按刚度分配。由于拱肋和系杆是刚性的，其端部连接也是刚性的，故这种体系刚度较大，适用于设计荷载较大的桥梁。

如果将上述三种形式的直吊杆改为斜吊杆，则称为尼尔森体系拱，如图2-26(d)~图2-26(f)所示。斜吊杆与拱肋和系杆的连接构造稍显复杂，但这种体系与桁架结构相似，内力分配更均匀，整体刚度更大，与竖吊杆相比，可节省材料10%~15%。

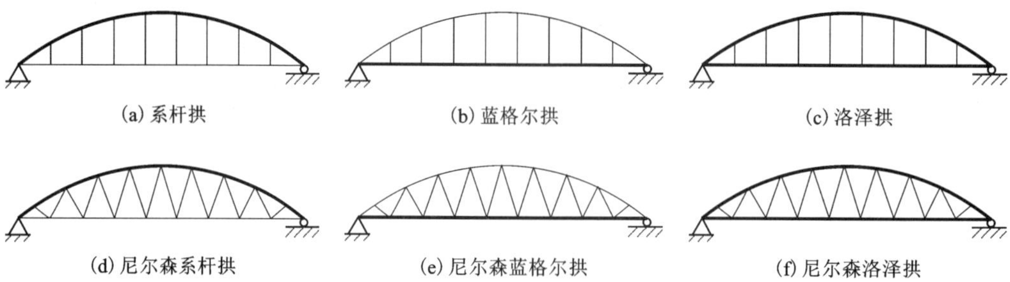

图2-26　无推力式拱梁组合体系

有推力的拱梁组合体系没有系杆，由单独的梁和拱共同受力，拱的推力仍由墩台承受。图2-27(a)为刚性梁柔性拱(倒蓝格尔拱)，图2-27(b)为刚性梁刚性拱(倒洛泽拱)。

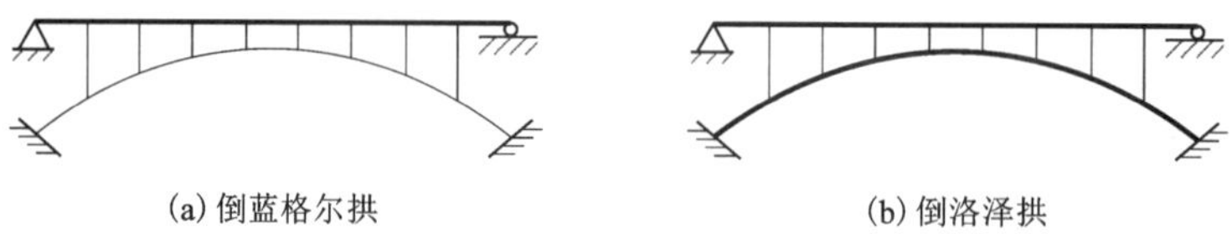

图2-27　有推力式拱梁组合体系

此外，近年来其他形式的拱梁组合体系桥梁，如连续梁(刚构)-拱组合体系、悬臂梁-拱组合体系也得到了广泛的应用。

(2)拱桁架和拱刚架组合体系

拱与桁架的组合体系称为桁架拱[图2-28(a)]，拱与刚架的组合体系称为刚架拱[图2-28(b)]，这两种形式只能用于上承式，是上边缘与桥面纵向平行、下边缘为拱形的有推力结构，沿桥梁的横向分成若干桁架或刚架拱片，并将行车道系与各拱片连接成整体共同受力，因此也可统称为拱片桥。

拱片桥的拱脚可与墩台铰接或固结，它的推力由墩台承受，因此其属于轻型拱，推力较小。当采用两铰结构时，温度变化、墩台位移等引起的附加内力较小，对地基条件要求不高。拱片桥的造型美观、结构轻巧，因而得到了较广泛应用。

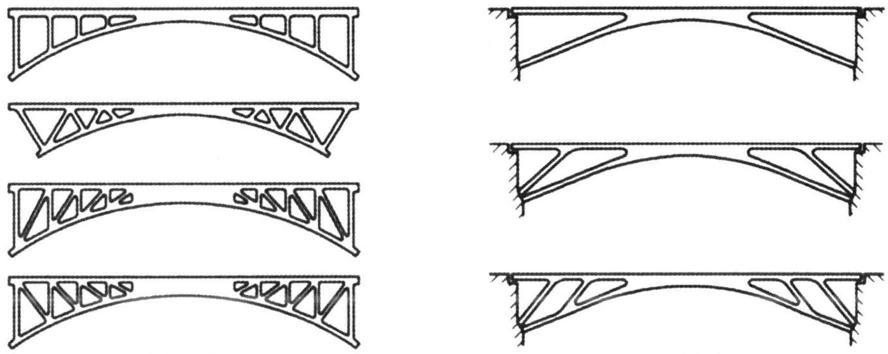

(a) 桁架拱　　(b) 刚架拱

图 2-28　拱片桥

(3)刚架系杆拱桥

刚架系杆拱桥是近年来随着钢管混凝土拱桥的应用而出现的，其结构形式的特点是拱肋与桥墩固结，不设支座，属刚架结构，又带有系杆，故称为刚架系杆拱桥，如图 2-29 所示。

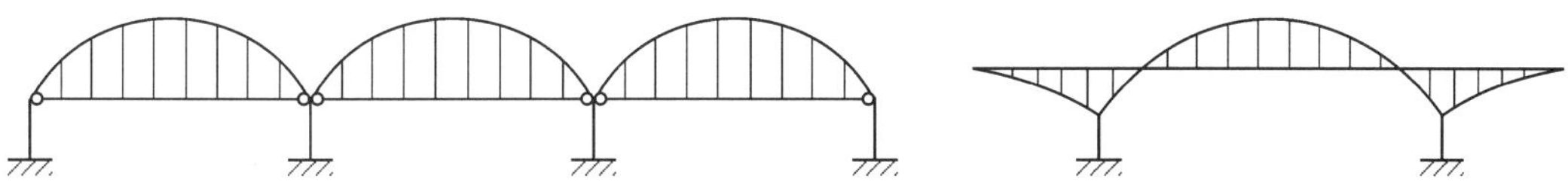

(a) 下承式刚架系杆拱　　(b) 中承式刚架系杆拱（飞鸟式拱或飞燕式拱）

图 2-29　刚架系杆拱桥

系杆的作用是对拱施加预压力来抵消拱的大部分水平推力，主要是恒载水平推力，因此可将系杆看作体外预应力束，系杆承受水平推力后，拱中的剩余水平推力一般都比较小，因此可将其看作无推力拱。

刚架系杆拱桥通常采用下承式和中承式。图 2-29(a)为多跨下承式，其系杆分跨锚固。中承式多采用三跨结构[图 2-29(b)]，按其外形称为飞鸟式拱或飞燕式拱，主跨为中承式，两边跨为上承式半拱，通过张拉锚固于两边跨端部的系杆来平衡拱的恒载推力，所以又称其为自锚式。

需要特别说明的是，系杆不参与桥面系的受力。桥面系以横梁为主结构，将横梁设置于立柱上或吊杆下，然后纵向铺设桥面板(梁)。活载经桥面系通过横梁传给立柱或吊杆，然后再传给拱肋。

另外，按照主拱截面形式，拱桥还可分为板拱桥、肋拱桥、箱型拱桥、双曲拱桥等。

拱桥形式无论怎么变化，其受力的本质不变。主拱受压为拱桥受力的核心，这是拱桥与其他桥型区别的本质之处，也体现了事物本质的不变性。在学习任何复杂桥梁结构时，首先应该明确它的传力路径和基本受力体系，这样复杂问题就简单化了。

[**思政元素**] 事物形式的多样性与本质的不变性；现象与本质

[**素材作者**] 于向东

2.7　斜拉桥结构体系特点与优势

斜拉桥是大跨径桥梁最流行的桥型之一，主要由主梁、索塔和斜拉索三部分组成。主梁一般采用混凝土结构、钢结构或钢-混凝土组合结构，直接承受自重荷载、桥面荷载、斜拉索水平及竖向分力和活载，截面形式主要有箱型、双主梁、钢桁梁等。索塔大都采用混凝土结构，个别采用钢结构，其常采用的截面形式有矩形、五角形、六角形、八角形及H形等，是支承斜拉索的主要构件，它不但要承受自重及由斜拉索传递来的主梁桥面系的重力和活载，还要保证在风和地震作用下的总体刚度。斜拉索则由高强钢丝或钢绞线制成，为受拉构件，主要起到支承主梁的作用。

2.7.1　斜拉桥总体布置

根据跨径布置方式，斜拉桥主要有三种类型：①双塔三跨式，如图2-30所示，它是目前应用最广泛的跨径布置方式；②独塔双跨式，如图2-31所示，也是应用较为广泛的一种跨径布置方式，由于它的主孔跨径一般比双塔三跨式的小，所以特别适用于跨越中小河流、谷地及作为跨线桥，或用于跨越较大河流的主航道部分，也可采用主跨跨越河流、索塔及边跨布置在河流一岸的布置方式；③多塔多跨式，主要用在需要多个大通航孔的大江大河、宽阔湖泊或海峡上，但这种结构一般采用较少，主要原因是中间塔顶没有端锚索来有效地限制它的变位，使结构柔性及变形增大，整体刚度较差。

图2-30　武汉长江二桥

图2-31　厦门马新大桥

斜拉桥拉索的布置形式：

①拉索索面在横向可布置成单索面、双索面或三索面。单索面(图2-31)布置在桥中央，外形简洁，但主梁需要采用抗扭刚度较大的箱型截面；双索面(图2-30)具有较高的抗扭刚度，受力分配明确，应用最为广泛，又可分为竖直双索面和倾斜双索面；三索面一般用在多线铁路的公铁两用斜拉桥中。

②拉索在索面内的布置形式主要有三种：辐射形、竖琴形和扇形。辐射形的拉索与水平

面的平均交角较大，拉索的垂直分力较大，故拉索的用量最省，但由于拉索都锚固于塔顶，所以塔顶的结构复杂，应力集中现象突出，给施工和养护带来困难；竖琴形的所有拉索倾角完全相同，且拉索与索塔的锚固点分散布置，使拉索与索塔、拉索与主梁的连接构造简单，易于处理，提高了索塔的顺桥向刚度，对减小索塔的弯矩和提高索塔的稳定性都有利，但是其拉索倾角与水平方向的交角较小，故所需的拉索数量多，且布置密集，一般用于中小跨径的斜拉桥中；扇形兼有辐射形和竖琴形索的特点，又可灵活布置，与索塔的各种构造形式相配合，是采用最多的一种索型。

2.7.2　斜拉桥结构体系与特点

斜拉桥主梁两端支承在墩台上。主梁、塔及墩之间相互连接的形式不同，将形成不同的斜拉桥结构体系。按照塔、梁、墩相互连接方式的不同，可将斜拉桥结构体系划分为飘浮体系、支座支承体系（包括半飘浮体系）、塔梁固结体系和刚构体系，其各自的特点如下：

1. 飘浮体系

该体系的特点是塔与墩固结、塔梁分离。在塔墩处，用竖直斜拉索吊住主梁，主梁除在两端边墩上设有纵向滑动支座外，其余全部用斜拉索悬吊，属于一种在纵向可稍做飘动的多跨弹性支承连续梁。该体系的主要优点是：由于主梁可以随塔柱缩短而下降，所以温度、混凝土收缩和徐变内力均较小；塔墩处主梁只产生较小的负弯矩峰值；地震时允许全梁纵向摆荡，形成长周期结构，从而吸震消能。目前，大跨斜拉桥多采用此种体系。飘浮体系的缺点是：当采用悬臂施工时，塔柱处主梁需临时固结，以抵抗施工过程中的不平衡弯矩和纵向力。由于施工不可能做到完全对称，成桥后解除临时固结时，主梁会发生体系转换引起次内力。同时为了避免主梁产生过大的飘移，一般需设置纵向阻尼器。

2. 支承体系及半飘浮体系

支承体系的特点是塔墩固结，主梁通过支座支承在塔墩横梁上。当主梁为连续梁时，纵向可以设一个固定支座，其余为活动支座；也可以是全部为活动支座。一般均设成活动支座，以避免由不对称约束而导致不均衡温度变位，水平位移将由斜拉索制约。其中设有纵向固定支座的为支承体系，不设纵向固定支座的为半飘浮体系。该体系的主要缺点是：由于塔墩两侧主梁均由斜拉索弹性支承，塔墩处主梁为竖向刚性支承，如不做特殊处理，混凝土竖向徐变变形会使得塔上吊点下垂，在塔墩刚性支承处的主梁内将产生很大的负弯矩。此外，当塔墩两侧跨满载时，塔柱处主梁负弯矩峰值也很大，设计时往往需要加大该处的主梁高度。

3. 塔梁固结体系

该体系的特点是将塔梁固结并支承在墩上，墩与塔间设支座，斜拉索为弹性支承，主梁的内力与挠度直接同主梁与索塔的弯曲刚度比值有关。这种体系的主梁一般只在一个塔柱处设置固定支座，而其余均为纵向活动支座。这种体系的优点是显著减小了主梁中央段无索区承受的轴向拉力，索塔和主梁的温度内力较小。其缺点是中跨满载时，主梁在墩顶处转角位移导致塔柱倾斜，使塔顶产生较大的水平位移，从而显著增大主梁跨中挠度和边跨负弯矩；另外，上部结构重力和活载反力都由支座传给桥墩，需要设置很大吨位的支座，造价高，在大跨径斜拉桥中，支座甚至达到上万吨级，这样给支座的设计、制造、养护、更换均带来较大的困难。实桥中，这种体系采用较少。

4. 刚构体系

该体系的特点是塔、梁、墩相互固结，形成跨度内具有多点弹性支承的连续刚构桥。这种体系的优点是既不需要大型支座，又能满足悬臂施工的稳定要求；结构的整体刚度较高，主梁挠度减小；施工时不需要临时固结，减少体系转换次数。其缺点是主梁固结处负弯矩更大，固结处附近主梁截面需要加大；在双塔斜拉桥中若不设挂梁，将产生很大的温度力、收缩徐变力和地震力。这种体系比较适合独塔斜拉桥。刚构体系斜拉桥为克服温度内力及混凝土收缩徐变内力过大、塔梁墩刚接处负弯矩大的缺点，可采取两种措施：一是在斜拉桥主跨中央部分插入一小跨悬挂结构；二是以剪力铰代替悬挂结构，这种剪力铰的功能是只传递剪力、轴力，不传弯矩，但因构造复杂、行车不平顺等原因，现在很少采用。

大跨度斜拉桥一般采用飘浮体系及半飘浮体系；刚构体系适用于独塔斜拉桥及高墩斜拉桥；完全的支承体系及塔梁固结体系应用较少，主要用在小跨度斜拉桥中。

此外，斜拉桥还有一些特殊的类型，例如地锚式斜拉桥、部分斜拉桥等。地锚式斜拉桥是将斜拉索一端锚固于梁或塔上，而另外一端锚固于山体上或部分锚固于地锚。部分斜拉桥又称矮塔斜拉桥，是力学特性介于柔性斜拉桥和主梁刚度较大的梁式桥之间的一种斜拉桥型。

2.7.3 斜拉桥优势

主梁、索塔和斜拉索相互配合，确保结构体系的稳定性，而三者之间的协同作用，造就了斜拉桥的独特优势：

①跨越能力大。由于斜拉索的存在，主梁相当于支承在斜拉索上的弹性支承连续梁，弯矩峰值较小且分布均匀，这不但可以使主梁截面尺寸大大减小，而且自重显著减轻，既节省了主梁材料，又能大幅度提升桥梁跨越能力。

②建筑高度小。斜拉桥的主梁轻巧，其高度通常为跨径的1/100~1/50，既能充分满足桥下净空需要，又有利于减少引道填土工程量。

③受力合理。斜拉索索力的水平分力对主梁施加了预压力，提高了混凝土主梁的抗裂性能，可以节约主梁中预应力钢材的用量。因此，斜拉桥必然比连续体系梁桥具有更大的跨越能力，当然，付出的代价是增加了索和塔的工程量。

④内力状态可调。在安装斜拉索时，如果对斜拉索张拉适当的拉力，主梁会承受不同的竖向分力，这样就可以通过调整斜拉索张拉力的大小来进一步调整和改变主梁的受力，使其达到一个更理想的受力和线形状态。

⑤外型美观。由于塔、索各自具有多种外形及相互组合方式，斜拉桥外观简洁流畅、连续舒展、轻巧纤细、向上的动势感强，能体现桥梁的现代美，是城市及景观桥梁设计中常采用的桥型。

塔、索、梁的组合多样性为斜拉桥设计的构思提供了广阔的变化空间，可适应多种不同的使用要求与桥址自然条件，这其实体现了团队协作的力量。主梁、索塔和斜拉索中，如果有一个达不到承载条件，都会使桥梁结构体系破坏。做人也一样，社会需要有团队精神、善于合作且愿意与他人合作的人才，同时人才也能在团队协作中不断提升自己。

［思政元素］团队精神；合作意识

［素材作者］史俊

2.8 “跨度之王”悬索桥

悬索桥也称“吊桥”，是桥面悬吊在主缆上的一种桥型，也是当今大跨径桥梁的最主要形式之一。悬索桥通常由主缆、加劲梁、主塔、吊索、鞍座和锚碇构成。悬索桥的主缆由平行钢丝束股组成，只受拉，是主要的承重结构；主塔支承主缆，为压弯构件；吊索(杆)吊挂加劲梁，为受拉结构；加劲梁的主要功能为提供桥面系，以受弯为主；锚碇将主缆锚固在地基或主梁上；鞍座实现主缆的转向。悬索桥的传力途径为：桥面荷载作用在加劲梁上，通过吊索传递给主缆，再经鞍座传递给主塔基础和锚碇。

2.8.1 悬索桥特点与优势

同其他桥型相比，悬索桥具有更强的跨越能力，是特大跨度桥梁的首选桥型。悬索桥的优势与特点体现在：

①悬索桥的加劲梁不是主要承重构件，其截面不需要随着跨度而增大，作为主要承重构件的主缆、锚碇和主塔在扩充其截面面积或承载力方面所遇到的困难相对较小。

②悬索桥的主缆是典型的受拉构件，不承受弯矩，截面受力均匀，与主梁构件相比，能够更有效地发挥全截面的材料承载能力，且不存在受压构件需要考虑的稳定性问题，非常有利于跨越能力的提升。

③悬索桥的施工一般是先将主缆架设好，再架设加劲梁，这样一来，主缆就成为一个现成的悬吊式支架施工平台，很好地解决了施工问题。

④因为悬索桥跨越能力大，常可因地制宜地选择一跨跨越江河或海峡主航道的布置方案，这样可以避免深水基础施工的困难和高昂的造价，减小或消除对航道的影响。

⑤悬索桥由于常采用较大跨度，结构造型特别柔细，外形美观，因此，大跨度悬索桥一旦建成，往往成为城市或所在地的标志性建筑景观。

随着经济建设的发展，交通运输在国民经济中的地位和作用日益重要。海峡两岸和陆岛之间迫切需要修建 1000 m 以上的大跨度甚至 2000 m 以上的超大跨度桥梁，例如我国渤海海峡跨海工程、珠江口伶仃洋工程以及琼州海峡工程等。悬索桥因为受力明确，材料利用效率最高，是目前跨度超过 1000 m 的最优可选桥型之一，并且被认为在 600 m 以上的跨度同其他桥型相比也具有很强的竞争力。

2.8.2 悬索桥总体设计

1. 悬吊跨数

悬索桥按设置吊杆的悬吊跨数可以分为单跨、两跨、三跨及多跨悬索桥。其中，单跨、两跨、三跨悬索桥的主塔数目为 2 个，而多跨悬索桥的主塔数目为 3 个或更多。单跨和三跨悬索桥是目前最为常用的形式。

2. 悬索桥的加劲梁支承方式

悬索桥的加劲梁支承方式主要有两种：两铰和连续。两铰支承方式的优点是加劲梁构造简单，制造和架设时的误差对加劲梁无影响。连续支承方式的优点是梁端转角小，在主塔处不产生折角，有利于车辆行驶，可以减小加劲梁的挠度。两铰支承方式比较广泛应用于公路桥梁中，但对于公铁两用桥梁而言，为了保证列车的运行平顺性，可采用连续支承方式。

3. 悬索桥吊索的布置形式

悬索桥吊索的布置形式有两种：竖直吊索和斜吊索。与竖直吊索相比，斜吊索有以下特点：和主缆、加劲梁一起形成桁架作用，能提高桥梁的纵向刚度；可提高结构的阻尼，结构振动衰减性能好；在主跨跨中附近，活载产生的吊索应力变化幅度大，容易引起疲劳问题；吊索容易松弛。绝大多数悬索桥的吊索是竖直布置的，仅有极少数悬索桥采用了斜吊索形式。

4. 主缆锚固方式

悬索桥按主缆锚固方式可分为地锚式悬索桥和自锚式悬索桥。通常所讲的悬索桥大都是指地锚式悬索桥，其主缆产生的巨大水平拉力由外部锚碇来承受，从而实现全桥的受力平衡。而自锚式悬索桥的主缆直接锚固在边跨两端的加劲梁上，主缆的水平拉力与加劲梁的轴向压力相抵消，形成自平衡体系，不需要另设外部锚碇，为地质条件差、不便建造锚碇的地方修建悬索桥提供了一种很好的解决途径。

与地锚式悬索桥相比，自锚式悬索桥的不同之处在于：①由于加劲梁需要平衡主缆拉力，所以自锚式悬索桥在施工时必须先架设主梁，再架设主缆；②自锚式悬索桥的加劲梁承受巨大的轴向压力，压弯效应显著，加劲梁的整体稳定和局部稳定问题较突出；③自锚式悬索桥加劲梁的受力对索力变化非常敏感，必须通过复杂的索力调整过程使结构达到技术经济合理的成桥状态；④当跨径达到一定值时，自锚式悬索桥的加劲梁为避免失稳而扩大的截面尺寸无法满足结构自重产生的内力状态要求，从而限制了该桥型的跨越能力。

5. 主缆垂跨比的选择

主缆的垂度 f 与对应跨度 L 之比 f/L 称为悬索桥的垂跨比。垂跨比的大小影响悬索桥的内力与刚度。垂跨比越小，主缆的恒载拉力越大，结构刚度越大，可减小加劲梁的弯矩与变形，提高悬索桥的竖向刚度，有利于降低塔高，但主缆的用量会增加。因此，对于结构自重大的钢桁梁，可采用较大的垂跨比，以节省主缆用量；对于自重较小的钢箱梁，可采用较小的垂跨比，以提高悬索桥的整体刚度。综合经济、美观和结构受力等多方面考虑，主缆的垂跨比一般在 1/12～1/9。对于自锚式悬索桥来讲，为了减小加劲梁由主缆水平分力引起的较大轴向压力，垂跨比不宜太小，常为 1/8～1/5。

6. 加劲梁的形式

加劲梁的形式主要有桁式和箱型两种，总体布置时首先要考虑的是采用桁式加劲梁还是箱型加劲梁。桁式加劲梁的桁高比箱型加劲梁的梁高要大好几倍，对布置双层桥面的适应性较佳，抗风稳定性优于箱型加劲梁，而箱型加劲梁材料省、自重轻。

2.8.3 悬索桥桥例

我国地质气候环境复杂多变，水系发达，沟壑纵横，桥梁建设难度大。近年来，针对不同区域和环境，我国创新设计建造理念，建设了多座具有代表性的悬索桥，创造了多个世界之最。

2020 年建成通车的五峰山长江大桥(图 2-32)主桥为主跨 1092 m 的单跨钢桁梁公铁两用悬索桥，桥面最小宽度 40.5 m，主缆垂跨比为 1/10。加劲梁采用板桁结合钢桁梁结构，桁高 16 m，节间距和吊索间距 14 m，主桁中心距 30 m。大桥上层为双向 8 车道高速公路，设计速度 100 km/h；下层为 4 线高速铁路，设计速度 250 km/h。该桥是世界上设计荷载最大、列车设计速度最高、主缆直径最大、基础沉井平面尺寸最大的铁路桥梁，也是我国第一座公铁两用悬索桥和世界第一座高速铁路悬索桥。

2019 年建成通车的武汉杨泗港长江大桥(图 2-33)跨度长达 1700 m，是世界上工程规模最大的双层单跨悬索桥，其跨度在已建桥梁中国内排名第一、世界排名第三；加劲梁采用钢桁梁结构，桁高 10 m，两榀主桁中心距 28 m，标准节间距 9 m，上层为双向 6 车道城市快速路，下层为双向 4 车道城市主干道+非机动车道+人行道，其是世界上通行能力最大的公路桥梁。大桥主缆设计张力为 6.5×10^6 kN，吊索设计拉力为 5000 kN，主缆钢丝强度等级世界最高、设计荷载世界最大；锚碇基础采用直径 98 m 的圆形地下连续墙结构，是世界上最大的圆形桥梁基础。

图 2-32　五峰山长江大桥

图 2-33　武汉杨泗港长江大桥

在桥梁界流行着这样一句话：世界桥梁建设 20 世纪 70 年代以前看欧美，90 年代看日本，21 世纪看中国。只有不断创新才能赢得认可，创造更多的世界之最，在国际上打响“中国桥梁”品牌。

[**思政元素**] 创新驱动；争创一流

[**素材作者**] 舒臻孺

2.9　桥梁结构的设计原则与一般流程

2.9.1　桥梁结构的设计原则

桥梁是铁路、公路的重要组成部分，特别是大中桥梁，对国家的政治、经济、国防、救灾等都具有非常重要的意义，被视为生命线工程。桥梁建设应根据所在线路的作用、性质和发展的需要，遵循安全、适用、经济、美观、耐久和环保的设计原则。

安全性指整个桥跨结构及构件在制造、运输、安装和使用过程中应具有足够的承载力及必要的安全度和抗风险能力；适用性包括车辆和人群的畅通、舒适，并应满足将来交通量增长的需要；经济性指应根据因地制宜、就地取材和方便施工的原则，对桥梁的建造及维护等成本进行统筹考虑；美观性要求尽可能使桥梁具有优美的造型，与周围的环境相协调；耐久性指在正常维修养护条件下应保证桥梁结构的适用性不受到损害；环保性指桥梁建设中应考虑生态环境等方面的保护问题，满足可持续发展的需要。

围绕以上设计基本原则，桥梁的设计及发展应尽可能满足如下要求：桥梁具有较大的跨越能力和承载能力；车辆能安全、平稳运行并使旅客有舒适感；讲求经济效益，力图降低造价，按经济规律办事，在跨度上不进行盲目攀比；考虑结构与环境的协调。

2.9.2 桥梁结构的一般设计流程

桥梁结构的设计通常需经过前期研究和设计两个阶段。前期研究即工程可行性研究，重点在于论证建设的必要性、经济上的合理性、工程及投资上的可行性，确定建桥地点、规模、标准、环境评估、桥位与桥式方案、投资控制等宏观和重大问题，形成项目建议书和设计任务书。

依据桥梁的规模和复杂程度，设计阶段可采用三阶段设计、两阶段设计和一阶段设计。三阶段设计包括初步设计、技术设计和施工图设计三个阶段，一般用于大型、复杂的特大桥或新型桥梁结构。两阶段设计包括初步设计和施工图设计两个阶段，国内常规桥梁设计通常采用这种设计流程。一阶段设计仅包括施工图设计这一个阶段，一般适用于技术简单、方案明确的中小桥建设项目。

初步设计的目的是确定桥梁设计方案。在该阶段应根据桥梁规划设计中所确定的桥位、设计荷载等级以及其他各项设计要求，按照安全、适用、经济、美观、耐久和环保等原则设计桥梁方案、拟定结构形式与主要构造尺寸并进行不同方案综合评比，确定推荐方案，报送上级主管部门审批。

技术设计是在已批准的初步设计及审批意见的基础上，对重大、复杂的技术问题进行科学试验、专题研究，加深勘探调查分析比较，进一步解决批复的初步设计中未能解决的技术问题。

施工图设计是根据初步设计或技术设计的批复意见，进行桥梁各部分结构、构件的详细设计计算，绘制施工详图，并交付施工部门作为施工依据。

大型桥梁结构的一般设计流程见表 2-1。

表 2-1　大型桥梁结构的一般设计流程

阶段	名称	内容	成果
前期研究	预可行性研究和可行性研究	1. 论证：建设的必要性、经济上的合理性、工程和投资的可行性 2. 确定建桥地点、规模、标准、环境评估、桥位与桥式方案、投资控制等宏观和重大问题 3. 对多方案进行评估 （预可行性研究和可行性研究深度不同）	可研报告，投资估算 报审、报批；项目建议书，设计任务书

续表2-1

阶段	名称	内容	成果
三阶段设计	初步设计（初勘）	在初勘的基础上： 1. 桥式方案比选，得出推荐方案 2. 提出科研项目和技术难点 3. 编制施工组织设计（料源、工期等） 4. 编制概算，不超出估算的 10%	初步设计图 设计概算（投资依据） 报审、报批；招标文件
	技术设计（技勘）	在技勘的基础上，针对选定的方案： 1. 研究处理各结构总体的、细部的技术问题 2. 实施科研成果 3. 提交详尽的设计图纸 4. 调整概算（修正概算）	技术设计图 修正概算 报审、报批
	施工图设计（详勘）	1. 进行桥梁结构和构件的详细设计与计算 2. 绘制施工详图 3. 提出大临工程施工方案 4. 编制施工预算，不超出概算的 10%	施工设计图 施工图预算（发包依据）

在规划设计阶段，进行桥梁功能需求调查时应充分考虑桥上的交通种类，包括机动车、非机动车、行人及轨道交通等众多交通要求，综合分析及预测交通量和未来的增长幅度，确定桥型、需要的车道数目，满足行车道及人行道的布置等诸多要求，设计过程中应充分践行“不忘初心、以人为本”的理念。

时代在进步，社会在发展，桥梁设计行业不能故步自封，面对新形势、新需要，应发展新的设计理念。为此，应以“满足人民对美好生活的需求”及“传播中华优秀传统文化”为准绳，重视桥梁文化设计与景观设计。

2.9.3　方案设计实例

武汉杨泗港长江大桥（图 2-33）为主跨 1700 m 的双层公路悬索桥，跨度居国内第一，双层桥世界第一，其结构设计参数见 2.8 节。在大桥方案前期研究过程中，设计师们始终践行建桥初心，为大桥的多功能和人性化设计付出了大量的心血。

在进行桥梁交通疏解方案研究时，设计师们提出了双层桥梁设计方案，并对单、双层方案进行了充分论证。大桥最早的规划方案是采用单层 8 车道设计，后来通过交通流量预测得出，需要 10 个车道的规模，而且根据武汉市城区道路桥梁要求，需要设置非机动车道和人行道。

设计团队对单、双层方案进行了多轮讨论、汇报和相关决策，经对两岸的疏解方案进行深入思考和比选论证，并充分结合桥梁结构特点和两岸交通需求，最后采用了大跨度双层悬索桥方案，首次在武汉跨江大桥上设置非机动车道和人行观光道，并提出了切实可行的交通疏解方案，体现了以人为本的桥梁设计理念，并取得了一系列创新成果。大桥通车之后，实践证明双层建设方案是必要的，也获得了市民的充分肯定。

桥梁设计应以桥梁、建筑、艺术、历史、文化等诸多学科的交叉融合为基础，强调结构的文化创意，注重桥与自然的互动，以桥梁为媒介，讲述人文故事，使桥梁摆脱单一交通功能的窠臼，构建生态、交通、文化、景观等于一体的功能多元化桥梁，实现人、桥、文化、自然的和谐与统一。

[思政元素] 以人为本；规则意识

[素材作者] 唐冕

2.10 能力设计方法与桥梁结构延性设计

2.10.1 基本理念与方法

桥梁延性抗震设计中的能力设计理念，其基本原理是：通过合理设计，在结构体系中的延性构件与能力保护构件之间形成强度等级差异，确保结构不发生脆性破坏。其中，能力保护构件主要指脆性构件或者不希望发生非弹性变形的构件。

能力设计的基本原理可以简化成图 2-34 模型。整个链条代表进行抗震设计的结构，由脆性因子和延性因子构成，脆性因子代表结构中的脆性构件，延性因子代表结构中的延性构件，拉力 P 代表结构承受的地震力。当脆性因子强度(T_1)和延性因子强度(T_2)被设计成相同时($T_1=T_2$)，即二者安全等级相同，此时随着拉力 P 不断增大，当达到 T_1 时，链条或抗震结构将发生脆性破坏，延性因子的变形能力未能得到发挥。如果将脆性因子强度(T_1)设计到高于延性因子最大强度(T_2)，即 $T_1>T_2$，那么在拉力 P 不断增大时，延性因子首先达到屈服，之后发生塑性变形，直到延性因子破坏，在此过程中，脆性因子不会达到其破坏强度而发生破坏，即脆性因子获得了延性因子设计的保护。在上述原理中，通过安全等级的不等设计，让延性因子充当结构的“保险丝”控制整个结构的破坏形式，使整个结构发生延性破坏，避免了脆性破坏的发生。

图 2-34 能力设计方法原理示意图

与常规设计方法相比，能力设计方法强调可以控制的延性设计，对结构在屈服时和屈服后的状态进行合理控制，让结构整体抗震性能可控。能力设计方法与常规设计方法在结构抗震性能上的区别见表 2-2。

表 2-2 能力设计方法与常规方法结构抗震性能的区别

结构抗震性能	常规设计方法	能力设计方法
塑性铰出现位置	不明确	预定的构件部位
塑性铰布局	随机	预先选定

续表2-2

结构抗震性能	常规设计方法	能力设计方法
局部延性需求	难以估计	与整体延性需求直接联系
结构整体抗震性能	难以预测	可以预测
防止结构倒塌破坏概率	有限	概率意义上最大限度

采用能力设计方法进行桥梁延性抗震设计的基本步骤包括：

①在初步概念设计阶段，选择合理的结构布局。

②确定地震中预期出现的塑性铰的位置，保证结构能形成一个最优的塑性耗能机制且尽可能使预期塑性铰出现在易于修复的部位。对于桥梁结构，根据对以往震害的分析，发现上部梁结构较少破坏，而下部结构常因为水平惯性力作用发生破坏，因此，在强震作用下桥梁塑性铰预期位置一般在桥梁下部结构，图 2-35 为常见简支梁桥墩在横桥向和纵桥向的塑性铰区域。

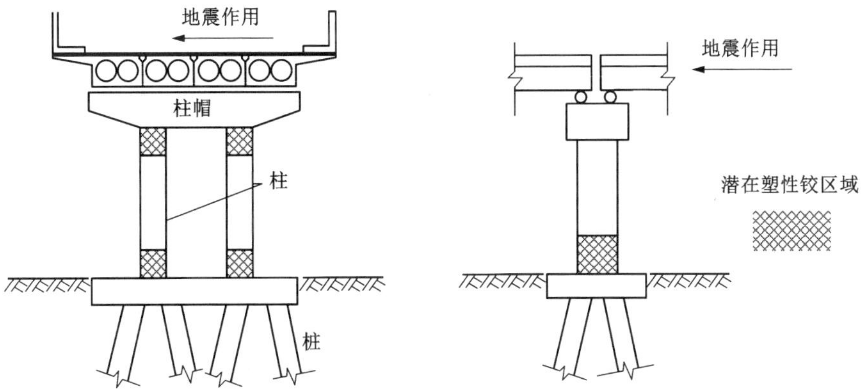

图 2-35　桥墩横桥向和纵桥向塑性铰区域

③通过强度等级差异设计，保证预期出现塑性铰的构件不发生脆性破坏（如剪切破坏），并且保证脆性构件和不宜用于耗能的构件（能力保护构件）处于弹性范围。

2.10.2　延性抗震设计发展历程

延性抗震设计的思想要追溯到 20 世纪 60 年代，以纽马克（Newmark）为首的学者基于结构的非线性地震反应研究，提出用“延性”的概念来概括结构物超过弹性阶段后的抗震能力。材料、构件或结构的延性，通常定义为在初始强度没有明显退化情况下的非弹性变形能力。它包括两个方面的能力：一是承受较大的非弹性变形，同时强度没有明显下降的能力；二是利用滞回特性吸收能量的能力。从延性的本质来看，它反映了一种非弹性变形的能力，即结构从屈服到破坏的后期变形能力，这种能力能保证强度不会因为发生非弹性变形而急剧下降。

另一方面，人们也从震害中认识到了结构的延性。震害调查显示，在强烈的地震动作用下，按规范进行抗震设计的结构很多情况下并不具备抵抗强震的足够强度，但有些结构却没有倒塌，甚至没有发生严重破坏。这些结构能够在地震中幸存，是因为结构的初始强度能够基本维持，没有因非弹性变形的加剧而过度下降，也即具有较好的延性。因此，在抗震设计中，除了强度与刚度，还必须重视加强结构的延性设计。

在 1971 年美国圣费尔南多地震(图 2-36)发生之后，人们开始真正重视延性设计，从强度设计理念转变为强度-延性双重设计理念，逐渐正式提出延性抗震设计概念，即从“以刚克刚”转变为“刚柔并济”的设计理念。目前，大多数国家的桥梁抗震设计规范已采纳了延性抗震设计的理论。延性抗震理论不同于强度理论的是，它通过结构选定部位的塑性变形来抵抗地震作用，使结构能够承受地震引起的变形。通过适应变形、滞回耗能和保证强度不明显下降，提高了结构的抗震能力，从而保证了桥梁的安全性能。

[**思政元素**] 刚柔并济；韧性

[**素材作者**] 李超

图 2-36　1971 年美国南加州圣费尔南多地震引起的桥梁破坏

2.11　从立木顶千斤到工程科学

“立木顶千斤”是我国的一个谚语(辽宁人民出版社《中华谚语大辞典》第 576 页)，也有称“直木顶千斤”，在搭架子或平台时，师傅们会经常念叨到。它的本意为：直径相同的木料，立木比横木承重能力强；直杆比曲杆承载力高。它的寓意为：把力气用在关键处，能收事半功倍之效；做人要正直，正直的人能承担起重任。

立木真能顶千斤吗？显然它在科学上是不严密的。直杆的承载力，取决于其截面大小和长细比，截面大小决定了其截面承载力。两根相同截面积的直杆，一根很长，一根很短，大家都知道，短的能比长的承受更大的压力。几百年前，建筑工程师便致力于研究这个问题，企图从结构杆件受力特征方面来解释这种现象，并推导出了一套理论性的计算方法，但是，由于数学处理上的困难，很长一段时间都没有进展。当然，现在这个问题得到了完美的解决，这个现象属于“稳定”问题，并建立了一套完整的结构稳定理论。

2.11.1　欧拉临界力公式及其适用性

公元 18 世纪中叶，瑞士大数学家和力学家莱昂哈德·欧拉(L·Euler，1707—1783)经过长期努力，终于完成了这一命题的研究工作，他创导的欧拉临界力公式至今仍是结构计算的一个经典公式，应用范围相当广。欧拉的成果表明，杆件受压的承载能力主要由强度条件和稳定性条件决定。

致力于弹性曲线的理论研究，欧拉在 1744 年发表了《曲线的变分法》一书，书中引用变分的方法并建立了挠曲线微分方程，从而得到一端固定、另端自由的压杆临界力公式：

$$P=\frac{C\pi^2}{4l^2} \tag{2-1}$$

式中：l 为杆长。他把常数 C 叫作绝对弹性系数，并错误地认为与截面高度的平方 h^2 成正比，还建议由试验确定；1757 年他又出版了《关于柱的承载能力》一书，提到常数 C 是力的因次乘以长度的平方。由此可知，$C=EI$，即杆的抗弯刚度，这就是现在采用的一端固定、另端自由的压杆临界力公式。

而当今的教材中，欧拉公式的表达式为

$$P=\frac{EI\pi^2}{l^2} \tag{2-2}$$

式(2-2)是两端铰支压杆的临界力公式，实际上，该式是由拉格朗日(Lagrange，1736—1813)得出的，要比式(2-1)提出的时间稍晚一些。

提出欧拉公式时，人们错误地认为它适用于短柱及细长柱。欧拉临界力的试验应表现出明显的分支点失稳，即压力达到欧拉临界力时，竖直压杆会突然产生较大的横向变形而垮塌，但 19 世纪试验(见后文)证明它不适用于短柱，人们便认为欧拉公式完全错误而长期地抛弃它。

对短柱的研究，发展了弹塑性屈曲理论和计算方法。1889 年恩格塞(Engesser)提出了切线模量理论；1895 年康西德尔(Considere)提出了压杆弹塑性屈曲问题的改进解答，即双模量理论。

2.11.2　压弯杆件与极值点失稳

早在 1729 年，Musschenbroek 就第一次开展了轴心压杆的试验；经过整整 200 年的努力，直到 1930 年，因为试验技术的改进，Berlin-Dahlem 实验室才得到了较好的欧拉临界力试验结果。为什么欧拉临界力的直接测试这么困难呢？由于初始缺陷与加载偏心，很难获得一根理想压杆，因此，参与试验的杆件总是一根具有初始缺陷的非理想压杆。

所谓理想轴心压杆，需满足如下条件：

①杆件无初始缺陷和初应力，屈曲时荷载作用方向保持不变。

②屈曲时杆件只发生平面弯曲变形，且弯曲变形是微小的，忽略剪切变形和轴向变形的影响。

③材料是无限线弹性变形。

当压杆不满足条件①，即杆件具有初始弯曲如曲杆、偏心荷载(偏压杆件)、横向荷载作用(压弯构件)等时，统称为压弯杆件，其变形具有越压越弯的特征，表现出明显的几何非线性，该非线性降低结构刚度，结构失稳表现为极值点失稳，不会出现前述的分枝点失稳。

与压力降低结构刚度相对应的是拉力将增加结构刚度，即所谓的拉力刚度。

2.11.3 压弯杆件稳定计算的相关方程

压弯杆件的极值点失稳问题是个严密的解析分析问题，到目前为止仍没有得到很好的解决，它涉及结构的双重非线性。工程师们基于边缘纤维屈服准则构建了相关方程，试验和工程实践证明了该方法的有效性，满足了工程建设的需要。

边缘纤维屈服准则是一种用应力问题来代替压弯杆件稳定计算的方法，即以杆件中应力最大的纤维开始屈服时的荷载，也就是杆件在弹性工作阶段的最大荷载作为压弯杆件的临界荷载的下限，用下式表达：

$$\sigma=\frac{P}{A}+\frac{M_{\max}}{W}=\sigma_{s} \tag{2-3}$$

式中：P 为轴压力；$M_{\max}$ 为考虑轴压力和初始缺陷影响后的杆中最大弯矩；A 为截面面积；W 为最大受压边缘的截面抵抗矩。

设：P 为压弯杆件的压溃荷载，即杆件在弯矩与压力共同作用下压溃时的轴心压力；

$P_{u}=A\sigma_{s}$ 为杆件轴心受压时的极限压力，即实际中心压杆的屈曲荷载；

$M_{0}=M_{\max}$ 为压弯杆件压溃时的最大初弯矩（不包括轴心压力 P 对杆件弯曲位移产生的弯矩）；

$M_{u}=W\sigma_{s}$ 为杆件仅在弯矩作用下的极限弯矩，即杆件截面形成塑性铰时的塑性弯矩。

则杆件仅在轴心压力下破坏时，应有 $P/P_{u}=1$；仅在弯矩下破坏时，应有 $M_{0}/M_{u}=1$；在弯矩 M_{0} 和轴力 P 共同作用下破坏时，应有 $P/P_{u}<1$，$M_{0}/M_{u}<1$。

依据边缘纤维屈服准则，杆件的安全状态为

$$\frac{P}{P_{u}}+\frac{M_{0}}{M_{u}}\leqslant 1 \tag{2-4}$$

当 $M_{0}=0$ 时，上式变为 $P/P_{u}\leqslant 1$；当 $P=0$ 时，$M_{0}/M_{u}\leqslant 1$。

图 2-37 中的虚线代表式(2-4)的临界状态，它只在虚、直线的两端正确，在虚线中间的任何点都不正确，因为式中 M_{0} 未包括轴心压力 P 对杆件中点挠曲位移 v_{m} 产生的弯矩影响(压弯效应)。为考虑此种影响，按压弯效应的分析结果，应将 M_{0} 乘以放大系数 $\frac{1}{1-P/P_{E}}$，则得出杆件在 P 和 M_{0} 共同作用下不破坏时的条件方程：

$$\frac{P}{P_{u}}+\frac{M_{0}}{M_{u}(1-P/P_{E})}\leqslant 1 \tag{2-5}$$

由上述建立压弯相关方程(2-5)的过程可见，该方程并非是经过严密数学、力学推导建立的，而是基于概念和类比的方法建立的。图 2-37 中“□”“○”和“△”为不同的材料杆件的试验结果，试验结果与相关方程计算结果吻合良好。

目前，我国的设计规范中均基于相关方程(2-5)建立构件的稳定计算方法，钢筋混凝土结构设计理论中也采用了此方程。

立木顶千斤，它来自工程实践，属于工程经验的范畴，使用中应特别注意它的适用、限制条件。从工程科学角度分析，“立木”的承载力归结为“强度”和“稳定”两类不同性质的问

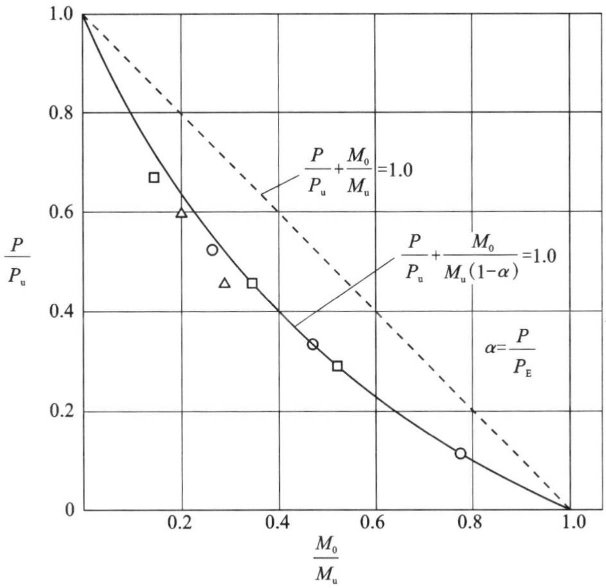

图 2-37　压弯杆件的压力与弯矩相关曲线

题。可见，工程先于工程科学，实践出真知，工程科学来源于工程并服务于工程。

[**思政元素**] 立木顶千斤；实践出真知；工程科学；为人正直

[**素材作者**] 盛兴旺

2.12　混凝土结构次内力

混凝土桥梁超静定结构中，预应力、混凝土收缩与徐变、温度作用下将引起结构附加内力(或称为次内力)和附加反力(又称次反力)。其中，预应力次内力为结构特征；混凝土收缩徐变次内力为材料特征。下面简要介绍这些次内力概念和计算原理。

2.12.1　预应力引起的次内力

对于静定结构，如图 2-38(a)所示的混凝土简支梁，施加偏心距为 e 的预压力 N_p，由于预应力筋与梁重心轴位置不重合，将在梁截面上产生偏心弯矩 $N_p \cdot e$，主梁在预压力 N_p 的作用下将自由上拱，如图 2-38(b)所示。此时，主梁预应力作用下的反力为零，结构为自平衡体系，主梁中预应力作用的压力线(各个截面的偏心压力作用点沿梁长度方向的连线)与预应力筋的重心线重合，称此种内力为原内力，又称初内力，如截面中预压力 N_p 产生的原弯矩为 $N_p \cdot e$。

对于超静定结构，如图 2-38(c)所示的连续梁，施加偏心距为 e 的预压力 N_p 时，结构也将产生挠曲变形，但在施加预应力的过程中，由于中间支承冗余约束的作用，主梁挠曲变形受到限制，从而在冗余约束处产生反力，即 $R_B \neq 0$，该反力称为预应力引起的次反力，进而在主梁中产生次内力。

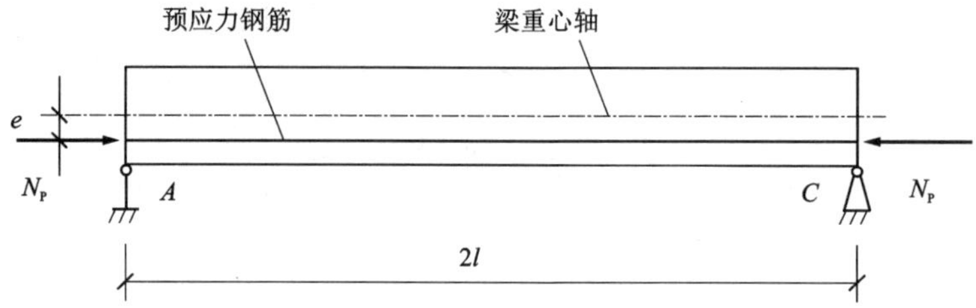

(a) 预应力简支梁

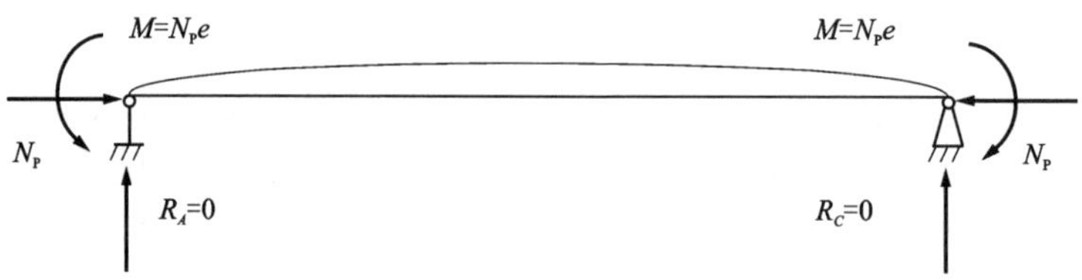

(b) 预应力简支梁受力分析图

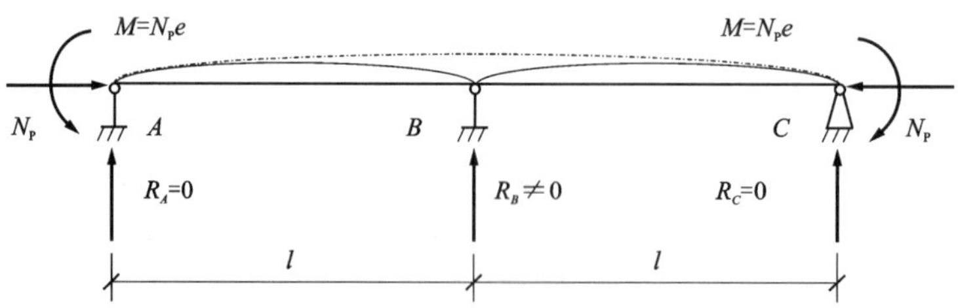

(c) 预应力连续梁受力分析图

图 2-38　冗余约束对预应力变形的影响分析

将力法和图乘法相结合，可以求得图 2-38 中连续梁预应力的压力线位置。若将该图中连续梁中的预应力筋按照计算所得的预应力作用的压力线方式布置，如图 2-39(a)所示，此时预应力不引起冗余约束 B 点处的位移，因此 $R_B=0$，梁内没有次弯矩，梁内总弯矩等于初弯矩，如图 2-39(b)所示。这种采用预应力筋重心线与预应力作用的压力线重合的预应力筋布置方式称为“吻合索”，如图 2-39(c)所示。

图 2-38 和图 2-39 中，虽然预应力筋布置位置有所区别，但二者最后的总弯矩是相同的。因此，在预应力混凝土梁中，在不改变预应力筋两端锚固位置和预应力筋的基本形状(直线形、曲线形或折线形)的条件下，改变它在结构中间支承处的偏心距，并不影响结构的总弯矩和压力线的位置，此为线性变换原理。因此，次弯矩在梁内是线性分布的，当预应力筋的位置发生线性变换时，次弯矩发生变化的同时初弯矩已发生相应变化，并且二者的变化是相互抵消的，压力线的位置保持不变。

对于曲线布置的预应力筋和多次超静定结构，次内力的计算很烦琐。目前，在实际工程中多采用等效荷载法、弯矩面积法、共轭梁法、固端弯矩法、约束次弯矩法和约束次内力法等方法进行计算分析。

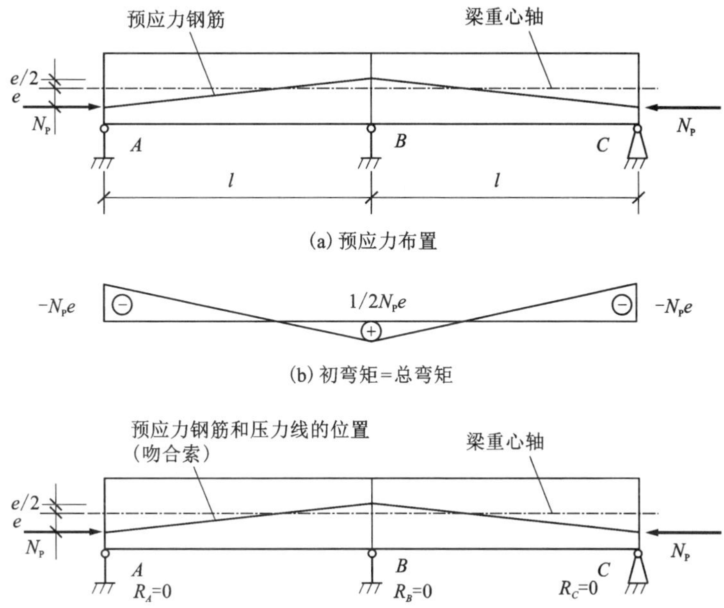

(a) 预应力布置

(b) 初弯矩=总弯矩

(c) 压力线图

图 2-39　预应力筋沿压力线布置

2. 12. 2　收缩徐变引起的次内力

混凝土的收缩、徐变会引起结构的变形，这一变形是否引起次内力，则取决于结构是否发生了体系变化，而这一特点是由混凝土材料特性决定的，当发生体系转换时，会引起结构的次内力。大跨度混凝土桥梁在采用悬臂法施工时，频繁发生体系转换，将使得收缩与徐变计算更加复杂，实际中常常采用基于位移法的有限元法进行分析计算。

混凝土水泥用量、水灰比、养护和使用环境、构件形状、加载龄期和应力大小等均是影响收缩与徐变引起结构次内力的重要因素。收缩和徐变的影响对混凝土结构而言在大多数情况下是不利的，如引起预应力损失、附加偏心距增大和挠度增大等。但混凝土的收缩徐变引起的次内力，可使得混凝土桥梁结构的受力状态从先期结构向后期结构转移，这对结构受力是有利的。另外，当混凝土结构发生不均匀沉降时，收缩与徐变次内力可抵消绝大部分支座弹性位移产生的内力，有利于构件应力重分布、减缓裂缝开展和减少应力集中等。

2. 12. 3　温度次内力和次应力

结构因自然条件变化而引起的温度作用可以归纳为均匀温度作用和梯度温度(温差)作用两大类。

均匀温度作用描述环境和结构温度的均匀变化情况，以结构开始受到有效约束时的温度为基准，计算至当地的最高温度和最低温度的温差。因此，当结构无赘余水平约束时，如简支梁、连续梁等，均匀温度变化只引起结构的均匀伸缩变位和支座摩阻力，而不引起结构温度次内力(或温度次应力)；相反，当结构的均匀伸缩受到约束时，温度变化将引起结构的温度次内力和次应力，如拱式结构、刚架结构等，可按结构力学一般方法计算。

对于轨道而言，受温度作用的影响，钢轨热胀冷缩现象十分显著，如图 2-40(a)所示。

为满足钢轨温度变形要求，普通有缝线路上每隔25 m就会留下钢轨接头和缝隙，释放钢轨温度变形引起的应力。由于接头和缝隙的存在，有缝线路存在三个明显的缺点，即行车速度慢、钢轨接头损伤显著、维修频率和成本高。为解决上述有缝线路存在的难题，我国铁路大范围采用无缝钢轨技术[图2-40(b)]，采用应力放散和轨温锁定两种方法，将标准短钢轨焊接成长达几百米甚至数公里长的钢轨条。无缝钢轨在温度变形作用下产生的应力在允许范围内，而不会造成胀轨和拉断的现象。因此，车轮与钢轨接头撞击的“咣当”声已成为我国铁路的历史。这一温度作用对铁路桥梁而言，还将产生长钢轨挠曲力。

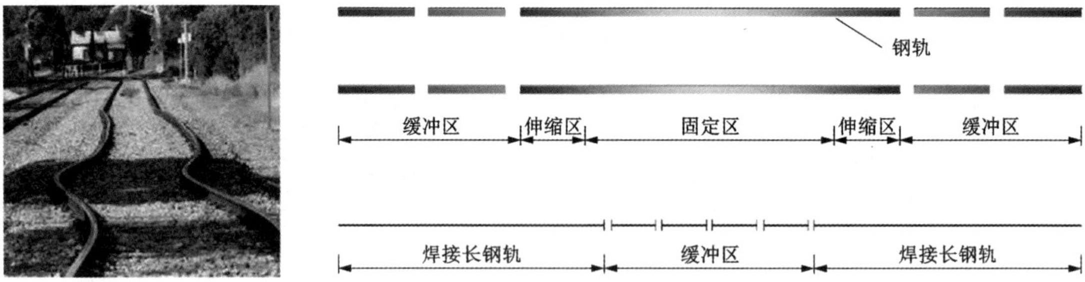

(a) 钢轨温度变形　　(b) 无缝钢轨结构示意图

图2-40　钢轨温度变形及无缝钢轨结构示意图

梯度温度是指日照辐射和寒冷骤然降温致使结构各部位温度变化不一致，形成了结构沿竖向或横向的非线性温度梯度，因而导致了结构的温度次内力和次应力。解决这类问题，首先要确定结构的温度场，然后用力学方法计算结构的温度次内力和次应力。当温度沿梁高非线性分布时，由于受平截面变形的约束，截面内还将产生温度自应力，温度引起的总应力等于次应力和自应力之和。

事物均具有两面性，桥梁结构中的约束作用也是如此。必要的约束是一定的，至少需维持结构的几何不变形。但是约束多了呢？一方面，合理的冗余约束使得结构变形小、刚度大、截面尺寸小、自重轻、节省材料和增大跨越能力；另一方面，冗余约束使得超静定结构易受预应力、混凝土收缩与徐变、温度等因素的影响而产生结构次内力，有时次内力占比会很大，甚至导致其总内力与原内力反号，增加设计和计算难度。最为关键的是工程师需要认识和理解这一客观的规律，坚持对立统一观，合理地增设冗余约束，并从结构、构造、施工工艺等方面提出有效措施应对由此引起的变化，使桥梁达到合理的受力状态。

[思政元素] 事物的两面性；对立统一观

[素材作者] 李欢

2.13　确定小流域设计流量的影响线法

桥梁作为交通运输网的重要组成部分，一旦发生水毁，不但会给铁路、公路等运输部门带来十分严重的损失，而且影响灾区救援工作的开展，威胁人民的生命财产安全。因此，在桥梁结构的设计中，桥梁水文勘测和水文计算是不可或缺的内容。近年来随着暴雨、洪水等极端灾害的频发，桥梁水毁事件屡见不鲜，桥涵水文设计的重要性也日渐凸显。

在进行桥涵水文设计时，合理确定设计流量、设计水位和设计流速是非常重要的前提工作。我国幅员辽阔、河川纵横，公路、铁路要跨过不计其数大大小小的江河湖海，由于桥梁、涵洞的规模差异，以及所处地区、河流情况不同，设计流量有所不同，计算的方法也大相径庭。对于大中河流，水文资料较为齐全，有附近水文站历年来的最大洪水流量资料，甚至还可以调查到建造水文站之前历史上的特大洪水资料，因此通常可以利用流量观测资料来推求设计流量。然而，对于小流域的中小河流，往往未建有水文站，难以搜集到实测洪水资料，利用流量观测资料来求设计流量的方法难以应用。

在小流域地区，影响径流形成的因素很多，比如降雨、融冰、融雪等，其中暴雨是小流域形成最大洪水的主要影响因素，且存在汇流时间短、洪水暴涨暴落、泛滥范围小的特点。因此，通常采用地区性的降雨量来推算小流域地区中小桥与涵洞的设计流量，进而确定桥涵孔径。各省、自治区、直辖市利用雨量推定流量的方法很多，它们基本上都属于推理公式法、单位线法和经验公式法三个范畴。铁路系统还根据各地区大量暴雨、径流观测资料，提出了适应各地区的小流域暴雨洪峰流量的计算方法，称为“铁一院法”“铁二院法”“铁三院法”和“铁四院法”。这些方法在缺少洪水观测资料的中小流域水文计算中发挥着重要作用。

然而，现有的由雨量推算流量的计算方法普遍存在一些不足：①分区域化，部分流域误差较大；②需要参数多，计算过程烦琐；③洪峰流量和峰现时间精细度不够。避开区域概化误差、消减参数数量、简化计算过程、能够较准确地确定洪峰流量和峰现时间，是目前桥梁水文计算中急需解决的问题。类比结构力学中简支梁影响线的概念，中南大学桥梁工程系文雨松教授创造性地提出了利用雨量观测数据确定小流域设计流量的“流量影响线法”。

结构力学中的影响线法研究的是移动荷载对工程结构的作用，如桥梁承受列车、汽车等荷载，厂房的吊车梁承受吊车荷载，等等。在移动荷载作用下，结构的反力、内力及位移都将随荷载位置的移动而变化，它们都是荷载的函数。当单位力 $P=1$ 在简支梁 AB 上移动时，这个力对简支梁点 C 的弯矩 M_C 产生影响，如图 2-41 所示。

当简支梁 AB 上有一组荷载 P_1、P_2、…、P_n 作用时，在简支梁 C 截面处产生的应力 σ 可在应力影响线上加载获得，如图 2-42 所示。

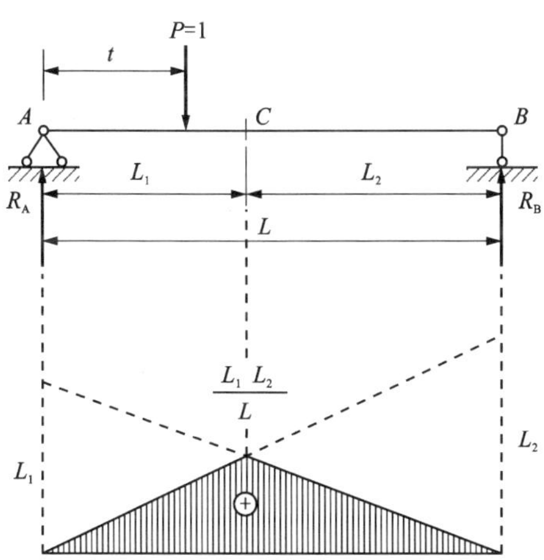

图 2-41　简支梁弯矩 M_C 影响线

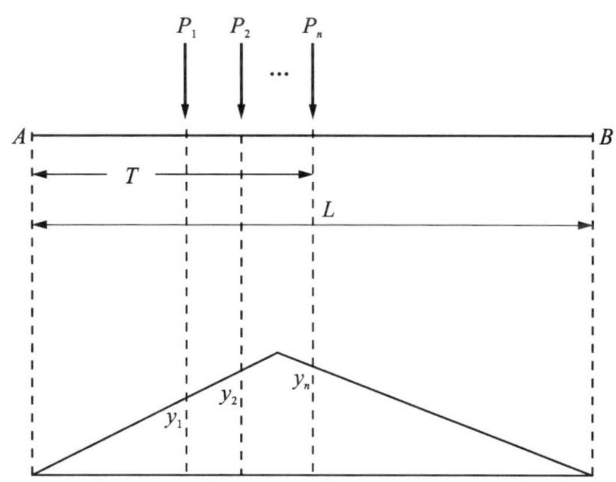

图 2-42　移动荷载群影响线加载示意图

$$\sigma = f'_{\mathrm{m}} \times (P_1 y_1 + P_2 y_2 + \cdots + P_n y_n) = f'_{\mathrm{m}} \sum_{i=1}^{n} P_i y_i \tag{2-6}$$

式中应力影响线的几个要素为：①简支梁是弹性体，可以使用叠加原理；②应力点 C 到支点 A 的距离为 L_1；③应力点 C 到支点 B 的距离为 L_2；④现场标定得出应力影响线的最大值 f'_{m}。

将应力影响线法应用于设计流量计算时，采用了雨量推求流量中应用较为广泛的推理公式法作为基础，即流量 Q_{p} 为暴雨强度 a_{p} 与流域面积 F 的积乘以径流系数 α。对于一座特定的桥梁，流域面积 F 和径流系数 α 是常数，所以推理公式法可以记为

$$Q_{\mathrm{p}} = 0.278\alpha a_{\mathrm{p}} F = A \times a_{\mathrm{p}} \tag{2-7}$$

式中只有暴雨强度 a_{p} 为变量，A 为比例系数，因此可以认为流量 Q_{p} 为暴雨强度 a_{p} 的线性函数，这对应了应力影响线的要素①；将涨水历时 t_1 看成 L_1，对应应力影响线的要素②；将退水历时 t_2 看成 L_2，对应应力影响线的要素③；实测某次大雨引起的洪水流量，找到这次大雨的雨量记录，也可以现场标定出 f_{m}，对应于应力影响线的要素④。再将单位时段内的降雨量 R_i 看成集中力 P_i，就可以使用“结构力学简支梁应力影响线加载法”计算洪水流量，即

$$Q_{\mathrm{p}} = f_{\mathrm{m}} \times (R_1 y_1 + R_2 y_2 + \cdots + R_n y_n) = f_{\mathrm{m}} \sum_{i=1}^{n} R_i y(t_i) \tag{2-8}$$

$$y(t) = \begin{cases} \dfrac{1}{t_1} t & 0 \leqslant t \leqslant t_1 \\ \dfrac{1}{t_2}(t_1 + t_2 - t) & t_1 \leqslant t \leqslant t_1 + t_2 \end{cases} \tag{2-9}$$

涨水历时 t_1 和退水历时 t_2 是流量影响线法的重要参数，无实测资料时，t_1 可按原铁道部第三勘测设计院编制的铁路工程设计技术手册《桥渡水文》中给出的集流时间公式计算，t_2 可根据流域情况计算。影响系数 f_{m} 通过标定得到，具体步骤为：①收集标定洪水的雨量系列；②利用流速仪测定流速，或者根据水痕得到水位，从而确定标定洪水的最大流量 Q_{m}；③将标定雨量系列看成一系列集中力，按照结构力学影响线加载方法，取最不利荷载位置，得到影响线的影响系数为

$$f_{\mathrm{m}} = \frac{Q_{\mathrm{m}}}{\sum_{i=1}^{n} R_i y(t_i)} \tag{2-10}$$

确定了流量影响线的 3 个参数 t_1、t_2、f_{m} 后，就确定了流量影响线。如果获得了另一场大雨的雨量记录，则可以进行影响线加载，就可求得这场大雨引发的最大流量。

文雨松教授提出的这种方法将“利用单位线求桥址断面流量历程曲线”转换成了“影响线加载求应力历程曲线”，通过引入虚拟梁，将流量计算的水文问题转化成了桥梁工程师十分熟悉的影响线加载问题，这是不同学科知识交叉融合、贯通和多维度分析的典型案例。

[**思政元素**] 交叉融合；多维度分析

[**素材作者**] 杨熠琳

2.14　薄钢板稳定剖析

钢构件因具有轻质高强的特点，已广泛应用于大跨结构。钢构件的轻质集中体现在其截面由薄钢板组成。结构工程师最关心的问题是如何充分利用构件强度，同时避免轻型化引起薄钢板屈曲而影响构件正常使用，甚至降低结构整体承载能力。

在钢结构发展历程中，发生过因对薄钢板稳定性能和构件构造认识不足而引起的破坏性事故。最具代表性的案例发生在20世纪70年代的欧洲和澳大利亚，有5座钢箱梁桥在施工过程中因丧失稳定性而垮塌，造成重大人员伤亡和财产损失，震惊了桥梁工程界。其中，1970年澳大利亚墨尔本西门大桥钢箱梁施工垮塌事故因死伤人数最多而备受关注。

2.14.1　工程概况

西门大桥由两侧长67 m的预应力混凝土引桥和全长848 m的主桥组成。主桥为两塔五跨斜拉桥，跨径布置为(112+144+336+144+112)m。主梁为五跨连续钢箱梁，采用单箱三室梯形截面，外侧为两道斜腹板，箱内设置两道直腹板。梁高4.1 m，箱梁顶板全宽37.4 m，两侧悬臂宽度为5.8 m，顶板为正交异性桥面板。

迫于工期压力，同时为了减轻起吊质量，西门大桥没有搭设满堂支架，也没有采用整孔吊装，而是分节段工厂预制，纵向节段长14 m，横向分成2个节段，每个节段为箱梁全截面一半。现场分节段起吊，并在桥墩上完成横移和拼接，如图2-43所示。

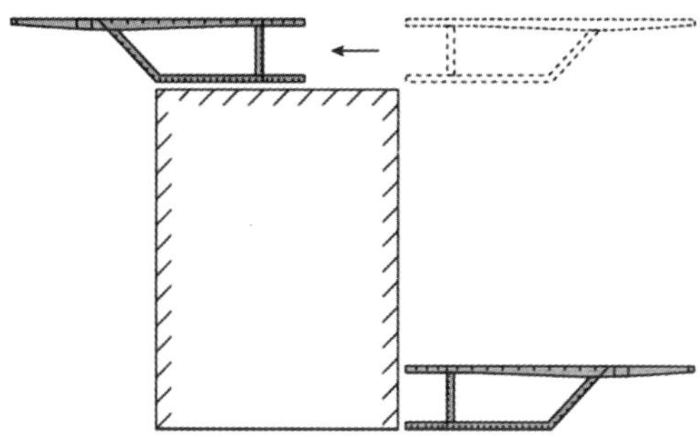

图2-43　钢箱梁节段拼装

2.14.2　垮塌过程及原因分析

国际桥梁工程界普遍认为西门大桥在施工中因箱梁顶板局部失稳，而诱发连续破坏，并最终导致落梁。破坏过程简述如下：

西岸侧112 m钢箱梁顶板因跨中临时压重在靠近横向拼接缝位置发生局部屈曲，为了释放接缝应力，使已发生弹性屈曲的顶板复位，同时消除接缝横向高差，施工方决定“松开顶板横向拼接螺栓进行卸载”。随着越来越多螺栓被松开，顶板压应力向剩余的螺栓集中，使得与剩余螺栓相连的顶板压应力陡增，顶板屈曲开始沿横桥向发展，甚至连腹板的上半部分也发生屈曲，顶板剩余螺栓接连发生“解扣式”断裂破坏，最终箱梁发生压溃破坏。由于“卸载”之前横向节段通过横梁联系起来，丧失承载能力的左半幅箱梁带着右幅箱梁一起，从50 m高的墩顶掉落，如图2-44所示。

掉落的钢箱梁直接砸中桥下工人休息的工棚，由于正值工人午休时间，包括3名工程师在内，共计36人当场遇难。因此，顶板初始局部屈曲是破坏发生的源头，而“松开螺栓”的不当操作则是垮塌事故的直接推手。

图 2-44 西岸钢箱梁压溃

箱梁顶板初始屈曲与分节段吊装有较大关联。一方面，采用节段横向拼装工艺，吊装截面非对称，应力水平相比单轴对称全截面的应力分布有较大变化。由于施工方临时决定分段吊装，节段截面应力变化显然未经设计复核。另一方面，箱梁顶板屈曲设计一般假定板件四边简支在相邻腹板以及横梁上。一旦箱梁顶板沿中缝切开，剖开的一侧变成了没有约束的自由边，无法提供薄钢板挠曲约束，使得屈曲临界应力大幅下降。同理，支撑顶板的横梁在剖面处应力获得释放，横向节段横梁间弹性约束随之释放，使得横梁对顶板挠曲约束更为有限。此外，顶板纵向加劲肋在横向接缝处通过拼接板连接，设计时只考虑拼接连接满足传力要求，而未要求连接强度大于被连接构件强度，拼接板在横向接缝位置发生局部屈曲，进一步降低受压顶板屈曲临界应力。因此，连接构造缺陷和分段后顶板内部约束刚度下降，使得顶板抗屈曲性能逐步降低，屈曲模态从相邻腹板和相邻横梁间板块局部变形演变为跨节段整体变形。

在此之前，东岸侧 112 m 箱梁顶板也曾发生初始屈曲，施工方通过放松顶板连接螺栓，让相邻纵向节段顶板发生纵向相对滑动，从而使弹性局部屈曲复位。因此，施工方汲取东岸侧箱梁顶板失稳教训，在西岸侧钢梁顶板横向拼接时则安装临时槽型构件加固顶板自由边，避免顶板失稳。然而，吊装过程中又发现箱梁横向节段存在较大的预拱高差而无法拼接的难题。施工方采取在西岸钢箱梁跨中压重的方法消除两侧高差，结果负载过大(钢箱梁跨中恒载弯矩增大 20%)，造成顶板自由端和临时约束构件同时失稳。这些影响薄钢板稳定性的因素显然无法在设计阶段全面反映，只能根据施工要求进行后期模拟计算。施工方因赶工期忽视箱梁受压顶板实际工作状态与设计状态出现的显著偏差，导致西门大桥东、西岸侧箱梁受压顶板均出现局部屈曲。

尽管经典薄板弹性屈曲理论已趋于成熟，失稳临界荷载计算公式得到试验证实，但是，计算公式却有适用条件，其中，以板件边界约束和外荷载分布条件对临界荷载的影响最为突出。西门大桥吊装施工忽视了非对称开口薄壁构件的受力变形分析及控制措施是其失败的关键因素。事故分析表明，唯有结合工程实际，统筹结构整体构造与受力特征，结合结构特性，合理评估薄钢板边界约束程度，才能科学评价薄钢板局部屈曲性能。

[**思政元素**] 实事求是；实践检验论

[**素材作者**] 文颖

2.15 虚位移、惯性力与外力势能的概念创新

2.15.1 虚位移概念——平衡方程从矢量到标量的转化

某瞬时，在不破坏约束(即为约束所允许)的条件下，质点假想的任何无限小的位移，称

为质点在该瞬时所在位置的虚位移。它不需要经历任何时间。虚位移并不是系统发生的实位移，而是“虚构”的数学概念(其英文为 virtual displacement)，并无实际物理含义。

针对理想约束质点系，虚位移原理(又称虚功原理)通常表述如下：具有定常的、双面理想约束的质点系，在给定位置上平衡的必要和充分条件是，作用在系统上的所有主动力 F_i 在任意虚位移 δr_i 下所做的虚功 δW 之和为零，即

$$\sum \delta W = \sum_{i=1}^{n} F_i \cdot \delta r_i = 0 \tag{2-11}$$

设系统的自由度数为 n，由虚位移原理公式(2-11)可以推导出系统的 n 个平衡方程。利用虚位移原理建立体系运动方程的主要优点是虚功为标量，可以按代数方式相加。而作用于结构上的力是矢量，它只能按矢量叠加。并且虚功原理只涉及主动力，这是因为静止平衡的力学体系受理想约束，未知的约束反力不会出现在虚功方程中，这给解决受理想约束的多约束力学体系的静力学问题带来了极大方便。因此，对于不便于列平衡方程的复杂体系，虚位移方法较直接平衡法方便。该方法相对于直接平衡法要简单得多，后者考虑各个质点受到的所有作用力，剖析内力和约束反力的性质和大小，推导过程比较烦琐。

伯努利在提出虚位移、虚功等概念的基础上，建立了虚位移原理，从而使建立系统平衡方程的方式实现了从矢量到标量形式的转化。

2.15.2　惯性力概念——动力问题转化为动力平衡问题的提出

设有一质点 M 在约束容许的条件下发生运动。如质点的质量为 m，在主动力 F 及约束反力 R 作用下产生的加速度为 a，根据动力学第二定律，则有

$$F+R=ma \tag{2-12}$$

在此，引进惯性力概念，建立动力系统运动方程的方法就截然不同。定义惯性力为大小等于质量与其加速度的乘积，方向与加速度的方向相反，即

$$Q=-ma \tag{2-13}$$

惯性力的英文为 inertial force，其别名为 fictitious force(假想力)。显然，惯性力不是实际力，而是为了推导方便而引入的虚拟力。

在构建了惯性力的基础上，质点的达朗贝尔原理表述如下：在质点运动的每一瞬时，作用于质点的主动力、约束力和质点的惯性力在形式上构成一组平衡力系，即

$$F+R+Q=0 \tag{2-14}$$

从数学形式上看，式(2-12)与式(2-14)是一样的；但从力学角度看，式(2-14)是力的平衡方程，与静力平衡方程具有相同的形式。

因此，达朗贝尔原理只是提供一种用静力学方法列出动力学方程的简单而显明的手段，即引入惯性力，把动力学方程写成平衡方程的形式，实质仍是动力学问题。方程在形式上的这种变换，带来了分析问题和列写方程的方便，引出了新观点，即对于做任何运动的质点系，除真实作用的主动力和约束反力外，只要在每个质点上加上它的惯性力，就可直接应用静力学中的平衡理论来建立质点系的运动与作用于质点系的力之间的关系。这种处理问题的方法称为动静法。同样，应用于静力平衡的虚位移原理也可以推广应用到动力系统。

2.15.3 外力势能概念创新——弹性系统动力学总势能不变值原理的提出

静力学中，在基于势能的概念和虚位移原理推导总势能驻值原理的过程中，考虑到系统“发生”虚位移时，所有作用于系统的力都不变，于是定义外力做功的负值即$-P\Delta$为该外力的势能；在引入外力势能的概念后，将外力势能与系统应变能统称为系统总势能，导出了静力学总势能驻值原理，详见文献[16]。

曾庆元院士在研究动力问题时，按照达朗贝尔原理，将动力问题转化为动力平衡问题。类比静力问题，考虑动力平衡系统发生虚位移，在虚位移过程中，固定时间不变，作用于系统的干扰力、惯性力、阻尼力、重力、摩擦力等都保持不变，这些力做功的负值均视为系统的外力势能，从而导出动力学势能驻值原理（也称为弹性系统动力学总势能不变值原理），具体推导过程如下：

在引入达朗贝尔原理并考虑阻尼力作用后，弹性系统动力学问题即转化为动力平衡问题，其平衡方程的一般形式为

$$\boldsymbol{f}_{\mathrm{m}}+\boldsymbol{f}_{\mathrm{c}}+\boldsymbol{f}_{\mathrm{s}}+\boldsymbol{P}(t)=\mathbf{0} \tag{2-15}$$

式中：$\boldsymbol{f}_{\mathrm{m}}$为系统惯性力矢量；$\boldsymbol{f}_{\mathrm{c}}$为系统阻尼力矢量；$\boldsymbol{f}_{\mathrm{s}}$为系统弹性力矢量；$\boldsymbol{P}(t)$为系统外力（包含重力在内）矢量。

在给定瞬时t，式（2-15）两边乘以系统虚位移$\delta\boldsymbol{u}$，并考虑$-\delta\boldsymbol{u}\cdot\boldsymbol{f}_{\mathrm{s}}$等于系统虚应变能$\delta U_i$，得出

$$\delta U_i=\delta\boldsymbol{u}\cdot\boldsymbol{f}_{\mathrm{m}}+\delta\boldsymbol{u}\cdot\boldsymbol{f}_{\mathrm{c}}+\delta\boldsymbol{u}\cdot\boldsymbol{P}(t) \tag{2-16}$$

式（2-16）即为弹性系统动力学虚位移原理的一般表示式。与静力学势能驻值原理一样，式（2-16）可表示为如下简洁的形式：

$$\delta_{\varepsilon}(U_i+V_{\mathrm{m}}+V_{\mathrm{c}}+V_{\mathrm{P}})=0 \tag{2-17}$$

式中：U_i为系统弹性应变能；$V_{\mathrm{m}}=-\boldsymbol{u}\cdot\boldsymbol{f}_{\mathrm{m}}$，为系统惯性力做功负值（惯性力势能）；$V_{\mathrm{c}}=-\boldsymbol{u}\cdot\boldsymbol{f}_{\mathrm{c}}$，为系统阻尼力做功负值（阻尼力势能）；$V_{\mathrm{P}}=-\boldsymbol{u}\cdot\boldsymbol{P}(t)$，为系统外力做功负值（外力势能）。称$\boldsymbol{\Pi}_{\mathrm{d}}=U_i+V_{\mathrm{m}}+V_{\mathrm{c}}+V_{\mathrm{P}}$为弹性系统动力学总势能。

仿照静力学势能不变值原理，称式（2-17）为弹性系统动力学总势能不变值原理，式中变分号δ的右下标ε同样是强调对弹性系统动力学总势能$\boldsymbol{\Pi}_{\mathrm{d}}$变分时，要保持式（2-17）的虚位移原理本质，即只对弹性应变和位移变分，惯性力、阻尼力、外力等力素分量均不变分，即在计算V_{m}、V_{c}与V_{P}时，所有应变及位移均被认为是变量，而对应的力则是指定的。

伯努利提出虚位移与虚功的概念，建立了虚功原理，奠定了分析力学的基础。达朗贝尔提出惯性力概念，第一次将动力学与静力学用统一观点处理。曾庆元院士参照静力学势能驻值原理，构建动力系统外力势能、惯性力势能、阻尼力势能等新概念，提出了弹性系统动力学总势能不变值原理，并衍生出形成系统矩阵的“对号入座”法则，丰富和发展了经典动力学理论。透过三个力学概念的创新实例，了解动力学发展的一些有趣历程，希望能激励读者不断探讨科学发现的可能途径。

［**思政元素**］方法论——类比与升华；科学思维

［**素材作者**］周智辉

2.16　大跨度桥梁的几何非线性

2.16.1　几何非线性概念

一般情况下，结构力学和有限元程序中的求解过程为：首先根据结构材料和几何特性，建立结构刚度矩阵 $\boldsymbol{K}$，然后施加荷载 $\boldsymbol{P}$，求解平衡方程 $\boldsymbol{K\delta}=\boldsymbol{P}$，得到结构的变形 $\boldsymbol{\delta}$，进而获得结构的内力。

对于中小跨度桥梁而言，上述求解过程通常一步即可完成，因为结构的自身刚度较大，由平衡方程得到的变形是较小的，结构的刚度基本不变，此时桥梁结构的变形与外荷载呈线性变化。但对于大跨度桥梁结构而言，因为其自身的高柔性特点，结构的初始刚度小，在荷载作用下一般会产生较大的变形，这种大变形会使得结构的刚度发生变化，导致结构变形与外荷载之间不再是线性关系，而是呈现非线性变化，此即为大跨度桥梁的几何非线性。

上述几何非线性的概念可以直观地用下式进行理解：

$$\boldsymbol{K}=\boldsymbol{K}_{\mathrm{e}}+\boldsymbol{K}_{\sigma} \tag{2-18}$$

式中：$\boldsymbol{K}$ 为结构总刚度矩阵；$\boldsymbol{K}_{\mathrm{e}}$ 和 $\boldsymbol{K}_{\sigma}$ 分别为弹性刚度矩阵和几何刚度矩阵，表达式如下（以杆和梁为例）。

杆单元：

$$\boldsymbol{K}_{\mathrm{e}}=\begin{bmatrix} \frac{EA}{l} & 0 & -\frac{EA}{l} & 0 \\ 0 & 0 & 0 & 0 \\ -\frac{EA}{l} & 0 & \frac{EA}{l} & 0 \\ 0 & 0 & 0 & 0 \end{bmatrix},\ \boldsymbol{K}_{\sigma}=\begin{bmatrix} 0 & 0 & 0 & 0 \\ 0 & \frac{N}{l} & 0 & -\frac{N}{l} \\ 0 & 0 & 0 & 0 \\ 0 & -\frac{N}{l} & 0 & \frac{N}{l} \end{bmatrix} \tag{2-19}$$

梁单元：

$$\boldsymbol{K}_{\mathrm{e}}=\begin{bmatrix} \frac{EA}{l} & & & & & \\ 0 & \frac{12EI}{l^3} & & & & \\ 0 & \frac{6EI}{l^2} & \frac{4EI}{l} & & \text{对称} & \\ -\frac{EA}{l} & 0 & 0 & \frac{EA}{l} & & \\ 0 & -\frac{12EI}{l^3} & -\frac{6EI}{l^2} & 0 & \frac{12EI}{l^3} & \\ 0 & \frac{6EI}{l^2} & \frac{2EI}{l} & 0 & -\frac{6EI}{l^2} & \frac{4EI}{l} \end{bmatrix},\ \boldsymbol{K}_{\sigma}=N\begin{bmatrix} 0 & & & & & \\ 0 & \frac{6}{5l} & & & & \\ 0 & \frac{1}{10} & \frac{2l}{15} & & \text{对称} & \\ 0 & 0 & 0 & 0 & & \\ 0 & -\frac{6}{5l} & -\frac{1}{10} & 0 & \frac{6}{5l} & \\ 0 & \frac{1}{10} & -\frac{l}{30} & 0 & -\frac{1}{10} & \frac{2l}{15} \end{bmatrix} \tag{2-20}$$

式中：l 为单元长度；E 为弹性模量；A 和 I 分别为截面面积和惯性矩；N 为单元轴力(拉为正，压为负)。

现在根据式(2-18)来进一步解释几何非线性的概念及其影响。中小跨度桥梁的总刚度矩阵 $\boldsymbol{K}$ 仅由弹性刚度矩阵 $\boldsymbol{K}_e$ 组成，根据弹性刚度矩阵的表达式可知，其每项组成仅与单元的材料特性和截面特性相关，只要结构材料处于弹性工作阶段，该弹性刚度矩阵是始终不变的，因此对于中小跨度桥梁而言，其变形与外荷载是线性变化的。然而，大跨度桥梁的刚度矩阵 $\boldsymbol{K}$ 除了弹性刚度矩阵 $\boldsymbol{K}_e$ 这一项，还应考虑几何刚度矩阵 $\boldsymbol{K}_\sigma$ 的贡献。从几何刚度矩阵的表达式可知，其与单元内力(轴力)相关，且随着桥梁结构柔性增大，几何刚度矩阵 $\boldsymbol{K}_\sigma$ 在总刚度矩阵 $\boldsymbol{K}$ 中的贡献不容忽略(通常在中小跨度桥梁的结构分析中，这一项由于影响小，一般可忽略)，此时结构的总刚度矩阵是随变形引起的内力而变化的，这也就导致结构变形与外荷载呈现非线性的关系。该几何刚度矩阵 $\boldsymbol{K}_\sigma$ 实质上体现的就是大跨度桥梁的几何非线性特性。

2.16.2 大跨度桥梁几何非线性的表现形式

实际工程中，大跨度桥梁的几何非线性主要表现在以下 4 个方面。

1. 大位移效应

这是作为柔性结构的大跨度桥梁最主要的几何非线性影响因素，这一点在悬索桥中表现显著。在受外荷载作用时，悬索桥主缆及加劲梁发生下挠、吊索伸长、主塔压缩、吊索倾斜等，这些都会对悬索桥的内力及变形产生较大影响。因此在进行分析时，力的平衡方程应根据变形后结构的几何位置来建立，力与变形的关系是非线性的。

2. 重力刚度效应

这一点在悬索桥的主缆中表现尤为显著。主缆安装后及加劲梁架设过程中，受主缆自重和加劲梁重力作用，主缆会产生很大的水平拉力，形成较大的拉力刚度(或重力刚度)，对后续状态的变形存在着抗力，反映了主缆的几何非线性性质。这种因为结构重力而刚度增加的现象被形象地称为重力刚度。该项几何非线性效应可通过计入单元的几何刚度矩阵来考虑。悬索桥的主缆正是借助此重力刚度效应来保证悬索桥具有足够大的竖向刚度，使得车辆或列车等活载产生的挠度不至于过大，从而满足悬索桥变形和行车平顺性要求。

3. 垂度效应

这一点主要体现在斜拉桥的拉索中。拉索在自重作用下有一定的垂度，呈悬链线形。拉索拉力由拉索的自重作用产生的拉力和张拉力组成。当拉力增加时，拉索垂度减小。斜拉索的伸长由弹性变形和由垂度减小引起的非弹性变形两部分组成。计算中可采用修正弹性模量的方法计入非线性的影响。在施工阶段，由于索的拉力不足，垂度较大，应该计入垂度对弹性模量的影响。但根据计算，如果在初张拉时使拉索的修正弹性模量不小于 90%的材料弹性模量值，则该项影响是很小的；全部恒载作用后，由于拉索有足够大的拉力，活载引起的垂度变化很小，可以不考虑这一影响。拉索越长，拉力越小，垂度效应愈显著。当然，采用修正弹性模量考虑拉索垂度效应的计算是一种近似简化方法，更精确的分析可采用曲线索单元进行。

4. 梁柱效应与压杆屈曲

这类现象主要表现在悬索桥与斜拉桥的索塔、斜拉桥主梁、拱桥主拱结构中。由于这些结构均为压弯杆件，一方面，在压弯状态下，轴向力会引起附加变形和附加弯矩，此为梁柱效应(亦称 $P-\Delta$ 效应)；另一方面，弯曲变形会引起杆件轴向变形，从而使得轴向刚度降低，当达到某一临界状态就会失去稳定，这一现象称为压杆屈曲。这两类现象都可用梁单元的几何刚度矩阵来解释和定量分析。

综上所述，桥梁工程师从工程实践中总结提炼出上述“大位移效应”“重力刚度效应”“垂度效应”“梁柱效应”“压杆屈曲”等直观形象的术语来描述大跨度桥梁结构的几何非线性行为，并可通过几何刚度矩阵、状态更新、增量求解和平衡迭代等一系列手段实现几何非线性的分析与计算。

实际工程中，几何非线性仅仅是非线性的一种表现形式。除几何非线性外，工程中常见的非线性表现形式还有材料非线性、接触非线性、桩土相互作用的非线性等。因此可以认为，非线性是实际存在且难以避开的问题，或者准确地说，我们生活在一个非线性的世界。其实，我们熟知的蝴蝶效应、混沌状态都是典型的非线性系统。某种意义上，非线性既是一种表现形式，也代表了一种未知。我们需采用新的理论和方法，去全面认知我们生存世界中的自然现象，掌握自然规律，改造自然，实现人类社会和自然世界的和谐共处。

[思政元素] 认识论——“世界是非线性的”；辨识能力

[素材作者] 杨孟刚

2.17　预应力工艺与张拉

混凝土自发明之初就被广泛应用于各类基础设施建设之中，然而，由于混凝土的抗拉强度显著低于其抗压强度，应用于梁、板等受弯构件中时，在挠曲荷载作用下易出现开裂，引起钢筋锈蚀，影响结构耐久性和承载力，严重制约了混凝土结构跨越能力。为解决这一问题，1866 年美国工程师杰克逊(P. H. Jackson)提出采用张拉钢筋以制作混凝土楼板；1888 年德国的道克林(C. E. W Dochring)则提出将加有预应力的钢丝浇入混凝土中以制作板和梁；1896 年奥地利特尔孟(J. Mandl)首先提出采用预加应力以抵消结构在外荷载作用下产生的拉应力的概念。

此后，工程师们尝试张拉普通钢筋以施加预应力，但是很快发现由于混凝土收缩徐变，预应力损失殆尽，结构使用性能并没有较大提升。因此，在很长的一段时间内预应力混凝土并没有得到广泛应用。直到 1928 年，在深入研究混凝土和钢筋力学性能的基础上，法国工程师弗雷西奈(F. Fressinet)提出预应力混凝土必须采用高强钢筋和高强混凝土的观点，并于 1936 年建造了世界上第一座预应力混凝土桥梁。第二次世界大战后，预应力混凝土结构大量运用于结构加固中，预应力混凝土正式驶入了快速发展的道路。我国也于 20 世纪 50 年代开始引进和研究预应力混凝土技术，逐渐开始建造预应力混凝土桥梁、屋面板和吊车梁等。由上述预应力混凝土发展历史可见，如何对混凝土结构施加持久、适当的预压应力，是预应力混凝土结构设计和施工的关键所在。

2.17.1　预应力工艺与类型

高强钢材为预应力混凝土的快速发展提供了材料基础，通过提高钢材张拉应力，混凝土收缩和徐变、锚具和混凝土压缩变形等引起的预应力损失完成后，预应力筋中的永存应力仍然可以在混凝土结构中建立充足的预压应力储备，以抵抗结构外荷载作用下的拉应力。然而，如何施加预应力是另外一个必须解决的问题。1938 年，德国的霍友(E. Hoyer)利用高强钢丝与混凝土之间的黏结力，成功在墩式台座上同时张拉生产多根预应力混凝土构件；弗雷西奈于 1939 年成功研制了弗氏锥形锚具及其配套张拉机具。上述两项预应力张拉工艺为现在常用的先张法和后张法(图 2-45)的发展奠定了坚实的基础。

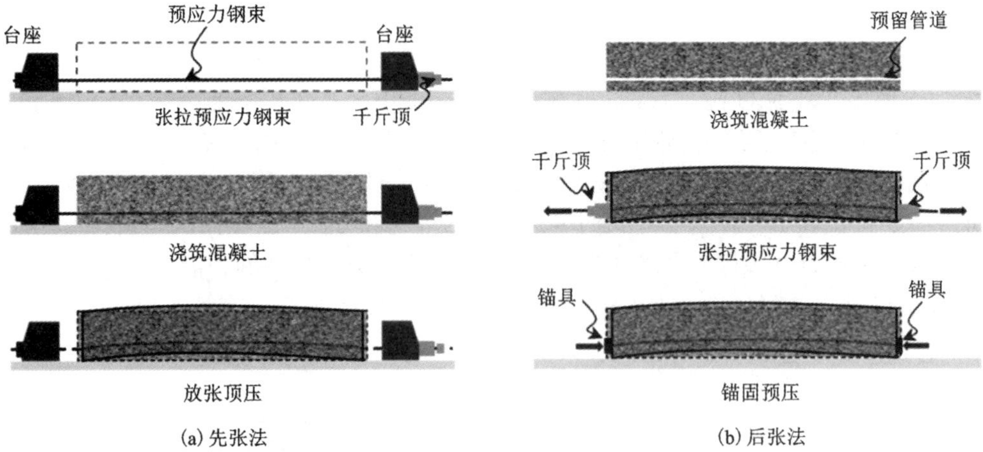

图 2-45 先张法和后张法施工工艺示意图

先张法施工的关键步骤为：在浇筑混凝土之前，即在施工台座上利用张拉机具和锚具张拉预应力筋，随后再浇筑混凝土并待混凝土达到一定强度之后，放松并切断预应力筋。此时，预应力筋的回缩受到周围混凝土的约束，预应力通过混凝土与钢筋之间的黏结传递至混凝土，从而使混凝土获得预压应力。后张法施工时须先浇筑混凝土，待其达到一定强度之后，再穿入预应力钢束并进行张拉。此时，锚具附于混凝土构件上以约束预应力钢束的回缩变形，从而在混凝土构件中产生预压应力。先张法中涉及的锚具属于临时性锚具，是施加预应力的工具锚，预应力施加完毕之后可以取下后重复利用。而在后张法中，预应力锚具是为保持预应力筋的拉力并将其传递到混凝土内部的锚固工具，为永久性锚具，因此通常所说的预应力锚具是指后张法中采用的锚固装置。

预应力锚具型式多种多样，有用于张拉预应力钢绞线的夹片式锚具、用于张拉高强钢丝的钢制锥形锚、用于镦头后张拉高强钢丝的镦头锚、用于张拉精轧螺纹钢筋的螺杆式锚具、用于张拉多股平行钢丝束的冷铸镦头锚等多种类型。

先张法和后张法施工工艺对预应力混凝土结构计算有重要影响，如预应力损失等。预应力损失对于预应力混凝土结构的受力性能显然是不利的，通过提高预应力钢束张拉阶段的应力，并采用超张拉可以有效减少由锚具和混凝土压缩变形所引起的预应力损失。实际工程中，通常采用张拉控制应力表示预应力束张拉设计值。张拉控制应力不应过大，也不能太小。张拉控制应力过大，不仅会增加张拉过程中出现断丝事故的风险，还会使预应力筋的应力储备变小，外荷载作用下可能很快进入塑性变形，危及结构的运营安全；反之，若张拉控制应力太小，混凝土构件中的预压应力则变小，构件的抗裂性能提升不明显，不能充分发挥预应力混凝土的优势。因此，在进行预应力混凝土结构设计时，要同时考虑预应力束和结构的安全储备，确保结构施工和运营安全。

2.17.2　预应力张拉与控制

尽管先张法和后张法在施工工艺上有所区别，但预应力钢束张拉工艺具有相通之处，即都需要采用合适的张拉机具进行张拉。

按单束张拉的千斤顶布设方式，将预应力张拉分为单端张拉和两端张拉。预应力束安装就位之后，一端通过锚具固定于墩台或混凝土构件上，另一端与液压千斤顶相连以拉伸钢束，即为单端张拉。两端均设置千斤顶进行张拉称为两端张拉。

张拉过程中严格控制液压千斤顶的油压，并进行预应力钢束引伸量测量，通过钢束伸长量和油压表压力值两个指标控制预应力张拉，称为预应力张拉的“双控”，以油压表控制为主，以伸长量复核。

人工操作液压设备、进行伸长量测量等难免会有偏差，为此研发了预应力智能张拉技术，并逐渐取代人工张拉。预应力智能张拉同样采用“双控”原则，但该方法采用位移传感器代替传统钢尺测量预应力钢束伸长量，使用压力传感器代替传统压力表测量钢束预应力，采用计算机自动计算各项损失和伸长量的理论值，与实测值进行比较、判断，并用于自动控制，可有效避免人为因素导致的错误或误差；张拉过程中出现异常，可进行报警；张拉中各类数据可实时保存并上传，避免人工填报中的假、漏、错现象。智能张拉显著提高了钢束张拉精度和预应力张拉的质量。此外，对于含有较多钢束的预应力混凝土结构，智能预应力张拉系统可同时控制多个张拉机具，提高施工效率，如图 2-46 所示。

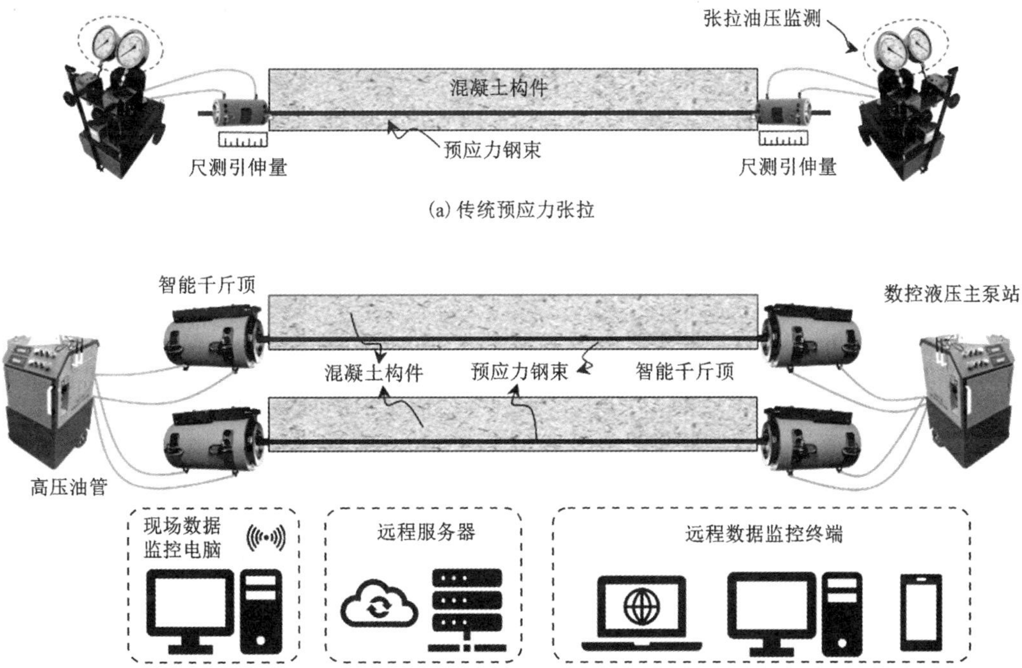

(a) 传统预应力张拉

(b) 智能预应力张拉

图 2-46　传统预应力张拉与智能张拉示意图

2.17.3 预应力张拉事故与安全意识

预应力张拉过程中，张拉质量和安全事故时有发生，典型问题有：

①预应力钢束或钢丝在张拉过程中出现断、滑丝现象；

②预应力束整束被拉断，锚具飞出；

③后张梁锚下混凝土压溃；

④先张法放张时，钢丝或钢绞线过量回缩。

问题①和②一般是由预应力筋材质不均匀、张拉设备失效和工艺不当引起，该问题危及作业人员的安全，甚至引起人员伤亡，因此张拉过程中严禁站立于预应力束的前方。

问题③和④的可能成因有混凝土强度等级不足、锚下混凝土振动不密实甚至空洞、张拉力超出设计值等。

从业人员应牢固树立安全意识，秉持"安全第一"的理念，防患于未然。

[思政元素] 安全意识；工艺创新

[素材作者] 周浩

2.18 桥梁结构施工与质量控制

桥梁是承载跨越式的工程结构，同时也是开放共享型的公共建筑。桥梁建设一般要经过规划、勘察、设计和施工等阶段。桥梁施工的任务是贯彻桥梁设计思想和意图，将设计图纸变成现实构造物，呈现一座能满足功能需求，并与设计目标尽可能吻合的桥梁建筑物。在关乎民生的桥梁建设中，保障桥梁施工安全和质量尤为重要。

2.18.1 施工组织设计

桥梁施工，不仅指桥梁施工技术，还包含了施工组织、施工管理、施工质量检测和控制等内容。随着桥梁不断地向大跨、深水、海洋发展，施工技术和施工装备也在不断发展，日新月异。在理解施工的基本原理和方法、遵守现行施工技术规范的基础上，应与时俱进，紧密结合生产实际，了解最新的科技成果，培养创新思维，确保基于技术先进性、安全可靠性组织施工。

在桥梁施工前期需要进行施工组织设计，这一准备工作是坚持按照基本程序办事的重要环节之一，也是桥梁施工组织管理工作的主要内容之一。施工组织设计中，需要选择经济合理的施工方案，做好施工的战略部署；编制切实可行、逻辑严密的工程进度计划；编制人、料、机等资源需求计划；制订采购、运输计划，以便及时供应资源，确保施工现场的物资消耗需求；合理布置施工现场，充分利用空间；提出切实可行、技术先进、经济合理的施工技术措施、组织措施、安全措施、质量保证措施和应急救援措施。

施工组织设计必须实事求是，制定的原则和事项既应符合施工队伍的技术水平和设备能力，亦应具有一定的先进水平。在桥梁工程不同阶段编制的施工组织设计有三种类型：在设计阶段编制的称为初步施工组织设计；在施工前编制的称为指导性施工组织设计；在施工过程中编制的称为实施性施工组织设计。不同阶段施工组织设计的内容基本是一致的，只是深浅、具体和详细程度不同。

2.18.2　桥梁施工方法与质量控制

桥梁施工包括基础工程、墩台和上部结构施工。

在桥梁工程中通常采用的基础形式有明挖扩大基础、桩基础、沉井基础、管柱基础等；对于位于旱地或是浅水河中的承台，施工方法与明挖扩大基础的施工方法类似；而对位于深水中的承台，一般采用围堰等止水方法以实现承台的避水施工。

对于结构形式简单、高度不大的中小桥墩(台)身，通常采用传统的方法立模现浇施工；而对高桥墩的施工，近年来多采用爬升式模板、翻板式模板和滑升式模板。

桥梁上部结构施工除一些特殊的施工方法外，大致可分为预制安装和现场灌注两大类。

预制安装可分为预制梁整孔安装和预制节段式块件拼装两种类型。预制梁整孔安装方法有架桥机安装法、跨墩龙门安装法、自行式吊车安装法和浮运整孔架设法等；预制节段式块件拼装法有悬臂拼装法、逐孔拼装法、扒杆吊装法、缆索吊装法和提升法。另外，浮运架设法可依据情况整孔架设或可进行节段式块件拼装。现场灌注法包括支架法、悬臂浇筑法、逐孔现浇法、顶推法等。上部结构部分施工方法如图 2-47 所示。预制安装主要优点是上、下部结构可平行施工，工期短；工厂生产易实现组织管理，结构质量容易保障。但是，预制安装需要有预制场地和必要的运输及吊装设备。现场灌注方法无须预制场地，不需要大型吊装设备，但是存在工期长、施工质量不易保障的情况。

(a) 架桥机整孔架设　(b) 悬臂浇筑法

(c) 顶推法　(d) 预制拼装

图 2-47　桥梁上部结构部分施工方法

对于最常见的混凝土简支梁，预制安装和现场灌注两种方法均较为常见。随着大型机械设备的发展，预制安装的施工方法得到了普遍推广，我国第一条铁路客运专线——秦沈客运专线的大量箱型截面简支梁就采用了预制安装的施工方法。在混凝土连续梁的施工中较为常用的方法有悬臂法施工(包含悬臂浇筑法和悬臂拼装法)、逐孔施工法和顶推施工法等。斜拉桥主梁的施工方法和梁式桥基本相同，大体上可分为悬臂法、支架法、顶推法和平转法等。大跨度悬索桥加劲梁的架设一般采用预制拼装施工。

选择桥梁施工方法的原则应当是切实可行，安全有效，宜根据桥梁结构的类型、跨度等具体情况，在充分考虑现场施工场地自然条件、地形地理条件、运输条件以及施工单位自身能力和装备等的情况下，选取较为先进的施工方法，在保障桥梁施工顺利完成的前提下，加快施工进度，降低材料消耗。在综合考虑各种因素的前提下，确定最佳的施工方案。

在施工前认真吃透图纸、准确把握设计意图，在施工中严格执行组织计划，不马虎不妥协，坚持规范和守则，在竣工阶段严密监督、反复检查，不放过任何纰漏。无论是工程师还是施工一线的工作人员，都应该有良好的技术素质和施工能力，更重要的是具备严谨细致的工作态度和强大的责任心。

现场的质量控制一般包括施工单位自检、监理旁站和质量检测、第三方检测、业主抽查和监督单位的监督检测等形式。

“千丈之堤，以蝼蚁之穴溃”，越是宏伟的桥梁，越需要科学严谨地设计与建造，并精益求精地打磨它的每一个细节。桥梁施工的质量控制贯穿全期，分为施工前期的质量控制、施工阶段的质量控制以及竣工阶段的质量控制。桥梁施工的质量控制是施工工作的核心，以符合标准的工作质量来保证工程的建设质量，为打造精品工程及工程竣工后的安全运行奠定基础。

2.18.3 施工问题的应急处置

在桥梁工程施工中，尽管做好了施工的质量管理控制，但也会因某些因素造成质量上的问题，所以也要做好相应的防范和采取处置措施。对质量事故，应对事故场地予以封闭或设立警戒区，以免人员的伤亡；应制定可靠的安全措施和拆除措施，并在处理中严密监视结构的稳定性；进行结构加固时，要注意加固方法和施工荷载对结构承载力的影响以及由此产生的不安全因素。这就要求多看多学，积累经验，从而掌握提前预判的方法，懂得未雨绸缪，防患于未然。

[**思政元素**] 忧患意识；质量意识；责任意识

[**素材作者**] 蔡陈之

2.19 桥梁 CAD 制图与 BIM 技术

2.19.1 制图与 CAD

工程图纸是生产制造所离不开的一种技术文件，它精确地反映出产品的外观、尺寸、材料、颜色、加工程序等各方面信息，指导承包商依照设计要求准确完成生产制造。

现代化工业基础文件是从历史的积累中一步一步演化过来的，并且经过长时间的使用完善，才成为现在所使用的工程图纸。工程图纸制作方法经历了素描或随手画、手工绘图和计算机辅助设计(CAD)等阶段。

从新石器时代开始，人们就开始刻画各种图案，用以表示现实中的事物，我们能从流传下来的各种器皿及石壁上的刻画看到当时人们丰富的日常生活。

到了春秋战国时期，已经形成了相关的书籍记载，对当时的建筑业和手工制造业起了积极的推动作用。

18 世纪末，法国科学家蒙日在总结前人经验的基础上，根据平面图形表示空间形体的规律，应用投影方法创建了画法几何学，从而奠定了图学理论的基础，使工程图的表达与绘制实现了规范化。

20 世纪 50 年代，我国著名学者赵学田教授就简明而通俗地总结了三视图的投影规律——长对正、高平齐、宽相等。1956 年，原机械工业部颁布了第一个部颁标准《机械制图》，随后国家科学技术委员会又颁布了国家标准《建筑制图》，使全国工程图样标准得到了统一。

手工绘图时代，为了提高绘图的质量与速度，人们发明并制作了绘图桌、图板、丁字尺、三角尺、圆规、半圆板、曲线板、擦图板、各种硬度的铅笔等多种绘图工具；还产生了描图员、晒图员等工种。图 2-48 为梁思成绘制的都江堰安澜桥手绘图(摘自梁思成《图像中国建筑史》)。

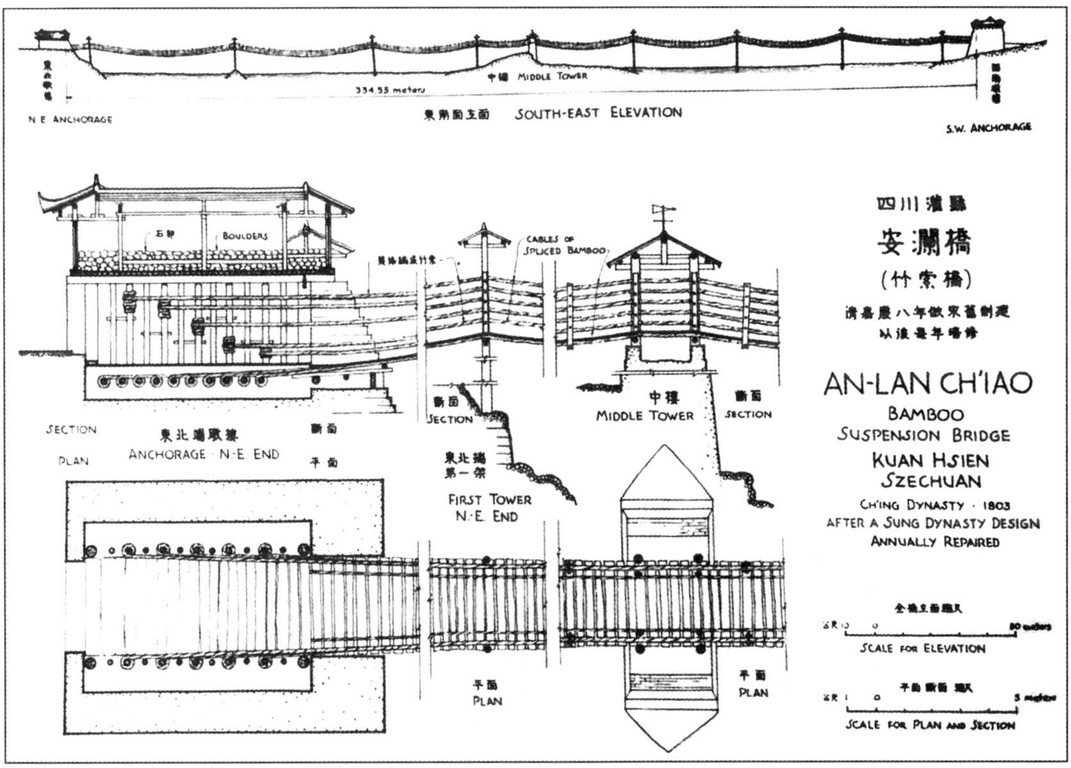

图 2-48　都江堰安澜桥手绘图

当下，除一些特殊情况如教学训练等外，计算机辅助设计（computer aided design，CAD）已基本上取代了手工绘图，传统的尺规作业模式也基本退出历史舞台。

计算机辅助设计技术起步于1950年左右，最初称为计算机绘图技术，在1970年左右，三维曲面造型系统CATIA实现了计算机完整描述产品零件的详细信息，这是CAD软件的第一次革命。1970—1980年，实体造型技术的普及标志着CAD软件技术的第二次革命。1980年之后，提出了参数化全尺寸约束的全数据相关的实体造型技术，带来了第三次技术革命。现时的CAD技术几乎已经到了“无所不能、无所不包”的程度，大到投资数十亿美元的世界第一架无图纸生产波音777飞机（1999年10月—1995年5月），小至1991年东京世界田径锦标赛男子100 m世界纪录的创造者卡尔·刘易斯的跑鞋，都是由于采用了先进的CAD技术才使他们成为当时的世界之最，体现的是现代CAD技术熠熠夺目的光环。

桥梁CAD是指将计算机技术运用到桥梁设计的全过程之中，利用计算机硬、软件系统辅助工程师对桥梁工程进行分析计算、几何建模、仿真与试验、优化设计、图形绘制、工程数据库管理、设计文件生成等的方法和技术。目前应用最广泛的工程图绘制软件是1982年美国Autodesk公司推出的计算机辅助绘图软件AutoCAD。随着软件版本的不断更新，AutoCAD从二维绘图发展成三维设计及实体造型，功能日趋完善和增强。国内，有不少学者基于该软件平台二次开发了一些辅助软件或专用软件。

2.19.2 BIM技术

BIM（building information modeling）即建筑信息模型，是以三维数字技术为基础，集成了建筑工程项目各种相关信息的工程数据模型，是对工程项目设施实体与功能特性的数字表达。BIM具有单一工程数据源，可解决分布式、异构工程数据之间的一致性和全局共享问题，支持建设项目全生命期中动态的工程信息创建、管理和共享，如图2-49所示。BIM同时又是一种应用于设计、建造、管理的数字化方法，这种方法支持建筑工程的集成管理环境，可以显著提高工程建设效率，大大降低风险。

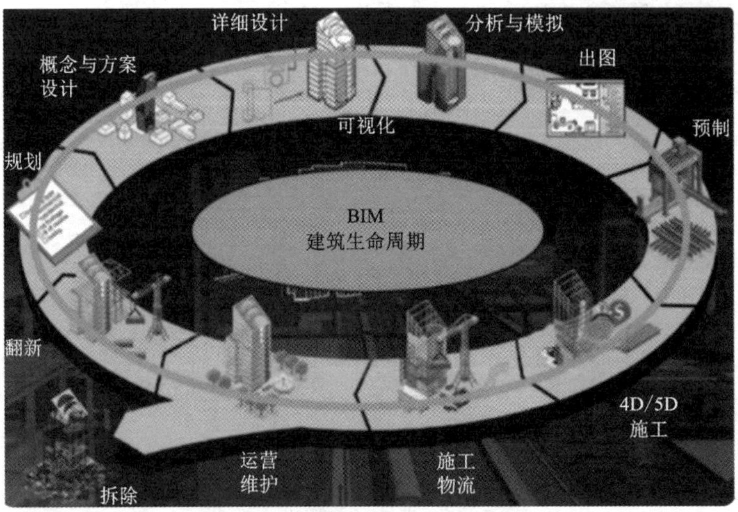

图2-49　BIM构建建筑全生命期

桥梁 BIM 模型提供了桥梁工程的实际存在信息，包括几何信息、物理信息、规则信息等。由于桥梁工程的复杂程度大多超过参与人员本身的能力极限，桥梁 BIM 及与其配套的各种优化工具提供了对复杂项目进行优化的可能，例如检查桥梁各组件的碰撞等，如图 2-50 所示。此外，桥梁 BIM 可把项目设计和投资回报分析结合起来，计算出设计变化对投资回报的影响，使业主知道哪种项目设计方案更有利于自身的需求，并对设计施工方案进行优化，带来显著的工期和造价改进。

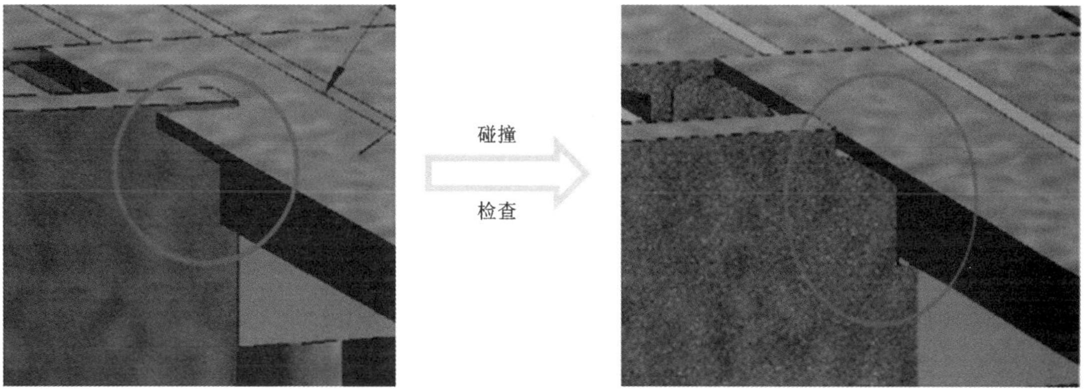

图 2-50　桥梁 BIM 模型结构碰撞检查

2.19.3　工程图纸的技术要求

工程图纸是设计、生产、维护和使用中的重要技术文件，同时作为技术交流和指导生产的语言和文件，其必须遵守国家或行业制图标准。为正确绘制和阅读工程图纸，相关人员必须熟悉和掌握有关的标准。

我国从 1959 年首次颁布机械制图国家标准以来，已进行了多次修改。国家制图标准的基本内容包括图纸幅面和格式、比例、字体、图线等。工程图纸中的标题栏，要求有完整的设计、复核、审定等人员的签名，用于生产实际中图纸出错造成重大经济损失或安全事故的责任追究。

技术图纸是产品技术或者工程技术的重要组成部分。对有技术保密要求的图纸，一定要遵守相关的保密管理规定，泄露技术图纸信息轻则给工作单位造成经济损失，重则可能泄露国家机密。近年来，因法律意识和保密意识薄弱造成的泄密犯罪案例屡见不鲜，例如佛山某建材公司在岗员工与离职员工分享设计图纸，聊天记录内含设计图纸，被指泄密遭公司索赔 57 万事件；哈尔滨某科技发展公司设计图纸被前员工泄密造成损失近 500 万元事件；等等。

因此，在实际工程中应遵守行业制图标准，采用最新的桥梁 CAD 和 BIM 技术不断完善和优化结构设计，并注重培养遵纪守法和责任意识，增强法律和保密意识。

[**思政元素**] 生产要素促进生产力发展；系统思维

[**素材作者**] 方淑君

本篇参考文献

[1]盛兴旺，乔建东，杨孟刚等. 桥梁工程[M]. 2版. 北京：中国铁道出版社有限公司，2020.
[2]何旭辉，杨雨. 诗话桥[M]. 长沙：中南大学出版社，2021.
[3]戴公连，于向东. 桥梁文化与创新 [M]. 长沙：中南大学出版社，2014.
[4]庄军生. 桥梁支座[M]. 4版. 北京：中国铁道出版社，2015.
[5]张祎，谭良啸. "勿以恶小而为之，勿以善小而不为"——刘备临终给儿子的遗嘱解读[J]. 湖北文理学院学报，2015，36(4)：11-14，23.
[6]中国铁路桥梁史编委会. 中国铁路桥梁史[M]. 北京：中国铁道出版社，2009.
[7]杨依婷. 合作学习与大学生团队精神的培养[J]. 教育现代化，2016，3(36)：115-117.
[8]张成东，肖海珠，徐恭义. 杨泗港长江大桥总体设计[J]. 桥梁建设，2016(2)：81-86.
[9]盛兴旺，文颖，曾庆元. 结构稳定理论[M]. 北京：中国铁道出版社有限公司，2021.
[10]叶华文. 重返桥梁垮塌现场-世界著名钢桥失效事故分析[M]. 成都：西南交通大学出版社，2019.
[11]张文庆. 澳洲西门大桥事故的教训[J]. 桥梁，2021(6).
[12]文雨松. 桥涵水文[M]. 2版. 北京：中国铁道出版社，2015.
[13]文雨松，李整，崔阳华，等. 流量影响线及其在桥梁山洪水害预报中的应用[J]. 铁道学报，2011，33(6)：99-102.
[14]叶爱君，管仲国. 桥梁抗震[M]. 3版. 北京：人民交通出版社股份有限公司，2017.
[15]周智辉，文颖，曾庆元. 结构动力学讲义[M]. 2版. 北京：人民交通出版社股份有限公司，2017.
[16]J. S. 普齐米尼斯基. 矩阵结构分析理论[M]. 王德荣，等译. 北京：国防工业出版社，1974.
[17]陈政清，杨孟刚. 梁杆索结构几何非线性有限元法——理论、数值实现与应用[M]. 北京：人民交通出版社，2013.
[18]杨孟刚，陈政清. 基于UL列式的两节点悬链线索元非线性有限元分析[J]. 土木工程学报，2003，36(8)：63-68.
[19]杨剑，黄天立，李玲瑶，等. 桥梁建造与维养[M]. 北京：中国铁道出版社有限公司，2023.
[20]胡狄. 预应力混凝土结构设计基本原理 [M]. 北京：中国铁道出版社有限公司，2019.
[21]袁锦根，余志武，阎奇武. 混凝土结构设计基本原理[M]. 4版. 北京：中国铁道出版社，2018.
[22]CAD/CAM/CAE技术联盟. AutoCAD 2022中文版从入门到精通(标准版)[M]. 北京：清华大学出版社，2022.
[23]龚静敏. 桥梁BIM建模基础教程[M]. 2版. 北京：化学工业出版社，2022.

第3篇

经世致用

“经世致用”是由明清之际思想家王夫之、黄宗羲、顾炎武等提出，指学问必须有益于国事。桥梁工程学科与其他工科一样，在基本理论知识体系的基础上，不断发展和创新桥梁技术，并最终应用于促进国家经济发展和人类相互交流的交通桥梁中。

当代中国在民族复兴的道路上学习、追赶、创新、超越，昂首挺进了桥梁大国，桥梁建造技术也逐渐步入强国之列，这得益于以下各方面的桥梁技术发展与应用：

(1)完备的标准设计体系、成熟的制运架一体化技术、高性能的结构材料、专业化的施工装备、精细的工艺与质量控制，确保我国公路、市政、高速铁路桥梁引领世界；

(2)桥梁结构仿真分析、减隔震技术、防风技术、防护技术、风险评估技术等，全方位为桥梁结构的安全运营保驾护航；

(3)桥梁结构技术状况评定、健康监测和加固技术，是确保桥梁结构全生命周期健康状态与安全运营的重要保障；

(4)基于地震模拟振动台和风洞等试验系统开展的科学研究，使得地震、风等自然灾害已由“不可控发生”转变为了“灾害可控”。

“工程—工程科学—工程实践”，从桥梁工程到桥梁工程科学，再应用并助推工程建设，这一螺旋上升过程形成了桥梁工程科学和技术知识体系，构建了“基础理论+专业技术+实践能力”的人才培养架构。本篇选取以上4个层面的16个桥梁技术素材，学以致用，经世致用，完美诠释了现代工科人才培养的真谛。

3.1 高速铁路桥梁的标准设计

3.1.1 发展概述

桥梁标准设计是经国家部委批准推广使用的，且按模数化标准尺寸所制定的桥梁设计。对于为数众多的常用中、小桥梁，为降低造价、提高质量以及按批量制造和机械化施工的需要，对其跨度、主要尺寸、细节构造及规格统一制定，可在整个行业内通用。与标准设计对应的还有通用设计、特殊设计等设计类型。未达到标准设计这一层次，但可用于某全线工程的设计，称为定型设计或通用设计；仅针对某个具体工程结构的设计，则属于特殊设计。

铁路桥梁经国家批准的标准跨度是 4 m、5 m、6 m、8 m、10 m、12 m、16 m、20 m、24 m、32 m、40 m、48 m、56 m、64 m、80 m、96 m、128 m 和 160 m。跨度≤32 m 的上承梁式桥(或 40 m 钢梁桥)常用架桥机架设，为此单线混凝土桥设纵向缝将一孔梁分为两片，且对每一梁片的质量加以限制。跨度≥48 m 的，均为钢桁架梁，为提高工地拼装速度及质量，其杆件及节点板等应从设计尺寸及工地孔眼精度等方面保证能互换。因此在制定主要尺寸及细节构造时，须考虑工厂的工艺装备和技术水平。石拱桥、涵洞、墩台、沉井基础等也都有标准设计，但因其大部分不适合工厂制造，从设计标准化来看所得效益稍逊。

新中国成立前，我国铁路桥涵类型繁多，跨度、孔径、计量均不统一，参差不齐，所谓“标准设计”更无从说起。标准设计是新中国成立初期贯彻经济、技术政策，加快铁路勘测设计和提高运能的有力工具，从而在大规模铁路建设中发挥重要作用。1950 年 3 月铁道部成立设计局，该局技术科、桥梁科在研究、制定技术标准和规范的同时，开始编制全路通用的标准设计。1951 年 7 月，技术科完成并由铁道部发布的《中华人民共和国铁路建筑标准图》，是新中国铁路建设上第一套全路通用的标准设计。1958 年，我国编制了第一套预应力混凝土梁正式标准图(图号大 138)。1961 年 5 月，铁道部专业设计院在成都主持召开了全路桥梁标准设计专业会议，对原有标准设计的修改、整顿进行了深入讨论，并作出了一系列原则规定，决定由各设计院分工负责对原有标准设计进行修改、整顿并编制新标准图，形成了我国自主编制的第二代铁路桥梁标准设计图纸。

新中国成立以来，桥梁标准设计在铁路设计中起到了极重要的作用，标准图使用极广。目前，标准梁通用图涵盖高速铁路简支箱梁、客货共线铁路简支箱梁和 T 梁等常用跨度梁型，标准梁占我国高速铁路桥梁总里程的 95%以上，总量超过 50 万孔，多为 32 m 简支箱梁。标准梁实现了铁路桥梁建设的工厂化、标准化和机械化，为我国铁路桥梁建设做出了重要贡献。

3.1.2 标准设计简介

目前针对高速铁路桥梁颁布了多系列的标准设计，由于仍在不断发展和完善中，故其类型仍属于通用图。

我国高速铁路标准梁主要为简支箱梁，按速度等级可分为 350 km/h 和 250 km/h，涵盖 20 m、24 m 和 32 m 跨度。目前高速铁路主要采用跨度为 32 m 的简支箱梁，采用沿线路设制梁场集中预制、运梁车沿线路运送、架桥机架设的施工方法，积累了大量的设计、施工和运营经验。近期推出了 40 m 预应力混凝土简支梁标准设计，梁场集中预制、架桥机架设。

针对大跨度预应力混凝土连续梁使用频率较高的实际需求，我国设计了预应力混凝土连续梁通用图，最大跨度达(60+100+60)m，为悬臂法施工，其标准化程度远低于标准化设计简支梁。

时速 350 km 高铁简支箱梁通用图主要有 2005 版、2008 版、2013 版和 2016 版(现行)4 个版本，涵盖无砟轨道和有砟轨道，其中 32 m 跨设计参数见表 3-1。2005 版通用图在大量科研的基础上，总结了国外高速铁路和秦沈客运专线整孔箱梁设计、施工经验，研究确定了整孔箱梁的关键设计参数、结构形式、结构尺寸、预应力束布置等，并充分考虑了施工及养护维修条件、景观效果等。梁顶面采用平坡设计，通过设置保护层来调整桥面排水和适应不同无砟轨道形式，无砟和有砟桥面宽均为 13.4 m。2008 版通用图为满足箱梁过隧需要，针对有列车通过时桥上没有人员通行、接触网支柱设置于桥面板外边缘、接触网支柱外侧不设检查车通道的情况，综合考虑使用、维修、经济造价、景观、施工工艺等因素，将桥面宽度优化为无砟桥面 12.0 m、有砟桥面 12.6 m。2013 版通用图为解决桥面布置紧张问题，系统总结现场应用经验，进一步优化设计，将无砟和有砟梁桥面宽度统一为 12.6 m。2016 版通用图主要推广应用 HRB400 高强钢筋。根据工程建设需要，以利用现有施工设备和模板为原则，箱梁结构尺寸及桥面布置与 2013 版通用图保持一致，桥面宽维持 12.6 m 不变。这次修订充分发挥了高强钢筋的作用，通过调整普通钢筋间距、直径等方式，使每孔箱梁比 2013 版节省普通钢筋用量 3.8 t，显著提高了经济性。

表 3-1　时速 350 km 无砟轨道高速铁路 32 m 简支箱梁设计参数

版本	2005 版	2008 版	2013 版	2016 版
图号	通桥(2005) 2322	通桥(2008) 2322A	通桥(2013) 2322A	通桥(2016) 2322A
荷载	ZK 荷载			
梁高/m	3.0			
梁宽/m	13.4	12.0	12.6	12.6
竖向刚度	1/5598	1/5478	1/5482	1/5482
混凝土/m^3	327.62	324.56	316.1	316.1
钢绞线/t	10.0	9.213	9.059	9.059
普通钢筋/t	56.698	56.905	56.863	53.012
梁体质量/t	819.1	811.4	790.3	790.3

时速 250 km 高速铁路简支箱梁通用图主要有客运专线(单箱单室和单箱双室)和客货共线铁路两个系列。目前高速铁路建设中普遍采用单箱单室梁(2229 系列)通用图，有 2009 版和 2016 版(现行)2 个版本，涵盖有砟轨道和无砟轨道，其中 32 m 跨设计参数见表 3-2。2009 版通用图编制过程中，对单箱单室和单箱双室结构形式进行比选，综合考虑梁体受力、

施工方便、造价等因素，最终确定采用单箱单室结构，桥面宽 12.2 m、梁高 2.6 m。2016 版箱梁通用图结构尺寸与 2009 版保持一致，主要推广应用 HRB400 高强钢筋，并对梁体钢筋的布置进行了优化设计，充分发挥了高强钢筋的作用，通过调整普通钢筋间距、直径等方式，使箱梁普通钢筋用量降低 11%~13%。

表 3-2 时速 250 km 无砟轨道高速铁路 32 m 简支箱梁设计参数

版本	2009 版	2016 版	单箱双室	客兼货
图号	通桥(2009) 2229	通桥(2016) 2229	通桥(2008) 2224A	通桥(2008) 2221A
荷载	ZK 荷载			ZK& 中-活载
梁高/m	2.6	2.6	2.5	2.8
梁宽/m	12.2	12.2	12.2	12.2
竖向刚度	1/3691	1/3691	1/3646	1/3913
混凝土/m^3	285.9	285.9	264.2	310.6
钢绞线/t	11.448	11.448	10.112	11.68
普通钢筋/t	59.704	52.006	61.7	58.285
梁体质量/t	714.75	714.75	660.5	776.5

随着我国铁路桥梁设计和建造技术快速发展，在不断总结工程实践经验和科研成果的基础上，高速铁路常用跨度简支箱梁等通用图不断完善和发展，并努力探索高速铁路 40 m 简支箱梁等通用图，推动铁路桥梁技术进步。

[思政元素] 中国方案；共性与个性

[素材作者] 方淑君

3.2 高速铁路简支梁制运架一体化技术

我国拥有世界上运营里程最长、在建规模最大、运营速度最高的高速铁路网。“以桥代路”可以有效提高行车安全性和舒适性，节约土地资源，加快建设速度，如京沪高铁的桥梁占比约为 80%，沪杭高铁的桥梁占比约为 92%。目前我国高速铁路建设大量采用标准梁——预应力混凝土简支箱梁，为此，研发了相应的制运架设备，形成了高速铁路标准梁工厂化预制、机械化运输和安装的建造模式。

3.2.1 制运架一体化技术发展

混凝土简支梁常用的架设方法有预制吊装法、就地浇筑法、移动模架法等。预制吊装法是目前最常用的施工方法，它具有工厂化和机械化程度高、施工速度快、质量易于控制的优点。

普速铁路中，主要的梁型为T梁，单线每孔两片，跨度主要在32 m及以下，我国20世纪成立了一些专门桥梁厂(如株洲桥梁厂等)生产这些预制T梁，通过火车将预制T梁运至桥位，用架桥机架设。

高速铁路中，我国自主研发的主力梁型为32 m双线整孔箱梁，与传统的分片式T梁相比，它具有梁高，体积、质量均大的特点，传统的架桥机与火车运输等均解决不了其架设和运输问题，为此，研发了箱梁的制造、运输和架设一体化成套技术，将传统铁路桥梁分片预制拼装提升为双线整孔预制吊装，代表着世界高铁桥梁建设的水平。

20世纪90年代末，为满足时速250 km秦沈客运专线建设需求，我国开始研制并应用跨度24 m双线整孔简支箱梁，配套研制了550 t级箱梁运架设备，首次形成了我国高速铁路桥梁建设的梁场预制、运梁车运输、架桥机架设的标准化建造模式。

2000年以来，我国高速铁路建设大规模展开，在京津城际铁路、合宁客运专线、京沪高速铁路的建设中，根据应用需求进一步将标准简支箱梁主力梁型的跨度提升至32 m，设计时速达350 km，箱梁自重达到了900 t，并配套研制了900 t级箱梁制运架设备。

2010年以来，在总结既有标准梁桥应用经验的基础上，我国研发了动力性能优异、结构受力合理的高速铁路40 m跨度简支箱梁，并配套研发了1000 t级箱梁运架设备。目前，40 m跨度简支箱梁已在郑济高铁、福厦高铁、南沿江高铁、昌景黄高铁项目中得到工程应用。

3.2.2　高速铁路简支梁的预制

以应用最为广泛的后张法预应力混凝土简支箱梁制造为例，在铁路施工的沿线，布置若干“制梁场”，改过去的“厂制”为“场制”，在制梁场布置钢筋加工、混凝土生产、箱梁浇筑、养护等流水作业线，并设存梁场，如图3-1所示。

图3-1　高速铁路制梁场掠影

首先，在流水作业线上加工箱梁的钢筋笼，将其整体吊入钢模板中，再安装液压内模，如图 3-2 所示；然后，浇筑梁体混凝土，养生至混凝土一定强度后，在孔道中穿入预应力筋，按设计要求张拉第一批预应力筋；最后，移梁至存梁场，张拉第二批预应力筋并封锚，如图 3-3 所示。

图 3-2　预制中的后张法简支箱梁

图 3-3　张拉中的后张法简支箱梁

目前，预应力张拉采用智能张拉工艺代替传统张拉工艺(图 3-4、图 3-5)；管道压浆采用智能压浆工艺代替传统压浆工艺。各制梁场批量生产前需对首片梁进行荷载试验检测。

图 3-4　张拉控制的传统方法

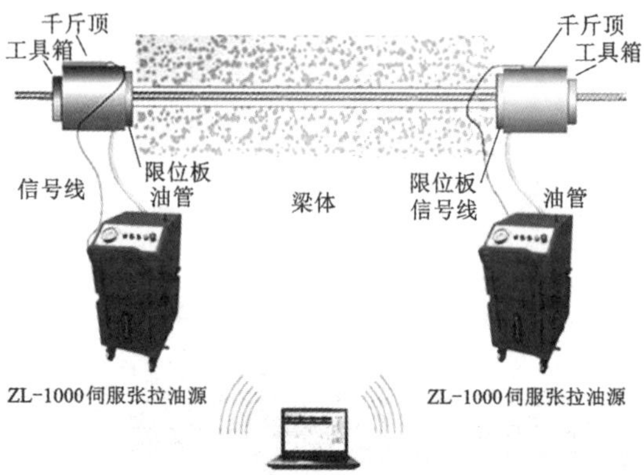

图 3-5　智能张拉新技术

3.2.3　高速铁路简支梁的起吊、运输及架设

1. 架桥机

由于中国地理环境复杂多变，高铁线路多“以桥代路”，桥梁的主要类型为混凝土简支梁，其施工方法以预制吊装为主，因此架桥机成为高速铁路桥梁建设中不可缺少的机具。经历引进、消化、吸收、再创新，中国高速铁路制运架技术形成了自主研发、打破垄断、走向世界的格局。

1999 年开工建设的秦沈客专中，架桥机起重能力大约为 550 t，不少施工单位购买国外架桥机，同时也有一些单位自行研制新型架桥机。

2006 年，合宁铁路客运专线首孔 900 t 级 32 m 双线整孔箱梁架设，JQ900A 架桥机成功应用，填补了国内空白，比国外同类产品价格低 40%。

2018 年，郑济铁路 VI 标段施工，JQ1000 架桥机顺利架设，标志着高铁 1000 t 级架运装备研制成功，如图 3-6 和图 3-7 所示。

图 3-6　中国首台千吨级高铁箱梁运架一体机

图 3-7　40 m 箱梁千吨级架桥机（“昆仑号”架桥机）

2020 年 6 月 22 日，中铁十一局集团稳稳地将一台 1000 t 箱梁架设在福厦高铁湄洲湾跨海大桥上，标志着我国首台 1000 t 级高铁箱梁运架一体机成功投入使用，我国高铁装备制造和施工水平获得重大突破。

1000 t 级高铁箱梁运架一体机是目前我国功能最全的高铁桥梁施工设备，集提梁、运梁、架梁于一体，智能化程度高，可满足 24 m、32 m、40 m 不同跨度的高铁箱梁施工作业。该设备配备激光矩阵传感系统，通过扫描周边环境数据，能够实现自动行驶，并在行走时具备自动纠偏等功能。福厦高铁桥梁采用了 1000 t 级箱梁设计理念，相较于传统箱梁设计，占地面积减少 20%，投资降低 15%，尤其像湄洲湾跨海大桥这样的跨海大桥，1000 t 级箱梁既增强了通航能力，又提高了大桥的安全性。

图 3-8　世界首台桩梁一体架桥机

以前桥梁建设中的基础、桥墩、主梁施工分别由不同的施工装备实现，如今，世界首台桩梁一体架桥机“共工号”出现（图 3-8），实现了引孔、打桩、拼装桥墩、架梁全套作业，推动桥梁建造步入 3.0 时代。“共工号”的绝技在于把多道工序集为一体。

我国的架桥机等铁路桥梁施工装备已出口到10余个国家和地区，图3-9为JQS900架桥机亮相雅万高铁，它仅是我国制运架设备在国外建设中的一个缩影。乘“一带一路”倡议的东风，中国架桥机已经走向了全球，也必将闪耀世界！

图 3-9　雅万高铁的 JQS900 架桥机

2. 运梁车

运梁车是将混凝土箱梁从制梁场运输到架设现场的运输工具，除要具有大吨位的运输能力、喂梁功能外，还必须保障运输过程中的平稳性。基于“机—电—液”一体化技术，并与箱梁跨度和自重配套，我国研发了多种型号的运梁车。

受高速铁路线路道床和混凝土箱梁的构造及力学特性的限制，并充分考虑预应力混凝土箱梁预制场的位置及周边的环境等因素，运梁车必须使用轮胎式运输车辆，如图3-10所示。

3. 提梁机

提梁机主要用于高速铁路箱梁制梁场中预制台座上的起吊、场内运输、存梁场多层存留和对运梁车的装载等，要求其具备自行和起重功能。

提梁机既可两台配合抬吊预制梁，也可以单台起重机配双吊具起吊预制梁。两台同时起重的提梁机各自的起重量一般为450 t，单台起重的提梁机起重量通常可达900 t（图3-11）。它配置支腿行走、天车行走及天车起吊设备，可以实现全方位机械化动作。

[思政元素] 科技是第一生产力；中国制造

[素材作者] 唐冕

图 3-10　900 型运梁车

图 3-11　900 型提梁机

3.3　桥梁结构有限元分析软件

3.3.1　概述

有限元分析是20世纪50年代首先在连续体力学领域——飞机结构静、动态特性分析中应用的一种有效的数值分析方法，随后很快广泛地应用于求解热传导、电磁场、流体力学等连续性问题。它把一个连续的介质(或构件)看成是由有限数目的单元组成的集合体，在各单元内假定具有一定的理想化的位移和应力分布模式，各单元间通过节点相连接，并借以实现应力的传递。通过力的平衡条件建立一套方程组，求解这些方程组，便可以得到各单元和节点的位移、应力。

桥梁结构分析最经典的方式是解析法，然而能用解析法求出精确解的只是少数简单的结构。复杂桥梁结构如斜拉桥、拱梁组合体系桥等都是高次超静定结构，理论上可以采用结构力学中的力法或位移法来求解，但计算效率低。通常桥梁工程设计是一个不断修改、优化和分析的循环过程，采用手工计算需要耗费大量的时间和人力，难以满足工程设计需要。计算机技术在桥梁设计中应用，使得桥梁结构数值分析成为桥梁结构分析的主要方法和途径，掌握桥梁结构数值分析的建模过程，并得到合理的分析结果已成为从事桥梁工程科研和生产活动的一项基本技能。

桥梁数值分析方法的应用大幅度提高了计算效率，也使得过去依靠手工计算无法实现的桥梁变成了现实。同时，桥梁工程师有更多精力关注结构设计。但是，大部分软件使用者并不了解软件的内核，仅是使用软件的功能，因此评价软件分析结果的正确性成了分析计算中的难点和关键问题。

基于有限元等数值分析方法，用于桥梁结构分析的软件大体上可分为如下3类：

①力学通用软件，如ANSYS、ABAQUS、ALGOR、MSC等，这些软件一般用于大型桥梁结构或局部节点计算。

②桥梁专用软件，如《桥梁博士》、MIDAS、PRBP等，因其是针对桥梁专业的，软件操作更为简单方便，适应性更强，功能性上覆盖较广。

③特殊功能软件，针对一些特殊专题，研发者需自编软件。

3.3.2　桥梁结构分析常用软件简介

桥梁结构设计分析，一般采用桥梁专用软件进行。目前常用的桥梁计算有限元软件包括MIDAS、《桥梁博士》、ANSYS、ABAQUS等。

1. MIDAS

MIDAS/Civil是韩国开发的空间有限元分析软件，适用于桥梁、地下工程、工业建筑、飞机场、大坝、港口等结构的分析与设计。特别是针对桥梁结构，MIDAS/Civil结合国内的规范与习惯，在建模、分析、后处理、设计等方面提供了很多的便利功能，目前已为各大公路、铁路部门的设计院所采用。其针对土木结构，可以分析预应力箱型桥梁、悬索桥、斜拉桥等桥梁结构，同时可以做非线性边界分析、水化热分析、材料非线性分析、静力弹塑性分析、动力弹塑性分析。为迅速、准确地完成类似结构的分析和设计，MIDAS/Civil 不仅提供菜单、表格、文本、导入 CAD 和部分其他程序文件等灵活多样的建模功能，而且尽可能使鼠标在画面上的移动量达到最少，从而使用户的工作效率达到最高；还能提供桁架、一般梁/变截面梁、平面应力/平面应变、只受拉/只受压、间隙、钩、索、加劲板轴对称、板(厚板/薄板、面内/面外厚度、正交各向异向)、实体单元(六面体、楔形、四面体)等实际工程所需的各种有限元模型。

2.《桥梁博士》

《桥梁博士 4.0》是上海同豪土木工程咨询有限公司经过 10 多年自主研发的桥梁设计分析软件，是在“桥博”系列软件里具有里程碑意义的全新升级版本，其创新使用有限构件法建模，贴近工程实践，实现了桥梁计算模型的参数化建模，同时还实现了桥梁建造过程 4D 模拟和桥梁构造、钢筋钢束的三维可视，并且支持上下部结构及基础联合计算，是国内第一款真正的基于 BIM 的桥梁空间结构分析系统。

该软件系统是一个集可视化数据处理、数据库管理、结构分析、打印与帮助于一体的综合性桥梁结构设计与施工计算系统。系统的编制完全按照桥梁设计与施工过程进行，密切结合桥梁设计规范，充分利用现代计算机技术，完全符合设计人员的习惯。其对结构的计算是宁繁勿简，充分考虑了各种结构的复杂组成与施工情况，使用更方便，计算更精确；同时在数据输入的容错性方面做了大量的工作，使用户不会因一时的失误而造成不必要的工作损失。

3. ANSYS

ANSYS 软件是美国开发的大型通用有限元分析软件，能与多数计算机辅助设计(computer aided design，CAD)软件接口，实现数据的共享和交换，如 CREO、NASTRAN、ALGOR、I-DEAS、AutoCAD 等。它是融结构、流体、电场、磁场、声场分析于一体的大型通用有限元分析软件，在核工业、铁道、石油化工、航空航天、机械制造、土木工程、造船、生物医学、轻工、地矿、水利、日用家电等领域有着广泛的应用。ANSYS 功能强大，操作简单方便，已成为国际最流行的有限元分析软件。

ANSYS 具有丰富的单元库及材料库，可以对任何结构形式的桥梁进行全桥仿真分析，通过对各种荷载工况的组合，较为精确地反映出桥梁在各种因素作用下的综合特征，如桥梁的应力分布、变形情况、自振频率、振型、地震响应特征、失稳特征等。

4. ABAQUS

ABAQUS 是一套功能强大的工程模拟有限元软件，其解决问题的范围从相对简单的线性分析发展到了许多复杂的非线性问题。ABAQUS 包括一个丰富的、可模拟任意几何形状的单元库，并拥有各种类型的材料模型库，可以模拟典型工程材料的性能，包括金属、橡胶、高分子材料、复合材料、钢筋混凝土、可压缩超弹性泡沫材料以及土壤和岩石等地质材料。

ABAQUS 软件致力于复杂和深入的工程问题，其强大的非线性分析功能在从事设计和研究的高端用户群中得到了广泛的认可。其集中于结构力学和相关领域研究，致力于解决该领域的深层次实际问题。

3.3.3　我国桥梁结构分析软件的研发之路

我国著名力学家、教育家徐芝纶院士首次将有限元法引入我国，对它的应用起到了很大的推动作用。我国桥梁结构分析软件的研发起步较晚，20 世纪 50—70 年代末，不仅计算机数量稀少，而且算法语言单一，开发的一些分析软件仅限于高等院校和科研院所使用，尚未上升到专业计算程序的研制。

20 世纪 80 年代初，为适应预应力技术的发展和大跨度桥梁的建设需要，在“六五”和“七五”期间，交通部联合国内桥梁结构电算专家开展技术攻关，开发了公路桥梁综合程序 GQZJ。该程序采用平面杆系单元，不仅能计算混凝土徐变、收缩和预应力，而且应用动态规划法编制了汽车、挂车等活载内力计算模块，并运用于广东洛溪大桥、湖北沙洋汉江大桥、包头黄河大桥等几座预应力混凝土连续梁桥和连续刚构桥。然而，受到当时计算机软、硬件条件的限制，源程序不能长期寄存在计算机内，要从穿孔纸带将程序导入计算机并从穿孔纸带读取输入数据，计算结果只能打印到纸上，效率低。

20 世纪 80 年代后期，随着计算机技术和算法语言 FORTRAN 程序出现，有些设计院将 GQZJ 移植到不同类型的计算机上运行，并用 FORTRAN 语言重新编写源程序，如 PRBP 等，后被国内众多设计院所采用，对推动国内大跨度桥梁的设计起到了重要作用；但单元与节点编号、节点坐标、预应力筋编号和几何坐标须由人工处理和输入，计算结果数据也必须人工整理，可视化程度低，输入、输出数据不易检查。

20 世纪 90 年代以来，随着个人计算机(PC 机)的出现和硬件性能的提高，GQZJ 开始向 PC 机上移植，并将图形可视化功能引入程序的前后处理中。这个时期是我国桥梁专业软件发展的高峰时期，众多专业人员从事桥梁专业软件开发，比较典型的有 GQIS、BRCAD、BSAS、CSDS、《桥梁博士》等。

在研发的 70 多年间，我国在桥梁结构分析自主创新之路上风雨兼程，取得了可喜的成果。然而，与国外软件公司的竞争依然激烈，要做到真正把握科研的主动权，还需要一代又一代人的不懈努力。

[思政元素] 引进与开发；任重道远

[素材作者] 刘文硕

3.4　桥梁技术状况评定

3.4.1　概述

随着我国交通建设的快速发展，交通运输逐渐形成高速、重载、大流量的现代格局，因此对作为交通运输基础工程的重要组成——桥梁而言，其适用状况、通行能力、承载能力等服役水平显得越来越重要，直接影响行车安全和畅通。不同时期修建的桥梁设计荷载标准存在较大差异，新结构形式桥梁的设计规范条例不够完善，新农村建设背景下农村路桥改扩建需求不断增大，交通流量增加导致桥梁超载现象严重，以及此背景下桥梁结构在运营阶段易暴露出的使用性能降低、承载力不足、抗震性能不良等问题，严重影响了路网结构的使用寿命和安全。因此，有必要利用技术手段对在用桥梁进行技术状况检测、评估与评定，这对于桥梁结构的长期安全、经济运营，保证其耐久性具有非常重要的意义。

2011 年 9 月以前，桥梁技术状况评定主要依据《公路桥涵养护规范》(JTG H11—2004)进行；2011 年 9 月 1 日起，交通运输部实施《公路桥梁技术状况评定标准》(JTG/T H21—2011)。2016 年 5 月 1 日起，住房和城乡建设部实施《城市桥梁检测与评定技术规范》(CJJ/T 233—2015)。1997—1999 年，原铁道部颁布了系列铁路桥隧建筑物劣化评定标准(TB/T 2820.1~2820.8)，针对铁路桥隧钢梁、隧道、支座、涵渠、混凝土梁、墩台基础、桥渡、明桥面的劣化类型、劣化等级和评定方法进行了规定，并不断进行了修订与完善。

桥梁技术状况评定总体上的发展趋势主要表现为：

①病害的检查、记录精细化；

②桥梁数据管理资产化、信息化；

③评定考虑因素全面化；

④桥梁检查评定人员趋于专业化；

⑤检测手段、频率标准化；

⑥检测结果评定、状态评估规范化。

3.4.2 评定内容和流程

根据检查结果来计算和推断桥梁技术状况和适应性的过程称为桥梁技术状况评定。桥梁使用状态的评估和评定是桥梁管理的重要环节，通常是由具有一定经验和资质的桥梁工程技术人员，根据特定的操作程序，开展桥梁结构几何和物理状态等最新信息的现场检测，并按相关规范进行状态评定，给出状态等级。公路、市政和铁路桥梁在运营期间应根据相关行业规定按一定的周期进行经常性检查、定期检查和特殊检查，通过全面描述桥梁各部件的缺陷，评价桥梁技术状况，记录桥梁基本特征，建立健全桥梁技术档案，提供进行桥梁养护、维修和加固的决策支持，使桥梁长期处于良好的工作状态。桥梁技术状况评定包括总体技术状况评定和适应性评定两类。

1. 总体技术状况评定

总体技术状况评定也称一般性评定。对于公路桥梁，现行的《公路桥梁技术状况评定标准》(JTG/T H21—2011)中的技术状况评定采用分层综合评定法，从好到差，等级依次为 1 类~5 类，并结合桥梁单项控制指标方法使用。其涉及的桥梁类型主要有梁桥、拱桥、悬索桥及斜拉桥四类，每种桥型细分为上部结构、下部结构和桥面系三个模块，而每个模块由构件、部件和结构组成，部件进一步细分为主要部件(表 3-3)和次要部件(除主要部件之外的其他部件)。

进行技术状况评定时，从底层到高层递进展开，在完成每个模块的构件、部件、结构三个层级评定后，进行桥梁总体评定。而且，对每个部件、层级分别建立病害评分细则和计算方法，具体评定流程如图 3-12 所示。在整个评定过程中，要求检查操作规范，检查信息准确、详细、完善，并具备合理描述，所采用的评定理论可靠，最后得到的结论才具有准确性。这必然要求从业者具有较强的职业素养与责任意识，否则，可能导致不可挽回的经济、人力、时间损失。

表 3-3　各类型桥梁主要部件

结构类型	主要部件
梁式桥	上部承重构件、桥墩、桥台、基础、支座
板拱桥(圬工、混凝土)、肋拱桥、箱型拱桥、双曲拱桥	主拱圈、拱上结构、桥面板、桥墩、桥台、基础
刚架拱桥、桁架拱桥	刚架(桁架)拱片、横向联结系、桥面板、桥墩、桥台、基础
钢-混凝土组合拱桥	拱肋、横向联结系、立柱、吊杆、系杆、行车道板(梁)、支座、桥墩、桥台、基础
悬索桥	主缆、吊索、加劲梁、索塔、锚碇、桥墩、桥台、基础、支座
斜拉桥	斜拉索(包括锚具)、主梁、索塔、桥墩、桥台、基础、支座

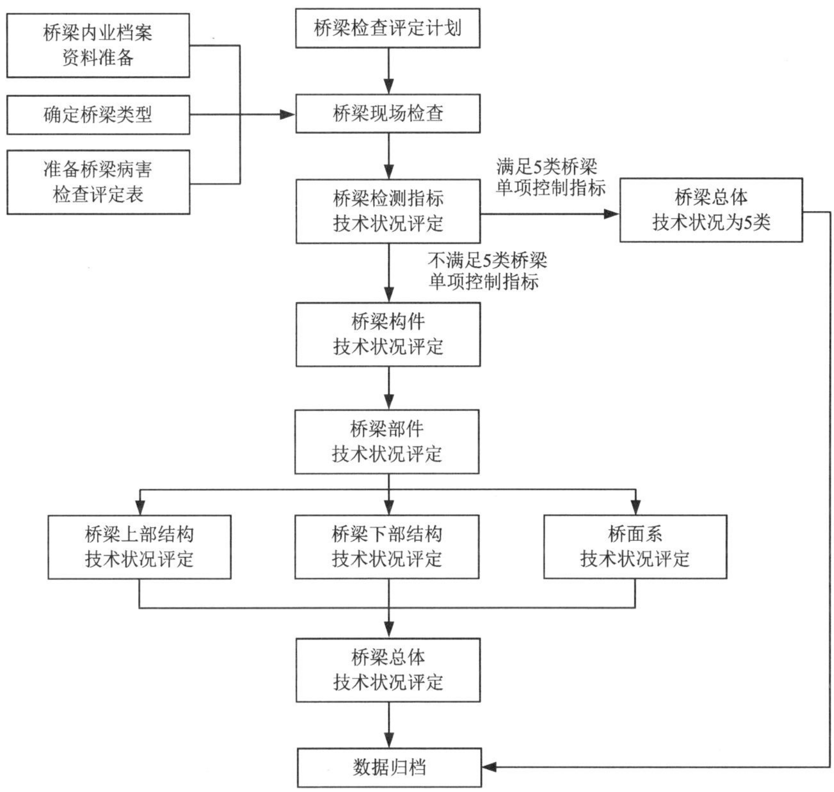

图 3-12　桥梁总体技术状况评定工作流程图

对于城市桥梁，从好到差，技术状况分为Ⅰ～Ⅴ共 5 类，与公路桥梁类似。

对于铁路桥梁，有病害的项目的状态评定按劣化程度，从差到好分为 A、B、C 三级，A 级又分为 AA、A1 两等。凡结构物或主要构件功能严重劣化，危及行车安全，评定为 A 级 AA 等；凡结构物或主要构件功能严重劣化，进一步发展会危及行车安全，评定为 A 级 A1 等；凡结构物或构件功能劣化，进一步发展将会升为 A 级，评定为 B 级；凡结构物或构件劣化，对其使用功能和行车安全影响较少，评定为 C 级。

针对一般性评定划定等级的各类桥梁，分别采用不同的养护措施。

2. 适应性评定

适应性评定包括承载能力、通行能力、抗灾害能力和耐久性评定，城市桥梁的评定与公路桥梁类似，铁路桥梁的评定参见铁路桥隧建筑物状态评定标准。桥梁适应性评定在总体技术状况评定后根据需要进行，评定工作可与定期检查、特殊检查结合进行，可采用下列方法：

①承载能力评定：可采用分析检算或荷载试验方法。

②通行能力评定：可将设计通行能力与实际交通量进行比较，也可和使用期预测交通量进行比较，评价桥梁能否满足现行或预期交通量的要求。

③抗灾害能力评定：可采用现场测试与分析检算方法，重要桥梁可进行模拟试验。

④耐久性评定：可采用外观耐久状态评定与剩余耐久年限评定相结合的方法。

对适应性不满足要求的桥梁，应采取提高承载力，加宽、加长、加强基础防护等改造措施，情况严重时应对桥梁进行改建或重建。当整个路段有多个桥梁的适应性不能满足要求时，应结合路线改造进行方案比较和决策。

3.4.3 评定实例

1. 主要技术参数

某预应力混凝土空心板梁桥的桥跨布置为单跨，跨长 20 m，桥面宽度为 0.5 m(栏杆)+2.5 m(人行道)+9.0 m(车行道)+2.5 m(人行道)+0.5 m(栏杆)= 15.0 m。空心板高 95 cm，中板宽 124 cm、边板宽 187 cm，板间铰缝宽 1 cm，桥梁断面如图 3-13 所示。空心板混凝土强度等级为 C40，采用后张预应力混凝土结构。桥面铺装分为双层，上层为 10 cm 厚沥青混凝土，下层为 10 cm 厚 C40 钢筋混凝土现浇层。空心板下设 GYZ200×42 mm 板式橡胶支座，桥跨两端设置 30 型板式橡胶伸缩缝。下部结构为桩柱式桥台，按摩擦桩设计，盖梁下横向布置 3 根 ϕ120 cm 桩基，桩基中心距 5.4 m，设计荷载为城—B 级。该桥于 2009 年 10 月建成通车。

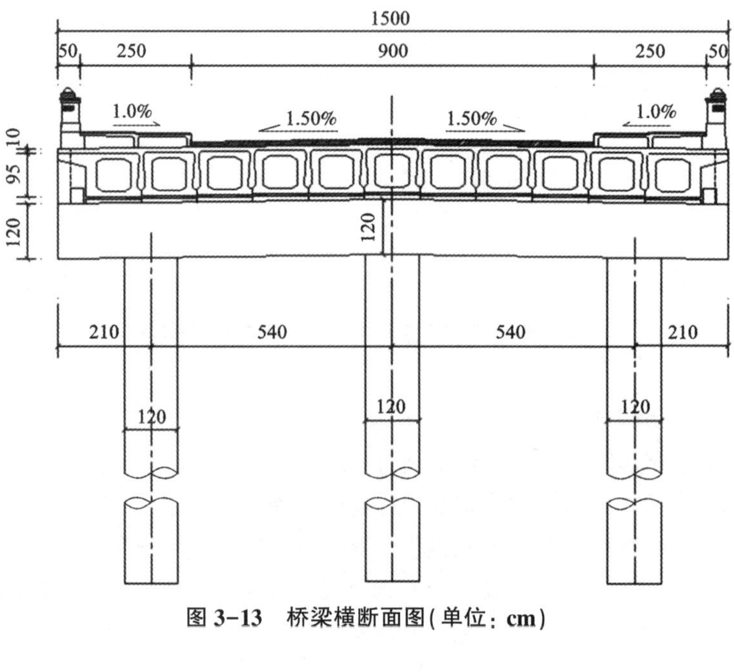

图 3-13 桥梁横断面图(单位：cm)

2. 总体技术状况评定

采用钢卷尺、混凝土回弹仪、非金属声波检测仪、钢筋锈蚀仪、混凝土钢筋检测仪、裂缝测宽仪、数字水准仪、全站仪、综合测试仪等工具进行检测，开展该桥的总体技术状况评定。

整个桥梁的技术状况评定分为上部结构、下部结构和桥面系三个模块进行，检测结果：

上部结构和下部结构中，主梁构件、空心板铰缝、支座、耳墙、锥坡及护坡、桥台等外观基本正常，无明显病害，达到Ⅰ类状况；基础未发现冲刷、剥落、沉降等明显异常现象，达到Ⅰ类状况；河床状态稳定，未见堵塞及冲刷现象，也达到Ⅰ类状况。桥面系中，桥面铺装、照明、标志情况基本完好，达到Ⅰ类状况；伸缩缝有堵塞现象，人行道地砖有少量裂缝，达到Ⅱ类状况；人行道栏杆多处出现开裂、剥落、露筋等现象，达到Ⅲ类状况。

表3-4~表3-6列出了三个模块中各部件的评定得分。

根据上述检测结果，该桥目前的总体技术状况等级评定见表3-7。全桥总体技术状况评分 $D_r=97.17$，评定等级为1类，桥梁处于良好的工作状况，可正常运营，仅需进行伸缩缝堵塞清理、人行道地砖部分更换以及栏杆修复即可。

表3-4　上部结构评定表

部件名称	权重	部件得分	评分值
主梁构件	0.70	100	100
空心板铰缝	0.18	100	
支座	0.12	100	

表3-5　下部结构评定表

部件名称	权重	部件得分	评分值
耳墙	0.03	100	100
锥坡	0.02	100	
桥台	0.44	100	
基础	0.41	100	
河床	0.10	100	

表3-6　桥面系评定表

部件名称	权重	部件得分	评分值
桥面铺装	0.44	100	85.85
伸缩缝装置	0.28	75	
人行道	0.11	75	
人行道栏杆	0.11	60	
照明、标志	0.06	100	

表 3-7 总体技术状况等级评定表

部位	编号	部件名称	权重	得分	桥梁总体评分及技术等级
上部结构	1	主梁	0.4	100	综合评分 D_r=97.17 1 类桥 评定分类采用下列界限： $D_r \geq 95$ 1 类 $95>D_r \geq 80$ 2 类 $80>D_r \geq 60$ 3 类 $60>D_r \geq 40$ 4 类 $40>D_r$ 5 类 当上部结构和下部结构技术状况等级为 3 类，桥面系技术状况等级为 4 类，且桥梁总体技术状况评分为 $60>D_r \geq 40$ 时，桥梁总体技术状况等级应评为 3 类
	2	空心板铰缝			
	3	支座			
下部结构	4	耳墙	0.4	100	
	5	锥坡			
	6	桥台			
	7	基础			
	8	河床			
桥面系	9	桥面铺装	0.2	85.85	
	10	伸缩缝装置			
	11	人行道			
	12	人行道栏杆			
	13	照明、标志			

对既有桥梁开展桥梁技术状况评定是一项非常重要的工作，也是确保其安全运营的关键。这项工作要求从业者具有良好的职业素养与责任意识，才能全面、系统地掌握桥梁技术状况评定方法和流程，及时发现桥梁的缺陷和损伤，科学合理地制订管养对策，从而增强桥梁的使用能力，延长桥梁的使用寿命，有效保证在役桥梁继续安全地为我国交通运输服务。

[思政元素] 职业素养；责任终身制

[素材作者] 李玲瑶

3.5 桥梁结构健康监测

3.5.1 结构健康监测的概念和功能

结构健康监测(structural health monitoring，SHM)的概念是，利用现场的、无损的、实时的方式采集结构的输入与输出信息，分析结构性能的波动、劣化或损伤特征，并为管理和养护提供决策支持的技术。通俗来讲，结构健康监测技术是通过在结构上布设大规模的传感器，实时采集荷载作用与结构响应等信息，然后通过有线或无线的方式将其传输到监控中心，由大型服务器来实时地分析结构的性能波动规律、损伤演化过程和抗力衰减特征，从而实现在线状态评估、寿命预测和安全预警。

结构健康监测系统集结构监测、系统辨识和结构评估于一体，根据功能需求，系统可以划分为在线测试、实时分析、损伤诊断、状态评估及维护决策五个部分，如图 3-14 所示。

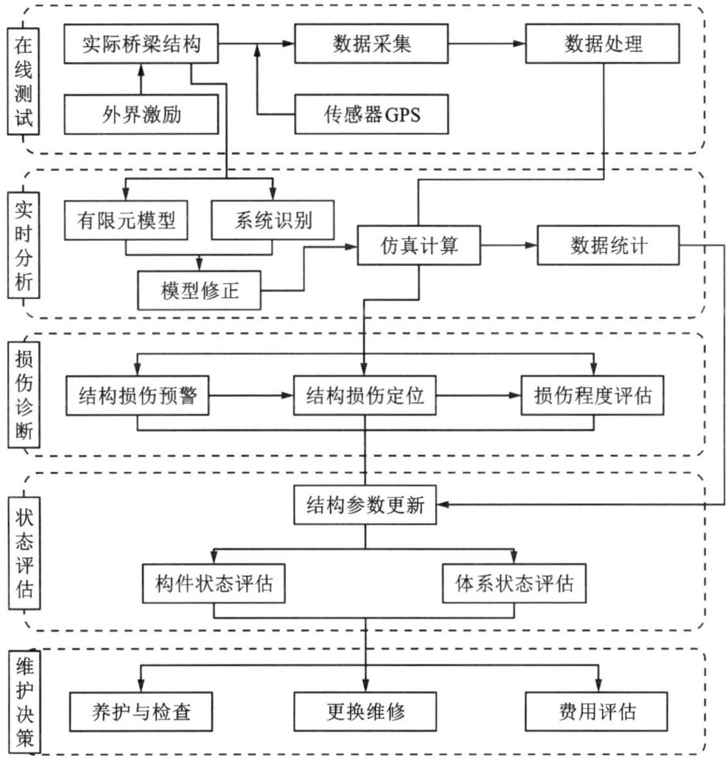

图 3-14 结构健康监测系统的功能模块图

首先，通过在线测试模块，依靠传感测试及网络通信技术对桥梁的工作环境、桥梁在车辆荷载等各类外部荷载作用下的响应进行在线测试，并将上述信息转入实时分析模块。然后，依靠修正后的有限元模拟计算，得到桥梁在当前时刻的结构状态。在此基础上，由损伤诊断模块为桥梁在特殊气候下、交通条件及运营状况异常时进行损伤预警和损伤定位。在状态评估模块中，依据更新后的指标参数对构件以及整个结构的承载力和耐久性进行评价。最后，在维护决策模块中，为桥梁的运营管理、养护维修及科学决策提供建议。

3.5.2 典型桥梁结构健康监测系统

为保障桥梁结构的安全性、完整性、适用性与耐久性，许多已建和新建的大跨度桥梁结构都安装了长期的桥梁结构健康监测系统(bridge structural health monitoring system，BSHMS)，以监测和评价结构的服役状况，同时为研究结构服役期间的损伤演化规律提供实验验证平台。

结合大跨度桥梁结构特点，考虑桥梁预警、评估和管养决策等方面要求，通常设计的桥梁结构健康监测系统由自动化数据采集与监测子系统、人工巡检养护管理子系统、数据存储与管理子系统、综合预警与安全评估子系统、用户界面子系统共五大子系统构成，系统总体构成及其功能实现如图 3-15 所示。某典型桥梁结构健康监测系统集成界面如图 3-16 所示。

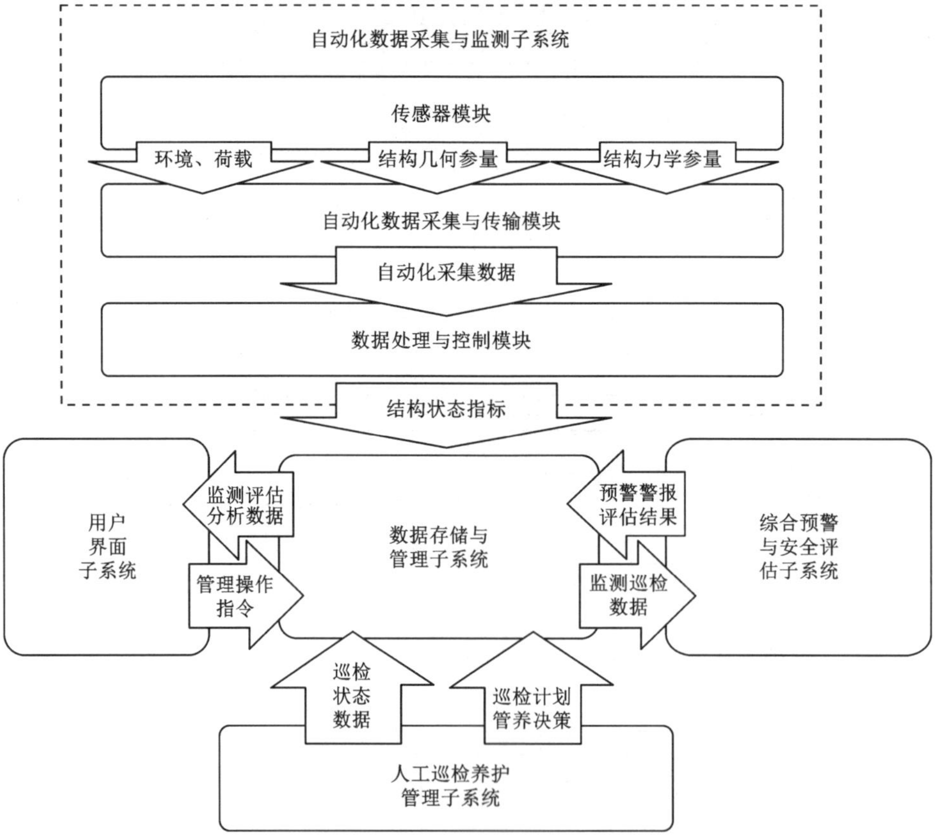

图 3-15　桥梁结构健康监测系统构成示意图

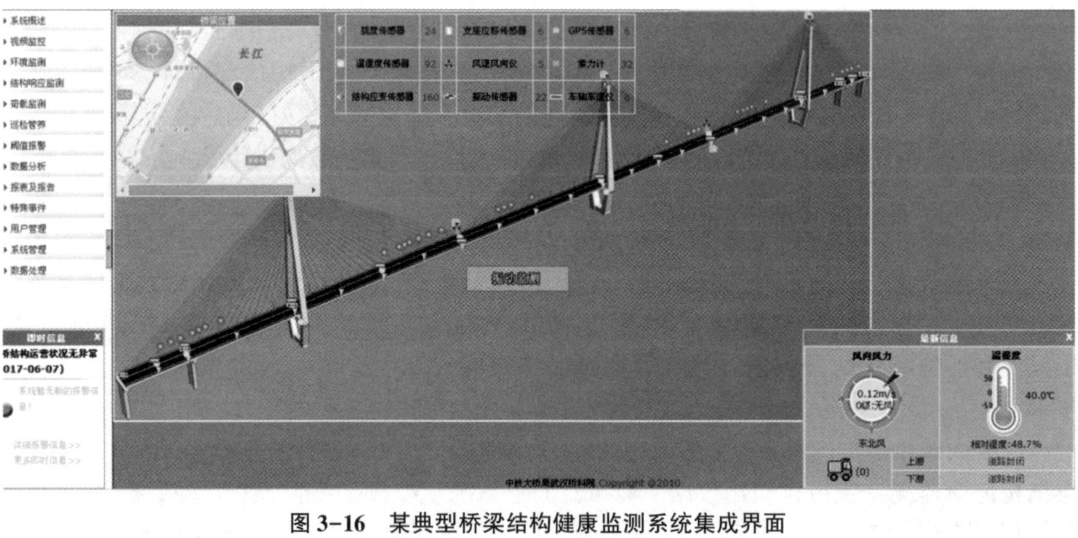

图 3-16　某典型桥梁结构健康监测系统集成界面

3.5.3 桥梁结构健康监测系统的发展

由于桥梁结构健康监测系统的造价较高，最先在桥梁结构上安装大规模长期结构健康监测系统的是美国、欧洲、日本和我国香港等发达国家和地区，如1987年英国在总长522 m的三跨变高度连续钢箱梁桥 Foyle 桥上安装了全球范围内第一个桥梁监测系统；挪威在主跨530 m的 Skarnsundet 斜拉桥上安装了长期动态监测系统；20世纪80年代中后期，美国也开始在 Sunshine Skyway Bridge、金门大桥和 Ironton-Russell 悬索桥等多座桥梁上安装健康监测系统。随后，我国香港地区在20世纪90年代至21世纪初，在青马大桥、汲水门大桥、汀九桥和昂船洲大桥上安装了世界上规模最大的实时安全监测系统。

20世纪90年代以来，依托国内大规模基础设施建设的背景，桥梁结构健康监测系统在我国也得到了广泛的应用和发展。从1997年我国在上海徐浦大桥上安装了国内第一个桥梁结构状态监测系统开始，据不完全统计，目前已在超过100座大跨度桥梁上安装了长期结构健康监测系统。表3-8列出了部分国内安装有健康监测系统的桥梁。

表3-8　部分国内安装有健康监测系统的桥梁

桥名	结构形式	桥址	主跨/m	传感器类型
江阴长江公路大桥	悬索桥	江苏	1385	(1)(2)(3)(4)(5)(6)(9)(10)(13)
南京长江大桥	钢桁梁桥	江苏	160	(1)(2)(3)(4)(5)(7)(14)
南京长江二桥	斜拉桥	江苏	628	(1)(2)(3)(4)(7)(9)(13)(16)
润扬大桥南汊主桥	悬索桥	江苏	1490	(1)(2)(3)(4)(6)
润扬大桥北汊桥	斜拉桥	江苏	406	(1)(2)(3)(4)
苏通长江公路大桥	斜拉桥	江苏	1088	(1)(2)(3)(4)(5)(6)(7)(8)(9)(10)(11)(16)(18)
深圳湾大桥	斜拉桥	香港、广东	210	(1)(2)(3)(4)(5)(6)(7)(8)(15)(16)(17)(18)
铜陵长江公路大桥	斜拉桥	安徽	432	(1)(2)(4)(11)(13)
芜湖长江大桥	斜拉桥	安徽	312	(2)(3)(4)(5)(10)(12)
虎门大桥	悬索桥	广东	888	(3)(6)(11)(12)
湛江海湾大桥	斜拉桥	广东	480	(1)(2)(3)(4)(5)(6)(9)(11)(14)(16)
徐浦大桥	斜拉桥	上海	590	(2)(3)(4)(7)(12)
卢浦大桥	拱桥	上海	550	(2)(3)(4)(12)
大佛寺长江大桥	斜拉桥	重庆	450	(2)(3)(4)(5)(10)(12)
滨州黄河大桥	钢桁梁桥	山东	300	(1)(2)(3)(4)(6)(10)
钱江四桥	拱桥	浙江	190	(1)(2)(3)(4)(9)(13)

注：(1)电流表；(2)温度传感器；(3)应变片；(4)加速度计；(5)位移传感器；(6)GPS；(7)动态称重系统；(8)腐蚀传感器；(9)磁通量传感器；(10)光纤传感器；(11)倾斜仪；(12)液位传感器；(13)全站仪；(14)地震计；(15)气压计；(16)湿度计；(17)比重计；(18)摄像机。

3.5.4 我国桥梁结构健康监测成就

随着桥梁健康监测系统在我国广泛应用，与结构健康监测技术相关的科研工作、标准制定工作等也取得了长足的进步。文献[12]指出，1997年至2017年20年间，我国在结构健康监测领域的研究论文发表数量增长近8倍之多，我国在结构健康监测领域的研究也理所当然地走在了世界前列。我国科学家在结构健康监测领域相关的大尺度、多参量传感技术，纳米混凝土应力传感器研发，光纤光栅传感应变传递规律，基于分形理论的损伤识别等方面的研究均达到了国际先进水平。

以《建筑与桥梁结构监测技术规范》(GB 50982—2014)和《公路桥梁结构监测技术规范》(JT/T 1037—2022)为标志的一批桥梁结构健康监测技术标准制定完成，在结构健康监测系统设计、传感器选择和优化布置、数据采集—传输—存储与管理、数据分析与安全预警及评估等方面做了翔实的规定，指导了桥梁结构健康监测系统的应用和发展，对全世界的桥梁结构健康监测的发展起到了促进作用。

应该指出，我国桥梁结构健康监测技术的进步和众多相关研究成果的取得，是立足于我国大规模的基础设施建设背景之上的，而我国大规模的基础设施建设是以我国国民经济快速发展为基础的，因此，在任何一个时代，只有国家繁荣富强、经济快速发展，才会有科学技术的快速进步和发展，才能涌现出一大批优秀的科技人才。

[思政元素] 全局观念；建养并重理念

[素材作者] 黄天立

3.6 桥梁结构加固技术

作为跨越江河湖海、高山峡谷的构筑物，桥梁结构广泛存在于我们的日常生活中，满足人们的交通出行和货物运输需求。然而就像机械长期使用会磨损一样，桥梁结构在各类不利服役环境作用下，材料性能会发生劣化，如混凝土开裂、钢筋锈蚀、钢材疲劳开裂等，导致桥梁结构的服役性能逐渐退化。加之随着社会经济的不断发展，实际作用在桥梁结构上的荷载偶尔会超过其设计值。这些因素叠加在一起，进一步提高了结构使用性能退化速率，危及结构安全。由于桥梁是交通网络中的重要节点，一旦出现桥梁损毁事故，不但危及人员生命安全，还会影响区域内交通，造成重大社会经济损失，因此保证各类桥梁的安全运营至关重要。有统计表明，我国目前约40%的公路混凝土桥梁结构已经出现不同程度的病害，亟须开展适当的加固维护；美国有近46154座高速公路桥梁被认定为具有明显的结构缺陷，占全部桥梁的7.5%，而使用年限超过50年的桥梁占比则超过42%。因此，桥梁结构加固已成为土木工程领域一个重要的工作内容。

3.6.1 加固方法

桥梁结构加固本质上是通过一定的技术手段，改变既有结构整体或局部的受力状态，提升既有结构的力学性能并降低结构性能退化速率，达到延长结构使用寿命的目的。对于主要承受轴向压力的桥梁墩柱，其在恶劣服役环境影响下可能出现钢筋锈蚀、表层混凝土剥落等病害，导致其承载力无法满足使用要求。目前，桥梁墩柱主要的加固方法有增大截面法、外套钢管法和外包纤维增强复材(FRP)法(图3-17)。其中，增大截面法主要是在既有桥墩周围浇筑各类水泥基胶凝材料(如普通混凝土、高性能混凝土等)，待其养护完成后与既有墩柱共同受力。外套钢管法不仅利用了钢管本身承受一部分竖向荷载，还可通过钢管对内包混凝土的约束作用提高混凝土抗压强度，显著提升墩柱的受压承载力。外包纤维增强复材加固作为一种较为新型的加固方法，主要依赖纤维增强复材约束混凝土具有较高的抗压强度来提高墩柱受压承载力。由于纤维增强复材较钢材具有更好的耐久性和对墩柱曲面形状更优越的适应性，其已被广泛用于桥梁墩柱加固工程中。

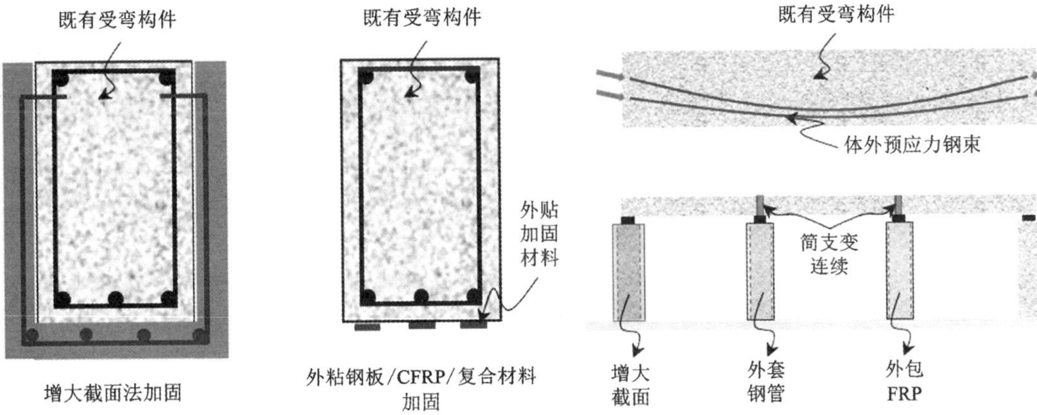

图3-17　常见的桥梁结构加固方法示意图

桥梁上部结构通常受弯曲作用，常用的结构加固方法包括增大截面法、外粘钢板或碳纤维复材(CFRP)法、体外预应力法和改变结构体系法等(图3-17)。增大截面法主要通过增加混凝土构件截面积，使构件承载力恢复到甚至超过其设计承载力。与桥梁墩柱加固类似，目前也有采用高性能水泥基胶凝材料代替普通混凝土以进一步提升加固效果。外粘钢板或纤维增强复材法则通过锚钉或结构黏结剂将钢板或纤维复材固定于被加固构件受拉侧，外荷载作用下通过锚钉或黏结剂将应力传递至外粘材料，提高受弯构件承载力。与上述两种方法不同，体外预应力法通过在待加固混凝土结构中引入预应力以阻滞裂纹发展，提高构件受弯性能；改变结构体系则是通过一定的构造措施改变结构的受力特性，降低结构关键位置处的应力，提升结构承载力。另外，采用钢结构加固混凝土梁，形成钢-混凝土组合结构，是一个新的加固方向。上述混凝土桥梁加固方法通常也可以用于钢结构桥梁加固。但是，钢结构桥梁中的疲劳损伤加固是提升结构使用性能的另一关键问题，尤其是对于目前普遍出现的正交异性钢桥面板疲劳开裂病害，如何降低疲劳裂纹的发展速率已日益引起学术界和工业界的关注，还需进行深入研究。

目前，上述加固技术已广泛用于国内外桥梁加固和性能提升。其中，增大截面法和外套钢管已主要用于铁路和公路桥梁的桥墩加固；随着FRP约束混凝土理论日臻完善，外包FRP也逐渐用于加固恶劣服役环境中的桥墩，如引江济淮工程某桥梁桥墩加固、日兰高速某天桥过火后桥墩加固等。对于桥梁上部结构，外粘钢板法主要用于中小跨径的混凝土桥梁加固；体外预应力法已在预应力混凝土连续梁桥过度挠曲和开裂病害整治中得到较好应用，相关工程项目有佛山市德胜大桥、济南黄河三桥等；典型的外粘 CFRP 加固工程案例有墨尔本西门大桥混凝土梁加固；长沙浏阳金刚头桥于 2006 年在亚洲范围内率先采用预应力 CFRP 板加固技术，此后武汉军山长江大桥也采用了该加固技术，取得了较好的加固效果。

3.6.2 桥梁加固中的关键问题

老旧桥梁结构加固通常需要解决三个关键问题：

第一个问题是加固材料的力学特性。应该指出的是，从外包普通混凝土到外包钢管/纤维复材加固墩柱结构，从外粘钢材到外粘纤维增强复材加固梁、板等受弯结构，桥梁结构加固技术的进步离不开土木工程材料的快速发展。普通混凝土和钢材虽然能够起到提高结构承载力的作用，但大量使用将增加结构自重，并且钢材本身亦存在耐久性问题，不能兼顾结构承载力和耐久性的提升需求。而高性能混凝土、纤维增强复合材料相比普通混凝土和钢材具有更为优异的力学性能和耐久性能，可显著提升结构的加固效率。因此，充分理解加固材料的力学特性对加固效果的影响机理，是桥梁结构加固设计首先要解决的问题。

第二个问题是加固材料与被加固结构之间的长期协同受力问题。无论是增大截面法中既有结构与新混凝土，还是外粘钢板/纤维增强复合材料法中钢板/纤维增强复合材料与混凝土/钢基体黏结体，均为由不同材料形成的组合结构。新旧材料之间需要长期、有效的协同工作，才能合理地分配结构所受外荷载，提升结构加固效率。因此，研究新老材料在短期或长期作用下的传力机制，是桥梁结构加固中另外一个重要问题。

第三个问题为桥梁结构加固后的力学性能。既有桥梁结构在加固后，其破坏模式可能发生迁移，例如在外粘纤维增强复合材料加固的钢筋混凝土简支梁中，其受弯破坏模式可能由少筋破坏转变为加固界面的剥离破坏，结构受力行为也会相应地发生转变。可见，深入理解加固后结构的整体受力特性，是优化桥梁结构加固设计需要解决的关键问题。

我国桥梁工程在历经 40 余年的高速发展之后，已逐渐由新建桥梁为主转变为新建和维护并重的新时期。对既有老旧桥梁结构进行高效的加固，是提升桥梁结构全生命周期收益，减少桥梁结构全生命周期碳排放的重要手段之一。随着土木工程新材料的不断涌现，新的加固方法和工艺也不断被提出，如何从材料、界面和构件三个层次解决桥梁结构加固中的关键问题，仍然值得深入研究：

①未雨绸缪，防患于未然。桥梁结构性能的退化是一个渐进发展的过程，桥梁结构的加固不能等到结构出现严重缺陷之后再进行，而应在日常巡检的基础上，发现潜在病害，科学分析致损机理并采用合适的结构加固处置措施，将结构损伤遏制在初始阶段。

②全局思维，全生命周期管理。桥梁结构的加固应置于桥梁全生命周期管理框架中，通过在桥梁运营过程中进行及时的检查维护，延长桥梁结构使用寿命，提升其全生命周期收益。

③解决短板，立足整体。桥梁结构加固后，新旧结构之间的组合作用对于决定加固效果至关重要，加固后桥梁结构的承载力往往由整个体系中的薄弱环节决定，例如虽然纤维增强复合材料具有较高的抗拉强度，但加固界面黏结强度通常由混凝土力学性能决定，导致纤维增强复合材料利用率较低。

[思政元素] 未雨绸缪；全局思维；解决短板

[素材作者] 周浩

3.7　桥梁减隔震设计

3.7.1　减隔震设计理念

桥梁减隔震设计理念，是通过引入柔性装置来延长结构的基本周期，以避开地震能量集中的周期范围，从而减小结构的地震力。现行桥梁抗震设计规范根据不同的地震分区(组)及场地类别，给出了不同的设计反应谱特征周期 T_g，其取值范围为 0.25~0.90 s。当结构周期处于 0.1 s 至特征周期 T_g，反应谱放大系数取最大值，之后就慢慢衰减，如图 1-23 所示。但是，通过延长结构周期来减小地震力，必然伴随着结构位移的增大，可能会造成结构设计上的困难。为了控制过大变形，可通过在结构中引入阻尼装置，以增加结构的阻尼来耗散输入的地震能量，从而减小结构的位移，附带还可能减小结构的动力加速度。此外，由于结构较柔，在正常使用荷载(如风荷载、车辆制动力等)作用下结构可能会发生过大变形，因此必须保证正常使用荷载所需要的刚度。总的来说，减隔震技术的工作机理包括：

①采用柔性支承延长结构周期，减小结构地震反应；

②采用阻尼器式能量耗散元件，限制结构位移；

③保证结构在正常使用荷载作用下具有足够的刚度。

3.7.2　减隔震系统的组成

由减隔震技术的原理可知，一个完善的桥梁减隔震系统应包含柔性支承、阻尼装置和构造措施三部分。这三部分可以分开设置，也可以结合为一体。

1. 柔性支承

常见的柔性支承为橡胶支座。橡胶支座在桥梁结构中的应用，一开始主要是为了满足正常使用状态下温度等因素产生的位移要求。目前，橡胶支座是世界上应用最广、实用性最好的一种柔性支承。此外，还有其他一些柔性装置，如滚轴、滑板、缆索悬吊、柔性套管桩等。

2. 阻尼装置

提供耗能最有效的一种方式是滞回阻尼，即利用材料的塑性变形耗能，如由低碳钢制成的扭梁、悬臂弯曲梁等耗能装置，由铅制成的铅挤压和铅纯剪切变形装置。摩擦耗能是另一种方式，其缺点是没有自复位能力，摩擦系数不易控制，震后易存在较大的残余变形。另外还有黏滞阻尼、液压阻尼等。

3. 构造措施

减隔震装置必须具有足够的柔性以延长周期、减小地震反应，但在运营荷载下，又要保证结构不发生大变形和有害振动。如果使用特殊材料的柔性支承，则可利用其剪切模量与剪切应变大小有关的性质，即在低应变时剪切模量大、在高应变时剪切模量小的特点来满足上述要求。此外，还可采用一些其他可破坏约束装置，如挡块等，使它在一定水平力作用下发生破坏，以满足设计要求。

3.7.3 常用减隔震装置

1. 分层橡胶支座

分层橡胶支座(laminated-rubber bearings)的基本构造如图 3-18 所示，其是由薄橡胶片与薄钢板相互交替结合而成，上下有翼缘，支座平面形状多为圆形或矩形，国内常称为板式橡胶支座。大量试验表明：分层橡胶支座的滞回曲线呈狭长形，可近似作线性处理。橡胶支座在变形过程中消耗能量，提供阻尼，这种阻尼取决于橡胶层变形的速度。以天然橡胶为主要材料制作的支座，典型的阻尼比为 5%~10%。由于分层橡胶支座的阻尼小，所以如果与阻尼器一起使用，则减震效果更好。

2. 铅芯橡胶支座

铅芯橡胶支座(lead rubber bearings, LRB)是在分层橡胶支座中部插入铅芯而形成的减隔震装置，如图 3-19 所示。铅芯具有良好的力学特性，具有较低的屈服剪力(约 10 MPa)，具有足够高的初始剪切刚度(约为 130 MPa)，具有理想弹塑性性能且对于塑性循环具有很好的耐疲劳性能。换句话说，铅芯能够提供地震下的耗能能力和静力荷载所必需的刚度。因此，LRB 能够满足一个良好减隔震装置所应具备的要求：在较低水平力作用下，具有较高的初始刚度，变形很小；在大震作用下，铅芯屈服，刚度降低，延长结构周期，并消耗地震能量。

图 3-18 分层橡胶支座

图 3-19 铅芯橡胶支座

较早将 LRB 用于桥梁减震设计和加固的是新西兰、美国、意大利、日本等国，典型应用案例为 1990 年美国第一座减隔震桥梁——伊利诺斯 3 号公路上的 Sexton 桥和 1990 年日本第一座减隔震桥梁——静冈县横跨 Keta 河的宫川大桥。目前 LRB 在我国桥梁上的应用也较为广泛，尤其是中小跨度梁桥，例如西藏布谷孜大桥、厦漳跨海大桥北汊北引桥、澳门西湾大桥等。

3. 滑动摩擦型减隔震支座

滑动摩擦型支座(sliding bearings)利用不锈钢与聚四氟乙烯材料之间相当低的滑动摩擦系数制成，也称为聚四氟乙烯滑板支座。这种支座具有摩擦系数小、水平伸缩位移大的优点，作为桥梁活动支座，可使桥梁上部结构变形不受限制。当温度、徐变等引起上部结构变形时，支座产生的抗力很小。聚四氟乙烯滑板与不锈钢板之间的摩擦系数通常低于 0.08，涂有润滑剂时，为 0.01~0.03。在地震作用下，滑动摩擦型支座因为允许上部结构在摩擦面上发生滑动，限制了上部结构传递到下部结构的地震力（最大为支座的最大摩擦力），同时通过摩擦消耗地震能量。但是这类支座没有任何自复位能力，用作减隔震支座时，常与其他装置一起使用。

另一类具有自恢复能力的滑动减隔震装置是摩擦摆支座（friction pendulum isolation bearings，FPI），它是将滑动支座和钟摆的概念相结合构成的一种减隔震装置，其滑动面是曲面，利用一个简单的钟摆机理延长结构的自振周期，并利用结构自重提供所需的自复位能力，帮助上部结构回到原来的位置。图 3-20 给出了这种支座的构造简图，它包括一个具有球形曲面的滑块和球形铸钢滑动曲面。铸钢曲面与滑块曲面具有相同的曲率半径，可以很好地相切，因此在竖向荷载作用下，曲面压应力均匀。FPI 较早应用于美国加州 Benicia-Martinez 桥（双层钢桁架桥）的抗震加固，目前在我国的应用也较广泛，例如苏通长江公路大桥、佛山平胜大桥、上海长江大桥、荆岳长江大桥等工程采用了大吨位全钢双曲面球形减隔震支座。

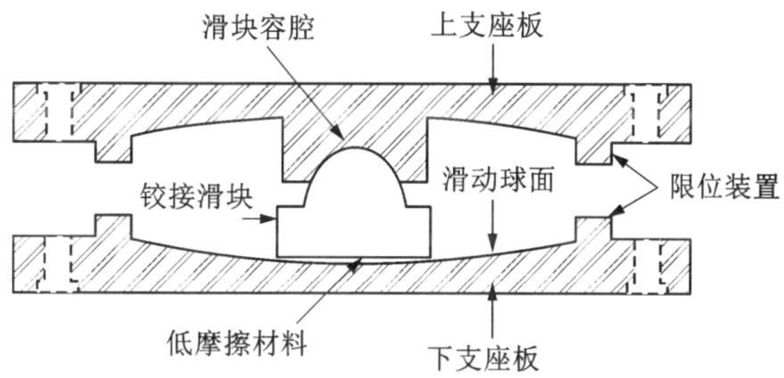

图 3-20　摩擦摆支座构造图

4. 高阻尼橡胶支座

高阻尼橡胶支座（high damping rubber bearings，HDR）采用特殊配制的橡胶材料制作，其形状及构造与天然橡胶支座相同。但该橡胶材料黏性大，其自身可以吸收能量。由于与耗能功能集成在一起，HDR 可以节省使用空间，施工上也比较方便。同时，HDR 滞回环的面积较大，有较大的耗能能力。HDR 力学特性取决于橡胶材料的配方和制造工艺，且对环境温度较为敏感。

5. 钢阻尼器

钢阻尼器（steel dampers）是一种较早提出的可作为结构被动控制的耗能减震装置。钢阻尼器的几何形状多样，但耗能机理相近，按主要受力状态可分为扭转型、弯曲型、拉压型和剪切型四种类型。钢阻尼器的特点是制造不需要特殊设备，屈服后具有很强的耗能能力，但需要达到一定的屈服位移才能滞回耗能，且会给结构带来较大的附加刚度，改变结构的动力特性，因此不能较好地适应温度变形需求。目前，钢阻尼器较多应用于建筑结构的减震控制，在桥梁结构的减震应用上以中小跨度连续体系梁桥为主。钢阻尼器在大跨度桥梁上多以满足横向减震需求为主，例如宁波梅山红桥、银川滨河黄河大桥等工程均设置了横向钢阻尼器。

6. 流体黏滞阻尼器

流体黏滞阻尼器（fluid viscous dampers）的基本构造包括活塞杆、油缸及阻尼小孔，如图 3-21 所示。这类装置利用活塞前后压力差使液体（目前大多用硅油）流过阻尼孔产生阻尼力，其主要优点有：在低速下，阻尼器出力很小，对温度变化、混凝土收缩徐变等因素引起的梁体慢速变形不产生附加力；在速度较大时，阻尼器出力较大，并耗散能量，有效减小梁体的加速度和位移，可用于地震下梁体的减震控制。

目前，黏滞阻尼器在我国桥梁上的应用较为广泛，主要用于大跨度桥梁的减震与位移控制，如重庆鹅公岩大桥、苏通长江公路大桥、西堠门大桥、卢浦大桥、泰州长江大桥等。

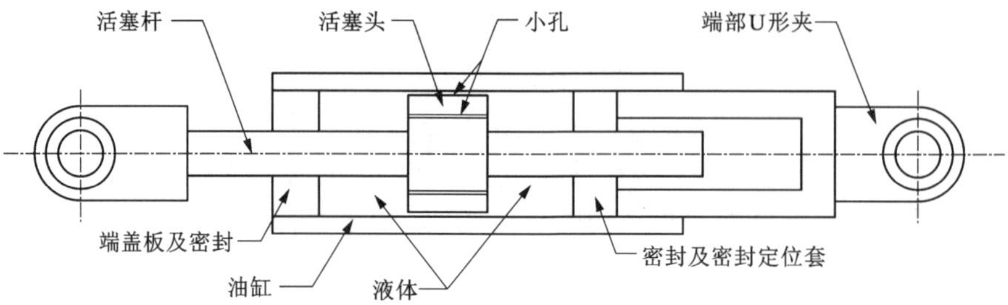

图 3-21　流体黏滞阻尼器构造图

7. 电涡流阻尼器

电涡流阻尼器(eddy current damper)利用块状金属导体在磁场中做切割磁力线运动时，导体内部产生旋涡状的感应电流并进而以产生热能的方式来达到耗能减震的目的。与其他阻尼器相比，电涡流阻尼器具有以下优点：阻尼器不需要与结构直接接触，无任何摩擦阻尼；材料均为耐久性好的金属，可与工程结构同寿命；无附加刚度，无工作流体，不会存在漏液问题；阻尼系数简单连续可调；在磁场中工作无须电源；阻尼器参数不受温度等环境因素影响。

电涡流阻尼技术已逐步应用于土木工程领域，如上海中心大厦、张家界玻璃桥、汕头榕江大桥及南宁吴圩国际机场新航站楼登机桥等。

3.7.4　减隔震设计的哲学思考

老子《道德经》第三十六章提到，“将欲弱之，必固强之”“将欲取之，必固与之。是谓微明，柔弱胜刚强”。这和桥梁减隔震设计理念有相通之处，其中，采用柔性支承延长结构周期，获得较小的结构地震反应，与“将欲取之，必固与之”理念相同；采用阻尼器式能量耗散元件，限制结构位移，避免结构位移过大，这与“将欲弱之，必固强之”道理相近。通过减隔震措施，最终实现结构设计“刚柔并济”的目标。

地震之“矛”攻击结构之“盾”，孰强孰弱？结构工程师开展结构设计时，不仅要处理这一对矛盾问题，还要兼顾安全、适用、经济等系列矛盾问题。桥梁实施减隔震技术是以较少的投入，换取结构抗震安全性的大幅度提高，从容化解该矛盾。这也是哲学中正确处理和化解矛盾的典型案例，使难以共生的矛盾双方得以和谐共存。

[思政元素] 刚柔并济；正确化解矛盾；价值观

[素材作者] 李超

3.8　结构地震易损性分析和风险评估

近年来国内外地震频发，地震损失惨重。2008 年，我国汶川地震造成了巨大的人员伤亡(近 7 万人死亡，37 万多人受伤，近 2 万人失踪)和经济损失(直接经济损失 8451.4 亿元)，举世震惊。结构地震易损性分析和风险评估是评价结构抗震性能的有效手段，可为结构抗震设计、加固和维修提供决策信息。

3.8.1　基本概念

1. 地震易损性分析

地震易损性是指发生设定强度地震时，结构整体或其构件的响应需求达到或超越某一损伤状态的失效概率。该损伤超越概率可以用条件概率 P 的形式来表达，见下式：

$$P_{\mathrm{f}}=P[D\geqslant C\mid IM=x] \tag{3-1}$$

式中：P_{f} 为结构的损伤超越概率；D 为结构响应需求；C 为结构能力，即对应不同损伤状态的损伤指标值；IM 为地震强度指标。

通常将结构或构件的损伤划分为 5 个状态，即完好无损、轻度损伤、中度损伤、严重损伤和完全损伤状态，依据公式(3-1)，即可获得任意 $IM=x$ 强度地震时的结构超越特定损伤状态的概率，最终形成地震易损性曲线，如图 3-22 所示。

2. 地震风险评估

结构地震风险是指地震发生的可能性及其所造成的灾害后果，可用经济损失、人员伤亡和功能损失等指标来进行描述。对地震发生的可能性及其可能造成的后果进行定量分析和评估，并按照灾害等级划分标准，衡量灾害风险的程度，称为地震风险评估。地震风险评估包括 3 个部分，即地震危险性分析、地震易损性分析及地震灾害损失估计，可按下式计算：

$$\text{地震风险}=\text{地震危险性}\times\text{地震易损性}\times\text{地震灾害损失} \tag{3-2}$$

其中，地震危险性是指预测场地在未来一段时间内发生不同强度地震的概率；地震灾害损失是估计结构或构件在可能遭遇的不同强度地震作用下的经济损失。

通过地震风险评估，可以计算结构整体或构件地震灾害经济损失值。以经济损失为横坐标，结构的损伤概率为纵坐标，得到如图 3-23 所示的地震风险曲线。

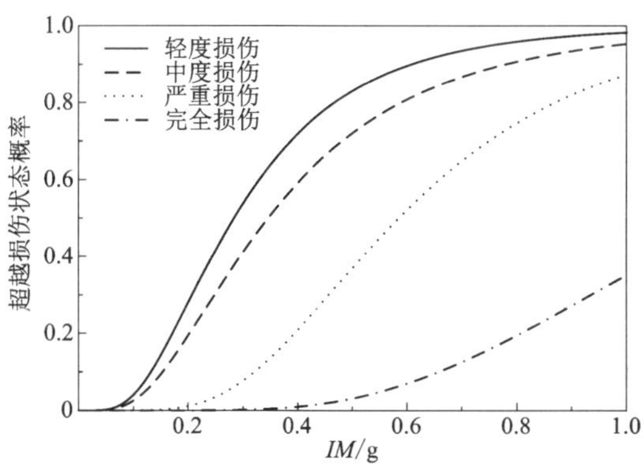

图 3-22　结构地震易损性曲线示意图

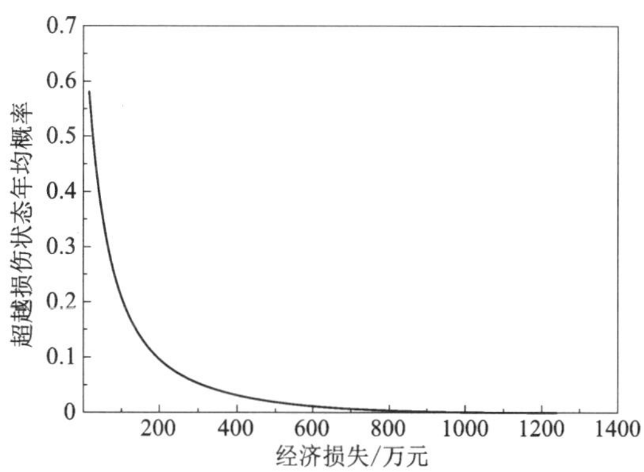

图 3-23　结构地震风险曲线示意图

3.8.2　结构地震易损性分析和风险评估的基本步骤

一般而言，结构地震易损性分析和风险评估的步骤如下：

①建立结构有限元模型，例如高速铁路轨道-桥梁系统精细化模型如图 3-24 所示。

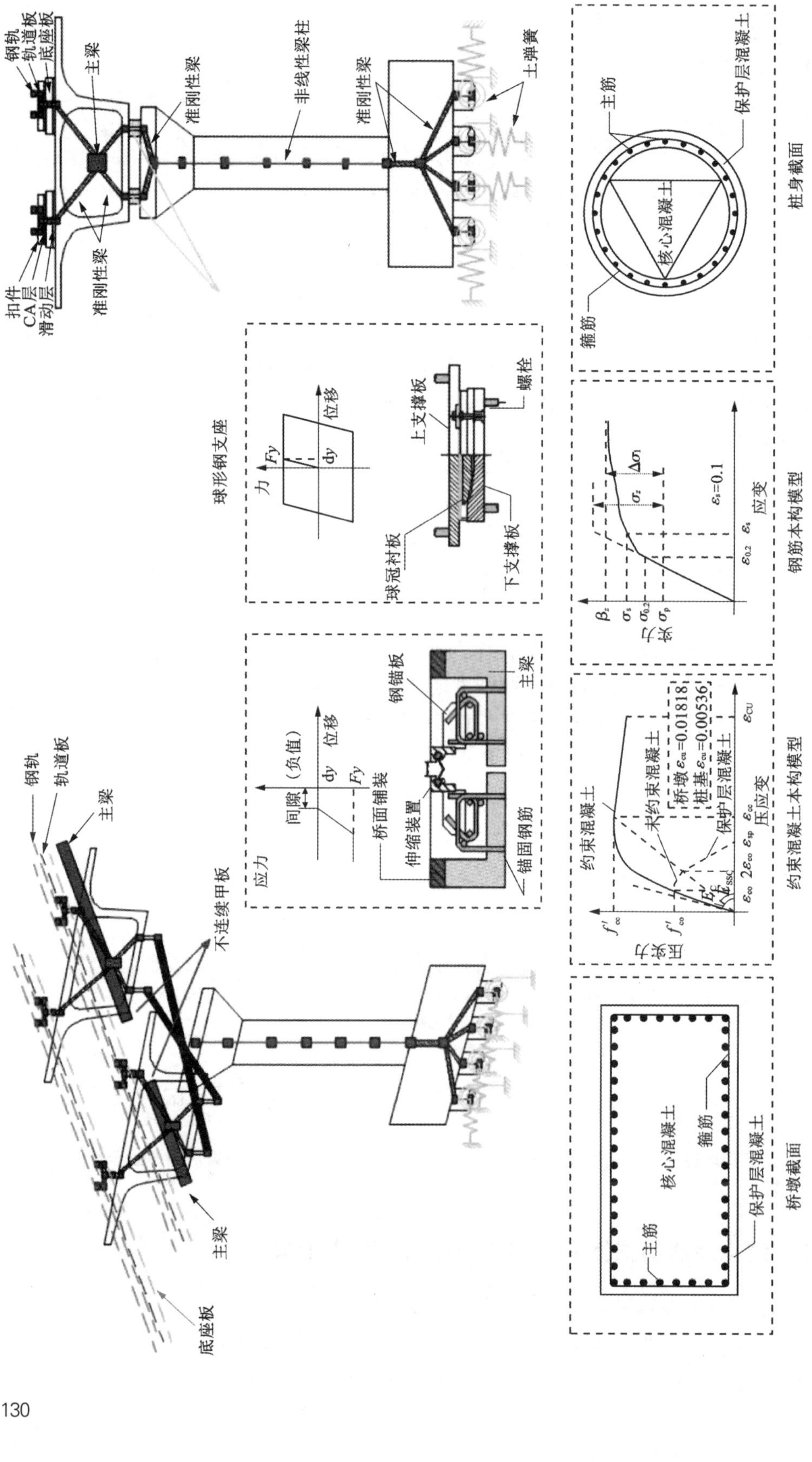

图3-24　高速铁路轨道-桥梁系统精细化模型

②选取地震波数据库(含很多条性质相似的地震波)，并开展地震作用下的结构地震反应增量动力分析，即将式(3-1)中的地震强度指标 *IM* 从小到大变化(代表地震由弱变强)，计算式(3-1)中的结构响应需求 *D*。

③定义结构关键构件的不同损伤状态的损伤指标值，即式(3-1)中的 *C*。

④利用式(3-1)，将第 2 步的结构响应需求 *D* 和第 3 步的不同损伤状态的损伤指标值 *C* 进行对比，获得地震强度指标 *IM* 从小到大变化(代表地震由弱变强)时结构的损伤超越概率 P_f，即可生成类似图 3-22 所示的构件地震易损性曲线。

⑤进行结构的地震危险性分析，获得地震强度指标 *IM* 从小到大变化(代表地震由弱变强)对应的地震发生概率。

⑥综合考虑第 4 步中的构件损伤概率和第 5 步中的地震发生概率，获得结构使用期内每一构件的损伤概率。

⑦建立不同构件损伤状态对应的直接经济损失和间接经济损失数据库，结合第 6 步，可获得结构使用期内每一构件的直接经济损失和间接经济损失，再经过所有构件的经济损失累加，获得整个结构的总经济损失，得到类似图 3-23 所示的结构地震风险曲线。

⑧综合考虑场地和结构的功能与重要性、投资与效益、震后损失与恢复重建、潜在的历史或文化价值、业主承受能力等诸多要素，划分结构的经济损失等级，鉴别第 7 步中的经济损失等级和可接受程度。

在以上步骤中，通过前 4 步，可以开展结构地震易损性分析；继续进行后 4 步，可以开展结构地震风险评估。

3.8.3　高速铁路轨道-桥梁系统地震易损性分析和风险评估程序研发

以高速铁路连续梁桥为例，中南大学魏标研发了相应的地震易损性分析程序和地震风险评估程序。

1. 高速铁路大跨度连续梁桥地震易损性分析程序

根据上述步骤的第①~④步，其开发了“高速铁路大跨度连续梁桥地震易损性分析程序 V1.0”。该程序可以在较短的时间内完成庞大数据的处理工作，对中间过程数据和最终结果进行存储，得到两种形式的地震易损性曲线数据(损伤超越概率和损伤发生概率)，并对结果进行系统编码，以备后续使用。

关于“高速铁路大跨度连续梁桥地震易损性分析程序 V1.0”的界面和使用过程，简单介绍如下：

①采用 C++编制图形界面，供用户选择输入文件夹、选择计算内容、填写修改各类参数、确定是否计算等。

②用户在界面“数据分析”下拉菜单上可选择上部结构、桥墩和桩基等分析模块，进行相应的数据分析。

使用这个分析程序，可以生成高速铁路大跨度连续梁桥关键构件的地震易损性曲线，如图 3-25 和图 3-26 所示。

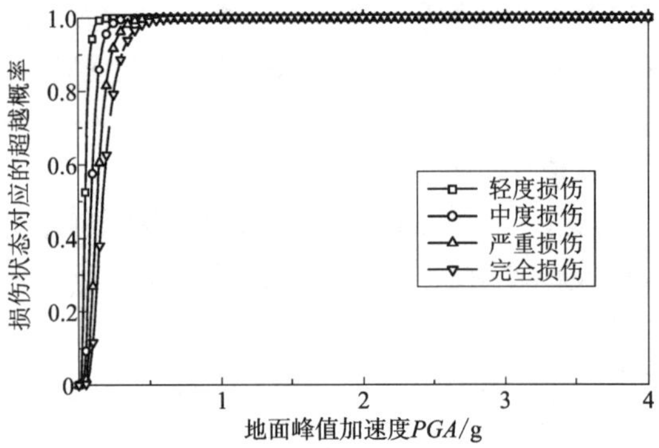

图 3-25　梁缝处轨道结构的地震易损性曲线

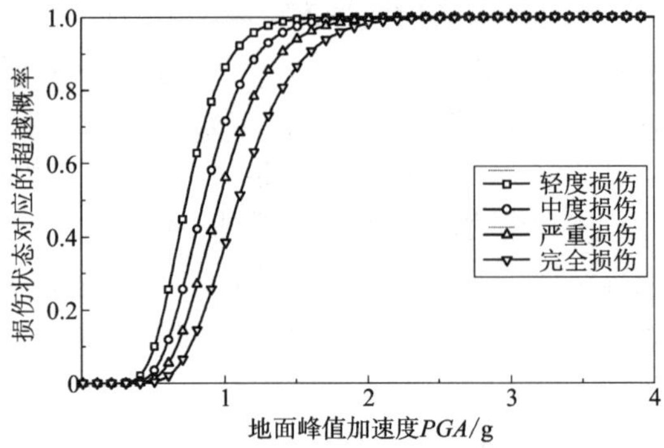

图 3-26　活动支座的地震易损性曲线

2. 高速铁路大跨度连续梁桥地震风险评估程序

在地震易损性分析结果的基础上，通过继续上述步骤的第⑤～⑧步，中南大学魏标开发了“高速铁路大跨度连续梁桥地震失效风险评估程序 V1.0”。该程序的界面和使用过程，简单介绍如下：

①采用 C++编制图形界面，供用户选择输入文件夹、选择计算内容、填写修改各类参数、确定是否计算等。

②用户在界面“风险评估”下拉菜单上可选择上部结构、桥墩、桩基等风险评估模块，进行相应的风险计算。

③用户在界面“风险评估”下拉菜单上选择“总体风险评估”后，进入计算“结构各构件组损失费用”和“结构总损失费用”模块。

使用这个评估程序，可以获得高速铁路大跨度连续梁桥关键构件在使用期间的年平均直接经济损失，如图 3-27 和图 3-28 所示。

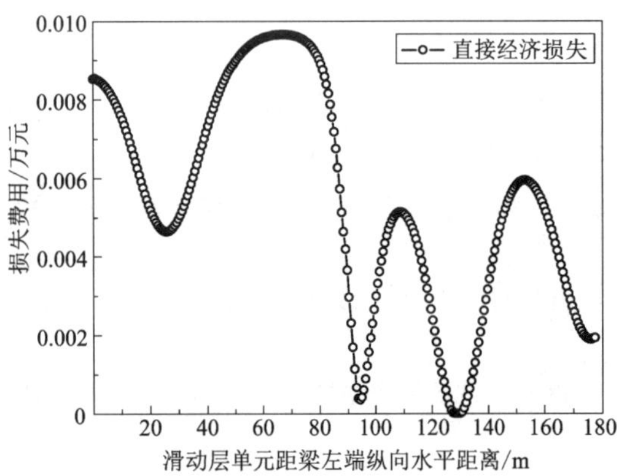

图 3-27　轨道滑动层年平均直接经济损失

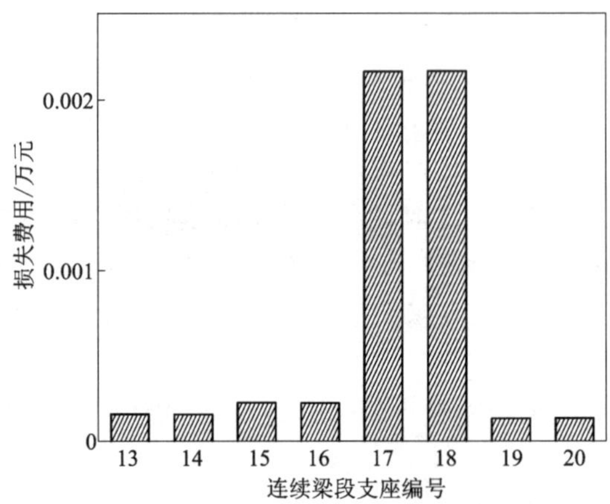

图 3-28　支座年平均直接经济损失

3. 工程应用情况

目前，通过使用自主开发的高速铁路大跨度连续梁桥地震易损性分析程序 V1.0 和地震失效风险评估程序 V1.0，已经完成了以下任务：

①完成了京沪、沪昆等10余座典型高速铁路桥梁地震易损性分析和风险评估，获得了桥梁结构和轨道结构关键构件的地震易损性曲线，确定了每一构件的地震损伤顺序和薄弱构件位置，评估了每一构件和轨道-桥梁系统的地震风险失效水平，验证了减隔震等改进措施对降低轨道-桥梁系统地震风险失效水平的有效性。

②协助研发了摩擦摆支座、黏滞阻尼器、软钢减震榫等多种减隔震装置，综合评价了不同减隔震装置的减隔震效率，判断不同减隔震装置对轨道-桥梁系统主要构件的抗震性能影响程度。

③两个程序较好地实现了第二代基于性能的抗震设计思想，并以数据库模式存储了大量的地震参数和结构参数，方便开展不同参数的敏感性分析，同时对不成熟的地震参数和结构参数提出了客观需求。例如，基于两个程序的理论框架，制定了详细的轨道结构、桥梁支座等试验方案，取得了更加可信的相关构件动力本构关系参数，并存储在这两个程序的数据库中。

[思政元素] 风险意识；韧性；防患于未然

[素材作者] 魏标

3.9 运营列车的防风技术

3.9.1 运营列车的强风致灾事故

强风是影响铁路运输安全的主要气象灾害之一。当铁路干线沿途穿越近海、高寒、大风区等环境恶劣地带，特别是经过高架桥、高路堤等路况时，铁路列车遭受强侧风作用容易引发脱轨甚至倾覆事故。在世界铁路运营史上，强风导致的铁路列车事故时有发生。1879年，英国 Wormit-Dundee 铁路 Tay Rail Bridge 受到暴风雨袭击，13跨钢桁架连同行驶其上的列车及79名乘客一并坠入河中(图3-29)。2005年，日本羽越本线特快列车“稻穗14号”行进至山形县铁路桥时，受瞬时最大风速超20 m/s的强风袭击，造成6节车厢脱轨、5人死亡、32人受伤(图3-30)。2007年，中国新疆维吾尔自治区发生13级大风，导致乌鲁木齐开往阿克苏的5806次列车脱轨颠覆，造成11节车厢翻倒、4人死亡、105名旅客受伤的严重事故(图3-31)。

图3-29 英国 Tay Rail Bridge 事故

图3-30 日本羽越本线列车事故

图 3-31　中国新疆 5806 次列车事故

3.9.2　大风监测预警与行车安全指挥系统

我国地处太平洋西北岸，全世界最严重的热带气旋(台风)大多数在太平洋上生成并沿着西北或偏西路径移动，频繁地在我国漫长海岸线上登陆并袭击沿海地区。现有台风实测结果表明，台风周期内风速、风切变频繁，具有极强的突变特性。对于内陆山区而言，风场特性既受大尺度气象条件的影响，又受局部地形地貌的控制，即使在良态气候下，复杂地形地貌的随机多变及相互气动干扰也会使空气流动具有阵风强烈、风切变频繁、湍流强度大等特点，风场也具有极强的突变特性。随着我国高速铁路网的进一步扩展，公交化运行的高速列车必将频繁地穿越东南沿海和内陆山区，高速列车在时空上无法完全避开强风、山区峡谷风等自然突风袭击。此外，列车运行中还会不可避免地遇到交会、进出隧道等产生的行车突风。我国高速列车运行速度远远超过当今世界高速列车 240 km/h 的平均运营速度和 320 km/h 的最高运营速度。为适应列车高运行速度，动车组采用大型中空铝合金型材料或不锈钢薄筒型轻量化结构，使得动车组车体质量较传统机车车辆减轻了 50%。列车行驶高速化和车体轻量化势必使列车对风荷载的作用更为敏感，大风天气时频繁的停运和限速，将造成巨大的经济损失。

通过建立大风监测预警与行车安全指挥系统，控制列车运行速度，是有效保障大风作用下列车行车安全的有效措施之一。该方法通过在高铁沿线设置多个监测点，实时获取风速数据、被监控列车的实时运行信息和列车编组车型信息，并将获取的上述信息上报行车调度中心，调度中心将实时限速行车指令发送到被监控列车，确保列车在已知风速下的运行安全。

青藏铁路格尔木至拉萨段位于青藏高原腹地，气候条件恶劣，每年大风期超过 100 d，尤其是五道梁至安多一带，每年的大风期多达 130～170 d。按照青藏铁路的设计标准，风速达到 18 m/s 以上时即达到预警标准。作为世界上海拔最高、线路最长的高原铁路，青藏铁路沿线局域地貌非常复杂，风力风向突变，瞬变风力大，严重威胁铁路运输安全，国际上也没有可以直接借鉴的技术。为确保青藏铁路在大风下的运行安全，中南大学田红旗院士主持研建了世界唯一的青藏铁路大风监测预警与行车指挥系统。青藏铁路格拉段沿线建有 52 个大风监测预警系统自动测风点，这些测风点能将当地的风速、风向和风力信息远程传输到大风监测预警中心，而后青藏铁路公司将根据所测风速及时调整列车运行速度。工作人员只需用鼠标打开控制台上的大风监测预警系统，就可以查看到青藏铁路格拉段各个站点的风速，然后根据所测风速，对不同路况、不同车型的列车运行速度进行限制，并通过调度指挥司机安全行车。为了研建该系统，从 2002 年起，田红旗教授历经 3 年沿线勘察，忍着剧烈的高原反应，足迹遍布整个青藏高原。在获得大量实地数据和预研的基础上，她提出研建自动化大风行车安全指挥系统，立即得到立项批准。攻克一道道技术难关后，世界唯一的高原铁路大风监测预警与行车指挥系统建成并投入使用，实现了铁路运输应对恶劣风灾害能力的重大技术突破。几年后，大风预警系统作为青藏铁路工程的核心技术之一，获得国家科技进步奖特等奖。青藏铁路大风监测预警系统自 2006 年 7 月投入使用以来，已向青藏铁路发送了 5 万条预警信息。至今，青藏铁路没有发生过一起因大风引发的事故。

3.9.3　风屏障技术

设置风屏障能为列车创造一个风速相对较低的风环境，可有效提高强风下列车的运行安全性，且国内外均有成功实施的实例(图 3-32)。但防风效果不仅与风屏障参数如高度、透风率等密切相关，还受线路下部结构形式及周围环境的影响。设置风屏障尽管会减小列车风荷载，但风屏障受到的风荷载会传递给线路下部结构。当下部为路堤时，荷载可直接传递给基础，在保证防风效果的前提下，只要考虑风屏障自身的安全即可，此时往往修建为挡风墙(图 3-33)。当风屏障安装在桥梁上时，不仅风屏障的风荷载会传递给桥梁，也会加剧桥梁的钝体特征，对桥梁气动稳定性产生不利影响。为此，需要通过风洞试验或数值风洞检验风屏障高度、透风率以及安装位置对桥梁气动稳定性的影响，在确保设置风屏障后的桥梁气动稳定性仍满足规范要求的前提下，通过风-车-桥动力响应分析评估设置风屏障后的桥上行车安全性、平稳性或舒适性，最终确定风屏障的高度、透风率以及安装位置。因此，桥上尤其是大跨桥梁的风屏障设置更为复杂。

图 3-32　风屏障

图 3-33　挡风墙

为此，中南大学风工程研究中心在何旭辉教授的带领下，历时 10 余年，攻克高铁桥上防风一系列技术难关。中心开展了列车风作用下桥上风屏障风荷载实测，其开发的远程控制数据采集系统克服了高速铁路无人值守的管理规定，揭示了列车风作用下风屏障风荷载时频特性，为风屏障结构设计提供了可靠的风荷载参数；建立了列车外形、风屏障高度/形状/位置等设计参数优化匹配准则，提出了考虑风屏障自身风荷载及其对车辆气动力、主梁气动力和气动导数以及车桥耦合系统动力响应等多因素的综合优化设计方法，并给出我国高速铁路典型简支梁桥上格栅式风屏障参数建议取值；创新性地提出了导风型、百叶窗型(图 3-34)、合页型和组合型等多种新型风屏障，揭示了叶片旋转角度、对称形式、布置方式等对车-桥系统气动特性的影响机理，新型风屏障可通过调节叶片的角度实现参数的改变，防风效果较传统风屏障提高 50%以上；基于声子晶体和亥姆霍兹共鸣器理论，提出了一种采用共鸣吸声阵列和导流叶片组合的新型风声屏障结构(图 3-35)，该结构在降噪效果不降低的前提下，仍可有效提升防风性能。中心的研究成果创新了车-桥系统防风方法，为自适应风屏障的实现提供了途径。

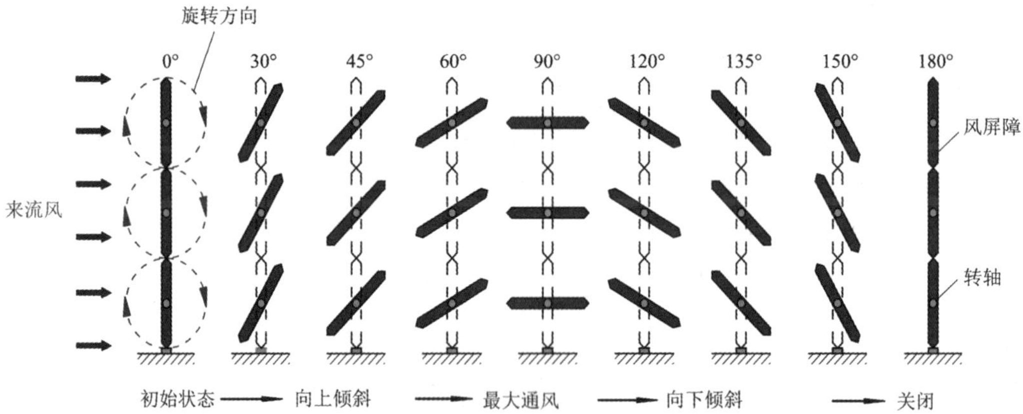

图 3-34　百叶窗型风屏障原理

图 3-35　新型风声屏障

[思政元素] 技术发展与风险防控的辩证关系；安全责任

[素材作者] 邹云峰，何旭辉

3.10　理性看待桥梁高强钢材

高强钢通常指名义屈服强度为460 MPa以上的钢材，由于强度更高，可以减小构件截面尺寸，从而降低结构自重。对于大跨桥梁结构，采用高强钢材可有效降低板厚，对改善桥梁用钢板力学性能、焊接性能、连接应力状态及疲劳构造细节具有积极作用。大量高强轻质构件的使用可以有效提升桥跨结构承载效率，减小地震力作用，更快速地完成构件吊装和安装，提高施工效率。与普通强度钢材相比，在满足同等承载能力要求的前提下，高强钢材可有效减少钢材用量，降低铁矿石等不可再生资源的消耗，对促进可持续发展战略实施、降低碳排放及保护环境具有重大现实意义。

高强结构钢的优势不仅体现在屈服强度显著提升方面，其化学成分和基本力学性能与普通结构钢相比也有所不同。国内外针对高强结构钢材应用已开展相关理论研究与试验工作，然而，仍有很多关键技术未取得突破，相关设计理论与方法需要进一步完善。须理性看待桥梁用高强结构钢材，做到不盲从、不跟风，除关注强度指标外，更应从桥梁工程用钢实际需求出发，恰当选择高强桥梁钢，既保障结构受力安全，又做到经济合理，这集中体现在以下几个方面：

①改善压杆稳定性。受稳定控制的细长压杆，一般在弹性阶段失稳。尽管高强钢的强度高于普通结构钢，二者的弹性模量却是相同的，把高强钢用于细长压杆，由于稳定系数与普通结构钢相近，难以发挥高强钢的优势。对于受缺陷影响明显的中等长度压杆，随着钢材屈服强度提高，残余应力的影响相对降低(残余应力数值与钢材强度没有必然联系)，采用高强结构钢能提升构件整体稳定性能。

②改善结构抗震性能。由于高强钢材的屈强比较普通钢材更高，例如强度超过690 MPa的钢材屈强比一般超过0.85，而普通钢材屈强比为0.6~0.8，无法利用材料延性耗散地震输入能量，因此，高强钢材不适合制作耗能元件，但可以利用高强钢材制作主要承重构件，从而改变结构自振频率和减轻自重，减小结构在地震作用下的破坏。

③注重钢材综合性能。1993年建成的主跨216 m的九江长江大桥，采用鞍钢研制生产的15MnVNq钢(Q420q)。由于采用加钒提高强度的方法，钢板低温韧性和焊接性较差，仅在栓接为主的桥梁上运用，且一直未能得到大范围推广应用。为了解决结构钢强度提高引起延性和韧性明显下降的问题，促进结构钢强度与韧性协调发展，2000年建成的芜湖长江大桥(图3-36)采用铌合金超纯净的冶金方法，研发了14MnNbq(Q370q)钢，它具有优异的-40℃低温冲击韧性($A_{KV}\geq$120 J)，弥补了板厚效应缺陷，保证了50 mm厚钢板的焊接性能，全面满足了大中型桥梁建设的需要，在国内的大跨度桥梁中得到普遍运用。

为了进一步提升钢材强度，适应更大跨度桥梁建设，同时满足可焊性、延性和冲击韧性等综合性能需求，我国研制了Q690qE高强钢，并用于武汉汉江湾桥和澳氹四桥建设。Q690qE钢不仅屈服强度达690 MPa，而且保持屈强比低于0.85，同时-40℃低温冲击功大于120 J，具有良好的低温韧性。与国外的BHS700W和HPS100W相比，Q690qE钢的碳当量和冷裂纹敏感指数均处于最低水平，屈强比也处于较低水平，低温韧性优于国外同类钢种或与其相当，具有韧性好、焊接性能好以及满足厚度使用需求等优势。这充分说明，桥梁用结构

图 3-36 芜湖长江大桥

钢发展不是简单追求高强度，更注重钢材高性能。

④改善疲劳性能。采用高强钢制作桥梁构件，可以减小板件厚度，减小焊缝尺寸，提高焊缝质量等级，从而提高焊缝的疲劳强度。然而，在相同焊缝尺寸和施焊条件下，采用高强钢不能提高疲劳容许应力幅，故当进行疲劳控制设计时采用高强钢会造成不必要的浪费。

综上所述，在实际工程中，必须对高强钢材综合性能保持理性认识。只有密切联系桥梁工程功能需求、设计标准及使用环境，全面研判桥梁用钢材静力强度、延性、可焊性、冲击韧性、疲劳性能等指标要求，力求“材尽其用”，才能充分发挥高强钢材技术优势。

[**思政元素**] 需求导向；批判性思维

[**素材作者**] 郭向荣，文颖

3.11 桥面安全防护设施

桥梁护栏是默默守护我们安全的“钢铁长城”。为了避免车辆碰撞行人或冲出桥梁，各级公路必须设置路侧护栏，也称防撞护栏。设计速度≤60 km/h 的公路桥梁设置人行道时，可通过路缘石将人行道和车行道分离；设计速度>60 km/h 的公路桥梁设置人行道时，应通过桥梁护栏将人行道与车行道进行隔离；高速公路、一级公路上的桥梁，应设置中央分隔带护栏。为了保护桥上行人的安全，还需设置人行道栏杆。桥梁上的防撞护栏和人行道栏杆在满足构造和受力要求的基础上，也是桥梁设计师表现桥梁美观的重要构件，种类繁多，造型各异，可以采用混凝土、石材、铸铁、不锈钢等不同材料，如图 3-37 所示。

防撞性能是护栏设计和选用的关键指标，根据防撞性能的差异，目前我国《公路交通安全设施设计规范》将路侧护栏由低到高分为 C、B、A、SB、SA、SS、HB、HA 八个级别，中央分隔带分为 Bm、Am、SBm、SAm、SSm、HBm、HAm 七个级别。进行桥梁设计时，应根据公路等级、设计速度及车辆越出桥梁造成二次事故的严重程度，选用合适的防护等级，见表 3-9。

图 3-37　桥梁防撞护栏与栏杆

表 3-9　桥梁护栏防护等级

公路等级	设计速度 /(km·h^{-1})	车辆驶出桥外或进入对向车行道的事故严重程度等级	
		高：跨越公路、铁路或饮用水水源一级保护区等路段的桥梁	中：其他桥梁
高速公路	120	六(SS、SSm)级	五(SA、SAm)级
高速公路、一级公路	100、80	五(SA、SAm)级	四(SB、SBm)级
一级公路	60	四(SB、SBm)级	三(A、Am)级
二级公路	80、60	四(SB)级	三(A)级
三级公路	40、30	三(A)级	二(B)级
四级公路	20		

注：括号内为护栏防护等级的代码。

对于因桥梁线形、高度、交通量、车辆构成、运行速度等因素易造成更严重碰撞后果的路段，经综合论证，可在表 3-9 的基础上提高一个或以上等级。其中，跨越大型饮用水水源一级保护区和高速铁路的桥梁以及特大悬索桥、斜拉桥等缆索承重桥梁，防护等级宜采用八(HA)级。

护栏的形式种类很多，按构造特征，可分为金属梁柱式护栏、钢筋混凝土墙式护栏和组合式护栏；按护栏碰撞变形性能，可分为刚性护栏、半刚性护栏和柔性护栏，如图 3-38 所示。

钢筋混凝土墙式护栏为刚性护栏，通过车辆碰撞后的爬高及转向来吸收碰撞能量；波形护栏由钢立柱和波形钢板梁组成，通过立柱和波形钢板的变形来吸收碰撞能，是一种半刚性护栏；缆索护栏由数根施加初拉力的缆索固定于立柱，是具有较大缓冲能力的柔性护栏，主要在路基上应用。组合式护栏是在钢筋混凝土墙式护栏的上部设置金属梁柱式护栏，兼顾了混凝土护栏的刚性和半刚性护栏的通透性，在大中型桥梁中使用较多。

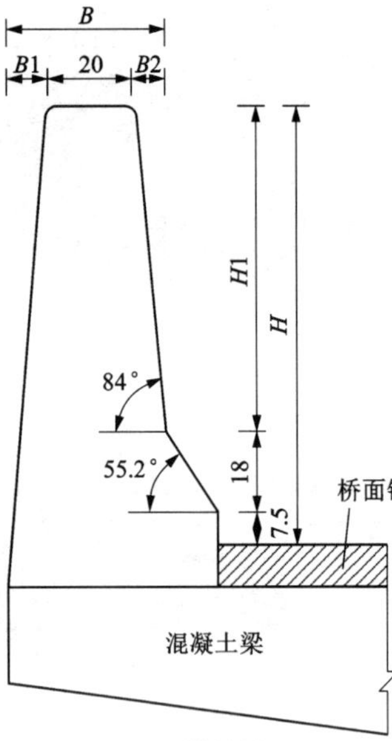

(a) 刚性护栏

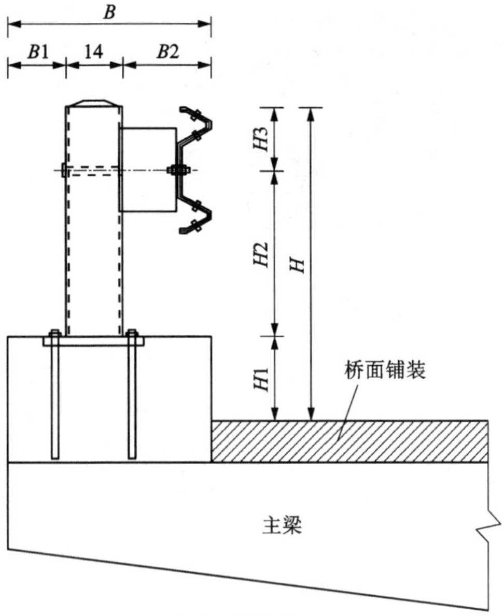

(b) 半刚性护栏

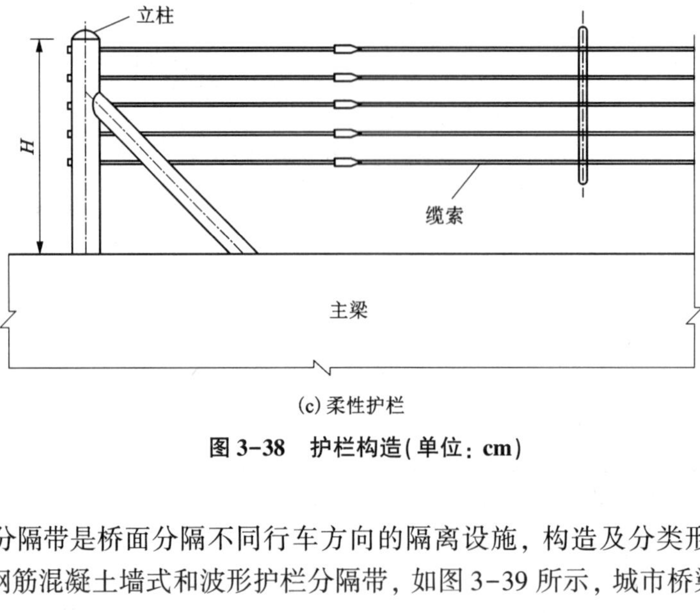

(c) 柔性护栏

图 3-38　护栏构造(单位：cm)

桥梁中央分隔带是桥面分隔不同行车方向的隔离设施，构造及分类形式与防撞护栏类似，常用的为钢筋混凝土墙式和波形护栏分隔带，如图 3-39 所示，城市桥梁也常常采用轻型分割栏杆。

为了保障行人在桥上行走时的安全，人行道栏杆须满足一定竖向荷载和水平推力作用下的受力要求，且须满足如下构造要求：从人行道顶面起，桥面栏杆高度不应小于 1.1 m，以确保栏杆的防护效果；栏杆构件的最大净距不得大于 14 cm，避免人将头部伸入栏杆；人行道不宜采用横线条栏杆，这主要是避免小朋友攀爬。采用金属网状栏杆时，网状开口不宜大于 5 cm。在桥面伸缩缝处，人行道和栏杆也必须随主体结构设置伸缩装置，使其能与主体结构一起自由变形。

[思政元素] 守护安全；细节决定成败

[素材作者] 宋旭明

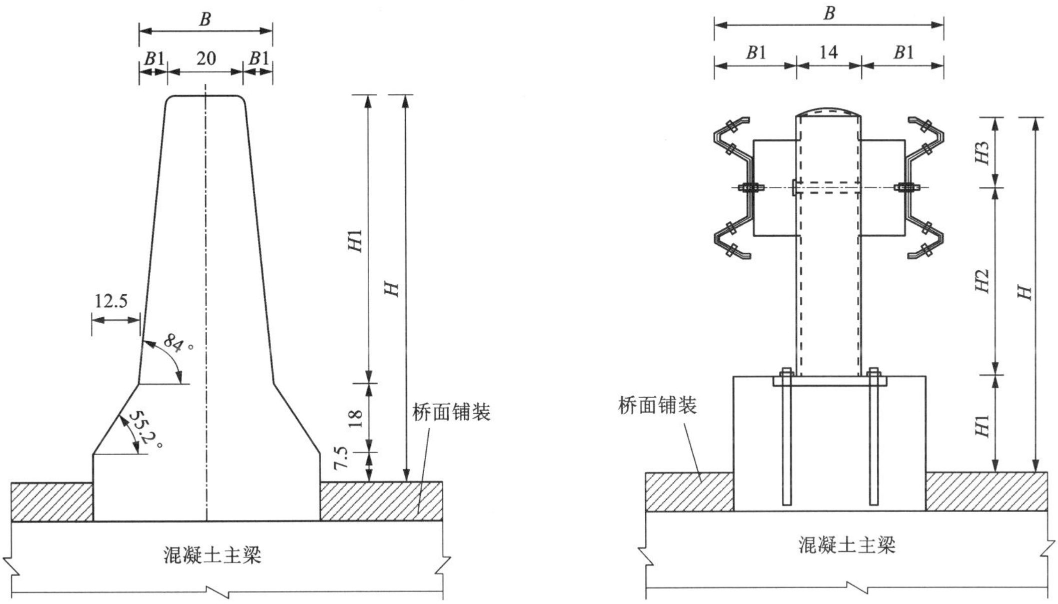

图 3-39　中央分隔带(单位：cm)

3.12　钢结构的焊接工艺与质量控制

钢结构的焊接程序是一项工艺性要求较高的工作，在焊接的过程中也很容易受到各种因素的影响而使得焊接效果不理想，严重时还会影响到钢结构的使用。在钢结构的焊接过程中必须对其成品、焊后处理、焊接、组装、焊前准备以及焊接材料等进行有效的检验，使其形成一个比较完整的产业体系，从而使钢结构焊接的质量得到保证。施工中若是遇到一些焊接工艺出现问题的情况，例如焊接位置不对、焊缝多、工件的形状不符或是工件的尺寸较大等问题，将影响钢结构的安装或者是使加工的过程不能够顺利地进行，甚至直接影响设备的正常工作，从而造成施工成本增加、工程质量降低和钢结构的使用年限缩短，影响钢结构的整体安全。例如，重庆綦江彩虹桥主拱钢管焊接质量不合格，存在严重缺陷，导致桥梁在其他因素联合作用下而垮塌。事后的调查表明：主拱钢管在工厂加工的过程中，对接焊缝普遍存在裂纹、未焊透、未熔合、气孔、夹渣等严重缺陷，质量达不到施工及验收规范规定的Ⅱ级焊缝验收标准(应该达到Ⅰ级焊缝标准)。

3.12.1　钢结构焊接工艺

1. 焊接顺序

考虑最大限度地减少焊接应力对结构产生的影响，焊接顺序采取“单杆双焊、双杆单焊”的原则，主体构件两侧对称施焊，焊接方向为从中间向两边逐渐扩散。

2. 焊前准备

施焊前检查焊接部位的组装和表面清理质量，如不符合要求，修磨、补焊合格后方能施焊。坡口组装间隙超过允许偏差规定时，可在坡口单侧或两侧堆焊、修磨使其符合要求，但当坡口组装间隙超过较薄板厚度的2倍或大于20 mm时，不应用堆焊方法增加构件长度。施工前由焊接技术责任人员根据焊接工艺评定结果编制焊接工艺文件，向有关操作人员进行技术交底，施工中严格遵守工艺文件的规定。焊接工艺文件内容包括焊接方法或焊接方法的组合；母材的牌号、厚度及其他相关尺寸；焊接材料型号、规格；焊接接头形式、坡口形状及尺寸允许偏差；夹具、定位焊、衬垫的要求；焊接电流、焊接电压、焊接速度、焊接层次；清根要求及焊接顺序等焊接工艺参数规定；预热温度及层间温度范围；后热、焊后清除应力的处理工艺；检验方法及合格标准。

3. 现场焊接操作工艺

(1)预热及后热处理

预热的加热区域应在焊接坡口两侧，宽度各为焊件施焊处厚度的15倍以上，且不小于100 mm；预热温度宜在焊件反面测量，测温点应在离电弧经过前的焊接点各方向不小于75 mm处；当用火焰加热器预热时，正面测温应在加热停止后进行。预热温度确定方法如下：①根据焊接接头的坡口形式和实际尺寸、板厚及构件拘束条件确定预热温度。焊接坡口角度及间隙增大时，应相应提高预热温度。②根据熔敷金属的扩散氢含量确定预热温度。扩散氢含量高时应适当提高预热温度。当其他条件不变时，使用超低氢型焊条打底预热，温度可降低25~50℃。③根据焊接时热输入的大小确定预热温度。当其他条件不变时，热输入增大5 kJ/cm，预热温度可降低25~50℃。

(2)焊后消氢处理

消氢处理的加热温度应为200~250℃，保温时间依据工件板厚按每25 mm不小于0.5 h，且总保温时间不得小于1 h。达到保温时间后应将钢结构缓慢冷却至常温。

(3)引弧板、引出板、垫板

严禁在承受动荷载且需经疲劳验算的构件焊缝以外的母材上打火、引弧或装焊夹具；T形接头、十字形接头、角接接头和对接接头主焊缝两端配置引弧板和引出板，材质应和被焊母材相同，坡口形式应与被焊焊缝相同，禁止使用其他材质的材料充当引弧板和引出板；焊接完成后，应用火焰切割去除引弧板和引出板，并修磨平整。不得锤击敲落引弧板和引出板。手工电弧焊和气体保护电弧焊焊缝引出长度应大于25 mm，引弧板和引出板宽度应大于50 mm，长度宜为板厚的1.5倍且不小于30 mm，厚度应不小于6 mm；非手工电弧焊焊缝引出长度应大于80 mm。引弧板和引出板宽度应大于80 mm，长度宜为板厚的2倍且不小于100 mm，厚度应不小于10 mm。

3.12.2 焊接质量控制

1. 焊前准备

(1)焊工

对于手工焊接，焊工的操作水平决定了钢结构的焊接质量。因此，应对焊工进行强化培训和考核，提高焊工的专业技能和素养，使焊工熟练掌握焊接的操作要求，必须经考试合格并取得证书后方可上岗；实施奖惩制度，不断激发焊工的积极性，提高钢结构焊接的质量。

(2)焊接设备

焊工在进行钢结构焊接时应对焊接设备进行检测，保证电流、电压的准确性。配备专门的检修人员，定期对焊接设备进行检修和维护，做好日常记录，保证焊接工作的顺利进行，确保焊接的质量。

(3)坡口加工和清理

依据施工的要求和指标，利用氧气和乙炔加工方法，对钢结构的坡口进行加工处理，完成后进行坡口表面的清理，对不平的地方进行打磨，保证坡口接头表面的质量，待焊工检查认可后才可进入下道工序。

(4)定位、组对

在接头组对时，应确保坡口的质量，组对的间隙应均匀，并且使接口整齐、平整，避免错边发生缺陷、少口等情况，如果发现壁厚不一致，应及时采取相应的措施进行修整，防止钢结构在焊接的过程中发生变形，影响焊接的质量。

2. 焊接过程控制

在焊接过程中，应制定详细的方案，进行有效的质量监督，保证金属材料、实物表面的质量。

(1)焊接环境的检查

由于焊接的方法不同，对于风速的控制也不同，在进行气体保护焊时，应使风速控制在1 m/s，对于其他的焊接方式，应不能大于8 m/s，必要的时候应采取相应的保护措施。对于焊接电弧，应确保周围的湿度，保证焊接的质量。当外界因素如雨雪风霜等恶劣天气直接影响焊接工作进行时，如果不能对焊接施工采取保护措施，就不能进行焊接工作。

(2)焊接记录的检查

焊接记录的内容有：产品编号、规格、图号；现场使用的工艺文件编号；母材和焊接材料的牌号、规格、入场检验编号；焊接方法、焊工姓名、焊工钢印；实际预热温度、后热温度、消氢温度和时间；检验方法、检验结果，包括外观检验、无损探伤、水压试验和焊接试样检查；检验报告编号(理化实验室、无损检测室等专业部门出具的书面报告)；焊接返修方法、返修部位、返修次数；记录日期、记录人签字。焊接记录应保证及时性、真实性和完整性；应按照制造工序依次记录使记录规范化；必须经有关检验人员签字或审批。

3. 焊接工艺评定

在评定的程序上，首先，产品进行焊接之前，专门负责人员需要制定焊接工艺指导书；其次，施工单位对焊接施工进行培训辅导；再者，专业检测人员对焊接产品进行性能测试，检验产品是否合格；最后，专业评定人员对前面的检测过程做出评定报告，对不合格的焊接重新进行评定。焊接工艺因素可分为重要因素和次要因素，这是判断是否需要重新进行焊接工艺评定的条件——当重要因素发生变更时，必须重新进行评定；次要因素发生变更时可不重新进行评定。重要因素是指影响焊接接头抗拉强度和弯曲性能的焊接工艺因素。次要因素是指对要求测定的力学性能无明显影响的焊接工艺因素。对焊接工艺评定监督检查的时机是在材料的焊接性确定之后、工程焊接之前。

4. 焊缝返修

与制定焊接工艺时的要求一样，制定的焊缝返修工艺也必须有相应的返修工艺评定。焊缝首次修补，由项目焊接责任师编制返修方案，确定返修工艺措施。对于同一部位两次以上的返修，返修方案需由质量保证工程师批准。焊缝的返修工作要由合格焊工承担，一般情况下，首次返修由焊接责任师承担，二次以上返修由施焊中的优秀焊工承担。焊接质检员对返修的部位做好焊缝返修记录，并应做好保存。

5. 焊后检查

在无损检测之前进行焊缝外观检测，避免焊缝表面出现严重的质量问题。焊缝的检查内容应包括接头的表面是否均平、焊缝尺寸是否存在偏差、外观是否清洁整齐、表面是否存在裂纹等缺陷。为防止熔渣等飞溅物影响焊缝的质量，应科学合理地进行检查。

在焊缝内部质量的检验方法的选择上，应根据不同焊缝质量要求等级及检验标准，选择射线、超声波、磁粉(表面裂纹)、渗透(非铁性表面缺陷)检验。做好焊缝内部质量的检验是保证焊接质量的关键，因此需要选择恰当的检验方法。无损检测采用的方法和检测比例应按照设计要求规定，并且应符合有关施工规范。抽检的焊口应在监理人员在现场的情况下选定，并记下焊口的编号。无损检测结束后，施工单位在焊口图上准确标明编号、材质、规格、焊口位置、焊工代号、无损检测位置、无损检测方法。检验人员应及时对无损检测报告以及射线底片进行检查。如有些焊接需要返工，在返工的时候也必须按照返修标准，严格执行返修的要求。同时，需要工作人员对返工的过程做好施工记录，及时审查扩深的射线底片报告，在焊口图上准确标记好返修的扩深部位。

[**思政元素**] 质量意识；工匠精神

[**素材作者**] 欧阳震宇

3.13 桥梁施工吊装装备

“工欲善其事，必先利其器”，先进的施工装备不仅带来施工速度的加快、生产效率的提高、施工方法的创新，更能带来桥梁设计理念的更新。随着装配式成为桥梁施工的重要发展方向之一，对吊装等专用装备设施提出了更高的要求。桥梁起重和吊装装备繁多，小到滑车组，大到万吨级起重船，常用的有倒链(链滑车)、滑车组、卷扬机、千斤顶、扒杆吊、汽车吊、履带吊、浮吊(起重船)、缆索吊、桥式吊车与龙门吊、塔吊、悬臂吊机等。本节简要介绍其中的几种现场常用的大型装备。

3.13.1 缆索吊

缆索吊又称缆索起重机等，是一种以柔性钢丝绳作为大跨度架空支承结构，供跑车在其上运行，具有垂直运输(起升)和水平运输(牵引)功能的起重机械。缆索吊主要用于需跨越峡谷或江河吊运物料或安装桥梁的场合，如悬索桥吊装、拱桥无支架安装等。

鉴于缆索吊起吊重物后可以沿全跨范围进行移动，起吊点位置不受限制，其架设速度极快、成本低，采用缆索吊安装是大跨径悬索桥加劲梁施工的首选方案，如丽香铁路金沙江特大桥为悬吊上承式钢桁梁悬索桥(图 3-40)，其上部结构施工采用我国自主研发设计的世界上吊重最大的缆索吊机，最大吊重达 800 t，其被誉为“世界第一吊”，成功吊装 640 t 大吨位钢桁梁。

缆索吊在大跨径拱桥施工中被广泛应用，如世界最大跨径双跨连续拱桥——双堡特大桥(2×405 m 双跨连续上承式钢管混凝土桁架拱桥)，上部结构吊装采用“缆索吊装、斜拉扣挂”体系法，两跨拱桥同步对称施工，建桥单位设计研发了千米级缆索吊装系统(图 3-41)，这也是目前国内采用临时塔架结构跨径最大的缆索吊。

图 3-40　丽香铁路金沙江特大桥缆索吊

图 3-41　双堡特大桥缆索吊装系统

3.13.2　悬臂吊机

悬臂吊机亦称架梁起重机，是悬臂拼装法中的常用起重设备，一般用于预制梁段和拱肋段的拼装。在预制拼装的大跨度桥梁中，利用悬臂吊机将预制梁段垂直起吊至安装位置。

连续梁桥、斜拉桥、悬索桥等多种预制拼装桥梁主梁架设可采用步履式架梁起重机、桅杆式架梁起重机及全回转架梁起重机。步履式架梁起重机最大起重量为 1800 t，创新性地采用了多吊点均衡吊装、前支点受力高精度分配、多机协同操控等先进技术，已成功应用于沪苏通长江公铁两用大桥钢梁架设(图 3-42)；桅杆式架梁起重机目前最大起重量为 400 t，采用吊具自动平衡、前支点恒压支撑、Q690 高强钢应用等新技术，已成功应用于铜陵长江公铁两用大桥钢梁架设；全回转架梁起重机最大起重量为 100 t，已成功应用于珠海洪鹤大桥钢梁架设。

爬坡式架梁起重机是钢桁拱桥上部结构架设的专用装备，国内目前最大起重量为 100 t。该起重机创新性地采用了底盘自动调平技术、牵引走行状态和锚固状态快速转换技术，对桥梁主桁间距的适应能力强，已成功应用于武汉汉江湾桥钢桁拱架设(图 3-43)。

图 3-42　沪苏通长江公铁两用大桥步履式架梁起重机

图 3-43　武汉汉江湾桥爬坡式架梁起重机

3.13.3　桥式起重机

桥式起重机是横架于车间、仓库和料场上空进行物料吊运的起重设备。由于桥式起重机两端坐落在高大的水泥柱上或金属支架上，形状似桥，所以俗称“天车”和“行车”。它是使用范围广、数量多的一种起重机械。桥式起重机的类型众多，其中通用桥式吊车和龙门吊较为普遍，这两种类型起重机的结构和操作方法基本相同，不同之处在于大车运行轨道的位置，桥式吊车是在高空，龙门吊是在地面，由此带来支承结构的不同。

烟台生产的“泰山”吊机(图 3-44)，是目前世界上最大起重量的桥式起重机，设计提升质量达 20160 t，设备总体高度为 118 m，相当于 40 层楼；主梁跨度为 125 m，相当于一个足球场。

龙门吊又称龙门起重机，是水平桥架设置在两条支腿上构成门架形状的一种桥式起重机，龙门吊在地面轨道上运行，是桥梁建设中一种较为常用的起重机。我国龙门吊已经占有了全球 80%以上的市场，造出了世界上最大的龙门吊，如“宏海号”龙门吊(图 3-45)，其举力已经高达 22000 t。2013 年中国向美国交付了一艘浮动船坞，这是中国向外出口过的最大浮动船坞，船坞上装备的龙门吊最大举力高达 28000 t。

图 3-44　“泰山”吊机

图 3-45　“宏海号”龙门吊

3.13.4 塔式起重机

塔式起重机亦称塔吊，是一种动臂装在高耸塔身上部的旋转起重机，其作业空间大，主要用于施工中物料的垂直和水平输送及建筑构件的安装。塔式起重机在我国已形成了较为完整的体系，不但满足国内工程建设的需求，而且大量出口到世界各地，像徐工集团、中联重科和三一集团这样的大公司已经走出国门，开拓国外市场，特别是中联重科已成为世界最大规模塔机企业。随着我国大型电厂、大型桥梁、超高层建筑、船舶、核电站等各项重点工程的建设越来越多，大型、超大型塔机应用越来越广泛。为满足世界最大跨度公铁两用斜拉桥常泰长江大桥和世界最大跨度三塔斜拉桥巢马铁路马鞍山公铁两用长江大桥两个项目的主塔施工需要，中铁大桥局与徐工集团自主研发打造出了全球最大塔式起重机(图 3-46)，最大起重力矩达 12500 t · m，最大起重量为 450 t，相当于能同时吊起 300 辆小汽车；最大臂长 75 m，最大独立起升高度 92.5 m，最大附着起升高度可达 371.8 m。其突破了 50 余项关键核心技术，实现了 10 项世界首创技术，创造了 10 项世界纪录。

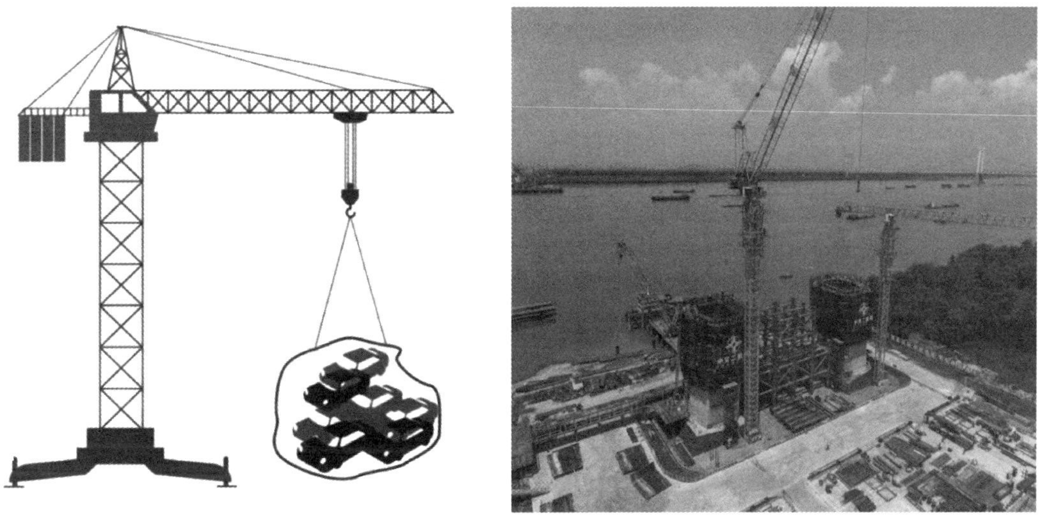

图 3-46 全球最大塔式起重机

国之重器，事关国运国脉，事关民族兴衰。制造强国助推桥梁强国。

[思政元素] 国之重器；事半功倍

[素材作者] 杨剑

3.14 地震模拟振动台

地震是源于地球内部应力释放的一种自然灾害，对包括桥梁在内的结构物造成巨大的破坏，危及人类的生命财产安全。随着我国综合国力的提升，已将地震不可控自然现象，演化为地震灾害可控的科学技术问题，通过开展结构物的抗震设计，地震能量可以通过各种方式被隔离或耗散。为了研究桥梁结构的抗震性能，各国都采取了不同的试验方法，而振动台试验可以直接测试桥梁结构模型的抗震性能。为此，全世界建设了不同形式的振动台设备，而我国振动台设备虽发展较晚，但建设速度快。

3.14.1 地震模拟振动台的发展历史

与有着“中国名片”美誉的高铁类似，我国地震模拟振动台的发展也是“两条腿走路”，即采取“引进+自主研发”的模式。在改革开放之前，有关地震模拟振动台的研究主要集中在日本与美国等发达国家。改革开放后，随着国家经济实力的提升以及各研究机构的人力投入，我国振动台设备发展迅速，打破了国外的垄断。

日本由于地震频发，对于结构抗震设计有着迫切需求，对地震模拟振动台的研究开始于20世纪60年代。最早在1966年，日本东京大学建成了一台10 m×2 m的地震模拟振动台。1968年，日本电力中央研究所建造了台面尺寸为6 m×6.5 m的地震模拟振动台。70年代后，日本对地震模拟振动台做了大量的研发工作，其中日本日立公司使用三参量控制技术以及加速度控制技术研制的振动台能直接反映地震过程加速度的变化。2005年日本科学技术厅和国立防灾科学技术研究所建成了目前世界上最大的地震模拟振动台，如图3-47所示，其台面尺寸达到15 m×20 m，可以载重1200 t。

美国、德国、英国等发达国家也都较早地开始研发地震模拟振动台。1968年，美国伊利诺伊大学建成3.65 m×3.65 m的单向地震模拟平台，加利福尼亚大学伯克利分校于1971年建设了首台水平和垂直两方向工作的6.1 m×6.1 m地震模拟振动台。美国在该领域最著名的公司——MTS公司于1968年与1971年分别建成了单自由度地震模拟振动台以及世界首台双水平向地震模拟振动台，为该公司在这一领域占据领先地位打下了坚实的基础；此后，MTS公司在地震模拟振动台的研制领域取得了快速的发展，其研发能力与制造水平一直保持领先水平，是全球范围内地震模拟振动台的主要供应商(图3-48)。国内的高校、研发机构与MTS公司合作密切，比如中国建筑科学研究院、重庆大学、同济大学、北京工业大学等高校、机构早些年均从MTS公司引进过地震模拟振动台。英国的ServoTest公司、德国的SCHENCK公司等也都是该领域的著名制造商，有着深厚的技术积累。

图3-47 日本E-defense地震模拟振动台

图3-48 MTS公司研制的地震模拟振动台

我国对于振动台的研究始于20世纪60年代，1960年原中国科学院工程力学研究所建成了3.3 m×3.3 m的机械式正弦振动台，此时中国对于地震模拟振动台的相关研制是落后于发达国家的。于是，我国从70年代开始从国外引进地震模拟振动台，一方面，是引入单向振动台，对其不完善的地方进行改进，并逐渐改造为多轴振动台；另一方面，引进一些激振器系统并配置自己设计的控制系统。改革开放以后，我国加快了从外引进地震模拟振动台的步伐，在引进与学习中，国内地震模拟振动台的自研水平得到迅速提升。这一时期，同济大学于1983年从美国MTS公司引进了作动器、控制系统、数采系统等振动台的核心部件，并交由MTS公司总承包搭建完成了双水平向地震模拟振动台。同年，由天水红山试验机厂牵头，我国首次成功研制了单自由度地震模拟振动台。进入新世纪以来，我国在该领域的成果更加显著。2006年，哈尔滨工业大学建成了国内第一台具有自主知识产权的多轴液压振动台(图3-49)，该成果对于打破国外在该领域多年的垄断具有重要意义。自2010年以来，我国新增了至少30座地震模拟振动台，这几乎是之前已有振动台的总和，特别值得一提的是，天津大学水下地震模拟振动台台阵设备已于2018年立项，如图3-50所示，该振动台建成后，将成为世界上第一台水下3向6自由度双子台地震模拟振动台台阵。

图3-49　哈尔滨工业大学的电液振动台

图3-50　天津大学水下地震模拟振动台设备

3.14.2　中南大学地震模拟振动台

1.地震模拟振动台简介

中南大学地震模拟振动台隶属高速铁路建造技术国家工程研究中心，又称为“高速铁路多功能振动台试验系统”，是一个拥有4个4 m×4 m的3向6自由度的振动台台阵，由固定的A台和可移动的B、C、D台组成(图3-51)，其各自独立技术性能指标和联合工作性能指标如下：

(1)A台(固定台)

固定台的台面尺寸为4 m×4 m，最大试件质量30 t。模拟造波能力如下：①X(水平顺槽向)、Y(水平横槽向)和Z(垂向)三向输出，同时3个转动自由度可以控制到零输出或指定波型输出；②造波形式包括各种确定形波、随机波及地震波；③控制方式是由计算机软件控制，6个自由度及倾覆力矩自动补偿，可自动补偿由试件偏心或系统几何误差等因素导致的加速度与位移失真。

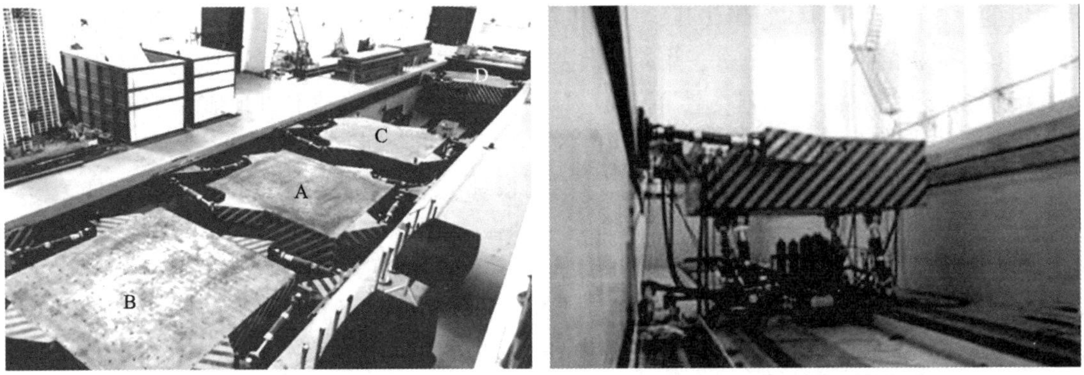

(a) 台面及水平作动器　　(b) 垂向作动器、地槽轨道

图 3-51　中南大学多功能振动台试验系统

(2) B、C、D 台(移动台)

移动台的台面尺寸为 4 m×4 m，最大试件质量 30 t。B、C、D 台与 A 台的间距可在 6~20 m 范围连续调节，B、C、D 移动台在此间距范围内可方便地用缆绳移动，并可靠地固定在任意位置。模拟造波能力的技术性能指标同 A 台(固定台)。

2. 地震模拟振动台的应用案例

土木工程中采用的振动台设备多为液压伺服系统，其具有大吨位、大位移等显著特点。台阵系统是由多台振动台所组成，多台之间能够协调运动，以实现地震动的多点输入和一致输入，能够满足桥梁、隧道等线状结构物的实际试验需求。中南大学地震模拟振动台具有大行程、宽频带等特点，可以承担桥梁、路基、隧道和房屋结构多点输入地震模拟和高速铁路人体舒适度试验等。自建成以来，中南大学地震模拟振动台已经承接了许多科研与工程试验任务，部分试验如图 3-52 所示：

①对成兰铁路线路上采用双曲面球形减隔震(DSSI)支座的铁路简支梁桥进行地震模拟振动台缩尺试验，对比研究了 DSSI 支座的减隔震效果及工作性能。

②对高速铁路客站进行数值和试验研究，完成了振动台试验的客站模型试验。

③开展了地震作用下桥上行车试验系列研究，并验证所搭建的空间列车-轨道-桥梁耦合系统仿真平台的正确性，属国际上首次进行相关的试验，可为地震下桥上行车安全提供试验手段和保障。

④设计并完成了多组基于大型振动台的不同方向地震激励下的软岩桥隧搭接段模型试验，分析了软岩桥隧搭接段的动力响应特点及激励方向的影响机制。研究结果可为软岩条件下桥隧相连结构抗震设计与地震响应分析提供一定参考。

[思政元素] 防灾减灾；方法论——科学试验

[素材作者] 魏标

(a) 采用 DSSI 支座的简支梁桥振动台试验

(b) 高速铁路客站模型振动台试验

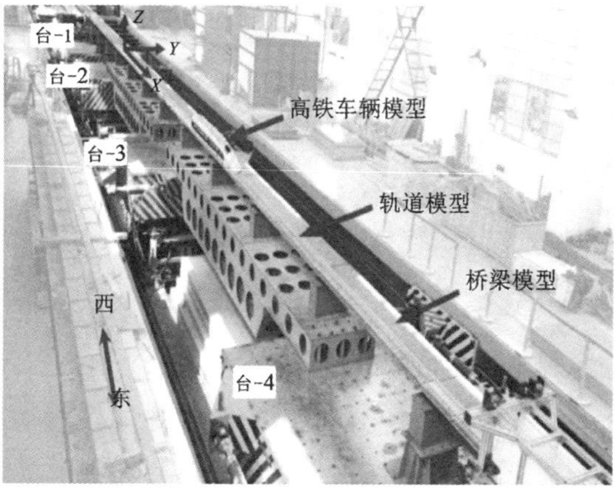

(c) 地震下车-轨-桥系统行车试验模拟

(d) 桥隧搭接结构振动台试验

图 3-52 中南大学地震模拟振动台完成的部分科研试验

3.15 风洞试验系统

3.15.1 风洞试验系统及其发展历史

当大气流过地面时，地面上的构造物和地表物如草、庄稼、树木、房屋、结构物以及高低不平的地形等给大气以摩擦阻力。这种摩擦力向上传递，随高度增加而逐渐减弱直到某一高度处便可忽视。这样一层受地面摩擦力影响的大气层称为大气边界层，距地面 300～2000 m。大气边界层的特性对风工程或工业空气动力学问题的研究及工程实践有非常重要的意义。风洞试验系统是风工程中的重要研究手段之一。

风洞是指在一个按一定要求设计的管道系统内，采用动力装置驱动可控制的气流，根据运动的相对性和相似性原理进行各种气动力试验的设备(图 3-53)，是飞行器和高速列车研制、大型桥梁和高耸建筑等结构设计中有关空气动力学研究最基本的试验设备，具有如下特点：①风洞中的气流参数如速度可以比较准确地控制，并且随时可以改变，因而风洞试验可以方便、可靠地满足各种试验要求；②风洞试验在室内进行，一般不受大气环境(如季节、昼夜、风雨、气温等)变化的影响，可以连续进行试验，因而风洞的利用率很高；③风洞试验时，试验数据的测量既方便又准确，而且也比较安全。

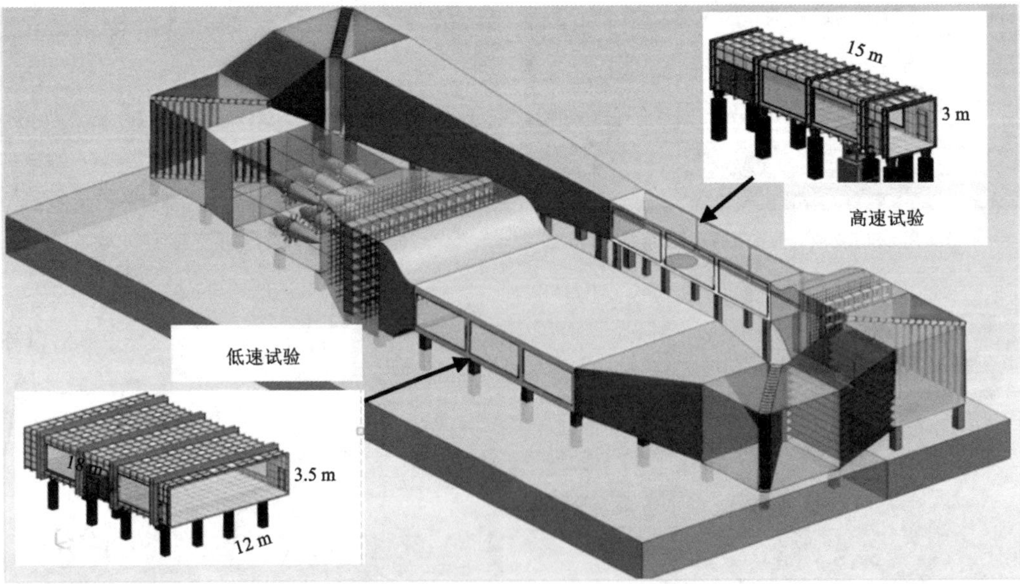

图 3-53　风洞效果图(中南大学高速铁路风洞)

风洞按风速大小分为低速风洞和高速风洞，又分别称为民用风洞和军用风洞，军用风洞主要用于飞行器的研发。

边界层风洞属于常规的低速风洞，其基本形式有直流式和回流式两种。根据用途的不同，边界层风洞可以分为建筑风洞、环境风洞、汽车专用风洞等，其中建筑风洞主要用于土木工程结构的抗风研究，如高层建筑、大型桥梁、输电线塔等；环境风洞主要是对大气污染扩散和质量迁移进行模拟等；汽车专用风洞主要为汽车空气动力设计提供必要的参数和气动检验。

早在 1930 年左右，英国国家物理实验室就已经利用航空风洞进行有关建筑物和构筑物受风的影响的研究工作。1940 年，美国旧塔科马大桥的风毁对桥梁的风振研究起了很大的推动作用。从 1950 年开始，我国风工程与工业空气动力学研究就开始了，最早是研究风对建筑和结构的作用，风的作用表现为平均风荷载、脉动风荷载、风振等，这些主要是利用边界层风洞来进行缩尺模型试验研究，主要包括高层建筑的测压试验、风荷载试验和气动弹性模型试验。20 世纪 80 年代，我国边界层风洞建设实现了零的突破，先后建成了北京大学、广东建科院和同济大学的 4 座边界层风洞，逐渐取代航空空气动力学风洞承担起结构风工程试验的一部分任务，风工程与工业空气动力学研究发展迫切需要建设更多、更大的边界层风洞。迄今为止，我国已经建成 100 余座边界层风洞，数量位居世界首位，其中西南交通大学 XNJD-3 大型边界层风洞试验段尺寸为 22.5 m(宽)×4.5 m(高)×36 m(长)，风速范围为 1.0~16.5 m/s，是目前世界最大的边界层风洞。

3.15.2 中南大学高速铁路风洞试验系统

随着我国高速铁路的快速发展，高速列车运行速度越来越快，包括气动阻力、横风效应、会车效应、隧道效应和气动噪声等的一系列空气动力学问题日益突出，利用模型试验开展高速列车空气动力学研究显得十分重要，但现有边界层最高风速一般都远小于列车运行速度，试验设备也不能满足横风作用下车-桥-风耦合动力学问题研究需要。为此，中南大学依托高速铁路建造技术国家工程研究中心，研建了中南大学高速铁路风洞试验系统。该试验系统由4个主要部分构成，包括风洞洞体、动力部分、测量控制部分及其他辅助部分。风洞洞体为全钢结构。该风洞具有两个试验测试段，即低速试验段和高速试验段。低速试验段宽12 m、高3.5 m、长18 m，设计风速0~18 m/s，湍流度低于2.0%，不均匀度小于2.0%；高速试验段宽3 m、高3 m、长15 m，设计风速0~95 m/s(为世界风速最高的民用风洞)，湍流度低于0.5%，不均匀度小于1.0%。该风洞具有试验段尺寸大、设计风速高、流场品质好等特点，特别适合开展高速铁路相关风工程问题的试验研究。动力部分由6台额定功率为335 kW的直流电机驱动的轴流风机组成，采用3×2阵列式布置。该风洞不仅可以完成高层建筑、大跨度屋盖、大跨桥梁风荷载及风振控制等常规边界层风洞能完成的研究，而且由于该试验系统的高、低速试验段错层布置，两试验段中心线标高相差1.75 m，为添加横向模型列车运动轨道及发射、接收装置预留了相应空间，可在大比例动态模型条件下进行列车横风效应、车-桥-风耦合问题的研究，达到了国际先进水平。

根据中南大学高速铁路风洞试验系统的特点，研究人员研建了一套动模型装置——U形滑道(图3-54)。列车模型的滑动通常由复杂的动力装置驱动，而该列车模型能在模型轨道上自由滑动，通过将重力势能转化为动能来实现模型列车的滑动，避免了复杂动力驱动装置的开发。具体实现过程为：两个半U形滑道分别对接在桥梁模型两端组成一个大U形滑道[图3-54(b)]，试验时将列车置于U形滑道一侧的一定高度使其下滑(不同高度对应车辆不同的滑动速度)，通过重力势能转化为动能实现列车的滑动，列车滑动到另一端一定高度时，动能又转换为势能，列车会自然停止，即U形滑道的另一端具备缓冲作用，而不用设置专门的缓冲装置。为尽可能延长试验段长度(试验段长度与风洞试验段宽度尽可能接近)及提高列车滑动速度(提升U形滑道高度)，结合低速试验段两侧预留的轨道安装接口，可将U形滑道弧线部分移至风洞外。以低速试验段宽12 m为例，有效试验段可长达10 m(利用率80%以上)，车辆滑动速度大于10 m/s。需要指出的是，轨道导轨(模型轨道)一侧为一整条，即相当于实际的无缝轨道，以减小车辆与轨道间的摩擦力，提高滑动速度。

实现模型列车的滑动只是测试移动列车-桥梁系统气动特性的前提，准确测得车-桥系统气动特性才是最终目标。由于桥梁仍保持静止，桥梁模型的气动力可采用现有的有线同步测压系统或动态高频天平测力系统测试，这些方法在结构风工程中已较为成熟。对于滑动列车模型而言，已有适用于模型静止时的有线气动力测试方法不再适用。此外，由于模型运动会引起惯性力、车轮与轨道的摩擦力等外力，直接测力的方法难以剔除这些外力，气动力测试结果的精度难以保证。测压方法由于直接测得的是风压，可有效避免上述外力的干扰，保证移动列车气动力测试结果精度。为此，中南大学开发了一套无线风压测试系统，由于风洞洞体为钢结构，对无线信号有屏蔽作用，因此为保证数据不遗漏，试验时将采集到的数据保存在芯片的采集卡里面，而只需无线控制数采软件，待测试完成后将试验数据导入电脑中进行后续处理。由于是通过测压积分获得气动力，因而可获得6个分量的气动力。

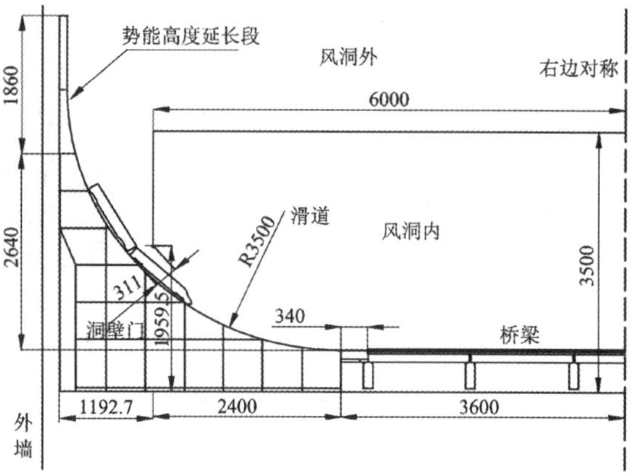

(a) U形滑道结构示意图（单位：mm）

(b) 模型照片

图 3-54　U 形滑道系统

近十年来，在学术带头人何旭辉教授的带领下，中南大学风工程研究中心依托高速铁路风洞试验系统，主持国家杰出青年科学基金、国家重点研发计划子课题、国家自然科学基金、重大工程技术服务项目等百余项科研项目（图 3-55），获国家科技进步奖二等奖、湖南省科技进步奖一等奖和中国铁道学会科学技术奖一等奖等重要科技奖励，培养了一大批硕士、博士，形成了一支风工程领域的重要研究力量。

图 3-55　中南大学高速铁路风洞试验系统完成的部分科研项目

［思政元素］工程科学与试验平台；创新实践

［素材作者］邹云峰，何旭辉

3.16　传承匠艺，共筑强国

3.16.1　中国古代桥梁

中华民族历史悠久，桥梁也同样有独特的创造。中国古代桥梁构思巧妙，结构精良，造型美观，种类繁多。中国古桥，大致分为梁、拱、索、浮桥四大类型。

1. 梁桥

梁桥是结构最简单的桥，可采用木梁木柱、木梁石柱(石墩)和石梁石墩等形式。其中，古代廊桥是与中国建筑相协调的一种桥梁风格，其具有华巧的构架，装饰有彩绘，文彩辉煌，详见6.7和6.8节。

2. 拱桥

中国古代拱桥可以分为竹木拱桥和圬工(砖、石)拱桥两大类。其中，最多的是石拱桥。赵州桥就是我国古代石拱桥的杰出代表，拱圈两端各设两个跨度不等的拱腹，既能够减轻自重，又能够泄洪，增加桥梁美观性。像这样的敞肩桥梁，欧洲到19世纪中叶才出现，足足比中国晚了1200多年，具体参见6.1节。

3. 索桥

索桥又称绳桥、组桥、软桥。索桥源自利用山间藤萝，攀缘过河。现在我国西藏、云南尚有少数藤索桥，后发展为铁索(链)桥，参见6.9节。中国古代索桥跨长约可达到150 m，其跨长发展主要是受制于材料强度。现代悬索桥最大跨度超过2000 m，并在向更大跨度发展。世界公认现代悬索桥的初始建筑形式构思是从中国古代索桥而来。

4. 浮桥

浮桥是浮于水上的渡河工具。中国的两条特大河道——黄河和长江上都曾经建造过临时性的和半永久性的浮桥，参见6.12节。经过历史考证，黄河上下游河道上曾经于33个桥址处造过浮桥，最早的是公元前541年的春秋时代，位于今陕西韩城的当年的夏阳浮桥。长江河道上亦有曾架过浮桥的桥址19处。浮桥作为桥式的一种，以临时、半永久和军用为主，现在主要用于抢险救灾和军事方面。

3.16.2　中国近代桥梁

中国古代桥梁的辉煌成就举世瞩目，曾在东西方桥梁发展史中占有崇高的地位，为世人所公认。但是从鸦片战争开始到新中国成立的近现代，我国处在内外交困的环境中，这一阶段我国桥梁的自主发展几乎停滞，绝大多数桥梁都是外国人所设计和建造的。黄河上的3座桥梁——津浦铁路济南铁路桥、京汉铁路郑州铁路桥和兰州市黄河桥均是由洋商承建的。只有少数桥梁是国人自行建造的，其中最具有代表性的是茅以升先生主持兴建的杭州钱塘江大桥，详见6.4节。此外，赵祖康先生领导的上海市工务局在新中国成立前已设计建造了几座跨苏州河的钢筋混凝土悬臂梁桥，李吟秋先生主持建造了天津大红桥(参见4.8节)。这些桥至今仍发挥作用。

3.16.3 中国现代桥梁的辉煌成就

新中国成立以后特别是改革开放以来，随着我国国力迅速增强，交通事业快速发展，我国的桥梁建造得到了空前的大发展，取得了举世瞩目的成就，已建成众多结构新颖、技术复杂、规模宏大的大跨径桥梁。据统计，我国已建成近100万座公路桥梁和20多万座铁路桥梁；各种桥型跨径世界前十排行榜，中国均占据半壁江山乃至更多(表3-10~表3-15，表中▲为中国桥梁)。我国标志性的大跨度梁桥、钢拱桥、混凝土拱桥、斜拉桥、悬索桥和长距离跨海大桥分别如图2-3、图2-6、图3-56~图3-59所示。

中国桥梁工程产业取得的这些成就要归功于其根据自身需求所做的大量技术研究。中国桥梁工程产业在材料技术、勘察设计技术、施工技术和管养技术这四个方面取得了长足的进步。

图3-56 沪昆高铁北盘江特大桥(主跨445 m)

图3-57 常泰长江大桥(主跨1176 m)

图3-58 狮子洋大桥效果图(主跨2180 m)

图3-59 港珠澳大桥(长度49.968 km)

表3-10 10座世界大跨度梁式桥

排序	桥名	主跨/m	桥址	建成年份
1	▲ 重庆石板坡长江大桥复线桥	330	中国重庆	2006年
2	▲ 贵州纳晴高速公路六枝特大桥	320	中国贵州	在建

续表3-10

排序	桥名	主跨/m	桥址	建成年份
3	新施托姆桥(Stolma)	301	挪威	1998年
4	拉大森德大桥(Raftsundet)	298	洛福坦(Lofoten),挪威	1998年
5	▲ 水盘高速公路北盘江大桥	290	中国贵州	2013年
6	▲ 虎门大桥辅航道桥	270	中国广东	1997年
7	▲ 苏通长江公路大桥辅航道桥	268	中国江苏	2008年
8	▲ 红河大桥	265	中国云南	2003年
9	瓦罗德2号桥(Varodd-2)	260	克里斯蒂安桑(Kristiansand),挪威	1994年
	门道桥(Gateway)	260	布里斯班(Brisbane),澳大利亚	1986年

表3-11 10座世界大跨度混凝土拱桥

排序	桥名	主跨/m	桥址	建成年份
1	▲ 天峨龙滩特大桥	600	中国广西	在建
2	▲ 沪昆高铁北盘江特大桥	445	中国贵州	2016年
3	▲ 万州长江大桥	420	中国重庆	1997年
4	克尔克1号桥(Krk-1)	390	克尔克岛(Krk lsland),克罗地亚	1980年
5	▲ 江界河大桥	330	中国贵州	1995年
6	▲ 邕江大桥	312	中国广西	1998年
7	格莱兹维尔桥(Gladesville)	305	悉尼(Sydney),澳大利亚	1964年
8	艾米赞德桥(Ponte da Amizade)	290	巴拉那河(Parana River)巴西—巴拉圭	1964年
9	布洛克兰斯桥(Bloukrans)	272	布洛克兰斯(Bloukrans),南非	1983年
10	阿拉比达桥(Arrabida)	270	奥波托(Oporto),葡萄牙	1963年

表3-12 10座世界大跨度钢拱桥

排序	桥名	主跨/m	桥址	建成年份
1	▲ 平南三桥	575	中国广西	2020年
2	▲ 重庆朝天门长江大桥	552	中国重庆	2009年
3	▲ 上海卢浦大桥	550	中国上海	2003年
4	▲ 波司登大桥	530	中国四川	2013年
5	▲ 宜昌香溪长江大桥	519	中国湖北	2019年
6	新河峡大桥(New River Gorge)	518	西弗吉尼亚,美国	1977年
7	▲ 合江长江公路大桥	507	中国四川	2021年
8	贝永大桥(Bayonne)	503.6	新泽西纽约,美国	1931年
9	悉尼港湾大桥(Sydney Harbour)	503	悉尼,澳大利亚	1932年
10	▲ 巫山长江大桥	492	中国重庆	2005年

表 3-13　10 座世界大跨度斜拉桥

排序	桥名	主跨/m	桥址	建成年份
1	▲ 常泰长江大桥	1176	中国江苏	在建
2	俄罗斯岛大桥	1104	俄罗斯	2012 年
3	▲ 沪苏通长江公铁两用大桥	1092	中国江苏	2020 年
4	▲ 苏通长江公路大桥	1088	中国江苏	2008 年
5	▲ 昂船洲大桥	1018	中国香港	2008 年
6	▲ 武汉青山大桥	938	中国湖北	2021 年
7	▲ 鄂东长江大桥	926	中国湖北	2010 年
8	▲ 嘉鱼长江大桥	920	中国湖北	2019 年
9	多多罗大桥	890	日本	1999 年
10	诺曼底大桥	856	法国	1994 年

表 3-14　10 座世界大跨度悬索桥

排序	桥名	主跨/m	桥址	建成年份
1	▲ 张靖皋长江大桥	2300	中国江苏	在建
2	▲ 狮子洋大桥	2180	中国广东	在建
3	1915 恰纳卡莱大桥	2023	土耳其	2022 年
4	明石海峡大桥	1991	日本	1998 年
5	▲ 六横大桥双屿门特大桥	1768	中国浙江	在建
6	▲ 南京仙新路过江通道	1760	中国江苏	在建
7	▲ 武汉杨泗港长江大桥	1700	中国湖北	2019 年
8	▲ 南沙大桥(原虎门二桥)	1688	中国广东	2019 年
9	▲ 深中通道伶仃洋大桥	1666	中国广东	在建
10	▲ 舟山西堠门大桥	1650	中国浙江	2009 年

注：在建西堠门公铁两用大桥，跨度 1488 m，为斜拉-悬索组合体系。

表 3-15　10 座世界长距离跨海大桥

排序	桥名	长度/km	桥址	建成年份
1	▲ 港珠澳大桥	49.968	中国	2018 年
2	▲舟山跨海大桥	48.16	中国	2009 年
3	▲ 胶州湾大桥	42.23	中国	2011 年
4	濑户大桥	37.1	日本	1988 年
5	切萨皮克湾大桥	37	美国	1964 年
6	▲ 杭州湾跨海大桥	36	中国	2008 年
7	▲ 东海大桥	32.5	中国	2005 年
8	法赫德国王大桥	25	巴林、沙特阿拉伯	1986 年
9	大贝尔特桥	17.5	丹麦	1998 年
10	▲ 平潭海峡公铁两用大桥	16.323	中国	2020 年

注：中国正在规划琼州海峡通道、渤海湾通道、台湾海峡通道。

3.16.4　中国桥梁的未来发展之路

周绪红院士和张喜刚院士在分析中国桥梁技术发展现状的基础上，提出了未来我国桥梁工程的发展战略。“第三代桥梁工程”的主要发展方向为“智能桥梁”（intelligent bridge）。“智能桥梁”的发展战略与国家战略定位和产业痛点高度契合，代表了桥梁工程的发展方向，其核心是桥梁建设和养护技术的智能化。因此，与传统桥梁相比，“智能桥梁”具有三个基本特征——产业化、信息化和智能化，其发展涉及各种维度，它不是简单的“智能化技术+传统桥梁建设和养护技术”，而是涉及在智能化技术指导下重组产业结构。

为促进“智能桥梁”和桥梁产业的可持续发展，必须构建以协同和共享为基础的一种新型的“桥梁生态”（bridge ecology）模式。这需要从技术、平台、机制三个方面入手：①从产业化、信息化、智能化等方面发展桥梁建设和养护技术；②建立国家级全产业链科技发展和产业化平台；③探索“智能桥梁”多产业协同的创新模式。

为实现桥梁智能化，可以在培育阶段、实施阶段和产业化阶段采用三步战略。①运用“智能桥梁”重点研发计划：通过系统的顶层设计可以突破目前影响桥梁建设和养护技术装备的关键共性和产业化问题。②搭建“智能桥梁”研究与实现平台：中国亟须有效整合资源，搭建国家级科技创新平台，并解决当前的产业发展难题。③建立新型桥梁产业协同创新机制：对重点企业、知名高校、科研院所以及桥梁和相关领域的国家和行业重点实验室与技术中心等优势资源进行整合。

改革开放40多年来，中国桥梁工程已走出了一条自主建设和创新发展的成功道路，取得了一批自主创新成果，建成了一大批具有国际影响力的桥梁。这些成就为中国未来发展成为世界桥梁强国奠定了坚实的基础。然而，与发达国家相比，中国桥梁产业仍有一些问题要克服。中国桥梁产业在设计、制造、施工和养护等关键技术及装备相关领域缺乏核心技术，面临一系列深层次的制度机制问题。在国家政策层面，党的十九大作出了建设交通强国重大战略决策。之后，国家对交通强国战略的重视程度持续加深。2021年2月，中共中央、国务院印发了《国家综合立体交通网规划纲要》，并发出通知，要求各地区各部门结合实际认真贯彻落实。

在这样的背景下，中国桥梁工程面临巨大的战略机遇、政策相关机遇和技术机遇，在未来10~20年，中国桥梁工程产业将步入创新、转型和升级的重要战略机遇期，也是我国由桥梁大国转变为桥梁强国的最佳契机。

［思政元素］ 传承与发展；创新与机遇

［素材作者］ 魏晓军

本篇参考文献

［1］盛兴旺，乔建东，杨孟刚等. 桥梁工程［M］. 2版. 北京：中国铁道出版社有限公司，2020.

［2］盛黎明，邓运清. 中国铁路预制梁［M］. 北京：中国铁道出版社有限公司，2020.

［3］杨鹏健，周勇政，高策，等. 铁路常用跨度标准梁技术发展与创新［J］. 铁道标准设计，2020(11)：51-56.

［4］刘勇，戴公连，康崇杰. 中国高速铁路简支梁综述［J］. 铁道科学与工程学报，2015(4)：242-246.

[5]胡所亭，苏永华，班新林，等. 高速铁路标准梁式桥技术创新与发展[J]. 铁道建筑，2020(4)：23-27.

[6]周水兴，王小松，田维锋，等. 桥梁结构电算——有限元分析方法及其在 MIDAS/Civil 中的应用[M]. 2 版. 北京：人民交通出版社股份有限公司，2020.

[7]石志源. 桥梁结构电算[M]. 2 版. 北京：人民交通出版社，2010.

[8]王武勤. 桥梁工程领域的技术发展状况及焦点问题[J]. 施工技术，2021，50(13)：20-33.

[9]杨剑，黄天立，李玲瑶，等. 桥梁建造与维养[M]. 北京：中国铁道出版社有限公司，2023.

[10]Chen H P, Ni Y Q. Structural health monitoring of large civil engineering structures [M]. John Wiley & Sons, Ltd, 2018.

[11]Li H, Ou J. The state of the art in structural health monitoring of cable-stayed bridges [J]. Journal of Civil Structural Health Monitoring, 2015(6)：43-67.

[12]茹继平，李杰. 结构工程基础研究 20 年——来自国家自然科学基金委员会的报告[J]. 建筑结构学报，2017，38(2)：1-9.

[13]滕锦光，陈建飞，Scott Smith，等. FRP 加固混凝土结构[M]. 北京：中国建筑工业出版社，2004.

[14]叶华文，唐诗晴，段智超，等. 预应力纤维增强复合材料(FRP)桥梁结构加固应用 2020 年度研究进展[J]. 土木与环境工程学报(中英文)，2021，43(S1)：185-189.

[15]周绪红，刘永健. 钢桥[M]. 北京：人民交通出版社股份有限公司，2020.

[16]吴冲. 现代钢桥[M]. 北京：人民交通出版社，2006.

[17]Lebet J P, Hirt M A. 钢桥-钢与钢-混组合桥梁概念和结构设计[M]. 葛耀君，苏庆田，等译. 北京：人民交通出版社股份有限公司，2014.

[18]施刚，石永久，班慧勇. 高强度钢材钢结构[M]. 北京：中国建筑工业出版社. 2014.

[19]叶爱君，管仲国. 桥梁抗震[M]. 3 版. 北京：人民交通出版社股份有限公司，2017.

[20]刘军，宋立军，聂高众，等. 地震灾害风险评估及减灾策略研究——以贵州罗甸县为例[J]. 震灾防御技术，2020，15(3)：484-495.

[21]高和平. 近场地震下钢框架结构地震易损性分析[J]. 华南地震，2022，42(1)：147-152.

[22]陈政清. 桥梁风工程[M]. 北京：人民交通出版社，2005.

[23]何旭辉，邹云峰. 强风作用下高速铁路桥上行车安全理论分析[M]. 长沙：中南大学出版社，2018.

[24]田红旗. 列车空气动力学[M]. 北京：中国铁道出版社，2007.

[25]吴焘，卢剑. 缆索吊装系统在大型桥梁施工中的应用[J]. 交通世界，2017(32)：129-130.

[26]莫辉. 大型门式起重机防风抗滑系统的原理与实现[J]. 装备制造技术，2017，45(3)：124-125.

[27]李明国，向崎. 龙门吊防风安全措施分析[J]. 广东公路交通，2018，44(6)：54-58.

[28]栾强利，陈章位，徐进荣，等. 地震模拟振动台三参量控制参数整定技术的研究[J]. 振动工程学报，2014(3)：416-425.

[29]孔杰. 地震模拟振动台控制的关键技术研究 [D]. 杭州：浙江大学，2019.

[30]国巍，李绿宇，邵平. 大型结构地震模拟振动台及台阵的试验精度分析[J]. 地震工程与工程振动，2016，36(2)：16-21.

[31]周智辉，魏标，邹云峰，等. 桥梁振动[M]. 北京：人民交通出版社股份有限公司，2021.

[32]孙广臣，谢佳佑，何山，等. 不同方向地震激励下软岩桥隧搭接段动力响应研究[J]. 岩土力学，2019，40(3)：893-902，912.

[33]万明坤，项海帆，秦顺全，等. 桥梁漫笔[M]. 北京：中国铁道出版社，2015.

[34]杨恒. 桥梁发展史及现存不足[J]. 城市地理，2015(22)：38.

[35]Zhou X, Zhang X. Thoughts on the Development of Bridge Technology in China[J]. Engineering, 2019, 5(6)：1120-1130.

[36]周绪红，张喜刚. 关于中国桥梁技术发展的思考[J]. Engineering，2019，5(6)：1120-1130.

第 4 篇

惟楚有材

中南大学土木工程学科，可溯源至 1903 年成立的湖南高等实业学堂的路科，几经历史的演进，于 1953 年成立了中南土木建筑学院，包含铁道工程、桥梁与隧道工程等专业。历时一百多年，经过几代人的艰苦奋斗、辛勤耕耘，中南大学土木工程学科与交通运输学科均已建设发展成为一级学科国家重点学科。

惟楚有材，于斯为盛。在百余年的办学历程中，中南大学涌现出李吟秋、李廉锟、曾庆元、陈政清等一批名师大家，培养了孙永福院士、张敏大师、徐升桥大师、易伦雄大师等数以万计的优秀学子；创立了列车-桥梁时变系统随机振动分析理论、斜拉索风雨振控制理论与方法等，取得了一系列原创性科研成果；1966 年，倡议并参与修建了通往毛主席故里的韶山铁路，建成了我国铁路上第一座双曲拱桥(红太阳桥)；2006 年，主持设计了长沙湘江三汊矶自锚式悬索桥(主跨 328 m，为当时跨度最大的自锚式悬索桥)；自 1962 年起，持续编著桥梁工程教材(共五版)，为国内桥梁工程教学做出了突出贡献。

悠长的学科发展历史、丰富的桥梁文化素材为桥梁相关课程教学提供了得天独厚的教学资源。本篇从中南桥梁学科发展史的角度挖掘课程教学素材(22 个)，把中南桥梁故事融入桥梁工程课程群的教学之中，展现中南桥梁学科文化，培育学子中南桥梁情怀。

4.1 曾庆元院士与车桥振动

曾庆元(1925.10—2016.6)，江西省泰和县人，桥梁动力学专家，中南大学教授、博士生导师，1950 年 7 月毕业于南昌大学土木工程系，1985 年 12 月被湖南省教委特批为教授，1999 年 11 月当选为中国工程院院士。曾庆元长期从事桥梁结构振动与稳定的教学和研究；创立了列车-桥梁时变系统振动分析理论与列车脱轨能量随机分析理论，为铁路桥梁工程向大跨、高速发展做出重大贡献；提出了弹性系统动力学总势能不变值原理、形成系统矩阵的“对号入座”法则及系统运动稳定性的总势能判别准则，丰富和发展了结构动力学基础理论。其著有《列车桥梁时变系统振动分析理论与应用》《列车脱轨分析理论与应用》《钢压杆稳定极限承载力分析》及研究生教材《结构动力学讲义》和《结构稳定理论》。

4.1.1 清贫的父母发誓要送出一位“文曲星”

曾庆元出生在赣中偏西的泰和县农村，这里西邻井冈山区，是一片地薄物贫的丘陵地带。当地人世代为生存而挣扎，几乎没有真正意义上的读书人。曾庆元家也是世代务农，家境贫寒。父母送他上私塾原本也只想让他识几个字，能写自己的名字。但他表现出聪颖的天资和超常的记忆。每天早晨先生监读课文，读一句就用笔划一句，读完即背。他每次都能很流畅地背出，对于课堂上的提问，更是不在话下。

他有个伯父叫曾肇元，做些小生意，见多识广，思想开明，又有着强烈的“唯有读书高”的观念。当他发现侄儿很有天分，就经常力劝曾庆元的父母送儿子读书，说这孩子将来是个“文曲星”，并表示愿意尽力资助。父母也看出了儿子的不同寻常之处，发誓砸锅卖铁、忍饥挨饿也要为这穷乡村送出一个“文曲星”。后来曾庆元进了县立初级中学。

曾庆元说：“伯父是对我一生影响最大、恩重如山的人。”尽管那时伯父已去世多年，但他每次谈及时依然充满怀念和感激之情。

在县立中学，他知道自己读书的机会来之不易，因此非常刻苦。他的成绩总是名列前茅，尤以数学突出，当时他就自学了范氏大代数。1942 年，他以优异的成绩考取吉安青原山国立第十三中，读高中。1946 年，他又以优异的成绩考取南昌国立中正大学(即现在的南昌大学)土木系。1950 年毕业后他留校任教。

1953 年院系调整，曾庆元来到长沙中南土木建筑学院(现湖南大学)桥隧系。1954 年 1 月，他被选派到哈尔滨工业大学攻读研究生，主修木结构。由于后来苏联专家没来，他学了半年俄语后又被转派到清华大学土木系当研究生，学习钢结构。1956 年毕业后曾庆元回到长沙。由于学习期间他总是“吃不饱”，所以除规定课程外，他还专攻了弹性力学、弹性稳定理论、空间结构分析理论、结构动力学等课程，并且出色地完成了《跨度 100 m 飞机库圆柱网壳屋盖结构》的毕业设计，这为他后来的发展奠定了坚实而广阔的基础。

4.1.2 “我只不过是比别人机遇好些”

曾庆元在谈及成就时，总是谦虚地说“我只不过是比别人机遇好些”。然而，谁都知道，机遇往往是留给努力奋斗和拼搏的人。

1960 年 8 月，长沙铁道学院（现中南大学）刚建院，曾庆元就来到该院桥隧系。铁道学院初建伊始，百业待兴。这年秋季开学时，教学楼尚只建到三楼，还没有窗户，只好边建边用，于是出现了上面建房、下面上课的奇观。墙上钉两颗钉子，挂上一块涂黑的木板，四处收凑来的课桌椅，合起来就成了教室。居住条件、生活环境、教学场地、科教设备都很简陋。加上当时曾庆元患坐骨神经痛未愈就出院，上课都是一拐一拐的。而他主要的精力和时间又必须放在教学上，因为国家需要更多的基础性人才。在这种情形下，搞出科研成果的难度不言而喻。但他对科研有着强烈的兴趣，常挤出时间，克服重重困难研究钢结构疲劳。1963 年，他在这一领域的第一项成果诞生——写出了《构件应力集中截面疲劳强度的计算》，导出了金属疲劳裂缝形成条件的方程式及疲劳破坏条件的一般方程式。有关专家审定认为论文的基本观点有根据、结果好，但需要大量实验验证。限于实验条件，他不得不终止该研究，而转向桥梁振动的研究。1964 年他写出了《钢连续梁桥竖向振动近似计算》，并提出了计算式。这一成果使铁路梁桥竖向振动的分析计算方法有了重要发展。

正当他踌躇满志时，“文化大革命”开始了。他和所有知识分子一样，很难继续科研。1969 年，他被派到人防办修防空洞，好在事情不多，他就利用空闲，躲进三尺小屋，偷偷读书，继续他的研究，真是“祸兮福所倚”。他说：“我因祸得福，那几年反倒让我理论上提高不少。”

他真正从事桥梁振动研究是从 1972 年开始的。1972 年铁道部大桥工程局组织钢桥振动专题研究组，以成昆线 192 m 简支钢桁梁桥模型为对象，研究钢桥空间自由振动及静力偏载位移内力分布。他有幸与著名桥梁工程专家李国豪教授一道应邀参加理论分析。在这一研究中，他建立起了一种全新的理论分析方法，写成《简支下承桁梁桥偏载变位、内力及自由振动计算方法》和《504 桥模型（33.33 厘米桁宽）偏载变位、内力及自由振动计算》两篇长篇论文。这一成果开创了解析法解决桁梁空间分析问题的先例。

应该说，曾庆元科研真正的黄金时期是从 1979 年开始的。1978 年我国恢复研究生招生制度，这年他晋升为副教授，并指导研究生。这时他才真正选择车桥振动（特别是横向振动）为自己的研究方向。

4.1.3　与钢轨结缘，专注车桥振动四十余年

桥梁车振研究已有百余年历史，其中竖向振动问题已基本解决，而横向振动研究从 1920 年苏联专家开始，一直没有大的突破和进展。当曾庆元步入这一领域时，发现里面有太多未被开垦的处女地。这对于科研工作者来说无异于哥伦布发现新大陆，这大概就是他所言的“机遇”吧。

在动力学基础理论方面，他提出了弹性系统动力学总势能不变值原理、形成系统矩阵的“对号入座”法则及弹性系统运动稳定性的总势能判别准则。这些原理和法则对经典动力学理论作出了重要的补充和发展，也为研究车桥系统振动奠定了坚实的理论基础。

1957 年，我国一座著名的公铁两用桥举行通车典礼，人们欢呼雀跃地拥上桥面。随即人们明显感到大桥在晃动！人群恐慌起来，有的人甚至趴在桥上。这种现象直到人群散去才结束。这就是桥梁横向振动现象。它不仅会给司机和乘客造成心理恐慌，更严重的是它还会导致列车脱轨。因此，桥梁横向振动成了长期以来困扰桥梁工作者的一个难题。怎样才能使桥梁既平稳又经济？关键是要确立桥梁必需的横向刚度。由于不同桥梁要求不同，所以必须首先建立一个可普遍应用的最简计算方程。

桥梁振动的随机性非常大，国内外一般是以时不变系统振动随机分析理论来研究的，曾庆元对此不以为然。他在研究桥梁振动实测位移时发现，同一机车、同一桥梁、同一轨道在同样车速下的各次实测桥梁横向振动位移会相差几倍。于是他用能量守恒与转换定律来解释这一现象：各次试验车桥宏观条件虽然相同，但各次输入的能量不同。输入的能量多，产生的桥梁横向振动位移大，反之位移就小。这就像烧开水，火越猛，水分子积聚的能量越大，水分子振动也就越厉害。因此，桥梁振动位移的随机性，反映出输入能量的随机性；反过来说，输入能量的随机性也反映出桥梁振动位移的随机性。由此他提出“列车-桥梁时变系统横向振动能量随机分析理论”，解决了桥梁横向振动的随机分析问题。后来，他又提出了桥梁横向刚度分析理论，算出的桥梁横向刚度限值与国内外按经验制定的限值非常接近。就这样他创立了一整套崭新的列车-桥梁时变系统横向振动分析理论。该理论引起了桥梁工程界的轰动，曾庆元也从此被学术界所关注。

1987 年，他受铁道部大桥工程局委托，主持九江长江大桥拱-桁组合体系钢桥动力特性及横向刚度的研究。历时 3 年，该研究顺利完成，为大桥设计提供了理论依据。但意想不到的是，它竟引来一场不小的麻烦。1990 年初，正当大桥火热施工时，一位高工致信国务院说该桥钢梁横向刚度计算有误，如不重新计算，改变设计，建成后将导致桥毁人亡！国务院立即责成国际工程咨询公司进行审查论证。有的专家为慎重起见，也建议停工。而此时全部桥墩已建成，大多钢梁构件也已造好，如果停工返工，将造成上亿元损失且须推迟大桥竣工，后果不堪设想。铁道部召集专家，也组成论证组，与国际工程咨询公司专家组同时工作。铁道部论证组根据曾庆元 1989 年的计算，结合国际通用的规范标准，经反复论证作出结论：该桥钢梁横向刚度能充分保证列车安全平稳运行，不必改变设计，也无须补强。国际工程咨询公司专家组在充分论证后也作出相同的结论。一场麻烦才由此平息。1995 年，进行了该桥车振试验，结果与曾庆元的理论计算吻合。实践是检验真理的唯一标准，大桥通车至今，列车通过时安全平稳。

20 世纪 90 年代后期，我国决定列车提速。但这必将增大桥梁的振动，列车试验也表明确实如此，因此桥梁车振成了列车提速的关键性“瓶颈”之一，如何经济地进行桥梁加固便成了要解决的首要问题之一。1997 年 8 月，某设计院邀请曾庆元帮助进行“京沈线大凌河多跨 32 m 简支上承钢板梁桥”的分析计算，同时也歉意地告知没有经费，但他欣然接受。当时没有任何资料，唯一知道的是当列车以 80 km/h 速度通过该桥时振动剧烈的情况。他想起 1995 年实测湘黔线上货车构架蛇行波时，也是当列车速度为 80 km/h 时桥梁振动厉害。于是他断定二者能量输入是一致的，并按此进行分析计算。后来设计院又寄来了其他上承钢板梁桥原型和加固设计图纸，请求继续帮助。曾庆元和研究生们一起，历时 3 个月，完成了 10 多座桥梁的分析计算。另外，他还为郑州铁路局和上海铁路局进行了几座桥梁的分析计算。这为我国列车提速解决桥梁横向振动问题提供了理论依据。1998 年 3 月底，铁道部工务处欲证实他的计算精度，在不打招呼的情况下，组织桥梁检定队进行实测。有一天，工务处突然来电问曾庆元：“我们实测大凌河桥钢板梁在 75 km/h 时，钢梁上翼缘中点最大横向振动加速度是 0.26 g，你们去年计算的是多少？”他当即查阅后回答说：“我们没算 75 km/h，只算了 80 km/h 和 70 km/h，结果分别是 0.29 g 和 0.23 g。”这个精度让工务局的人心服口服。这次“突然袭击”也更有力地证明了他所创理论的正确性和精确性。

在搭建好车桥系统振动理论这座大厦后，他并没有停下探索的脚步。在 1999 年之后的十几年时间里，他瞄准了列车脱轨理论分析难题，继续带领团队攻坚克难。他揭示了列车脱轨的力学机理是列车-轨道-桥梁系统横向振动失稳，提出用运动稳定性思想分析列车脱轨问题。基于运动稳定性的总势能判别思想，曾庆元提出了列车脱轨能量增量判别准则，构建了一套列车脱轨能量随机分析理论，并运用该理论分析了沪苏通长江公铁两用大桥、浩吉铁路洞庭湖大桥（蒙华洞庭湖大桥）等30余座桥梁的列车走行安全性，为铁路桥梁建设再添光彩。

4.1.4 “我只希望他们能够成为真正的栋梁之材”

曾庆元的事业是从教学开始的，而后才从事研究（图4-1）。他的执教生涯已半个世纪有余，可以说桃李满天下。在教学和治学中，其严格和严谨是有名的。他无论是对本科生还是研究生，都要求他们有扎实而广阔的基础理论水平。对勤奋诚实的学生他格外喜欢，对有创新意识的学生更是偏爱。他说学桥梁的，不仅要具备专业知识，还必须有好的力学、数学基础，才会有高的起点。他说：“人的生命总是有限的，但事业是无限的。我只希望他们能够成为真正的栋梁之材，并且青出于蓝而胜于蓝，这样社会才能发展。”

曾庆元平和谦逊，与他聊天仿佛是在与一位睿智的长者聊家常，让人轻松愉悦。他反复强调：“我是个‘土包子’，完全是本土成长的。我做得不多，有点成绩都是大家的。”

图4-1　曾庆元院士指导研究工作

曾庆元淡泊名利，这绝非溢美之词。1976年他在实践队进行九江大桥的研究，成果获奖时，他没有名字；列车提速时的研究，奖项中也没有他的名字；1997年石长线湘江大桥施工时，他研究解决了大跨度造桥机设计的关键技术难题，由于该造桥机具有巨大的实用价值，获得了铁道部和国家科技进步奖，但还是没有他的名字……然而，他无怨无悔，乐此不疲，他认为“只要解决了问题就行，谁做的并不重要”。正因为他有这种为人类造福的信念和精神、几十年如一日的执着追求，他才会有独特的思维方式和创新意识来审视科学领域的难题，才会创立一个又一个全新的理论和方法，创造出巨大的社会和经济效益。

［思政元素］立德树人；敬业精神；持之以恒

［素材作者］郭向荣

4.2　孙永福院士与青藏铁路

孙永福院士是铁路工程专家，教授级高级工程师，中国工程院院士，博士生导师，茅以升科技教育基金会主任，前铁道部常务副部长（正部级）、党组副书记，青藏铁路建设领导小组副组长，曾任中国铁道学会理事长。在数十年的中国铁路建设实践中，他著有《铁路工程项目管理理论与实践》《中国铁路“走出去”发展战略研究》《铁路建设管理论集》等书籍；先后荣获项目管理杰出领导者、第三届中华环境奖、2006 年中国十大建设英才、2008 年科学管理特殊贡献奖、“中国援外奉献奖”金奖，荣获中国铁道学会科学技术奖特等奖 1 项、一等奖 5 项，以及中国公路学会科学技术奖特等奖 1 项，2008 年青藏铁路工程荣获国家科技进步奖特等奖(孙永福排名第 1)。

4.2.1 逐梦大学

1. 青年时期思想的形成

1954 年 10 月 12 日，中国政府和苏联政府发表了修建兰州—乌鲁木齐—阿拉木图铁路并组织联运的联合公报。后来根据联合公报精神，铁道部组建新疆铁道学院，拟与苏联新西伯利亚铁道学院合作，培养服务于中苏友谊之路的工程技术人才。孙永福满怀激情地唱着《我们新疆好地方》，进入新疆铁道学院桥梁隧道系学习。孙永福青年时期在新疆的艰苦岁月，磨砺出了他坚韧不拔和报效国家的坚定意志。

有一个偶然机会，孙永福帮助老红军覃长生(铁道部第一工程局政治部主任)整理革命回忆录。覃长生是个出身贫苦的放牛娃，十五六岁时就参加革命，经历了两万五千里长征，参加过抗日战争、解放战争，多次负伤，屡建战功，具有坚定的革命意志和理想信念。有作家把覃长生老红军的革命故事编写成《放牛娃当红军》，搬上舞台广为宣传。老红军的感人事迹、红军精神深刻地影响了孙永福。这为他一生坚定不移地跟着党走，打下了坚实的思想基础。

2. 在铁道学院的刻苦求学历程

1958 年，按铁道部、教育局培养高等院校预备教师的安排，孙永福奉调到长沙的湖南大学桥梁隧道系桥梁专业学习。1960 年 9 月 15 日，长沙铁道学院正式宣布成立，孙永福所在的桥梁隧道专业转入长沙铁道学院，在新的校区上课，由于新校区正在完善之中，所以还要步行到湖南大学去做实验。

在长沙铁道学院桥隧系学习期间，孙永福有着铁路学校桥隧专业知识基础，并不满足于 58 级教学进程，主动选学 57 级课程。那时正是经济困难时期，大家都吃不饱肚子，还要参加建校劳动。他坚持少睡觉、多读书，珍惜宝贵时光，暑假不回家，顶着酷暑在校学习，浑身是汗就到水龙头下冲凉，蚊虫叮咬就坐在蚊帐里看书。1960 年 5 月 20 日，孙永福光荣地成为中国共产党预备党员，一年后按期转为正式党员。1961 年孙永福跳了一级，完全进入桥隧系 57 级桥梁班学习了。

孙永福的课程设计多次受到老师表扬。1962 年上半年进行毕业设计，他选择的毕业设计题目是“东江大桥设计”，内容主要包括建桥意义、桥址选择、水文计算、桥孔布局、墩台结构、预应力混凝土梁设计等。这份毕业设计受到院评审委员会一致好评。

长沙铁道学院桥隧系是 5 年制，孙永福只读了 4 年，提前一年毕业。这件事当时曾在学院引起了一番争议，因为学院主管部门认为没有提前毕业的先例，但桥隧系主任谢绂忠教授(苏联列宁格勒铁道学院副博士)认为应尊重事实，力挺提前毕业。谢教授在院务会议上据理力争，说“孙永福在校加入中国共产党，是学生中的杰出代表，学习成绩优秀，完全符合毕业条件”。最终，院务会议审议通过，同意他提前一年毕业，发给 5 年制毕业证书(即桥梁隧道系桥梁专门化 57 级毕业证书)。

4.2.2 投身铁路

自出生农家到大学毕业的 21 年间，孙永福从旧中国走到新社会，看到了故乡解放和新中国成立，享受了父母亲人的呵护和关爱，也经历了永别父亲的揪心痛楚和悲伤，饱尝了求学之路的艰辛和不易。在学校的培养和老师们孜孜不倦的教诲指导下，孙永福更加坚定了立志投身铁路、报效祖国、修桥筑路、为民造福的理想与信念。

有人说中国铁路发展史，就是中华民族自强不息奋斗史。从 1876 年中国土地上出现了第一条铁路到如今中国的高速铁路事业飞速发展，铁路网已经遍布大江南北，它见证了一个国家的百年巨变。截至 2021 年，中国高速铁路总里程达 4 万公里，位居世界第一；线路连接所有省会城市和 50 万人口以上城市，覆盖全国 90%以上人口。这些辉煌成绩的背后，则是无数人的奉献，其中就有着中国工程院院士孙永福的身影。

孙永福从长沙铁道学院毕业后，先后参加了川黔、贵昆、成昆、湘黔、枝柳等铁路的建设。1984 年底，他从铁道部主管铁路建设的两位副部长手上接过了重担，主管全国铁路建设等工作。20 世纪 90 年代，当时国家经济社会发展加快，使得我国出现南北运输紧张的情况，孙永福力排众议主持建设北京到九龙的新南北线路。京九铁路自北京南下深圳，连接九龙，途经九省市，全长 2397 km，加上联络线总长达 2553 km，是中国铁路建设史上规模最大、投资最多、一次建成线路最长的大干线，任务十分艰巨。时任铁道部副部长的孙永福在视察京九线蕲春站(图 4-2)时，号召大家迎难而上，组织了一场史无前例的铁路建设大会战。在克服施工时间短、跨越多条大江大河的重重难关下，4 年时间建成了该南北大干线。在香港回归前，京九铁路的建成，对维护港澳地区稳定和繁荣、促进祖国和平统一大业具有重大意义。这也为后来修建青藏铁路奠定了坚实的经验基础。

图 4-2　孙永福院士(中)在京九线蕲春站现场调研

4.2.3　修建“天路”

2005 年的央视春晚上韩红演唱的歌曲《天路》响彻南北。很多人不知道的是，这首歌是曲作家印青和词作家屈塬于 2001 年到青藏铁路施工现场采风，听到当地的铁路工人和藏族群众把青藏铁路形象地称为“天路”而后迸发灵感创作的。2005 年 4 月，韩红赴西藏拍摄《天路》视频素材，高原反应，加上春季天寒地冻，让拍摄团队感到十分艰难。这次经历也让所有人体会到了修建青藏铁路的艰苦与不易。然而，这条“天路”确是孙永福带领团队一点一滴建造出来的。

1. 花甲之年再担重任

接到青藏铁路建设任务时，孙永福已年过六旬(图 4-3)。摆在他面前的，是修建青藏铁路所面临的高寒缺氧、生态脆弱和多年冻土三大难题。

孙永福知道，修建青藏铁路是几代人的梦想，早在 1958 年，青藏铁路就曾破土动工。但经历缓建、停工、复建，直到 1984 年青海省境内的西宁至格尔木段才建成通车。受限于当时的经济实力和筑路技术，格尔木至拉萨段只能一度停建。而在这样的“生命禁区”作业，如何保证建设者的生命安全，是当时摆在孙永福面前的一个重要课题。“天路”的修建绕不过多年冻土、高原缺氧、生态脆弱这三大世界性工程技术难题。孙永福接到任务后，只说了一句话：“青藏铁路举世瞩目，使命光荣，责任重大，决不辜负党和人民的期望！”

图 4–3　孙永福院士(右二)在青藏铁路施工现场

回忆起第一次进到青藏铁路考察时的场景，孙永福心情激动。2000 年，在海拔 4500 m 的沱沱河兵站，一下越野车，孙永福瞬间感到头昏脑胀，脚像踩在棉花上一样，走起路来摇摇摆摆。因为血氧饱和度过低，2004 年 10 月，孙永福在检查一座桥梁工程时忽然全身虚脱。当时，天空飘着雪花，豆大的汗珠却一下子从他额头冒了出来，“那一次，知道人在濒死状态下在想什么，觉得自己这回扛不过去了”。

2. 迎难而上，解决世界三大难题

正是因为有过高原反应的亲身经历，孙永福能够设身处地想到青藏铁路建设者们要长期在这样一个高海拔地区工作，保障他们的健康和生命安全十分重要！他于 2001 年初组织与卫生部联合召开专家座谈会，建立三级医疗保障体系等措施，全力为铁路工作者们的生命安全保驾护航。值得一提的是，在医疗设施方面，为了保障和改善施工人员的工作环境，孙永福提议搞技术创新。于是，在他的带领下，中铁二十局与北京科技大学联合研制成功了高原制氧机。高原上氧气瓶子是非常珍贵的，只能救急用，有了高原制氧机以后情况大为改善。风火山隧道里，中铁二十局的职工把氧气通过管道输送到掌子面上，使隧道的空气含氧量比同样海拔高度的露天氧气含量还要高一些。工人们的施工条件得以大大地改善！施工的 5 年间，在这样一个艰险的高海拔地区没有发生工人因为缺氧而死亡的情况！为了解决多年冻土和生态脆弱问题，孙永福改变了过去“盖被子保温”的被动方式，从调控辐射、对流、传导入手来冷却地基，保持工程结构稳定，创造了多年冻土铁路开通运营速度 100 km/h 以上的纪录。他要求所有施工队科技环保，成功研发了野生动物迁徙通道和高原植被恢复再造技术等。2004 年 7 月，首批藏羚羊顺利通过可可西里楚玛尔河五北大桥的桥下通道，形成了铁路与野生动物和谐共处的生动景象。

5 年建设期，他以花甲之龄来来回回往现场跑了 50 多趟。通车之后，3 个月又跑了 3 趟。在工地，孙永福和农民工同桌吃饭；在营地，他登上宿营车与建设人员同住；从昆仑山脉到海拔 5010 m 的风火山隧道，他在两天中长途跋涉 1500 多公里，顶风冒雪，看望了 21 个施工单位的参建人员。

2006 年 7 月 1 日，蜿蜒 1956 km 的青藏铁路实现了全线大贯通，结束了西藏不通铁路的历史。它东起西宁、西到拉萨，横跨青藏高原，成为海拔最高、线路最长、穿越冻土里程最长的高原铁路。直至今日，已耄耋之年的中国工程院院士孙永福，还珍藏着来自唐古拉山的雪水和泥土。对于他来说，这是自己乃至中国铁路人弥足珍贵的纪念，茫茫雪域、巍巍昆仑见证了铁路史上的奇迹，也见证着无数和孙永福一样的人坚守“挑战极限，勇创一流”的青藏铁路精神，热爱铁路事业，艰难困苦矢志不移，珍惜宝贵机遇，脚踏实地开拓创新。

4.2.4　老骥伏枥

孙永福曾说：“人的一生会经过不同的工作环境遇到不同的一些困难，这都是非常正常的。但是对困难的态度，这确实是每个人都应该思考的。我个人感到没有越不过的山，没有跨不过的河，任何困难挺一挺都能过去。”孙永福一辈子学铁路、修铁路、管铁路，用一条条铁路，跨过了中国的大江大河。由蒸汽机车到内燃机车、电力机车，再到高速动车组，中国铁路一路飞奔，孙永福正是这场伟大变革的亲历者和实践者。作为一名专家型铁路建设领导者，他不仅重视我国铁路技术进步，更关注铁路改革与发展问题。在 2005 年当选为中国工程院院士后，组织开展重大战略咨询项目研究，为国家决策提供科技支撑服务，是孙永福在中国工程院的主要职责之一。作为参加了多个战略咨询项目的院士，他带领团队研究编制了我国首个铁路中长期发展规划。

进入新的历史节点，孙永福院士在为中国铁路“走出去”而奔波，主持“中国铁路‘走出去’发展战略研究”中国工程院战略咨询项目。“以前我们引进来比较多，实力增强后，更要着力‘走出去’，充分利用好国内和国际市场”，为国家铁路战略规划提供了坚实的基础。他说：“我的梦想就是中国铁路领先世界，使中国铁路雄姿勃发，站在全世界面前！”孙永福院士的铁路精神，激励一代又一代的铁路人怀着同样的激情与梦想，用年轻的身躯和钢铁的意志，去铺设一条条充满希望的“路”。这种勇往直前的筑路精神，执着坚守的筑路岁月，使千千万万的人民命运得以改变，使中国铁路成为领跑世界的大国利器！

[**思政元素**] 价值塑造；使命担当

[**素材作者**] 魏标

4.3　陈政清院士与桥梁抗风、结构减振

1947 年，陈政清出生在湖南省湘潭市一个商店职员家庭，从小就向往当一名科学家、工程师，这不仅能学有所成，还能造福全人类。然而，正当他信心满满准备报考半导体专业时，1966 年 6 月 13 日，国家发布推迟高考的消息，随即高考停考，1968 年 12 月，陈政清被下放到了位于岳阳市的钱粮湖农场成为一名知青。到钱粮湖农场的第三年，陈政清被“选拔”到农场七分场中学当初中老师。两年后，又被“提拔”为总场中学高中老师。由于老师少，学校哪门课缺老师，他就教哪门，数学、物理、化学等都教过。利用教书的机会，陈政清如饥似渴地阅读了大量书籍，农村夏天蚊子多，他就穿上长筒胶鞋看书。

1978 年恢复高考后，陈政清以岳阳地区第一名的成绩考入湖南大学力学专业，当时他已经 31 岁了，是全班年龄最大的学生，并且已经是一个两岁孩子的父亲。面对迟来的学习机会，陈政清十分珍惜。对 77 级而言，最大的学习困难是学英语，大家几乎都是从零开始。对于陈政清而言，学英语还有一样额外的困难。据他本人回忆，“我有神经性耳聋，高音频的音标听不太清，第一堂英语课几乎没有听懂教授的一句话，非常‘恐怖’”。为此，他咬牙花巨资买了一个收音机，连睡觉都戴着耳机听，一个星期后才开始听懂课。英语书不离手更是他的标准配置，每晚 10 点熄灯后在路灯下看半小时，每天早上 6 点起床晨读一小时。4 年坚持

下来，英语不再是难题。

随着时间的推移和学习的深入，陈政清开始领悟到力学科学的无穷奥妙。他师从当时被誉为国内塑性力学“三巨头”之一的熊祝华教授和结构力学的王磊教授，相继获得学士、硕士学位。在那个研究生像大熊猫一样珍贵的年代，他没有忙着找工作和赚钱。1984 年，他又考上了西安交通大学固体力学的博士研究生，师从杜庆华先生(清华大学教授，兼任西安交通大学博士生导师，后被评为中国工程院院士)和嵇醒教授，一路上陈政清都在和时间赛跑，追赶科学家梦想。陈政清以工程中亟待解决的重大疑难力学问题为导向，在结构非线性分析理论与应用、结构减振技术、结构抗风理论与技术三个领域做出了突出贡献：

①20 世纪 90 年代，在国际上提出了一套梁杆索结构三维大变形分析理论，据此开发了我国桥梁急需的空间非线性分析程序，最先解决了我国第一批四座悬索桥的精确计算问题。

大跨柔性结构如悬索桥变形大，必须采用几何非线性分析理论设计。80 年代末我国开始建设现代悬索桥，急需梁杆索结构三维非线性分析的精确理论与程序。基于连续介质力学的三维虚功方程，并降三维体积分为一维线积分，陈政清建立了一套理论严密、计算效率高的梁杆索结构空间大变形计算理论，并独立编制出我国第一个悬索桥计算的三维分析程序。

该研究工作圆满解决了三维梁杆索结构几何非线性静力计算问题，1992 年起陆续用于我国第一批四座悬索桥(汕头、西陵、虎门和江阴大桥)的结构设计，以及后期建成的多座重大桥梁工程的设计与设计咨询，包括当时我国最大跨度的斜拉桥(苏通长江公路大桥)和悬索桥(西堠门大桥)，以及首座三塔悬索桥(泰州长江大桥)，成果获 2007 年国家科技进步奖二等奖，排名第一。

②在抗风理论与技术方面有多项创新成果，解决了多种风振病害问题。

我国结构风致振动的研究起步较晚，抗风理论及试验技术相对落后，且在桥梁建设中不时出现若干新问题。在我国桥梁风工程研究由技术引进到逐步超越的过程中，陈政清做出了重要贡献：提出了三维颤振分析的一种多模态单参数搜索法；在国内最先开发了颤振导数的强迫振动识别法和基于主动格栅的气动导纳识别方法；提出了悬索桥高阶模态涡振理论与新型气弹模型试验方法；在斜拉桥拉索、拱桥板式吊杆和悬索桥吊索等桥梁三大柔性杆件的风振理论方面有重要突破。这些成果获 2017 年国家科技进步奖二等奖，排名第三；2 次获湖南省科技进步奖一等奖，均排名第一。

③发明了电涡流阻尼器减振技术，已成功应用于我国最高建筑等多项重大工程。

目前广泛应用的油阻尼器依赖摩擦耗能，密封系统复杂、初始摩擦力大，导致减振灵敏度低、磨损漏油问题突出，使用寿命远低于土木工程减振要求。电涡流阻尼依靠电磁感应耗能，有望从源头上彻底解决这一问题，但它耗能密度低，过去一直被认为很难用于大型结构减振。陈政清发明的板式电涡流阻尼单元，不仅耗能密度提高 6~8 倍，还具有两大部件完全分离、没有机械连接的优点。并且，他基于板式电涡流阻尼开发了 2 大门类(调谐质量阻尼器和轴向电涡流阻尼器)7 个系列的电涡流阻尼器产品，创新了模块化结构、高速重载型结构和电涡流高速性能仿真与设计方法等关键技术，形成了大吨位的电涡流阻尼减振成套技术，为大型重型结构减振提供了一套具有根本变革意义的新技术。

电涡流减振技术获中国、日本、美国、欧盟等 13 个国家和地区的发明专利授权，已应用于国内外土木工程项目 40 多项，包括上海中心大厦世界最大调谐质量阻尼器、北京大兴国际机场减振工程等，2014 年获得教育部技术发明二等奖，排名第一。

近年来，陈政清着力推进电涡流阻尼减振技术的成果转化与产业化(图 4-4)，取得了显著成效。一方面，他以高校为依托，指导孵化了一家致力于电涡流阻尼减振技术开发应用的国家高新技术企业。通过企业化运作，以市场需求为导向，加快了技术创新和成果转化进程，形成了以电涡流调谐质量减振器和电涡流轴向阻尼器为核心的系列产品，推动了电涡流阻尼减振产品和技术的标准化、系列化和规模化，极大地促进了电涡流阻尼技术在国内外重大工程中的应用。目前，电涡流轴向阻尼器已成功应用于杭瑞高速洞庭湖大桥（杭瑞洞庭大桥）、石首长江大桥、拉林铁路藏木雅鲁藏布江大桥、江阴长江公路大桥等国内数座超大跨度桥梁，取代了国外高端油阻尼器产品，在我国大跨度桥梁减振工程中占主导地位。另一方面，他大力拓宽了电涡流阻尼共性关键技术在交通运输工程、国防武器装备、大型工程机械等多个领域的科学研究和产品开发，其中在轨道车辆悬架系统的应用已进入中试阶段，有望在未来几年实现产业化，将为我国高端装备制造业的发展注入新的驱动力。

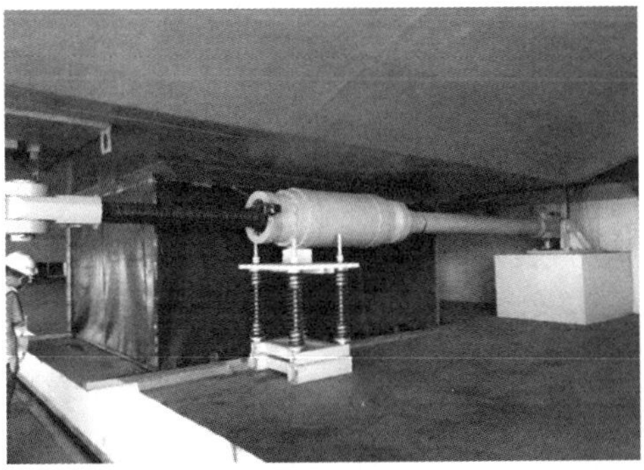

(a) 纵向减振/震阻尼器

(b) 竖向减振TMD

图 4-4　陈政清院士研发的电涡流阻尼器

陈政清院士以德立学、以德施教，从教三十余年一直深耕砚田不辍。他授课既注重对知识的传授，又注重培养学生独立思考和解决实际工程问题的能力（图 4-5），主讲的结构动力学课程将抗风抗震和振动控制的工程实例融入教学，深受学生欢迎。他指导学生获第五届、第七届中国“互联网+”大学生创新创业大赛主赛道金奖，创新成果得到央视等媒体广泛报道，为国家培养了一大批行业骨干人才。

图 4-5　陈政清院士指导科研

［思政元素］知识改变命运；守正创新

［素材作者］邹云峰

4.4 站在技术前沿的桥梁设计大师

中南大学土木工程学院桥梁工程系，自 1953 年成立以来的 70 年中，积极响应我国大规模交通基础设施建设发展战略，为桥梁工程领域培养、输送了大量专业性、适应性、实践性、创新性突出的高素质复合型技术人才和行业精英。

“惟楚有材，于斯为盛”，中南桥梁人才辈出。教授、专家、大师、人才以及数不清的奖项和荣誉，背后是他们踏实肯干的品质，是他们发奋进取的决心，是他们钻研技艺的执着，是他们挑战难题的勇气，是他们引领行业的魄力，是他们以身报国的雄心……这就是中南桥梁的精神。从中南桥梁走出去的全国桥梁设计大师张敏(图 4-6)、徐升桥(图 4-7)和易伦雄(图 4-8)等杰出校友在桥梁设计中敢于担当、攻坚克难、突破创新，将中国标准、中国设计推向世界。

图 4-6　设计大师张敏

图 4-7　设计大师徐升桥

图 4-8　设计大师易伦雄

1. 张敏

张敏，1965 年 11 月生，教授级高级工程师，“新世纪百千万人才工程”国家级人选，国家“有突出贡献中青年专家”，享受国务院政府特殊津贴，2016 年当选为全国工程勘察设计大师。他 1988 年毕业于西南交通大学桥梁专业，2010 年博士毕业于中南大学桥梁与隧道工程专业。张敏历任中铁大桥勘测设计院集团有限公司设计室副主任、分院院长，中铁大桥局海外部副部长、经营开发中心主任，中铁大桥勘测设计院集团有限公司总经理，中铁二院工程集团有限责任公司党委书记、董事长，道路桥梁与结构工程湖北省重点实验室学术委员会委员；现任中铁大桥局集团有限公司党委书记、董事长。其先后作为技术或专业负责人主持和参与了东海大桥、芜湖长江大桥、武汉天兴洲长江大桥、京沪高铁南京大胜关长江大桥、马鞍山长江大桥、武汉二七长江大桥、武汉鹦鹉洲长江大桥、黄冈长江大桥、合福高铁铜陵长江公铁两用大桥、沪苏通长江公铁两用大桥、五峰山长江大桥、平潭海峡公铁两用大桥等重大项目的设计及技术决策工作，获得了一系列重大技术成果，荣获全国优秀工程勘察设计奖金质奖 1 项，国家科技进步奖一等奖 1 项、二等奖 2 项，省部级优秀工程设计奖及科技进步奖 10 余项，国际桥梁大会乔治 · 理查德森奖 2 项。

从一名桥梁学子到中国桥梁勘测设计的领路人，张敏大师数十年初心不改地专注于桥梁设计工作，只因为他怀揣“因桥而生、伴桥而强、以桥为名”的中国桥梁梦。由中铁大桥院设计的天兴洲长江大桥，正桥全长 4657 m，主跨 504 m，大桥铺设 4 条铁路、6 线公路，是中国首座 4 线铁路的公铁两用斜拉桥，在当时创下了跨度、荷载、速度、宽度 4 项世界第一。2004 年该大桥建设时，张敏大胆提出 1000 m 跨度的铁路斜拉桥创造性构想，面对这一世界级的设计难题，张敏带领团队潜心研究、攻关克难，耗时 10 年终于在沪苏通长江公铁两用大桥、五峰山长江大桥中得以实现，完成了铁路桥梁千米级的突破。

2014 年，他参与设计的沪苏通长江公铁两用大桥正式开始建设，于 2019 年 9 月 20 日实现全桥合龙，于 2020 年 7 月 1 日建成通车。沪苏通长江公铁两用大桥位于长江江苏段，南起苏州市张家港市、北至南通市通州区，大桥全长 11. 072 km(其中公铁两用合建桥梁长 6989 m)。大桥上层为双向 6 车道高速公路(通锡高速公路)，设计速度 100 km/h；下层为双向 4 线铁路，设计速度 200 km/h(沪苏通铁路)、250 km/h(通苏嘉甬高速铁路)。大桥采用主跨 1092 m 的钢桁梁斜拉桥结构，其是中国自主设计建造、世界上首座跨度超千米的公铁两用斜拉桥，设计建造技术实现了五个“世界首创”：①千米级公铁两用斜拉桥设计建造技术；②2000 MPa 级强度斜拉索制造技术；③1800 t 钢梁架设成套装备技术；④1. 5 万 t 巨型沉井精准定位施工技术；⑤基于实船-实桥原位撞击试验的桥墩防撞技术。大桥采用副通航孔主跨 336 m 的刚性梁柔性拱桥结构，合龙精度控制在毫米级。

2. 徐升桥

徐升桥，1966 年 4 月生，教授级高级工程师，中铁工程设计咨询集团有限公司桥梁工程设计研究院总工程师，北京茅以升科技教育基金会桥梁委员会委员，2001 年获国务院特殊政府津贴，2004 年被批准为“新世纪百千万人才工程”国家级人选，中国铁路工程总公司“有突出贡献的中青年专家”，北京市劳动模范，全国五一劳动奖章获得者，全国劳动模范。1991 年，徐升桥硕士毕业于长沙铁道学院桥梁、隧道与结构工程专业；2016 年，当选全国工程勘察设计大师。

他主持设计的广州丫髻沙大桥主桥获得了 2001 年度建设部优秀设计一等奖、2002 年度国家优秀设计银质奖、2004 年度广东省科学技术二等奖；主持的北京市科技开发计划课题“转体法施工的曲线斜拉桥关键技术研究”成功解决了北京市五环路跨越石景山南站的难题，创造了预应力混凝土曲线斜拉桥单铰转体质量达 14000 t 重的世界纪录，荣获 2004 年度中国铁路工程总公司优秀工程设计一等奖和 2004 年北京市科学技术奖一等奖；“青藏线常用跨度桥梁技术和提高耐久性措施”获 2007 年中国铁道学会科学技术奖三等奖(排名第 3)；“高速铁路常用跨度桥梁技术”获 2011 年中国铁道学会科学技术奖特等奖(排名第 2)。

3. 易伦雄

易伦雄，1966 年 7 月生，教授级高级工程师，2016 年获湖北省“有突出贡献中青年专家”称号，曾任中铁大桥勘测设计院集团有限公司副总工程师，1987 年本科毕业于长沙铁道学院铁道工程专业，2011 年获得中南大学桥梁与隧道工程专业博士学位，2020 年当选为全国工程勘察设计大师。

易伦雄设计大师毕生致力于中国桥梁科技进步与发展，是我国现代钢桥技术发展的领军人。作为技术负责人，他主持了世界首座6线铁路大桥——京沪高铁南京大胜关长江大桥、世界首座非对称矮塔公铁两用斜拉桥——商合杭铁路芜湖长江公铁两用大桥(芜湖长江三桥)、世界最大跨度三塔铁路斜拉桥——浩吉铁路洞庭湖大桥、国内首次跨越长江的重载铁路桥梁——浩吉铁路公安长江公铁两用特大桥(荆州长江公铁两用大桥)以及宜昌至喜长江大桥、镇胜公路北盘江大桥等重大项目的设计工作。他强调并重视结构动力性能的设计理念，创新了板桁组合、整体桥面和三主桁等桥梁新结构，解决了高速铁路大跨度桥梁总体刚度、局部刚度与平顺性的技术难题，为高速铁路大跨度桥梁的技术发展起到了示范与引领的作用，并将研究成果成功应用到多座高铁桥梁中。在桥梁结构钢方面，他参与研发并应用了Q370qE-HPS/Q430qE /Q500qE/Q690qE 系列高性能结构钢，提出了钢桥防断裂设计准则，形成了桥梁用钢与桥梁设计应用技术体系。他先后获得国家科技进步奖特等奖1项、二等奖1项，省部级科技进步和行业协会科学技术奖多项，省部行业优秀设计多项，其设计的南京大胜关长江大桥获得了国际桥梁大会乔治·理查德森奖；先后出版学术专著及主编国家工程建设标准和国家行业标准21部，在他30余年的桥梁设计研究工作中，时刻关注着桥梁钢结构领域的技术创新，推动了我国桥梁事业的技术进步。

[**思政元素**] 求真务实；德才兼备

[**素材作者**] 蔡陈之

4.5 韶山铁路与韶山桥

教学、科研、生产劳动三结合是1960年前后高校办学的大方向，长沙铁道学院铁道建筑系、桥隧系(现中南大学土木工程学院的前身)通过结合铁路建设和生产实际的技术革新、科学研究、现场教学和“真刀真枪”的毕业设计等，取得了一批科技成果，直接为社会主义建设做出了贡献，倡议并参加韶山铁路建设是其中的典型代表。

4.5.1 韶山铁路梗概

韶山铁路是中国湖南省湘潭市境内一条连接湘潭县与韶山市的国铁Ⅱ级单线铁路，也是沪昆铁路连接韶山市的支线铁路，从湘黔线上的马托铺站(韶山铁路通车后更名为向韶站)出岔，途经湘潭县、湘乡市、韶山市，设向韶、银田、韶山3个车站，全长21.4 km，总投资900多万元。韶山铁路主要技术标准见表4-1，1967年2月施工，1967年底竣工通车，投入运营。

表4-1　韶山铁路技术标准

项目	标准
铁路等级	国铁Ⅱ级
设计速度	90 km/h
轨道规模	单线铁路
轨道类型	有砟轨道、有缝钢轨
轨道标准	1435 mm(轨距)、44.6 kg/m(轨重)

续表 4-1

最小曲径	300 m
最大坡度	10‰
闭塞类型	半自动闭塞
牵引机车	内燃机车
桥涵载重等级	中-26
到发线有效长度	500 m

4.5.2　韶山铁路建设背景及过程

长沙铁道学院师生怀着对毛主席的深厚感情，由桥隧等系 12 名学生于 1966 年 10 月 16 日向铁道部和湖南省政府发出了修建韶山铁路倡议。

1966 年 11 月 13 日，长沙铁道学院、湖南省交通厅规划设计院、地铁局、兰州铁路第一中学的学生和职工共 100 人，组成"韶山铁路勘测尖兵连"，进行线路勘测和设计，其中长沙铁道学院发起倡议的铁建系、桥隧系组织了 50 多名师生。

12 月 5 日，铁道部发出《关于安排修建韶山铁路支线的意见》，决定由铁道部投资。同月，国家计划委员会批转了铁道部的该意见。此事得到了周恩来总理的重视，并召集国务院相关部委研究落实。

12 月 24 日，国家计划委员会提前以《1967 年基本建设计划（草案）》下达韶山铁路修建计划，安排投资 700 万（实际投资为 993 万，不含各地无偿支援物质）。

12 月 31 日，湖南省人民委员会、湖南省交通厅、铁道第四勘察设计院、广州铁路局、长沙铁道学院等单位，派员组成"湖南省韶山铁路工程指挥部"。铁道部责成铁道第四勘察设计院和长沙铁道学院立即进到现场开展线路选择以及地质、水文、桥涵、站房等勘测设计工作。铁道第四勘察设计院派出了大批骨干力量，担负全线勘测、地质钻探、水文、施工图设计和施工监理任务，长沙铁道学院桥梁隧道系、铁道工程系和铁道运输系等近 200 名师生参与。

为确保选线合理、节约投资，力求做到精心设计、精心施工，对韶山铁路一共选出了 4 条线路方案：第一条是现在建成运营的铁路，当时称为南线方案；第二条是从湘黔线上的姜畲站出岔，经湘潭县所辖的烟山、良湖、银田、永义到韶山，当时称北线方案；第三条是江南机器厂专用线上出岔的方案，该方案因江南机器厂是军事工业单位，要对外绝对保密而放弃；第四条是从湘乡站出岔的方案，因该方案经湘潭县域太少而被否决，因为当时韶山是归湘潭县管辖。为了全面准确地比较南、北二线方案，科学取舍，湖南省韶山铁路建设指挥部决定对两条线路同时进行全线施工设计测量。为保证科学决策、正确取舍、合理定线，1 条铁路 4 条选线方案，其中两个方案同时进行全线施工设计定测，这在新中国铁路勘测设计建设史上也是第一次。最终北线方案因比南线方案线路长、工程量大、投资多、工期长、施工技术难度大而被放弃。

1967 年 2 月 5 日，韶山铁路工程全线开工。

4.5.3 韶山桥

韶山铁路跨省道 S325 线(原省道 1823 线)的韶山桥，又称红太阳桥，如图 4-9 所示。桥中心里程位于铁路 K15+685 m 处，是全线的重点工程，湖南省交通厅公路工程局第一工程队负责施工，长沙铁道学院桥隧系学生全程参与建设。

韶山桥为钢筋混凝土结构的双曲拱桥，跨度 25 m，拱肋现浇，拱波预制拼装，下部为石墩台；于 1967 年 2 月动工，同年 6 月竣工，它是新中国铁路桥梁建设史上第一座 25 m 大跨度的空腹双曲拱桥，从建设开始到建成，该桥一直是铁道部桥梁研究实验室的跟踪项目。

建桥开始时由于工期紧的缘故，对地基只进行了钎探，就根据两头的山上有岩石露头现象，错误地判断地面以下 3 m 处一定是岩层。结果施工开挖至设计标高未发现岩层，又加深 1.6 m，仍不见岩层，临时调来钻机钻探，钻至 25 m 深仍没有遇到岩层。为慎重起见，工程指挥部邀请国家建工部、铁道部基建总局、铁道部专业设计院、铁道部第四设计院、广州铁路局、长沙铁道学院、湖南省交通厅科研所和规划设计院的专家和工程技术人员，实地研究解决双曲拱桥的有关技术问题。3 月 3 日研究决定，采取保留双曲拱桥方案。具体措施是：①以地基承载力为准，扩大桥台基础；②台后挖空和扩宽，使恒载作用下地基均匀受压，以防止不均匀下沉；③桥台先砌高，使基础先完成部分下沉；④注意夯实后台填土；⑤将原来无铰结构形式改为双铰拱；⑥采用千斤顶预顶的方法，调整拱圈应力，拱顶拱肋拱板接缝处配置剪力钢筋，以加强全桥结构的稳定性。

该桥运营了 50 多年，一直保持良好状态，目前仍在使用中。

注：照片正面栏杆上镶嵌标语“毛泽东思想永远放光芒”；背面标语为“全世界人民大团结万岁”

图 4-9　韶山桥(红太阳桥)

4.5.4　韶山铁路的创新与贡献

韶山铁路采用当时多项新技术和新产品，如钢轨是 25 m 长的新产品，韶山、银田火车站都使用自动控制和远程控制的行车设备；扳道岔、装行李全部自动化；铁路空腹双曲拱桥。

韶山铁路的总体格局具有前瞻性，如铁路不伸进韶山冲，留 5 km 距离，使参观群众有回旋余地；韶山站占地 15.4 万 m^2，建筑面积近 2 万 m^2，其中 3 个宽敞的候车室各 600 m^2，可容纳 1000 余人同时候车，另还有 2 个外宾休息室。

韶山铁路从破土动工到全线建成通车、投入正式营运，21.4 km 的铁路只花了 10 个月时间，取得了中国铁路建设史上的骄人成就。韶山铁路由设想变为现实，是个奇迹，在当时的条件下，一年完成勘测、路基、铺轨及通信等主配套工程，其速度也出人意料。建设周期虽短，但质量是一流的，这些都与全国支持分不开。

韶山铁路的通车运营，给毛主席家乡的发展创造了不可替代的条件，给去韶山参观、旅游的国内外客人提供了安全便利的交通，对韶山经济的发展、人文环境的提升有着积极和持久的作用。

2021 年，韶山铁路进行了升级改造。

将此工程建设事迹录于此书，以鼓励后学学以致用、敢于担当、德智体美劳全面发展。

［思政元素］毛泽东思想；理论联系实际；德智体美劳全面发展

［素材作者］盛兴旺

4.6　成昆铁路一线天桥

一线天石拱桥（图 4-10）位于成昆线北段，在关村坝和长河坝之间，跨越大渡河支流老昌沟。桥址两岸悬崖峭壁，沟深 200 余米，宽 50 余米，人在沟底仰望，只见一线蓝天，故称“一线天”。拱桥两端紧接隧道，地势异常险峻。

图 4-10　一线天石拱桥

桥址地质，沟底为冲积漂石土、卵石土、夹砾石土、粉粗砂，总厚度达 25 m 以上；两侧沟壁为震旦系灰岩，岩层局部形成平缓褶曲，节理发育，石质坚硬。昆明端沟底以上约 40 m 范围内岩层沿节理面崩坠，成为倒悬岩。

该桥孔跨 54 m，是我国跨度最大的空腹式铁路石拱桥，全长 63.14 m，具有民族传统的建筑结构形式。全桥总圬工量 1600 多立方米，各类拱石计 4930 块，拱石由从乌斯河至毛头马一带沿大渡河采集的花岗片麻岩加工而成，与附近山石浑然一体，显得格外壮观。

1965 年，西南铁路建设工地指挥部在制订成昆线铺轨进度计划时，发现倘若集中采用预制的梁部结构，仅架桥时间就需 1 年多，于是决定把一些梁桥改为石拱桥，以缩短架梁的工期和减少水泥长途运输，达到提前通车的目的；同时，决定抽集人员成立拱桥战斗组。该桥就是由简支梁桥改为石拱桥中的一座。

拱桥战斗组由第二设计院、第二工程局组成，长沙铁道学院实习队参加。设计负责人为杨定九、严庆宣、王承礼（长沙铁道学院桥梁教研组教师）。第二工程局第七工程处负责施工，党、政负责人为郭福顺、毛文礼，主管工程师为李仁政。主拱圈于 1966 年 7 月开始砌筑，同年 10 月建成，历时 99 天，施工较为快速。

主拱圈应力按固端无铰拱原理计算，主拱跨度 54 m，矢高 13.5 m，拱宽 4 m，拱顶厚 1.6 m，拱脚厚 2.815 m，拱轴线用悬链线。拱上结构选用等截面悬链线小拱，每端布置小拱 3 孔，跨度 5 m，矢跨比 1∶2，拱厚为 0.5 m，外观较为协调。外小拱一端伸入隧道内支承于岩石地基上，一端支承在主拱圈的支承墩上。为了使拱上结构与两岸岩层隔开，起伸缩缝的作用，中间一跨用三铰拱，内外两跨用无铰拱，如图 4-11 所示。

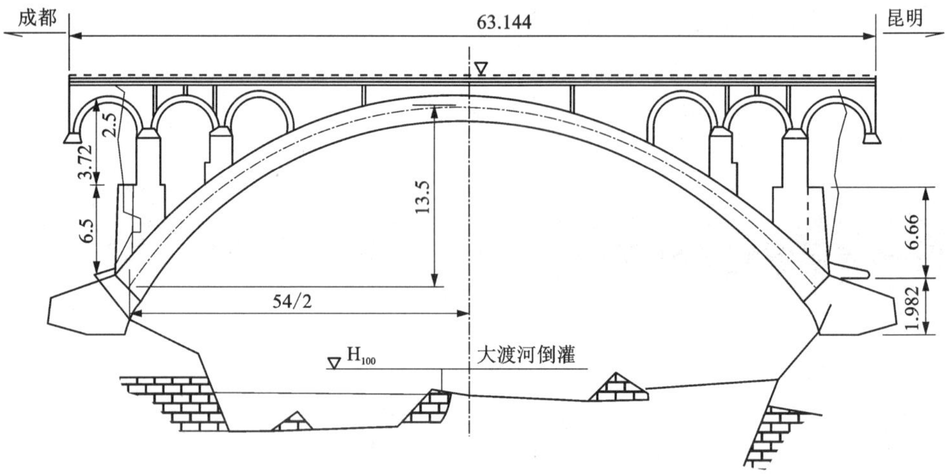

图 4-11　一线天桥桥式布置图（单位：m）

设计文件是按手算结果编制的。手工计算主拱变形时按裸拱计算，未考虑主拱与小拱共同作用的影响。为了验证手算结果，1978 年长沙铁道学院进行了电算复核。外小拱支墩位于变形很微小的主拱拱脚附近，近似固定端，共同作用与否关系不大，故手算与电算结果比较接近；内小拱则不然，主拱与小拱连接处正好是主拱刚度有明显变化的部位，电算考虑了这种刚度变化的影响，而手算未考虑，因此计算结果有较大的差异。对拱上结构的设计应考虑与主拱共同作用。

该桥施工时利用了丰沙二线永定河七号桥所用的常备桁式钢拱架，全桥拱架 6 片，按三铰拱计算。拱顶挠度小于 2 cm，有足够的刚度。片与片中心距 0.75 m，共 6 片，全宽与主拱圈宽度 4 m 相近。全部拱架总重 204 t。施工所用起重设备为缆索吊车，缆索直径 232 mm，跨度 86.2 m，每股缆索可吊重 2.9 t，共安设 6 股索道，可单独吊运也可并联起吊，使用效果很好。钢拱架组拼时，先拼装中间两片，合龙以后再拼装上下游各两片。拱架安装就位后，在其上安装楔形木及模板，并预留拱度。拱架刚度大，能承受主拱圈全部重力。

主拱圈分 5 段砌筑，如图 4-12 所示，先由两拱脚Ⅰ段起对称砌筑，拱架竖向位移值不超过±7 mm；当拱顶上升至限值时，即移至Ⅲ段自下而上安砌；当 1/4 处拱点上升或拱顶下降达限值时，即移至第Ⅱ段自下而上安砌。根据升降值的变化，在Ⅰ、Ⅱ、Ⅲ段间交替进行安砌。

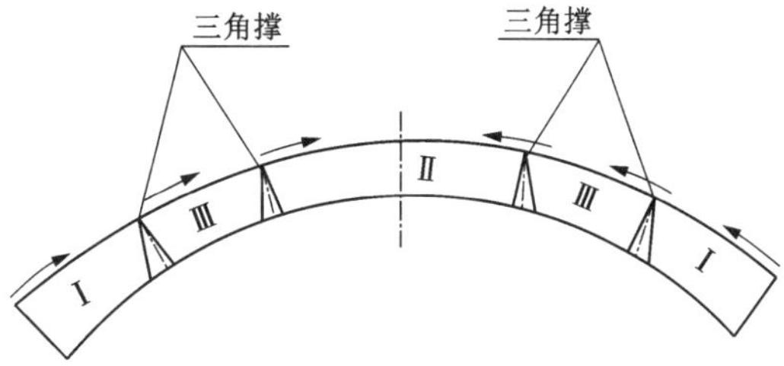

图 4-12　主拱砌筑顺序图

砌筑拱圈用半干硬性砂浆，设计强度 250 kg/cm²，试件 28 d 强度达 361 kg/cm²，保证了质量。主拱砌完 4 天，砂浆强度达设计的 70%时，填筑空缝。施工期间正值夏季，为了避免拱架受热膨胀，导致拱圈开裂，对拱架杆件进行喷水降温。拱架在砌筑过程中，下沉均匀，累计下沉量均在预加拱度范围之内。在主拱砂浆强度达设计的 70%时，开始砌筑拱上圬工及小拱，按上、下游两端对称进行，方法同主拱。

在施工中，工人们凿栈道、登绝壁、埋地龙、架缆索，用简单的设备巧装拱架，在 3 个多月的建筑安装过程中，做到了高标准、严要求，精心施工，确保了工程质量。作为重点工程，成昆铁路一线天桥的建设一直以来备受中央领导关注。1965 年 11 月，邓小平一行视察成昆铁路施工情况，来到一线天桥工地，系着保险索的拼装工人正将最后的钢梁吊起，灵巧地将大桥两边的半拱跨连成一个整体，目睹一道“长虹”在两山间升起，邓小平笑容满面，频频点头：“人民创造了历史！”

该桥经过几十年来的运营考验，各部位完好无损，结构性能良好。

一线天桥建设的经验说明，在深沟峡谷、地形地质条件许可的情况下，因地制宜，就地取材，节省钢材水泥，避免深基高墩，修建大跨度石拱桥是适宜的。石拱桥坚固耐用，无周期性大修作业，养护维修费用低，在山区修建中小跨铁路桥，可以充分发挥石拱桥的长处。

[**思政元素**] 艰苦奋斗；继承与发展

[**素材作者**] 李德建

4.7　成昆线旧庄河一号桥

20 世纪 60 年代，预应力梁在我国铁路建设中虽已广泛应用，但限于架设能力，预应力梁的跨度一直未能超过 32 m。1965 年 10 月，西南铁路建设工地指挥部作出决定：组成预应力混凝土梁战斗组，采用新型结构，追赶国际上发展迅速的大跨预应力梁施工水平。

参加预应力梁战斗组的有铁道部科学研究院，专业设计院，第一、二、三、四设计院，大桥工程局，第一、二工程局，以及兰州、长沙、唐山铁道学院，昆明铁路局，铁科院西南所，铁道兵第一、七、八、十师等单位的 50 余人。组长为程庆国，副组长为田宜鑫。

战斗组成立后，于 1965 年 10 月及 1966 年冬，先后选定相距约 447 km 的旧庄河一号和孙水河五号两桥为试验性工点。经比选连续梁、T 型刚构、铰接悬臂梁等方案，后者由于具有施工与运营荷载作用下的内力大体相同，梁体混凝土收缩、徐变不引起附加力和适应桥址处地质条件等特点而被采用。为探索不同施工方法的适应条件，旧庄河一号桥采用梁体块件预制的悬臂拼装法，孙水河五号桥采用悬臂灌注法施工。

旧庄河一号桥位于云南省禄丰县境内，坐落于大旧庄车站站外直线段 1.5‰的纵坡上。旧庄河为季节性河流，流入绿汁江，属元江水系，设计流量为 288 m^3/s，相应流速为 3.9 m/s，冬季水深仅 0.5 m，最大水深 5.9 m。根据对成昆线当时的进度安排，结合该桥所处的位置、地形及地质条件，战斗组选定该桥为该组设计的第一座试验桥，孔跨式样采用(24+48+24)m 铰接预应力混凝土悬臂梁，全长 106 m，如图 4-13 及图 4-14 所示；梁体用预制块件，悬臂拼装法施工；墩、台均为明挖基础。

图 4-13　旧庄河一号桥全景

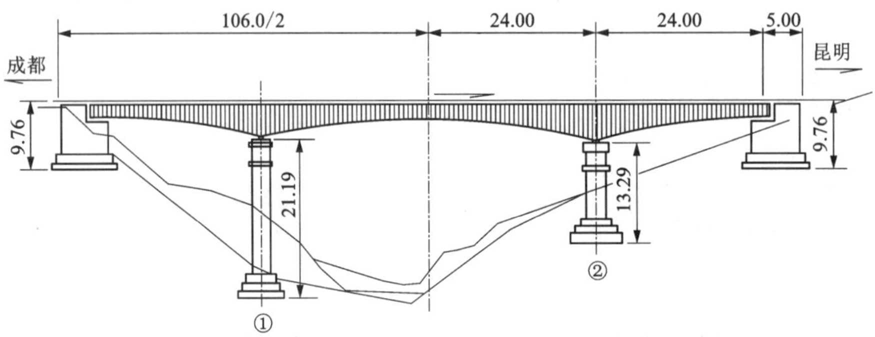

图 4-14　旧庄河一号桥桥式布置示意图(单位：m)

1965 年 10 月开始设计，铁道兵第八师四十团施工，党、政负责人为赵永涛、林均彩，技术负责人为颜延富。在边设计、边试验、边施工的情况下，1966 年 5 月开始预制梁段，同年 11 月全桥竣工，1970 年 7 月正式投入使用。

铰接悬臂分为支承在 1、2 号主墩活动支座上的两个对称 T 形单元，每单元由两肢长 24 m 的悬臂组成。伸向河心的两肢用剪力铰连接，形成跨径 48 m 的主跨。边跨端支承由特设的制动支座和预应力混凝土柔性锚柱所组成。两片 16 cm×25 cm×340 cm 锚柱的上、下两端，分别灌注入台体及梁体的混凝土中，形成整体；并用预应力钢丝束相连接，以承受正、负支点反力及横向水平力。这样的结构体系，在恒载下为静定结构，在活载作用下，由剪力铰传递剪力是一次超静定结构。

梁部设计活载等级采用中-26 级。梁体采用 400 号混凝土，截面为单箱型，梁部顶面水平，纵向下缘采用 1.5 次抛物线，高度由悬臂根部 4.39 m 向端部递减，递减为 2 m 的变截面。

梁体悬臂拼装，除墩、台顶梁段就地灌注外，其余梁段均为预制。梁段划分及质量如图 4-15 所示。用悬拼吊机自主墩向两端逐段对称吊装，用环氧树脂胶拼并施加预应力联接。为调整梁的方向和挠度，每单元特设了 2 道宽 7 cm 的用快干水泥拌制现浇的“湿接缝”。

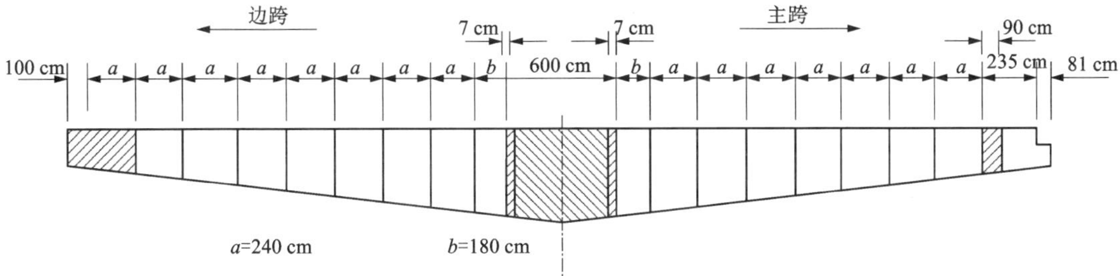

预制梁段质量/t	23.0	25.7	24.5	28.3	26.7	31.6	29.4	28.0		28.0	29.4	31.6	26.7	28.3	24.5	25.7	23.0		22.9

图 4-15　梁段划分图

预应力钢丝束顶部分层设在宽 206 cm、深 14~24 cm 的明槽内；底部采用预留管道，上、下均锚固在梁内侧的锯齿板上。每一钢丝束由 18 根直径 5 mm、抗拉强度 15000 kg/cm^2 的高强度钢丝组成，悬臂根部使用 110 束，端部随受力的减小而相应减少。因布束简单，施工方便，用弗氏千斤顶张拉。

为保障梁段的连续性、接缝密贴，每个预制台座上的梁段，按编号奇数、偶数相间先后灌注。在前一批梁段端面涂石灰水，作为后一批梁段的端模。

梁段拼装采用定位器准确定位后，再张拉顶板上的钢丝束以保持梁体稳定，底板上也张拉一定数量的临时钢丝束，使接缝内的胶合剂压紧固化，保证接缝的质量。

在该桥建造过程中，做了锯齿板锚固能力试验、柔性锚柱试验、中间铰粗钢筋(44Mn2Si)试验、环氧树脂黏剂试验及明槽防水性能试验等。

该桥建设过程比较顺利，从设计到竣工只用了 1 年零 1 个月，悬拼速度最快时，每昼夜完成 1 对桥段(长 4.8 m)。

1977 年底至 1978 年 3 月，进行了检定试验，试验列车由两台东风 2 型内燃机车连挂组成，分别对梁体受力工作状态、柔性锚柱和预应力铰的工作性能做静载、动载试验，试验表明桥梁结构性能良好，但仍存在下列情况：梁的悬臂下垂度偏大(跨中下垂度为跨度的 1/700)，主梁横向自振周期偏大(计算值为 0.35 s，实测值为 0.66 s)。

旧庄河一号桥是我国第一座悬拼法预应力混凝土铰接悬臂梁铁路桥。该桥的修建，为我国铁路预应力梁的发展积累了经验，达到了当时同类型铁路桥梁的国际水平。悬臂施工预应力梁分组由铁科院、铁一院、铁二院、铁三院、中铁大桥局、郑州铁路局、铁道兵、西南交通大学、兰州铁道学院和长沙铁道学院等单位派人组成，负责旧庄河一号桥设计与施工。长沙铁道学院桥梁教研组姜昭恒、裘伯永等参加了该项工作，具体负责桥墩设计与施工，参加下部结构设计复核以及其他施工工作，历时 1 年。该桥成果获得 1978 年的全国科学大会奖和湖南省科学大会奖。

[**思政元素**] 技术革新；敢为人先

[**素材作者**] 李德建

4.8 自主设计的天津大红桥

大红桥(今称老红桥)位于天津红桥区北营门外大街北口与北河口之间，北运河和子牙河将要汇合的地方。大红桥原是一座木制拱桥，在今天的大红桥以东，1888 年改建为铁桥，桥为单孔拱式结构，由 4 根拱肋组成空腹式拱架，跨径约 50 m，两岸桥台用条石砌筑。因考虑到桥下行船，桥面很高，颇似长虹，故称为“虹桥”，人们俗称之为“大红桥”。大红桥建成后，因桥面太高，纵坡很徒，往来车辆须前后推挽，非常吃力，且跨径太小不能适应泄洪需要。1924 年天津发大洪水，首先冲垮护岸和桥台，致使大红桥钢架全部沉入水中。后来几经打捞，但仍有半数残骸陷入河底淤泥之中。

桥塌之后，人们在原地修建了一座浮桥以维持交通，直到大红桥倒塌近 10 年后的 1933 年才开始筹建新桥。新桥修建由当时著名设计师李吟秋主持，英国营造商承建，建造时工程技术人员吸取了旧大红桥倒塌的教训，加固了护岸，并使桥长增加 20 m。大红桥桥长 80.74 m，分 3 孔，跨径为(12.75+57.37+7.12)m，右岸 12.75 m 跨孔为人力启闭单叶立转式开启跨，主跨为系杆拱钢结构。下部为钢筋混凝土墩、台，基桩采用美国松木桩。桥面宽 12.66 m，其中车行道宽为 5.5 m，两侧人行道各宽 1 m，非机动车道宽各 1.58 m。大红桥自 1937 年建成至今运营状况良好，如图 4-16 所示。

(右图为 1936 年大红桥施工情景，正中站在钢板上的是工程主持者李吟秋)

图 4-16 天津大红桥

1964 年，大红桥曾经进行过大修并将平衡坨拆除，现已不能启闭，道桥部门其后也曾多次对该桥进行维护。大红桥重建后近半个世纪，人们一直计划拓宽此桥，但最终未能完成，至今大红桥两侧尚有准备扩建而遗留的桥墩。

作为当时北来南去的要道，大红桥的周围逐渐形成居民区，历史沿承到后来成为一个地区的代称，以致如今的红桥区也因此桥而得名，直到现在，此桥两岸也是人口密集区。大红桥被列为天津市近现代重要史迹及代表性建筑(市级文物保护单位)。

图 4-17　李吟秋先生

该桥设计师李吟秋先生(图 4-17)1900 年 12 月 12 日生于河北省安县的一个书香世家。青少年时代，他就学于北京汇文教会学校，因成绩优异，以当时直隶省第一名的成绩直接考入清华学校高等科(清华大学前身)。1922 年他被公派留美，先后毕业于伊利诺伊大学铁道工程专业、康奈尔大学水利工程专业，并入普渡大学研究院攻读桥梁建筑及结构学，分别获得学士、硕士学位。1929 年至 1937 年，李吟秋历任天津市政府技正兼华北水利委员会委员、工程师，天津工务局局长等职务，兼任北洋大学、工商学院等教授，对天津的水利、市政建设做出诸多贡献(包括大红桥设计)。抗战时期，他来到大后方的云南，积极参与筹建川滇铁路、滇缅铁路；又受云南省政府主席龙云之托，负责筹备和勘测石屏至车里、佛海的石佛铁路(任处长、总工程师职)，并任中印公路(史迪威公路)第六工程处副处长。这些工作圆满完成后，他返回昆明铁路局任正工程师。抗战胜利后，李吟秋除在滇越铁路管理局任副总工程师外，主要精力用于教学，后又应著名数学家、云南大学校长熊庆来之委托，组建云南大学铁道管理系(后改为铁道系)，并任系主任；1949 年任云南大学工学院院长，为专一教育事业，辞去了铁路管理局工作。

1953 年 8 月，李吟秋率领云南大学铁道系师生，奔赴湖南长沙，参与组建中南土木建筑学院工作，历任铁道运输系、铁道建筑系副主任。1954 年他被选为湖南省科协主席；1956 年升任二级教授，成为国务院首批批准的，当时中南土建学院的第一位带硕士、副博士研究生的导师。1960 年长沙铁道学院成立，同年李吟秋调入，先后担任铁道运输系、铁道工程系主任，院务委员会委员。李吟秋先生长期从事铁路和市政部门的技术工作与高等教育管理工作，对铁路选线设计，特别是窄轨铁路有专门研究，出版著作《市政工程》《凿井工程》《窄轨铁路选线与设计》等，与王学业老师一道翻译俄文版《公路学》，编写教材《铁道建筑》《铁路选线设计》和《铁路设计及改建》等。李先生于 1983 年 3 月逝世，终年 83 岁。

[思政元素] 家国情怀；文化传承

[素材作者] 周智辉

4.9 长沙湘江大桥的建设

“堤谓之梁，石杠谓之徛”“徛者，步桥也，聚石水中，以为步渡，彴也”，这是古代文献《尔雅·释宫》及其注疏中关于桥的最早记载。几千年来，在我国国土上，各种桥梁高悬低卧，千姿百态，有的雄跨山涧，有的飘逸水乡。每一座桥都凝聚着一代能工巧匠的智慧和艰辛。被誉为千古奇迹的赵州桥，至今仍雄跨在洨河上，已有1400多年的历史，其拱上叠加腹拱的桥型，是我国有文献记载以来在世界桥梁史上拥有的第一例首创，比西方出现这种形式的拱桥要早1200多年历史，这是中华民族的骄傲。

1964年7月，苏松源在无锡县东亭板桥浜上建成了“东拱桥”，桥宽1.5 m，长13 m，单孔净跨9 m，这是世界上第一座双曲拱桥，是我国在世界建桥史上的第二例首创。桥梁专家茅以升曾经说：“除赵州桥外，双曲拱桥是中国建桥史上的又一大奇迹。”1973年，上海科教电影厂制成《双曲拱桥》专题片，1978年邮电部发行特种邮票(T31)，其中有一枚是双曲拱桥，豪迈之情溢于言表。

1972年建成的长沙湘江大桥(现名为橘子洲大桥)全长1250 m(含河东引桥)，主桥17孔，18个墩台，是一座最长的双曲拱桥，如图4-18所示。大桥如一道彩虹，飞越橘洲，连接两岸，与麓山、湘水映照，装点妖娆江山，是双曲拱桥建设成就的代表之作。

图4-18　长沙湘江大桥(现橘子洲大桥)

4.9.1　总体设计

双曲拱桥，其主拱圈由拱肋、拱波、拱板和横向联系构件几个部分组成，外形在纵、横两个方向均成弧形曲线，故而称为双曲拱桥。该桥型美观简洁，具有民族特色，有造价低、承载能力强、施工周期短、施工方便等优点，适合当时的国情，因而在全国得到广泛推广。

1971 年 5 月，国家交通部批准建桥后，长沙市成立了长沙湘江大桥工程指挥部，设计由工程部设计组完成。设计组的主要骨干由湖南省陆运公司测设大队(今湖南省交通规划勘察设计院有限公司)、湖南大学、长沙铁道学院的老师和部分老工人组成。设计组人数最多时有 100 多人，成员的平均年龄为 30 多岁，长沙铁道学院桥梁教研组姜昭恒老师全程参加了大桥的设计与建设。

大桥设计原则：实用第一，经济第二，美观第三。

当时我国国民经济条件比较困难，钢材、水泥等建材紧缺，造不起昂贵的桥，整个工程预算仅 2000 万元。结合双曲拱桥的各种优点，经多方比选，大桥方案确定采用双曲拱桥这种新桥型。

长沙湘江大桥的桥孔布置综合考虑了桥址处水文、地形、地质、通航、经济、施工、战备等客观因素的要求。

桥梁通航孔通常布置在水较深的主河槽。若这样设计，大桥最高点和通航孔就靠近河东岸，河东引桥将伸到五一广场。设计组经访问咨询，了解到船只在枯水期可以行驶于靠近东岸的主河槽，但在洪水期主河槽水深流急时，船只行驶在靠橘子洲岸的水流较平缓区段更方便安全。因此，通航孔布置在靠近橘子洲的西岸更合适。当时人们交通出行主要是靠自行车、板车及步行，设计组特意把桥纵向坡度设计得很小，进而确定了全桥的高程、坡度和桥长等。

设计活载采用汽-20，挂车-100，人群荷载为 350 kg/m^2，是当时国内的最高活载标准。桥面宽最初批复是车行道 12 m，两边各 2 m 的人行道，总宽 16 m，设计组认为大桥位于长沙市城市的中轴线上，也是湖南最重要的一条交通干线的组成部分，应该加宽。经反复论证及反复说服工作，最终取中间 4 车道 14 m 加两侧各 3 m 人行道，总宽 20 m 的桥面宽度。

湘江长沙段属于当时的二级航道，要求能通航 2000 t 船舶，单线直线航道须满足 40~100 m 宽。主河槽(东河槽)水面宽约 500 m，水陆洲上 100 m，分孔方案主要有 8 孔 76 m 与 6 孔 100 m 两种。从外形上看，6 孔 100 m 肯定比较美观，对当时及未来的通航条件更好，但受吊装设备能力、质量控制及经济制约，最终选用了东河槽 8 孔 76 m 方案。西河槽不设通航孔，顾及战时及自然灾害发生时桥梁破坏后的抢修，跨径的选择要与当时拼装式钢桁梁的最大跨径相匹配，一般以 50 m 为限制的条件，采用了 9 孔 50 m 的跨度组合。东岸引桥设(18+20+23+27)m 的 4 孔小跨度拱桥与引道连接。最终孔跨组合方案为(18+20+23+27+8×76+9×50)m，主桥总长 1250 m，桥宽 20 m。

此外，为了橘子洲的通行，在正桥 8 号桥台南侧引出 10 孔双曲拱支桥，跨度为(6×30+4×20)m，全长 282 m，宽度 8.5 m。该支桥于 2011 年因地铁建设需要被拆除，现移位新建为梁桥。

主拱线形：76 m 跨的普通跨采用矢跨比为 1/8 的等截面悬链线，拱轴系数 $m=2.24$，通航跨采用矢跨比为 1/7.676 的等截面悬链线，拱轴系数 $m=2.814$；50 m 跨采用矢跨比为 1/6 的等截面悬链线，拱轴系数 $m=2.24$。

拱圈截面为组合截面，由拱肋、拱波、拱板等组合而成，拱肋之间由纵向间隔的横向联系梁连接，如图 4-19 所示。全桥的主拱肋、拱波、腹拱圈等全部设计成拱结构，如图 4-20 所示，拱的运用达到了极致。

拱上建筑，一方面为了尽可能节省材料，要减轻拱上质量；另一方面又要尽可能使压力线与拱轴线的偏移值较小，墩上的 76 m 跨的 1、2 号以及 50 m 跨的 1 号腹拱墩采用排架式，横向 5 根立柱，其余则采用立墙式。立柱(墙)上设腹拱，拱圈采用厚为 20 cm 的钢筋混凝土板拱。

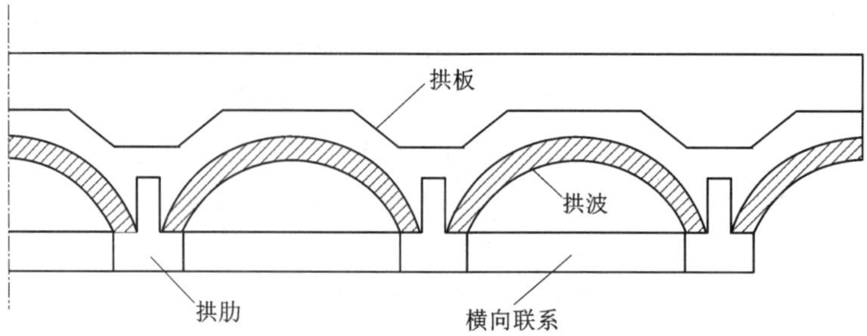

图 4-19　主拱截面

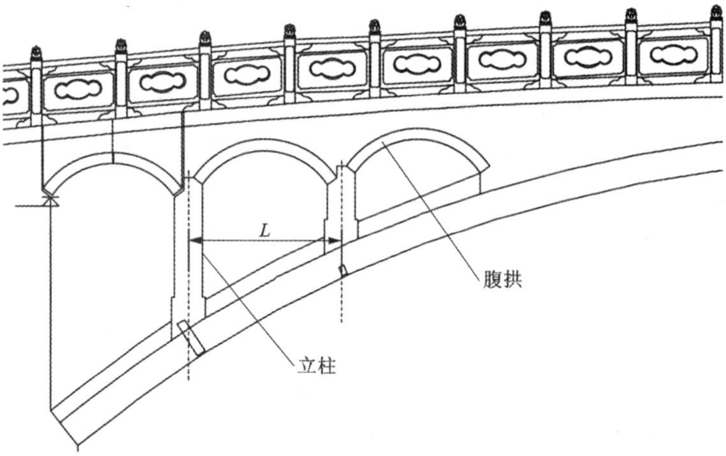

图 4-20　拱肋典型构造示意图

全桥共有墩台 33 个(正桥 18 个，引桥 5 个，支桥 10 个)。正桥 18 个墩台中，东西两端为 0 号及 17 号台，正桥与支桥联接处为 8 号台；4 号及 13 号墩为制动墩；其余 13 个为普通墩。

根据桥位处的水文、地质情况和施工设备条件，正桥采用了扩大基础、沉井基础。东岸引桥 5 个墩台，分别采用钻孔灌注桩和挖孔灌注桩基础，正桥和引桥的墩台基础都直接嵌于红砂岩或钙质砂质页岩等岩盘上。位于橘子洲上的支桥 10 个墩台全部为沉井基础，奠基在地表下 9 m 左右的砂砾层上。

4.9.2　施工组织

1. 施工方法

正桥深水基础采用钢板桩围堰方法、浅水区采用土围堰方法施工，沉井基础采用就地下沉式方法，灌注桩采用钻机钻孔施工方法进行。

主拱肋采用了大跨度双跨连续缆索无支架吊装，可一次架设正桥拱肋与拱上构造的预制件，吊装如图 4-21 所示。

2. 勤俭节约、无私奉献、众志成城

湘江大桥于 1971 年 9 月 6 日开工。限于当时经济基础较差、机械化程度太低的客观条件，长沙人民采取了人海战术和义务劳动的办法，整整一年，前后有 80 万人次参加了该桥的建设。建桥职工自带雨具、被盖、日常生活用品投入建设，展现了高涨的工作热情。

图 4-21　主拱肋吊装

当时长沙绝大部分年轻人都参加过大桥修建的义务劳动，很多人只要一有空就自觉来到工地干上一阵子。有许多学生妹子，初中一毕业就编到连队中，当年还只有十五六岁的她们主要负责湘江大桥工地上的挑沙运土工作。湘江桥面下，有一层防水层，上面铺的是炉渣，就是她们当年一肩一肩把炉渣挑到湘江大桥上的。有一天夜里，她们突然接到通知，说湘江最近几天就要发洪水了，要求赶在洪水到来之前，把河滩上的沙子全部挑到河岸上。为保住沙子不被冲走，这些学生妹子挑了三天三夜，晚上就睡在河堤上，躺在扁担拼成的“床”上。对于她们而言，参与修建湘江大桥应该是一段美好的青春生活。有的小学生也参加了湘江大桥的扫尾工作，他们被安排去擦湘江大桥的栏杆、灯柱。

修桥的那段时间，橘子洲上真的是人山人海！工地上每天都是热火朝天。如果一个桥墩建好了，广播就响个不停，要把好消息传播到所有干活人的耳朵里。人人都愿意为修桥出力。有些群众还特意在家门口摆上茶壶和杯子，谁要喝自己倒就行了，都不用跟谁打招呼。

当时计划 1 年建好大桥，就必须在第二年春季洪水汛期前建好主桥 18 个桥墩。湘江大桥 18 个桥墩分别采取深水桥墩打钢板桩、浅水桥墩围堰明挖、滩头桥墩浇筑沉井等多种施工办法，全面开花，齐头并进，仅用半年左右时间，便在 1972 年 3 月成功抢建出湘江大桥 18 个桥墩。

那时常常能看到当一个个墩位围水以后，千百人上阵，人挑锄挖，众人撼山的情景，很快就把沉井打到岩层，有的基坑中淤泥齐腰深，参加湘江大桥建设的民兵们就带上提桶、面盆，下到冰冷的淤泥中，排成一条长龙，顶着凛冽的寒风，盆端桶舀，把淤泥传递出坑，淤泥清理干净后，即开始清基凿岩，凿掉风化岩，把坑底的岩石洗刷干净。有的同志为把岩石缝隙中的沙石清除掉，没有合适的工具，就用手指抠，指尖被泥沙磨出了血也不叫苦。

在湘江深水区，曾遭遇最大拦路虎——湘江大桥最大制动墩 4 号墩沉井在下沉中严重开裂。当时面临两种选择，一是炸掉重来，二是加固下沉。1 万多工人、民兵举行大讨论，最后，两个老桥工提出沉井底部加“反刃角”方案，破裂沉井经摆平放正，合拢裂缝，然后加固继续下沉，最后用 9 天时间，将 4 号墩沉井沉到岩层。

4.9.3　大桥记忆

长沙湘江大桥建成通车的典礼于 1972 年 9 月 30 日举行。长沙两万军民隆重举行通车剪彩典礼，进行了庆祝游行。游行队伍以3辆彩车为前导，近百辆满载工农兵代表的汽车徐徐通过大桥，汽车后面是手持花束、载歌载舞的群众队伍。

湘江大桥的通车结束了长沙人过江靠木筏和渡船的历史。大桥建成后，交通部做了几次测试，认定大桥的载重超过了设计载重能力。大桥修建取得了成功，得到中外专家高度评价，认为大桥设计与湘江景观协调，跨径适当，安全经济，造型美观，兼顾通航能力，工程速度快，节约投资。1978年，中国邮政专门为湘江大桥发行邮票小型张《公路拱桥——长沙湘江大桥》。1980年，该桥获第一届国家优秀设计金质奖。

[**思政元素**] 人民就是江山；众志成城

[**素材作者**] 乔建东

4.10 湘江三汊矶大桥的设计

长沙湘江三汊矶大桥于2004年4月30日动工兴建，2006年6月8日完成主桥合龙工程，2006年9月1日通车运营，是长沙市连接岳麓区与开福区的过江通道，也是长沙市二环线贯通的重要节点。湘江三汊矶大桥全长1577 m，主桥为跨径组合(70+132+328+132+70)m的自锚式悬索桥。主梁全宽35 m、高3.6 m，中跨主缆矢跨比1/5。东、西塔柱自承台顶起算分别高104.453 m、106.159 m。吊索间距9 m，全桥共122对吊索。建成后的湘江三汊矶大桥如图4-22所示。

从方案设计、技术设计到施工设计，中南大学全程承担了长沙湘江三汊矶大桥主桥的设计任务，大桥的建成是桥梁工程系戴公连教授和李德建教授课题组理论研究与工程实践的完美体现，参与的其他教师有宋旭明、唐冕、方淑君。

图4-22　长沙湘江三汊矶大桥

4.10.1　桥式方案设计

在桥梁方案设计竞赛阶段，根据“一桥一景”的设计指导思想，湘江长沙段已经有拱桥、斜拉桥和梁桥等不同桥型(图 4-23)，考虑到悬索桥结构轻巧、造型美观大方，具有“桥梁皇后”的美誉，而湘江长沙段为三级航道，无须超大跨度的地锚式悬索桥，课题组在综合考虑地形、通航、受力与景观的条件下，推荐了自锚式悬索桥方案，获得一致认可。

(a) 橘子洲大桥(一桥)　(b) 银盆岭大桥(二桥)

(c) 黑石铺大桥(五桥)　(d) 猴子石大桥(三桥)

图 4-23　长沙跨湘江的大桥

设计之初，钢箱梁自锚式悬索桥在国内应用很少，既无相关设计规范，也没有构造细节可供参考。课题组查阅了大量国内外文献，与中铁大桥局设计院、天津市政设计院、长沙市规划设计院等单位的相关技术人员进行深入沟通探讨，实地考察日本此花大桥、天津子牙河大桥等自锚式悬索桥，研究了自锚式悬索桥的结构体系、静动力性能、局部构造和施工工艺特点，制定了整体模型试验、抗风试验、主缆锚固区试验等科研课题大纲，完善了钢箱梁自锚式悬索桥的设计和施工细则。

设计过程中，考虑到湘江三汊矶大桥位于浏阳河、捞刀河与湘江的交汇口，桥位处江中有一龙洲，枯水期龙洲露出水面宽度为 300 m，为了尽量减小桥梁对通航的影响，大桥中跨拟定为 328 m，边跨为 132 m，东桥塔设于龙洲上，便于桥塔的施工。三汊矶大桥采用钢箱主梁，主梁质量相对较小，如采用三跨式悬索桥，则主缆锚固处将出现较大的负反力及梁端转角。若增设 70 m 的外伸跨，主梁形成五跨连续结构，则可显著减小边墩因主缆锚固而产生的上拔力及梁端转角，因此，主梁最终采用了五跨连续梁方案，形成(70+132+328+132+70)m 的跨径组合。

4.10.2 设计理念与创新

地锚式悬索桥主缆矢跨比较小，一般为1/12~1/9，以增大主缆拉力，获得较大的整体刚度。与之相反，自锚式悬索桥是自平衡体系，对于活载而言，相当于外部超静定梁，矢跨比越大，类似支点梁高越高。因此，自锚式悬索桥采用较大的矢跨比不仅可以减小主梁的轴力，还能够减小主梁跨中弯矩，提高结构整体刚度，矢跨比大多在1/8~1/5。设计过程中对中跨主缆分别采用1/6、1/5.5、1/5三种矢跨比进行对比计算，结果表明虽然较小的矢跨比可以减小主缆长度及桥塔高度，但增大了主缆拉力及主梁轴力、弯矩，增加了主缆及主梁截面用钢量。三汊矶大桥最终选用1/5的主缆矢跨比，取得了较好的受力性能及经济指标。

三汊矶大桥设计过程中还对主梁截面形式、纵向约束、主缆锚固方式等构造进行了详细分析比较。风洞试验表明，带风嘴的扁平钢箱梁可有效减小主梁的阻力系数和升力系数，提高桥梁的抗风稳定性，且受力性能良好，线形流畅，是三汊矶大桥的合理主梁形式。钢箱梁通过支座支承于桥塔下横梁之上，钢箱梁与桥塔间可考虑设置纵向活动支座加阻尼器、设置纵向固定支座、仅设置纵向活动支座的不同约束方案，计算表明纵向活动支座加阻尼器的方式使塔柱受力均匀，减小了塔柱基础受力，因此，该约束方式成为实施方案，在两个塔柱与主梁间分别安装了2个MSTU抗震阻尼器。三汊矶大桥主缆由37束预制索股构成单缆，单缆散索后锚固于主梁。因此，主缆锚固系统是自锚式悬索桥的关键构造，对整体的结构体系和局部的受力状态都有重要影响。设计过程中对全焊钢锚箱、混凝土锚箱、铸钢锚固块三种锚固方案进行了比较。全焊钢锚箱构造简洁，受力明确，避免了混凝土锚箱局部压应力过大易导致开裂的现象，以及克服了铸钢锚固块铸造困难、造价较高的问题，且主梁在锚固区的梁高无须增大，保证了梁体的线形及施工的方便，成为最终选用的方案。为了提高主缆锚固的可靠度，课题组成员夜以继日，不断优化锚固区局部构造，提出了各锚固垫块相互咬合、部分钢箱梁纵向加劲肋外置等创新性的构造措施，并通过试验验证了锚固的可靠性。

自锚式悬索桥的施工顺序与地锚式悬索桥有很大的不同，其主缆和吊索的安装必须在主梁安装后进行，不能利用主缆进行主梁的吊装。考虑到桥下通航的要求以及钢箱梁既能受拉也能受压的特点，顶推施工成为三汊矶大桥主梁最佳的施工方案。三汊矶大桥主桥西侧水位较深，便于运输钢箱梁节段的船只通行；东侧水位浅，不利于航运，故顶推平台设于西侧70 m次边跨，由西向东单向顶推。在132 m边跨各设置1个临时墩，中跨设置4个临时墩，顶推最大跨度77 m。悬索桥主缆成桥线形与空缆线形相差较大，大多数吊索不能直接安装到位。与常规自锚式悬索桥的吊索采用接长杆进行张拉安装的方式不同，三汊矶大桥采用无应力法安装吊索，即吊索在不张拉的情况下安装就位。计算表明，边跨吊索只需按先安装短吊索再安装长吊杆的顺序，利用吊索自重产生的垂度即可安装到位。中跨跨度大，钢箱梁刚度相对较小，可在中跨顶推临时墩处顶升主梁，然后安装吊索。吊索按其无应力长度安装就位后，将主梁分级下降，根据吊索力及主缆线形调整塔顶鞍座位置直到临时墩处千斤顶与主梁脱离。三汊矶大桥采用无应力法安装吊索，避免了反复张拉吊索的过程，极大地提高了施工效率，全部244根吊索在一个星期内安装完成。

长沙湘江三汊矶大桥在自锚式悬索桥结构体系、主梁截面形式及纵向约束方式、主缆锚固方式、吊索的连接构造等设计构思方面作了有益的尝试；在钢箱梁的制造及安装、吊索的安装等施工过程中采用了一些独特的施工工艺，可为同类型桥梁的设计及施工提供参考借鉴。大桥自 2006 年 9 月竣工通车以来，在缓解长沙日益繁重的交通压力方面发挥着越来越重要的作用，成为长沙市的一道亮丽风景线和一座标志性建筑，它完美诠释了中南桥梁人“知行合一、经世致用”的治学理念。

[思政元素] 理论与实践结合；经世致用

[素材作者] 宋旭明

4.11　中南大学新校区桥梁的设计理念与实践

中南大学新校区位于岳麓山风景名胜区，北靠岳麓山，东临湘江，西至二环线，与校本部和南校区相连，占地 60 万 m^2，新校区将为 3 万名学生、3000 名教职工提供教学、科研、生活服务，形成一个功能齐全、设施先进的新型大学校园。中南大学将利用新校区得天独厚的麓山湘江自然风光与多年历史积淀的人文学术氛围，打造出一个内蕴丰富、环境优美、适宜教学、具有国际水准的一流大学城。

新校区规划中，有人工天鹅湖和玉带河等水域，需在这些水域上建设系列桥梁，中南大学桥梁工程系发挥学科优势，践行“学以致用”“实践出真知”“服务社会”等教育理念，由盛兴旺教授带领青年教师杨鹰和研究生团队积极承担新校区桥梁设计任务，研究生们在参加科研项目、攻读学位的同时，圆满完成了学校委托的新校区桥梁设计工作，其他参与设计的人员有：2005 级薛洪卫、张杰，2006 级谢海涛、姚君芳、章开东、罗劲松，2007 级李金光、张同飞、许波、黑文豪。

4.11.1　方案设计理念

2007 年，按学校要求，开展新校区 9 座桥梁的方案设计，报学校审定后，决定实施 6 座桥梁的建设。2008 年，完成此 6 座桥梁施工图设计，设计文件取名为“中南大学新校区 1～6#景观桥”。建设过程中，体育场到后湖路道路上的 5#景观桥因种种原因，被修改为涵洞结构，4#、1#桥历经多次变更。下面简要介绍 5 座桥梁的设计概况。

5 座桥梁均位于天鹅湖和玉带河上，有的贯穿天鹅湖水体，连接教学楼核心区与校园东大门的人行交通枢纽；有的打造玉带河上的亲水景观，与校园自然景观浑然天成。5 座桥梁的基本情况见表 4-2，校园文化建设中，取定新的桥名，桥名取自中南大学校风“向善、求真、唯美、有容”和《礼记・大学》。

表 4-2　中南大学新校区桥梁基本情况

桥名	桥型	桥长/m	桥宽/m	分孔布置/m	建成年份
求真桥	混凝土拱桥	171.0	18	12+16+18+20+24+20+18+16+12	2011 年
笃行桥	预应力混凝土连续箱梁桥	96.08	15	15+3×20+15	2009 年
致知桥	预应力混凝土简支梁桥	31.04	13	20	2009 年
有容桥	预应力混凝土空心板梁桥	26.04	16	20	2009 年
向善桥	预应力混凝土连续梁桥	46.0	10	2×20	2010 年

方案设计开始时，新校区建设指挥部要求执行的设计理念是尽可能地采用“高大上”的景观桥梁设计，以体现中南大学创新、争锋、大气的办学思路。

方案设计过程中，设计团队因地制宜、实事求是，兼顾功能要求、景观要求和经济性，为每座桥梁设计了 3 个不同经济性层次的方案，报校方审批。校务会审批后，决定在满足使用要求的前提下，用较低的成本建设美观大方的校园景观，采用梁桥、拱桥等传统结构，并与新校区校园风光融合协调。

图 4-24　求真桥效果图

设计团队提交并被选定的桥梁方案效果图如图 4-24～图 4-28 所示，方案批文中特别要求，将笃行桥桥面上的装饰与绿化、向善桥上的凉亭全部取消，形成简洁美。

图 4-25　笃行桥效果图

图 4-26　致知桥效果图

图 4-27　有容桥效果图

图 4-28　向善桥效果图

4.11.2　设计理念的实践

1. 求真桥——起伏皇冠映入水，横越玉带寓腾飞

求真桥贯穿校园玉带河-天鹅湖水体，是连接教学楼核心区与校园东大门的交通枢纽，也是校园核心景观。桥梁线形起伏舒缓，倒映湖中，宛如灿烂皇冠，也寓意着中南大学在科学技术发展的历史洪流中锐意进取，摘取科学桂冠的宏图大志。顺桥向“皇冠”造型及夜景灯光的绚丽使桥梁将成为湘江风光带上的一颗明珠，也彰显着中南人的学术品格。

原方案设计中采用 11 孔带侧墙的不等跨连拱造型，并完成了施工图设计，后考虑到三校合并组建中南大学，且我国文化中数字“9”有永恒之意，变更为 9 孔。全桥桥长 171 m，桥梁全宽 18 m，净宽 17 m，两侧各设 0.5 m 宽的栏杆，桥梁分孔为(12+16+18+20+24+20+18+16+12)m，为钢筋混凝土不等跨空腹连拱桥，桥孔对称布置，体现对称美感，同时不等跨布置彰显其韵律感。常水位下，各墩不露出水面，从美观上考虑，通过矢高和跨度调整，使其适应纵坡变化，各跨起拱线位于同一标高，同时确保桥下净空。

栏杆采用现代与古典结合的混合式栏杆，路灯灯具直接设置在栏杆柱内。为实现校园整体环境协调，桥台不设锥体护坡，采用湖岸坡直接与桥梁相接，台后应保证 75 cm 长埋置在路堤中。

施工过程中采纳了外语系教授的建议，取消原设计中主拱上的侧墙(图 4-24)，增强了通透感，建筑效果如图 4-29 所示。

图 4-29　求真桥

2. 笃行桥——磅礴飞架似巨臂，人车笃行保安全

笃行桥位于图书馆南侧、综合教学楼东侧、校内天鹅湖上，轴向西北，桥址周围环境亲水性好，水面很宽阔，为凸显出桥型与周围环境相协调，采用预应力实心板方案，并设置了竖曲线。在波光粼粼的开阔水面上，两岸绿柳成堤，空中卧波长桥，看锦鳞游泳，观影湛波平，形成了一个极佳的校园风光观赏平台。

笃行桥为车行桥，是综合教学楼、图书馆与玉带河以南校区主干道的重要通道。基于方案设计和批文，施工图设计采用高跨比更小的预应力混凝土连续梁，跨度布置为(15+3×20+

15)m，全桥长 96.08 m，桥宽 15 m，桥宽布置为 0.25 m(栏杆)+2.75 m(人行道)+9 m(车行道)+2.75 m(人行道)+0.25 m(栏杆)，桩柱式桥墩，栏杆为不锈钢栏杆。桥梁设计时速为 30 km。河道内设计水面标高 32.00 m，通航等级为通过小游船。道路纵坡设计采用 2.5%的纵坡，最高点位于跨径中心处，变坡点处设置竖曲线，配合预应力连续梁形成飘逸的建筑效果，如图 4-30 所示。

图 4-30　笃行桥

3. 致知桥——平坦粗朴跨清泉，轻盈亲水藏绿中

致知桥(图 4-31)位于校区南北主轴线左侧的玉带河上，桥头尾两端各接校内人行线路，桥址周围环境亲水性好，绿化面积大，为凸显出桥型装饰美观效果，采用钢筋混凝土简支板梁+悬挂花池装饰方案。桥梁主要承重结构为钢筋混凝土简支板梁，中间桥墩两侧设半圆形花池，用以装饰。桥面平整，铺以石砖便于人行和少量车辆通过。

图 4-31　致知桥

桥跨布置为 20 m 钢筋混凝土简支板梁，预制吊装施工。桥宽 13 m，桥两侧各设 0.5 m 宽的外悬花池，所种花草根据周边环境具体选择，采用生态木栏杆。桥面设 1.67%的人字形

纵坡、1.0%的双向横坡，其中横坡由抹平层和行车道铺装调整形成。两岸桥台基础均为桩柱式桥台，且桩台直接固结。其中，桩径取 120 cm，桩间距取 300 cm。

4. 有容桥——简约轻巧落溪上，平稳流畅过行人

有容桥(图 4-32)位于校区教学核心区左侧，体育运动区附近的玉带河上，桥一端接滩地小径，另一端接一亲水平台，桥址周围环境亲水性好，绿化面积大，为实现桥梁造型与周边环境的有机融合，采用了 20 m 后张法预应力简支空心板+花坛式栏杆桥型。有容桥整体朴实轻巧，平直的桥梁底部线条与粗细相间的花坛型桥梁栏杆造型搭配，与背景和谐相融，既保障了桥梁交通功能，又成为校区桥梁造型独一份的创意。

图 4-32　有容桥

桥跨布置为 20 m 简支标准空心板，梁高 70 cm，桥宽 16 m，行车道宽 9 m，两边各设置 3 m 宽人行道和 0.5 m 宽栏杆。两岸桥台基础均为桩柱式桥台，且桩台直接固结。其中，桩径取 120 cm，桩间距取 460 cm。

桥梁纵坡主要受两岸地形控制，为与两岸接线顺利，两个方案均在桥上设置 0.3%的纵坡和 1.5%的横坡，其中横坡由抹平层和行车道铺装调整形成。桥梁栏杆为花坛式栏杆，既起到了防护功能又达到了绿化效果，集功能与效果于一体。

5. 向善桥——问渠廊畔拥绿意，典雅柔和卧青潭

向善桥(图 4-33)跨越校区玉带河，其左右侧为体育馆和食堂等大型公共场馆，桥头接校内行车线路，桥尾垂直接于后湖路。桥址周围环境亲水性好，绿化面积大。

向善桥连接校区教学区和学生生活区，邻近校园文化项目问渠长廊，中南学子每天都通过该桥前往新校区上课学习，迈出每一天学习生活的第一步。长廊山石，一池碧水，一架小桥，名家诵读，书声琅琅，悠悠古音，诗词吟唱，人文、自然与简洁的桥梁结构融为一体，既能与校园绿化环境相统一，又与现代化的大型建筑形成融合效果。

桥跨布置为 2×20 m 预应力简支板梁，桥宽 10 m，桥两侧各设 0.3 m 宽的栏杆。方案设计中，桥两端及桥中心处共设置 7 个蘑菇亭，作为遮风避雨休憩的场地，蘑菇亭内设有石凳石桌，使桥面在满足通行功能的同时，又成为一休闲平台。蘑菇亭在后期施工过程中予以取消，以增强学生交通高峰期的通行能力。

图 4-33 向善桥

两岸桥台基础均为桩柱式桥台，且桩台直接固结。其中，桩径取 120 cm，桩间距取 500 cm。桥面不设置纵坡，只设置 2%的横向坡度。桥面铺装采用彩色耐磨地砖，厚 20 cm。

4.11.3 经世致用

新校区的桥结合地形地貌与地质环境、景观规划与通行要求、经济造价与整体规划等，服务师生日常通勤，连接散布的教学区、生活区，玉带河水盈盈，桥梁点缀连连，桥梁系师生受教于中南、服务中南，打造出中南最美校园！

新校区的桥不仅仅是湘江岳麓畔的建筑，也是中南师生践行理论与实践结合的经典，是将科学学习和青春奋斗相结合的靓丽风景。中南师生自主设计的新校区桥梁，牵连起河畔两岸，也串联起母校情思，是经世致用和激励后学的典型案例。桥梁工程专业作为典型的工科专业，培养的研究生大量在设计院、研究院等大型企业就业，学生在研期间能真刀真枪地承担桥梁设计工作，培养了设计、分析能力，也有助于自身专业能力和专业精神的培养。参与该项目的各位研究生大都在大型设计院就职，且均成为单位的骨干。

春夏秋冬，中南学子在新校区的桥上与青春奋斗发生着一场场邂逅；年年岁岁，新校区的桥见证着中南学子践行“向善、求真、唯美、有容”的中南校风。中南的一砖一瓦，彰显中南人的品格；中南的一桥一梁，永驻中南人的记忆。

[思政元素] 学以致用；实践出真知

[素材作者] 盛兴旺，杨鹰

4.12 平潭海峡公铁两用大桥的修建

4.12.1 大桥简介

平潭，又称东岚，为福建省内第一大岛。平潭是中国大陆距台湾本岛最近的区域，与台湾新竹的距离仅 68 海里。从北京坐高铁到台湾是中华儿女的共同期待，平潭海峡公铁两用大桥是京台高铁的重要组成部分。

平潭海峡公铁两用大桥于 2013 年 11 月 13 日动工建设；2019 年 9 月 25 日完成全部桥梁合龙工程，大桥全线贯通；2020 年 10 月 1 日公路段通车试运营；2020 年 12 月 26 日铁路段通车运营。

平潭海峡公铁两用大桥是新建福州至平潭铁路、长乐至平潭高速公路的关键性控制工程；是合福铁路的延伸与京福通道的重要组成部分；是连接长乐副中心城市和平潭综合实验区的快速通道。该桥上层是设计时速为 110 km 的 6 车道高速公路，下层是设计时速为 200 km 的双线Ⅰ级铁路。线路北起松下收费站，上跨元洪航道、鼓屿门水道、大小练岛水道，南至苏澳收费站；大桥线路全长 16.323 km，跨海段长 11.15 km，如图 4-34 所示。

图 4-34　平潭海峡公铁两用大桥掠影

这是条吞金巨龙。为了打造这条跨越海峡的世界级桥梁，国家投入大量资源：总造价 134 亿元，先后投入 124 万 t 钢材、294 万 m^3 混凝土。单纯从材料上看，这些材料足以建造 8 座迪拜塔，此工程不可不谓超级工程。

这是条圆梦巨龙。大桥的完工是我国桥梁建设的一个里程碑，它创下了多项世界之最——这座大桥是我国首座跨海公铁两用桥，也是世界最长的跨海公铁两用大桥，世界最大跨度跨海峡公铁两用斜拉桥，诞生了世界上直径最大的嵌岩桩，打破了世界桥梁整孔钢桁梁架设的最重纪录。这是座创新型的大桥，为今后规划建设的跨海峡工程积累了宝贵经验。

这也是条布满“逆鳞”的巨龙。若未跨越千难万险，哪能寻得卧波长虹。这是世界上建造难度最大的海峡大桥，所面对的技术难题超乎想象。水上气候条件恶劣，桥所处位置为世界三大风暴海域之一，被工程界称为“建桥禁区”，全年 6 级以上大风天数超过 300 d，100 年重现期浪高达 9.69 m（图 4-35），最大施工水深达 45 m，最大流速达 3.09 m/s，最大潮差 7.09 m，年有效作业时间不到 120 d。水下岩石分布复杂，海床起伏大、暗礁多，岛屿两侧海床几乎全是坚硬如钢铁的岩石，当第一根钢管桩桩头打进岩床 1 m 深左右时就被挤压致严重变形。

图 4-35 巨浪作用

4.12.2 创新成果

迎难而上，突破难关，经过几年的攻关，建设人员研发了系列新结构、新工艺、新方法，取得的主要创新成果有：

1. 海峡环境桥梁深水基础建造技术

研发了4.9 m直径的超大海上桥梁钻孔灌注桩；研发了恶劣海洋环境下桥梁基础超大直径钻孔桩施工技术，解决了超大直径钻孔桩施工难题；研发了强浪涌海域大型防撞箱围堰施工技术，解决了主塔墩承台围堰施工承受20000多千牛波流力难题。

2. 常遇大风环境下高塔施工技术

研发了液压爬模，采用全封闭防风设计，有效改善了施工作业环境；研发的塔吊采用特殊抗风设计，满足了大风环境施工要求；研发了大风环境下高塔施工精准测量和定位控制系统，实现了主塔高效测量和精准定位。

3. 钢桁梁整体全焊制造及海上整体架设成套技术

研发了斜拉桥钢桁梁两节间整节段全焊制造技术；提出了两节间整节段悬臂架设和边跨、辅助跨整孔吊装架设方案，斜拉桥中跨合龙采用多节段连续匹配法实现了整节段钢桁梁合龙等技术；提出了80(88)m简支钢桁梁主梁全工厂化整孔全焊制造、现场浮吊整孔架设技术，工厂化、装配化程度高，解决了复杂海域大型双层结合简支钢桁梁快速安装难题。

4. 复杂海域施工结构抗风浪安全关键技术

建立了对桥址风、浪、流场的监测点及预报制度，制定了现场施工工序、工艺、工法等技术标准，大幅提高了施工现场作业工效。

5. 海洋工程施工装备

研发(制)了新型液压动力头旋转钻机、大型起重船、新型架梁吊机、海上造桥机等多种新型海洋施工装备，确保了现场施工，推动了海洋工程施工装备发展。

6. 跨海大桥沿公路桥面和铁路桥面设置风屏障技术及健康监测系统

满足了桥上与陆地相同的行车条件；研发了大桥健康监测系统，实时(播报)预警大桥的健康状态与紧急状况。

7. 双孔连做节段拼装造桥技术

研制了双孔连做节段拼装造桥机并应用于铁路节段梁拼装，满足过一次孔可同时完成两孔梁的造桥任务，降低了恶劣自然条件下造桥机过孔的安全风险，提高了工效；研发了自动化控制系统调节控制节段梁拼装线形，提高了定位效率与精度。

另外，已获得授权专利 164 项，其中发明专利 70 项、实用新型专利 94 项，10 项技术成果在中国中铁股份有限公司、湖北技术交易所被评价达到“国际领先”水平，5 项技术成果被中国中铁股份有限公司、湖北技术交易所、吉林省发明协会评价达到“国际先进”水平；获省部级工法 17 项，企业级工法 33 项，单项技术获协会科技进步奖一等项 7 项、二等奖 9 项；制定了平潭海峡公铁两用大桥基础施工技术规范及验收标准，复杂海域环境施工工序作业条件、施工质量验收补充标准，出版了《平潭海峡公铁两用大桥建造关键技术》(共二册)专著。图 4-36~图 4-39 均为该桥梁的创新成果图片。

图 4-36　大桥大型防撞箱围堰

图 4-37　“大桥海鸥号”整孔架设简支钢桁梁

图 4-38　KTY5000 大型钻机

图 4-39　双孔连做节段拼装造桥机

4.12.3 中南贡献

平潭海峡公铁两用大桥的建成，将缩小福州与平潭的时空距离，促进“半小时经济圈”的形成。博浪筑巨龙，御风起长桥。平潭海峡公铁两用大桥的建设是一个挑战，更是所有建设人员的智慧结晶。在此项目中出现了不少中南土木学子勇于应战、夜以继日、宵衣旰食的身影，指挥部成员很多是中南大学土木工程学院的校友，他们以党员身份冲锋在前，不负国家、母校培养，不负人民期待。主要代表人物有：张红心，中南大学桥梁工程专业 2003 级工程硕士，平潭大桥项目经理，正高级工程师，全国劳动模范；王东辉，中南大学铁道工程专业 1988 级本科，平潭大桥总工程师，正高级工程师；肖世波，中南大学交通土建专业 1999 级本科，平潭大桥常务副经理；左少华，中南大学铁道工程专业 1996 级本科，平潭大桥二分部项目经理。还有中南大学土木工程专业 2012 级本科靳旭东、陈文胜等一批专业工程师工作在大桥建设工地。

此外，桥梁工程系教师盛兴旺教授、戴公连教授多次作为专家成员参与，为大桥建设和技术攻关出谋划策。

中南大学土木工程学院注重“勤思考、强本领、多实践，涵养家国情怀”的人才培养理念，引导学生加快知识成果转化，做到学、思、用贯通，知、信、行统一，学以致用，既把学到的知识运用于实践，又在实践中增长解决问题的新本领和能力，担负起全面建设社会主义现代化国家的历史重任，努力成为国家建设的栋梁之材。

[**思政元素**] 个人价值与社会价值的统一；敢于挑战

[**素材作者**] 盛兴旺，杨鹰

4.13 桥梁工程教材的传承与发展

桥梁工程课程历史悠久，已在中南大学开设了 110 多年，可溯源至 1903 年创办的湖南高等实业学堂，经历了中南土木建筑学院(1953—1960 年)、长沙铁道学院(1960—2000 年)和中南大学(2000 年至今)不同时期，先后作为路科、桥梁工程、铁道工程、交通土建、土木工程等专业的主干课程开设。为了适应不同时代的人才培养需求和教学需要，一代代中南桥梁人始终秉承立德树人理念，与时俱进，结合学科发展和专业特色，自主编写了不同版本的桥梁工程教材。这些经历了多次编制、修订和改编的桥梁工程教材(图 4-40)，在见证中南桥梁学科发展的同时，也实现了自我的传承与发展。

4.13.1 1962 年版《桥梁》

1962 年，长沙铁道学院桥梁教研组主编的《桥梁》[图 4-40(a)]由人民铁道出版社出版。这是最早的桥梁工程教材版本，也是长沙铁道学院最早的一批教材。桥梁教研组主要参编人员为王承礼、徐名枢、苏思昊、姜昭恒、裘伯永，唐山铁道学院桥梁教研组参编。本书经铁道部教材编审委员会推荐作为高等学校教学用书，适用于铁道建筑专业及铁道桥梁与隧道专业。全书共分 6 篇 24 章，主要内容取材于高等学校教科书《桥梁设计及运用》和《桥梁建造及修复》，包括绪论和“木桥”“石桥”“钢筋混凝土桥”“涵洞”“钢桥”“桥梁涵洞的修复及桥梁涵洞的运用”6 篇。

(a) 1962 年版　(b) 1980 年版　(c) 1990 年版

(d) 2001 年版　(e) 2020 年版

图 4-40　中南大学桥梁工程教材的前后 5 个版本

4.13.2　1980 年版《铁路桥梁》

1980 年，长沙铁道学院工程系主编的《铁路桥梁》[图 4-40(b)]由中国铁道出版社出版。该教材是根据 1978 年 4 月铁路高等院校长沙教材会议制定的教学大纲编写的，由长沙铁道学院主编，西南交通大学主审，北方交通大学、兰州铁道学院、上海铁道学院、西南交通大学协编。该教材分上、下二册，上册共 15 章，包括钢筋混凝土和预应力混凝土桥梁、圬工拱桥、钢桥、桥梁上部结构施工、大中小桥梁勘测设计、涵洞、箱型桥及墩台等内容，由王承礼、徐名枢主编，桥梁教研室主要参编人员还有姜昭恒、裘伯永、万明坤、华祖焜；下册为基础篇，包括基础施工、地基加固、桩基、沉井及墩台基础抗震设计等内容。该教材选择内容是从铁道工程专业(当时铁道工程和桥梁与隧道专业合并为铁道工程专业)培养要求出发，以我国当时铁路桥梁中常用的桥梁上、下部结构为主，适当介绍新型桥梁上、下部结构，反映国内外桥梁先进技术，使学生毕业后能迅速适应当前工作需要，对新型桥梁上、下部结构有一定的基本知识。

4.13.3 1990 年版《铁路桥梁》

1990 年，长沙铁道学院主编的《铁路桥梁》[图 4-40(c)]再版，是根据高等院校铁道工程专业“铁路桥梁”课程教学大纲，在 1980 年的《铁路桥梁》试用教材的基础上进行修订的。该教材由长沙铁道学院王承礼、徐名枢主编，上海铁道学院胡匡璋、曹雪琴主审，桥梁教研室参加修订编写的有王承礼、姜昭恒、徐名枢、裘伯永、万明坤。原试用教材为上、下两册，其选材符合当时的教学要求，但由于随后 10 年来科学技术的发展，新技术、新工艺不断地出现，试用教材中有些内容已显得落后，有的内容显得较多，故根据高等学校铁道工程，桥梁、隧道工程教学指导委员会的意见，对试用教材进行必要的修订，以满足教学的要求。修订后并为一册，共分 13 章，包括钢筋混凝土和预应力混凝土桥梁、地道桥、拱桥、钢桥、桥梁墩台及支座、大中桥及小桥勘测设计、涵洞等内容。其与原 1980 年版教材相比作了一些修改和增删：删去“桥梁上部结构施工”一章，将“钢板梁和钢箱梁”与“大跨度钢桥”两章内容精减后合并为“其它类型的钢桥”一章；为了学生毕业后工作的需要，增写了“小桥涵勘测设计”一章；为扩大知识面，还增加了“公路桥梁”的部分内容；其他各章也作了不同程度的修改。1980 年版教材中有关基础方面的内容纳入《基础工程》教材。

4.13.4 2001 年版《桥梁工程》

2001 年，中南大学裘伯永、盛兴旺、乔建东、文雨松编著的《桥梁工程》[图 4-40(d)]由中国铁道出版社出版，桥梁教研室主要参编人员还有卢树圣、张麒。长沙铁道学院主编的《铁路桥梁》教材出版于 1990 年，10 年来国家经济发生了巨大变化，教育面向社会，原铁路系统高等院校的桥梁、铁道工程等专业早已拓宽为交通土建类专业。这 10 年也是我国科学、技术、经济快速发展的 10 年，桥梁的大跨度、新结构、新技术不断涌现，铁路、公路桥梁规范正向可靠度设计理论过渡，应用可靠度理论的《铁路桥梁设计规范》已报部审批。这一切都要求编著新的桥梁教材以适应专业需要及科学技术的发展。《桥梁工程》教材正是在这样的背景下问世的。该教材共设总论及 15 章，包括桥梁设计荷载、钢筋混凝土和预应力混凝土桥梁、钢桥、地道桥、拱桥、斜拉桥、悬索桥、桥梁墩台及支座、大中桥与小桥涵勘测设计、涵洞等内容。该版教材共印刷 15 次，印量近 5 万册。

《桥梁工程》教材有以下特点：①原则上按即将颁布的应用可靠度理论的《铁路桥梁设计规范》及 1989 年的《公路桥涵设计规范》(合订本)编写；②铁路桥梁与公路桥梁内容并重；③尽可能反映 20 世纪 90 年代桥梁科学技术的新成果及新的桥梁结构形式；④将作者的教学、科研、生产成果融入教材中，能抓住重点，内容比较切合实际；⑤适应大跨度桥的发展，将“斜拉桥与悬索桥”单独列为一章，并作了较深入的阐述；⑥没有单独设桥梁施工章节，但对常用结构的施工方法，在相应章节中作了程度不同的介绍。

4.13.5 2020 年版《桥梁工程》

2020 年，中南大学编著的《桥梁工程》(第二版)[图 4-40(e)]由中国铁道出版社有限公司出版，桥梁工程系主要编著人员有盛兴旺、乔建东、杨孟刚、李德建、唐冕、方淑君、宋旭明、黄天立、杨剑、于向东、周智辉。全书共15章，包括总论、桥面布置及构造、设计作用(荷载)、混凝土简支梁桥、混凝土连续体系梁桥、斜弯梁桥、地道桥、拱桥、斜拉桥、悬索桥、桥梁支座、桥梁墩台、涵洞及其他过水建筑物、桥梁结构建模与分析、桥梁结构专题简介。2001年版《桥梁工程》出版后15次再版印刷。此间，中国的基础设施建设达到一个新的水平，过去的蓝图变为今天的现实，如京沪高速铁路等一大批高速铁路、港珠澳大桥等一批跨海工程、长江口越江工程、千米级公路斜拉桥、高速公路网等，千米级公铁两用大桥也已完工。这些工程的实施使中国成为名副其实的桥梁大国。同时，我国的高等教育也处于不断的改革和进步当中。为了体现当代桥梁建设成果及水平，满足高校桥梁工程专业方向教学和培养未来桥梁建设人才的需要，中南大学桥梁工程系启动了桥梁工程专业系列教材建设，《桥梁工程》(第二版)属于该系列教材的重要组成部分。

《桥梁工程》(第二版)的撰写仍沿用第一版的原则：铁路桥梁和公路桥梁并重；结合最新桥梁规范；尽可能反映近20年桥梁科技创新成果；将作者的教学、科研、生产成果融入教材中。考虑到桥梁工程专业(方向)一般开设混凝土桥、钢桥、桥涵水文和桥梁施工等多门专业课程，本次改版，对教材内容进行了大幅度编排调整和修改：①将简支和连续钢梁桥内容改编至《钢桥》中；②将桥涵水文部分内容改编至《桥涵水文》中；③桥梁施工方法仍按原编制方法保留在各桥型章节中；④新增斜弯梁桥、桥梁结构建模与分析、桥梁结构专题简介；⑤斜拉桥和悬索桥分列为两章，将桥墩与桥台合并为一章；⑥考虑信息技术的进步和网络获取资料的便利性，教材适当减少了桥例的细部资料和图片，添加了桥梁专业名词汉英对照表作为附录。

中南大学编写的桥梁工程教材，近60年间历经前后5个版本，体现了专业教材的传承与发展，在始终立足我国铁路行业特色的同时，能兼顾公路、市政和城市轨道交通等行业需求，适应不同时期的专业调整需要，反映当时国内外桥梁先进技术，适应我国不同时期的人才培养需求，支撑了中南大学桥梁学科的建设，为我国桥梁工程技术人才的培养贡献了中南力量。

[**思政元素**] 传承与发展；面向需求的人才培养

[**素材作者**] 杨孟刚

4.14 铁路列车荷载图式的发展与演变历程

铁路列车荷载图式是铁路桥梁最重要的设计参数之一，也是各类铁路工程结构设计的重要依据。荷载图式制定合理与否，直接影响行车安全和工程造价，如果指定的荷载图式标准偏低，则会危及行车安全，影响运输能力或制约铁路发展；标准过高会造成浪费。列车荷载的种类繁多，需要对列车荷载进行详细的调查分析和综合概括，并按照安全、适用、经济兼顾发展的原则，制定出设计采用的标准值。

列车荷载图式是铁路列车对线路基础设施静态作用的概化表达形式，是一组能代表不同轴重和轴距，按一定规律排列，具有可变速度的移动作用力学模型。荷载标准的制定除了需要考虑机车车辆参数、运输模式、速度指标和不同结构体系加载方式等有关因素，还要考虑既有运营铁路桥梁荷载图式的继承性和当前运输需求的实际性。此外，还应具有很好的包络性，即充分考虑各种铁路移动装备配备情况，并适应未来一定时期内机车、车辆等移动装备技术的发展需求。不同国家对铁路建设、运输和移动装备技术发展需求有所不同，在列车荷载图式制定方面各具差异。铁路列车荷载标准一定意义上反映了一个国家国民经济的发展水平。

4.14.1 发展沿革

旧中国时代，我国桥梁设计主要应用国外的列车荷载标准，包括美国的 Cooper E 级荷载、日本的 L 级荷载等。由于荷载等级较低，且不统一，桥梁承载能力差别较大。1938 年，我国制定了列车荷载标准，为中华活载标准(C 级)；其中主要铁路干线采用的是 C-20 级荷载，次要干线采用的是 C-16 级荷载。

新中国成立时，未制定新的标准前临时应用了苏联的 H-7、H-8 级荷载。

1951 年，我国首次颁布了铁路桥梁设计规范，其列车荷载以“蒸汽机车+煤水车+车辆”为原型，基于模拟荷载概念制定了中-Z 活载图式(图 4-41)，按铁路不同等级采用中-22~中-26 级活载图式。

1959 年再版的规范中仍沿用中-Z 活载图式，按铁路不同等级采用中-18~中-26 级活载图式。

1975—2005 年修订的规范中，统一采用中-活载图式(图 4-42)，用于客货共线铁路桥梁设计。中-活载图式主要源自中-Z 活载图式系列的中-22 级，20 世纪 70 年代修订时考虑到牵引车辆质量的增加、机车与车辆质量比的降低等因素，将代表车辆的均布荷载由 66 kN/m 提高到 80 kN/m，将特种荷载由 242 kN 提高至 250 kN。实践证明，中-活载图式基本满足了该时期铁路客货运输发展的需要。

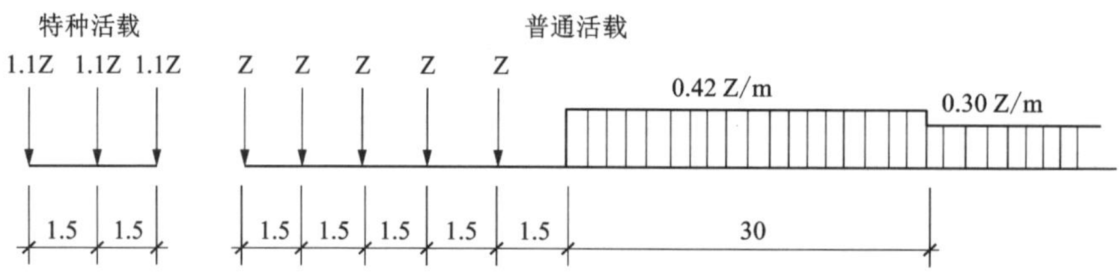

图 4-41 中-Z 活载图式(距离以 m 计)

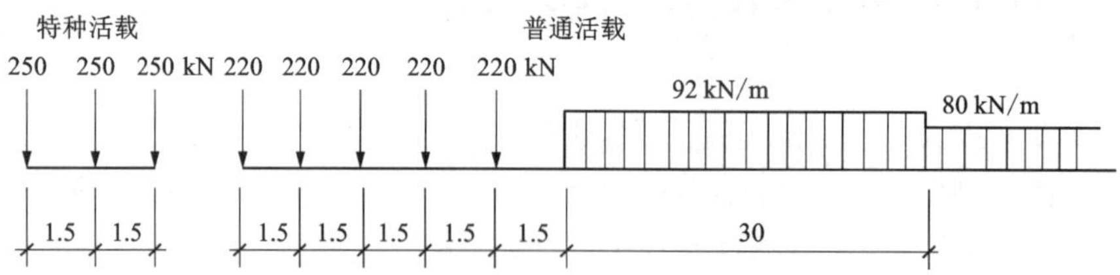

图 4-42 中-活载图式(距离以 m 计)

20 世纪 90 年代，为满足我国修建高速铁路的需要，在充分研究国际铁路联盟(UIC)研究制定的荷载图式和日本的高速铁路荷载标准的基础上，我国提出了客运专线铁路荷载标准 ZK 活载。

进入新世纪，我国城际铁路、重载铁路的发展又催生了相关的荷载标准，形成多种荷载标准并行的格局。

4.14.2　铁路列车荷载图示

改革开放以来，我国铁路得到了快速发展，铁路运输总体呈现"客运高速、货运重载"的发展趋势。随着客运铁路网的逐渐建成，既有客货共线铁路将主要承担货物运输的任务；能源需求较大的区域还新建大轴重等级的重载铁路。不同类型线路运营列车在轴重、速度、运输密度等方面都有较大的差异，单一的列车荷载图式难以反映新形势下的铁路运输状态。

根据铁路的发展需求，以中南大学校友胡所亭、王丽、郭辉等为核心成员的中国铁道科学研究院科研团队，为提出适应新形势的铁路列车荷载图式，对列车荷载作用开展了深入系统的研究：

①1994 年，根据《铁路主要技术政策》(铁科技[1993]166 号)规定，"为进一步提高列车载重量，积极发展轴重 25 t 低动力作用的大型四轴货车，并相应有计划地强化桥梁、线路结构，提高承载能力"，我国铁路开展了"25 t 轴重作用下轨道和桥梁承受状态及列车活载图式"研究工作。研究成果表明，随着机车车辆的发展，采用中-活载图式设计的桥梁(跨度在 1~200 m 范围)平均发展储备为 9.4%，与国外相比，荷载标准偏低，已不能满足机车车辆发展需求。

②1996 年，根据我国高速铁路发展需要，结合国外高速铁路列车荷载图式的研究和制定情况，我国铁路从列车荷载效应、动力性能、强度检算和竖向刚度等方面，对采用 0.6UIC、0.7UIC 和 0.8UIC 进行了系统对比分析，研究提出了采用 0.8UIC 作为普通荷载，同时针对小跨度桥梁提出了特种荷载及适用加载范围，制定了我国高速铁路列车荷载图式，即 ZK 荷载图式，如图 4-43 所示，主要应用于 250~350 km/h 高速铁路桥梁的设计。之后，针对仅考虑动车组开行要求的城际铁路，研究提出了将 0.6UIC 作为普通荷载并配套相应特种荷载，作为城际铁路列车荷载图式，即 ZC 荷载图式，如图 4-43 所示。

③2005 年以来，按照国务院"加快我国铁路运输装备现代化"的战略方针，我国铁路货运机车和车辆技术得到了迅速发展，蒸汽机车基本退出了正线运营。2006 年，我国铁路停止生产轴重 21 t、载重 60 t 级的通用货车，全路推广轴重 23 t、载重 70 t 级通用货车；轴重 25 t、载重 80 t 运煤专用敞车在大秦等重载线路上大量运用；轴重 25 t 和谐型大功率机车也在路网中逐步得到运用。装备部门同时开展了大轴重铁路机车、货车总体技术研究和轴重 27 t、30 t 的样车试制、试验和运用考核工作。此阶段，研究提出了客货共线和重载铁路的中-活载(2005)图式，该图式与《铁路列车荷载图式》(TB/T 3466—2016)中的客货共线 ZKH 和重载铁路 ZH 荷载图式[也即下面提出的中-活载(2010)图式]相比，仅体现在特种荷载数值不同，在中-活载(2005)图式中该值为 250 kN 和 250zkN。

④2010 年以来，根据铁路重载运输新的发展趋势，结合《铁路主要技术政策》修订研究工作，我国铁路对重载运输发展定位、重载铁路列车荷载标准、既有铁路桥涵对于重载运输适应性等方面开展了系列研究工作，并对客货共线铁路和货运铁路列车荷载标准进行了深化研究。从铁路移动装备总体发展趋势看，铁路货车加载效应较机车更为控制；客货共线铁路通用货车向轴重 25~27 t、载重 80 t 级发展，大轴重等级重载铁路专用货车向轴重 30~35 t(不含)、载重 100 t 级发展；货车牵引杆技术应用将较大幅度减小车辆间相邻车轴的距离(简称

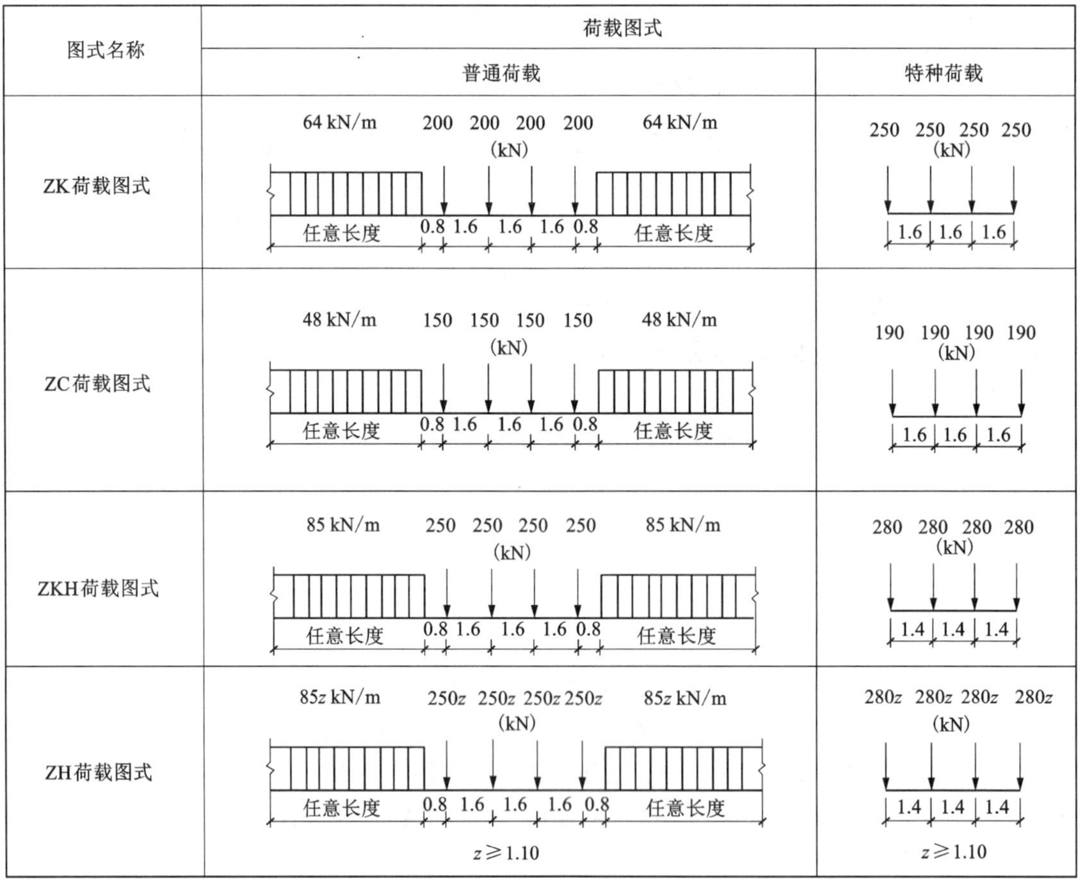

(z为ZH荷载图式中重载等级系数；距离以m计)

图 4-43　铁路列车荷载图式

邻轴距)，车辆对线路基础设施作用效应显著提升。研究认为，中-活载(2005)图式总体上是适用的，但随着车辆轴重发展和邻轴距的减小，存在对于中小跨度桥涵加载效应偏低等问题。为提高设计列车荷载效应同时避免过大 z 的取值，研究提出了修订方案的中-活载(2010)图式(图 4-43 中的 ZKH 和 ZH 荷载图式)，客货共线铁路 z 按 1.0 取用，不同轴重、载重等级的重载铁路根据需求选取相应等级系数。

中国铁道科学研究院胡所亭科研团队基于上述研究成果，在充分考虑列车荷载图式的继承性、包络性、发展性和考虑与国际铁路联盟接轨，体现我国铁路运输具体情况的基础上，于 2015 年提出了我国铁路列车荷载图式的应用建议：①高速铁路 ZK、城际铁路 ZC、客货共线 ZKH 和重载铁路 ZH 的荷载图式，均分为普通荷载和特种荷载，如图 4-43 所示；②高速铁路 ZK、城际铁路 ZC、客货共线 ZKH 和重载铁路 ZH 荷载图式的普通荷载形式相同，均采用中间 4 个集中荷载来代表机车车辆轴重效应、轴距和邻轴距效应，采用两侧均布荷载来代表车辆的延米重效应；③特种荷载主要用于提高小跨度桥涵结构和影响线加载长度较短杆件的加载效应；④设计列车荷载效应取普通荷载图式和特种荷载图式加载效应的上限包络值；⑤设计时，可根据不同类型铁路运输特征、运营模式、移动装备情况等综合选用。该建议于

2016 年被完全采纳在铁路部门颁布的《铁路列车荷载图式》(TB/T 3466—2016)中。此外，科研团队还对列车荷载图式的加载长度问题和多线铁路折减系数取用问题进行了深入研究，相关成果也已纳入规范，在此不再赘述。

在铁路列车荷载图式的研究过程中，胡所亭科研团队面对挑战，勇挑重担，潜心钻研，科学论证，提出了适应铁路运输新形势的列车荷载图式，为我国新建铁路基础设施的设计提供了依据，为《铁路列车荷载图式》(TB/T 3466—2016)的制定提供了技术支撑，其研究成果于 2016 年顺利通过中国铁路总公司的技术评审，总体达到国际先进水平。

事实证明，我国的铁路列车荷载图式并非是一成不变的，而是适应时代需求，随着我国经济水平和铁路运输新形势而不断发展的。

[思政元素] 适应时代；发展与创新

[素材作者] 杨孟刚

4.15　钢桥横向刚度指标的理论支撑

4.15.1　方秦汉院士的桁宽取值之问

在接受中南大学宣传部的采访时，方秦汉院士讲述了武汉与南京长江大桥的桁宽参数设计历史。武汉桥主梁为三跨连续钢桁架结构(3 联 9 孔)，每孔的计算跨度为 128 m，桁宽设计为 10 m，在桁架上弦平面两侧各设计了 6.25 m 挑臂，使公路桥面加人行道总宽达到 22.5 m。1957 年 10 月，武汉桥通车那一天桥上挤满了行人，感觉到桥有点晃。桥梁晃动引起了众多桥梁专家的关注与研究，对桥梁(特别是特大跨度桥梁)设计产生了重大影响。1958 年规划南京长江大桥时，对于大桥晃动原因众说纷纭，但是有一点认识比较一致，即公路桥面的挑臂太长，对钢桁梁不利。南京桥主梁除一个边孔为 128 m 简支钢桁梁，其余均为三跨连续钢桁架结构(3 联 9 孔)，每孔跨度为 160 m。考虑到对武汉桥的认识与跨度增大的因素，设计南京桥的时候，挑臂降为 2.75 m，桁宽加大到 14 m，公路桥面加人行道总宽为 19.5 m。针对武汉桥到南京桥的桁宽设计，大桥局的老前辈们提出了更长远的问题：以后跨度越来越大怎么办？桁宽取值问题如何解决？

要回答“桁宽究竟取多少”的问题，核心是要弄清楚列车-桥梁系统振动机理，要掌握列车-桥梁系统振动计算分析方法。当时，国外对于这个问题没有成熟方法，国内基本上处于空白状态。工程界已经将问题提出来了，谁来解决此问题？

4.15.2　曾庆元院士创立车桥振动理论

列车-桥梁时变系统振动分析，在于从理论上理解车桥系统振动的机理。这是个很复杂的问题，国际上研究了 100 多年，取得了很多成果，此系统竖向振动分析问题已基本解决，但其横向振动分析尚在百家争鸣之中。正如铁道科学研究院藏其吉研究员曾著文所说，“现在人类已经准确地模拟一个飞行体在宇宙空间的运动并能进行精确控制，但不能精确模拟铁路轮轨的相互作用”。

1972 年铁道部大桥工程局桥梁研究院组织钢桥振动研究组，邀请同济大学、长沙铁道学院参与研究。研究组分析了桁梁自由振动，进行了大尺寸桁梁模型的静载位移与自由振动试验，取得了良好成果。曾庆元院士有幸向李国豪院士和大桥局的专家们学习，提出了桁梁桥畸变及考虑畸变桁梁桥空间振动位移和自由振动的计算方法，分析了桁梁静载位移及自由振动，撰写了研究报告《简支下承桁梁桥偏载变位、内力及自由振动计算》及《504 桥模型（33.33 cm 桁宽）偏载变位、内力及自由振动计算方法》。以此为契机，他开始研究车桥振动，经过 20 余年的艰苦努力，提出弹性系统动力学总势能不变值原理与形成系统矩阵的“对号入座”法则，为建立复杂系统振动方程提供了基础理论；提出以车辆构架蛇行波为车桥系统横向振动激振源的独特思想，形成了一套列车-桥梁时变系统随机振动分析理论。他应用该理论分析了京沈线大凌河多跨 32 m 简支上承钢板梁桥等桥梁振动问题，理论计算得到了试验数据的良好验证，关于该理论的详细介绍见 4.1 节。

4.15.3　基于车桥振动理论的桥梁刚度分析实例

1. 九江长江大桥列车运行安全性论证

1987 年，曾庆元院士研究团队受铁道部大桥工程局委托，主持九江长江大桥（图 4-44）拱-桁组合体系钢桥动力特性及横向刚度的研究。历时 3 年，该研究顺利完成，为大桥设计提供了理论依据，详见 4.1 节。大桥通车至今，列车过桥安全平稳。

图 4-44　九江长江大桥

2. 铁路钢桥横向刚度限值的制定

对于特殊桥梁，可以运用车桥振动理论分析桥上列车的走行安全性与舒适性，评估桥梁的动力性能。对于常规桥梁，需要制定合适的设计标准，以便于工程设计。为此，曾庆元院士带领张麒、郭向荣、郭文华等，依据车桥振动理论，提出了铁路桥梁横向刚度限值的分析方法，制定了铁路钢桥横向刚度限值——容许最小宽跨比。具体指标为：简支桁梁及连续桁梁的边跨，其宽度与跨度之比不宜小于 1/20，连续桁梁中跨的宽跨比不宜小于 1/25。该成果已被纳入我国《铁路桥梁钢结构设计规范》（TB 10091—2017），详见其中 9.0.1 条及其条文说明。

［思政元素］科学家精神；自主创新；开拓精神

［素材作者］周智辉

4.16　利用雨量推算设计流量的“铁四院法”

4.16.1　利用雨量推算设计流量的方法概述

桥梁作为交通运输网的重要组成部分，一旦发生水毁，不但会给铁路、公路等运输部门带来相当严重的损失，而且会影响灾区救援工作开展，威胁人民生命财产安全。桥梁被洪水冲毁的事件时有发生，引起这种事件的因素很多，其中最重要的有两条：一是桥梁修好后生态环境发生了很大的变化，如大地植被发生了较大变化，设计时看来不大的降雨，到现在可能形成较大的洪水，有的甚至威胁桥涵的安全；二是设计不合理，如没有收集到应该收集的雨量、流量等水文参数，设计流量没有体现河流的实际情况，设计流量确定得过大，桥梁修得过当是一种浪费，设计流量确定得过小，桥梁跨径或基础埋置深度不够，建成后桥梁容易发生水害。

桥梁水文勘测和水文计算是桥梁设计的重要内容，水文计算涉及天文、地理和气候等很多方面的知识。设计流量是桥梁水文计算的重要内容。对于大中型河流，由于其设置有水文观测站，有较完备的流量观测数据，因此常采用基于流量观测资料的设计流量确定方法。对于中小桥和涵洞所跨越的河沟，一般流域面积较小，常常没有设置水文观测站，没有流量观测数据，因此，常采用基于雨量观测资料的设计流量确定方法。

利用雨量推算设计流量的方法很多，各省、自治区、直辖市根据当地的具体情况都制定了相应的计算方法，这些方法基本上都属于推理公式法、单位线法和经验公式法三个范畴。我国铁路系统的设计院，根据各地区大量暴雨径流的观测资料，提出了适应各地区小流域暴雨洪峰流量计算的铁路设计院方法，分别称为“铁一院法”“铁二院法”“铁三院法”和“铁四院法”，其中“铁四院法”就是长沙铁道学院詹振炎教授和铁道部第四勘测设计院合作研究的成果，该方法已被列入《铁路工程水文勘测设计规范》(TB 10017—1999)(以下简称《规范(TB 10017—1999)》)，广泛应用于我国华东、华中和华南地区铁路桥涵勘测设计时确定小流域洪峰流量。

4.16.2　“铁四院法”简介

“铁四院法”计算小流域洪峰流量的公式为

$$Q_{\mathrm{p}}=0.278A_5B_5\frac{R_{\mathrm{p}}}{t_0}F \tag{4-1}$$

式中：Q_{p} 为洪峰流量；$R_{\mathrm{p}}=H_{\mathrm{t,p}}C_3$，为净雨历时 $t_0=6$ h 或 24 h 的设计净雨深，mm；$H_{\mathrm{t,p}}$ 为 6 h 或 24 h 的设计暴雨量，mm，可利用水利部门资料查取；C_3 为洪峰径流系数，查《规范(TB 10017—1999)》条文说明表 3.3.11-12 取值；B_5 为雨型系数，查《规范(TB 10017—1999)》条文说明表 3.3.11-13 取值；A_5 为洪峰消减系数，随参数 E、D 而变(E 为与坡面自然特征及产流条件有关的参数；D 为反映河槽与山坡调蓄能力的参数)，可从《规范(TB 10017—1999)》条文说明图 3.3.11-1 或图 3.3.11-2 查取；F 为流域面积。

E、D 的计算公式如下：

$$E=27k_0I_2^{\frac{1}{3}}\left(\frac{B_5R_{\rm p}}{b_{\rm c}}\right)^{\frac{1}{2}} \tag{4-2}$$

$$D=0.851\ k_AL_1(B_5R_{\rm p}F)^{-\frac{1}{3}}t_0^{-\frac{2}{3}}E \tag{4-3}$$

式中：k_0 为与坡面流速有关的参数，可从《规范(TB 10017—1999)》条文说明表 3.3.11-15 查取；k_A 为断面系数；L_1 为主河沟长度，km；I_2 为流域坡面平均坡度，‰(当 $I_2 \geqslant 300$‰时，取 300‰)；$b_{\rm c}$ 为坡面平均长度，由以下两式确定：

$$b_{\rm c}=\frac{1000F}{1.8(L_1+\sum l_i)}\ (\text{双侧坡}) \tag{4-4}$$

$$b_{\rm c}=\frac{1000F}{0.9L_1}\ (\text{单侧坡}) \tag{4-5}$$

式中：$\sum l_i$ 为流域中支汊河沟的总长，km，所取支汊河沟的长度均应大于 $0.4L_1$。

断面系数 k_A 按下式计算：

$$k_A=\frac{1}{0.0766}m_1^{-\frac{2}{3}}I_1^{-\frac{1}{3}}\left[\frac{a_0}{(1+a_0^2)^2}\right]^{-\frac{1}{9}} \tag{4-6}$$

式中：a_0 由式(4-7)计算，计算时取高水位时过水全面积 ω 及最大水深 $h_{\rm m}$；m_1 按《规范(TB 10017—1999)》条文说明表 3.3.11-14 查取；I_1 为主河槽平均坡度，‰，按式(4-8)计算：

$$a_0=\frac{2}{3}\omega h_{\rm m}^{-\frac{4}{3}} \tag{4-7}$$

$$I_1=\frac{h_1l_1+(h_1+h_2)l_2+\cdots+(h_{n-1}+h_n)l_n}{L_1^2} \tag{4-8}$$

式中：l_0，l_1，l_2，…，l_n 为分段河长，km；h_0，h_1，h_2，…，h_n 为河道纵断面各分段点对出口断面处的高差，m。

4.16.3 詹振炎教授与“铁四院法”

詹振炎教授是我国铁道工程专家，计算机智能选线设计技术的主要开拓者之一，以他为首的课题组开发的多项道路 CAD 软件广泛应用于我国铁路和公路设计部门。他先后获全国科学大会奖，国家自然科学奖，部、省级科技进步奖，詹天佑科技奖和茅以升铁道科技奖等多项奖项；1989 年被铁道部授予“全国铁路劳动模范”称号；1990 年被国家科委、国家教委授予“全国高等学校先进科技工作者”称号；1991 年获全国五一劳动奖章。

20 世纪 70 年代初，为了解决我国中南地区铁路中小桥梁和涵洞设计中确定小流域设计流量的问题，受铁道部第四勘测设计院的邀请，詹振炎教授主持了“小流域暴雨洪水之研究”项目。当时，大多数桥梁和涵洞没有水文观测资料，一般都是按照恒定流理论进行估算，这个计算比较简单，但是受到降水等因素的影响，河流水量不稳定，计算难免脱离实际。为解决这一问题，詹教授基于非恒定流理论，建立了雨洪过程的微分方程并给出了计算方法。然而，当时条件落后，只有手摇式计算器，计算能力非常有限，计算效率十分低下，3 个人同时计算需要耗费 1 年时间。偶然的一次机会，詹教授在一本科普杂志上了解到了计算机，但当时计算机并未普及，他通过铁道部第四勘察设计院联系到中国科学院计算科学研究所，并在两位北大数学老师的帮助下进行编程计算，结果从晚上 10 点多开始计算，到凌晨 2 点多就算完了，仅花了不到5个小时。通过计算机的帮助，詹教授建立的雨洪过程微分方程中的计算问题得到了完美解决，从而妥善地解决了小流域桥涵水文计算问题，形成了基于暴雨资料推算设计流量的“铁四院法”。

[思政元素] 需求牵引；另辟蹊径

[素材作者] 黄天立

4.17　弹性系统动力学总势能不变值原理

4.17.1　问题的提出

列车高速运行使得车辆与轨道及桥梁构成了自激振动系统，而列车-轨道-桥梁动力相互作用是制约列车安全、平稳、舒适运行的关键。牢牢抓住车轨桥动力耦合作用的“牛鼻子”，需提出建立列车-轨道-桥梁自激动力学模型的科学理论。既有车轨桥振动分析理论分别建立车辆振动方程与桥梁(轨道)振动方程，由轮轨相互作用力将两组振动方程联系起来，用分离迭代法求解。上述思路能充分运用经典力学方法(拉格朗日分析力学、哈密顿变分原理)，解决车辆(多刚体系统)、轨道(散体系统)及桥梁(连续系统)振动建模问题。然而，针对具有不同动力特征的子系统，需采用不同方法完成子系统动力学建模。此外，轮轨接触面承受非有势力(轮轨蠕滑力)作用，采用经典动力学理论建立系统振动方程存在如下不足：

①由于系统自由度数多，基于牛顿第二定律及达朗贝尔原理的直接平衡法显著增加了建模工作量；

②达朗贝尔原理和虚位移原理需要计算不同作用方向系统内力与外力虚功，给应用造成不便；

③拉格朗日方程和哈密顿原理均区分有势力与非有势力，由于车轨桥系统属于非保守系统，应用拉格朗日方程需要计算广义非有势力虚功，不便于建立系统矩阵方程。由于非有势力虚功与路径相关，难以应用哈密顿变分原理求解哈密顿泛函极值。

4.17.2　弹性系统动力学总势能不变值原理的创立

静力学势能驻值原理源自虚位移原理，已广泛用于结构力学计算。曾庆元院士敏锐注意到运用牛顿第二定律及达朗贝尔原理可将任意系统动力问题转化为动力平衡问题，而运用虚位移原理恰好给出系统处于动力平衡的一般条件。一个新颖而大胆的想法随之形成，“既然静力学和动力学问题都可归结为系统平衡状态分析，可以仿照静力学势能驻值原理提出弹性动力平衡系统总势能计算方法”。1979年，曾院士带领研究生开展列车-轨道-桥梁时变系统空间振动研究时，首次提出弹性系统动力学总势能的概念，它的出发点是达朗贝尔原理和虚位移原理。运用达朗贝尔原理将弹性动力系统转化为弹性动力平衡系统。

弹性系统动力平衡方程的一般形式为

$$\boldsymbol{f}_{\mathrm{m}}+\boldsymbol{f}_{\mathrm{c}}+\boldsymbol{f}_{\mathrm{s}}+\boldsymbol{P}(t)=\mathbf{0} \tag{4-9}$$

式中：$\boldsymbol{f}_{\mathrm{s}}$ 为系统弹性力矢量列阵；$\boldsymbol{f}_{\mathrm{m}}$ 为系统惯性力矢量列阵；$\boldsymbol{f}_{\mathrm{c}}$ 为系统阻尼力(不限于黏滞阻尼)矢量列阵；$\boldsymbol{P}(t)$ 为 t 时刻系统其他作用力矢量列阵。

根据虚位移原理，在给定瞬时 t，想象此动力平衡系统发生满足约束许可的微小位移（又称虚位移，即表示该微小位移不是由系统作用力引起，纯粹靠想象得来）。因此，虚位移过程中，作用于动力平衡系统的所有力（惯性力、阻尼力、摩擦力、重力、弹性力等）都不变，且所有力对虚位移做功之和为零，则有

$$\delta\boldsymbol{u}\cdot\boldsymbol{f}_{\mathrm{s}}+\delta\boldsymbol{u}\cdot\boldsymbol{f}_{\mathrm{c}}+\delta\boldsymbol{u}\cdot\boldsymbol{f}_{\mathrm{m}}+\delta\boldsymbol{u}\cdot\boldsymbol{P}(t)=-\delta U_i+\delta\boldsymbol{u}\cdot\boldsymbol{f}_{\mathrm{c}}+\delta\boldsymbol{u}\cdot\boldsymbol{f}_{\mathrm{m}}+\delta\boldsymbol{u}\cdot\boldsymbol{P}(t)=-\delta U_i+\delta W=0 \tag{4-10}$$

式中：δU_i 为瞬时 t 系统弹性应变能变分（由静力学势能驻值原理得 $\delta U_i=-\delta\boldsymbol{u}\cdot\boldsymbol{f}_{\mathrm{s}}$）；$\delta W$ 为除弹性力以外系统作用力虚功；$\delta\boldsymbol{u}$ 为瞬时 t 系统位移变分，即虚位移矢量列阵。

由于所有力作虚功时维持不变，所有作用力都可视为有势力，则式(4-10)变为

$$\delta U_i-\delta(\boldsymbol{u}\cdot\boldsymbol{f}_{\mathrm{c}})-\delta(\boldsymbol{u}\cdot\boldsymbol{f}_{\mathrm{m}})-\delta(\boldsymbol{u}\cdot\boldsymbol{P}(t))=\delta(U_i-\boldsymbol{u}\cdot\boldsymbol{f}_{\mathrm{c}}-\boldsymbol{u}\cdot\boldsymbol{f}_{\mathrm{m}}-\boldsymbol{u}\cdot\boldsymbol{P}(t))=\delta(U_i+V)=\delta_{\varepsilon}\Pi_{\mathrm{d}}=0 \tag{4-11}$$

式中：$V=-\boldsymbol{u}\cdot\boldsymbol{f}_{\mathrm{c}}-\boldsymbol{u}\cdot\boldsymbol{f}_{\mathrm{m}}-\boldsymbol{u}\cdot\boldsymbol{P}(t)$，为除弹性力以外系统作用力势能；$\Pi_{\mathrm{d}}=U_i+V$，为 t 时刻的动力平衡系统总势能。

按照静力学总势能驻值原理，式(4-11)原始定义为弹性系统动力学总势能驻值原理，右下标 ε 表明仅对动力平衡系统总势能中的位移参数进行变分，意在说明此原理完全从虚位移原理得来。

根据弹性系统动力学总势能驻值原理，曾庆元于 1980 年和 1993 年分别建立了基于轮轨密贴假定的列车-桥梁时变系统及列车-轨道时变系统空间振动方程组，2001 年建立了考虑轮对悬浮的列车-轨道时变系统空间振动方程组。1999 年，曾院士考虑泛函驻值条件由变分法得出，变分法一般原理应对所有变量变分，而式(4-11)仅对位移变分，为严谨计，又结合相关文献的表述，遂将“弹性系统动力学总势能驻值原理”更名为“弹性系统动力学总势能不变值原理”。

弹性系统动力学总势能不变值原理具有如下特点：

①此原理由虚位移原理导出，具有充分理论依据；同时，确定作用力势能比计算虚功更为方便，可视为虚位移原理的延伸。

②此原理不需用广义坐标，不必区分有势力和非有势力，不要求广义力，应用简便；可用来建立任何弹性系统的动力平衡方程。此原理突破了拉格朗日经典力学理论，具有普遍理论意义与实用价值（引自“列车-桥梁时变系统”铁道部科研成果鉴定报告）。

③此原理形式上与静力学总势能驻值原理一致，容易推导系统动力矩阵，便于系统动力响应计算。

从最初提出该原理起，曾庆元院士带领研究团队用了 20 年实践论证弹性系统动力学总势能不变值原理应用于复杂运动系统动力学建模的科学性与适用性，图 4-45 为原华中理工大学黄玉盈教授就该原理的讨论函。曾庆元相关论文《弹性系统动力学总势能不变值原理》于 2000 年发表于华中理工大学学报。尽管在 20 世纪 80 年代，曾院士就完成了《结构动力学讲义》手稿，并将该原理的雏形列于讲义之中，用于长沙铁道学院的研究生教学，但是他并不急于出版该手稿。直到 2015 年，才将该讲义正式出版，使该原理出现在结构动力学教材中。对该原理的长期思考与科学论证体现了曾院士创新思维、严谨治学的科学精神！

［**思政元素**］科学方法；科学态度；创新思维

［**素材作者**］文颖

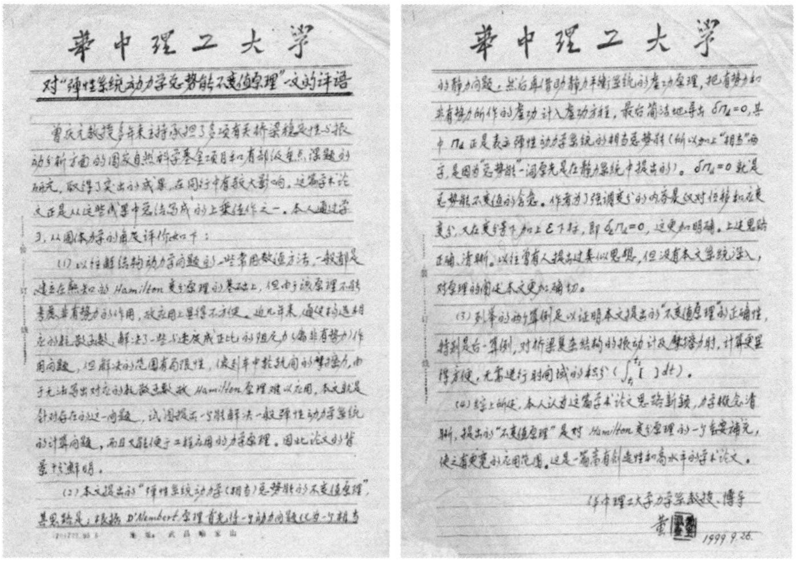
华中理工大学

对"弹性系统动力学总势能不变值原理"一文的评语

曾庆元教授多年来主持承担了多项有关桥梁稳定性与振动分析方面的国家自然科学基金项目和省部级重点课题的研究，取得了突出的成果，在国内外有较大影响。这篇学术论文正是从这些成果中总结写成的主要佳作之一。本人通过学习，认为本文的主要评价如下：

(1) 以往解决结构动力学问题的一些常用数值方法，一般都是建立在熟知的 Hamilton 变分原理的基础上，但由于该原理不能考虑非有势力的作用，故在应用上显得不方便。近几年来，通过构造相应的耗散函数，解决了一些与速度成正比的阻尼力（属非有势力）作用问题，但解决的范围有局限性，（如列车中轮轨间的蠕滑力，由于无法写出对应的耗散函数故 Hamilton 原理难以应用。本文就是针对存在的这一问题，试图提出一个能解决一般弹性动力学系统的计算问题，而且又能便于工程应用的力学原理。因此论文的背景十分鲜明。

(2) 本文提出的"弹性系统动力学（相当）总势能的不变值原理"，其思路是：根据 D'Alembert 原理首先将一个动力问题化为一个相当

的静力问题，然后再借助静力平衡系统的虚功原理，把有势力和非有势力所作的虚功计入虚功方程，最后简洁地导出 $\delta\Pi_d=0$，其中 Π_d 正是表示弹性动力学系统的相当总势能（所以加上"相当"两字，是因为"总势能"一词原先是在静力系统中提出的）。$\delta\Pi_d=0$ 就是总势能不变值的含意。作者为了强调变分的内容是仅对位移和应变变分，又在变分符号下加上 ε 下标，即 $\delta_\varepsilon\Pi_d=0$，这更加明确。上述思路正确、清晰。以往曾有人提出过类似思想，但没有本文系统深入，对原理的阐述本文更加确切。

(3) 列举的两个算例足以证明本文提出的"不变值原理"的正确性，特别是后一算例，对桥梁复杂结构的振动计及蠕滑力时，计算更显得方便，无需进行时间域的积分（$\int_{t_1}^{t_2}[\ ]dt$）。

(4) 综上所述，本人认为这篇学术论文思路新颖，力学概念清晰，提出的"不变值原理"是对 Hamilton 变分原理的一个重要补充，使之有更宽的应用范围。这是一篇富有创造性和高水平的学术论文。

华中理工大学力学系教授、博导

1999.9.26.

图 4-45　对弹性系统动力学总势能不变值原理的有关评价

4.18　控制斜拉索风雨振的磁流变阻尼器的开发历程

当斜拉桥遇上较大的风(风速一般在 8~20 m/s 范围)，同时遭遇降雨天气，斜拉桥上的斜拉索就容易产生振动，称为风雨振，导致斜拉索的使用寿命缩短，甚至引起桥面晃动，影响交通安全。

横跨东洞庭湖区的洞庭湖大桥全长 5783.5 m，是国内第一座三塔斜拉桥。由于地处风雨区，洞庭湖大桥建成后多次受到大风和大雨的共同作用，发生拉索风雨振现象。一旦风雨大作，桥梁拉索上便会形成"上雨线"，加大振动的幅度。2001 年 4 月 10 日，8 级大风连续 20 多个小时摇撼着洞庭湖大桥，上百根碗口粗的钢丝拉索上下大幅度地晃动，整个桥身在颤抖，靠近拉索的路灯都被打碎。

为了解决洞庭湖大桥风雨振这个大难题，陈政清院士多次驱车到大桥现场考察，为了了解更为准确的信息，多次冒着风雨翻越跨栏去现场观察。他的研究生何旭辉、杨孟刚等也一同前往现场开展现场实测。据何旭辉回忆，拉索风雨振发生时桥面出现明显晃动，司机都不敢开车上桥，经过多次尝试后成功劝说一辆出租车开车上桥，拍摄到了国内最早的拉索发生风雨振的影像素材，为后来学者研究拉索风雨振的响应特征、致振机理、抑振措施等提供了最直观和最宝贵的参考资料。

功夫不负有心人，经过连续、长期的现场观测，陈政清院士课题组获得了风速、风向、雨量等参数对风雨振的影响规律，在不断的试验后，掌握了拉索风雨振的振动特征和机理，决定用磁流变阻尼器取代油阻尼器进行振动控制。这种阻尼器原是应用在高级赛车中的减振设备，可以极大地减轻高速行驶中的车辆振动。

然而，当时所用的磁流变阻尼器只能在受压状态下起作用，抗力的方向与大桥需求刚好相反，怎样才能将它用在大桥上？陈院士反复思考，十几天下来，人都瘦了一圈。一个晚上，

他苦苦思索至深夜才入睡，一觉醒来，他猛然想到了一个设计方案，如图 4-46 所示，终于找到了破解问题的“钥匙”。

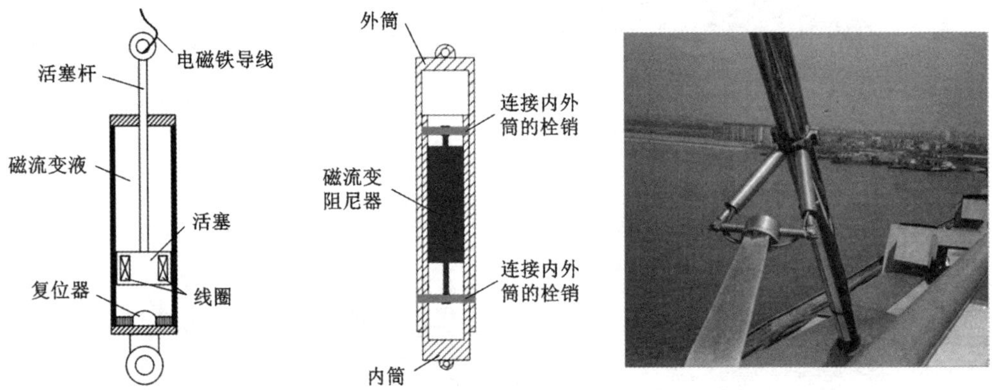

(a) 磁流变阻尼器内核　(b) 磁流变阻尼器结构　(c) 斜拉索上磁流变阻尼器

图 4-46　磁流变阻尼器

根据此方案，陈政清院士领导课题组开发了磁流变拉索减振系统，并对系统内的各个部件进行精心设计，保证其有效性和耐久性。这种手电筒大小的特殊构件被连在每根拉索的下端，提供了运动的阻力，使拉索的自由振动得到快速衰减，洞庭湖大桥的“颤抖病”顿时痊愈。洞庭湖大桥也成为世界上第一个应用磁流变减振的桥梁工程。

这项成功整治风雨振的成果，被美国权威刊物《土木工程》杂志称为“世界上第一套应用磁流变技术的拉索减振系统”。2003 年，包括这项成果在内的洞庭湖大桥的设计，获国家科技进步奖二等奖。

陈政清院士坚守拉索风雨振的调查现场，锐意进取，坚持不懈地研发磁流变拉索减振系统，为大桥的安全运营提供了有力保障。

[思政元素] 锐意进取；学科交融

[素材作者] 敬海泉

4.19　“对号入座”法则与计算机语言的完美结合

4.19.1　推导单元(或系统)矩阵遇到的困扰

在做工程结构分析时，除了采用通用商业软件中的单元库直接建模进行结构受力分析，有时候还需要根据计算需要，自行构造单元模型，推导单元的矩阵(刚度、质量及阻尼矩阵等)列式，并编制相应的分析程序。尽管弹性系统动力学总势能不变值原理与形成系统矩阵的“对号入座”法则为推导系统或单元矩阵提供了便利条件，但是当单元模型复杂时，上述推导工作变得异常烦琐，工作量极其巨大，而且容易出错。例如，在做列车-轨道系统动力分析时，需要构造轨段单元(图 4-47)，该单元的截面(点)位移参量为

$$\boldsymbol{\delta}_1=\{U_{1L}^{R}\quad V_{1L}^{R}\quad W_{1L}^{R}\quad \theta_{X1L}^{R}\quad \theta_{Y1L}^{R}\quad \theta_{Z1L}^{R}\quad U_{1R}^{R}\quad V_{1R}^{R}\quad W_{1R}^{R}\quad \theta_{X1R}^{R}\quad \theta_{Y1R}^{R}\quad \theta_{Z1R}^{R}\quad V_{1}^{S}$$
$$W_{1L}^{S}\quad \theta_{X1L}^{S}\quad \theta_{Y1L}^{S}\quad \theta_{Z1}^{S}\quad W_{1R}^{S}\quad \theta_{X1R}^{S}\quad \theta_{Y1R}^{S}\quad W_{1L}^{B}\quad \theta_{X1L}^{B}\quad \theta_{Y1L}^{B}\quad W_{1R}^{B}\quad \theta_{X1R}^{B}\quad \theta_{Y1R}^{B}\}^{T} \tag{4-12}$$

$$\boldsymbol{\delta}_2=\{U_{2L}^{R}\quad V_{2L}^{R}\quad W_{2L}^{R}\quad \theta_{X2L}^{R}\quad \theta_{Y2L}^{R}\quad \theta_{Z2L}^{R}\quad U_{2R}^{R}\quad V_{2R}^{R}\quad W_{2R}^{R}\quad \theta_{X2R}^{R}\quad \theta_{Y2R}^{R}\quad \theta_{Z2R}^{R}\quad V_{2}^{S}$$
$$W_{2L}^{S}\quad \theta_{X2L}^{S}\quad \theta_{Y2L}^{S}\quad \theta_{Z2}^{S}\quad W_{2R}^{S}\quad \theta_{X2R}^{S}\quad \theta_{Y2R}^{S}\quad W_{2L}^{B}\quad \theta_{X2L}^{B}\quad \theta_{Y2L}^{B}\quad W_{2R}^{B}\quad \theta_{X2R}^{B}\quad \theta_{Y2R}^{B}\}^{T} \tag{4-13}$$

单元自由度达到 52 个，手工推导其单元矩阵十分复杂。为此，将上述原理、法则与 MATLAB 等数学软件相结合，编制计算软件，可以简便地解决上述难题。

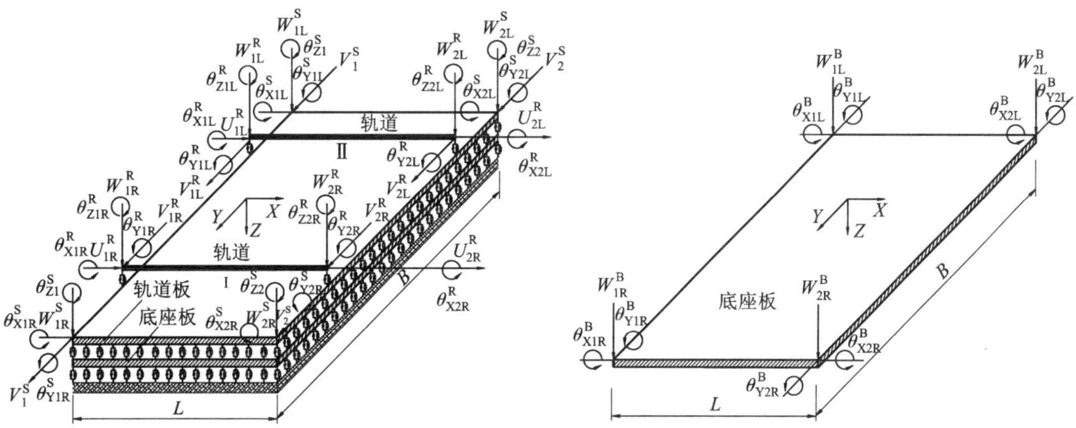

(a) 三视图

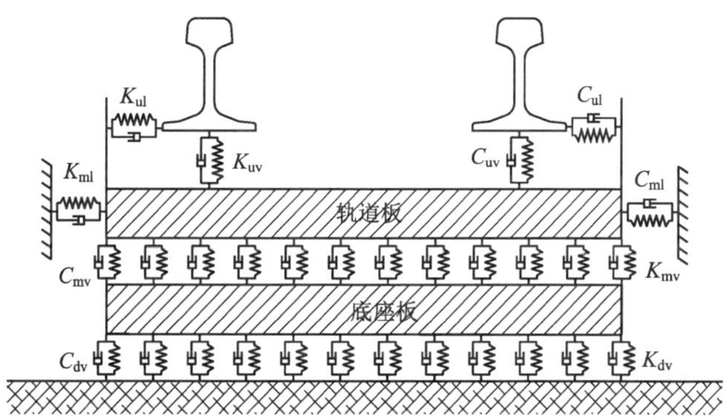

(b) 端视图

图 4-47　板式无砟轨道空间振动轨段单元模型

4.19.2　基于 MATLAB 语言符号运算功能的系统矩阵形成方法

基于弹性系统动力学总势能不变值原理和形成系统矩阵的“对号入座”法则，运用 MATLAB 语言的符号运算功能编制系统矩阵生成程序，可以快捷地列出系统矩阵(单元矩阵或总体矩阵)。这里以平面梁单元为例说明程序的实现思路与使用方法，具体程序附后。

运用系统矩阵生成程序推导单元矩阵需要的准备工作有：

①选定单元节点位移参量，对应的速度与加速度参量随之确定，平面梁单元节点位移参

量为 v_i、v_i'、v_j、v_j'，对应的速度参量为 $\dot{v}_i$、$\dot{v}_i'$、$\dot{v}_j$、$\dot{v}_j'$，对应的加速度参量为 $\ddot{v}_i$、$\ddot{v}_i'$、$\ddot{v}_j$、$\ddot{v}_j'$。

②确定单元位移、速度及加速度模式如下：

$$v(z,\ t)=\boldsymbol{N}\boldsymbol{q}_{\mathrm{e}},\ \dot{v}(z,\ t)=\boldsymbol{N}\dot{\boldsymbol{q}}_{\mathrm{e}},\ \ddot{v}(z,\ t)=\boldsymbol{N}\ddot{\boldsymbol{q}}_{\mathrm{e}} \tag{4-14}$$

式中，$\boldsymbol{N}=\{N_1\quad N_2\quad N_3\quad N_4\}$，$\boldsymbol{q}_{\mathrm{e}}=\{v_i\quad v_i'\quad v_j\quad v_j'\}^{\mathrm{T}}$，$\dot{\boldsymbol{q}}_{\mathrm{e}}=\{\dot{v}_i\quad \dot{v}_i'\quad \dot{v}_j\quad \dot{v}_j'\}^{\mathrm{T}}$，$\ddot{\boldsymbol{q}}_{\mathrm{e}}=\{\ddot{v}_i\quad \ddot{v}_i'\quad \ddot{v}_j\quad \ddot{v}_j'\}^{\mathrm{T}}$。

③基于单元位移、速度及加速度模式列出单元总势能表达式(不需要具体展开，求导积分等展开工作由 MATLAB 程序完成)，具体如下。

单元弯曲应变能：

$$U_i=\frac{EI_n}{2}\int_0^{l_n}(v'')^2\mathrm{d}z \tag{4-15}$$

单元阻尼力势能：

$$V_{\mathrm{c}}=\int_0^{l_n}c\dot{v}(z,\ t)v(z,\ t)\mathrm{d}z \tag{4-16}$$

单元惯性力势能：

$$V_{\mathrm{m}}=\int_0^{l_n}m\ddot{v}(z,\ t)v(z,\ t)\mathrm{d}z \tag{4-17}$$

单元总势能：

$$\varPi_{\mathrm{d}}=U_i+V_{\mathrm{c}}+V_{\mathrm{m}} \tag{4-18}$$

基于上述准备材料，运用系统矩阵生成程序推导单元矩阵的步骤如下：

列出单元节点位移参量及对应向量 $\boldsymbol{q}_{\mathrm{e}}$、单元节点速度参量及对应向量 $\dot{\boldsymbol{q}}_{\mathrm{e}}$、单元节点加速度参量及对应向量 $\ddot{\boldsymbol{q}}_{\mathrm{e}}$。单元节点位移(速度及加速度)参量在向量中的排序决定了单元刚度(阻尼及质量)元素的对应位置，$\boldsymbol{q}_{\mathrm{e}}$、$\dot{\boldsymbol{q}}_{\mathrm{e}}$ 及 $\ddot{\boldsymbol{q}}_{\mathrm{e}}$ 中各参量应一一对应，如平面梁单元节点位移参量 v_i、速度参量 $\dot{v}_i$ 与加速度参量 $\ddot{v}_i$ 在各自向量中的序号应相同。

分别用单元节点位移、速度及加速度参量表达单元内部各处位移、速度及加速度，即列出单元位移、速度及加速度的符号表达式，如写出平面梁单元的 $v(z,\ t)$、$\dot{v}(z,\ t)$ 及 $\ddot{v}(z,\ t)$ 的符号表达式。

基于单元位移、速度及加速度的符号表达式，列出单元总势能 $\varPi_{\mathrm{d}}$(包括弹性应变能、阻尼力势能及惯性力势能)的符号表达式。

对单元总势能 $\varPi_{\mathrm{d}}$ 进行位移变分得到单元刚度元素 k_{ij}^e、单元阻尼元素 c_{ij}^e 及单元质量元素 m_{ij}^e，具体过程如下：①用单元总势能 $\varPi_{\mathrm{d}}$ 对 $\boldsymbol{q}_{\mathrm{e}}$ 中第 i 个单元节点位移参量求导，得到总势能一阶偏导数 $\varPi_{d,\ q_{ei}}$ 的符号表达式；②用 $\varPi_{d,\ q_{ei}}$ 对 $\boldsymbol{q}_{\mathrm{e}}$ 中第 j 个单元节点位移参量求导，得到单元刚度元素 k_{ij}^e 的符号表达式；③用 $\varPi_{d,\ q_{ei}}$ 对 $\dot{\boldsymbol{q}}_{\mathrm{e}}$ 中第 j 个单元节点速度参量求导，得到单元阻尼元素 c_{ij}^e 的符号表达式；④用 $\varPi_{d,\ q_{ei}}$ 对 $\ddot{\boldsymbol{q}}_{\mathrm{e}}$ 中第 j 个单元节点加速度参量求导，得到单元质量元素 m_{ij}^e 的符号表达式；⑤重复上述工作可导出所有的单元刚度、阻尼及质量元素的符号表达式，从而形成用 MATLAB 字符表达的单元刚度、阻尼及质量矩阵。

运用 MATLAB 程序生成的平面梁单元刚度、阻尼及质量矩阵如图 4-48 所示，所得结果与手工推导完全一致，新生成的矩阵可以直接嵌入 MATLAB 程序之中，为编制动力有限元分析程序提供子模块。

```
[(12*E*In)/ln^3     (6*E*In)/ln^2     -(12*E*In)/ln^3     (6*E*In)/ln^2]
[(6*E*In)/ln^2      (4*E*In)/ln       -(6*E*In)/ln^2      (2*E*In)/ln]
[-(12*E*In)/ln^3    -(6*E*In)/ln^2    (12*E*In)/ln^3      -(6*E*In)/ln^2]
[(6*E*In)/ln^2      (2*E*In)/ln       -(6*E*In)/ln^2      (4*E*In)/ln]
```

(a)单元刚度矩阵

```
[(13*c*ln)/35          (11*c*ln^2)/210     (9*c*ln)/70            -(13*c*ln^2)/420]
[(11*c*ln^2)/210       (c*ln^3)/105        (13*c*ln^2)/420        -(c*ln^3)/140]
[(9*c*ln)/70           (13*c*ln^2)/420     (13*c*ln)/35           -(11*c*ln^2)/210]
[-(13*c*ln^2)/420      -(c*ln^3)/140       -(11*c*ln^2)/210       (c*ln^3)/105]
```

(b)单元阻尼矩阵

```
[(13*m*ln)/35          (11*m*ln^2)/210     (9*m*ln)/70            -(13*m*ln^2)/420]
[(11*m*ln^2)/210       (m*ln^3)/105        (13*m*ln^2)/420        -(m*ln^3)/140]
[(9*m*ln)/70           (13*m*ln^2)/420     (13*m*ln)/35           -(11*m*ln^2)/210]
[-(13*m*ln^2)/420      -(m*ln^3)/140       -(11*m*ln^2)/210       (m*ln^3)/105]
```

(c)单元质量矩阵

图 4-48　自动生成的单元矩阵

平面梁单元的自由度仅为 4 个，其单元矩阵为 4×4 的矩阵，对于此类规模的单元矩阵，手工推导的计算量并不大。当需要推导的单元自由度数量比较多，单元位移模型比较复杂，单元总势能表达式出现高阶导数与多元积分时，手工推导过程非常烦琐，借助上述程序只需写出单元位移模型与单元总势能列式，便可快捷准确地推导出相应单元矩阵。当总势能计算式包含结构体系的全部弹性应变能、阻尼力势能及惯性力势能时，用同样方法可以导出相应的系统总体矩阵。

系统矩阵生成程序如下：

```
%* * * * * * * * * * * * * * * * * * * * * * * * * * * * * * * * * * * * * * * * * * * * *
%                      平面梁单元刚度、质量及阻尼矩阵自动生成程序
%* * * * * * * * * * * * * * * * * * * * * * * * * * * * * * * * * * * * * * * * * * * * *
function[K,C,M]=KCM(~)
syms vi vi_z vj vj_z;
syms vi_t vi_zt vj_t vj_zt;
syms vi_tt vi_ztt vj_tt vj_ztt;
syms z ln E In c m;
%----------------------------------------------------------------------------------------
N1=1-3*(z/ln)^2+2*z^3/ln^3;
N2=z-2*z^2/ln+z^3/(ln^2);
N3=3*(z/ln)^2-2*(z/ln)^3;
N4=-z^2/ln+z^3/(ln^2);
N=[N1,N2,N3,N4];                  %形函数
qe=[vi,vi_z,vj,vj_z];             %节点位移参数向量
```

```
qe_t=[vi_t,vi_zt,vj_t,vj_zt];          %节点速度参数向量
qe_tt=[vi_tt,vi_ztt,vj_tt,vj_ztt];     %节点加速度参数向量
vz=N * qe';                            %单元竖向位移函数
vz_zz=diff(vz,z,2);                    %vz 对 z 的 2 阶导数
Nqe=size(qe,2);                        %单元自由度数量
%--------------------------------------------------------------------------
Ui=int(1/2 * (E * In * vz_zz^2),z,0,ln);   %关于变量 z 从 0 到 ln 的定积分,得到梁单元弯曲应变能 Ui
Vc=int(c * N * qe_t' * vz,z,0,ln);         %关于变量 z 从 0 到 ln 的定积分,得到梁单元阻尼力势能 Vc
Vm=int(m * N * qe_tt' * vz,z,0,ln);        %关于变量 z 从 0 到 ln 的定积分,得到梁单元惯性力势能 Vm
Ptotal=Ui+Vc+Vm;                           %单元任意时刻的总势能
%--------------------------------------------------------------------------
Ke=sym((zeros(Nqe,Nqe)));
Ce=sym((zeros(Nqe,Nqe)));
Me=sym((zeros(Nqe,Nqe)));
for i=1:Nqe
    Ptotal_qei=diff(Ptotal,qe(i));
  for j=1:Nqe
    Ke(i,j)=diff(Ptotal_qei,qe(j));        %单元刚度矩阵(表达式)
    Ce(i,j)=diff(Ptotal_qei,qe_t(j));      %单元阻尼矩阵(表达式)
    Me(i,j)=diff(Ptotal_qei,qe_tt(j));     %单元质量矩阵(表达式)
  end
end
Ke;  %输出单元刚度矩阵(表达式)
Ce;  %输出单元阻尼矩阵(表达式)
Me;  %输出单元质量矩阵(表达式)
```

[**思政元素**] 学术传承；方法论——化繁为简

[**素材作者**] 周智辉

4.20 桥梁抗洪能力评估与水害整治专家系统

4.20.1 桥梁抗洪能力

水毁桥梁是世界各国桥梁共同面临的严重自然灾害。我国桥梁设计规范经历了多次修改，不同时期按照不同规范设计的桥梁的抗洪能力不在同一水平。建桥后，由于多年的人类活动和自然演变，很多流域的大地植被破坏，水土流失严重，已与桥梁设计时发生了较大变化。此外，河道中的非法挖沙和不良建筑等也会影响既有桥涵的泄洪能力。近年来，大多数地区气候反常，降雨量时空分布不均，暴雨活动范围广、强度大，局部地区洪涝严重。当既有桥梁处于洪水灾害下，一方面，河道水位可能暴涨甚至漫过桥面，洪水会对上部结构产生较大水平推力与竖向浮托力，此时桥梁水毁通常表现为支座滑动与剪切破坏，以及上部结构整体滑移与倾覆；另一方面，桥梁墩台基础周围泥沙受到水流剧烈的淘刷从而形成较深的冲

刷坑，桥梁基础埋置深度降低甚至掏空，上部的结构受力特性发生变化，严重时可能发生倾斜甚至坍塌事故。

图 4-49　西安陇海铁路灞河铁路大桥垮塌

桥梁作为连接交通的重要构造物，直接遭遇洪水的冲击，一旦发生水毁，将给铁路、公路运输生产带来相当严重的损失。2003 年 6 月 8 日晚至 9 日中午，西安市持续降雨，引发灞河暴涨。9 日 15 时 33 分，数十名铁路职工对灞河大桥抢修工程正在紧张进行，汹涌的洪水滚滚而来，职工们匆匆跑到岸边，数辆施工机器设备立刻被洪水吞没，陇海线灞河铁路桥第 4 号桥墩被洪水冲垮。在随后的 80 min 内，第 3 号、5 号、2 号和 1 号桥墩相继塌陷，约 150 多米的铁路桥完全垮塌断裂，如图 4-49 所示。我国四大铁路动脉之一的陇海铁路西安段陷入瘫痪，当天 300 多列客货列车、4 万多名旅客被迫滞留西安，经济损失 1 亿多元。万幸的是，此次灞河桥的垮塌没有造成人员伤亡，一列正欲通过坍塌大桥的列车被拦在离大桥 30 m 处，避免了一场更大的事故发生。灞河铁路桥垮塌以后，铁道部、西安市等有关部门经过多方调查分析，形成一致意见：陇海线灞河桥坍塌主要是由基础薄弱、年代久远和暴雨洪水引起。由此可见，对既有桥梁抗洪能力进行检定具有重要意义。

4.20.2　专家系统的研发

长期以来桥涵水文计算工作主要靠人工手算，工作量庞大，且计算过程烦琐，人工对各类参数、系数的取值存在很大的主观性且校核困难；同时，各省区水文检定自成体系，没有统一标准，计算方法、参数确定、资料收集等存在各种不确定因素，使得桥梁水文检定工作一直难以全面展开。针对灞河大桥垮塌事件，2003 年受铁道部的邀请，中南大学桥梁工程系文雨松教授主持了铁道部科技研究开发计划项目(2003G032)——“既有铁路桥梁抗洪能力评估与水害整治技术”。基于该项目，文雨松教授首次研发了“既有铁路桥梁抗洪能力评估与水害整治专家系统”，用于评估既有铁路桥梁的抗洪能力。该系统包括 3 个软件和相应数据库，其中软件《既有铁路桥涵抗洪能力检算系统》可以检算出抗洪能力不足的桥涵，软件《水害整治专家系统》适用于对既有铁路桥梁的加固，软件《铁路山洪预警系统》可以根据降雨预警洪水到达桥梁的流量、水害大小和发生水害的时间；《桥涵水文雨量数据库》为系统的基础数据库，其中收集了各铁路局内的暴雨雨量数据，可以直接应用到桥涵工程中，该数据库与气象水利部门同类数据有较大的区别，更加适合桥梁水文计算。

“既有铁路桥梁抗洪能力评估与水害整治专家系统”采用流量影响线法为主导方法，该方法为文雨松教授首先提出，是将雨量系列比拟成列车轴重，使用结构力学影响线加载方法，可以计算出洪峰到达桥涵的时间、即时流量和检定流量。相较于传统的推理公式法、单位线法，流量影响线法无须测量流域面积、河道长度坡度等参数，劳动强度小、精度高，而且属于水文与结构力学这两个学科交叉发展的成果，这一首创理论方法已获得国家发明专利。另外，在软件开发过程中，文雨松教授还采用了新的数学方法解决桥涵水文中的难题，如运用模糊数学中的模糊聚类理论找到了“山坡平均坡度与流域影响因子之间的模糊关系”，使用人工神经网络中的BP模型预测大漂石河床建桥后的桥墩局部冲刷深度，等等。

《既有铁路桥涵抗洪能力检算系统》以《铁路工程水文勘测设计规范》为依据，由“形态勘测”“画流域图”“流量计算”“桥孔布置”“大中桥孔径检算”“小桥涵洞的孔径检算”“一次性桥梁水文检算”和“查询服务”等模块组成，利用可视化优势创造出友好的人机交互界面，将复杂问题简单化，很大程度上降低了对操作者桥涵水文理论知识的要求。整个检定过程中，只需要在适当的时候按照界面提示输入一些关键数据(如流域参数等)或进行一些选择(如流量计算方法的选择、孔径检算时的壅水特征、漂浮物情况、桥下河床土质情况等)即可完成桥涵检定。

4.20.3 应用成效与推广

利用《既有铁路桥涵抗洪能力检算系统》对既有桥梁进行抗洪能力检算，可以为洪水期桥涵安全、铁路交通正常运行提供安全保障，并对不同流量计算方法中关键水文参数的影响进行对比分析，避免不必要的人力、物力消耗。该系统为桥梁水文检定工作的开展提供了一个很好的平台，而且以其特有的友好的界面形式、较强的衔接性、完善的提醒服务和后处理功能等优势，得到了广泛应用。2005年5月16日，铁道部科技司召开“既有铁路桥梁抗洪能力评估与水害整治技术”成果鉴定会，认定该研究成果具有国内先进水平，并将“既有铁路桥梁水文检算软件系统”推广应用至全国所有铁路系统，如图4-50所示。

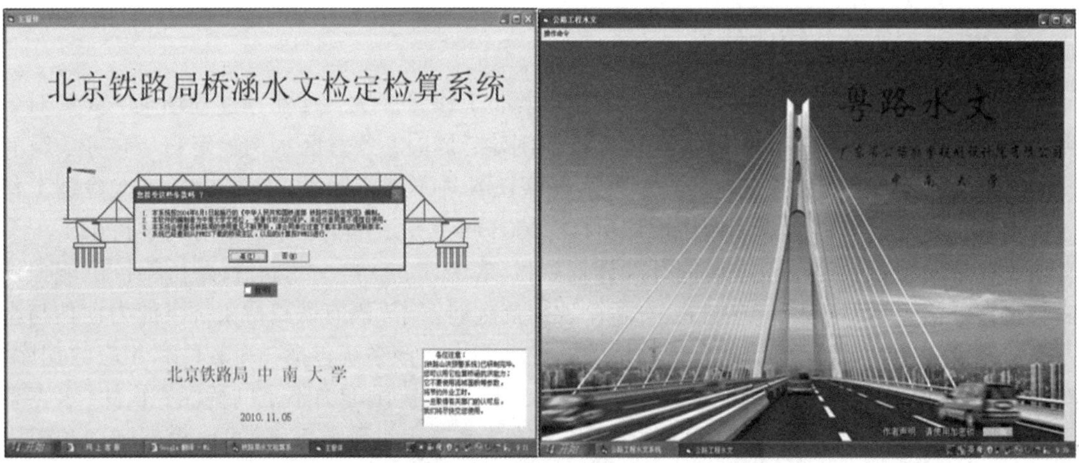

图4-50 “既有铁路桥梁水文检算软件系统”的应用案例

在2008年以前，铁路差不多每年都有桥涵水害事件发生，到2011年，铁路桥涵水害就很少发生了。到2022年为止，虽然有铁路车站、路基水害发生，但鲜见铁路桥涵水害导致行车事故的报道。如2012年7月21日北京发生特大水灾，47条县级以上公路被阻断，冲毁公路桥6座，不过没有铁路桥被冲毁的报道。这是北京铁路局认真检算和加固既有铁路桥涵的结果，“既有铁路桥梁抗洪能力评估与水害整治专家系统”也发挥了重要作用。

与铁路桥涵相比，公路桥涵的结构形式不同，所遵循的规范也不相同，因此文雨松教授还开发了《公路工程水文检算系统》，相较于以前使用广泛的单项计算软件，此软件不但能单项运算，还可以进行外业勘测计算、流量计算、孔径检算、自动形成设计文件等。《公路工程水文检算系统》也使用了流量影响线法，作为生产软件，还收集并使用了各省份的地方法，如河北省就有“张家口地区推理公式法”“承德地区经验公式法”“唐山地区经验公式法”“石家庄地区经验公式法”“铁道部第三设计院法”“公路科研所方法”，还使用了“以流量为样本的数理统计法”等。《公路工程水文检算系统》在许多公路项目中得以应用，如准格尔至兴和运煤高速公路大路至永兴段初步设计；乌达至海南城际间快速通道施工图设计；壕圪卜至托县公路巨合滩黄河大桥及引线工程施工图设计；山东省临沂至枣庄高速、荣成至文登高速，广东省广河、佛开和梅大高速等高速公路设计项目。

文雨松教授研发的一系列系统软件，可实现既有桥梁快捷有效的水文检算，大幅度提高了桥涵的设计与维护效率，同时也取得了良好的社会效益与经济效益：一方面，可以科学判别水害桥梁，合理制订防护加固对策，科学使用防洪大修投资，避免无效投资；另一方面，通过科学、合理、有效、及时的防洪对策的实施，提高桥梁的防洪标准，可减少自然灾害对铁路、公路桥梁设备造成的损失，保证铁路、公路运输的安全畅通，为确保人民生命财产安全、保持社会和谐稳定贡献了中南力量。

[**思政元素**] 水能载舟亦能覆舟；防灾意识

[**素材作者**] 杨熠琳

4.21　主振动概念的“串联效应”

4.21.1　主振动和振型概念的区别与联系

根据结构振动理论可知，振动系统微分方程是否存在耦合与广义坐标的选取有关，如果选取的广义坐标可使系统不存在惯性与弹性耦合，称这组坐标为主坐标。仅由一个主坐标变化所确定的且可独立发生的体系自由振动称为主振动(也称为固有振动)，主振动是一种简谐振动。系统按某一阶固有频率发生主振动时，任何瞬时各点位移之间具有一定的相对比值，即系统具有确定的振动形态，称为振型(或主振型)。对于多自由度系统与连续系统分别用振型向量 $\boldsymbol{\phi}_i$ 与振型函数 $\phi_i(x)$(本文仅以一元函数反映其含义)表示体系某一阶振型。

系统某阶主振动 $v_i(x,\ t)$ 可表示为振型[向量 $\boldsymbol{\phi}_i$ 或振型函数 $\phi_i(x)$]与随时间变化的简谐变量 $Y_i(t)$ 的乘积，即 $v_i(x,\ t)=\phi_i(x)Y_i(t)$。在特定的初始条件下，系统能独立产生某一阶主振动，其振幅与相位角是由特定的初始条件唯一确定。振型与固有频率一样，只决定系统本身的物理性质，与初始条件无关。振型不是唯一的，振型向量 $\boldsymbol{\phi}_i$ 与振型函数 $\phi_i(x)$ 乘以任意非零比例系数所得向量或函数均为体系的该阶振型。可见，主振动与振型的概念既有区别又有联系。以下进一步用一个实例说明两者的关系。

图 4-51 所示系统沿水平面作自由振动，设 $m_1=m_2=m_3=m$，$k_1=k_2=k_3=k$。

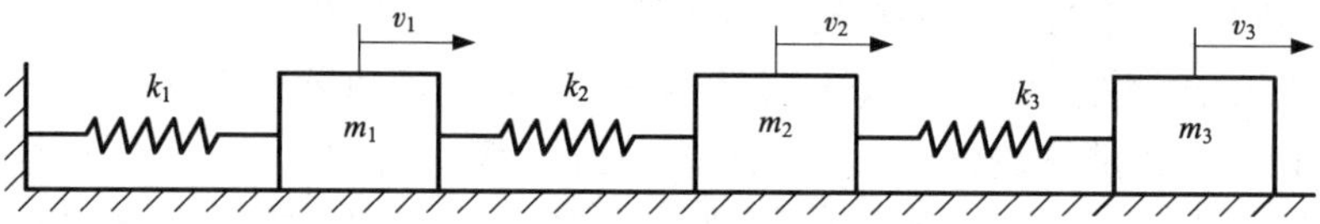

图 4-51　多质量-弹簧系统示意图

可求得系统的自振频率为 $\omega_1=0.445\sqrt{k/m}$，$\omega_2=1.247\sqrt{k/m}$，$\omega_3=1.802\sqrt{k/m}$，对应振型向量为：

$$\boldsymbol{\phi}_1=\{1.000\quad 1.802\quad 2.247\}^{\mathrm{T}}$$
$$\boldsymbol{\phi}_2=\{1.000\quad 0.445\quad -0.802\}^{\mathrm{T}}$$
$$\boldsymbol{\phi}_3=\{1.000\quad -1.247\quad 0.555\}^{\mathrm{T}}$$

设系统质量 m_1、m_2、m_3 的初始位移全为 0，初始速度分别为 $0.737\dot{v}_0$、$0.328\dot{v}_0$、$-0.591\dot{v}_0$，由振型叠加法可计算出系统自由振动响应为

$$\boldsymbol{q}=\begin{Bmatrix}v_1\\v_2\\v_3\end{Bmatrix}=\frac{\dot{v}_0\sin\omega_2 t}{\omega_2}\begin{Bmatrix}0.737\\0.328\\-0.591\end{Bmatrix}$$

此例中初始条件仅激发体系第二阶主振动，该振动是体系能独立地发生一项特定自由运动，并且是按简谐规律振动。

4.21.2　经典教材的不足之处

克拉夫著作《结构动力学》等教材证明简支梁振型正交性的表述如下：

图 4-52 画出了梁的第 m 和第 n 两个不同振型。对于每一个振型，位移形式及产生此位移的惯性力示于图中。对于两个位移模式应用 Betti 定律，就是第 n 振型的惯性力在第 m 振型的位移上做的功等于第 m 振型的惯性力在第 n 振型位移上做的功，即

$$\int_0^L v_m(x,t)f_{In}(x,t)\,\mathrm{d}x=\int_0^L v_n(x,t)f_{Im}(x,t)\,\mathrm{d}x \tag{4-19}$$

用图 4-52 所示的振型函数表示上式，可得

$$(\omega_n^2-\omega_m^2)\int_0^L \phi_m(x)m(x)\phi_n(x)\,\mathrm{d}x=0 \tag{4-20}$$

当两个振型对应的固有频率不等时，它们的振型必须满足正交性条件

$$\int_0^L \phi_m(x)m(x)\phi_n(x)\,\mathrm{d}x=0\quad(\omega_m\neq\omega_n) \tag{4-21}$$

上述证明用到了 Betti 定律，该定律内容为：同一弹性体受两组力(包括外力及惯性力)作用的两种不同真实平衡状态，第一组力在第二组位移上所做的功等于第二组力在第一组位移上所做的功。以上证明过程中用第 m 和第 n 阶振型表示两组独立发生的平衡状态，与振型的定义及特征不相符；用振型取代了主振动概念，导致推导过程物理概念不清晰。

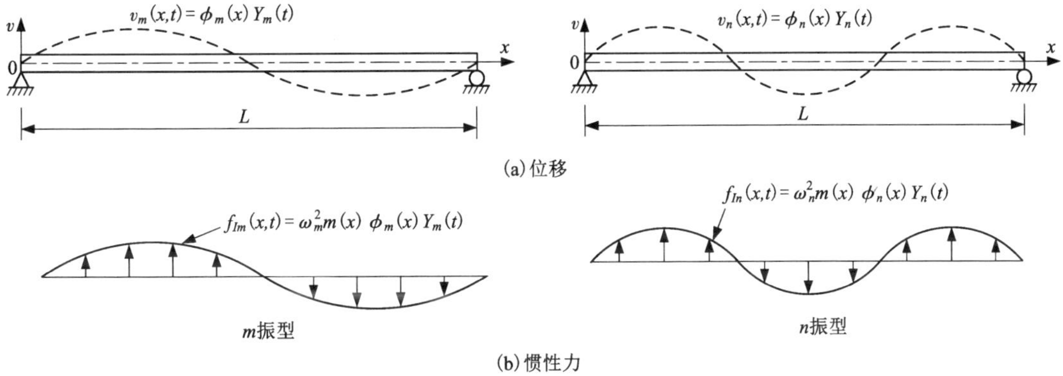

图 4-52　简支梁的两个不同振型(文献[39]的图 18-1)

4.21.3　基于主振动概念的结构动力学表述实例

1. 实例 1：运用主振动概念证明振型的正交性

根据主振动的概念，在适当的初始条件下系统可以独立发生某一阶主振动，图 4-53 列出了简支梁的第 m 阶和第 n 阶主振动 $v_m(x,\ t)$ 与 $v_n(x,\ t)$，对于每一阶主振动，位移形式及产生此位移的惯性力都示于图 4-53。因为主振动是特定初始条件下能独立发生的自由振动，所以 $Y_m(t)$ 与 $Y_n(t)$ 均为简谐变量，相应的振幅、频率与相位角分别为 A_m、ω_m、α_m 与 A_n、ω_n、α_n，即

$$Y_m(t)=A_m\sin(\omega_m t+\alpha_m),\ Y_n(t)=A_n\sin(\omega_n t+\alpha_n) \tag{4-22}$$

于是存在以下关系式：

$$\left.\begin{aligned}
&v_m(x,\ t)=\phi_m(x)Y_m(t)\\
&v_n(x,\ t)=\phi_n(x)Y_n(t)\\
&f_{Im}(x,\ t)=-m(x)\ddot{v}_m(x,\ t)=m(x)\omega_m^2Y_m(t)\phi_m(x)\\
&f_{In}(x,\ t)=-m(x)\ddot{v}_n(x,\ t)=m(x)\omega_n^2Y_n(t)\phi_n(x)
\end{aligned}\right\} \tag{4-23}$$

根据 Betti 定律，两阶独立的主振动存在如下关系：产生第 n 阶主振动的惯性力在第 m 阶主振动位移上做的功等于产生第 m 阶主振动的惯性力在第 n 阶主振动位移上做的功，即

$$\int_0^L v_m(x,\ t)f_{In}(x,\ t)\,\mathrm{d}x=\int_0^L v_n(x,\ t)f_{Im}(x,\ t)\,\mathrm{d}x \tag{4-24}$$

将式(4-23)代入式(4-24)可得

$$(\omega_n^2-\omega_m^2)Y_m(t)Y_n(t)\int_0^L\phi_m(x)m(x)\phi_n(x)\,\mathrm{d}x=0 \tag{4-25}$$

当两阶主振动对应的体系固有频率不相等，它们的振型必须满足如下正交性条件，即

$$\int_0^L\phi_m(x)m(x)\phi_n(x)\,\mathrm{d}x=0\quad(\omega_m\neq\omega_n) \tag{4-26}$$

上式即为分布参数梁以质量为加权参数的正交条件。本节引入主振动概念推导的正交性条件与文献[39]一致，但推导过程严格满足 Betti 定律条件，物理概念清晰。

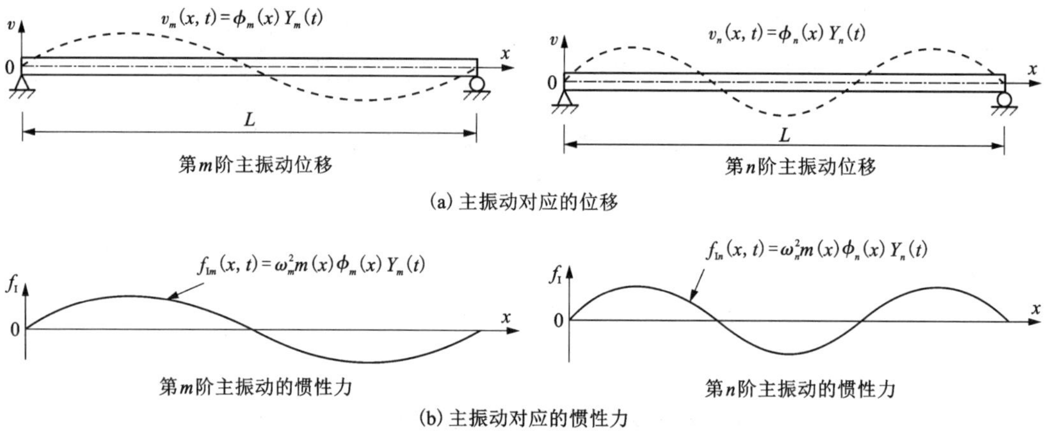

(a) 主振动对应的位移

(b) 主振动对应的惯性力

图 4-53　简支梁任意两阶主振动的位移与惯性力示意图

2. 实例 2：运用主振动概念表述系统边界条件

如图 4-53(a)所示简支梁做自由振动，其两端的边界条件为：$x=0$ 与 $x=L$ 处，位移和弯矩为零。这些边界条件与时间有关，在任意时间 t 均需满足，此边界条件由物理概念得出，称为直接边界条件，具体数学表达如下：

$$v(0,\ t)=0,\ M(0,\ t)=EIv''(0,\ t)=0 \tag{4-27}$$

$$v(L,\ t)=0,\ M(L,\ t)=EIv''(L,\ t)=0 \tag{4-28}$$

由振型叠加原理可知 $v(x,\ t)=\sum\phi_i(x)Y_i(t)$，然而只要初始条件选取恰当，系统可以独立发生某一阶主振动(如第 i 阶)，故在特定初始条件下 $v(x,\ t)=\phi_i(x)Y_i(t)$，此式同样要满足边界条件式，将其代入式(4-27)与式(4-28)可得

$$v(0,\ t)=\phi_i(0)Y_i(t)=0,\ M(0,\ t)=EIv''(0,\ t)=EI\phi_i''(0)Y_i(t)=0 \tag{4-29}$$

$$v(L,\ t)=\phi_i(L)Y_i(t)=0,\ M(L,\ t)=EIv''(L,\ t)=EI\phi_i''(L)Y_i(t)=0 \tag{4-30}$$

由于边界条件在任意时间 t 均要满足，故可得到

$$\phi_i(0)=0,\ \phi_i''(0)=0 \tag{4-31}$$

$$\phi_i(L)=0,\ \phi_i''(L)=0 \tag{4-32}$$

式(4-31)与式(4-32)是用振型函数表述的边界条件，称为间接边界条件。在克拉夫的结构动力学教材中是直接引出式(4-31)与式(4-32)所示的边界条件的，未作推导与说明，如图 4-54 所示。这一表述方式缺乏物理概念，数学上也不严谨。

Example E18-1. *Simple Beam* Considering the uniform simple beam show in Fig. E18-1a, its four known boundary conditions are

$$\phi(0)=0 \qquad M(0)=EI\phi''(0)=0 \qquad \text{(a)}$$

$$\phi(L)=0 \qquad M(L)=EI\phi''(0)=0 \qquad \text{(b)}$$

图 4-54　克拉夫教材关于简支梁边界条件的表述方式

乔普拉在其结构动力学教材中运用数学上微分方程特解的方式，推导出相应的边界条件，如图 4-55 所示。可见，乔普拉的表述在数学上是严谨的，而采用主振动概念处理该问题，物理概念更清晰。

The natural frequencies and modes of vibration of a uniform beam simply supported at both ends are determined next. At x=0 and x=L, the displacement and bending moment are zero. Thus, using Eqs. (17.3.2), (17.1.3), and (17.3.9) at x=0 gives

$$u(0,t)=0 \Rightarrow \phi(0)=0 \Rightarrow C_2+C_4=0 \qquad (17.3.10a)$$

$$M(0,t)=0 \Rightarrow EI\,\phi''(0)=0 \Rightarrow \beta^2(-C_2+C_4)=0 \qquad (17.3.10b)$$

图 4-55　乔普拉教材关于简支梁边界条件的表述方式

取连续体正交性证明作为分析对象，对比经典结构动力学教材(克拉夫和乔普拉的著作)与《结构动力学讲义》(第二版，周智辉、文颖、曾庆元编著)的表述差异，提出疑问：将主振动与振型两概念混合使用会带来什么样的弊端？明确严格区别两者的概念及应用范围的必要性。《结构动力学讲义》(第二版)引入主振动的概念，在证明振型正交化、表述连续体边界条件等方面，物理概念清晰，数学表达逻辑严密，充分体现了主振动概念在结构动力学内容体系中的串联效应，从而为上述疑问提供了闭环式解决方案。

[**思政元素**] 独立思考；批判与发展

[**素材作者**] 周智辉

4.22　留学报国，赤子情怀

4.22.1　中南桥梁的老一辈海归人才

在中南大学桥梁工程学科发展史上，有一批老一辈海归人才，他们始终怀揣着民族复兴的梦想，毅然放弃海外优渥的生活条件回到了祖国，进入大学校园开展教学与科研。他们将国外先进的理论与技术带到中南土木，不仅取得了丰硕的研究成果，还培养了一大批桥梁人才。他们为中南桥梁专业的发展做出了不朽的贡献。

1. 余炽昌教授(图 4-56)

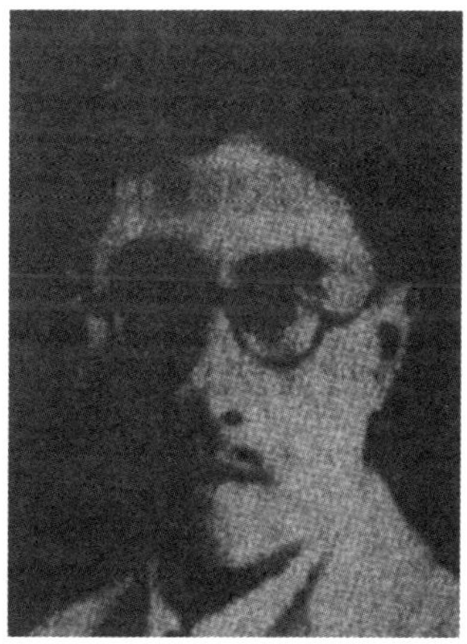

图 4-56　余炽昌教授

余炽昌教授 1923 年毕业于国立唐山交通大学土木工程系，在校期间，参加过“五四”“二七”“五卅”等运动；大学毕业后，在北宁铁路工务段任实习工程师。1925 年他赴美国留学，1926 年获美国康奈尔大学工程硕士学位。在美国桥梁公司工作一年后，他任美国费城麦克兰钢铁建筑公司设计师。1928 年回国后，余炽昌教授历任东北大学、北洋工学院、武汉大学教授；1937 年任山东大学教授兼土木工程系主任；1938 年 7 月受教育部之聘，任国立编译馆特约编译，年底回武汉大学，先后任教授、训导长、教务长、校务委员、工学院院长等职；1950 年，被任命为武汉市人民监察委员会监察委员；1951 年当选为武汉市人大代表，同年 5 月参加民主建国会；1953 年被聘为铁道部武汉长江大桥技术顾问委员会委员；1953 年全国院系调整，调长沙先后担任中南土木建筑学院筹备委员会副主任委员、湖南工学院副院长、湖南大学副校长、长沙铁道学院副院长等职务；1954 年当选为第一届湖南省人大代表；1955 年后历任第一届湖南省政协委员，第二、三届湖南省政协常委，民主建国会长沙市委常务委员，湖南省科学普及协会常委等职务。他专长于桥梁工程木结构，学术造诣较深，曾讲授过结构设计、钢结构、木结构、工程契约及规范等课程；精通英文，懂俄、法语，翻译了不少文献和资料；出版了《双曲拱桥应力研究》《工程契约及规范》《电焊法》等著作。

2. 谢世澂教授(图 4-57)

图 4-57　谢世澂教授

谢世澂教授 1938 年毕业于美国密歇根大学研究生院，曾任广西大学工学院院长、土木工程系主任，中南土木建筑学院筹委会委员、中南土木建筑学院教务长，先后任民盟第四、五次全国代表大会代表，民盟湖南省委第四、六、七届委员会委员，第一、二届湖南省人民代表大会代表，湖南省政协第四、五届常务委员等职务。谢世澂教授早期参加过革命宣传、地下革命和武装斗争，1949 年 7 月冒着生命危险冲破国民党的重重阻扰和严密封锁，携眷离开台北，绕道香港偷渡台湾海峡和渤海口，投奔东北解放区。他忠诚于党的教育事业，从教 38 年，精通英语，学习过德语、俄语、泰语等；翻译出版论文数十篇，出版《棚车》和《机械力学》等七种中译英科技资料的教材，出版了《随机振动引论》和《钢筋混凝土结构的裂缝问题》两部专著。谢世澂教授获国家教委国家科委授予的“长期从事教育和科技工作且有较大贡献的老教授”和“全国高等学校先进科技工作者”称号。

3. 李廉锟教授(图 4-58)

图 4-58　李廉锟教授

李廉锟教授曾担任中南土木建筑学院、长沙铁道学院土木系、数理力学系主任。他 1940 年毕业于清华大学土木系，1944 年获得了美国麻省理工学院科学硕士学位，1946 年选择回国。回国后他致力于土木工程专业的教学与科研工作，先后在湖南大学、中南土木建筑学院、长沙铁道学院任教，长期为本科生和研究生讲授结构力学、弹性力学、土力学、基础工程、钢筋混凝土、钢木结构和结构设计理论等课程，以教风严谨、教学效果优良著称。20 世纪 70 年代初期，他在武汉桥梁工程期刊上发表连载文章，比较系统地介绍了有限单元法的原理和应用，是我国最早引进和推广有限元法的学者之一。他曾编写和主编结构力学、土力学及地基基础等教材 5 部。其中，1983 年由高等教育出版社出版的《结构力学》(第二版)获 1987 年国家教委优秀教材二等奖；1996 年由高等教育出版社出版的《结构力学》(第三版)获 2000 年铁道部优秀教材二等奖；中南大学力学系以此为基础，分别于 2004 年、2009 年和 2017 年推出了该教材的第四、五和六版。

4. 裘伯永教授(图 4-59)

裘伯永教授 1958 年毕业于莫斯科汽车公路学院桥梁专业，同年回国，在中南土木建筑学院任教；1960 年，在长沙铁道学院任教；1987 年晋升为教授；曾任中国土木工程学会混凝土及预应力混凝土学会理事。40 年来他为本科生和研究生开设多门技术基础课和专业课，培养研究生 10 名，指导多名青年教师。作为负责人之一，他带领毕业班学生参加设计的成昆铁路一线天 54 m 跨度铁路石拱桥，于 1978 年和 1985 年分别获国家科学大会奖、国家科技进步奖特等奖；主持完成多个部级科研项目，大部分已在生产中应用并取得较大的社会与经济效益。其成果《空间桩基优化设计与计算机绘图》获铁道部第四设计院科技进步奖一等奖。20 世纪 80 年代以来，他先后在学报和期刊上发表学术论文 20 余篇，多次参加铁路高校统编教材《桥梁》的编写和主审，参加桥梁设计规范的编写；负责设计多座桥梁，其中全国最大跨度的成昆铁路一线天 54 m 石拱桥和郴州下湄河 50 m 双曲拱铁路桥被列入《中国铁路桥梁史》。其在教学、科研领域辛勤耕耘 40 余年，曾多次被学校评为优秀共产党员、优秀教师，并被评为湖南省优秀共产党员和优秀教师。

图 4-59　裘伯永教授

5. 万明坤教授(图 4-60)

万明坤教授 1953 年毕业于上海同济大学结构系，1984 年获得卡尔 · 杜依斯伯格基金会(Carl Duisberg Gesellschaft，CDG)的资助去德国进修，以土木工程师的身份到德国工程部门参加实际工作，借以了解德国工程技术方面的实际情况。万明坤教授毕业后先后在中南土木建筑学院、湖南大学、长沙铁道学院、北京交通大学从事教学工作，曾任长沙铁道学院教务处长，1984 年任长沙铁道学院副院长。他还先后任中国铁道学会副理事长、《铁道学报》编委会主任、北京市高级职称评审委员会委员兼土建组组长、欧美同学会副会长、中德友协理事、茅以升科技教育基金会常务理事、《中国大百科全书》编委。多年来他从事结构设计、钢桥、钢筋混凝土桥等教学和研究工作，参加过三峡水利枢纽施工栈桥设计、全焊钢桥设计、钢桥空间计算、桥梁设计规范改革等科研项目，一些成果被列入桥梁设计规范；编著出版《铁路钢桁梁桥计算》，主编出版《桥梁漫笔》《旅德追忆：二十世纪几代中国留德学者回忆录》等书。1988 年，他任北方交通

图 4-60　万明坤教授

大学校长，坚定不移地执行教学、科研两个中心的办学方针，重视硬、软件建设；在铁道部的大力支持下，对学校的校舍与设备进行了大规模的建设，在铁路高校中率先进行校内管理体制的改革。他对“211 工程”的申报与建设抓得早、抓得紧，为学校成为首批进入 21 世纪全国重点建设一百所高校的“211 工程”的高校打下了基础。

4.22.2 留学报国天地宽

习近平总书记在给南京大学留学归国的青年学者回信时指出，希望同志们大力弘扬留学报国的光荣传统，以报效国家、服务人民为自觉追求，在坚持立德树人、推动科技自立自强上再创佳绩，在坚定文化自信、讲好中国故事上争做表率，为全面建设社会主义现代化国家、实现中华民族伟大复兴的中国梦积极贡献智慧和力量！留学报国是广大留学人员的光荣传统。广大留学人员要把爱国之情、强国之志、报国之行统一起来，把自己的梦想融入实现中国梦的壮阔奋斗之中。

随着新时代中国特色社会主义事业不断发展、我国综合国力不断增强和社会主义现代化建设对人才的需求不断增长，我国出国留学人员和留学回国人员的数量保持了快速增长的态势。党的十八大以来，在“支持留学、鼓励回国、来去自由、发挥作用”的留学政策指引下，仅 2016 年至 2019 年，我国出国留学人数就达 251.8 万人，回国 201.3 万人，学成回国占比近八成。越来越多的留学生选择回国贡献自己的青春与汗水，将梦想的种子播撒在祖国的广袤大地上。

长期以来，留学归国人员书写了报效祖国、服务人民的光荣历史，今天也一定能在党的领导下，大力弘扬留学报国的光荣传统，为全面建设社会主义现代化国家、实现中华民族伟大复兴的中国梦积极贡献智慧和力量。

[思政元素] 赤子情怀；爱国精神

[素材作者] 魏晓军

本篇参考文献

[1]曾庆元，郭向荣. 列车桥梁时变系统振动分析理论与应用[M]. 北京：中国铁道出版社，1999.

[2]曾庆元，向俊，周智辉，等. 列车脱轨分析理论与应用[M]. 长沙：中南大学出版社，2006.

[3]伍砺矛，郭永胜. 为了铁路桥梁的安全——访中国工程院院士曾庆元[J]. 湘潮，2001(4)：40-43.

[4]孙永福. 孙永福自传[M]. 北京：中国铁道出版社有限公司，2021.

[5]何旭辉，蒋琦玮. 中南大学土木工程学科发展史(1903—2020)[M]. 长沙：中南大学出版社，2020.

[6]徐升桥，任为东，李艳明. 丫髻沙大桥主桥设计[J]. 桥梁建设，2000(3)：29-33.

[7]张敏，高宗余，陈佳，等. 千米跨度公铁两用钢桁梁斜拉桥几何非线性研究[J]. 桥梁建设，2014(5)：15-20.

[8]易伦雄. 南京大胜关长江大桥大跨度钢桁拱桥设计研究[J]. 桥梁建设，2009(5)：1-5.

[9]贺志军，刘贡求. 长沙铁道学院校史[M]. 长沙：中南大学出版社，2013.

[10]彭福东. 见证韶山铁路诞生[J]. 湘潮，2014(4)：46-47.

[11]韶山市交通志编委会. 韶山市交通志[M]. 长沙：湖南出版社，1992.

[12]中国铁路桥梁史编委会. 中国铁路桥梁史[M]. 北京：中国铁道出版社，2009.
[13]湖南省长沙湘江大桥工程指挥部. 长沙湘江大桥技术总结[R]. 长沙：湖南省长沙湘江大桥工程指挥部，1973.
[14]湘江大桥工程指挥部设计组. 长沙湘江大桥[J]. 桥梁建设，1973(1)：1-30.
[15]王蔚琛. 回忆长沙首座湘江大桥的修建[J]. 湘潮，2014(1)：45-46.
[16]高青. 访长沙湘江大桥工程指挥部设计组副组长周义武[J]. 中外建筑，2018(6)：20-23.
[17]湖南省交通局. 湖南省双曲拱桥技术总结(1966—1973)(内部资料)[R]. 长沙：湖南省交通局，1973.
[18]宋旭明，戴公连，方淑君. 三汊矶湘江大桥设计构思及施工工艺[C]//中国土木工程学会. 第十八届全国桥梁学术会议论文集(上册). 北京：人民交通出版社，2008.
[19]宋旭明. 大跨度自锚式悬索桥受力特性与极限承载力研究[D]. 长沙：中南大学，2009.
[20]贺锡林，黄元群，张建东. 长沙市湘江三汊矶大桥大型钢箱梁顶推施工技术[J]. 湖南交通科技，2009，35(3)：113-116.
[21]冯钢，邓武. 湘江三汊矶大桥主孔自锚式悬索系统安装及体系转换[J]. 公路工程，2008，33(4)：110-113.
[22]王东辉，韩冰，沈大才. 平潭海峡公铁两用大桥大小练岛水道桥钢桁梁施工关键技术[J]. 桥梁建设，2019，49(6)：102-107.
[23]肖世波. 平潭海峡公铁两用大桥深水区围堰施工关键技术[J]. 桥梁建设，2019，49(2)：13-16.
[24]王东辉. 平潭海峡公铁两用大桥航道桥基础设计与施工创新技术[J]. 铁道标准设计，2017，61(9)：68-75.
[25]长沙铁道学院桥梁教研组. 桥梁[M]. 北京：人民铁道出版社，1962.
[26]长沙铁道学院工程系. 铁路桥梁(上册)[M]. 北京：中国铁道出版社，1980.
[27]王承礼，徐名枢. 铁路桥梁[M]. 北京：中国铁道出版社，1990.
[28]裘伯永，盛兴旺，乔建东，等. 桥梁工程[M]. 北京：中国铁道出版社，2001.
[29]盛兴旺，乔建东，杨孟刚等. 桥梁工程[M]. 2 版. 北京：中国铁道出版社有限公司，2020.
[30]胡所亭. 我国铁路列车荷载图式的研究与应用[J]. 铁道建筑，2015(10)：26-30.
[31]胡所亭，魏峰，王丽，等.《铁路列车荷载图式》制定研究[J]. 中国铁路，2017(4)：1-7.
[32]曾庆元. 弹性系统动力学总势能不变值原理[J]. 华中理工大学学报，2000(1)：1-3，14.
[33]曾庆元，杨平. 形成矩阵的“对号入座”法则与桁梁空间分析的桁段有限元法[J]. 铁道学报，1986，8(2)：48-59.
[34]周智辉，文颖，蔡陈之，等. 结构动力学基础(英文版)[M]. 长沙：中南大学出版社，2021.
[35]王健，赵国生. MATLAB 数学建模与仿真[M]. 北京：清华大学出版社，2016.
[36]周智辉，杨曼璇，尹巍，等. 基于 MATLAB 的工程结构分析单元矩阵形成方法：CN201910248498.6[P]. 2020-10-09.
[37]曾庆元. 弹性系统动力分析的位移变分法[C]//中国力学学会. 第十一届全国结构工程学术会议论文集第Ⅰ卷. 北京：《工程力学》期刊社，2002：16.
[38]F. 柏拉希. 金属结构的屈曲强度[M]. 同济大学钢木结构教研室，译. 北京：科学出版社，1965.
[39]R. 克拉夫，J. 彭津. 结构动力学第二版(修订版)[M]. 王光远，等译校. 北京：高等教育出版社，2006.
[40]钱伟长，叶开沅. 弹性力学[M]. 北京：科学出版社，1980.

[41]周智辉，文颖，曾庆元. 结构动力学讲义[M]. 2版. 北京：人民交通出版社股份有限公司，2017.
[42]闻邦椿，刘树英，陈照波，等. 机械振动理论与应用[M]. 北京：高等教育出版社，2009.
[43]Anil K C. Dynamics of structures：theory and applications to earthquake engineering. 4 th ed[M]. NJ：Prentice Hall，2012.
[44]文雨松. 桥涵水文[M]. 2版. 北京：中国铁道出版社，2015.
[45]文雨松，张大伟. 铁路桥涵可视化水文检定[M]. 长沙：中南大学出版社，2003.
[46]顾建新，文雨松，夏炜，等. 上海铁路局桥梁水文检定检算系统软件[Z]. 国家科技成果，2003.
[47]文方针，王强，文雨松，等. 广东省公路工程水文设计检算系统[Z]. 国家科技成果，2008.
[48]阳锡叶，曾欢欢，陈政清. 从乡村教师到“大桥院士”[J]. 智慧中国，2017(9)：30-32.

第5篇

它山之石

桥梁，人类改造自然、超越自然的杰作——由倒下的树干，学会建造梁桥；由天然的石桥，学会建造拱桥；由攀爬的藤蔓，学会建造索桥。古代，我国的建桥技术流传到外邦；近代，我国引进、吸收国外的先进建桥技术；当代，我国引领桥梁的发展，并沿“一带一路”建设“地球村”。借它山之石，建功德之桥，一直是桥梁工程及其发展的源泉和方法。

在伴随人类社会发展的桥梁实践和创新活动中，从周朝的浮桥发展到现在的千米级跨度桥，从独木桥发展到现在的公铁两用桥梁，从天然材料桥发展到现在的高强钢桥、超高性能混凝土桥，有成功的喜乐，也有失败的悲伤。成功了，百尺竿头更进一步，将桥梁跨度、材料、构件承载力发挥到极致，向改造自然的更高水准进发；失败了，桥梁建设者们从失败案例中汲取教训、追寻真谛、探寻真理，发展工程科学。久久为功，一个个人类奇迹诞生了。

“一桥飞架南北，天堑变通途”表达了我国一代伟人在50年代对武汉长江大桥建成的喜悦，并激励建设者们不断创新，才有了后来的南京长江大桥、九江长江大桥……新世纪，港珠澳大桥等跨海大桥、沪苏通长江公铁两用大桥等千米级大桥的建成通车，体现了我国自主创新的能力以及勇创世界一流的民族志气。

“工程师之戒”基于魁北克大桥的垮塌教训，警示后人不要忘掉自己所负的重大责任；风毁的旧塔科马大桥，催生了风工程学；……

本篇收集19个素材，简要介绍了典型重大桥梁建设过程中遇到的困难、解决方法，或阐述其经验与教训，这些均是新生代桥梁工程师值得学习的，正所谓“它山之石，可以攻玉”。

5.1 武汉长江大桥和南京长江大桥

5.1.1 武汉长江大桥

武汉长江大桥是新中国成立后在长江“天堑”上修建的第一座公铁两用桥梁，对我国的经济、文化和国防建设发挥了长期重要作用，如图 5-1 所示。大桥横跨武昌蛇山和汉阳龟山，总长 1670 m，其中正桥 1156 m，汉阳侧引桥 303 m，武昌侧引桥 211 m。大桥下层为双线铁路，上层为 4 车道公路，主桥为三联连续钢桁梁，每联 3 孔，共 2 台 8 墩 9 孔，每孔跨度为 128 m，主桁高 16 m，宽 10 m，钢梁采用 A3 号桥梁钢、铆合结构；引桥为钢筋混凝土梁。

(a) 全桥掠影　　(b) 施工现场

图 5-1　武汉长江大桥

1954 年 7 月左右，以康士坦丁·谢尔盖维奇·西林为首的苏联专家陆续抵达铁道部大桥工程局并开始工作，为桥梁初期的设计提供帮助，不过问题很快暴露出来，虽有外国专家援助，但具体施工建设、试验和实施都需要我国专家慢慢摸索。例如苏联专家提出武汉长江大桥应采用管柱钻孔法施工，将空心管柱打在河床岩面上，并在岩面上钻孔，在孔内灌注混凝土，使其牢牢插结在岩石内，然后再在管柱顶修筑承台及墩身，能在距水面 37 m 以下施工，不受深水期的限制，而且不影响工人身体健康。具体的施工由我方实现，周恩来总理仔细地听取了各方面的意见并下达指示，有关部门对管柱钻孔法的设计方案经过 3 个月的讨论和半年的试验，证明确实可行后进行现场应用。运用管柱钻孔法使武汉长江大桥的建设比原来的预期既缩短了工期，又节省了投资。大型管柱钻孔法是我国桥梁工作者首创的新型施工方法，凝聚着我国桥梁工作者的智慧和精湛的工艺，为大型桥梁的施工解决了一道难题。

武汉长江大桥的建成将加快南北两岸的经济发展，因此武汉长江大桥的建设是国之大事，“只能成不能败”。为了保证大桥建设进度，全国各地都在人员、物质、设备、技术上加以支援。沈阳、上海、北京、武汉等十几个城市 30 多个工厂加紧赶制大桥各种施工机具；鞍山、山海关、重庆和大冶等地许多工厂加紧制造钢轨、钢梁、水泥和各种钢料。铁道部又从宝成线、兰新线、集二线和许多铁路管理局调来了上百技工；武汉市人民委员会将两个机器厂和一个电焊厂的技工全部调出支援大桥建设，铁道兵也调来了一个技术连，调来的这些人中有潜水员、装吊工、铆工、焊工等。武汉市轮渡公司输送到大桥工地的 50 多名职工中，有船长、驾驶、司炉、水手。据统计，建桥工人最多的时候有约 13000 人，技术人员有 300 多人，图 5-1(b)为当时施工场景照片。通过投入大量的人力物力，克服种种难题，1957 年这座飞架彩虹的大桥建设完成，它将武汉三镇连成一体，极大促进了武汉的发展，将京广铁路连通，使长江南北的铁路运输畅通起来，在国民经济的建设中发挥了无可替代的作用。

5.1.2　南京长江大桥

1958 年，党中央正式决定完全由中国人自己设计、自行施工修建南京长江大桥，如图 5-2(a)所示。1969 年，南京长江大桥建设完成。大桥通航净空宽度 120 m。上层为公路桥，长 4589 m，车行道宽 15 m，可容 4 辆大型汽车并行，两侧各有 2 m 多宽的人行道，连通 104 国道、312 国道等跨江公路，是沟通南京江北新区与江南主城的要道之一；下层为双轨复线铁路，桥宽 14 m，全长 6772 m，连接津浦铁路与沪宁铁路干线，是国家南北交通要道和命脉。南京长江大桥是长江上第一座由中国自行设计和建造的双层式铁路、公路两用桥梁，在中国桥梁史和世界桥梁史上具有重要意义，是中国经济建设的重要成就、中国桥梁建设的重要里程碑。

(a) 全桥掠影　　(b) 基础施工现场

图 5-2　南京长江大桥

大桥由正桥和引桥两部分组成，正桥 9 墩 10 跨，长 1576 m，最大跨度 160 m，分孔布置为 128 m 简支钢桁梁+(3×160+3×160+3×160)m 连续钢桁梁，桁高 16 m，桁宽 14 m。

在大桥建设过程中主要遇到两大困难，一是自然灾害；二是中苏关系恶化，苏联政府撕毁供货合同导致钢材供应断链。然而，办法总比困难多，我国工程师自力更生、自主创新。

在新型材料研发方面，南京长江大桥的钢梁跨度长达 160 m，并且大桥为铁路、公路两用桥，制造钢梁所需的高强度合金钢我国不能生产，只能向苏联订购。1960 年，我国向苏联订购了 1.399 万 t 高强度合金钢，但钢材到货后发现一部分不合格，不能使用。之后苏联又拒绝供货。在此情况下，中国人民决心走自力更生的道路，1961 年下半年，国家决定南京长江大桥所需钢材不再进口，改用国产同性能的钢材。国务院指定鞍山钢铁公司试制钢材，由铁道部山海关桥梁厂承制钢梁。鞍山钢铁公司经反复试制，克服了重重困难，于 1963 年正式生产低合金锰桥梁钢(16 锰钢, Q345q), 共 1.4 万 t, 及时解决了钢梁的难题。因此 16 锰钢也被称作我国的“争气钢”。

在技术创新方面, 为解决桥址地质复杂的问题, 正桥 9 个水中墩, 其下部基础采用 4 种方式建造[图 5-2(b)]: ①在浅水面覆盖层深厚墩址处, 采用重型混凝土沉井, 穿越深度达 54.87 m, 创造了当时的中国纪录; ②在基岩好而覆盖层较厚的墩位处, 选用钢板桩围堰管柱基础, 并首次采用大直径 3.6 m 先张法预应力混凝土管柱; ③在基岩较好、覆盖层较厚, 但水位甚深的墩位处, 采用首创的浮式钢沉井加管柱的复合基础; ④在水深、覆盖层厚, 且基岩强度较低的墩位处, 采用浮式钢筋混凝土沉井, 详见 2.4 节。

1964 年秋季, 长江汛期特别长, 流水急, 洪峰一个接着一个, 正在施工的 5 号桥墩悬浮沉井在入水达 14.2 m 深度时, 沉井导向船的边锚绳突然被湍急的江水崩断, 自重达 6000 t 的沉井在激流中不断晃动, 最大摆幅达到 30 m。10 d 后, 4 号桥墩的沉井锚绳也被崩断, 沉井的晃动最大摆幅达到 60 m。这两个沉井只靠和导向船之间的前主锚与后尾锚相系, 如主锚再被崩断, 沉井和导向船就会倾覆江中, 整个大桥就有被毁灭的危险。为了战胜这一突如其来的险情, 全体建桥工人紧急动员起来, 进行抢险。工人们冒着生命危险在激流中加固钢缆, 连续奋战了 1 个多月, 终于取得了抢险的胜利。

“一桥飞架南北, 天堑变通途”, 武汉长江大桥和南京长江大桥的建成, 体现了中华人民自力更生、艰苦奋斗, 创新创造、精益求精, 齐心协力、顽强拼搏的精神; 展现了新中国成立后蓬勃向上的活力, 为中国桥梁的建设打下了基础, 也为新中国的经济发展做出了巨大贡献。

[思政元素] 自力更生; 艰苦奋斗; 中国骨气

[素材作者] 史俊

5.2 上海南浦大桥

1991 年 11 月 18 日, 新华社发布的一则通稿《我国最大斜拉索桥在上海建成》引发广泛关注。稿件的开头写道: “随着最后一盏桥灯的安装、最后一道桥面行车线的漆就, 我国最大斜拉索桥——南浦大桥, 在上海黄浦江正式建成。邓小平同志题写的‘南浦大桥’手迹, 镶嵌在巍巍桥塔之上。”南浦大桥选址在南码头——黄浦江市区段江面最窄处, 又是建造上海内环道路的过江咽喉处, 该处江面宽 360 m, 水上交通繁忙, 桥位附近及上游有多处万吨轮装卸港区及大型造船厂, 要求通航净高 46 m, 通航宽约 340 m。为了保证驳岸的安全, 大桥主塔往两岸延伸, 主桥采用了分孔布置为(40.5+76.5+94.5+423+94.5+76.5+40.5) m 的双塔双索面斜拉桥(图 5-3), 以一跨 423 m 过江, 跨度之大为当时的全国之最, 在世界上也位列前三。

当设计上海南浦大桥的号令一下达, 在短短的两年时间里, 110 名设计师奋斗了 700 多个日夜, 绘出了 2500 张图纸, 向施工单位献上了最大胆、最先进、最新颖的技术和构思。这批珍贵的设计图纸, 如今亦已成为大桥工程 1000 卷档案中珍贵的一部分, 并在大桥建设的过程中发挥了极大的作用。其实, 获取南浦大桥建桥资格, 亦是经过了惊心动魄的斗争。

20 世纪 80 年代, 上海开放浦东在即, 为解决日益增长的人口带来的交通拥挤问题, 决定在市区 400 多米宽的黄浦江上修建第一座跨江大桥——南浦大桥。1982 年, 刚刚出任上海市

图 5–3　上海南浦大桥

科协主席的李国豪建议上海市科委委托同济大学做一个可行性研究，研究负责人是时任校长李国豪院士的得意门生项海帆(中国工程院院士，时任同济大学结构工程系副教授)。可是，可行性报告递上去后，几年都毫无音讯。直到 1986 年底，项海帆受日本桥梁专家伊藤学的邀请，从美国转道日本东京大学访问，伊藤学介绍了日本正在进行的南浦大桥设计工作。原来，1986 年时任上海市副市长倪天增带队访问日本，一家设计公司进言“中国近期不具备大跨度桥梁设计能力”，再加上当时的日本是桥梁强国，因此，倪天增接受了日本提出的免费设计、申请亚洲银行低息贷款帮助上海市建造南浦大桥的建议，并草签了协议。此间，日方组织了由设计、科研、施工单位组成的联合体，正在热火朝天地忙着。

回国后，项海帆立即向李国豪汇报了情况。他们心里都清楚，一旦南浦大桥因为中国缺乏经验给日本人设计，后面其他大桥也同样没有交给中国人设计的理由。同时，他们认为，中国桥梁界完全有信心有能力在黄浦江上架桥。因此，李国豪当机立断，凭借自己的身份、影响力和威望去力争，在后来的一次会议上，早有准备的李国豪走到时任上海市市长的江泽民面前，表达了这样的认知——虽然中日桥梁建桥经验差距很大，但是，在 400 m 跨度这个级别的桥梁上，我们中国人完全有能力设计，并建议他“抽空到同济去看看，同济正在进行大桥的抗风试验”。

1987 年 7 月，江泽民如约来到同济大学，听取同济大学桥梁专家的汇报。“自己来做有没有把握？如果做了一半再请日本人来帮忙收场，就更被动了。”听完汇报后，江泽民有些动摇。江泽民离开学校后，项海帆立即开始写信，“由外国人在国际桥梁会议的讲坛上演讲有关中国大桥的论文是难以想象的，中国工程界需要用实践来提高自己的水平”，论述了我们自主建桥的足够能力，还强调了民族大义：第一，我们完全有能力自主建造，这也是人心所向；第二，让外国人做有辱民族尊严。李国豪看完信，简单调整了个别字句，就赶紧发了出去。1987 年 9 月，江泽民在信中批示：“我看主意应该定了，就以中国人为主设计，集思广益。”

最终，方案获得了市长的批准，南浦大桥最终圆满建成，而且造价不足日本方案的一半。

南浦大桥开创了中国人自主建设大跨度桥梁的新时代，也由此赢得了中国桥梁赶超世界先进水平的机会。

1991 年 12 月 1 日，南浦大桥正式通车。同济大学除了参与部分设计工作，还义不容辞地承担了科研项目总承包的任务。日本桥梁权威伊藤学对此发出了肯定的感慨："我们本来以为中国工程师不敢自主建设这一工程，但是你们完成了，而且做得很好。你们会了，我们就很难竞争了，按照你们的造价我们做不下来。"南浦大桥的建成，优雅地挽起浦东、浦西，近百年来上海人乘车过江的夙愿一朝实现。这项成果获得 1995 年国家科技进步奖一等奖。无独有偶，南浦大桥建成通车那年年底，李国豪得知广东虎门将要邀请英国公司带资修建大桥，他写信给时任广东省省长的叶选平说："虎门是中国林则徐禁烟的国耻地，中国人民的感情很难接受一个英国的公司。而且，上海南浦大桥自主建设已经取得了极大的成功。"叶选平在收到信后亲切会见了李国豪，并在会见中当场承诺虎门大桥由中国人自己来建设。1992 年，虎门大桥开工建设，李国豪担任了大桥顾问组组长；5 年之后，虎门大桥自主建设顺利竣工。从此，中国的桥梁不用问出处，中国工程师牢牢地把握住了中国桥梁的自主建设权，让外国专家集体退出中国桥梁建设的舞台。

孙中山先生在建国大纲中曾说过，"惟发展之权，操之在我则存，操之在人则亡"，并认为这是"中国存亡之关键"。正是由于当年这场桥梁建设的敢于斗争，把建设自主权牢牢把握在自己之手，才赢来了中国桥梁工程现在的辉煌。

［**思政元素**］自强不息；"惟发展之权，操之在我则存，操之在人则亡"

［**素材作者**］李玲瑶

5.3　湘西矮寨大桥

"矮寨坡，山连山，一十三道弯，弯弯都是鬼门关。"湘西行路之难，难在矮寨。

1936 年，湘西地区第一条公路——湘川公路全线通车。在 8 年抗战中，湘川公路是衔接粤汉、湘桂黔，通向西南大后方的唯一通道，担负过伟大的历史使命。其中一段长仅 6.25 km 的矮寨盘山公路，垂直高度 400 多米，坡度大于 70°，转折 13 道锐角急弯，得胆战心惊开行半个多小时方能通过，堪称"世界公路奇观"。公路最窄地段不足 4 m，两辆小车在最窄段不能同时通过，堵车更是常有的事。

矮寨大桥是中国湖南省湘西土家族苗族自治州境内的高速通道，跨越德夯大峡谷，是吉首市西北部公路的构成部分，也是包头—茂名高速公路（国家高速 G65）关键控制性工程。该桥为塔梁分离式单跨钢桁梁悬索桥，主缆跨径布置为（242+1176+116）m，加劲梁长度为 1000.5 m。大桥的主要创新有：结合特殊的地形、地质条件，首次提出了塔梁分离式悬索桥新结构，实现了结构与环境的完美融合；采用在主缆无吊索区增设竖向岩锚吊索的方式解决了无索区过长造成的结构问题；采用高性能复合材料 CFRP 作为锚杆、超高性能混凝土 RPC 作为锚杆两端的黏结介质，形成一种高效、耐久的新型岩锚体系；针对山区大跨度悬索桥加劲梁运输与架设的难题，提出了柔性轨索滑移法架设加劲梁的新工艺。

2004 年，桥梁专家胡建华领衔设计湘西矮寨大桥。一方面，矮寨地势险峭，施工难度在国际建桥史上罕见。另一方面，面对矮寨盘山公路蕴含的中华民族抗日战争的厚重历史，面对德夯大峡谷的清奇秀丽，矮寨大桥的设计必须是一件艺术品。为选择最佳方案，避免以传统的方式修建大桥对生态环境造成不可逆的影响，大桥设计团队创新性地采取了塔梁分离式结构，将加劲梁与索塔分离，路从塔下面的隧道过，索塔立在隧道顶上。这样不仅减少山体开挖量达 67 万 m^3，节省了工程投资，而且保护了当地的生态环境，做到了桥梁建筑与环境的和谐统一。

由于桥址周边环境恶劣，施工场地极其狭小，运输条件极其困难，该桥加劲梁的架设成为一项技术难题。为此，大桥设计团队自主研发了轨索滑移法架设新技术，使原本需要 13 个月工期的工程，不到 3 个月就完成了，创造直接经济效益 1.25 亿元。施工中的矮寨大桥如图 5-4 所示。颠覆传统的轨索滑移法也成为悬索桥架梁施工的“第四种方法”，被交通运输部评价为改革开放以来中国桥梁技术领域具有“中国首创”意义的原始创新性成果之一。项目成果还成功应用于虎跳峡金沙江大桥与绿汁江大桥等山区大跨度悬索桥工程。

图 5-4　施工中的矮寨大桥

2012 年 3 月 31 日，矮寨大桥(图 5-5)通车运营。通车后，曾经要走 30 min 盘山公路，如今只需 1 min。矮寨大桥成为与德夯大峡谷相映生辉的旅游新景点，被美国全国广播公司评选为“十大非去不可的世界新地标”，还被写入湖南省中学地理教材。

矮寨大桥创下四个“世界第一”：大桥两索塔间跨度 1176 m，跨峡谷跨度世界第一；首次采用塔、梁完全分离的结构设计方案；首次采用岩锚吊索结构，并用碳纤维作为预应力筋材；首次采用轨索滑移法架设钢桁梁。习近平总书记曾经参观后盛赞：“这就是中国的圆月亮。”

矮寨大桥如今已经成为湖南交通乃至湖南对外经济文化交流的一张新名片，以矮寨大桥为核心，通过“交通+旅游+扶贫”模式，打造奇路、奇桥、奇寨、奇谷、奇瀑和奇俗六大主题的矮寨奇观景区，将现代路桥科技、奇绝山水景观和民族特色文化融于一体。紧邻矮寨大桥的排兄村，依托景区客流，发展农家乐 108 家、客栈 47 家，村民们不用外出打工，一年就能挣 10 多万元，并于 2019 年实现整村脱贫。

图 5-5 中国的圆月亮——矮寨大桥

2021 年，矮寨景区与德夯大峡谷景区、“精准扶贫”的首倡地十八洞村“打包升级”，成为国家 5A 级景区，当年接待游客 332.1 万人次，实现旅游综合收入 2.2 亿元。

[思政元素] 创新设计；中国的圆月亮；精准扶贫

[素材作者] 严磊

5.4 千米级公铁两用桥梁

5.4.1 概述

近年来，我国铁路桥梁的桥型和跨度得到了快速发展，特别是沪苏通长江公铁两用大桥和连镇铁路五峰山长江大桥于 2020 年建成通车，开启了我国铁路千米级桥梁建设和发展的征程。为适应铁路跨江越海工程建设及西南部艰险山区铁路建设需要，超千米级铁路大桥和公铁两用大桥不断涌现。近两年来，我国铁路正在建设和即将建设的千米级桥梁近 10 座；正在研究的江阴第三过江通道(盐宜铁路长江大桥)方案跨度达 1780 m，采用了许多新结构、新材料和新工艺。

除沪苏通长江公铁两用大桥和五峰山长江大桥外，目前已建成通车的超千米级公铁两用桥或铁路桥有主跨 1377 m 的香港青马大桥(悬索桥)、主跨 1100 m 的日本南备赞濑户大桥(悬索桥)和主跨 1408 m 的土耳其博斯普鲁斯海峡三桥(斜拉悬索协作体系)等。铁路桥梁跨度到底能修多大，以哪种桥型最合理？我国著名桥梁专家李国豪教授提出悬索桥最大跨度为 3600 m 的理论探讨；中铁大桥勘测设计院集团有限公司严国敏从主缆极限能力角度提出悬索桥的最大跨度为 2620~6330 m 的观点。由 COWI 公司设计的墨西纳海峡公铁两用悬索桥方案，主跨跨度达 3300 m；在建的张靖皋长江大桥，采用主跨 2300 m 的双塔两跨钢箱梁悬索桥；设计中的莲花山过江通道，桥梁方案采用主跨 2100 m 的悬索桥，可满足 16 车道布置，采用单侧并置双缆，主缆直径1.32 m，与五峰山长江大桥相当。

超千米跨度铁路桥梁荷载重、变形控制严格、结构复杂、技术难度大，除面临与公路桥相同的抗风、抗震要求和材料、施工等问题外，还受到桥上轨道形位的影响。随着桥梁跨度的不断增加，结构刚度降低，在大风、温度以及列车、汽车荷载作用下，桥上轨道线形变化和梁端伸缩位移加大，将影响桥上无缝线路受力与稳定，直接影响列车运行的安全性和舒适性。因此，超千米跨度铁路桥需要根据结构体系工作状态、合理刚度、行车条件和桥上轨道状态来综合评判合理桥型和适宜跨度。

5.4.2　公铁两用悬索桥的实践和技术特点

欧美及日本早期修建的铁路悬索桥，大多通行低速列车，荷载也较轻，对桥梁刚度要求不高，较易满足。我国铁路悬索桥具有荷载重、行车速度快等特点，桥梁设计建造面临新的挑战。五峰山长江大桥开启了我国采用公铁两用悬索桥的先河，主跨达1092 m，布置如图5-6所示，全貌如图2-32所示，结构设计参数见2.8节。在研究和建造实践的基础上，对大跨度铁路悬索桥在纵向结构行为和线形等方面的关键问题总结如下：

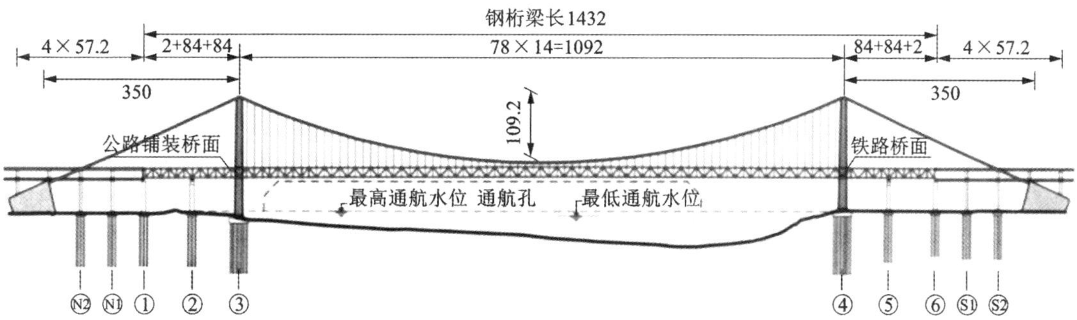

图5-6　连镇铁路五峰山长江大桥总体布置图(单位：m)

①在梁端纵向行为方面，单一列车过桥将引起梁端出现典型的纵向往复运动。以某特大桥为例，在不考虑梁端纵向约束的条件下，按列车实际质量和每天通过的列车对数计算，加劲梁梁端的累积行程将超过100 m。较大的移动速度和累积行程会对伸缩缝活动面滑移支承材料的耐久性构成损害，需要设计适宜的约束体系有效遏制梁端快速移动。同时，对阻尼器阻尼力提出较高要求，并需对阻尼器的连接区域的疲劳着重考虑。

②悬索桥主跨线形对温度变化敏感性高。悬索桥上线路纵断面按照特定的设计基准温度以“人”字坡进行设计，但随着环境温度及桥梁体系温度的变化，桥梁线形及轨面标高将随之产生显著变化。以五峰山长江大桥为例，温度每升高或降低1℃，主跨跨中主梁高程下挠或上拱35.6 mm。受温度效应影响，线路纵断面不再是直线而是曲线，用直线拟合并套用直线长度的规定已偏离实际情况。由于温度变形存在周期性，桥上纵断面坡度和坡段长度时刻变化，设计和养护部门应重视无缝线路的轨道受力和稳定检算。

③千米跨度公铁两用悬索桥目前国内外可借鉴经验很少，未来向更大跨度的发展，尚需从设计、结构、合理刚度、抗风性能、轨道形位控制、荷载模式与施工等方面开展关键技术研究。

5.4.3 公铁两用斜拉桥的实践与创新

斜拉桥具有跨越能力强、结构刚度大、适应性强、造型美观等特点，通常是建造千米级以上桥梁的选择之一。近年来，我国大跨度斜拉桥的建造取得了新突破，下面对正在建设中的常泰长江大桥和马鞍山长江公铁两用大桥设计情况进行简要介绍。

1. 常泰长江大桥

大桥采用(142+490+1176+490+142)m 双塔公铁两用斜拉桥，布置如图 5-7 所示，全貌如图 3-57 所示。全桥最大斜拉索规格为 499-ϕ7 mm；采用双主桁钢桁梁，空间钻石型钢-混组合桥塔；桥塔基础采用台阶型沉井基础。主梁跨中与主塔下横梁采用不受温度影响的 CFRP 拉杆连接，构成温度自适应塔梁纵向约束体系。

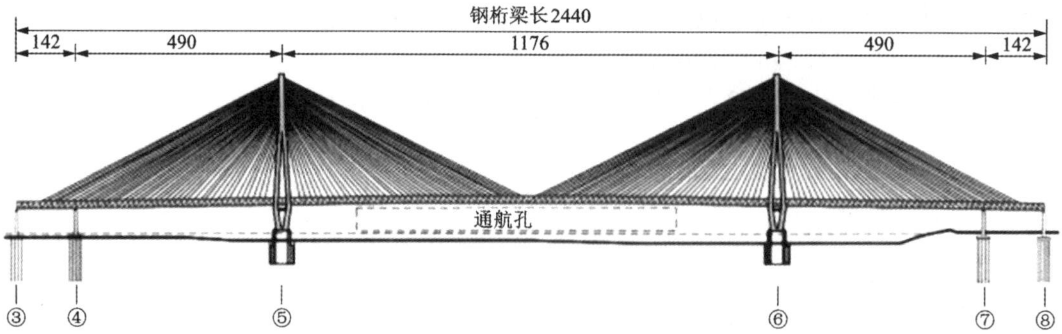

图 5-7 常泰长江大桥总体布置图(单位：m)

2. 马鞍山长江公铁两用大桥

大桥主桥采用跨度(112+392+2×1120+392+112)m 的三塔斜拉桥方案。全桥最大斜拉索规格为 127ϕ15.24 mm；采用三主桁钢桁梁，钢-混组合塔；桥塔基础采用桩基础。中塔纵向设置弹性索约束，横向设置抗风支座；2 个边塔设置纵向阻尼器及横向抗风支座。

通过对已建成的主跨 1092 m 的沪苏通长江公铁两用大桥(参见 4.4 节)的情况进行分析可知，斜拉桥轨面标高受温度变化影响较小，大桥温度每升高或降低 1℃，主梁跨中高程下挠或上拱 6 mm，远小于五峰山长江大桥的 35.6 mm。此外，由于斜拉索的约束作用，列车过桥引起的加劲梁梁端纵向变位很小，仅为同跨度悬索桥的 1/10。

但斜拉桥作为一种自锚体系，由于加劲梁承担的巨大压力，需要耗费更多材料，且大型桥塔和基础的施工难度大。目前马鞍山长江公铁两用大桥斜拉索索力已超 2000 t，制造安装难度较大，梁端纵向位移最大值将超过 1 m。同时，过长的拉索垂度效应显著，采用辅助索使之拉紧成折线形的方法实质上就是向悬索转化。因此，斜拉桥最大跨度应控制在 1200 m 以内。从经济性来看，斜拉桥难以与悬索桥和斜拉悬索协作结构竞争。但斜拉桥结构相对简单、刚度大、对桥上轨道适应性好，在一定跨度条件下应优先采用。

5.4.4 公铁两用斜拉悬索协作结构体系的实践

斜拉悬索协作体系桥梁是将悬索桥和斜拉桥两种桥型有机组合而成的一种新型缆索承重体系桥梁。其相对于悬索桥具有如下优点：①悬吊结构规模减小，主缆拉力、锚碇锚固力及规模等均减小；②提高了结构刚度，跨中活载和温度挠度均比悬索桥小；③结构空气动力稳定性显著提高。

同时，其相对于斜拉桥也具有如下优点：①可降低塔高并省去跨中部分过长的拉索；②斜拉索引起的主梁压力减小，降低了对主梁强度和稳定性的要求；③风稳性由于施工中悬臂长度的减小而提高。

近年来，我国科研设计人员对斜拉悬索协作体系桥梁进行了深入研究实践，下面对在建和拟建的几座斜拉悬索协作体系桥设计情况进行简要介绍：

①甬舟铁路西堠门公铁两用大桥。大桥采用公铁两用斜拉悬索协作体系，孔跨布置为(70+112+406+1488+ 406+112+70)m，主缆跨度布置为(683+1488+677)m。桥塔塔柱各布置36对斜拉索；主梁采用三箱分离式钢箱梁。

②铜陵长江公铁两用大桥。大桥采用(127.5+131+988+131+127.5)m斜拉悬索协作体系桥梁方案，主桥长1505 m。全桥共有128根斜拉索，交叉索6对。

③李埠长江公铁两用大桥。大桥采用(302+1120+302)m斜拉悬索协作体系桥梁方案。大桥主缆跨度布置为(340+1120+340)m。全桥共有128根斜拉索，交叉索6对，悬吊段长608 m。

斜拉悬索协作体系桥结合部设计需解决端吊索稳定受拉、活载索力幅可控、主梁刚度过渡平顺3个关键难题，且存在施工中斜拉和悬吊两部分结构的合龙与变形控制困难等问题。随着甬舟铁路西堠门公铁两用大桥的开工建设，参考国外类似桥梁经验，这些问题将逐步被攻克。

从铁路运营要求看，斜拉桥刚度大，斜拉悬索协作结构次之，悬索桥最弱；从梁端变位看，斜拉悬索协作结构最优，有利于铁路行车；从目前几座超千米公铁两用合建桥的技术经济比较看，斜拉悬索协作结构工期短、投资较低，有望成为今后超千米铁路或公铁两用桥的主要桥型。

[**思政元素**] 技术创新与实践；敢为人先

[**素材作者**] 于向东

5.5　创新驱动的我国跨海桥梁

近年来，随着我国桥梁建造技术的发展，一批跨海工程相继建成，如东海大桥、杭州湾跨海大桥、胶州湾大桥、港珠澳大桥、平潭海峡公铁两用大桥等。修建跨海大桥面临的主要挑战包括：海洋环境是一种复杂的腐蚀环境，对桥梁结构的腐蚀防护技术及防护管理的要求极高；强风、海浪等恶劣的气候条件影响施工，还要承受台风、雷暴等极端天气的考验；跨海大桥一般都很长，为了避免影响水上航道或空中航线，有时需要修建桥、岛、隧相结合的交通集群工程。

5.5.1　港珠澳大桥——勇创世界一流的民族志气

港珠澳大桥是中国境内一座连接香港、广东珠海和澳门的桥隧工程，位于中国广东省珠江口伶仃洋海域内，2018年10月24日开通运营。桥隧全长55 km，为双向6车道高速公路；

总投资额1269亿元。港珠澳大桥因其超大的建筑规模、空前的施工难度和顶尖的建造技术而闻名世界。

针对跨海工程低阻水率、水陆空立体交通线互不干扰、环境保护以及行车安全等苛刻要求，港珠澳大桥采用了“桥、岛、隧三位一体”的建筑形式；大桥全路段呈S形曲线，桥墩的轴线方向和水流的流向基本一致，既能缓解司机驾驶疲劳，又能降低桥墩阻水率，还能提升建筑美观度。结合桥梁建设的经济性、美观性等诸多因素以及通航等级要求，港珠澳大桥主桥的3座通航孔桥全部采用斜拉索桥(图5-8)，桥塔造型均具有独特的设计理念，其中，青州航道桥塔顶结型撑吸收“中国结”文化元素，使桥塔显得纤巧灵动、精致优雅；江海直达船航道桥主塔塔冠造型取自“白海豚”元素，与海豚保护区的海洋文化相结合；九州航道桥主塔造型取自“风帆”，寓意扬帆起航。

图5-8　港珠澳大桥

港珠澳大桥是国家工程、国之重器，是世界上总体跨度最大、钢结构桥体最长、海底沉管隧道最长的跨海大桥，也是世界公路建设史上技术最复杂、施工难度最大、工程规模最庞大的桥梁，建设者们克服了许多世界级难题，集成了世界上最先进的管理技术和经验，保质保量完成了任务。

正如习近平总书记所强调，港珠澳大桥的建设创下多项世界之最，非常了不起，体现了一个国家逢山开路、遇水架桥的奋斗精神，体现了我国综合国力、自主创新能力，体现了勇创世界一流的民族志气。这座总长约55 km的大桥建成通车，进一步坚定了我们对中国特色社会主义的道路自信、理论自信、制度自信、文化自信，充分说明社会主义是干出来的，新时代也是干出来的。

5.5.2　杭州湾跨海大桥——开启海陆联动新格局

杭州湾跨海大桥位于中国浙江省杭州湾之上，海上平台“海天一洲”位于杭州湾跨海大桥中部，途经该桥的线路为沈海高速公路(国家高速G15)。大桥总长36 km，为双向6车道，总体平面为S形曲线，由北航道桥、南航道桥、引桥及海中平台组成；南北航道的通航孔处桥各呈一拱形，具有起伏跌宕的立面形状，如图5-9所示。

大桥的总体设计基于“工厂化、大型化和机械化”的设计理念和“施工方案决定设计方

图 5-9　杭州湾跨海大桥

案”的原则，最大限度地减少海上作业，充分利用当代桥梁建设的先进技术手段，开创了跨海大桥建设的新模式，启动了我国跨海桥梁新材料、新工艺、新设备的研制和开发。

2008 年 5 月 1 日，杭州湾跨海大桥正式通车，加强了环渤海、长江三角洲、珠江三角洲三大经济区之间的沟通，促进国家沿海大通道成为一个完整的有机整体，充分整合区域资源，形成以上海为中心的全球第一大城市群，带动中国跻身世界顶级强国之列。

5.5.3　胶州湾大桥——气势磅礴的桥梁组曲

胶州湾大桥(图 5-10)位于中国山东省青岛胶州湾，东起于海湾大桥立交，途径李村河互通立交与胶州湾高速相接，至黄岛侧胶州湾高速公路东 1 km 处，顺接济青南线设计起点，全长 31.63 km，采用双向 6 车道高速公路设计标准；在大桥主线中部设红岛互通立交与红岛连接线相接。

图 5-10　胶州湾大桥

胶州湾大桥面临所在地气候环境恶劣、环保要求高、施工难度大、施工精度要求高等难点，因此采取了四种技术加以解决：大节段钢箱梁安装施工技术；大跨径小半径曲线箱梁施工技术；海上大型钢套安装施工技术；承台套箱围堰施工技术。

胶州湾大桥结构新颖、造型独特、美观大气，3 座航道桥与蜿蜒的非通航孔桥、海上互通立交等共同谱写了一部气势磅礴的桥梁组曲，既与青岛市的城市及建筑风格相呼应，又富有现代气息，是国际上屈指可数的现代化桥梁集群工程。2011 年 6 月 30 日，胶州湾大桥全线通车，成为青岛市的又一标志性建筑，为中国桥梁史再添辉煌的一页。

5.5.4　东海大桥——首座跨海大桥的奇迹

东海大桥位于杭州湾洋山深水港海域内，为国内首座跨海大桥，如图 5-11 所示，总长约 31 km，工程规模大。大桥地处杭州湾深海水域，深入海洋强腐蚀环境，自然条件差；百年一遇波浪高达 6 m，最大流速 2 m/s，台风、寒潮频繁出现，大桥全年平均有效施工作业天数在 180 d 以内；工程周期短，需在两年半时间里建成。

图 5-11　东海大桥

2005 年 5 月 25 日，东海大桥实现结构贯通，其建成创造了世界造桥史上的又一个奇迹，也为上海国际航运中心洋山深水港实现“港开、桥通、城用”奠定了坚实基础，为上海市和长江三角洲地区经济的进一步发展创造了有利条件。东海大桥是我国第一座外海跨海大桥，不仅填补了中国桥梁建造史上的一项空白，也为之后相继展开的杭州湾跨海大桥、青岛胶州湾跨海大桥等跨海大桥的建设“铺了路”。

2020 年建成通车的平潭海峡公铁两用大桥，是世界上最长、我国第一座跨海峡公铁两用大桥，详见 4.12 节。

我国正在修建的深中通道全程 24 km，是一座“桥、岛、隧、地下互通”的集群工程，预计将于 2024 年建成通车；正在规划论证的渤海湾大桥将展现渤海海峡上“沧海出飞虹”的壮丽景观，可以将辽东半岛与胶东半岛的交通由原来的 C 形交通变为 φ 形交通，提升大连、烟台两城市在沿渤海城市群的核心地位，进一步加强两个半岛及京津冀地区城市的经济联系。

[思政元素] 国家战略；创新驱动；地区协调发展

[素材作者] 唐冕

5.6 工程师之戒(Iron Ring)

从英文名称可知，“工程师之戒”是一枚铁戒指，它源于魁北克大桥。

5.6.1 魁北克大桥

加拿大魁北克跨越圣劳伦斯河的魁北克大桥由三跨钢桁架梁组成，主跨549 m(图5-12)，设计建造历经30年(1887—1917年)，大桥最终于1917年竣工运营通车，这座桥至今仍然是世界上跨度最大的悬臂梁桥，如图5-13所示。

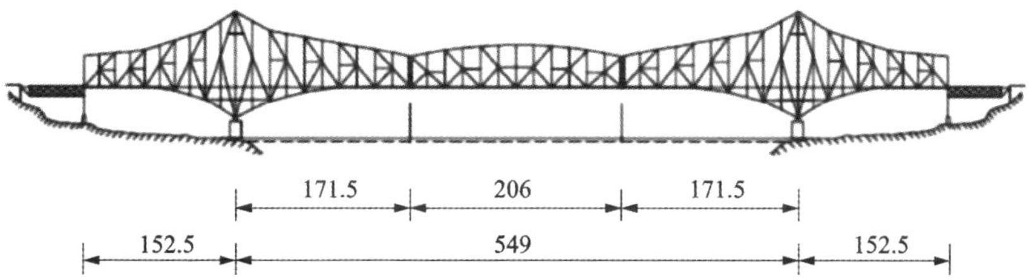

图5-12 魁北克大桥基本结构示意图(单位：m)

图5-13 魁北克大桥

1903年之前，在加拿大魁北克，只有乘坐渡轮这一种交通方式跨越圣劳伦斯河。于是，魁北克铁路桥梁公司(业主)请来了著名设计师特奥多罗·库帕(Theodore Cooper)设计建造一座大桥。为了建造一座与众不同的大桥，库帕采用比较新颖的悬臂构造，作为当时世界上最长跨度的钢悬臂桥，库帕忘乎所以地把大桥的主跨由490 m延伸至549 m，以此节省建造桥墩基础的成本。魁北克大桥本该是库帕的一个真正有价值的不朽杰作，可施工期间两次发生垮塌事故，这不仅成了库帕心中永远的痛，也使曾经以他为荣的母校名誉扫地。

5.6.2 第一次事故

钢桁梁架设过程中，工人发现一些弦杆出现明显挠曲。当试图铆接这些弦杆时，发现钻孔排列并不在直线上，而且最不利受压杆件也出现了明显的弯曲变形，其挠度随时间的推移不断增加。桥梁倒塌前的最后一张照片如图 5-14 所示。节间编号从悬臂最外端开始到桥墩止，从 1 到 10，锚臂跨采用符号“A”，例如“A9L”弦杆是位于锚臂跨第 9 节间左侧(或西侧)的弦杆。一些关键弦杆实测变形见表 5-1。

图 5-14 魁北克大桥垮塌前照片

表 5-1 桥梁构件变形(1907 年)

观测时间	杆件编号	挠度/mm
6 月 15 日	A3R 和 A4R A7R 和 A8R A8R 和 A9R A8L 和 A9L	1.5~6.5 1.5~6.5 1.5~6.5 19
8 月 6 日	7L 和 8L	19
8 月	8L 和 9L	8
8 月 20 日	8R	弯曲
8 月 23 日	5R 和 6R	13
8 月 27 日	A9L	57

1907 年 6 月中旬就发现杆件挠曲，并报告给库帕。因为压杆有预拱度，大部分杆件已经强行被铆接在一起了，但仍然有一些杆件无法铆接。库珀等人都认为相对小的挠度问题不大。8 月，变形的弦杆越来越多，于是库帕就弦杆 7L 和 8L 变形问题，询问凤凰公司(承建方)总工程师，没有得到满意的回复。凤凰公司总设计工程师彼得·兹拉普卡(Peter Szlapka)认为弦杆弯曲产生于制造工厂，他后来承认从没看到这些变形的弦杆。施工现场的工程师马可鲁尔(Norman McLure)认为弦杆是受压后弯曲。关于弦杆 7L 和 8L 弯曲的争论还没结束，马可鲁尔又向库帕报告弦杆 8L 和 9L 也发生了类似的弯曲变形。这些变形杆件都是桥墩附近负弯矩区的下弦杆件，压力荷载很大。情况不断恶化，受压构件弯曲变形不断增加。这些杆件都是采用缀条连接腹板的组合杆件。当腹板应力增加后，缀条及铆钉的受力也不断增大。库帕认为弦杆在架设过程中产生了弯曲，但现场没有证据支持这一点。现场的工程师则认为情况不严重。杆件制造商坚称杆件出厂前都是符合要求的。1905 年施工期间 A9L 架设前发现变形，经修复后架设到桥上，但后来调查发现正是 A9L 引发了全桥垮塌。库

帕虽然很有经验，但似乎也对面临的问题很困惑。他 60 岁接受了魁北克大桥咨询工程师的工作，也接受了钢构件制造和安装的监理工作。因健康原因，他无法到现场工作，只能基于其他人报告的信息来做决定。库帕依赖在施工现场的年轻工程师马可鲁尔，很难准确及时做出决策。马可鲁尔坚持认为，杆件弯曲变形是架设后受力过大造成的。一些工人也观察到弦杆变形，但没报告。然而，当马可鲁尔和库帕对变形原因的看法不一致时，马可鲁尔没有足够信心去质疑库帕，施工继续进行。期间出现罢工，一些工人不满工作条件辞职了，工人数量大幅度减少。有人担心暂时停工会有更多工人离开，导致工期延误，因此不敢停工。经过常规检查，发现弦杆 A9L 的挠度在两周内由 19 mm 增至 57 mm。相应的弦杆 A9R 也在同一方向上发生弯曲变形，挠度问题日益严重。一个工头决定暂停工作，直到问题解决。1907 年 8 月 27 日，当天的施工被叫停。马可鲁尔告诉库帕，请他复核此事，然后才能重新开工。第 2 天马可鲁尔还到纽约向库帕征求意见。魁北克大桥公司总工程师爱德华・霍尔(Edward A. Hoare)说服工头重新开工。霍尔给库帕的解释是，停工对各个方面影响很坏，可能导致人手不够而施工完全停止。两天后，此事传到凤凰公司高层，他们讨论后决定重新开工，因为他们已经在某种程度上默认弦杆在架设前已经发生弯曲变形，且凤凰公司总工程师曾表示，弦杆安全系数很高。与此同时，马可鲁尔正在纽约与库帕会面，两人都不知道已经重新开工。1907 年 8 月 29 日两人简短讨论后，库帕打电话给位于凤凰城的凤凰公司办公室，要求暂时不要加载，等马可鲁尔到现场处理。库帕认为这样做比直接通知施工现场更迅速。马可鲁尔向库帕保证，他在去凤凰城的路上会将指令传给施工现场，而实际上赶路途中他并没有发送指令。1907 年 8 月 29 日 13：15，库帕的指令到达凤凰公司办公室，但因总工程师不在场，指令被耽搁了。15：00，凤凰公司总工程师回到办公室，看到消息后，等马可鲁尔到达后他就安排了一个小组会议。17：15 左右马可鲁尔到达，他简要讨论了情况，决定等第 2 天早上再采取措施。就在工程师们研究对策时，17：30，魁北克大桥倒塌了，声音传到 10 km 外的魁北克。整个南跨约 19000 t 钢材 15 s 内全部落到河里，当时 86 个施工工人，仅 11 人幸存，75 人丧生。已经弯曲的下弦杆 A9L，在桥梁荷载不断增加的情况下屈曲了，荷载马上转移到对面的 A9R 杆件，A9R 也随之屈曲，然后全桥垮塌，只有桥墩完好无损(图 5-15)。

图 5-15　魁北克大桥第一次垮塌照片

5.6.3 第一次事故原因

加拿大组成了皇家委员会，调查事故原因，发现垮塌直接原因是弦杆 A9L 和 A9R 屈曲，主要原因简述如下：

①魁北克大桥坍塌是因为主桥墩锚臂附近的下弦杆设计不合理，发生失稳；②杆件采用的应力水平太高；③严重低估了桥梁自重，且未能及时修正错误；④魁北克桥梁和铁路公司与凤凰桥梁公司的权责不明；⑤魁北克大桥和铁路公司过于依赖个别有名气和有经验的桥梁工程师，导致了桥梁施工过程中基本上没有监督；⑥凤凰桥梁公司的规划和设计、制造和架设工作都没有问题，钢材的质量也很好，不合理的设计是根本性错误；⑦当时的工程师不了解钢压杆的专业知识，没能力设计如魁北克大桥那样的大跨结构。

5.6.4 弦杆 A9L 结构失稳的研究

调查委员会怀疑压杆 A9L 由于其格构设计不合理而屈曲，于是在 1907 年 11 月到 1908 年 1 月进行了压杆 1/3 模型试验。魁北克大桥压杆由 4 块钢板和缀条组成，形成组合截面(图 5-16)。由于铆钉受剪破坏，试验中格构体系迅速破坏，接着弦杆便屈曲了，结果证实了调查委员会的猜想——弦杆强度不够。4 个独立钢板彼此连接强度不够，无法形成一个整体受力单元。魁北克大桥垮塌事故后，工程界进行了前所未有的大规模压杆及连接的试验和研究，推动了工程领域的重大进步。

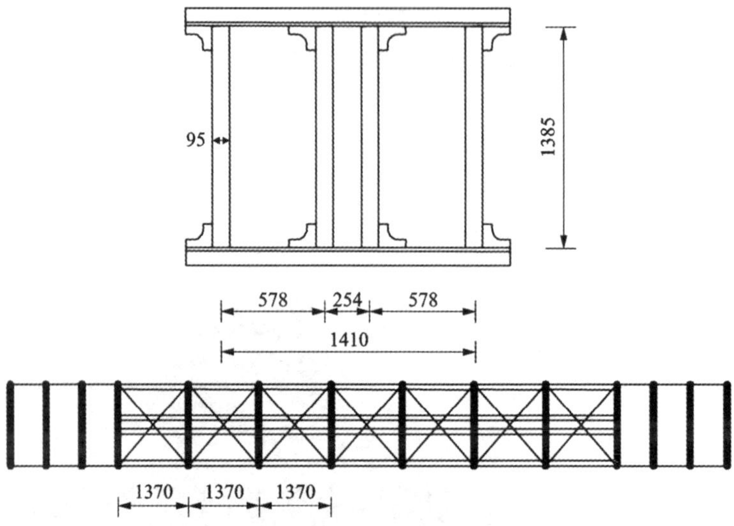

图 5-16 下弦杆横截面图(单位：mm)

5.6.5 第二次事故

1913 年，这座大桥的建设重新开始，新桥主要受压构件的截面积比原设计增加了 1 倍以上，然而不幸的是悲剧再次发生。1916 年 9 月，由于悬臂安装时一个锚固支撑构件断裂，桥梁中间段再次落入圣劳伦斯河中(图 5-17)，并导致 13 名工人丧生。

5.6.6　工程师之戒(Iron Ring)

1922年，魁北克大桥竣工不久，在库帕的牵头下，加拿大工学院联手七大工程学院(即后来的“The Corporation of the Seven Wardens”)一起筹资买下了大桥的钢梁残骸，拟将其打造成一枚枚戒指(图5-18)。然而由于当时技术的限制，桥梁残骸的钢材无法被打造成戒指，于是这些学院只好用其他钢材代替。不过为了体现是代表桥坍塌的残骸，戒指被设计成扭曲的钢条形状，用来纪念这起事故和在事故中被夺去的生命。

图5-17　魁北克大桥第二次事故照片

图5-18　工程师之戒(Iron Ring)

从此，每年的毕业季，毕业生在领到毕业证的同时，都会领到一枚戒指。凡是想成为工程师的人，也都须参加这个隆重的仪式，大家手握一条铁索链宣誓。这枚戒指必须戴在小拇指上，而且是用右手写字的人戴在右手、用左手写字的人戴在左手。

当有人问库帕为何必须戴在小拇指上的时候，他说：“我只求大桥的新奇设计，肆意延长了跨度，忽略了牢固程度这一质量根本，才有今天的下场。毕业发戒指，就是为了警示自己和学弟学妹们，当走上工作岗位，在握笔描绘图纸，准备为一个工程勾画线条、开列数据、标注文字时，小拇指‘受硌’的感觉会随时提醒我们每一个细小举措都将影响深远，不要忘掉自己所负的重大责任。”

于是，这一枚枚戒指就成了后来在工程界闻名的“工程师之戒”(Iron Ring)。这枚戒指要戴在小拇指上，作为对每个工程师的一种警示。

[**思政元素**] 细节决定成败；没有调查就没有发言权；实事求是；警钟长鸣

[**素材作者**] 盛兴旺

5.7　“师父，护筒瘪了”

2020年11月中旬的某一天，笔者接到了一个徒弟的电话，“师父，护筒瘪了”，随即他传来了取出的护筒图片(图5-19)，并请求咨询。

图 5-19 变形后的钢护筒

5.7.1 工程概况与问题

该项目为湖南省跨越某水库公路大桥，主跨为(66+120+2×120+120+66)m 的预应力混凝土刚构-连续组合梁结构，瘪了的护筒系该桥 4#主墩 2 号桩基的。护筒是桩基施工的常用支护结构，其作用有保障钻孔过程中孔壁土体的稳定性，引导钻头方向，围水，必要时还可兼做钻孔平台的立柱。

4-2#桩钢护筒总长 37 m，下部插入淤泥 3.6 m，顶部高出水位约 3.8 m，水深约 30 m，钢护筒直径 3 m，壁厚 16 mm，2020 年 11 月 10 日开钻，桩位处钢护筒穿过了覆盖层——淤泥层，厚度 5.3 m，正在钻其下的碎石层，钻入深度约 3.6 m。

14 日晚上 10 点左右，4-2#桩冲孔至 44 m 左右处，发现护筒漏浆，施工人员立即将锤提出，泥浆水头迅速下降，施工人员立即采用抽水泵向护筒内灌水，但止不住水头下降速度，钢护筒内漏浆致使护筒撕裂变形。之后，钢护筒内回水，孔内水位迅速上涨。向上托顶钢护筒，钢护筒的水平焊接处被拉断，最后钢护筒内外水位持平而稳定。

补水量：提锤后立即补水，但抽水机功率太小，每小时抽水量 40 m^3。

下降速度：每分钟下降 1 m，约 15 min 后，降到水库水位以下 11 m 左右。

泥浆初始位置：泥浆高于水位 3.5 m。

护筒内泥浆因地质原因引发突然下降。在护筒内外出现较大的水头差，在水下护筒下 14 m 左右(水头差 10 m)位置钢护筒出现压扁变形，如图 5-19 所示。

5.7.2 工程定性结论

由于该工程所处桥位在水库蓄水前为碎石码头，墩位处形成了较厚的碎石层，蓄水后淤积形成了承载力很低的淤泥层。桩基施工中，护筒穿过淤泥层后，支撑于碎石层上，而该层中存在漂石，钻孔过程中，护筒不易跟进，在底部形成高低不平状，特别是当护筒被漂石卡住后，容易形成底部深坑，而此时，护筒内部泥浆的比重大于水的比重，加之护筒内的泥浆面高出湖水水面，在护筒底部形成高压，当压强高出护筒外的淤泥等形成的压力时，将在底部深坑等薄弱处击穿外部泥土，形成护筒“穿孔”现象，进而导致护筒漏浆。由于压力和惯性力的作用，漏浆过程中将形成加速度效应，最终导致护筒内的水位低于外部水位。之后，再次进行转换，外部水流回流至护筒内，上顶护筒，这就是该工程中穿孔现象的机理。

护筒“穿孔”现象还可能发生在溶洞、岩层裂隙等地质区域。

当护筒内的泥浆顶高程高于施工时的湖面水位时，其压力差使得钢护筒受环向拉力，而钢结构的抗拉能力是很强的，如此可通过此水头压力差保护护筒底面以下孔壁的稳定性，这也是常规工艺。

相反，钢护筒内的泥浆突然流失、泥浆顶面高程下降，钢护筒内外形成了水头差 ΔH，从而导致钢护筒承受由此水头差产生的向内的径向水压力 q，q 与 ΔH 成正比，当 ΔH 达到一定数值时，此径向水压力导致钢护筒管壁失稳而压扁，该变形呈对称形。

5.7.3　圆环受均布径向荷载时的稳定解析计算

笔者在对该项目进行咨询时，首先采用结构稳定理论中受径向荷载 q_{cr} 圆拱或圆环稳定计算理论进行分析。受径向荷载 q_{cr} 圆拱的临界荷载为

$$q_{cr}=\left(\frac{\pi^2}{\alpha^2}-1\right)\frac{EI_x}{R^3}=k_1\frac{EI_x}{R^3} \tag{5-1}$$

$$k_1=\frac{\pi^2}{\alpha^2}-1 \tag{5-2}$$

式中：k_1 为临界荷载系数或稳定系数。k_1 与 α 角有关，当 $\alpha=\pi/2$ 时，$k_1=3$，这就是闭合圆环(图 5-20)受均布径向荷载时的稳定系数，故圆环临界荷载 q_{cr}，可令 $\alpha=\pi/2$ 按式(5-1)计算。

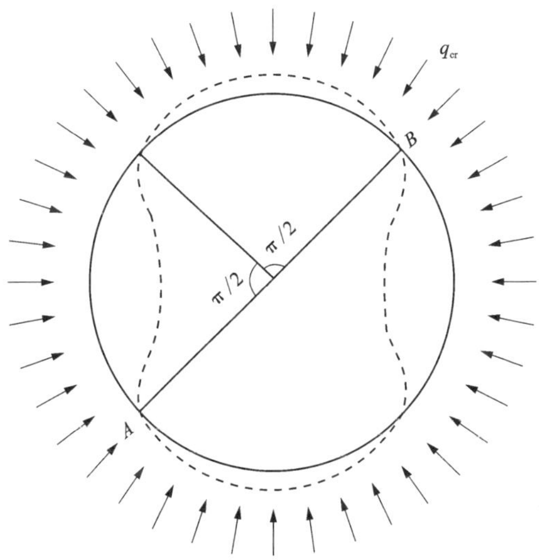

图 5-20　闭合圆环的失稳

此工程中，钢护筒半径 $R=1.5$ m，壁厚 16 mm，钢材的弹性模量 $E=(2.1\times10^5)$ MPa。

按式(5-1)计算得 $q_{cr}=63.71$ kN/m，此时对应的水头差为

$$\Delta H=\frac{q_{cr}}{r}=\frac{63.7}{10}\approx6.4\text{ m}$$

考虑流体三角形压力的影响，最大水头差为

$$\Delta H=6.4+0.5=6.9\text{ m}$$

5.7.4 水头差压力作用下护筒稳定性数值分析

考虑到上述解析方法中计算模式为延米长圆环，荷载为均布径向荷载，且荷载最不利点发生在图 5-21 所示的泥浆面位置，而护筒顶部和底部及其约束对泥浆面有支撑作用，即结构的整体效应，它将使结构的抗力高于延米长圆环的。现场的数据表明：水头差为 10 m 时失稳，发生失稳时的水头差大于上述的 6.9 m。

上述解析方法不能考虑这些因素的影响，精确的计算需要引入其他的方法，数值分析方法是当下工程技术人员最为常用的计算方法，为此，建立三维有限元模型，钢护筒用板壳单元仿真，钢护筒底部采用固结约束。

为与上文的解析值进行对比，有限元模型采用上下均匀的径向均布荷载，计算表明，当水头差达到 7.3 m 时发生失稳，与解析解 6.9 m 的误差约为 5.5%。

进一步对护筒施加上、下线性变化的径向均布荷载(实际荷载)，并考虑钢护筒锈蚀、材料磨损、护筒焊接接缝质量欠佳等影响，计算得出其临界失稳水头差为 9.9 m，与实际失稳水头差的吻合良好。此径向水压力将导致钢护筒管壁失稳而压扁，该变形呈对称形，有限元模型失稳变形图如图 5-22 所示。

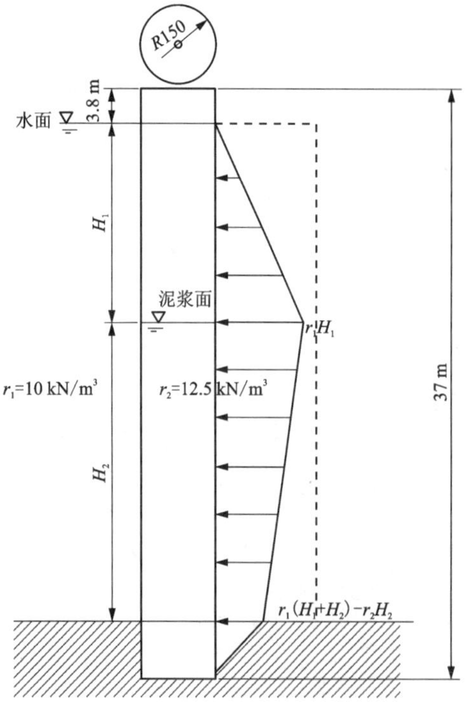

图 5-21 钢护筒计算示意图

图 5-22 有限元模型失稳变形图

取合适的加固方式，提高其横向抗倾覆稳定性。与之相对的意见则认为，独柱墩桥梁在设计之初是满足规范中关于抗倾覆稳定性要求的，汽车荷载严重超载加偏载才是造成独柱墩桥梁倾覆的罪魁祸首，治理独柱墩桥梁倾覆应加强对汽车严重超载问题的治理，而非简单地“慎用”独柱墩或一味地提高桥梁抗倾覆设计标准，这样既不能从根本上解决问题，还会增加桥梁建设成本。可以看出，两种意见都有其合理性，但在桥梁工程技术层面，新桥慎用独柱墩、旧独柱墩桥加固是目前处置独柱墩桥倾覆的主要手段。现有的独柱墩桥梁加固的主要方法为增设各种类型的横向支撑，通过增大支座间距或者抗拔约束以提升桥梁的抗倾覆能力。对于含盖梁的桥梁，可直接在盖梁上加设宽度较大的支承；对于独柱墩无盖梁的桥梁，可采取增设盖梁和钢拉杆、独柱墩增设桩柱等方式，如图 5-24 所示。

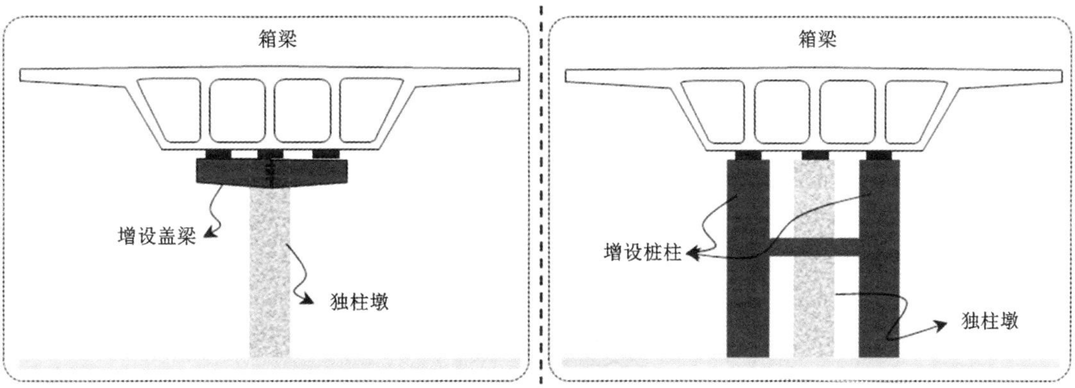

(a) 增设盖梁法　　(b) 增设桩柱法

图 5-24　独柱墩抗倾覆加固示意图

5.8.3　独柱墩之“悟”

(1) 工程结构的安全与责任：独柱墩占地面积小，可有效解决城市道路桥梁和高速公路跨线桥梁建设用地紧张和空间不足问题，但是在实际使用过程中，在超载和偏载作用下，独柱墩桥梁容易出现倾覆，造成重大生命财产损失。作为桥梁工程从业人员，应当从专业角度出发，提出对应的技术措施，履行保证独柱墩桥梁结构运营安全的神圣责任。

(2) 辩证地看待事物多面性：独柱墩桥梁倾覆事故是在内部因素和外部因素共同驱动下发生的，因此解决倾覆问题既需要从桥梁结构本身出发，又要从外部使用环境着手，双管齐下，标本兼治。这启示我们要辩证地分析具体问题，在充分理解问题之后才能做出正确的判断和决策。

[**思政元素**] 工程结构的安全与责任；辩证地看待事物多面性

[**素材作者**] 周浩

5.9 正交异性钢桥面板疲劳损伤

5.9.1 正交异性钢桥面板

钢结构桥梁具有轻质高强、跨越能力大、易工厂化制造和便于装配化施工等突出优点，是桥梁工程的重要发展方向。正交异性桥面板作为一种重要的钢结构桥梁桥面构造形式，具有自重轻、施工便捷、动力性能良好、承载力高、结构美观等特点，其不仅成为大跨径桥梁工程的首要选择，在中等跨径桥梁与小跨径桥梁中也占据了一定的比例。正交异性钢桥面板是由桥面顶板与相互垂直的加劲肋，通过焊接形成一个共同承受车辆荷载，满足不同方向受力需求的整体结构，如图 5-25 所示。

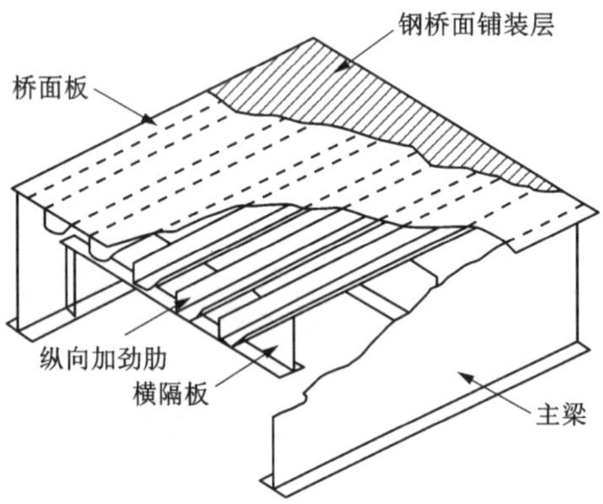

图 5-25 正交异性钢桥面板

正交异性钢桥面板除具有众多优点外，也存在着一些难以避免的问题：结构由面板、纵肋和横肋焊接而成，构造相对复杂、初始裂纹较多、有焊接缺陷、焊接残余应力较高等。在日益增长的车流量以及载重的交变作用影响下，正交异性桥面板疲劳损伤现象逐渐增多。工程实践表明，疲劳损伤与断裂是导致正交异性钢桥面板结构服役性能降低甚至引发灾难性事故的关键原因。钢结构桥梁在加工制造过程中不可避免地存在制造安装误差、焊接残余应力和初始焊接缺陷，上述因素是决定正交异性钢桥面板疲劳抗力的关键要素。疲劳开裂引起的问题严重降低了桥梁结构的使用效果和服役性能，严重情况下甚至会造成安全事故，并且维修工作十分困难，维修后仍很难有效抑制桥面板的开裂。因此，正交异性钢桥面板结构的疲劳开裂成了急需解决的难题。

5.9.2 主要因素及分析

国内外学者对此进行的大量研究表明，正交异性钢桥面板各关键疲劳易损部位疲劳性能的影响因素主要包括疲劳荷载、结构设计参数、构造细节、钢材性能以及加工制造质量。其中，疲劳荷载主要由交通量、重载车辆比例及其轴重和间距等所决定；结构设计参数包括顶板厚度，纵肋截面形式、尺寸、厚度、间距，横隔板高度、厚度、间距等；构造细节主要包括纵向加劲肋与横隔板交叉部位的开孔及二者连接部位的形式，钢桥面板的纵、横向分割和连接，纵肋的纵向对接连接方式等；钢材性能主要指材料强度、断裂韧性、可焊性和冷弯成型性能等；加工制造质量的主要指标包括板件的加工、制造和装配精度、焊接技术和焊接工艺等。

正交异性钢桥面板的疲劳病害统计分析表明：①发生在纵向加劲肋与横隔板交叉焊缝和开孔部位的疲劳开裂占总案例的比例高达38.2%。该部位是正交异性钢桥面板中构造最为复杂、应力集中程度和焊接初始缺陷风险均较高的部位。②顶板与竖向加劲肋焊缝部位的疲劳损伤占总案例的比例高达31.5%，有鉴于此，当前新建结构正交异性钢桥面板设计中已取消这一焊缝。③顶板与纵肋焊缝在所统计的疲劳损伤案例中的比例约为20%，该部位的重要疲劳破坏模式是疲劳裂纹在顶板焊根或焊趾出现并向顶板方向扩展，检修困难，一般仅在疲劳裂纹穿透顶板，发展到一定长度并导致桥面板防水层和铺装层损坏时才能发现。该部位的疲劳开裂修复困难且需中断交通，是正交异性钢桥面板疲劳病害中危害最为严重的疲劳裂纹。

5.9.3　处理对策

早期修建的钢桥面板，不管是采用开口纵肋还是闭口纵肋，其工地接头主要采用嵌补段进行焊接连接。对于闭口纵肋，对接焊时往往要在内侧设置钢衬垫板。在汽车轮载反复作用下，纵肋承受弯曲，其下翼缘出现较大的拉应力，对接焊连接处如存在初始缺欠或缺陷，或者过渡不匀顺，就会在接头处出现疲劳裂纹。开口纵肋对接焊接头部位的疲劳裂纹一般起源于纵肋最下端的焊趾处，大致沿着焊缝方向向上扩展。当纵肋为角钢时，裂纹起始位置位于角钢水平肢与竖直肢拐角处。闭口纵肋对接焊接头部位疲劳裂纹主要有三种：①裂纹起源于纵肋下翼缘板与钢衬垫板定位焊缝处，大致沿着焊缝方向向外扩展；②裂纹起源于纵肋下翼缘板对接焊缝焊根处，大致沿着焊缝方向向外扩展；③裂纹起源于纵肋下翼缘板对接焊缝焊趾处，大致沿着焊缝方向向内扩展。

开口纵肋的连接主要采用嵌补段进行对接，在接头部位产生疲劳裂纹的内因主要包括三个方面：①纵肋与其嵌补段会存在对中偏差，板件的传力不匀顺，在过渡的位置就会产生应力集中，应力集中系数随组装间隙或错台的增加而变大，并由此引发疲劳裂纹。试验研究表明，对中偏差对疲劳强度的不利影响较大。为了减小对中偏差，在实际生产中，经常将纵肋与面板的角焊缝靠近接头一定距离在工厂先不焊接，待纵肋与其嵌补段对中固定后再焊接，由于板单元件制造完成后要等较长时间才能进行工地焊接施工，纵肋与面板之间未焊接处容易产生锈蚀，工地焊接前很难清理干净，极易在连接角焊缝中产生焊接缺欠或缺陷，从而引起纵肋与面板连接部位的疲劳裂纹。②纵肋对接焊接时，往往在最下端起弧或熄弧，焊缝最下端存在缺欠，这是疲劳源之一。比较好的应对方法是对接焊时起弧或熄弧时应离开最下端一定距离，而且将下端进行围焊，并将过渡部位打磨匀顺。③焊接完成后，对于非板条肋很难对焊缝进行超声波探伤，一般只能采用磁粉探伤，而磁粉探伤只能检测出近焊缝表面的缺陷。

闭口纵肋的连接也是采用嵌补段进行对接，往往采用钢衬垫板，纵肋壁厚一般为6 mm或8 mm。钢衬垫板在工厂预制时先通过定位焊固定在闭口纵肋内侧。在工地接头部位产生疲劳裂纹的内因主要包括以下三个方面：①钢衬垫板一般厚 4 mm、宽 60 mm，由于钢板较薄，在切割下料成窄板条时，板件一般不太平整，与同样较薄的纵肋壁板之间往往不密贴，而是存在组装间隙，一则易在定位焊缝里存在焊接缺欠或缺陷，二则会在焊根处产生较大的应力集中。钢衬垫板单侧焊接的对接焊接头，其疲劳强度受钢衬垫板与板件之间的组装间隙和焊接质量的影响很大。②以前在制造正交异性钢桥面板时，定位焊一般不连续，一般情况下，从工厂板单元制造，到装配厂组装焊接成箱梁节段，再运至桥位吊装焊接，少则 3 个月，多则半年以上，这样长时间的露天存放，钢衬垫板与 U 形纵肋之间严重锈蚀，桥位焊接时，无法清除间隙处的铁锈，极易产生焊根缺陷或微裂纹；再者，在焊接闭口纵肋嵌补段时，没有将定位焊熔透，这样也极易在对接焊缝中存在焊接缺欠或缺陷。③闭口纵肋嵌补段的焊接一般处于仰焊位置施焊，焊缝成型差且咬边深度较大，焊接质量很难保证，而且焊缝外观较差。

纵肋与横肋交叉部位是钢桥面板中出现疲劳裂纹数量最多的部位。面板和纵肋可视为弹性连续支承在横肋上的连续梁，在纵向移动的汽车轮载作用下，纵肋反复挠曲变形迫使横肋产生面外反复变形，当该面外变形受到约束时，将产生很大的次弯曲应力，约束刚度越大，次弯曲应力越大。为此，需在纵肋下翼缘的横肋腹板处开适当的弧形缺口来减少这种约束。故弧形缺口的细节设计、切割和焊接施工非常重要。另外，横肋作为钢箱梁的横梁，在汽车荷载的作用下，将产生垂直于桥轴方向的竖向挠曲变形，由于该弧形缺口的存在，在弧形缺口周边将产生较大的面内弯曲应力和剪应力，因此，弧形缺口的形状和间距对其应力大小的影响非常大。横肋面内挠曲引起的弧形缺口变形，横肋弧形缺口处引发的疲劳裂纹往往是多发性的裂纹。如果横肋间距设计过大，则纵肋的挠曲变形引起的下翼缘伸长亦大，带动横肋面外变形也大，容易引起疲劳损伤；如果横肋弧形缺口高度过小，对纵肋竖向弯曲变形的约束就会较大，从而次弯曲应力也大；若相邻弧形缺口的净距较小，就会导致较大的面内弯曲应力和剪应力，亦容易导致疲劳裂纹。因此，为了减少该部位疲劳裂纹的发生，应对钢桥面板的各构造细节进行综合考虑，优化设计。

目前，针对正交异性钢桥面板结构的疲劳问题，工程界主要有以下两种较为常用的疲劳设计与疲劳寿命评估方法。①基于 S-N 曲线和 Palmgern-Miner 线性累积损伤准则的传统疲劳分析方法：首先需根据待评估疲劳易损部位的焊缝形式、受力方向、焊接工艺等确定其疲劳强度等级并选取合适的等幅容许疲劳抗力 S-N 曲线；在此基础上依据疲劳荷载和分析模型，计算其名义应力幅值和相应的循环次数，再根据 Palmgern-Miner 线性累积损伤准则确定等效应力幅和相应的作用次数，进而确定待评估疲劳易损部位的疲劳抗力是否满足设计要求。②基于断裂力学的疲劳分析方法：假定焊接构件一开始就存在初始缺陷，由缺陷处萌生裂纹并扩展。该方法主要研究疲劳裂纹，定义裂纹尖端的应力强度因子为控制参量来分析裂纹的扩展规律，并由此预测结构的疲劳寿命。目前工程中较常用的描述裂纹扩展规律的公式为 Paris 公式：

$$da/dN=C(\Delta K)^m \tag{5-3}$$

$$N=\int_{a_0}^{a_c}\frac{da}{C(\Delta K)^m} \tag{5-4}$$

式中：a 为裂纹长度；N 为循环次数；C、m 为材料相关参数；ΔK 为应力强度因子。

正交异性钢桥面板自在德国诞生以来，其构造细节的设计随着疲劳研究的不断深入而不断改进，随着计算分析手段和制造技术的进步，构造细节的设计越来越趋于合理，产生疲劳裂纹的概率大大减小。但是，在钢桥面板发展过程中修建的大量桥梁出现疲劳裂纹的可能性还是较高。因此，分析其损伤破坏的机理具有重要意义，应在此基础上做到有针对性地维修加固，以延长桥梁的使用寿命，提高行车的安全性和舒适性。

钢结构桥梁的疲劳损伤及开裂现象不仅发生在正交异性钢桥面结构中，还会发生在钢箱、钢管等其他构件中，它一直是值得关注的问题。

[**思政元素**] 问题的多因素分析；注重细节；调查研究

[**素材作者**] 欧阳震宇

5.10　大跨度预应力混凝土梁桥典型病害

1952年，乌利希·芬斯特瓦尔德主持建造了世界上首座跨度超过100 m的预应力混凝土梁桥——莱茵河上的德国胡尔姆斯(Worms)桥，系跨度为(28.5+101.65+114.2+101.20+28.5)m的T型刚构，开启了大跨预应力混凝土桥梁建设序幕。1964年，德国建造了主跨径208 m的Bendorf桥，在相当长一段时间内保持了同类桥梁的世界跨径纪录。在20世纪60年代，预应力混凝土梁桥几乎成为跨径100~200 m桥梁的优选方案，此后，世界范围内建造了大量大跨预应力混凝土梁桥。目前，预应力混凝土梁桥仍是跨径80~300 m桥梁的最具竞争力桥型。

Worms桥上部结构采用悬臂法施工，开启了悬臂法建造大跨预应力混凝土梁桥的时代。T型刚构受力与两侧对称悬臂法施工过程中的桥梁结构(墩梁固结结构)受力十分吻合，因而T构、带铰T构及带挂梁T构成为早期大跨预应力混凝土梁桥的主要形式。经过一段时间运营，这种类型桥梁逐渐出现梁体下挠过大、梁体开裂等病害，影响桥梁耐久性能，甚至影响桥梁正常使用，其中，在经过维修加固后发生垮塌的帕劳共和国Koror-Babeldaob桥事件，更是震惊了桥梁界。

5.10.1　梁体下挠

Koror-Babeldaob桥，是一座跨中带铰的三跨预应力混凝土连续刚构桥，跨度布置为(72+241+72)m，采用悬臂浇筑施工，于1977年竣工，为当时世界上最大跨度的混凝土梁桥。至1990年，主跨跨中下挠120 cm(图5-26)，影响到桥上行车舒适性，并造成了桥面铺装损坏；在1996年进行体外预应力加固前跨中下挠了161 cm。为改善下挠及防止进一步变形，当局委托VSL International对桥梁进行修复设计，全部维修加固施工(包括桥面重新铺装)于1996年8月结束。9月26日，桥梁垮塌(图5-27)。

研究人员和设计人员认为，混凝土收缩、徐变及预应力筋松弛引起的时变效应预测精度不足，以及大跨T构在恒载长期作用下难以控制梁体时变变形等缺陷，是导致梁体下挠持续增加且远大于设计值的主要原因。因而，80年代中期之后，大跨预应力混凝土梁桥主要采用连续梁和连续刚构形式。但是，随着服役时间的延长，检测发现相当一部分不同时期建造的各类大跨预应力混凝土梁桥均出现梁体下挠过大、开裂等病害，部分桥梁服役20多年后仍能观察到其下挠继续发展。瑞士Paudèze桥(主跨104 m)采用悬臂法施工，建于1974年，服役

图 5-26　服役 13 年后 Koror-Babeldaob 桥跨中下挠

图 5-27　Koror-Babeldaob 桥垮塌

14 年后其梁体下挠远大于设计值，在连续观测的 22 年间(运营期为第 14 年至 36 年)梁体挠度持续增大。荷兰自 1996 年始对一批跨度 100~160 m 的采用悬臂法施工的预应力混凝土梁桥进行长期变形跟踪观测，发现大多数桥梁的梁体下挠远大于设计值，一些桥梁服役 25 年后梁体挠度仍在发展，且无法预测其稳定值。CEB“Serviceability Models”工作组对悬臂法施工的 26 座预应力混凝土梁桥(建于 1955—1993 年，跨径 53~195 m)进行调查，一些桥梁服役 8~10 年后梁体下挠趋势仍十分明显，其中 2 座桥的挠度在服役 16~20 年后仍在继续增大。2010 年，交通运输部公路科学研究所对我国公路系统主跨大于 60 m 的近 180 座在役预应力混凝土箱梁桥开展变形和裂缝相关调查与统计分析，结果表明跨径在 100~160 m 的梁体跨中年平均下挠 0.5~1.0 cm，跨径在 160~220 m 的梁体跨中年平均下挠 1~2 cm，跨径在 220~270 m 的梁体跨中年平均下挠 2~3 cm，并且长时间难以稳定。表 5-3 列出了部分有代表性的桥梁跨中下挠情况。

5.10.2　箱梁裂纹病害

大跨预应力混凝土梁桥普遍采用箱型截面，对大量在役桥梁的调查表明，几乎所有箱梁存在开裂现象，在腹板、底板、顶板、横隔板以及锚固齿块区域出现不同形式、不同宽度裂缝，尤其是梁体下挠较大的箱梁，其开裂更严重。一旦开裂，截面抗弯刚度降低，梁体挠度增大；挠度增大，截面曲率增大，混凝土受拉应变增大，亦会增大裂缝宽度、延伸裂缝长度及新增裂缝数量。

表 5-3　部分国内大跨径预应力混凝土连续体系梁桥下挠情况

桥 名	桥梁竣工时间	桥跨组成 /m	结构类型	跨中下挠值 /cm	观测时间
三门峡黄河公路大桥	1993 年	105+4×160+105	连续刚构	22	2002 年
东明黄河大桥	1993 年	75+7×120+75	连续刚构	14.6	2003 年
广东南海金沙大桥	1994 年	66+120+66	连续刚构	22	1999 年
风陵渡黄河公路大桥	1994 年	87+7×114+87	连续梁	29	2007 年
黄石长江公路大桥	1995 年	162+3×245+162	连续刚构	30.5	2002 年
重庆江津长江公路大桥	1997 年	140+240+140	连续刚构	31.5	2006 年
虎门大桥辅航道桥	1997 年	150+270+150	连续刚构	23.9	2007 年
老王田大桥	2007 年	70+130+70	连续刚构	15.9	2015 年
虎跳河大桥	2008 年	120+4×225+120	连续刚构	18.8	2015 年

箱梁腹板裂缝一般以斜向为主，也有水平向、竖向的。腹板斜裂缝一般出现在 1/4 跨至 3/4 跨区域或梁端附近，跨中区域极少出现。一般认为，斜裂缝主要由车辆荷载等各种作用下主拉应力过大或腹板本身抗主拉能力不足引起，而与弯曲预应力筋同向的斜向裂缝，则主要与预加力作用下腹板厚度不足或腹板横向抗劈裂能力不足有关。相较于其他裂缝，斜裂缝一般宽度较大，一些斜裂缝表现为两端宽度小、中间宽度大，而一些斜裂缝则延伸至底板。

箱梁顶板裂缝表现为纵向、斜向和横向，纵向裂缝一般宽度较小、长度较大，一旦出现，多条并行、断续延伸至连续的几个梁(节)段。底板裂缝一般出现在 1/4 跨至跨中之间，有纵向、斜向和横向等类型。在桥墩部位顶板、跨中部位底板一旦出现横向裂缝，裂缝往往延伸至腹板，此类裂缝均出现在通车之后，与车辆超载或正截面抗裂能力不足等因素有关。

箱梁横隔板过人孔周围普遍出现辐射状裂缝，其他部位还可能出现竖向、横向、斜向裂缝。对于跨中横隔板，几乎都出现不同程度的开裂现象。部分箱梁出现长度短、宽度小的辐射状锚下劈裂裂缝，部分齿板构造的受拉区域出现短裂缝。

5.10.3　病因分析与对策

综上所述，大跨度预应力混凝土梁桥典型病害为梁体产生过大的长期下挠及箱梁腹板、顶板、底板、横隔板以及锚固齿板等部位开裂。这些病害产生的机理复杂，影响因素众多，各桥梁的影响因素也不尽相同。对于锚下劈裂裂缝、锚固齿板受拉区域裂缝，一般由预加力作用下这些受拉区域抗裂性不足而产生；对于桥梁运营期间持续出现或扩展的裂缝，则与混凝土徐变、收缩及预应力松弛引起的应力损失过大或作用超过设计值等有关。梁体长期下挠过大，或运营多年后下挠仍持续增大且超过设计值，则与设计时考虑混凝土徐变、收缩及预应力松弛的箱梁长期变形预测精度不足或施工中混凝土超方等有关。混凝土徐变和收缩为随机参量，因此，提高其预测精度及结合悬臂法施工过程中的桥梁结构时变效应分析精度，改善施工中预应力张拉工艺，提升施工中箱梁结构尺寸控制精度和避免混凝土超方，是实现大跨度预应力混凝土梁桥长期变形控制及保证箱梁具有足够抗裂性的重要措施。

[**思政元素**] 认识论——一般与特殊；对症下药

[**素材作者**] 胡狄

5.11 桥梁洪水灾害

随着跨河跨海桥梁的建设不断发展，在带来巨大经济和社会效益的同时，桥梁安全性问题也越来越突出。国内外时常有报道在建或已建桥梁发生倒塌的事故，造成人员伤亡、设备损坏、经济损失等一系列重大社会和经济影响，其中由水文因素造成的桥梁毁坏事件占将近一半的比例。从 20 世纪 50 年代至今，我国发生过多起桥墩失稳和桥梁水毁事件。统计资料显示，2007—2015 年国内倒塌的 102 座桥梁，水文灾害导致垮塌的桥梁数目占比高达 43.1%。桥梁水毁是超载毁坏的 6 倍，是地震破坏的 20 倍。

我国桥梁水毁的部分案例如图 5-28 所示。图 5-28(a)为台湾高屏大桥，2000 年 8 月 27 日，受台风碧利斯降雨影响，再加上冲刷作用致使桥墩周围河床下切，桩基严重裸露，大桥失稳垮塌，当时有 16 辆汽车坠入河中，22 人受伤；图 5-28(b)为四川省江油市青莲镇的盘江大桥，在 2013 年 7 月，该桥被洪水冲毁，整座大桥仅保留两岸及江中心的 3 处残留；图 5-28(c)为四川川西大桥，2013 年 7 月 11 日，四川彭州因连日暴雨袭击，河水猛烈冲刷，有“四川第一桥”之称的川西大桥垮塌，由于当地及时进行交通管制，大桥垮塌没有造成人员伤亡；图 5-28(d)为湖南岳阳县港河箜口大桥，2015 年 6 月 4 日，上游持续性的暴雨引发洪水冲刷河床，致使桥墩基础周围河床面遭到掏空，可以看出，桥面已经断裂，桥墩发生倾斜；图 5-28(e)为山西晋中的南同蒲线昌源河大桥，2021 年 10 月 6 日，受连续降雨影响，山西祁县至东观间的昌源河大桥桥台被冲垮，枕木悬空，铁路中断运行。

除了我国，全世界其他国家发生的桥梁水毁事件也不计其数。1989—2000 年，美国共有 503 座桥梁倒塌，其中 55%由水文灾害造成，美国每年因桥梁冲刷失效而导致的经济损失高达 3000 万美元。20 世纪以来全球气候发生巨大变化，国际海洋与气候协会(NOAA)在 2015 年的报告中指出，自 20 世纪 60 年代起，美国所记录的洪水灾害数量平均提高 612%，未来这一比例会继续增大。由此可见，水毁已成为桥梁倒塌失效的首要因素，具有显著的突发性与巨大的破坏性。

桥梁水毁灾害事件频发，需要明确其背后的原因，才能对其采取针对性措施进行防护。桥梁水毁实质上是水流、结构及河床泥沙相互作用的结果。当洪水作用力超过桥梁结构的抵抗力时，结构就会发生失效破坏。另外，当桥梁基础周围泥沙冲刷过大，会导致基础埋深不足而使桥梁发生倒塌。因此，要想确保桥梁结构的抗水安全性，首先，应该明确桥梁水毁背后的机理原因，这就涉及流体力学、泥沙运动力学、结构力学等多个学科知识。其次，需要在设计阶段进行桥涵水文计算设计，准确地估算桥梁的抗水强度和冲刷深度。最后，在运维阶段，结合前沿技术方法，准确有效地监测和检测桥梁洪水作用力及基础冲刷，并采取相应的防护手段，为桥梁安全性评估和维养加固措施选取提供科学的决策依据。

(a) 台湾省高屏大桥

(b) 四川省盘江大桥

(c) 四川省川西大桥

(d) 湖南省篢口大桥

(e) 山西省昌源河大桥

图 5-28　我国桥梁水毁案例

针对桥梁水害这一现象，应透过现象看本质，挖掘背后的成因，从根本上理解和认识灾害的发生机制，进而采取应对措施。

[思政元素] 透过现象看本质；人与自然和谐相处

[素材作者] 杨熠琳

5.12 旧塔科马大桥风毁事故

塔科马海峡大桥，对很多人来说是个陌生的名字。这座桥的主跨达 853 m，其在当时是美国第三大悬索桥，一度被称为“工程界的珍珠港”，1940 年 7 月 1 日通车。然而，就是这样一座超级大桥，却在通车仅 4 个月后，在远低于设计风速的八级大风中损毁。由于该桥垮塌后又进行了重建，此桥又称旧塔科马大桥。重建的大桥于 1950 年通车。

塔科马海峡位于美国西海岸的华盛顿州。早在 1889 年，人们就提出了在塔科马海峡上为北太平洋铁路建造栈桥的建议。然而因资金问题，塔科马海峡大桥的建造计划直到 1937 年才得以继续。华盛顿州的工程师克拉克·艾尔德里奇(Clark Eldridge)提出一个初步计划，桥梁必须通过严格的试验并使用常规设计，资金则由联邦政府公共工程管理处(PWA)拨款 1100 万美元。但是来自纽约的工程师莱昂·莫伊塞夫(Leon Moisseiff)上书联邦政府公共工程管理处，认为可以花更少的钱建桥。莫伊塞夫(图 5-29)1885 年毕业于哥伦比亚大学，仅 3 年后便加入纽约市桥梁部门，并参与到 20 世纪 20—30 年代几乎所有大型悬索桥的设计中。他曾发表一篇关于曼哈顿大桥建造的文章，这篇文章迅速为他赢得了国际声誉，在工程界极负盛名。

图 5-29　莱昂·莫伊塞夫(右一)

原先的建设方案计划使用 7.6 m(25 英尺)高的钢桁架主梁，莫伊塞夫相信自己可以把悬索桥建得比以往更轻、更细、更长。莫伊塞夫打算采用 2.4 m(8 英尺)高的普通钢梁代替原计划中 7.6 m 高的桁架梁。这不仅将建造成本大幅降低至 800 万美元，还使大桥更加纤细优雅。可是莫伊塞夫没有想到，方案正式获得通过，也意味着他的职业生涯即将走到尽头。如此细长的结构是莫伊塞夫将挠度理论应用到极致的结果，也是该桥风毁的根本原因。悬索桥的挠度理论证明，悬索桥的竖向刚度主要由主缆提供，而且加劲梁刚度越小，梁上弯矩也越小。挠度理论是关于悬索桥竖向静力刚度的理论。这一理论本身并无错误，而莫伊塞夫的悲剧在于：第一，他将竖平面的挠度理论无依据地扩展到三维状态；第二，他没有意识到工程结构体系刚度受各种因素的制约，不宜在一个方向上走得太远。至于风的动力作用，则是当时设计师们都未能认识到的。

大桥设计时仅考虑风的静荷载效应，抗风能力可达到 54.6 m/s。但是在大桥吊装合龙完成后，只要有 1.8 m/s 的相对温和的小风吹来，大桥主跨就会有轻微的上下起伏。然而起伏的现象没有引起人们过多的担心。桥上施工的工人还发明了咀嚼柠檬这样的办法，来抵御上下颠簸带来的眩晕感。在他们看来，满足设计要求的塔科马大桥是安全且可靠的。

1940 年 7 月 1 日，塔科马海峡大桥如期建成通车。

运营初期，桥梁发生的振动是竖向振动，振幅达 1.5 m，但达到最大振幅后尚可以衰减下来。人在桥上驾车时，可以见到远处的汽车随着桥面的起伏一会儿消失一会儿又出现。工程师们也注意到了这个问题，一些专业人员被派遣到现场进行实地监测。其后几个月中，桥面的波动幅度不断增加。大桥管理部门尝试过用捆绑缆绳、安装液压缓冲器的方式减小波动，减少其对行车的影响，但没有取得成功。

1940 年 11 月 7 日上午，情况发生了灾难性转变。技术人员在 7：30 测得风速为 17 m/s，2 h 后达到 18.7 m/s，随着中跨用于阻止加劲梁与主缆之间相对位移的拉索断裂，振型突然改变，变成以一阶反对称扭转振型为主。在风的作用下，扭转振动越来越激烈，主跨 1/4 断面以±45°的幅度反复翻转，最终导致吊索疲劳断裂，加劲梁折断掉落到峡谷中，如图 1-21 和图 5-30 所示。设计师莫伊塞夫闻讯后愧疚不已，尽管在设计中他已经做了当时所要求的全部抗风静力核算，美国政府与公众也没有追究他的个人责任，但他还是一病不起，几年后就去世了。

图 5-30　旧塔科马大桥风毁

幸运的是，这次事故没有人员伤亡，小狗 Tubby 是唯一受害者。大桥坍塌后，美国组建了一个事故调查委员会，其中就包括著名的力学大师冯·卡门(Theodore von Kármán)和布莱希(Fr. Bleich)。他们采用航空空气动力学的研究成果和方法来分析事故原因。布莱希证明了旧塔科马大桥风毁的原因是桥梁发生了风致颤振，并应用 Theodorsen 的平板气动自激力公式导出了一套求解桥梁颤振临界风速的分析方法。后来的研究逐步证明了大跨度柔性桥梁同飞机机翼一样存在颤振、抖振、涡振、驰振等多种振动形式，统称为风致振动。

自此，风对桥梁等结构的动力作用开始被工程师重视，航空空气动力学的成果和研究方法被应用和改造，使之适合桥梁等结构抗风研究的需要。一门新的学科——桥梁风工程也就此诞生。

[**思政元素**] 失败是成功之母；事物发展的曲折性

[**素材作者**] 敬海泉

5.13 汶川地震典型桥梁震害

2008 年 5 月 12 日，四川省阿坝藏族羌族自治州汶川县发生里氏 8.0 级大地震，共造成 69227 人遇难、374643 人受伤、17923 人失踪，造成直接经济损失 8451.4 亿元，是新中国成立以来破坏性最强、波及范围最广、灾害损失最严重、救灾难度最大的一次地震。在地震中，基础设施破坏严重，据统计，汶川地震造成 24 条高速公路、161 条国道省道受损，其中桥梁受损达 6140 座。

5.13.1 典型桥梁震害

在汶川地震中，强烈地震引起的地面运动，造成多座桥梁严重垮塌，其中较为典型的几座桥梁为百花大桥、小鱼洞大桥和庙子坪岷江大桥等。

百花大桥为曲线连续梁和直线连续梁的组合形式，墩柱无盖梁支撑。其主要震害形式为：①落梁——曲线梁部分整体倒塌，如图 5-31(a)(b)所示，由曲线梁梁体纵横向过大位移导致；②梁体横向移位——上部梁体和桥墩之间产生墩梁过大横向相对位移[图 5-31(c)]；③墩柱系梁连接局部破坏[图 5-31(c)]；④桥台移位——由桥台和梁体之间纵向相对位移过大造成[图 5-31(d)]；⑤桥墩弯剪破坏[图 5-31(e)]，由桥墩抗弯和抗剪强度不足或超出预期所导致。

小鱼洞大桥为四跨刚构拱桥，如图 5-32(a)所示，主要震害体现在：①南侧两跨整体垮塌，如图 5-32(b)所示；②其余两跨在拱脚、腹杆与梁连接处出现节点剪切破坏，如图 5-32(c)(d)所示。其破坏主要原因包括拱肋和腹杆配箍率低导致抗剪能力不足，部分纵筋在拱脚处截断导致黏结不足，另外场地液化也可能导致了桥墩的倾斜和基础破坏[图 5-32(e)]，加剧了上部结构的破坏，最终导致了其中两跨的完全垮塌。

庙子坪岷江大桥位于都汶高速公路上，横穿紫坪铺水库，总长 1436 m，主跨为(125+220+125)m 的三跨预应力连续刚构桥，另外有 19 跨引桥，每跨引桥由 10 片 50 m 长的简支 T 梁组成，如图 5-33(a)所示。该桥于 2003 年动工，地震发生时尚未通车。该桥主要震害为：①其中一跨引桥(10 号和 11 号墩之间)发生落梁，如图 5-33(b)(c)，这是由于该落梁孔位于两联桥面连续简支梁的交接位置，且当时还没有安装伸缩缝装置，地震导致该孔梁靠伸缩缝的一端首先纵向移位脱落，然后另一端连续的桥面铺装被拉断，造成整孔梁落入水中；②引桥和主桥之间发生横向错位，如图 5-33(d)，这主要是由于高墩柔性对位移的放大，同时上部结构较宽且质量大，地震中产生较大的惯性力，导致橡胶支座和挡块破坏，从而引起

(a)　(b)　(c)　(d)　(e)

图 5-31　百花大桥

较大的梁体横向位移。此外，地震后采用潜水员和水下摄像等方式检测，发现水下墩身混凝土存在开裂现象，这是由桥墩墩高(主墩墩高达 104 m，水下淹没高度为 40 m)致使其抗弯能力不足或超预期所造成的。

此外，还有一类典型的震害现象为横向挡块破坏，如图 5-34 所示。当梁体与桥墩横向相对位移过大时，若设置了挡块，一方面，梁体会与挡块发生碰撞，造成挡块开裂、脱落等；另一方面，正由于挡块的存在，可限制主梁的横向移位，避免更为严重的落梁震害。

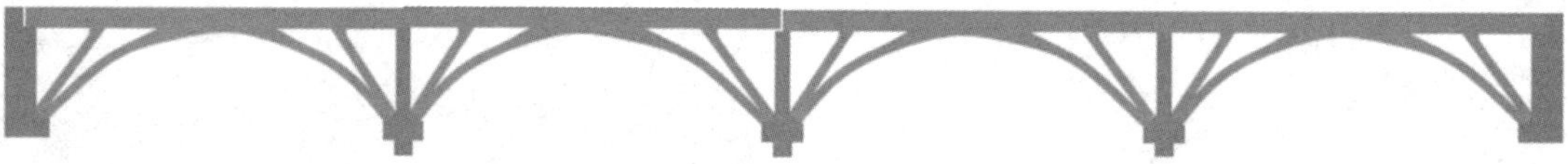

(a)

(b)

(c)

(d)

(e)

图 5-32　小鱼洞大桥

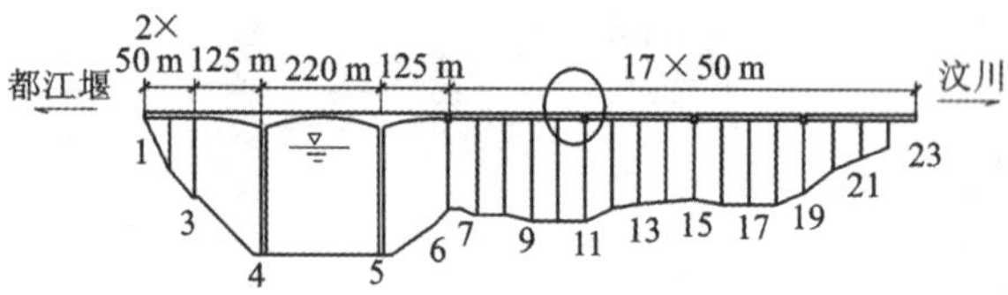

(a)

(b)

(c)

(d)

图 5-33　庙子坪岷江大桥

图 5-34　横向挡块破坏

5.13.2　启示和对策

针对汶川地震中的典型桥梁震害，通过研究和分析，可以得到如下启示和相应的对策：

(1)在高烈度地震区，桥梁的严重破坏和倒塌大部分是由地质次生灾害引起的，因此，在选择桥位时，要充分考虑地形和地质条件的影响，尽量远离陡坡危岩落石风险较大区，对于必须通过不良地质位置的桥位，应当首先进行处置。

(2)大量桥梁主梁发生了较大纵向移位，极端情况下发生落梁，为了尽可能避免落梁发生，可适当增加主梁搁置长度，设置主梁纵向限位装置。

(3)对于梁式桥桥墩易发生的弯曲和剪切破坏的震害，应重视桥墩横向约束箍筋的配置数量和方式，保证桥墩具有较好的延性。

(4)小物件，大作用。为限制主梁发生过大位移，防止更为严重的落梁发生，在设计中应设置梁体防落梁装置，如横向抗震挡块、防落梁拉杆等。

(5)可应用减隔震设计理念，设置减隔震支座及耗能阻尼装置，以隔离和耗散地震带来的巨大能量，从而减小桥梁的地震响应，减轻桥梁震害。

桥梁作为救灾生命线的关键节点，起着至关重要的作用，一旦遭到严重破坏，将影响震区的救援逃生通道，造成重大的生命和财产损失。土木工程师应勇担责任，提升桥梁结构的抗震能力，守护生命线工程。

[思政元素] 勇担责任；守护生命线工程

[素材作者] 李超

5.14 英国伦敦千禧桥人致振动

5.14.1 千禧桥简介

英国伦敦千禧桥(Millennium Bridge)是一百多年以来在伦敦泰晤士河上建造的第一座人行桥。该桥在河中有两个桥墩，为(81+144+108)m 三跨连续悬索桥(图 5-35、图 5-36)，总长度为 325 m。由于岸边圣保罗大教堂的高度限制，以及桥梁通航净空高度的要求，这座悬索人行桥的结构非常轻薄。该悬索桥的缆索设置在主梁两侧，共 8 根。缆索设置得尽可能低，以保证行人在桥上的视野。伦敦千禧桥建造在世纪相交之际，并且采用了轻盈简洁的创意造型，因此该桥在设计建造过程中便受到公众和工程界的广泛关注，被誉为泰晤士河上新的标志性建筑。

图 5-35 英国伦敦千禧桥全景

千禧桥于 2000 年 6 月 10 日开放交通，当天便有 8 万~10 万人通过，高峰时约有 2000 人同时在桥上。随着大量人流的穿越，千禧桥发生了意料之外的大幅度侧向振动，最大侧向振幅达到 70 mm(中跨)和 50 mm(南跨)，严重地影响行人的步行舒适性及安全性，一些行人不得不停下来倚靠栏杆保持身体平衡，更多的行人采取与振动同步调的方式步行前进，发生了显著的步行“集体同步”现象。第二天，在控制行人流量的情况下，人致振动现象仍然影响到正常步行，因此有关部门不得不关闭桥梁，并着手研究其振动的产生原因和抑振措施。伦敦千禧桥“人致振动事件”被全球一千多家媒体跟踪报道，可以说“一振成名”。至此之后，人行桥横向振动的研究开始得到全世界研究者的关注，而成为一个较热门的研究课题。

图 5-36　英国伦敦千禧桥桥面

5.14.2　人致振动原因及减振措施

在英国伦敦千禧桥被迫关闭后，研究者们对开放日产生的人致振动现象进行了探究。据调查，千禧桥在有大量人流穿越时发生了大幅度的横向振动，但并未发现显著的竖向振动。研究分析表明，千禧桥南跨在 0.8 Hz 左右出现了大幅度横向振动；中跨分别在略低于 0.5 Hz 和 1.0 Hz 频率处出现了大幅度横向振动；北跨发生大幅度横向振动的频率略高于 1.0 Hz。此外，大幅度振动并不是连续发生的，仅在跨内有大量行人通过时才会产生。当桥上行人数量减少或行人停止行走时，振动随即减弱。

研究者们的分析表明，千禧桥的大幅振动是由设计过程中未考虑较大的横向荷载效应而造成的。人行走在桥上完成“左—右—左”踏步，相当于竖向完成了两个作用周期，横向为一个作用周期，人行走的速度大约为 2 步/s，即竖向作用频率约为 2 Hz；则横向作用频率为竖向作用频率的一半，约 1 Hz。由于此前记录在案的几乎所有人行桥及楼板的人致振动，均仅与垂直方向的荷载有关，工程师们往往更加关注人行荷载的竖直分量，但是千禧桥的振动实质上是由横向荷载效应引起的。在大量人流通过人行桥时，由于个体间偶然的相关性，可能自然发生脚步的同步，导致桥出现横向摇摆。即使最初的振动幅度非常小，但行人会选择与桥的自然摆动同步行走，这一步频使他们行走时更舒适，并且可以帮助他们保持平衡。这种人群的本能行为使得人行荷载施加在桥的共振频率上，在这一过程中，桥的横向振动逐渐增大。同时，随着横向振动幅度的增大，个体施加的横向力进一步增大，个体之间的相关性也会增加。正是这种频率“锁定”和力的正向反馈导致了千禧桥的大幅度横向振动。

为了解决千禧桥的振动问题，研究者们对人行桥的横向振动进行了深入研究。通用的改进方案主要有两种：一是增加桥的刚度，将桥的所有横向固有频率移出人行荷载可以激发的范围；二是增加桥的阻尼，以减少共振响应。其中，增加桥的阻尼具有更强的可行性。因此，千禧桥最终采用了增加附加阻尼的方式来控制结构的共振响应。如图 5-37 所示，在千禧桥中安装了黏滞阻尼器和调谐质量阻尼器。黏滞阻尼器安装于V型钢支撑的连接端点处，主要提供水平方向的阻尼，千禧桥全桥共安装37个黏滞阻尼器；中跨部分还安装了4对侧向作用的调谐质量阻尼器作为补充。此外，研究者们认为当桥的横向振动被所附加的横向阻尼抑制后，人行荷载可能造成大幅度的垂直振动，因此，提供垂直方向阻尼的调谐质量阻尼器(共26对)也被安装于千禧桥中。安装阻尼器后，千禧桥的人致振动得到了有效抑制。

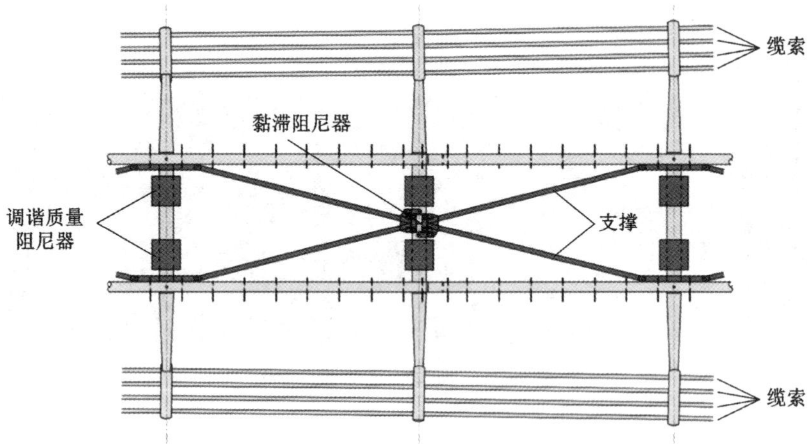

图 5-37　千禧桥调谐质量阻尼器和黏滞阻尼器的布置

5.14.3　人致振动事件的经验教训

伦敦千禧桥的人致振动事件使人行桥的人致振动，尤其是横向振动问题成为研究热点。通过对千禧桥及人行桥人致振动的其他实例(表5-4)进行分析，可以发现横向共振现象与千禧桥本身的创新形式无关，主要由桥的横向共振频率决定。当桥的横向频率低于1.3 Hz，并且有足够数量的行人通过时，横向共振现象可能发生在任何结构形式的桥上。

千禧桥事件后，英国桥梁活荷载标准在其BD 37/01中加入了关于横向共振现象的条款。在我国最新的《城市人行天桥与人行地道技术规范》(征求意见稿)中也增加了步行侧向荷载模型的有关内容。

从这一事件中可以领悟到，桥梁工程是一门实践性很强的学科，对工程结构的认识在一次次实践中进一步加深。土木工程师应当总结经验、重视经验，在不同工程的比较中认识事物的本质和规律。在这一过程中，科学技术也得到了更加完善的发展。

表 5-4　人行桥人致振动实例

桥名	时间	结构形式	振动方向
Toda Park Bridge(日本)	1989年[a]	斜拉桥	横向振动
Pont de Solferino(法国)	1999年[a]	双拱钢管桥	横向振动
London Millennium Bridge(千禧桥，英国)	2000年[a]	悬索桥	横向振动
Lardal Bridge(挪威)	2001年[a]	木拱桥	横向振动

续表5-4

桥名	时间	结构形式	振动方向
Nasu Shiobara Bridge(日本)	2002年[a]	悬索桥	横向振动
Clifton Bridge(英国)	2003年[a]	悬索桥	横向振动
New Coimbra(葡萄牙)	2006年[b]	钢箱梁桥	横向和竖向振动
Well-am-Rhein(德国)	2007年[b]	钢拱桥	横向振动

注：a表示在运营阶段检测出振动；b表示在运营阶段前检测出振动。

[思政元素] 共振效应；经验教训促进科技发展

[素材作者] 魏晓军

5.15　铁路提速与标准简支梁桥加固

铁路运营速度是衡量一个国家交通事业发展和检验铁路现代化程度的重要标志。速度落后是一代铁路的落后，速度提升是一代铁路的进步。20世纪90年代以前，我国干线铁路的设计时速为120 km，但运营速度仅为30~50 km/h，严重制约了铁路的运输能力，国家决定实施既有铁路提速工程，试图将铁路运营速度提高到设计时速及以上。1997—2007年，中国铁路实施了6次大面积提速调图。历时10年，前后6次，每一次大提速，都为中国的铁路交通运输事业带来全新的变化。铁路提速并非一蹴而就，提速也需面临和解决很多的技术难题。就当时而言，新建派主张建设高铁，缓建派主张缓建高铁，可以说对既有线的加固改造是缓建派获胜的结果。虽然我国当时没有大规模，也没有良好的基础去建设新高铁，但是通过对既有线的加固进行铁路大提速，为之后的高铁建设探索了经验、奠定了基础，也正因如此，后来的高铁建设少走了很多弯路。

5.15.1　既有铁路桥梁提速面临的问题

1995年6月28日，铁道部部长办公会议做出决议：为提高铁路运输能力、增强铁路在市场上的竞争能力，将繁忙干线旅客列车速度由80~100 km/h提速至140~160 km/h，货运列车提高到80~90 km/h。列车的提速在各个方面都有不同要求：工务方面，铁路速度的提升须由线下结构工程提供保障，如既有线路桥梁(混凝土梁和钢梁)的强度、刚度、稳定性、动力特性需满足铁路提速的要求；机车方面，要求更大的功率；还有列控和信号系统等诸多方面的要求。

当时，既有线中的中小跨度简支梁在全部桥梁中占了绝大比例，主要形式为钢筋混凝土简支梁、预应力混凝土简支T梁、钢板梁、简支钢桁梁。在对一些中小跨度钢梁进行提速检算分析后，发现其强度、承载力、竖向刚度基本满足提速要求，但是横向振幅单峰值明显大于铁路桥梁检定规范的参考限值，即横向刚度明显不足。不仅是钢梁，跨度12~32 m的分片式预应力混凝土简支T梁，由于两片梁体之间的横向联结较弱，其横向刚度较小，提速后也是由横向刚度不够而导致列车行驶时桥梁横向振幅过大，超过检定规范限值，所以需要对这些简支梁进行加固处理，从而保证列车行驶的安全性与舒适性。

既有铁路桥梁主要是因横向振幅超出限值而制约提速，想要解决这个问题，就需要知道是什么原因致使横向振幅超限。经分析和研究，揭示主要有以下几点原因：①桥梁的横向刚度不足；②梁的抗扭刚度不足；③桥梁支座横向位移过大；④桥墩的横向刚度不足和桥墩基础不够稳固；⑤桥上线路病害及轨道不平顺；⑥桥头线路不平顺；⑦车辆蛇行运动。后 3 个问题属于轨道系统问题，通过线路整道、提高钢轨等级等方法比较容易解决；前 4 个问题属于结构问题，需对既有线结构进行加固处理，解决其横向刚度、抗扭刚度不足等问题。

5.15.2　既有铁路简支梁提速的加固措施

下面简要介绍针对上承式简支钢板梁、预应力混凝土简支 T 梁、桥墩和基础的加固措施。

1. 上承式钢板梁加固

钢板梁中，上承式钢板梁存在横向刚度不足问题；而下承式钢板梁因为中心距较大，又带有纵、横梁结构的桥面系，其横向刚度较大，能符合要求。对上承式钢板梁的加固措施主要有以下几种：①加强上、下平纵联，由原来的三角形改为交叉形平纵联，如图 5-38 所示；②加强端横联及跨中横联，由原来的交叉形改为横隔板横联，增加横隔板数量并在梁端一定位置增加一横隔板横联，如图 5-39 所示；③加大主梁中心距，将主梁中心距由原来的 2.0 m 展宽为 2.2 m；④在上、下翼缘间各增加一块钢板，将钢板梁桥改为准箱型截面；⑤在腹板外侧各增加一块钢板，可以大幅度提高横向刚度，但是耗费钢材太多，不够经济。

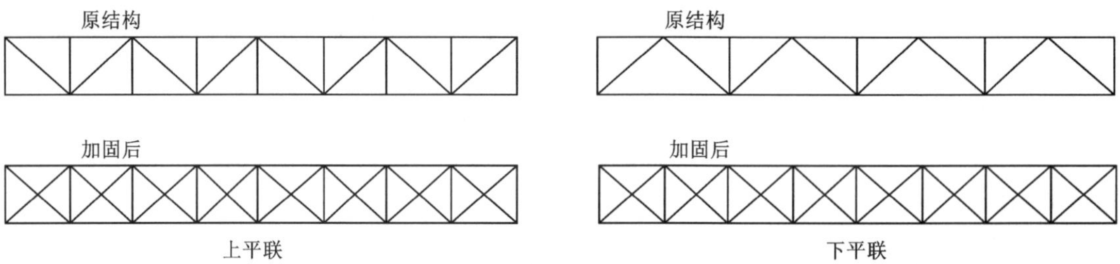

图 5-38　上、下平纵联加固方法示意

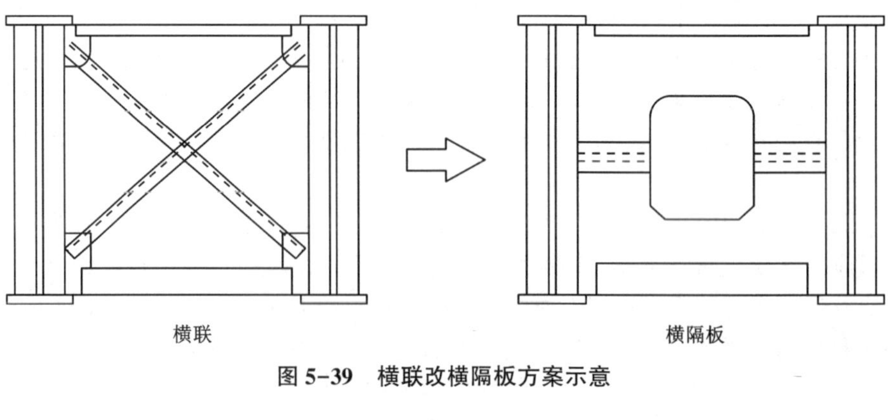

图 5-39　横联改横隔板方案示意

2. 预应力混凝土简支 T 梁加固

以 32 m 预应力混凝土普通高度 T 梁为例，它在既有铁路线上有着广泛的应用，截面形式如图 5-40 所示。经研究，扩大两片梁之间的连接面积、加强约束等可以使其横向一阶频率提高，增大其横向刚度，减小横向振幅。

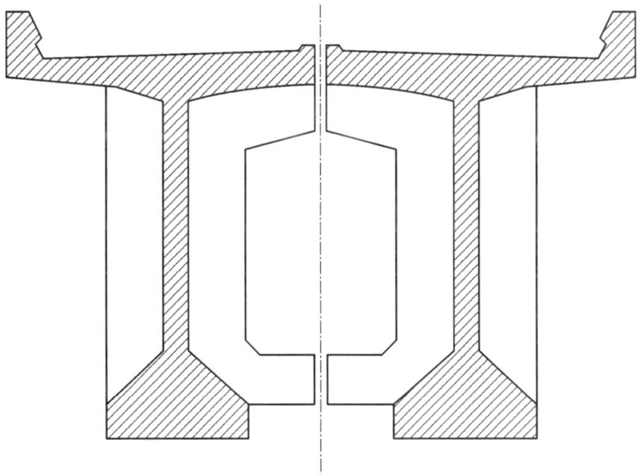

图 5-40　32 m 梁标准断面图

预应力混凝土简支 T 梁具体加固措施有：①对既有线上无横向联结的并置梁，在梁跨两端和跨中增设一定数量的横隔板；②在横隔板内施加横向预应力；③增强双片式 T 梁内侧上翼缘横向联结，上翼缘混凝土桥面板整体加厚，连接两片 T 梁内侧上翼缘；④增设水平板，即在两片并置梁已加横隔板加固的基础上，再增设两道水平板，以进一步加固梁体；⑤将两片 T 梁上翼缘连同人行道连成整体，增强梁部的整体性，以增大桥梁的横向刚度和有载频率。通过以上五项措施加固后，可以加强两片梁间的横向联结，保证并置梁体共同受力，从而可提高桥梁的整体稳定性。

3. 桥墩和基础加固

除对梁体进行加固能够减小横向振幅以外，还可以通过桥墩横向加固和基础扩大等措施，提高桥梁的横向刚度从而减小列车行驶时桥梁的横向振幅。

对桥墩横向加固的措施主要有：①在桥墩外侧套钢管以增大桥墩横向抗弯刚度；②加大桥墩横向尺寸；③相邻桥墩之间增设系梁，这种加固方法可以大幅度提高整个桥梁结构体系的横向刚度。

对基础的加固主要有扩大基础尺寸，设锚固桩、旋喷桩加固及将上、下行两线承台连成整体等措施。

对于采用橡胶支座的小跨度钢筋混凝土梁，在梁端支座处增加支挡结构，以阻止梁的过大侧向位移，效果明显。

既有线铁路桥梁提速过程中采取的以上加固措施，取得了明显的效果，为铁路既有线提速奠定了基础。当然，不同的方法各有其优缺点，在进行桥梁加固时应对不同加固方法进行比选，分析不同方法的加固效果和经济性，再进行优化，采用较优的方法对桥梁进行加固。

5.15.3 新建工程的新举措

为了保证列车速度能够不断提升，对既有桥梁的加固是必要的；基于提速举措和经验，在新桥的建设中更要重视桥梁刚度的问题，可通过改变桥梁的截面形式和结构形式来有效解决。

1. 截面形式

跨径较小($L \leqslant 20$ m)时可考虑采用带道砟的正交异性板的结构，预制梁体时即预留多片梁之间的横向连接构造，单片梁体可采用型钢混凝土梁；跨径>10 m 时，可考虑采用预应力混凝土梁。如秦沈客运专线较小跨度(12 m、16 m)的桥梁，广泛采用了装配式双向预应力 T 型简支梁。这种结构设计吸取了国外高速铁路和我国既有线提速的经验，并经过专题研究和技术经济比较，采用双向预应力结构体系，具有良好的竖横向刚度和整体性；且构件质量较轻，不需大型起吊设备，建造方便，适合在客运专线和高速铁路小跨度桥梁上使用。对于中等跨度($20\ \text{m} < L \leqslant 60$ m)桥梁，可考虑采用钢筋混凝土或预应力混凝土箱型梁。箱型梁的最大优点是横向刚度和抗扭刚度均很大。如秦沈客运专线所采用的主导梁型，跨度为 20~32 m，箱型梁为闭合截面。因此，可通过改变桥梁的截面形式从而大大提高桥梁的竖、横向刚度，以满足列车提速后行驶的舒适度和安全性要求，使其能够符合桥梁检定规范要求。

2. 结构形式

小跨度简支梁尽量采用预应力混凝土结构，避免采用刚度较小的钢梁；中等跨度桥梁尽量采用连续体系，其结构性能良好且造型美观；跨度较大时也尽量少采用简支钢桁梁，选择刚度相对较大、变形小的钢筋混凝土拱桥。通过结构形式的优化，可以增大桥梁横向刚度，避免产生过大横向振幅，减少列车速度提升后所面临的问题。

铁路经过 6 次大提速后，既有线的列车速度潜力得到释放，列车时速达到了 140~160 km，想要再提升速度就要建设新的铁路，也即高速铁路。

[**思政元素**] 人民需求；攻坚克难；不断进取

[**素材作者**] 郭文华

5.16 瑞士桥梁工程的教育与特色

纵观工业革命以来的桥梁工程建设成就和工程教育，瑞士的苏黎世联邦理工学院成果卓著，颇具特色。该校培养了众多世界级的结构设计大师，他们建造的桥梁成为功能和艺术的完美结合体，不仅出现在教科书上，也出现在摄影和艺术作品里。他们的杰出代表有设计了世界上最美桥梁——瑞士萨基那托贝尔桥的罗伯特·马亚尔；设计了世界上第一座超过千米级跨度的大桥——乔治华盛顿大桥及韦拉扎诺海峡大桥的奥斯马·安曼；设计了肯特桥和圣尼伯格桥的克里斯汀·梅恩；设计了众多景观桥梁的当代设计师和建筑师圣地亚哥·卡拉特拉瓦。这 4 位是全世界公认的 20 世纪至今 100 多年来世界上最伟大的工程师。因此，很有必要对这所高校的工程教育的特色进行研究和分析，它山之石，可以攻玉。

5.16.1 苏黎世联邦理工学院的建立和工程教育传统

尽管 1291 年瑞士联邦已经存在了，但直到 1848 年在经历过一段短暂的国内战争之后，一个现代的瑞士才建立起来。刚刚成立的新政府计划成立两所高等教育学校——苏黎世联邦大学和洛桑联邦理工学院，把高等教育和邮局、铁路及海关一样视作公共服务。

1848年时的欧洲工程教育已经具有显著的特征，主要有两种模式，一种是法国大革命时期就形成的法国模式，所有学校由中央承办，其标准及控制均来自巴黎，大部分学校都在这个首都城市，其教学师资是独立的教授和中心管理行政机构并行；另一种是德国模式，工程教育由各州分别建立，每所学校具有不同的地方特色，没有一所学校一家独大，其师资仅由各个教授小组组成，没有中心的管理机构。瑞士新成立的理工学院采用了德国的模式。尽管两种模式不同，但他们的共同原则是工程教育与大学教育应该完全分离，大学是传授传统研究及纯科学的地方，而工程教育是和工业经济的快速增长紧密联系的，它的特征是新、异和实用，对那个时代的政府来说，理工学院代表着国家未来的希望。经过认真细致的论证和规划，为了满足国家的需求，1855年苏黎世联邦理工学院正式成立了。

在瑞士，人们可以流利地讲法语和德语，而根本用不着表态支持哪种文化，因而就可以从两种文化中汲取精华。德国的严谨和法国的大胆做法在瑞士自然地结合起来，在欧洲这块地方，两种文化相遇，而无须相互竞争，这种可能性在1855年正式开创苏黎世联邦理工学院时就已成为现实。1854年，他们联系了200多位学界人员作为潜在教授，其中113位德国人、57位瑞士人、11位法国人、3位比利时人和2位意大利人。第一批被任命的31位教授中至少有4位都是行业中的翘楚，具有很高的国际声望，4人中仅雅特布克哈特是瑞士人，其余均为德国人。

卡尔·库尔曼(图5-41)是新成立的理工学院第一位土木工程学教授，他是德国人，出生于巴伐利亚，1841年毕业于卡尔斯鲁厄理工学院，获得土木工程学位，毕业后在巴伐利亚州参加过德国铁路建筑的修建，直到1855年被召到苏黎世时，他不仅具有了铁路大发展时期的第一手经验，而且对其他地区已完成的工程具有浓厚的研究兴趣。1849年他到英国和美国进行了两年的学习访问，学习那里的桥梁建设和铁路建设工程，他广泛阅读了发表于1851—1852年的技术报告，然后着手深化结构分析方法的研究，他对18世纪伟大的数学家加斯帕尔·蒙日所开创的法国结构分析的视觉传统印象很深。就这样，库尔曼把他在德国接受的训练、经验和对计算的兴趣与他法国式视觉研究的理想一起带到了苏黎世，代表了法国和德国结构理想的结合。

图5-41　卡尔·库尔曼(1821—1881)

库尔曼于1866年出版的伟大著作《图解静力学》是那个时代对结构分析最有影响力的一本书，为以后半个世纪的瑞士结构教育打下了基础。他工作背后的思想是：结构的行为应该通过几何图形形象表达，而不是通过抽象的代数公式。他常说，“图纸是工程师的语言”，“通过结构的内力图形才可以知道结构受力的本质”。除了教学和写书，库尔曼还参与了他任职期间所有苏黎世桥梁建设的咨询工作，他还研究瑞士河流的洪水流量及挡土墙问题，1875年再版了他的《图解静力学》，1879年该书被译成法文版。1881年库尔曼去世。库尔曼认为几何法优于代数法，在半个世纪里形成了这所学院的主要教学思想。他的影响力来自他1841—1855年间丰富的现场经验、他在国外的学习和游历以及他对于结构分析图形解法的深入研究和实践。由于在文化上和地理上处在德国和法国之间，瑞士人非常巧妙地使两种文化得到和谐和调解，在库尔曼建立的土木工程方面，他们重视在德国发展起来的精确、细致和科学的分析，同时他们又喜欢法国设计的轻巧和美观，形成了独特的瑞士特色。

5.16.2 里特的改进与教学风格

与其说库尔曼的《图解静力学》是通过视觉表现结构，具有法国风格，倒不如说他更具有德国风格，他的著作和教学中尽管到处可见其视觉研究的意图，但还是充满了德国的计算科学。库尔曼特殊的瑞士式的风格是由威廉·里特(图5-42)发扬的。里特是地道的瑞士人，库尔曼的得意门生和继承人。1865年里特进入苏黎世联邦理工学院学习，1868年以全班第一名的成绩毕业，在匈牙利铁路部门工作一年后，库尔曼邀请他回校做了自己的助手。里特的主要工作是给建筑学专业的学生讲解结构力学，给工程系学生讲解实际图形学。

图5-42　威廉·里特(1847—1906)

1873年，位于里加的里加工学院聘请里特为教授，对于年轻的里特来说这无疑是一项莫大的荣耀。里加工学院成立于1862年，但因为它是采用德语教学而且比较靠近西欧工业与教育中心，所以很快成了俄国重要的工学院。

1881年库尔曼去世后，里特应召回到了苏黎世，接替库尔曼的工作。里特把库尔曼的《图解静力学》改写成4本短小精悍的书，还撰写了一系列文章。最重要的是里特传授了经验和计算的价值。他在讲课时，不断引用已经完成的实例设计做案例教学，他常常教诲学生要注意到结构是美学和科学相结合的产物。向学生灌输结构形象的同时，还教会他们如何动手进行计算，他从未把这两个目的分开，因而他的学生在实际工作中既有视觉的经验，又有科学的自信心。

里特和库尔曼一样是苏黎世市和格劳宾登州的桥梁顾问，关心地方桥梁建设，支持一些新理念或新结构的创意。没有里特的支持，罗伯特·马亚尔就不会设计出斯陶法切桥，也不会修建起佐兹桥，因为采用数学理论分析不了佐兹桥的混凝土空腹箱——里特向格劳宾登州承认他用计算方法来证明设计合理是有困难的——在很多国家，这种困难会导致官方否定设计，里特冥思苦想，采用一种足尺荷载试验保证了桥梁可靠性。里特关于佐兹桥荷载试验的咨询报告是桥梁设计的样板，尤其是强调要考虑实际情况，而不仅仅是关心通过数学估算出来的准确性。试验中的确出现了小裂纹，这使里特和马亚尔均有所裨益(他们两人在3天的试验期间一直在现场)，然而总的结果使里特认定设计可靠，并且赞扬了这座桥的新颖外形。

里特的教学遵循了三条原则。第一条原则是强调计算的简化性，其目的是使用简化的分析方法确定更有效的形式。第二条原则是设计师对结构美学的追求和责任应包括对施工过程中的和完成了的工程的细致考虑。第三条原则是强调通过足尺荷载试验把计算准确度和施工质量结合起来，检验结构物是否成功的最终手段是进行竣工后的结构试验。他对设计的态度、逻辑思维和强烈的美感激励了两位 20 世纪最伟大的桥梁设计师——罗伯特・马亚尔（1872—1940）和奥斯马・安曼（1879—1965）。1930 年建成的瑞士萨基那托贝尔桥（图 5-43）和 1964 年建成的美国韦拉扎诺海峡大桥（图 5-44）分别是这两位设计师的代表作。

图 5-43　罗伯特・马亚尔设计的萨基那托贝尔桥

图 5-44　安曼设计的韦拉扎诺海峡大桥

5.16.3　数学传统与美学传统的瑞士结合体——拉迪的教学法

里特去世之后，1908 年奥萨尔・罗恩成了苏黎世联邦理工学院的教授，他的业务能力远不及里特，而且他的美学观点主要是建筑师的观点而不是桥梁工程师的观点，它和马亚尔在桥梁设计上意见不一，曾有过激烈的争论。罗恩之后由马克斯・里特接替教授，它和威廉・里特没有任何关系，他继续了罗恩的观点。这样，由库尔曼和威廉・里特建立的强调设计和美学的教学传统就中断了，这种状态直到马克斯・里特 1946 年去世，他的助手皮埃尔・拉迪执掌教学后，才恢复并发展了先前的教学传统，培养了影响 20 世纪的两位结构设计大师梅恩和卡拉特拉瓦。1999 年建成的圣尼伯格桥(图 5-45)和 1992 年建成的阿拉米罗桥(图 5-46)分别是这两位设计师的代表作。

图 5-45　梅恩设计的圣尼伯格桥(1999 年建成)

图 5-46　卡拉特拉瓦设计的阿拉米罗桥(1992 年建成)

拉迪认为，工程应从模型开始，为与这种思想相一致，拉迪让他的一个学生(汉斯·豪里，后来成为苏黎世联邦理工学院的院长)建起模型制造实验室。在这个实验室里，学生们不仅能直接看到这些实际形式，而且还能了解其细部，并从中汲取有用的技术方法。实验室绝不是研究人员利用多种复杂且昂贵的设备进行新发明的地方，而是未来的工程师们利用最简单的工具认真地进行可靠设计的场所。

实际上，拉迪基本上没有做很多研究工作，他的主要贡献是他对学生的影响——他向学生们介绍他的思想，并鼓励他们进行设计工作。按照模型进行足尺结构设计时，拉迪特别强调美学的重要性。每当拉迪要进行一项结构设计时，他总是先考虑其外观，且从不因批评意见而退缩。由于他不是设计师，所以没有什么特别的观点或者工程需要他维护，他不受批评意见约束的观点给他的学生们留下了深刻的印象。

由此可见，梅恩、卡拉特拉瓦及许多其他人从拉迪那儿得到的启示是，要重视模型，把它作为足尺设计的一种方法；要重视美学，把它作为设计的主要目标；要重视总体形式，它比对各部件的分析更重要。这种教学法体现了威廉·里特的精神，是融德国的数学传统与法国的视觉传统于一体的真正的瑞士教育方式。

［**思政元素**］历史传承；发展创新；美学素养

［**素材作者**］戴公连

5.17　美国布鲁克林大桥

1883年5月24日，正式交付使用的布鲁克林大桥(图5-47)横跨美国纽约州纽约东河，连接着纽约的布鲁克林区和曼哈顿岛。大桥全长1834 m，桥身由上万根钢索吊离水面41 m，是当年世界上最长的悬索桥，落成时被认为是继世界古代“七大奇迹”之后的“第八大奇迹”，被誉为工业革命时代全世界七个划时代的建筑工程奇迹之一。1964年，它被指定为美国国家历史地标，1972年入选“国际土木工程历史古迹”。

图5-47　布鲁克林大桥

虽然布鲁克林大桥享誉盛名，但是在建造这座桥的过程中，却充满了悲剧——花费14年时间才建成，近30人在施工期间死于各种原因导致的事故。它的建成伴随着失败与进步，为后代悬索桥的建设提供了宝贵的经验。

5.17.1　阻力重重的开端

布鲁克林大桥是由德国出生的美国土木工程师约翰·奥古斯塔斯·罗夫林(图5-48，后称老罗夫林)所设计的。当时老罗夫林计划建造一座当时世界上跨度最大的悬索桥以贯通纽约州纽约市的曼哈顿与布鲁克林。但是计划一经提出就遭到了政府官员的质疑，因为在此之前，欧洲的悬索桥经常出现断裂现象，而且1855年6月，美国田纳西州刚发生了悬索桥垮塌事件，悬索桥的建设方案遭到了多方阻挠。但是迫于当时极其严重的交通压力，市政府还是在1867年2月批准了这一提案。

图5-48 约翰·罗夫林

1. 设计方案的改进

为了避免欧洲悬索桥灾难重现，老罗夫林设计了一种混合桥梁模式，借鉴了悬索桥中的主体绳索，通过中央索塔支撑固定在岸上，这样的设计通过小垂索连接，很好地支撑了较长的桥面。老罗夫林还从斜拉桥中吸取经验，利用一些较短的垂索，沿对角方向直连索塔，拉住桥面，这些附加的绳索增强了大桥的稳定性，同时减轻了锚索的负重。在当时已经有其他桥梁采用了类似的设计，但其规模却远不及布鲁克林大桥。为提高大桥抗风能力，加劲梁采用桁架式，使风真正吹到结构上的力大幅减小，从而使大桥在抗风能力、受力、结构刚度等方面优于纯悬索桥。同时，由于标准麻绳无法承受14680 t的质量，他提出了使用长度超过5600 km的金属缆线(大胆使用当时新兴的材料钢取代常用的铁作为索的材料)来制造缆索以支撑其重力。大桥索塔海拔需达到90 m之高，建成之后将是当时西半球最高的建筑。

2. 首席工程师的更换

1869年7月6日，当老罗夫林前往布鲁克林塔的地点勘察时，一艘渡轮撞上了码头，使其脚部受伤，不得不截掉部分脚趾。由于拒绝医生的治疗，他患上了破伤风，并在同年7月22日逝世，由他的儿子华盛顿·罗夫林(图5-49，后称小罗夫林；其妻艾米丽·沃伦·罗夫林如图5-50所示)负责，担任大桥首席工程师一职。

图5-49 华盛顿·罗夫林

图5-50 艾米丽·罗夫林

5.17.2 最具挑战性的第一步

小罗夫林于第二年开始了索塔的施工，由于是在岩石河床上进行建设，要使用一种几乎未经检验的新技术——气压沉箱技术。使用方法是将气密的木箱沉入水中，通过管道泵加压系统充入加压空气、排出内部的水，工人们乘坐一种叫作气闸的铁容器进入河床底部开始挖掘，挖出的石头再运到沉箱顶部，最终挖到基岩时，再用混凝土进行填充，使其成为永久的地基。

当时所采用的沉箱(图 5-51)体积巨大，将近 3 层楼高，于 1870 年 3 月 19 日成功下水。沉箱的建造使用了 958 m^3 的木料、2.5 万 t 钢材，最终的总质量达到 3 万 t；顶部有 15 层木材，顶盖厚度达到了 4.57 m，工作区高度在 2.7 m 左右，每天平均有几十个人在内工作。

沉箱内的工作环境阴暗而危险，由于蜡烛和煤气灯是仅有的照明，箱内失火 7 次，每次工人们只能紧急疏散，然后又潮水般涌入。更加危险的是一种当时的未知疾病，也就是我们现在认识到的减压病，但在当时，这种不明原因的疼痛或眩晕导致了数名工人的死亡。第一个工人的死亡是在 23 m 深度的作业面，未进入水下工作前，这名工人的身体素质很好，但是仅仅在工作了一个班(2.5 h)后身体就出现了严重的损害，最终死于减压病导致的肺部充血，而后陆陆续续又出了类似症状的工人死亡案例。

5.17.3　接踵而至的困难

冲在前线的小罗夫林不幸患上非常严重的减压病而瘫痪，因此他不能亲自监督大桥的建造工作，使得布鲁克林大桥的建设再次陷入了僵局。后来，是小罗夫林的妻子艾米丽·沃伦·罗夫林(图 5-51)帮丈夫传达口述的指令与信件给助手们，总结施工难点，上传下达，帮丈夫去检查施工结果，以书面的形式在丈夫和施工队之间建立起了沟通的桥梁。在丈夫的引导下，妻子学习高等数学、计算悬链线，了解不同材料的强度、大桥的设计规格和绳索施工的细节。正是有了妻子的帮助，小罗夫林才可以完成大桥建设的监督工作。

1876 年，布鲁克林大桥主塔建造完成，花了 3 年时间。但是麻烦并没有散去，到 1877 年，该项工程已经超支并面临着工期延误。更糟糕的是，大桥缆索制造商出售劣质缆索的丑闻被曝光，缆索断裂导致两名工人死亡，使大众再次对大桥的安全性产生了质疑。好在老罗夫林设计了大量故障保护装置，通过额外的缆线加固后，桥面被一块接一块地安装好，如图 5-52 所示，最终完成了大桥的建设。

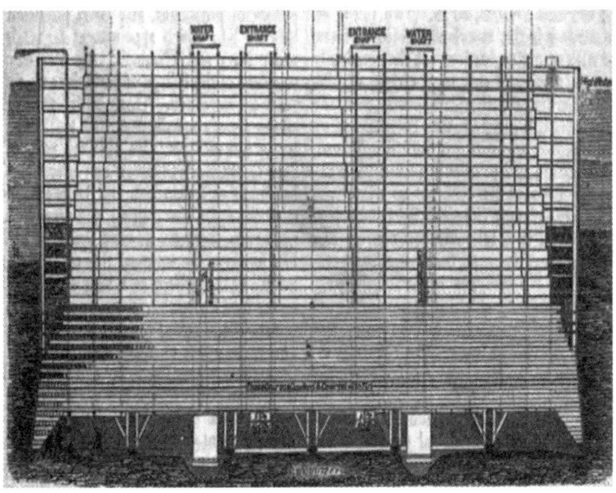

图 5-51　施工中的沉箱

图 5-52　建造过程中的布鲁克林大桥

5.17.4 举世瞩目的成功

历经 14 年的时间，耗资超过 4 亿美元以及罗夫林家族三人倾注心血的大桥终于从设计变成了现实。布鲁克林大桥于 1883 年 5 月 24 日通车，几千人参加了启用典礼。当天，一共有 1800 辆车和 150300 人穿过布鲁克林大桥。当时设计师小罗夫林已经无法参加典礼，但当天他在家中举行晚宴，总统切斯特·艾伦·阿瑟在典礼后也来到他的家里跟他会面并握手。

现在的布鲁克林大桥(图 5-53)分为两层，下层是汽车的通道；上层供行人和自行车通过，步行道和自行车道由界线分开。20 世纪 80 年代起，大桥上夜晚会有泛光照明，以凸显建筑特色。在桥上可以欣赏到纽约全景、自由女神像、曼哈顿。如果现在想欣赏布鲁克林大桥，可以乘坐地铁到达。桥的东西两端分别是 City Hall 和 High St 两个地铁站，上桥有三种方式：步行、自行车、汽车。如果是步行的话，欣赏景色大概用时 90 min。当漫步到布鲁克林大桥的第二个桥墩位置处，桥下的岸边绿地和码头就是布鲁克林大桥公园(Brooklyn Bridge Park，图 5-54)。在七月、八月的每周四晚上，还可以在这个公园免费欣赏电影，非常惬意。

图 5-53 布鲁克林大桥现状

“布鲁克林大桥是华盛顿·罗夫林一座不朽的纪念碑，一种非同寻常的象征，不仅象征了 19 世纪的进步思想，还象征了一个人面对艰难困苦时的不屈不挠，其程度超越了大多数人的想象”，这段话摘录自《造桥的人》一书，形象地向世人展现出建桥的艰难程度，凸显了小罗夫林夫妇面对困难迎难而上，不放弃的坚韧品性。这座举世瞩目的大桥，凝聚了两代人的心血，激励着后代桥梁人在工作中不畏艰难，迎难而上。

同时，作为人类建桥历史上享誉盛名的里程碑，其建造过程中涌现了很多先进的技术，如气压沉箱技术、混合桥梁技术等，这些看似新奇的技术，其实都或多或少地继承了已有的技术成果，并将其扩大规模、不断改进，激励着后代桥梁人学会借“它山之石”，建不朽伟业。

[思政元素] 前赴后继；技术的传承与革新；不畏艰辛，迎难而上

[素材作者] 吴腾

图 5-54　布鲁克林公园

5.18　英国伦敦塔桥

按照科学定义，桥是一种架空的人造通道，是人类超越自然、改造自然的一大创举。它们或跨越江河沟壑，飞津济渡履波涛；或雄踞危崖深谷，茫茫天堑变通途；或坐落闹市通衢，高架横穿显英姿。一座桥梁，融合了交通、道路、水文、城建、环境、文化、艺术等多方面的内容，集中体现了一个时代的科技水平，一代人的聪明智慧和创新价值。《说文解字》段注里说"梁，以木跨水，今之桥也"，字面意思很好理解，木桥是最早的桥梁形式之一，架在水上便于通行。岁月流转，桥的形态早已变化万千，它身上所承载的人文内涵也越发深刻。桥梁作为大体量的建筑，是其所在区域的地标。桥梁的设计不只是建筑材料的简单组合，更能表达出区域文化的内涵。

英国的母亲河——泰晤士河(River Thames)发源于英格兰西南部科茨沃尔德希尔斯，全长402 km，横贯伦敦与沿河10多座城市，流域面积1.3万 km^2，沿岸有许多风景名胜，是英国的文化精髓所在，哺育了灿烂的英格兰文明。泰晤士河沿岸是英国的重要经济带，也是世界工业文明的发源地之一。伦敦市内的泰晤士河沿岸有相当多伦敦地标和知名桥梁，如伊丽莎白塔(大本钟)、伦敦眼等，而泰晤士河上总共有15座桥连接两岸，包括威斯敏斯特桥、滑铁卢桥、伦敦桥、千禧桥等，其中最著名、最壮观的一座当属伦敦塔桥(Tower Bridgc)，它是泰晤士河口的第一座桥，素有"伦敦正门"之美誉。伦敦塔桥拥有悠久的历史和传奇般的故事，该桥始建于1886年，历时8年建成后对公众开放，将伦敦南北区连接成整体，塔桥北面是被誉为"英国故宫"的伦敦塔，南面是著名的碎片大厦。伦敦塔桥雄伟的双塔造型吸引了全世界的目光，同时也被视作伦敦的象征。

伦敦塔桥的建造是为了同时满足航运和路面交通两方面的需要，因为跨泰晤士河交通的发展已远远超过当时桥梁的通行能力。塔桥所在的位置最早是一座木桥，后来改建为一座16.46 m(54 英尺)宽的石桥。随着城市交通发展日益壮大，到了 19 世纪下半叶石桥也难堪重负(日车流量就达到 2 万，人流量达到 11 万)，急需在东伦敦地区修建一座桥梁，以缓解泰晤士河两岸的交通压力。当时所有的桥都建在塔桥的西面，维多利亚中期随着贸易的发展伦敦开始向东扩展，考虑要再建一座桥缓解交通压力。但这座桥不能建成传统的固定桥，因为将会切断当时位于伦敦桥和伦敦塔之间的港口设施。为了解决这个问题，伦敦在 1877 年设立了专门委员会，并向全国公开征集设计方案，一共收到了超过 50 个方案(图 5-55 为其中的一个方案)，委员会也为此展开了激烈的讨论，直到 1884 年才决定采用约翰·巴里(John Wolfe Barry)和霍拉斯·琼斯(Horace Jones)联手设计的方案，也即我们现在看到的伦敦塔桥。

图 5-55　伦敦塔桥最初征集的设计方案之一

伦敦塔桥的独特设计，在世界桥梁建筑业界有着重要地位。这座桥全长约 245 m，两座高达 60 m 的桥塔从外表上看是维多利亚时代的砖石塔，但实际上塔身的结构主要是钢铁。桥的中部长 61 m，分为上、下 2 层。上层高而窄，支撑于双塔，供人行参观用；下层为主通道，供车辆和行人通过，分为两扇桥段，每扇可以竖转 83°来满足桥下通航要求，如图 5-56 所示。这两扇桥段各重上千吨，它们的轴心位于它们的重心上以减小它们起升时所需要的力，它们可以在 1 min 内升起。一开始这个升降装置是液压的，为此它有 6 个蓄压瓶来产生高压水，蒸汽机把水从水库泵入液压装置；现在改用电动机来升降，而过去的蒸汽机机构依然保留可供参观。下部两个 30.4 m 长的甲板活动桁架平均每周打开 5 次，以允许大型船只通过。此外，塔桥配有电梯，这样游客可以在短时间内到达上层桥面进行参观。

1981—1982 年，伦敦筹集了 500 万英镑对塔桥进行修缮，并用现代材料和设备装饰这座古老的著名桥梁。为了减轻桥梁本身的重力，用玻璃纤维装饰板代替了原来的铸铁装饰板，并将桥梁的石料也变成了塑料制品。修缮后的塔桥，不仅保留了其古老而宏伟的风格，还大大提高了承载能力。

桥既是工程技术的化身，也是精神家园的载体。一座桥，一段故事，一份情怀。造桥人、过桥者、写桥人共同演绎的故事，成就了丰富而独特的桥文化。伦敦塔桥的人文价值也是多元化的。作为伦敦的象征，宏伟的伦敦塔桥横跨泰晤士河。作为时间和汗水的结晶，伦敦塔桥带给我们的不仅是通行上的方便，还有视觉上的美感。桥基上两座高耸的方形维多利亚时

图 5-56　桥面正在开合的伦敦塔桥

代砖石塔的设计，可以说是举世罕见，从物理承重上说颇为合理，从视觉感受上说颇为壮观，从实际应用上说颇为方便。

一座桥，一个传奇，也是一段历史，折射出新时代的精神风貌，也成为创新文化的显著标志！

[**思政元素**] 人文内涵——一座桥、一段故事、一份情怀

[**素材作者**] 舒臻孺

5.19　日本明石海峡大桥

5.19.1　桥梁概况

时为世界上最高、最贵、最长的悬索桥的明石海峡大桥坐落于日本神户市与淡路岛之间，如图 5-57 所示。该桥梁于 1959 年立项，1988 年 5 月动工兴建，1998 年 3 月竣工，并于同年 4 月 5 日通车运营。线路全长 3910 m，其中主跨跨度 1991 m，宽 30 m，桥面为双向 6 车道高速公路；设计抗震能力为 8.5 级，能经受 67 m/s 的台风。这座巨桥的建设凝聚了诸多桥梁工作者的心血，也折射出整个桥梁发展历程中的众多光辉成就与巧思。

5.19.2　建造背景

日本明石海峡因航运繁忙与水况危险闻名于世，1955 年 5 月 11 日，一艘名为“紫云丸号”的轮渡在明石海峡遇难，伤亡惨重。这场事故加速发酵了四岛居民在明石海峡上建造大桥的意愿，加之 19 世纪 50 年代中期起，日本政府就已经有联通四大主岛的交通要道、实现国土一体化的意图，因此一座规模宏伟且将建造技术推向极致的世界最长悬索桥顺势而生。

图 5-57　明石海峡大桥掠影

5.19.3　建设亮点

明石海峡大桥之所以能在强震、劲风与海洋环境的考验下屹立不倒，主要依赖 7 项关键举措，而其中优秀的工程理念在桥梁发展史上也能看见相应的踪迹。为了更好地了解明石海峡大桥集继承与发展于一身的建设特点，在阐述如下前 5 项关键举措的同时还选取其他经典工程案例进行类比与说明。

1. 如何解决悬索桥的锚碇问题

1826 年，工程师特尔福德设计的梅奈悬索桥创造性地将铁索固定在海峡两岸的岩层深处，此种做法也体现在明石海峡大桥的建设中。不过，略有不同的是明石海峡大桥面临着更加困难的问题：建设环境中没有坚固的岩层用来固定钢缆。工程师们为了解决这个问题，专门在海岸修建了锚碇点。选好址后开挖一定土方并注入混凝土，同时将用来固定桥缆的巨型金属架隐藏于其中，考虑到大体积混凝土的危害，将其分为五部分进行浇筑。

2. 如何构建结实且强有力的缆索

不妨看看尼亚加拉吊桥的例子，在设计它时需考虑火车荷载，因此需要找到更加强劲的材料支撑桥面。工程师匠心独妙，通过把铁拉成细丝并扎束固定做成铁缆解决了承载的问题；同时借助滑轮往返多次运送铁丝，最后再捆扎形成缆索的方法解决架设的困难。建设明石海峡大桥的工程师们不仅继承了汇铁丝为铁缆的做法，还通过在传统钢中加入合金和矽（化学元素硅的旧称）创造出新的超强钢线。即使如此，所用的缆索直径超过 1 m，同样面临架设的困难，于是工程师开创了世界悬索桥施工史上第一次利用直升飞机架设导索的先河。

3. 如何在急流中固定桥墩

明石海峡分隔了大阪湾与播磨滩，水流湍急、水情危险，坚硬的花岗岩层所处位置也较深，因此如何在急流中固定好桥墩也是工程建设的重点。回顾布鲁克林大桥这个经典案例：工程师通过将沉箱沉入河底切开污泥，而后泵入空气排出海水并让工人进入沉箱开始挖掘工作，挖至岩层后使用混凝土填满沉箱，继而沉箱转换为桥塔基础。在明石海峡大桥的施工中，虽借鉴了布鲁克林大桥的沉箱法，但使用了现代挖泥机技术，无须工人冒生命危险对抗恶劣的工作环境。同时明石海峡大桥也对沉箱做了改进，首先用钢材替换了当年的木头；其次变沉箱为圆形沉井，并建立内、外墙，借助内、外墙的间隙形成分隔仓，在海面上运输沉井至目的地期间通过仓内空气提供浮力，待沉井就位后再灌注海水帮助其下沉（图 5-58），待其落至海床时，在沉井中注入特制的水中不分离混凝土，最后加上顶盖充当桥塔的底座。

图 5-58　沉井定位示意图

4. 如何建设稳固又高耸的桥塔

明石海峡大桥的建设思路同美国金门大桥一致。金门大桥的工程师考虑到建设悬索桥需要将缆索下垂一定的弧度以获得最好的受力平衡，所以采用了拉长行车道、调高桥塔高度的方案。为了建设高耸的桥塔结构，工程师用钢板组成长筒，再将长筒组合起来形成坚固稳定的蜂窝结构，并辅以吊机将各段蜂窝结构组件按序分段拼合。明石海峡大桥也采用了相同的方法：工程师将桥塔分为 30 段，借助焊接技术和传统的螺栓锚固技术将每段蜂窝结构组合起来（图 5-59），让高耸的桥塔结构帮助桥梁跨越宽阔的明石海峡。

5. 如何巧妙地抵抗强风

明石海峡大桥关于抗风方面的设计与研究，可从美国纽约韦拉扎诺海峡大桥上找到缩影。由桥梁风工程知识可知，桥面遇到侧风吹袭时，如果桥梁两侧是平面，将会阻碍来流，桥面上下各区域形成旋涡致使气压大小不一，最终引起桥面振动。因此一般需将桥面设计为流线型"割裂"并引导来流风。但考虑到韦拉扎诺海峡大桥是双层结构的悬索桥，未必能通过设计外形合理且安全地起到引流作用，因此转而加强桥面抵挡风力。该桥梁运用了细钢条组建骨架结构保护桥面的巧思，让它足以承受来自大西洋的恶劣风暴。明石海峡大桥则更加巧妙。它不仅运用了镂空骨架的思路加固桥面，还在行车道下方加装了巨型钢梁，让强劲的侧风撞上钢梁后转而向上穿过桥面网格，从而降低劲风带来的破坏力，这项技术也使得明石海峡大桥在台风来临时多了一份安全保障。

6. 如何强有力地对抗地震破坏

日本位于环太平洋火山地震带上，频发的地震为工程设计与建设带来诸多困难——地层的摇动可能引起桥塔倒塌。为了抵御地震的破坏，明石海峡大桥采用两项应对措施：一是用钢材料建设桥塔，以使桥塔具有一定弹性，遇到地震时随地面在一定范围内摆动吸收部分能

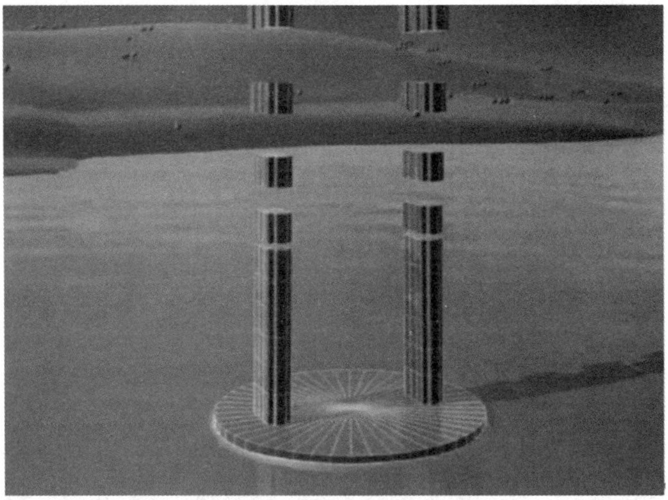

图 5-59　桥塔施工工艺示意图

量；二是在桥塔内部放置调质阻尼器来消耗动能减缓振动。1995 年 1 月 17 日上午 5 时 46 分 52 秒(日本标准时间)日本发生阪神大地震，全震灾区死亡 6500 余人，毁坏建筑物约 10.8 万栋，而位于震区的明石海峡大桥仅下海床震开一条裂缝导致岸边与桥塔距离稍微变远，整体结构依然屹立不倒，充分验证了采取的防震措施的有效性。

7. 如何防锈蚀

明石海峡大桥处于含盐量较高的大气环境中，因此防锈蚀问题不可小觑。为此，工程师们新研制出一种主缆干燥空气注射系统，即通过给主缆增加外套管保证气密，并向其中压入干燥空气实现。除此之外，还为桥身增设了机械检查与涂漆设备，在检查生锈情况之余可以及时填补油漆，避免或减缓侵蚀。

在施工中，无论是沉井落点因湍急的水流出现偏差，还是垒叠的桥塔挠曲大于一个拇指长度，都有可能使明石海峡大桥无法顺利地立于世人面前。因此，对于如此庞大的工程，将误差控制到极小范围内，既考验专业技术，也考验从设计师到施工人员的整个建设团队在工作中的谨慎细致程度。

通过上述介绍可以看出，明石海峡大桥这座雄伟杰出的工程巨作凝聚了桥梁发展历程中众多革新点与突破点，也是众多优秀且具有创造性的桥梁技术的集大成者。明石海峡大桥是桥梁发展历史长河中一颗璀璨珍宝，为更多特大跨径悬索桥的设计建设提供了参考。

作为土木行业的从业者，可从中学习与借鉴，并用“失之毫厘，谬以千里”的道理时刻鞭策自己，用科学严谨的态度对待研究与工作。不积跬步，无以至千里；不积小流，无以成江海。善于学习，长于积累，取人之长补己之短，才能冲破诸多困境的挟制与束缚。

［思政元素］不积跬步，无以至千里；追求卓越

［素材作者］吴腾

本篇参考文献

[1]盛兴旺，乔建东，杨孟刚等. 桥梁工程[M]. 2版. 北京：中国铁道出版社有限公司，2020.
[2]刘跃清. 难忘"争气桥"南京长江大桥的建设历史[J]. 科学大观园，2021(15)：18-21.
[3]何志文. "一桥飞架南北"——武汉长江大桥的建设记忆[J]. 传记文学，2022(5)：116-124.
[4]程汉明. 天堑通途——纪录跨越半个世纪的南京长江大桥[J]. 中国公路，2019(1)：90-91.
[5]项海帆. 中国大桥自主建设的成功经验[C]//中国土木工程学会. 我国大型建筑工程设计发展方向——论述与建议. 北京：中国建筑工业出版社，2005：99-102.
[6]林元培，顾永良，张介望，等. 上海黄浦江南浦大桥设计[J]. 城市道桥与防洪，1991(Z1)：1-6.
[7]林元培. 南浦大桥与杨浦大桥 [J]. 土木工程学报，1995，28(6)：3-10.
[8]胡建华，崔剑峰. 湘西矮寨大桥设计创新技术[J]. 桥梁建设，2011(6)：54-61.
[9]陈良江，文望青. 中国铁路桥梁[M]. 北京：中国铁道出版社，2020.
[10]孟凡超，刘明虎，吴伟胜，等. 港珠澳大桥设计理念及桥梁创新技术[J]. 中国工程科学，2015，17(1)：27-35.
[11]盛兴旺，文颖，曾庆元. 结构稳定理论[M]. 北京：中国铁道出版社有限公司，2021.
[12]吕忠达，王仁贵. 杭州湾大桥方案设计[C]. 中国公路学会桥梁和结构工程学会2002年全国桥梁学术会议论文集，2002：59-68.
[13]张光桥，王国刚，翟雪莲. 青岛海湾大桥关键施工技术[J]. 山东交通科技，2014(1)：55-57.
[14]林元培，章曾焕，卢永成，等. 上海东海大桥工程总体设计[J]. 城市道桥与防洪，2004(4)：1-8.
[15]李著璟. 西奥多. 库珀-魁北克大桥失事记[J]. 工程力学，1997，14(4)：139-144.
[16]Pearson C，Delattle N. Collapse of the Quebec Bridge，1907[J]. J. Perform Constr. Facil.，2006，20(1)：84-91.
[17]彭卫兵，朱志翔，陈光军，等. 梁桥倾覆机理、破坏模式与计算方法研究[J]. 土木工程学报，2019，52(12)：104-113.
[18]熊文，鲁圣弟，龚玄，等. 独柱墩梁桥倾覆临界状态分析及规范法的适用性[J]. 中国公路学报，2018，31(3)：49-58.
[19]张允士，李法雄，熊锋，等. 正交异性钢桥面板疲劳裂纹成因分析及控制[J]. 公路交通科技，2013，30(8)：75-80.
[20]张清华，崔闯，卜一之，等. 正交异性钢桥面板足尺节段疲劳模型试验研究[J]. 土木工程学报，2015，48(4)：72-83.
[21]赵秋，吴冲. U肋加劲板焊接残余应力数值模拟分析[J]. 工程力学，2012，29(8)：262-268.
[22]杨雅斌，石广玉. 钢桥面板肋-面板焊缝疲劳裂纹的三维扩展及寿命分析[J]. 铁道科学与工程学报，2019，16(7)：1704-1713.
[23]孟凡超，张清华. 正交异性钢桥面板抗疲劳关键技术[M]. 北京：人民交通出版社，2014.
[24]交通部公路科学研究院等. 大跨径预应力混凝土梁桥主梁下挠原因分析及对策研究[R]. 2010.
[25]王国亮，谢峻，傅宇方. 在用大跨度预应力混凝土箱梁桥裂缝调查研究[J]. 公路交通科技，2008，25(8)：52-56.
[26]文雨松. 桥涵水文[M]. 2版. 北京：中国铁道出版社，2015.
[27]蓝兰. 我国跨海大桥建设情况分析[J]. 交通世界，2012(19)：24-30.
[28]严允中，余勇继，杨虎根，等. 桥梁事故实例评析[M]. 北京：人民交通出版社，2013.
[29]吉伯海，傅中秋. 近年国内桥梁倒塌事故原因分析[J]. 土木工程学报，2010，43(s1)：495-498.

[30]刘亢，刘均利，余文成. 2007—2015年洪水导致垮塌桥梁的统计分析[J]. 城市道桥与防洪，2017(1)：90-92.
[31]熊文，蔡春声，张嵘钊. 桥梁水毁研究综述[J]. 中国公路学报，2021，34(11)：10-28.
[32]陈政清. 桥梁风工程[M]. 北京：人民交通出版社，2005.
[33]王东升，郭迅，孙治国，等. 汶川大地震公路桥梁震害初步调查[J]. 地震工程与工程振动，2009，29(3)：84-94.
[34]Han Q, Du X, Liu J, et al. Seismic damage of highway bridges during the 2008 Wenchuan earthquake[J]. Earthquake Engineering and Engineering Vibration, 2009, 8(2)：263-273.
[35]Dallard P, Fitzpatrick T, Flint A, et al. London Millennium Bridge：pedestrian-induced lateral vibration[J]. Journal of Bridge Engineering, 2001, 6(6)：412-417.
[36]Roberts T M. Lateral pedestrian excitation of footbridges[J]. Journal of bridge engineering, 2005, 10(1)：107-112.
[37]Fujino Y, Siringoringo D M. A conceptual review of pedestrian-induced lateral vibration and crowd synchronization problem on footbridges[J]. Journal of Bridge Engineering, 2016, 21(8)：C4015001.
[38]何旭辉，杨雨. 诗话桥[M]. 长沙：中南大学出版社，2021.
[39]戴公连，宋旭明. 漫话桥梁 [M]. 北京：中国铁道出版社有限公司，2009.
[40]戴公连，于向东. 桥梁文化与创新[M]. 长沙：中南大学出版社出版，2014.
[41]崔卯昕. 浮光掠影中的美国建筑遗产——载入史册的桥梁[J]. 建筑工人，2022，43(1)：41-43.
[42]赵义湘，赵鲁军，郝金红. 用一根手指建成的大桥[J]. 建筑工人，2019，40(11)：58.
[43]曾又灵. 罗布林家族现代悬索桥的拓荒者[J]. 养护与管理，2015，50(4)：61-63.
[44]高宗余，张强，龙涛. 桥梁的人文内涵[J]. 桥梁建设，2006 (5)：44-47.
[45]罗娜，刘健新. 大跨度悬索桥建设技术的进步[J]. 重庆交通学院学报，2000(2)：35-38，49.
[46]赵永团. 世界第一跨海大桥新技术的运用[J]. 公路运输文摘，2000(9)：24-26.
[47]金增洪. 明石海峡大桥简介[J]. 国外公路，2001(1)：13-18.
[48]Kitagawa M. Technology of theakashi kaikyo bridge[J]. Structural control and health monitoring, 2004, 11(2)：75-90.
[49]王胜健. 历史回顾：中国铁路前五次大提速[J]. 报林，2007(4)：22-23.
[50]陈晔. 铁路提速既有线上承钢板梁横向刚度分析及钢梁加固技术研究[J]. 铁道标准设计，1998(3)：1-4.
[51]郑希正. 铁路提速既有线简支梁桥加固问题研究[J]. 国防交通工程与技术，2007(2)：7-9.
[52]李兴云，高静青. 铁路既有线上承钢板梁提速后的横向刚度及加固问题[J]. 钢结构，1999，14(3)：29-32.
[53]卢炜，李承君. 针对列车提速的32 m梁加固方案比选[J]. 铁道工程学报，2006(2)：29-32.
[54]刘家锋，刘春彦. 秦沈客运专线桥梁综述及高速铁路桥梁建设的思考[J]. 铁道标准设计，2004(7)：134-138，159.

第6篇

以古鉴今

中国是个桥梁大国，自古就有“桥的国度”之称，桥发展于隋，兴盛于宋。古桥，浩若星辰，作为历史的目击者和重大历史事件的见证者，留下了人类社会演进的痕迹。在古代，我国无论是在建桥技术上，还是在桥梁数量上，都处于世界领先地位。中国古代桥梁的建造技艺，不少都曾走在世界桥梁建筑的前列，许多桥梁样式仍继续对世界近代桥梁建筑产生影响。

桥梁是建筑物，亦是艺术品，是科技、文化与美学的结晶。在我国几千年的发展历程中，产生了不少既经久耐用，又突显当地民族文化的桥梁作品，形成了特有的桥梁建筑艺术，充分彰显了我国各族劳动人民的非凡智慧。中国古桥，既美在题名、美在诗意、美在神话故事和民间传说，又传承着一个地方或一个民族的精神文化，成了连接广大人民的心灵象征。保留至今的中国古桥，是活的文物瑰宝，记载着许多珍贵的资料。

中华优秀传统文化是中华民族的“文化记忆”，沉淀着中华民族的精神品质，蕴含着中华民族的价值观，它自成体系，代代相传，这在世界上是独一无二的。习近平总书记强调，“加强中华民族大团结，长远和根本的是增强文化认同，建设各民族共有精神家园，积极培养中华民族共同体意识。”

中国古代桥梁文化是中华文化的重要组成部分，本篇以文化传承为主线，汇编12个素材，内容包括赵州桥、洛阳桥、广济桥等古桥和铁索桥、风雨桥、园林桥、栈桥等特色桥梁简介，古桥文化与传承，桥梁的红色基因，建桥人的家国情怀等，博古通今，以古鉴今，推陈出新。

6.1 中国四大古桥

中国是桥的故乡，自古就有“桥的国度”之称，中国古桥发展于隋，兴盛于宋。遍布在神州大地的桥，编织成四通八达的交通网络，连接着祖国的四面八方。中国古代桥梁的建筑艺术，有不少是世界桥梁史上的创举，充分显示了中国古代劳动人民的非凡智慧。河北赵州桥、泉州洛阳桥、潮州广济桥(湘子桥)、北京卢沟桥被称为中国四大古桥。

6.1.1 赵州桥

赵州桥，又名安济桥，是中国现存最古老的大跨径石拱桥，如图 6-1 所示。这座桥建造在河北省赵县城南五里的洨河上。它气势宏伟，造型优美，结构奇特，远远看去，好像初露云端的一轮明月，又像挂在空中的一道雨后彩虹，十分美丽壮观。其建于隋朝公元 595—605 年间，由著名匠师李春建造。赵州桥长 64.40 m，跨径 37.02 m，是当今世界上现存最早、保存最完整的古代单孔敞肩石拱桥，是古代劳动人民智慧的结晶，开创了中国桥梁建造的崭新局面。因桥两端肩部各有两个小拱(专业名称为腹拱)，故称敞肩型(没有小拱的称为满肩或实肩型)，这是世界造桥史上的一个创造。在拱的样式上，李春采用了圆弧形。但如果在 37 m 宽的河面上采用半圆拱的话，拱顶将高达近 20 m，桥高坡陡，车马行人过桥十分不便。李春创造性地改用平拱样式，把桥造成圆弧形，使石拱矢高降到 7.23 m，矢高和跨度的比例大约是 1∶5。这样，桥面坡度平缓，便于车马行人往来，而且还具有用料省、施工快，以及增加桥身强度和稳定性等优点。

图 6-1 赵州桥

为增强泄洪能力，李春还独具匠心，在大拱两肩上各设两个小拱。腹拱既可以节省石料，减轻桥身自重，又利于宣泄洪水，达到了建筑和艺术的完美统一。该桥成为我国桥梁工程技术上的一项伟大创举，它比 19 世纪中叶欧洲兴建的同类拱桥早了 1200 多年。另外，桥的望柱、栏板上都雕刻有花卉和兽头图案，形象逼真，精美绝伦，堪称隋唐时期雕刻艺术的佳作，给人以美的享受。赵州桥在交通、建筑及艺术等方面的影响是广泛而深远的。

赵州桥距今已 1400 多年，经历了 10 次水灾、8 次战乱和多次地震，特别是 1966 年邢台发生的 7.6 级地震，距离桥址仅有 40 多公里，赵州桥却安然无恙。

1991 年 9 月，赵州桥被美国土木工程师学会（ASCE）选定为第十二个“国际历史土木工程里程碑”，被誉为“国际土木工程历史古迹”。

6.1.2　洛阳桥

图 6-2　洛阳桥

洛阳桥，位于洛阳江入海口，又名万安桥（图 6-2），于北宋皇祐五年至嘉祐四年（1053—1059 年）由郡守蔡襄主持建造，历时 6 年竣工，是我国古代著名的梁式石桥。因在江海交汇处造桥，江阔水深，水流湍急，时有风潮，工程艰巨，洛阳桥在建桥技术和工艺上有许多创新。造桥者首创“筏形基础”，应用和发展了尖劈形桥墩以应对湍急水流和水底地质情况；利用了潮汐的涨落浮运和架设石梁，采用“激浪以涨舟，悬机以弦牵”的方法架设，利用潮汐的涨落控制船只的高低位置，使石梁浮运、起落，并以“悬机”牵引就位。种蛎固基法以牡蛎分泌的胶状体液将桥墩石块黏在一起。洛阳桥整座桥全部用当地产的花岗石建成，“飞梁遥跨海西东”，气势磅礴，雄伟壮观。它建成后，成为泉州与内地交通的重要通道，人们去舟而徙，易危为安，故洛阳桥有“万安济众”之誉。现桥长 834 m，宽 7 m，尚存船形桥墩 46 座，桥之中亭附近历代碑刻林立，有“万古安澜”等宋代摩崖石刻及石塔、武士石像等；桥北有昭惠庙、真身庵等遗址；桥南有蔡襄祠，祠内有蔡襄《万安桥记》宋碑。

洛阳桥历经多次修缮重建，现存的洛阳桥是清朝乾隆二十六年（1761 年）重建的。桥的北端筑有桥堤，自北接出有 40 孔，通过江中小岛后，继续南展有 7 孔，接入南端桥堤，全桥共有 47 孔，长为 540 m；包含两端桥堤在内，桥全长为 834 m。桥每孔有花岗石梁 7 根，每根梁高约 50 cm，宽约 60 cm，长约 11 m。桥面两旁护以石栏，有石柱 500 根，石栏长度与桥长相同，但栏板、石柱今已不全。桥墩砌体相当庞大，两端砌成尖形，以分水势。此外，还有石狮 28 只、石亭 7 座、石塔 9 座。1932 年在每个原桥墩上又添建一个矮墩，其上置钢筋混凝土板以通行汽车，但原石梁仍保持原位。

该桥种蛎固基法和“激浪以涨舟，悬机以弦牵”架梁法是现代基础加固、现代浮运架桥的原始雏形，其中种蛎固基法还是世界上把生物学应用于桥梁工程中的先例。

6.1.3　广济桥

广济桥，俗称湘子桥（图 6-3），在潮州城东门外，横卧在滚滚的韩江之上，东临笔架山，西接东门闹市，南眺凤凰洲，北仰金城山，景色壮丽迷人。广济桥由宋乾道七年(1171 年)太守曾江创建，初为浮桥，由 86 只巨船联结而成，始名“康济桥”。淳熙元年(1174 年)间浮桥被洪水冲垮，太守常炜重修之，并创杰阁于西岸，开始了西岸桥墩的建筑，至绍定元年(1228 年)历 54 年，朱江、王正功、丁允元、孙叔谨等太守相继增筑，完成了 10 个桥墩的建造，其中又以淳熙十六年(1189 年)太守丁允元建造的规模最大、功绩最著，故改称西桥为“丁公桥”。

图 6-3 广济桥

绍熙五年(1194 年)，太守沈宗禹“皤石东岸”，筑“盖秀亭”，并称东桥为“济川桥”；接着，太守陈宏规、林骠、林会相继增筑，至开禧二年(1206 年)历时 12 年，建成桥墩 13 座。东、西桥建起来后，中间仍以浮舟联结，形成了梁桥与浮桥相结合的基本格局。该桥是世界上最早的启闭式桥梁，为世界古浮桥史的特例。

宋末至元代，广济桥又有诸多兴废，明宣德十年(1435 年)，知府王源主持了规模空前的“迭石重修”，竣工后“西岸为十墩九洞，计长四十九丈五尺；东岸为十三墩十二洞，计长八十六丈；中空二十七丈三尺，造舟二十有四为浮桥”，并于桥上“立亭屋百二十六间”，更名为“广济桥”。

正德八年(1513 年)，知府谭纶又增一墩，减浮船 6 只，遂成“十八梭船二十四洲”的独特风格。民谣唱曰：“到广不到潮，枉费走一遭；到潮不到桥，白白走一场。”

6.1.4 卢沟桥

卢沟桥，位于北京城西南 13 km、丰台区宛平城西门外，跨永定河之上，它是最古老的多孔石拱桥(图 6-4)，始建于金大定二十九年(1189 年)，成于明昌三年(1192 年)，1698 年重建。

全桥共 11 孔，长 266.5 m，桥面车道宽为 7.6 m，全桥宽约 8 m。每孔均为圆弧拱，采用了两边孔跨度小(16 m)、依次向中央逐渐增大(21.6 m)的韵律设计建筑法，形成了优美的桥型。每个桥墩上游的迎水面上，砌成分水尖，每个尖端安装着一根边长约 26 cm 的锐角朝外的三角铁柱，这是为了保护桥墩，抵御洪水和冰块对桥身的撞击。在桥墩、拱圈等关键部位，以及石与石之间，都用银锭锁连接，以互相拉联固牢，可谓“石工鳞砌，锢以铁钉，坚固莫比”。

(a) 卢沟桥全景图

(b) 桥面装饰

图 6-4　卢沟桥

卢沟桥的两侧有 281 根望柱，石栏柱北侧有 140 柱，南侧有 141 柱，石栏柱高 1. 40 m，两柱间距 1. 8~2. 0 m，柱头刻着莲花座，座下为荷叶墩。望柱中间嵌有 279 块高 85 cm 的栏板，栏板内侧与桥面外侧均雕有宝瓶、云纹等图案。每根望柱上有金、元、明、清历代雕刻的数目不同的石狮，其中大部分石狮是明、清两代原物，这些石狮神态各异，栩栩如生。许多小狮或藏或露，变化万千，因难以计算之故，所以自古有“卢沟桥石狮数不清”的歇后语流传。早在金代，此桥就被列为“京师八景”之一。

在桥的两端各设有华表 4 根，高约 4. 65 m，整体比例十分协调。桥畔两头还各筑有一座正方形的汉白玉碑亭，每根亭柱上有盘龙纹饰雕刻，尤以桥的东端北侧御碑亭的石碑上刻有的清乾隆皇帝御笔亲题的“卢沟晓月”最为知名。桥两头的石狮、碑亭，加上华表、栏杆、御碑亭、碑刻等，组成了具有民族特色的桥头建筑。13 世纪末的意大利人马可·波罗在他的游记中称赞卢沟桥为“汗八里的美丽石桥”。

卢沟桥早已蜚声中外，1937 年 7 月 7 日，日本帝国主义在此发动全面侵华战争，宛平城的中国驻军奋起抵抗，史称“卢沟桥事变”(亦称“七七事变”)，从此，该桥变成了具有历史纪念意义的建筑物。卢沟桥史料陈列馆于 1981 年 7 月 7 日在桥头正式对外开放。1987 年，中国人民抗日战争纪念馆正式落成，纪念馆台阶上有一座高 4 m 的艺术雕塑——《卢沟醒狮》，象征着中华民族英勇不屈的民族精神。

[**思政元素**] 中华优秀传统文化；民族自信

[**素材作者**] 方淑君

6.2 军民鱼水情深的民族团结桥

桥梁最重要的功能是沟通——沟通两岸以便通行，沟通事物建立联系，沟通文化加深理解，沟通人心促进团结……

红军不怕远征难，
万水千山只等闲。
五岭逶迤腾细浪，
乌蒙磅礴走泥丸。
金沙水拍云崖暖，
大渡桥横铁索寒。
更喜岷山千里雪，
三军过后尽开颜。

——《七律·长征》毛泽东

回顾历史，在横跨大半个中国疆域的漫漫征途中，红军不畏艰难、攀山涉水，踏过一座又一座桥梁，“桥”或岿然屹立，或柔韧坚忍，每一座桥都成为历史的见证，每一座桥都承载着一段动人心魄的故事。

桥梁是红军长征的里程碑，如泸定桥(四川省泸定县)、达维会师桥(四川小金县)、三元桥(四川茂县)、红军桥(贵州黎平县)、丰乐桥(遵义市红花岗)、画眉桥(福建省龙岩市长汀县)等。湖南作为重要的革命根据地，其古桥文化中也有深深的红色烙印——在湖南怀化通道侗族自治县，有一座建于 20 世纪 90 年代初的“民族团结桥”，其外形看似普通，却记录了红军和侗族人民的鱼水情深，也见证了中国共产党的诚信。

6.2.1 兄弟民族守望相助，共扎浮桥渡险地

长征路上尽是险地。通道侗族自治县位于湖南省怀化市最南端，湖南、广西、贵州三省(区)交界处，是通往中国大西南的要道，历史上的通道县为楚越分界的走廊地带，素有“南楚极地”“百越襟喉”之称。该县地处云贵高原东缘向南岭山脉过渡地带，雪峰山西南余脉延伸境内，分属长江、珠江两大水系。同时，通道县是湖南省成立最早的少数民族自治县，主要有以侗、汉、苗、瑶为主的 14 个兄弟民族(其中侗族占总人口的 78.3%)。

1934年9月15日，在中央代表任弼时、军团长萧克、政治委员王震等首长率领下，红军长征先遣队红六军团一路西征，艰难跋涉，由湘赣苏区向红三军活动的湘西革命根据地进军，从湖南省绥宁县进入通道县杉木桥地区，经溪口、临口、下乡、菁芜洲，到达老王脚村时已人困马乏。村前的渠水河湍急的水流拦住了红军前进的脚步，红军队伍只得在河边宿营。红军的一举一动，一言一行，让躲避在山上的村民相信，这是穷人的队伍，更是一支从未见过的队伍，他们面容和善，说话亲切。次日，在村民的帮助下，他们用树藤、绳索和村民找来的木排、卸下的门板等扎成浮桥渡河。临行前，红军不仅把财物分发给村民，又给每户一些银圆作为救济，三位红军首长跟侗民说，等到全国解放后，人民政府会帮助侗民建好家园，为老王脚村修建一座桥。

6.2.2　一座桥振兴一个村

改革开放后，老王脚村这个依山傍水的侗族村寨，所有进出物资都必须靠肩挑背扛，划船渡河，出行极为不便，修桥便成为当地村民的共同心声。

1989年，在各级政府的大力支持及毗邻村寨各族同胞的资助下，该村共集资20余万元，在短短的一年时间内，建成了横亘在渠水河上的石拱大桥(图6-5)，长130 m，宽4.5 m。时任国家副主席的王震为大桥题词为“民族团结桥”(图6-6)。“过去我们出村只能靠渡船，甚至连饭都吃不上。有了这座桥，我们出去不但方便，而且安全，运肥料、运木头都可以从桥上过，收入增加了好几倍，生活也越来越好了。”说起大桥给村子带来的变化，71岁的村民吴道友深有感触。民族团结桥的建成，兑现了红军当年的承诺，极大地方便了村民出行，有效提升了村民幸福感。

图6-5　民族团结桥

图 6-6　王震题名的民族团结桥桥碑

周绪红院士和张喜刚院士在《关于中国桥梁技术发展的思考》一文中指出，“桥梁为扩大人类活动范围提供媒介，克服了地缘政治障碍……，桥梁已成为人类扩大生存空间的重要渠道，极大地促进了社会发展”。从民族团结桥背后的长征故事我们再一次理解了桥梁的作用，即使是简陋的浮桥，也能在关键时刻帮助红军渡过长征的险要环境。桥梁拥有超越其基本功能的文化属性与社会价值，它联系了人类的政治、经济与文化活动，“现代桥梁是重要的社会资产，它已成为社会发展的缩影”。民族团结桥振兴了老王脚村，中国桥梁为老百姓连通了奔向小康、富裕之路。

［**思政元素**］不忘初心；敢于担当

［**素材作者**］蔡陈之

6.3　大渡桥横铁索寒

红军“飞夺泸定桥”战役和毛主席诗词《七律 · 长征》名句“大渡桥横铁索寒”均向人们展示了大渡河水流湍急和地势险峻的水文和地形特征。此外，川西地区地质灾害频发，交通不便，经济相对落后，这给大渡河流域的桥梁建造带来了巨大困难。我国建桥人迎难而上、不畏艰辛、克服重重困难，完成了从泸定桥到成昆铁路大渡河桥，再到雅叶高速公路兴康特大桥的历史性跨越。

6.3.1 泸定桥

泸定桥又名大渡河桥，是我国四川省甘孜藏族自治州泸定县泸桥镇境内的一座跨大渡河铁索桥(图6-7)。该桥始建于清康熙四十四年(1705年)九月，清康熙四十五年(1706年)四月完工，桥名“泸定”取平定当地土司叛乱之意。新中国成立以来，泸定桥共进行了约5次大修。

(a) 桥梁全貌

(b) 桥面构造

图6-7 泸定桥

泸定桥是一座悬挂式铁索桥，全桥由桥身、桥台和桥亭三大部分组成，长103.67 m，宽3 m。桥身由13根平行铁链构成，桥栏直接由铁链架设，底下并排铁链铺上木板形成桥面，扶手与底链之间用小铁链相连接，总共由12164个铁环环环相扣而成。桥台位于桥身两端处，桥台内固定铁桩，铁链固定在两岸桥台落井铁桩里。桥头两岸的桥头古堡为汉族木结构古建筑，风貌独特，锚固铁链落井之上建有桥亭，飞檐翘角，古朴大方，桥西端观音阁下存有康熙立的匾额。横桥板间隔相铺，犹如窗棂，这种结构既能减轻桥重，又能减小风的阻力。扶手链与底链每隔5 m相连的设计使桥身形成一个和谐统一的整体。

泸定桥因红军长征中发生的英雄事迹而名冠神州。1935年5月29日，中国工农红军长征途经泸定桥，以22位勇士为先导的突击队，冒着敌人的枪林弹雨在铁索桥上匍匐前进，一举消灭桥头守卫。“飞夺泸定桥”战斗打开了红军长征北上抗日通道，谱写了中国革命史上和世界军史上“惊、险、奇、绝”的战争奇迹，泸定桥从此成为中国共产党重要的历史纪念地。

6.3.2 成昆铁路大渡河桥

成昆铁路大渡河桥位于四川省汉源县乌斯河镇，是成昆铁路三大著名桥梁之一。该桥建于1966年，全长483.6 m，由10孔组成，两岸共有9孔32 m钢板梁，其中河流中心位置的主跨为1孔144 m的下承式钢桁梁，如图6-8所示。

1970年7月1日正式通车的成昆铁路，北起四川成都，南抵云南昆明，全长1096 km，逶迤在四川、云南两省的万水千山之间。铁路飞跃大渡河，穿过大、小凉山，横跨金沙江，沿线山高谷深，川大流急，地质复杂，气候多变，铁路的修通相当不容易。有1/3的铁路坐落在7度以上的地震区，且沿线溶洞多、暗河密，泥石流与滑坡、崩塌等地貌作用频繁活动，筑路工程异常艰辛。成昆铁路的建成化天险为通途，结束了我国西南少数民族地区2000万人行

(a) 大桥全貌

(b) 列车驶过大桥

图 6-8　成昆铁路大渡河桥

路难的历史。成昆铁路是通往大西南的重要纽带，是连接川滇两省的钢铁大动脉，与美国阿波罗登月、苏联第一颗人造卫星上天并称“20 世纪三大奇迹”。

据不完全统计，有超过 2100 名铁道兵牺牲在成昆铁路沿线，线路周围分布着 22 座烈士陵园，英烈的忠魂日夜守护着成昆线，每一座陵园都留下了一段让人永难忘怀的历史和故事，他们“为有牺牲多壮志，敢教日月换新天”的精神，也将激励一代又一代后来人奋勇前行！

6.3.3　兴康特大桥

兴康特大桥，也称泸定大渡河特大桥，被誉为“川藏第一桥”，是雅安—叶城高速公路（国家高速 G4218）雅康段的控制性工程，位于四川省甘孜藏族自治州泸定县境内，横跨大渡河，桥西接海子山，桥东接二郎山。大桥于 2014 年 9 月 1 日开工建设，2018 年 12 月 31 日建成通车；2019 年 6 月 11 日，在第 36 届国际桥梁大会上荣获“古斯塔夫 · 林登少金奖”。

兴康特大桥是一座双塔单跨悬索桥，全长 1411 m，主缆跨径布置为(220+1100+253)m，如图 6-9 所示。主梁为钢桁加劲梁，桁宽 27 m，桁高 8.2 m；成桥状态下的主缆垂跨比为 1∶9，两根主缆横向中心间距 27 m，纵向吊杆间距 10 m。两岸主塔采用门型结构，钢筋混凝土塔柱，塔高 188 m。雅安岸采用隧道锚，康定岸采用重力锚。桥面为双向 4 车道高速公路，设计速度 80 km/h，抗震设防烈度 9 度，可抵御 12 级台风。

大桥的建设采用了以下创新技术：

①国内首次将防屈曲钢支撑用作悬索桥的中央扣，用于抵抗强地震；

②国内首次将波形钢腹板与混凝土顶底板的组合结构作为桥塔横梁，既克服了混凝土横梁和钢横梁在抗震方面的不足，又简化了塔柱和横梁联结构造；

③大桥主缆所用的钢丝为镀锌钢丝，具有高强抗腐蚀能力，且在锚碇和塔顶架设主缆的位置设有除湿机、出气孔，不断地往主缆内部输送干燥空气，保障主缆长期不生锈。

红色的兴康特大悬索桥犹如峡谷间红色的绸带，将大渡河两岸紧紧相连，在阳光照射下熠熠生辉、宏伟壮观。大桥的建成使从成都出发至康定的行车时间从原来的 8 h 缩短到了 4 h，进一步解决了我国西南少数民族地区人们出行难的问题，推动了区域经济发展，极大地

(a)大桥全貌　　(b)冬季景象

图6-9　兴康特大桥

提高了当地民众的生活质量和水平。

从红军“飞夺泸定桥”，到铁路史上的工程奇迹成昆铁路(大渡河桥)，再到雅叶高速公路兴康特大桥，既彰显了不惧艰险、攻坚克难、勇往直前的民族精神，也展现了我国一代代桥梁人的建桥智慧，更是我国综合实力不断增强和发展的体现。

[**思政元素**] 赓续红色血脉；民族智慧

[**素材作者**] 李欢

6.4　浴火重生的钱塘江大桥

斗地风云突变色，
炸桥挥泪断通途。
五行缺火真来火，
不复原桥不丈夫。
——茅以升

6.4.1　建设历程

钱塘江大桥位于西湖南面的钱塘江之上，毗邻六和塔，是我国自主设计和建造的第一座铁路、公路两用双层桁架梁桥，横贯钱塘江南北，是连接沪杭铁路、杭甬铁路、浙赣铁路的交通要道，由著名桥梁工程师茅以升设计并主持施工。它打破了近代中国大跨度桥梁被国外公司垄断的局面。

钱塘江大桥全长1453 m，公路桥面宽9.14 m，铁路桥面宽4.88 m，高7.1 m，分正桥和引桥两部分。正桥16孔，桥墩15个，单孔跨度67 m，重260 t。正桥桥墩均为钢筋混凝土空心桥墩，每墩木桩160根。上层桥面为双向两车道公路，下层为单线铁路。设计速度：公路100 km/h，铁路120 km/h。

1934年8月8日，钱塘江大桥正式开工建造，但不久便遇到各种施工上的困难：

①木桩难打。为了使钱塘江大桥桥基稳固，需要施工人员穿越 41 m 厚的泥沙在桥墩位置打入木桩。由于木桩立于沙层之上，而且沙层又厚又硬，打轻了下不去，打重了会断桩。面对这种困境，施工人员经过实地调研，决定采用抽江水在厚硬泥沙上冲出深洞再打桩的"射水法"，这是世界桥梁建筑史上首次采用气压法沉箱掘泥打桩获得成功，打破了外国人认为"钱塘江水深流急，不可能建桥"的预言。该方法一经采用就起到了明显的效果，加快了工程进度。

②沉箱难装。为了解决钱塘江水流湍急、难以施工的状况，施工人员创立了"沉箱法"。他们将钢筋混凝土做成的箱子口朝下沉入水中罩在江底，再用高压气挤走箱里的水，工人在箱里挖沙作业，使沉箱与木桩逐步结为一体，然后在沉箱上筑桥墩。最终建成的大桥桥墩，成了一个特殊的建筑。每个桥墩底部是 160 根 30 m 长打入江底的木桩，木桩上安放长 18 m、宽 11 m、高 6 m、重达 600 多 t 的混凝土沉箱，沉箱上建桥墩，桥墩顶部离江面约 10 m 高。

③钢梁难架。由于传统架设大桥钢梁采用的"伸臂法"需要等到桥墩按照顺序全部建好之后，钢梁才能够从两岸逐步伸入江心合龙，而为了赶工期，桥墩完工的次序已被打乱，因此钱塘江大桥不适合采用这种方法。为此，以茅以升为代表的施工团队虚心请教熟悉钱塘江水文规律的当地人士，充分发挥施工人员集体智慧，最终发明了"浮运法"，把整孔钢梁装载在两条灌上半舱水的船上，巧妙利用钱塘江涌潮的落差，把钢梁安全安装到位。

1937 年抗日战争爆发后，建桥更是难上加难。战火很快蔓延到华东。"八一三"淞沪会战后的第二天，日军飞机开始轰炸钱塘江大桥，随后常来袭扰，所幸大桥主体始终未被炸中。工人们齐心协力，顶着头顶飞机的轰炸，夜以继日地赶工，终于在 1937 年 9 月 26 日，铁路桥通车，同年 11 月 17 日，公路桥通车。

钱塘江大桥的建成，打破了只有洋人才能建造铁桥的惯例，展现了中华儿女自强不息、勇于创新、不怕苦不怕累的奉献精神以及战争年代的国家、民族、社会责任感。这座建成于抗日烽火之中的大桥，不仅在中华民族抗击日本侵略者的斗争中书写了可歌可泣的篇章，而且是中国桥梁建筑史上的一座里程碑。

6.4.2 悲痛炸桥

1937 年 12 月，日军进攻武康，杭州危在旦夕。上海和南京之间铁路中断，大桥成了撤退的唯一通道。据当时铁路局估计，大桥通车仅 3 个月，就抢运了大批军需、民用物资，有 300 多台机车和超过 2000 节客货车通过大桥，靠大桥逃避战火的难民更是不计其数，经大桥运送的抗战物资、民生物资有力地支援了前线的抗战。

在建造钱塘江大桥时，茅以升便在桥墩处预留了安放炸药的位置，以便局势突变能及时应对。持续 3 个月的淞沪会战，终以上海沦陷告终。1937 年 11 月 16 日下午，茅以升接到命令，如果杭州不保，就炸毁钱塘江大桥，以防敌人过江。17 日，他带人通宵把炸药放进桥墩的空洞及五孔钢梁的杆件上，并将 100 多根引线接到南岸的一所房子内。而这一天正是大桥公路桥面通车的那天，也是茅以升一生中最难忘、最难受、最难捱的一天。当第一辆汽车从大桥上驶过，两岸数十万群众使劲鼓掌，掌声经久不息。茅以升后来回忆说："所有这天过桥的十多万人，以及此后每天过桥的人，人人都要在炸药上面走过，火车也同样在炸药上风驰电掣而过。开桥的第一天，桥里就先有了炸药，这在古今中外的桥梁史上，要算是空前的了！"

1937 年 12 月 23 日下午 5 点，敌骑已近，一声轰然巨响，这座雄跨钱塘江的大桥就此中断。南 2 号桥墩上部完全炸毁，五孔钢梁全部炸断，一切都和计划所要求的一样，全长 1453 m 的大桥被炸成了 6 段(图 6-10)。大桥炸毁的这一天晚上，茅以升满腔悲愤地在书桌前写下 8 个大字——“抗战必胜，此桥必复”。

图 6-10　被炸毁的钱塘江大桥

钱塘江大桥建成通车后仅仅 89 天，就迫于日军发动的侵略战争而由我们自己忍痛炸毁，但它仍为我国的抗日战争胜利做出了不可磨灭的贡献。

6.4.3　浴火重生

1945 年 8 月 15 日，日军接受波茨坦公告，同意无条件投降。老百姓走上街头，奔走相告，举国欢腾。1946 年，蛰伏多年的茅以升终于接到了修复钱塘江大桥的命令，茅以升一刻也不敢耽搁，马上就启程赶往钱塘江畔。当时炸桥后，为避免日军修复大桥，茅以升随身带走了建桥的 14 箱资料，随后多年，他辗转于浙江、湖南、贵州、四川、上海等地，万里逃难，多次遭遇敌机空袭，资料却没有丝毫缺损。再次来到钱塘江边的茅以升，看着面前这座断桥，心里五味杂陈，一声令下——“动工!”。

茅以升的指示依然像当年下令炸桥时果断坚定，工人前赴后继，机械日夜不停，虽中间修复过程依然几多曲折，但就这样一直持续到了 1954 年 3 月，昔日威风八面的钱塘江大桥终于又重见天日。这座新钱塘江大桥(图 6-11)伴随着新中国前进的脚步，一直为钱塘江两岸的交通往来发挥着极其重要的作用。

图 6-11　钱塘江大桥近照

2000 年，钱塘江大桥更换了公路桥的桥面板；2006 年，钱塘江大桥铁路桥面进行了维护；2015 年 8 月，钱塘江大桥进行大修，主要修复正桥 16 孔中的两孔。

2006 年 5 月 25 日，钱塘江大桥被国务院列为第六批“全国重点文物保护单位”；2016 年 9 月，钱塘江大桥入选首批“中国 20 世纪建筑遗产”名录；2018 年 1 月，钱塘江大桥入选第一批“中国工业遗产保护名录”。

钱塘江大桥纪念馆位于钱塘江大桥西北侧，由原上海铁路局建造，于 1999 年 12 月 14 日开馆，总建筑面积 330 m^2，共分为 3 个展厅，包括“建桥序曲”“攻克难关”“历经沧桑”“养桥护桥”“卓越成就”“茅以升生平”6 个篇章。纪念馆收藏有建桥、修桥等实物 70 多件，以及茅以升手稿、著作和使用过的办公生活用品 40 余件。

图 6-12　茅以升铜像

茅以升铜像(图 6-12)位于钱塘江大桥北堍，该像为全身铜像，是为了怀念桥梁专家茅以升，同时也提醒着人们不忘钱塘江大桥的这一段惨痛的传奇历史。

6.4.4　茅以升的家国情怀

100 多年来，数以百万计学有所成的留学人员，用留学期间掌握的知识、科技和管理技能等，极大地推动了中国近现代化进程。

图 6-13　“桥梁大师”茅以升

在土木工程领域，茅以升就是这样一位具有家国情怀的“桥梁大师”(图 6-13)。茅以升从小就有一个桥梁梦，为了圆自己的桥梁梦，青年茅以升以优异成绩保送美国康奈尔大学，他仅用 1 年时间就以优异的成绩取得了硕士学位。为了尽快掌握造桥的实际本领，进一步学习桥梁力学等方面的理论知识，茅以升半工半读，白天在桥梁公司实习，晚上去夜校攻读博士学位，星期天则去图书馆埋头苦读。最终，依靠超乎常人的毅力和争分夺秒的勤奋，茅以升以优异的成绩完成了博士论文答辩，成为卡内基理工学院第一个工科博士。

经历过中国革命热潮的洗礼，青年茅以升对于“国家”二字有了更深的领悟。因此，在面对美国几所著名大学和几家桥梁公司的争相邀请时，他经过深思熟虑，最终还是决定重返祖国。“纵然科学没有祖国，科学家是有祖国的。我是中国人，我的祖国更需要我！”茅以升决心要为贫弱的祖国奉献自己全部的知识和才能，在祖国的江河上架起长虹。回国后，茅以升作为钱塘江大桥建设项目的总负责人，将所学知识应用于实践之中，建成了我国第一座现代化公铁两用大桥。茅以升除了为祖国造桥，还为祖国培养了一批优秀的桥梁工程人才。他以钱塘江大桥建设工地作为践行自己工程教育思想主张的场地，培养出了武汉长江大桥总工程师汪菊潜、南京长江大桥总工程师梅旸春、郑州黄河大桥总工程师赵燧章等一批新中国杰出桥梁工程师。1989 年 11 月 12 日，茅以升先生在北京逝世，但他一生所建造的桥梁将永留人间。

钱塘江大桥是中国现代桥梁的摇篮，为日后我国的桥梁建造留下了丰富的经验，成为近代中国桥梁史的重要开篇之作。钱塘江大桥见证了茅以升等先贤们的聪明才智，见证了中华民族不屈不挠、自强不息、奋发图强、自立于世界民族之林的精神，虽屡遭重创劫难，却至今仍在为国家繁荣效力。它不会因时间的流逝而失去色彩，反而会随着社会的进步更彰显出自身的珍贵与厚重。

[思政元素] 中国人的骨气；爱国情怀；担当精神

[素材作者] 舒臻孺

6.5　见证抗美援朝的鸭绿江桥

“雄赳赳，气昂昂，跨过鸭绿江……”，这首创作于 1950 年抗美援朝战争时期的《中国人民志愿军战歌》使鸭绿江在中国家喻户晓。鸭绿江是中国和朝鲜的一条界河，发源于吉林省长白山南麓，由东北向西南流淌，汇集浑江、虚川江等支流，在辽宁丹东的东港市附近向南注入黄海。鸭绿江上并肩耸立着两座鸭绿江大桥，这是两座饱经沧桑的大桥，这是两座伤痕累累的大桥，它们见证了战争与和平、屈辱与荣誉、历史与现实。

6.5.1　鸭绿江断桥(一桥)

鸭绿江断桥原名丹东鸭绿江一桥，即鸭绿江上修建的第一座大桥。日本通过甲午战争打败中国，通过日俄战争打败俄国，到 1905 年，已稳稳取得支配朝鲜的主动权，对朝鲜和中国东北进行侵略和掠夺的势头正盛。为此需求，日本决定在江上架设大桥。1909 年 5 月，日本在朝鲜新义州一侧开始了基础施工，同时采取了边施工边与中国清政府交涉的办法，迫使中方同意建桥。次年 4 月，在朝方工程过半的情况下，清政府不得不同意日本在中国一侧建桥，同年 5 月日本开始在安东(今丹东)施工，1911 年 10 月大桥竣工。

大桥采用钢桁梁结构，全桥长 944.2 m，宽 11 m，共 12 孔，每孔 11 个节间。为便于船舶通行，在中国一侧的第四孔架设了旋转式“开闭梁”，即以第四个桥墩为轴，架设旋转钢梁一孔，开闭结构由 9 个驱动轮带动，使桥体平行旋转 90°，每转动一次需要 20 min，每日定时开放。开闭梁主桁为折线形三角桁架，桁架一侧除中间节间由 2 根斜杆、2 根竖杆、1 根下弦杆和 3 根上弦杆组成倒梯形桁架外，其余节间均为三角形桁架形式。非开闭梁结构为下承式曲弦桁架梁，如图 6-14 所示。此桥原为铁路桥，由于 1943 年鸭绿江二桥建成，其开闭功能失去原有意义，且按原设计要求使用期已满，日本人将其铁轨拆除，铺设木板，由铁路桥改为公路桥，桥中间是大车道，两边是人行道。鸭绿江一桥通车后，成为日本侵略者大肆掠夺中国和朝鲜资源的主要通道。

图 6-14　丹东鸭绿江断桥

1950 年 6 月，朝鲜爆发内战。7 月 5 日，以美国为首的 16 个国家军队组成的联合国军在仁川登陆参战。10 月 18 日，中国人民志愿军司令员彭德怀带杨风安秘书及两名警卫乘吉普车从鸭绿江一桥进入朝鲜，自此拉开了志愿军过江抗美援朝的帷幕。19 日晚，在“抗美援朝，保家卫国”的口号声中，首批中国人民志愿军跨过鸭绿江，分别从鸭绿江一桥和其上游马市村一处木板搭的浮桥过江，随后，各种战争物资、军火装备、后勤给养源源不断地通过大桥运往朝鲜前线。

由于大桥在抗美援朝战争中具有“交通大动脉”的战略地位，美方千方百计对其进行破坏。1950 年 11 月 8 日上午 9 时左右，美空军首次派出百余架轰炸机飞入朝鲜新义州和大桥的上空，投下无数颗炸弹和烧夷弹。由于敌机连续多次轰炸，大桥被拦腰炸断，朝方 6 孔、中方 2 孔桥梁先后被炸毁沉落江中，大桥成为断桥。11 月 14 日，侵朝美军又派出军用轰炸机 34 架，对大桥再次施行轰炸，朝方 3 个桥墩被炸塌，至此大桥彻底瘫痪。同时，与其相邻的二桥也遭受了严重创伤。

1953 年朝鲜战争结束。1958 年，中国人民志愿军从朝鲜全部撤出，在中朝友谊桥的“凯旋门”前，丹东人民载歌载舞欢迎凯旋的志愿军官兵。战争之后，朝鲜将鸭绿江一桥朝方所属的 6 孔残骸拆除，而中方所属 4 孔残桥虽然伤痕累累，却依然屹立江上，被人们称为“鸭绿江断桥”(图 6-14)，它成为抗美援朝战争的历史见证。作家陈云和称：“上了断桥犹如上了一节爱国主义生动教育课，知耻辱、知胜利、知天下大事跟着共和国昂首阔步走过来。”2006 年，鸭绿江断桥被国务院批准为第六批“全国重点文物保护单位”。

6.5.2　鸭绿江二桥

1937 年 4 月后日本侵略者修建安奉复线铁路时，殖民机构日本汽车株式会社和日本建筑株式会社采用德国钢材，雇佣中国劳工 51 万人次，于 1943 年 4 月在距鸭绿江一桥上游不足百米的地方修建了另一座大桥，也就是经过朝鲜战争洗礼，至今仍在中朝经贸往来中发挥重要作用的丹东鸭绿江二桥，现称中朝友谊桥，如图 6-15 所示。鸭绿江二桥全长 946.2 m，共有 12 孔、11 个桥墩，分 4 联。从丹东侧起第 1、2 联共 6 孔，由我国管辖；第 3、4 联共 6 孔，由朝鲜管辖。二桥始建为双线铁路桥，抗美援朝期间，一桥于 1950 年被炸毁后，为解决公路运输问题，在该桥上游铺设木板，通行汽车，其变成了一侧铁路、一侧公路的两用桥梁。

图 6-15　丹东鸭绿江二桥

鸭绿江二桥全桥均采用下承式双线连续钢桁梁，主梁中心距 9.5 m。中方一侧 6 孔钢梁（第 1、2 联）每孔跨度为 94.2 m，为带第三弦（吊弦）的连续钢桁梁，上下弦（梁）高 12 m，第三弦在第 1、2 墩及第 4、5 墩上的立柱高为 18 m，钢梁支座顶面至第三弦立柱顶面全高为 30 m。朝方一侧 6 孔钢梁（第 3、4 联）每孔跨度为 62.6 m，为平弦下承连续桁梁，均为预制拼装架设。桥台为耳墙式混凝土结构，桥墩为圆端形混凝土结构。两端桥台基础及第 9、10、11 号墩基础为圆端形混凝土沉箱；第 1~8 号桥墩为圆端形钢沉箱，高 11.1~15.4 m，基底支撑在岩盘上。桥墩墩身高 7.4~8.3 m，在水位变化部分采用块石镶面。

从战争需要出发，鸭绿江二桥在设计时对深水部位的第 1、2 联钢梁除设置复式交叉斜杆外，还在桁梁上部增设了吊弦（或称第三弦），这种钢桁梁的特点是结构刚度大，部分遭破坏后不易坠落，便于修复。当其中任一斜杆或竖杆遭到破坏而相邻节间的斜杆或竖杆未同时破坏时，机车尚可临时限速运行；若上下弦杆中有一根损坏，可以用钢轨或角钢临时加固后限速运行；连续梁中有任一桥墩受到破坏，可临时搭设支架承托后限速运行，这对保证战时不间断行车起到了一定作用。但与其他同样跨度的钢桁梁相比，其用钢量较多。

抗美援朝期间，该桥曾多次遭到美军轰炸。1951 年 3 月 31 日，该桥从第 4 孔起至第 12 孔止，钢梁及墩台全被炸伤，钢梁主要杆件、节点板、桥面系等有多处被炸断，呈支离破碎状，以致各联桁梁节点下垂，其最大下垂度第 2 联为 130 mm，第 3 联为 240 mm，第 4 联为 290 mm。第 7 号墩墩身被炸伤；第 8 号墩墩身被炸出严重裂纹，墩帽被炸掉一角；第 10 号墩被炸后，在结构缝处发生扭曲错位。由于炸伤情况严重，二桥曾一度中断了行车。1951 年 7 月 25 日起，为了保证军运，我军对该桥进行紧急抢修，经过 7 昼夜奋战，临时抢通，限速 5 km/h 行车；接着又进行临时性修复加固，更换杆件 210 根，修理杆件 118 根，提高了桥梁通过能力，大桥于同年 8 月限速 15 km/h 慢行通车；1952 年 5 月至 8 月又进行了永久性修复加固，更换桁梁损坏杆件 403 根，补修重伤杆件 458 根，加固桥墩 3 个，桥梁恢复了正常行车。在敌机不时飞临、炸弹随时可能爆炸、战争极为残酷的情况下，丹东边防检查站全体官兵冒着生命危险，日日夜夜守卫在鸭绿江二桥边，全力以赴抢修大桥，为志愿军和民工办理出入境手续，监护军援列车安全通过国境，为前线输送急需的战事人员和军用物资，使大桥成为“摧不毁、炸不烂”的钢铁运输线。

1980 年至 1981 年，鸭绿江二桥上游侧的钢轨和公路木板桥面被拆除，更换为预制混凝土板，并铺设沥青路面。改造后的桥面宽 7 m，其中铁路宽 3.7 m、公路宽 3.3 m。该桥一直连通着中朝两国间的交通和贸易往来，促进了两国间的文化交流和友谊，故称为“中朝友谊桥”。

在抗美援朝的几年中，鸭绿江上的这两座大桥始终是祖国向朝鲜输送给养的大动脉，人员、弹药、武器从这里一刻不断地输往前方。战争中，鸭绿江一桥被炸断，二桥由于采用了标准化设计，构件能得到及时更换，始终未断，成为钢铁运输线上“炸不断的节点”，为抗美援朝的伟大胜利做出了重大贡献。

[**思政元素**] 爱国主义；战争与和平

[**素材作者**] 李玲瑶

6.6 虎门大桥的自主建造与消振

6.6.1 建造背景

1984 年，国家计划委员会批准连接深圳、广州、珠海的高速公路中的广东虎门大桥工程建设。但不久传来一家英国公司将承担大桥设计任务的消息，出生于广东梅县的桥梁专家李国豪忧心如焚。虎门不是别的地方，是林则徐焚烧坑害中国老百姓的鸦片（图 6-16）的所在地，而贩卖鸦片的就是当年的英国殖民者。在这样一个特殊的地方让英国人来设计大桥，那不是莫大的讽刺吗？

1988 年 11 月 26 日，李国豪致函当时的广东省省长叶选平同志：“举世瞩目的广深珠高

图 6-16　虎门销烟浮雕

速公路的枢纽工程——虎门大桥的建设已经提到了议事日程上。虎门是中国的南大门，又是当年林则徐销烟之处；虎门大桥的建设不但有着经济意义，同时也包含着特殊的政治意义。我国桥梁工程界，尤其是广东省的有关工程技术人员都十分关心此事，盼望着能为大桥建设出力，并为国争光。我作为桥梁界的一员，对家乡这座大桥的建设自然也很关切。近年来，广东省和我国各地的桥梁建设取得了巨大的成就，通过实践积累了不少经验，技术水平有了很大提高。可以说，我国桥梁界已经具备了建造大跨度桥梁的能力……"

1992 年 10 月，几经曲折，由中国人自己设计的虎门大桥终破土动工。

6.6.2　虎门大桥的自主建造

广东虎门大桥主航道桥为一座主跨 888 m 的单跨双铰简支钢箱梁悬索桥，如图 6-17 所示。大桥钢箱梁宽 35.6 m，桥轴中心处梁高 3.012 m；主缆矢跨比为 1 ∶ 10.5，主缆中心距 33 m；吊索直径 52 mm、间距 12 m；两座混凝土索塔高 147.6 m，从桥面算起高 89.7 m；双向 6 车道设计，车辆设计时速为 120 km；通航等级为 5 万～10 万 t 海轮。

根据该悬索桥的构造特点，大桥施工分五步进行：

①施工塔锚的基础，同时加工制造上部施工所需构件，为上部施工做准备。

②施工塔柱与锚体，其中包括鞍座、锚碇钢框架安装等。

③主缆系统安装架设，其中包括牵引系统、猫道的架设，主缆索股预制、架设、紧缆，索夹、吊索安装等。

④钢箱梁节段的吊装架设，包括整体化焊接等。

⑤桥面铺装，主缆缠丝、防护，伸缩缝安装、桥面构件安装等。

虎门大桥是当时我国最大跨度的桥梁，李国豪担任大桥顾问组组长。1997 年 6 月，历时 4 年多的建造，在香港回归前，虎门大桥顺利竣工通车。从此以后，中国的桥梁不用问出处，所有的中国桥梁都是由我们中国人自己设计和施工！

图 6-17　广东虎门大桥

6.6.3　虎门大桥的技术特点

虎门大桥主航道桥是我国第一座真正意义上的接近千米级大跨径现代化悬索桥，该工程的主要技术与创新点为：

①在国内率先采用扁平钢箱梁节段间全焊接的结构形式，解决了在箱梁吊装情况下的焊缝间隙调整工艺和焊接技术问题；

②首次在国内成功设计、制作、架设了每股 127 丝的大型预制索股及大型铸焊式主、散索鞍；

③首次在我国桥梁基础中采用地下连续墙防水技术，解决了悬索桥西塔基础岩面严重不平的技术难题；

④成功研制了悬索桥施工专用的特大钢箱梁吊装的液压千斤顶提升式跨缆吊机和紧缆机；

⑤开展了当时我国最大规模的气弹模型风洞试验，对桥梁抗风性能进行了分析，验证了设计参数，提出了钢箱梁拼装过程中安全渡台风的技术措施，保证了大桥施工期的抗风稳定性；

⑥针对该桥高柔性、强非线性特点，专门开发了结构分析程序，并对其进行分析计算和全过程仿真，并通过试验研究和工程实践，建立了适合该桥的施工监测与控制系统。

6.6.4 虎门大桥的消振

2020 年 5 月 5 日下午，正常运营 23 年之后的虎门大桥加劲梁发生较大竖向弯曲风致振动现象，最大振幅达到了 44.6 cm，导致交通封锁。大桥的安全立刻引起社会极大关注，相关单位即刻成立了专家组(组长为同济大学葛耀君教授)，通过桥位现场值守和风洞试验同步开展科研攻关，调查结果如下：

①根据风致振动出现时的风速和频率锁定特性，判定竖向弯曲振动为涡振，主要表现为单个竖向弯曲振型的竖弯涡振，共涉及三阶振型；

②涡振与桥位风况、结构阻尼和气动外形有关，5 月 5 日突发的涡振是由桥梁维修作业中连续设置在桥面两侧护栏处的水马改变了桥梁的气动外形所造成的；

③持续较长时间、较大振幅的涡振(0.36 Hz)，使得悬索桥结构阻尼大幅下降，引发了水马等桥面临时设施撤除后的涡振(0.23 Hz 和 0.27 Hz)。

随后专家组提出控制涡振的三项措施：①增设栏杆抑流板；②移除箱梁底部外侧检修车轨道；③增设 TMD 阻尼器。5 月 11 日上午，虎门大桥栏杆抑流板全部安装就位(图 6-18)，涡振振幅减小了 50%左右，且涡振发生频度亦显著下降，涡振幅值与虎门大桥正常运营状态行车振动响应相当，起到了较好的减振效果，满足虎门大桥安全通车要求。5 月 15 日上午 9 时，虎门大桥恢复通车。为进一步抑制涡振，后期又移除了箱梁底部外侧检修车轨道和增设了 TMD 阻尼器。虎门大桥的消振事件可为同类型桥梁的风致振动预防和处置提供宝贵的经验。

[思政元素] 毋忘国耻；敢于担当

[素材作者] 严磊

图 6-18 虎门大桥消振用的栏杆抑流板

6.7 潇贺古道与古桥

6.7.1 潇贺古道

在湘桂之间，遗存着一条穿越南岭的千年古道，它的名字就叫作潇贺古道。潇贺古道是一条历史之路，沿途散落着很多精美的古村落和历史古迹；潇贺古道也是一条民族团结之路，这一带是中国瑶族的大本营；潇贺古道还是一条风景之路，喀斯特地貌造就了诸多奇山秀水。

潇贺古道的起点在湖南道县的潇水之滨，东线古道的前身是春秋战国时期的桂岭通楚古道，经湖南江华县翻越桂岭，入贺江再入临贺；西路最初是指秦“新道”，从湖南道县经湖南江永县入广西富川县，明清时期又衍生一条经江永县过麦岭入富川的支线。潇贺古道路线如图 6-19 所示。

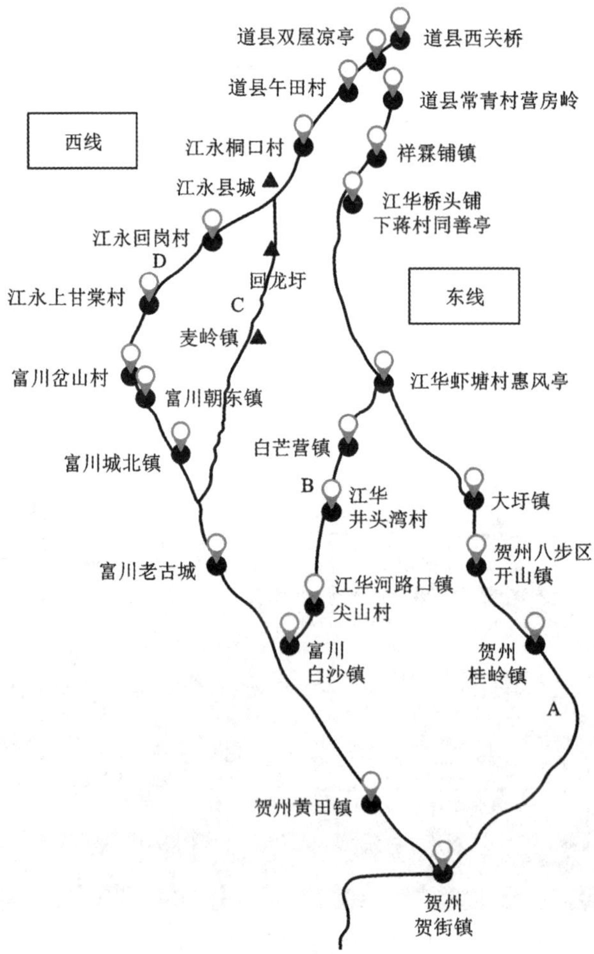

图 6-19 潇贺古道路线

潇贺古道穿行于萌渚岭的崇山峻岭和湘南桂东北的山地之间，其间劈山筑路、渡水架桥。修建如此大的工程，反映出我国古代劳动人民的艰苦勤劳和智慧，也反映出我国古代交通技术的高度和水平。

6.7.2　潇贺古道桥

潇贺古道现存的古桥主要有浮桥、石梁桥、石拱桥、风雨桥四大类型。

1. 浮桥

浮桥又称舟桥，是一种以船、筏和木板为桥身而建造的桥梁，古时称为舟梁、浮航、战桥。道州浮桥是古道上现存唯一的浮桥。道州浮桥旧名大浮桥，位于道县城南，始建于南宋嘉定年间(1208—1224年)，后桥废改渡。明万历三十六年(1608年)，州官韩子祁将道州百姓40艘龙船革头去尾，用竹缆连接，横跨潇水，长135 m，宽4 m，船上架木梁，横铺木板。清光绪三年(1877年)《道州志》载："明万历间州守韩公，特为搜革龙舟，编成鹊架，覆长板以鳞次……贯以铁索，若苍龙之偃波，白虹之饮水，由是不楫而渡，舍舟以徒，攘往熙来，莫不称便。"道州浮桥见证了瑶族被迫从其发祥地千家峒逃亡的史实。《千家峒》载："大德王九年(1305年)三月十九日，众瑶人起脚出千家门楼来上桑木源。过了枫木四下云盖，来到道州浮桥，过了三日三夜不断丝……"1934年11月红军长征时，红一军团曾从此桥攻占县城，后为缅怀牺牲战士，将浮桥改名为"红军渡"。

2. 石梁桥

石梁桥有石柱石梁桥、石墩石梁桥、石仿木榫卯结构石柱石梁桥，特别值得一提的是石仿木榫卯结构石柱石梁桥，这种结构的石梁桥在湖南地区仅存于潇贺古道沿线。其中，江永县夏层铺镇上甘棠村就保存有3处，除寿隆桥外，连接上甘棠村和寿隆桥的昂山旁的小溪流上也有一座不到3 m的仿木榫卯结构石梁桥。在从步瀛桥去月陂亭摩崖石刻的道上，常人以为的青石板古道，实际上就是一处3块石梁石柱仿木榫卯结构桥梁，只不过在岁月的打磨下，其已经埋没在地下变成了现在的游道了。寿隆桥位于江永县夏层铺镇上甘棠村，在潇贺古道上。据《上甘棠众架石桥舍钱题记》载，与寿隆桥结构相同、位置相邻的栈道桥建于北宋靖康年间，有专家据此推断寿隆桥同样建于北宋靖康年间。又据石碑《重建寿隆桥记》的记载，"……甘棠周氏宅东北隅一里许，有桥曰寿隆，屡兴屡废，难为长久之策。爰自成化辛卯冬，棠溪积善君子周绍隆、周麒，同诸众信，集功舍财，觅工镌石圈桥一道……时大明成化八年岁在壬辰仲春月"，断定该桥始建于宋，明成化八年(1472年)重建。寿隆桥全长约10 m，宽1 m左右，5墩4孔，青石砌筑。桥墩由子母榫上下、左右拼拢围砌，最后由长条青石压合而成，制作工艺十分精巧。该桥采用了木建筑常用的榫卯结构，独面平梁的每个桥墩都是由两根石柱构成，每根石柱上方凿成小一圈的方形，两根石柱插在一块带有两个方孔的椭圆石块上，构成桥面的石板就是在这块椭圆的石块上对接相搭成桥。组成桥墩的两根石柱从构造和外形上，很类似老式长凳一边的凳子腿，是向外撇的外八字形。该桥对研究湖湘桥梁构造方式的演变有较重要的实物价值。

3. 石拱桥

石拱桥是潇贺古道上保存最多的一种桥梁，有单孔、双孔、多孔等类型。最小的石拱桥是潇贺古道起点、双屋亭东80 m处古道上的小石拱桥。潇贺古道的石拱桥据初步统计达数十处之多，最具代表性的是步瀛桥和西佛桥。步瀛桥位于湖南迄今为止发现的年代最为久远的古村落江永县上甘棠村西端的谢沐河上，又名度仙桥。该桥始建于宋靖康元年(1126 年)，为三孔石拱桥，桥全长 30 m，宽 4.5 m，每孔跨径为 8.5 m，原高 8 m，由于河床抬高 2 m，现高只有 6 m。每孔采用半圆形薄拱，造型小巧别致，与文昌阁的庄重高耸互为衬托，构景成图，相映成趣。西佛桥又名七拱桥(图 6-20)，位于江华沱江镇，横跨沱水，建于清光绪二十三年(1897 年)。该桥为七孔石拱桥，桥长约 120 m，宽约 7 m。桥身为七孔八礅，用石灰、桐油、糯米三合浆抹灰、勾缝。桥墩的迎水面还做有分水尖，以减轻水流对桥身的冲击。墩台与桥体均用青石干砌，两侧有 1 m 多高的石柱栏杆，配以龙云鸟兽、八仙飘海、文王求贤等人物故事的精致石刻，栏柱上置千姿百态小石狮近百尊，两端各设一对大石狮，该桥被誉为“南方卢沟桥”。西佛桥造型优美，状如长虹，故有“云龙飞驾”“西佛拱秀”之美称。1930 年邓小平率红七军按照中央的指示，从广西河池出发，向桂湘粤三省边界转移，于农历 11 月 16 日占领沱江，途经西佛桥。桥南端立有石碑一块，记载红七军过江华的情况。

图 6-20　西佛桥

4. 风雨桥

风雨桥又称廊桥，它是在桥面上盖建廊屋，集桥、亭、廊三位一体的特殊桥梁。风雨桥的种类繁多、风格各异，按结构划分，风雨桥有木梁、木拱、石梁、石拱之分。从到目前为止的调查结果看，潇贺古道上现存风雨桥除木拱结构外，其他三种类型都散见于古道沿线各地，比较典型的有道县午田石拱风雨桥。午田风雨桥，位于道县新车乡午田村，跨永明河支流，始建于宋淳祐(1241—1252 年)年间。光绪三年《道州志》记载：“州西南二十五里午田村前为永明官路，宋淳祐间居民朱明远建，上覆以屋，清雍正间州乡进士唐雍记。”该桥为两孔石拱廊桥，长 25 m，宽 5.2 m，高 3.9 m。桥中建重檐桥亭，两端为拱形门，硬山顶，马头墙；桥廊两侧竖栏杆，侧边置有长凳，供行人歇息。1934 年 11 月，红军长征途经此桥，当地百姓称其为“红军桥”。

潇贺古道上的古桥是古代人民智慧的结晶，更是一段浓缩的桥梁发展史。它们不仅见证着潇贺古道的兴衰，更见证着民族的融合与历史的变迁。

［**思政元素**］民族智慧；和谐发展

［**素材作者**］敬海泉

6.8　风雨廊桥

6.8.1　风雨廊桥的诞生和历史功绩

俗话说“逢山开路，遇水架桥”，建桥最主要的目的就是解决跨水或者越谷的交通，让行人或运输工具畅通无阻。很多建有廊桥的地区山高林密、谷深涧险、溪流纵横。为了解决交通问题，古代先民中的能工巧匠充分发挥他们的聪明才智，根据河床的宽度和桥址的自然状况以及当地丰富的林木资源特点，在全国各地建造了许许多多的风雨廊桥，这些桥梁建筑大大改善了当地的交通与经济。

在西周春秋时期，桥梁已经褪去开始的原始形态，向复杂化发展，但不同于一般建筑的发展，风雨廊桥需要满足功能、礼制文化等多方面的需求。桥梁的功能性，也就是在足够坚固的条件下，实现更大的跨度来满足人们通行的需要，是桥梁发展初期的决定因素。风雨廊桥正是在满足了人们最初的安全通行需求的情况下，发展成为在通行的同时，给人们提供一个可以遮蔽风雨的更加安全的空间。最初诞生的廊桥已经不像远古时代人们无意中建造的“桥屋”，而是桥梁和房屋的原始结合。风雨廊桥就是桥梁发展到一定阶段的产物，是将桥梁跨越障碍的通过空间与廊作为一种行进当中的停留空间的有机结合。“凡事先功利而后艺术”，桥屋的初始功能是蔽风雨、护结构，而后起到游览、休憩的作用。随着功能的逐步完善和人们对多功能桥的需求，风雨廊桥逐渐发展成为桥梁技术与建筑艺术完美结合的具有独特功能与内涵的作品，是当地人生活的重要场所与地域文化的重要表征。风雨廊桥不仅演绎出方方面面的民俗风情，凝聚着同乡共俗的人们乃至整个民族的文化品格和精神意识，而且以之为载体构成了丰富的风雨廊桥文化。

6.8.2　风雨廊桥的类型与特点

风雨廊桥在我国分布广泛，其外形和建造技艺深受当地的地理、气候和文化影响，因而形成了各式各样、种类繁多的风雨廊桥。根据风雨廊桥的结构类型与建造材料，可分为木梁廊桥、石梁廊桥、木拱廊桥和石拱廊桥等。

梁桥是我国古代最普遍、最早出现的桥梁，古时称作平桥。它的结构简单，外形平直，比较容易建造。把一根或一组木头架设在跨度不大的沟谷河流两岸，就成了梁桥，然后在桥上建桥屋就成了木梁廊桥，如图6-21所示。石梁廊桥与木梁廊桥的结构十分类似，不同的是石梁廊桥采用经过开凿的石板架设在沟谷河流的两岸，然后在石桥上建桥屋，如图6-22所示。

木拱廊桥有若干类型，其中技术含量最高的是中国独有的贯木拱廊桥(图6-23)。从木梁廊桥到贯木拱廊桥，经历了一个由简到繁的发展过程，中间存在一个木撑架桥的阶段，根据撑木的形式可细分为斜撑木拱桥、八字撑木拱桥、混合撑木拱桥、贯木拱廊桥，但无论哪种形式都统称为木拱廊桥。

石拱廊桥(图 6-24)是用块石砌筑桥拱，以卵石或块石砌筑桥面，在石拱桥上建造木构桥屋。石拱廊桥虽然在建桥工艺上不如木拱廊桥高超，但它比木拱廊桥更耐风雨侵袭和洪水冲刷，施工维修也较方便，因而留存较多。

图 6-21 木梁廊桥——浙江宁波悬慈桥

图 6-22 石梁廊桥——浙江绍兴跨龙桥

图 6-23 木拱廊桥——福建屏南万安桥

图 6-24 石拱廊桥——湖南邵阳洪桥

6.8.3 我国风雨廊桥的分布

我国的风雨廊桥主要分布在南方，北方少有，其主要原因是宋代末期由于中原地区长期战乱，社会变动比较大，加上长期的建筑施工消耗，木材资源变得几近枯竭，所以难以新建木廊桥，故北方风雨廊桥逐渐减少，一些木结构廊桥在很多地区逐渐消失。另外，北方由于生态的破坏，加之降雨本来就比较少，许多河流干涸，年降雨量减少，使得桥屋的遮风避雨功能大为减弱，风雨廊桥的必要性也随之降低。

而我国南方地形复杂，多山水阻隔，文化交流不如北方方便，故形成一个个富有地域文化特征的“文化龛”。风雨廊桥作为一种特殊形式的公共建筑，受当地自然、社会和文化等方面的影响，在材料、结构、装饰等方面体现出特有的地域特征。风雨廊桥分布的地区主要在南方各省，尤其是集中在浙江南部和福建北部的山地地区，湖南、贵州和广西交界的侗族山区，安徽南部和江西北部的黄山及其丘陵地区，湖北南部的丘陵地区和湖南北部安化县。此外，江西南部、四川、云南等地也存有一定数量的风雨廊桥。

现存的木拱廊桥主要分布在福建、浙江两省的交界处，即福建东部和福建北部的寿宁、屏南、周宁、古田、福安、拓荣、武夷山、浦城、政和、松溪和浙江的庆元、景宁、泰顺、青田一带，如福建寿宁有 20 座、浙江泰顺有 6 座。木梁廊桥的分布很广，但主要分布在广西的三江，湖南的通道、安化以及贵州的黎平等地，如湖南安化有 20 座。福建和浙江除了有技术含量高的木拱桥，也有大量的木梁廊桥，如福建屏南县有 28 座、寿宁县有 20 座，浙江丽水地区也有不少。石拱廊桥在我国长江以南的省份基本都有，如福建屏南县有 18 座、寿宁有 22 座，浙江丽水地区有 34 座，安徽省有 8 座。

6.8.4　湖南风雨廊桥

风雨廊桥在湖南的分布状况和“四水”有很大的关联性。“四水”是指“湘水、资水、沅水、澧水”，它们是洞庭湖水系的构成部分，纵横交错地穿过湖南全境，最终流入洞庭湖。澧水流域现存风雨廊桥 2 座，沅水流域 90 座，资水流域 115 座，湘水流域 32 座。风雨廊桥在湖南的分布主要有以下两个特点：①各流域风雨廊桥的数量和河流的长度存在一定的关系；②资江流域风雨廊桥数量最多，其中又主要集中分布在安化（29 座）、新化（26 座）、隆回（17 座）。下面以安化风雨廊桥为例，介绍其构型和建造历史，并讲述发生其中的故事。

安化的风雨廊桥建筑群多修建于清代至民国时期，通常由桥、塔、亭组成。桥墩石砌，桥面由木料构成，靠凿榫衔接。建造时，先在溪河中挖掘桥墩基座，然后用加工规整的石料砌成桥墩。桥墩上铺木梁，梁上铺木板为桥面。桥身为长廊式通道，全部采用榫卯结构，不用一颗铁钉。风雨廊桥远看近观各得其妙，四季雄姿各显其态。远观近察，气势恢宏，斗角飞檐，桥亭翼然，展现优美的天际线，背景是青山，桥下是潺潺流水滔滔碧波，不管哪个角度看都是一幅鲜活的山水画。

在古代，想要走出山沟可不是一件容易的事，逢山开路、遇水架桥，听起来简单，可真正实施起来困难重重。资金、技术等问题都像一座座大山横亘在安化人民面前，但坚韧的湖湘子民选择了迎难而上。乡绅出资，村民募捐，一座座风雨廊桥就这样修建了起来，走出了一条致富的道路。以安化为起点的茶马古道与西汉的丝绸之路、秦汉时期的海上丝绸之路共同形成了中国古代重要的贸易通道。茶叶、丝绸、瓷器等中国传统文化的载体通过一条条通道走出国门、走向世界。

风雨廊桥不仅是安化人的经济通道，在抗战时期，也曾是革命的生命通道。1939 年 11 月的一个晚上，一支 30 多人的红军小部队趁着夜色悄悄摸进了洞市的锡潭湾。贺龙将军率领的第二军团正在云台山等着这支部队会合。去云台山就必须过麻溪河上的永锡桥（图 6-25），桥上有国民党民团把守，如强攻夺桥，不仅会引起我军伤亡，还会引来大批敌人，于是红军寻找当地的村民帮忙，一起商量过河的良策。勇敢的麻溪村民为了帮助红军，当机立断把自家黑茶翻出来，将红军部队装扮成茶商，瞒过国民党在桥上的把守，安全渡过永锡桥与部队会合，避免了红军的伤亡。

历史的真实场景如昨日风雨，难以复原，而风雨廊桥仍然安静地屹立着，它是茶马古道上浓墨重彩的一笔，像一道彩虹横架在过去与未来之间，传承着历史的古韵，沉淀着历史的

图 6-25　永锡桥

厚重，同时构筑着幸福的当下，展望着美好的未来。

风雨廊桥是遮蔽之桥、交汇之桥、休闲之桥、观瞻之桥和文化之桥。中国风雨廊桥与中华文化同行，形成了包含廊桥建造技艺、民俗风情、美学等多内涵在内的富有中华民族特色的中国风雨廊桥文化体系，是一份难得的物质文化与非物质文化交织的珍贵遗产！

[思政元素] 中国风雨廊桥文化体系；文化自信

[素材作者] 敬海泉

6.9　雅鲁藏布江上的索桥

我国西南地区索桥种类繁多，在索桥布局、选型、用材、装饰以及与环境和谐等方面都有许多创造，形成了独特的风格。本节以我国西藏雅鲁藏布江上的索桥为例，从一个侧面展示索桥的发展与变迁。

6.9.1　溜索桥

在西藏雅鲁藏布江流域，那里山高路崎，急流汹涌。即便是今天在那里建桥，也绝非易事，更遑论没有现代造桥技术、材料和工具的古代先民了。索桥是我国西藏地区较为古老的一种桥梁。藏区山峦重叠，峡谷激流，不易架桥，而早在西汉时期，索桥的雏形——溜索桥即已出现。

溜索桥，即指藏民以藤条、竹条或钢索制成溜索，横悬在两岸陡峭的悬崖上。索上系一木质圆筒（即溜筒），筒外系绳，绳端系短木，另以一绳连接多数竹圈，亦系于两岸，溜筒缚绳上，绳动则筒动，渡河之人骑坐在短木上，将筒挟在腋下，两岸之人则拉绳，如此渡河之人即可横渡，也可一手抱溜筒，一手抓竹索，摇曳而过，运送物件则将其缚在筒上，两岸以便拉绳，此之谓“平溜”。又或用一根环形绳索套住自己臀部和腰部，在绳索上绑一个滑轮，再把滑轮挂在溜索上，吊滑过江，甚速且便，此之谓“陡溜”，如图6-26所示。平溜与陡溜的区别是，平溜只需一根索，陡溜则需一来一往两根索。

图6-26　溜索桥

关于溜索悬渡的惊险状况，清代诗人吴升曾作过形象的描绘：“上无一发可援手，下则百丈奔惊龙；身如云浮脚绵软，达岸回视人飞空。”

6.9.2　藤索桥

西藏墨脱门巴、珞巴族人居住在喜马拉雅南麓的崇山峻岭之间、雅鲁藏布大峡谷沿江两岸，数十条支流河水湍急，除少数平缓之处溪流架有木桥外，绝大多数是藤索桥或溜索桥。由于溜索不够安全和通行能力受限，溜索桥后来逐渐发展成为藤索桥。

德兴藤索桥（图6-27）横跨雅鲁藏布江，有300多年的历史，其以白藤编成缆索，如碗口粗，共47根，连接于两岸的木框塔架上，再用20个粗藤做成的圆圈，均匀分系在47根缆索上，整个索桥成一圆筒形，再用细藤编制桥面及护栏网，即可行人。该桥跨径约150 m，高出水面超40 m，虽屡经风雨，至今仍在发挥作用。

图6-27　德兴藤索桥

藤索桥是一种奇特的桥，没有桥墩，不用木板，一个铁钉也找不到。整桥用的是取自本地原始丛林的白藤，松软而坚固，可以承受较大的重量。藤索桥整体呈管状悬空，位于峡谷险要的河段上，人行走其上时，桥随人的重力与河谷风吹送，左右摇晃幅度较大，但整个桥近似封闭，颇为安全。

6.9.3　铁索桥

由于藤索桥容易腐朽，必须经常维修，不少地方的藤索桥都改建成了坚固耐用的铁索桥。西藏地区的第一座铁索桥约出现在隋唐时期，藏文史料记载大规模兴建铁索桥是在明代。其中，最著名的建桥大师是藏戏的创始人唐东杰布。西藏人民十分敬重唐东杰布建桥的历史功绩，他不但是一位多才多艺的古代建桥大师，也是一位藏传佛教各教派公认的大成就者。他先后在西藏建造了大约58座铁索桥，500多年来，他的名字和桥紧紧地联系在一起，给藏族人民留下了深刻难忘的印象。

彭措林铁索桥(图 6-28)系唐东杰布于 15 世纪主持修建。该桥位于西藏自治区日喀则地区拉孜县彭措林乡，海拔 4300 m，北距乡政府所在地约 100 m，南距彭措林寺 300 m。雅鲁藏布江由此流向日喀则，此地是拉柳公路的必经之处。彭措林铁索桥是贯通拉孜与谢通门县的重要交通枢纽，横跨雅鲁藏布江，铁链由 32～37 cm 长、8～9 cm 宽、2.5 cm×2.5 cm 粗的铁环衔接而成，桥面宽近 2 m，原铺有木板。大桥共有 4 个桥墩，3 跨，由南向北跨度分别约 45 m、124 m、48 m，桥墩虽大小不同，但修建方法完全一样，是由未经细加工的大块花岗石砌成，基座平面为圆形，桥墩外建有绕墩周旋转而上的石阶，一层桥墩石块内加有规格不同的木柱及椽，柱、椽相互交错，用以加固桥墩。1999 年彭措林乡发生水灾，古桥受到严重破坏，铁索桥铁链坠入江中，仅剩雅鲁藏布江两岸的桥墩。该桥于 1996 年被西藏自治区人民政府公布为第三批自治区级文物保护单位。

图 6-28　彭措林铁索桥

6.9.4　现代悬索桥

无论是溜索桥、藤索桥，还是铁索桥，都以人行桥为主。随着我国经济实力的增强和建桥技术水平的提升，为更好地满足人们出行和交通的需求，建造车行桥成为时代发展的必然。而在西藏雅鲁藏布江流域，悬索桥仍然是最适合的桥型。其中，最具代表性的是妥峡大桥和通麦大桥。

妥峡大桥是中尼公路国内段曲水至大竹卡的重点工程之一，位于 K78+150 处，跨越雅鲁藏布江；桥型为双孔钢桁架仰式悬索吊桥，主孔跨径 100 m，副孔跨径 50 m，全桥长为 207.70 m，桥面净宽 7.0 m，两侧各设 0.8 m 宽人行道；设计荷载为汽-20、挂-100。大桥于 1990 年 5 月 5 日竣工通车，历时 11 个月。妥峡大桥是西藏自行设计、自行施工的第一座装配式吊桥，当时全国还没有先例，是西藏公路桥梁建设史上的创举。

通麦大桥是川藏公路南线 G318 国道上著名通麦天险路段的咽喉工程，在同样的位置，矗立着不同历史时期的 3 座跨越帕隆藏布江(雅鲁藏布江的支流)的大桥，如图 6-29 所示。第 1 座通麦大桥于 20 世纪 50 年代修建，是人民解放军在一面进军一面筑路的背景下修建，2000 年因易贡湖大溃坝被冲毁。第 2 座通麦大桥为铁索桥，是为尽快打通 G318 运输线而建，于 2001 年 1 月 1 日正式通车，在 2013 年、2015 年连续出故障。第 3 座通麦大桥为单塔单跨自

图 6-29　通麦大桥

锚式悬索桥，桥宽12 m，全长415.8 m，主跨256 m，塔高59.5 m，中心桥面高出江面60 m；设计荷载等级为公路-Ⅱ级，设计基准期和使用年限为100年；该桥于2015年底正式通车。从此，天险变通途，并行在一起的3座大桥也成了G318上的一道风景线。

雅鲁藏布江上索桥的历史和发展表明：

①尽管不知道人类采用天然材料建造索桥起于何时，但中国是最早有文献记载的国家，且将铁环连成铁链用于索桥，也是首先在中国出现，充分体现我国先人克服艰难险阻、面对峡谷激流的建桥勇气与智慧。

②中国西部山区的各族先民对现代悬索桥的起源和发展做出了伟大的贡献，至今西藏许多地区仍保存着古代的索桥，古代索桥的架桥方法目前仍在沿用。

③在某种程度上，我国索桥的发展也折射出我国西部地区经济和文化的发展，体现了我国综合实力的不断提升，也反映了我国各族人民团结一心、共同致富的坚定信念。

[**思政元素**] 认识论——从感性认识上升到理性认识；继承与发展

[**素材作者**] 欧阳震宇

6.10　苏州园林桥

“上有天堂，下有苏杭”，自古以来，苏州就以水乡著称于世，城内河流纵横，桥梁密布。在苏州老城，青石板的小巷与粉墙黛瓦的老屋相伴，水巷街坊并行，颇有一番小桥流水人家的景象。元代，意大利人马可·波罗来到苏州时，曾禁不住叹道：真像我的家乡威尼斯啊！从此，苏州便有了“东方威尼斯”之称，苏州的桥也逐渐闻名国内外。

6.10.1　主要类型

在苏州园林中，石桥最为常见。此外，按桥型分类，主要有梁桥和拱桥；按平面形式分，有平桥和曲桥；按建筑类型分，有亭桥、廊桥等。各式各样的桥梁为苏州园林增添风采。

梁桥，是将一块或多块石头并排放置在桥墩上所筑造而成，其以简单和轻便为人所称道。它既没有柱子，也没有栏杆，野性又有趣。平直的梁桥称为平桥，而曲桥一般会分作几段，有三曲、四曲、五曲、九曲等，如拙政园中部的曲桥(图6-30)和西园湖心亭两侧的曲桥。人行桥上，七转八弯，每每却步，景移物换，风景随着步伐而不断地改变。

桥上建廊者为廊桥，既可供游人遮阳避雨，又增加了桥的美观性。图6-31所示为拙政园中的小飞虹廊桥，桥用石板制成，桥上覆盖着波形廊，桥下清水一泓，水波荡漾，小桥倩姿，倒映水中，宛若彩虹，画意盎然，诗意洋溢。

拱桥是园林中最为常见的桥，按孔洞分有单孔桥和多孔桥，多孔桥孔以奇数为多；根据拱圈形状，又可分为半圆拱、马蹄拱、蛋形拱、椭圆拱等。单孔拱桥(图6-32)曲线优美，中间的孔洞与水面倒影融为一体，圆润饱满，非常符合中华传统文化中兼容并蓄、天人合一的内涵。多孔拱桥(图6-33)则更富韵律感，桥洞一个连着一个，绵延数米，与水面相映成趣，人在桥上，桥在水上。

图 6-30　曲桥

图 6-31　廊桥(小飞虹桥)

图 6-32　单孔拱桥

图 6-33　多孔拱桥

6.10.2　景观特点的形成

苏州园林始建于春秋战国时期，到宋代逐渐发展起来。明代，苏州园林逐渐为文人所熟识，吸引众多学者。清代，苏州园林发展成为著名的私家园林。

苏州园林拥有中国多个朝代的历史文化，包含着中华传统文化的韵味。苏州园林色调鲜明，大部分人文景观由灰砖和白墙组成，其间青砖林立，形成了特有的风格和文化环境。随着园林发展的成熟，园林中的亭台楼阁、桥梁渐多，这种傍着河建立起来的风景文化为诸多文人墨客的精神追求提供了感情寄托之所。

美丽的水景观是苏州园林的主要特色，也是苏州园林举世闻名的关键。水景观设计是苏州园林成功的重要因素，不仅拓宽了园林的整体效果，而且使园林光线湿润。水有一定的文化内涵，水的形状千变万化，且蕴藏丰富的艺术观和文化内涵。因此，苏州园林以水为景观元素，展现水的文化内涵。沧浪亭始建于宋代，其造园艺术与众不同，未进园门便设一池绿水绕于园外。园内以山石为主景，迎面一座土山，沧浪亭便坐落其上。山下凿有水池，山水之间以一条曲折的复廊相连，所以水成为沧浪亭的灵魂。北宋文学家欧阳修曾被沧浪亭的美景所触动，写下了诗歌《沧浪亭》。古人爱山川，更爱苏州园林。

有水便有桥，苏州古桥在装饰艺术方面，致力于与自然融为一体。桥上雕刻一般不用人物，大多是珍禽祥兽、瑞草嘉花，祥兽中首选是龙，其次桥上最让人喜闻乐见的雕刻是狮子。苏州的桥不仅供游客游览，而且与其他景观相联系，桥身可以划分水面，以增加水面景观的层次感。当曲折之桥跨越水面时，桥身一曲一折都有景致相对应，使游人在曲折行进之中领略移步换景之妙。桥既起到点缀作用，又给观赏者更好的视觉体验。

6.10.3　典型桥例

1. 行春桥

行春桥又名“九环洞桥”，如图6-34所示。桥为东西走向，全长54 m，中宽5.2 m，中孔净跨5.3 m，矢高2.6 m，为圆弧拱桥。桥面系设置在拱圈之上，桥面构造简单，拱圈与墩台的宽度较小，由花岗石砌筑，且端部雕兽面，可能为宋代旧物。该桥于南宋淳熙十六年（1189年）重修。诗人范成大《重修行春桥记》的“往来憧憧，如行图画间。凡游吴中而不至石湖，不登行春，则与未始游者无异”，与苏东坡“到苏州而不游虎丘，乃憾事也”，颇有异曲同工之妙。

图6-34　行春桥

漫步行春桥，没有如织的游人，独享一桥的清幽宁静。湖水碧绿，微波淼淼；青山葱郁，宝塔亭亭，或伫立桥面抚栏望湖，或摩挲石狮倾听遥远过去的传奇故事。眼前幻化年年八月十八的盛况：那石湖里灯船、游船往来如梭，歌舞音乐之声通宵达旦。人们寄希望于那个特殊的时间和角度，当月亮偏西时，清澈的光辉透过九个桥洞，直照到北面的水面上，形成一串月亮的影子在波心荡漾，亦即“石湖串月”奇景。

2. 小飞虹桥

小飞虹桥是拙政园中一座造型别致的廊桥，如图6-31所示，取南北朝宋代鲍照《白云》诗“飞虹眺秦河，泛雾弄轻弦”而命名。朱红色桥栏倒映水中，水波粼粼，宛若飞虹。虹，是雨过天晴后横跨大地的一架绚丽的彩桥，古人以虹喻桥，用意绝妙，它不仅是连接水面和陆地的通道，而且构成了以桥为中心的独特景观。

全桥为三跨梁式桥，长约数米，宽仅 1 m。桥两端与曲廊相连；桥体为三跨石梁，左右段桥面平缓，中段略高，微微拱起；桥面两侧有朱红色“万”字护栏，三间八柱，覆盖廊屋，檐枋下装饰倒挂子；桥架碧波之上，池显得更幽，水也显得更深。

3. 引静桥

引静桥位于网师园内，为苏州园林中最小的石拱桥，如图 6-35 所示。小桥在彩霞池东南水湾处，呈弓形，全部采用金山石造就，体态小巧，长才 2.4 m，宽不足 1 m，游人至此，三步而逾，故俗称之为“三步小拱桥”。引静桥虽小，但石栏、石级、拱洞一应俱全，是一座地道的袖珍小桥。桥顶还刻有圆形牡丹浮雕，线条柔和，花形秀美，可以让人欣赏把玩。

图 6-35 引静桥

彩霞池池面较小，为了延伸水面空间，设计者特意选取了水池对角线这一最大距离，在其两端即西北角与东南角各设置了一座小桥，以期达到最大空间延伸效果。桥后实为一个死水湾，却在视觉上形成延绵不尽之感，这是典型的小中见大的做法。

引静桥飞跨槃涧，使彩霞池东、南两面景物因之浑然而为一体。游人经桥向东而行，可沿高墙至射鸭廊、竹外一枝轩；向西而游，则见云岗假山山势脉脉，濯缨水阁清风徐徐。一桥引渡于此，不仅方便了游客，而且使园内增添了一个玩赏的立足点。人们借桥而北眺，古柏苍然，小轩寂寂，宛然入于图画之中。并且，由于四时气候之不同，可赏之景亦呈千变万化之状。微雨轻飘之时，可见花湿楼隐，一片迷蒙之色；暖阳缓照之际，则有碧波青荷，爽心之景；夏日黄昏，夕照下满池遍洒碎金；冬季雪后，一园尽着粉装。诸种佳致，可立于一桥而尽览。引静桥和槃涧的设计堪称令人拍案叫绝的经典之作。

6.10.4 美学文化与传承

茅以升先生说过，“桥梁是一种自古有之，最普遍而又最特殊的建筑物”。但桥梁与周围景物组合起来后，其意、境可令人叹为观止、回味无穷。如引静桥，先看山、水之别，引静桥与西向小径一线之南，是山石嶙峋、松柏横斜的云岗，俨然一派高山巨脉气度；水桥之北，则波际无垠，水涯漫漫，水以山衬而益广，山以水映而更高。再说动、静之别，桥北是洋洋清波，一派浩然静态，但线鱼噏忽喋戏，芰荷摇于微风，静中有动；桥南则虽溪涧幽邈无声，云岗默伏未动，可能觉得涧流奔冲有势，水流湍急骤泻，可谓动中有静。最后再看明、暗之分，桥北彩霞池天光云影，是为面阳之美处；桥南则小山丛桂轩内桂影婆娑满堂，粉壁下藤蔓铺延一径，真乃背阴之妙境。一桥之设，则动静、明暗截然而分，游人步随路转，行至桥上，南顾为一种风景，北看则是另一种风情。

透过苏州园林桥可以感悟到，设计者以桥为媒，超脱自然的限制创造其艺术境界；行走于桥上的人欣赏桥梁艺术，获取内心的愉悦和自由；创造或欣赏艺术使人成为自然的主宰。

[**思政元素**] 桥梁建筑美学；文化传承；中国特色

[**素材作者**] 史俊

6.11　栈道与栈桥

6.11.1　古栈道及其结构特点

1. 古栈道

中国古代的栈道，又称栈阁、阁道，它是古代山区峻险道路的特殊形式的总称，是古人在悬崖绝壁间凿孔安梁，架桥连阁而形成的悬空通道。其基本做法是：其梁的一头入山腹，一头立柱水中(或岩壁上)，梁上铺设步道板，由梁、柱、板搭建成木结构的道路。它既是道路，亦属于桥梁，即栈桥，或者说是靠山而建的桥梁。

古栈道是古代交通遗迹，是宝贵的自然资源和历史遗产，是我国古代劳动人民智慧的产物，具有较高的文化价值、历史价值、社会价值和生态价值。这种交通道路形式的普遍应用标志着我国古代交通技术上的重大进步。

《史记》和《战国策》都有秦昭王时“栈道千里，通于蜀汉”的记载，秦汉时期都曾进行了修复和整修，汉武帝时又兴修了通往西南夷的道，东汉时修建了三门栈道及其由东至今新安、济源的黄河栈道。古典有“明修栈道，暗度陈仓”的故事。在我国山区居多的地理条件下，各地区间的政治、经济联系和文化交往，凭借这种道路形式发展到了新的阶段。

在我国陕西、甘肃、山西、四川、云南、西藏等地，都找得到古栈道的记载或遗迹，如秦蜀栈道(含褒斜道、子午道、傥骆道、嘉陵道、祁山道等)、陇蜀栈道、滇蜀栈道、楚蜀栈道、藏蜀栈道、三峡古栈道、黄河栈道、石门栈道等，其中最著名的当数秦蜀栈道。

2. 古栈道结构类型

古栈道的构造类型按支撑结构大致分为：

①依崖梁柱式，这类一梁一柱的栈道称为标准式，如图6-36(a)所示。

②依崖梁柱斜撑式，它是在标准式的基础上增加斜撑杆。

③依崖斜撑式，它是取消依崖梁柱斜撑式中立柱，由梁和斜撑杆形成步道板的稳定支撑，如图6-36(b)所示。

④依崖双梁中柱式，上插较长的水平梁支撑步道板，下插较短的梁支撑立柱，如图 6-36(c)所示。

⑤依崖一梁多柱式，即水平梁下有多根支撑立柱。

⑥不依崖梁柱式，又称偏桥，因其不依崖，不跨河，建在河流一侧，视为“偏”，其上可建造廊坊，如图 6-36(d)所示。

⑦依崖有梁无柱式，主梁为插入岩体的悬臂梁(锚固梁)。

(a) 依崖梁柱式(标准式)

(b) 依崖斜撑式

(c) 依崖双梁中柱式

(d) 不依崖梁柱式

图 6-36　栈道结构形式

古栈道中还有一类是现代的半路堑式，即将岩体向内开挖呈凹槽方式，该类应是路而非桥。

3. 古栈道结构特点

类比现代桥梁，栈道具有以下特点：

①栈道中的木质步道板，又称板阁，系其顺道路方向的跨越结构，即现代桥梁工程中的桥面梁。

②古栈道中的梁，为横梁，功能类似现代桩柱式桥墩中的盖梁，起到支撑桥面梁的作用。

③与地基的支撑方式，包括横梁依崖端支撑、立柱支撑、斜撑支撑及不同的组合方式。

④不设专门的基础，而是通过对支撑位置处的岩体凿孔后，安装相应的横梁、立柱、斜

撑杆件并锚固。

⑤纵向的跨度一般都比较小，它受到木质桥面梁跨越能力的制约。

⑥栈道宽度取决于横梁的承载能力和立柱的个数。

⑦除偏桥外，步道板一般紧靠崖体，栈道形成半架空结构。

6.11.2 栈道的演化

中国古代的栈道留给了后世丰富的桥梁遗产，虽然栈道在我国一直在使用中，但伴随科学技术、建筑材料、设计计算理论和施工装备的发展，栈道与栈桥的作用和结构均发生了很多的变化，主要体现在如下几个方面：

1. 栈道与栈桥的内涵

由于栈道大多是半架空建筑物，古代并没有严格地区分“栈道”与“栈桥”，如是有了上文的栈道既是路，又属于桥的说法。

到现代，栈桥逐渐地从栈道中独立出来，而成为一类特殊的桥梁。按现代的桥梁定义，有墩柱、纵向跨越并具有承重主梁的架空建筑物方可称为桥，因此，按此定义，前述的7类典型结构形式中，仅“偏桥”满足现代桥梁的定义，相当于现代所指的“栈桥”；其他6类均不满足桥梁的基本结构形式，故应归结为栈道。

百度百科关于栈桥的定义为：形状像桥的建筑物，建于车站、港口、矿山或工厂，用于装卸货物或上下旅客或专供施工现场交通、机械布置及架空作业用的临时桥式结构。

2. 功能的演变

古代的栈道是在崇山峻岭中，依崖修建的交通道路，这类道路满足不了现代交通功能需求，现代的科技手段可以通过桥隧相连的方式建造等级公路。而栈道这类古老的道路形式现在主要用于旅游区、休闲区道路和楼宇间架空通道。不少风景名山旅游区修建观光栈道，供游客观赏风景，如近年修建了不少的玻璃栈道，如图6-37所示，结构形式大多采用有梁无柱式或标准式；依水休闲区采用栈桥方式修建栈道，供游客闲庭漫步，如图6-38所示。楼宇间架空的栈道，功能与古代是完全一致的。

图6-37 有梁无柱式玻璃栈道

分离出来的栈桥，在土木工程中，是为运输材料、设备、人员而修建的临时桥梁设施。

图 6-38　水边栈道

3. 建造材料

古代的栈道主要建筑材料为木材，个别地用到了石柱；而现在修建的栈道、栈桥，根据所用材料，可分为木栈桥(道)、钢筋混凝土栈桥(道)、钢结构栈桥(道)和玻璃栈桥(道)等。

木栈桥主要使用在上述提到的古栈道中，由于其容易腐朽，故在后期修复和新建过程中逐渐被钢筋混凝土栈桥所替代。钢筋混凝土栈桥目前广泛应用于我国旅游景区修建的观光栈道中，例如华山长空栈道、麦积山石窟栈道、笔架山栈道、明月山青云栈道等。

钢结构栈桥具有强度高、自重轻和便于施工等特点，成为现代两高楼间连通廊道的主要形式，主要有角钢或其他型钢桁架、空间网架和钢管桁架这三种结构形式。

玻璃材质被应用于现代栈桥，形成一种透明的桥面，称为玻璃栈桥。其横梁和立柱一般为钢筋混凝土结构。玻璃栈桥可让人获得耳目一新的体验感，自身成为美丽景观的同时，还能让人把周围的美景尽收眼底。

6.11.3　现代施工栈桥

当今，在桥梁施工现场常见的施工便桥，因与栈桥具有跨度不大、构造简单、施工简便的相通性，故借用“栈桥”这一名称，常被称为“施工栈桥”。

现代施工栈桥是修建大型桥梁的重大施工临时结构，其作用主要是在进行水中基础的施工时，既可作为临时运输通道，又可让施工作业平台依附其上进行搭设，将水中施工作业转换成陆地作业。施工栈桥应具有施工快捷、安拆方便且能够重复利用等优点，因此其最普遍采用的结构形式为钢结构栈桥。钢结构栈桥上部结构一般采用便于工厂化拼装的桁架梁或钢箱梁等，下部结构普遍采用钢管桩基础或预应力混凝土管桩基础，如图 6-39 所示。此外，少数施工栈桥也有采用浮桥的形式，详见 6.12 节。

图 6-39　施工栈桥

目前，施工栈桥已成为桥梁、大坝、港口等重大基础设施建造过程中不可或缺的临时结构物，甚至成为保障工程施工进度、控制施工成本的关键因素。表 6-1 为近年来我国部分长大临时栈桥的工程实例，其中主要为临时施工栈桥和半永久性的轮渡栈桥。

表 6-1　我国部分大栈桥一览表　　单位：m

栈桥名称	总长/m	主跨/m	上部结构	下部结构	功能
三峡大坝 45 m 高程施工栈桥	480	21.2	等截面全焊钢箱梁	柱式钢柱	三峡大坝施工
三峡大坝 120 m 高程施工栈桥	1228	21.2	钢板梁，预应力混凝土梁	柱式钢柱	三峡大坝施工
三门峡黄河公路大桥施工栈桥	800	16	万能杆件拼装的多跨连续梁	钢管桩	三门峡黄河公路大桥施工
风陵渡黄河公路大桥施工栈桥	288	12	万能杆件拼装的多跨连续梁	钢管桩	风陵渡黄河公路大桥施工
杭州下沙大桥施工栈桥	1079	24	6 片贝雷梁拼装	钢管桩	杭州下沙大桥施工
杭州湾跨海大桥南岸超长栈桥	9780	15	贝雷梁	钢管桩	杭州湾跨海大桥南岸施工
新长铁路长江轮渡北岸栈桥	509	48	钢横梁	先张法预应力混凝土管桩	轮渡栈桥

[思政元素] 传承与发展；文化保护

[素材作者] 邹云峰

6.12 浮桥与红军长征

浮桥，指用船筏或浮箱代替桥墩，桥面浮在水面的桥梁(图 6-40)。浮桥的结构形式有两种：一是传统的形式，是在船或浮箱上架梁，再铺桥面；二是舟梁合一的形式，或船只首尾相连，成纵列式，或将舟体紧密排列成带式。为保持浮桥轴线位置不致偏移，在上、下游需设缆索锚碇。为与两岸接通，在两岸需设置过渡梁或跳板。为适应水位涨落，两岸还应设置升降码头或升降栈桥。

(a) 龙游浮桥

(b) 深圳华侨城浮桥

图 6-40 浮桥

浮桥可用于人行、公路、铁路，其构造并不复杂，架拆也方便，但维修费用高，平时可用于应急救灾或作为临时性交通设施，战时可用来保障军队迅速通过江河。由于浮桥建设成本低、拆卸方便、材料可以循环利用等特点，其多用于军事领域。军用的制式舟桥(浮桥)，为增加其机动性，常用轻金属制成自行式的。

我国建造浮桥的历史十分悠久，周穆王三十七年(前 965 年)的浑脱桥，比国外的早 472 年。后期的代表性浮桥有潮州广济桥、赣州古浮桥、秦晋黄河浮桥、泉州浮桥、柳州浮桥、永州浮桥和龙游浮桥等。

红军长征的路上历经艰难险阻，除了要突破数十万敌人的围追堵截，还要渡过一道又一道天险河流，期间搭设过多座浮桥，部分统计结果见表 6-2。由于条件所限，这些浮桥均不是现代的制式浮桥，而是传统的民用浮桥。

表 6-2 红军浮桥渡江部分统计结果

序号	地点	时间
1	江西于都渡口	1934 年 10 月 17 日至 20 日
2	广西屏山渡口、大坪渡口、凤凰嘴渡口和界首古渡	1934 年 11 月 27 日至 12 月 1 日
3	贵州江界河渡口	1935 年 1 月 3 日

续表6-2

序号	地点	时间
4	贵州土城和元厚场	1935 年 1 月 29 日
5	贵州太平渡和二郎滩	1935 年 2 月 18 日至 21 日
6	贵州茅台渡口	1935 年 3 月 16 日
7	贵州仙家渡口	1935 年 3 月 17 日至 18 日
8	贵州清水江牛渡	1935 年 4 月 6 日
9	云南皎平渡和洪门渡	1935 年 5 月 9 日
10	四川安顺场和泸定	1935 年 5 月 29 日至 6 月 2 日

湘江战役是关系中央红军长征中生死存亡的关键一战，红军广大干部、战士同国民党军队展开了殊死的决战。该战役时期，红军在大坪渡口用木板做浮桥过江，该桥在战斗中被炸毁。1934 年 11 月 27 日，红军先头部队渡过湘江，控制了渡河点。大部队因携带辎重过多，行动迟缓，尚未过江即遭到优势敌军的夹击。为强渡湘江，红军各军团浴血奋战，与敌搏斗，损失惨重。湘江两岸负责掩护任务的部队，为中央领导机关和其他部队顺利过江，与敌展开激战，付出极大牺牲。12 月 1 日，国民党军队发动全线进攻，企图夺回渡口，围歼红军于湘江两岸。红军经整日血战，阻止住敌军的进攻。到当日 17 时，中央领导机关和红军大部渡过湘江。负责掩护任务的红五军团第三十四师和红三军团第十八团被阻止在湘江东岸，最后弹尽粮绝，大部壮烈牺牲。湘江战役是中央红军长征以来最壮烈的一战。红军以饥饿疲惫之师，苦战五昼夜，终于突破敌军重兵设防的第四道防线，粉碎了蒋介石围歼中央红军于湘江以东的企图。但是，红军也为此付出了极为惨重的代价。湘江战役，8.6 万红军仅剩 3 万，沿岸百姓不忍，传谚“三年不饮湘江水”“十年不食湘江鱼”。

在太平镇乌江天险面前，面对国民党军队的围追堵截，耿飚带领的红四团仅用 3 天时间就创造性地编扎竹筏架设起一座“飞架南北”的浮桥，中央红军由此开始陆续渡江，向遵义挺进，完成了伟大的历史转折。如今，太平镇处处充满红色的气息，红军渡口、长征街、长征大桥等以红军长征命名的建筑随处可见。这里，也创造了许多与红军有关之“最”——“四渡赤水”次数、渡口最多，收养、救护红军伤员、失散人员最多，帮助红军渡河、当向导、筹军粮、搞宣传的人最多，红军留下的遗物最多，红军留下的故事最多。

长征时期，用小木渔船和木板等简易材料和工具，建造了多座浮桥，帮助红军突破了敌人的围追堵截，直达胜利的彼岸；近 90 年后的今天，当年红军搭建浮桥的地方，耸立着现代化的红军大桥、长征大桥、渡江大桥，这些“致富桥”连通着人民实现小康的致富路，奏响了高质量跨越式发展的“新长征组歌”。

在一般高校的土木工程专业桥梁课程中，仅简单介绍浮桥的概念，有兴趣者可参见文献[28]等专著。

[思政元素] 简便实用；长征精神

[素材作者] 李欢

本篇参考文献

[1]盛兴旺，乔建东，杨孟刚等. 桥梁工程[M]. 2版. 北京：中国铁道出版社有限公司，2020.
[2]戴公连，宋旭明. 漫话桥梁[M]. 北京：中国铁道出版社，2009.
[3]罗英，唐寰澄. 中国石拱桥研究[M]. 北京：人民交通出版社，1993.
[4]王璟玲. 中华建筑之虹——石拱桥[J]. 城建档案，2011(9)：13-18.
[5]罗哲文，于杰，吴梦麟，等. 略谈卢沟桥的历史与建筑[J]. 文物，1975(10)：71-83.
[6]刘春迎. 北宋东京城研究[M]. 北京：科学出版社，2004.
[7]王国奇. 河南古代桥梁[M]. 郑州：中州古籍出版社，2005.
[8]茅以升. 中国古桥技术史[M]. 北京：北京出版社，1986.
[9]周绪红，张喜刚. 关于中国桥梁技术发展的思考[J]. Engineering，2019，5(6)：1120-1130.
[10]茅青. 桥梁之父茅以升和钱塘江大桥[J]. 法制博览，2010 (11)：18-19.
[11]冉绵惠. 钱塘江大桥：茅以升的抗日壮举[J]. 西南交通大学学报(社会科学版)，2016，17(3)：1-5.
[12]杨玄博. 民国钱塘江大桥考述[J]. 宁波职业技术学院学报，2012 (4)：83-86.
[13]邸玉超. 鸭绿江大桥："摧不毁、炸不烂"的钢铁运输线[J]. 中国边防警察杂志，2017(7)：84-87.
[14]王殊男. 岁月沧桑话断桥——记全国爱国主义教育基地丹东鸭绿江铁桥 [J]. 民主，2012(5)：36-38.
[15]中国铁路桥梁史编委会. 中国铁路桥梁史[M]. 北京：中国铁道出版社，2009.
[16]程国政. 桥梁大师李国豪[M]. 上海：同济大学出版社，2011.
[17] Ge Y J, Zhao L, Cao J X. Case study of vortex-induced vibration and mitigation mechanism for a long-span suspension bridge[J]. Journal of Wind Engineering and Industrial Aerodynamics, 2022(220): 104866.
[18]杨雄心. 湘桂(潇贺)古道古桥的历史文化价值研究[J]. 湖南科技学院学报，2017，38(2)：35-37.
[19]何旭辉，杨雨. 诗话桥[M]. 长沙：中南大学出版社，2021.
[20]蒋响元. 湖南交通文化遗产[M]. 北京：人民交通出版社，2012.
[21]蓝勇. 中国西南古代索桥的形制及分布[J]. 中国科技史料，1994(1)：76-84.
[22]奚洁人. 中国共产党的红色基因和精神血脉研究[J]. 中国井冈山干部学院学报，2022(3)：33-37.
[23]谢丽旋."大思政课"培养爱国精神[J]. 思想政治课教学，2021(10)：47-48.
[24]顾燕新. 苏州古桥的历史内涵[J]. 苏州教育学院学报，2003(1)：31-34.
[25]贾昊. 中国传统园林的分布与基本构成要素的基础性研究[D]. 北京：北京建筑大学，2017.
[26]唐寰澄. 中国科学技术史[M]. 北京：科学出版社，2000.
[27]中铁十一局集团有限公司. 铁路公路与地铁施工临时结构设计范例[M]. 北京：中国铁道出版社，2016.
[28]黄亚新. 浮桥工程[M]. 北京：人民交通出版社，2012.

第 7 篇

止于至善

跨越江河湖泊大海，游弋崇山峻岭深峡，桥梁，伴随人类文明的脚步前行。

桥梁，缩短彼此生活空间距离，促进异地经济、文化交流，延伸人类文明广度。

桥梁，成为一个国家科学、技术、文化、经济综合实力的象征。

当下的中国，已成为名副其实的桥梁大国，如今正阔步迈向桥梁强国。在此征程中，我们将遵循科学发展理念，创新工作思维，追寻世界前沿科技发展，积极推动桥梁建设全方位快速发展，不断实现桥梁发展与超越：

①概率论、可靠度理论等促进结构设计方法从容许应力法向全概率、可靠度设计法和性能设计法演进，提高结构的可靠性水平；

②试验能力提升、计算方法和手段创新、结构分析能力提高和新型结构实践，推进桥梁结构设计理论及相关技术规范不断更新、完善；

③材料科学发展和先进装备、现代控制技术等研发和应用大幅度提升了新结构创新能力、复杂结构的施工能力；

④桥梁建造、监测和检测中，声波、雷达、电磁、图像、激光、物联网、云计算、卫星定位、人工智能等现代传感和信息化技术应用，助力桥梁建造与维养技术向绿色、智能、高效方向发展；

……

这些，让新型、复杂、大跨桥梁建造水平以及桥梁服役能力大幅提升。

本篇汇编 12 个素材，内容包括桥梁结构设计方法和规范更新，桥梁结构体系、设计理念和绿色建造技术创新，桥梁检测、监测及维养技术发展等，在安全、适用、经济、美观、耐久、环保等桥梁建养理念方面践行“止于至善”。

7.1 桥梁结构设计方法的演进

结构设计方法是设计规范的基石，不同的设计方法对应不同的荷载(作用)取值和组合方式及材料力学参数，其发展经历了长时间的演进。从最早的基于试验和经验的方法，到容许应力法，再到极限状态法，再发展至基于结构可靠度理论的极限状态法，不管形式如何，核心思想均是要求“荷载效应≤结构抗力”。

7.1.1 基于试验和经验的方法

工程先于工程科学。在人类发展史上，工程科学诞生之前，先辈们通过不断地开展工程实践，甚至经历了很多失败，形成和积累工程经验，并传之与后世；后世再继往开来……

在 19 世纪中叶之前，结构分析方法处于萌芽阶段。应力和应变还不具有今天所赋予的定义，荷载和重力时常混称。若建造常规桥梁，主要基于过去的试验成果和工程经验；对于新型大跨桥梁，主要采用结构模型和实物(结构的局部)试验来决定结构尺寸。

采用试验的方法，可以得到构件在破坏时真实的荷载安全系数，即

$$K=\frac{\text{破坏荷载}}{\text{工作荷载}} \tag{7-1}$$

据此，宏观上大致确定了结构或构件的承载能力。但是，由于历史上的客观条件和认知上的局限，不可能采用试验方法解决所有可能出现的各种不同性质的问题。1847 年的英国 Dee Bridge 事故(铸铁梁断裂破坏)，1879 年的英国 Tay Bridge 事故(风将 13 孔锻铁桁架桥连同列车吹到桥下)，以及 19 世纪中后期欧洲、北美的多座铁路桥因各种原因频繁发生事故，都真实地反映出当时的桥梁设计水平，也说明只靠试验来指导设计存在很大风险。

时至今日，桥梁设计方法已有很大进步，但试验仍是桥梁工程中主要的研究手段和验证方法，如常采用缩尺或足尺模型试验来辅助或验证设计，桥梁建成后的静动载试验更是必不可少。

7.1.2 容许应力法

早在 1826 年，法国工程师与物理学家克劳德-路易·纳维(Claude-Louis Navier，1785—1836)就提出了容许应力的概念。随着结构分析理论的发展和工程实践的进步，容许应力法逐步得到发展并沿用至今。

纳维是结构分析的创始者之一，其最大贡献是提出了纳维-斯托克斯方程(流体力学方程)。他的名字，连同 71 位法国科学家、工程师和其他著名人士的名字，被镌刻在埃菲尔铁塔底层平台四周的壁面上。

容许应力法将材料视为理想弹性体，用结构分析手段，计算出结构在使用荷载下的应力，并要求结构任一构件任一截面上的任一点应力 σ，不超过材料的容许应力 $[\sigma]$，即

$$\sigma \leqslant [\sigma] \tag{7-2}$$

材料的容许应力 $[\sigma]$ 取值为：通过材料试验得到的钢材屈服强度或混凝土极限强度除以

安全系数 $K(K>1)$。容许应力法的安全裕度，取决于安全系数 K 的大小，但安全系数 K 取值是人为给定的，具有一定的主观性，科学的严密性不足。

容许应力法为促进桥梁工程的发展做出了巨大贡献。1890 年在英国建成的主跨达 521 m 的福斯铁路桥，标志着采用结构力学分析和容许应力设计方法（不是仅靠模型或实物试验）在桥梁工程界的巨大成功。其他的例子还有加拿大魁北克桥、澳大利亚悉尼港湾大桥、美国金门大桥等。

通过多年的工程实践，逐步发现容许应力法存在一些不足，例如，桥梁的恒载和车辆活载的变异性有较大区别，而在应力验算中，对恒载和活载均取同一安全系数，这就会导致材料的浪费；而且，跨度越大，恒载占比越高，浪费越大。目前我国铁路桥涵设计规范仍采用容许应力法，不过正在向极限状态法过渡。

7.1.3　破坏阶段法

破坏阶段法在 20 世纪 30 年代由苏联学者提出，其设计原则是结构构件达到破坏阶段时的设计承载能力 R 不低于荷载产生的构件内力 S 乘以安全系数 K（也是人为给定的），即

$$KS \leqslant R \tag{7-3}$$

该方法以截面内力（而不是以截面应力）为分析对象，考虑了材料的塑性性质及构件的极限强度，与 19 世纪的设计水平相比，该方法仅凭计算（而不必每次设计时都得进行试验）就可合理推算出构件的承载能力，这是一个很大的进步。不过，这种方法只具有补充性质，既没能自成体系，也未能解决容许应力法中存在的不足。在极限状态设计法得到发展之后，它被更合理地包含在其中了。

7.1.4　极限状态法

若整个结构或结构的一部分超过某一特定状态，就不能满足设计规定的某一功能要求，则此特定状态称为该功能的极限状态（limit state）。这一概念由苏联学者 N. S. Streletski 教授在 20 世纪 50 年代初提出，1955 年被引入苏联建筑规范中，现已广泛应用于土木工程设计。

一般将极限状态分为两类：承载能力极限状态（ultimate limit state，ULS，也译为破坏极限状态）和正常使用极限状态（serviceability limit state，SLS，也译为使用极限状态）。

所谓 ULS，是指结构或构件达到承载能力（即 $S=R$）或出现不适于继续承载的变形（包括失衡、失稳等），这一状态的发生可能导致严重的人员伤亡和财产损失，故安全裕度要求较高。所谓 SLS，是指结构或其构件达到影响正常使用（如变形过大、裂缝过宽、振动过大等）的某个限值，该状态对结构安全的影响较小或不直接，故可降低安全性要求，但应给予足够重视。

与容许应力法相比，极限状态法在认识和设计实践上均有较大突破。在认识上，明确提出结构“极限状态”的概念，并规定了各种极限状态及其内涵；在设计上，将单一的安全系数转化成多个（一般为 3 个）分项系数，分别用来考虑作用、材料和构件工作状态等的不确定性影响。

在欧洲结构规范 EN 和美国 AASHTO 桥梁规范中，给出的多系数极限状态验算表达式不尽相同。在我国现行公路桥涵设计规范中，持久状况下承载能力验算的一般表达式为

$$\gamma_0 S \leqslant R \tag{7-4}$$

多系数在哪里呢？通常，在确定作用(荷载)效应组合设计值 S 时，规范会给出各个作用的分项系数及组合系数；在确定构件抗力设计值 R 时，会给出材料的分项系数(可隐含在强度指标中，也可直接给出数值)，γ_0 则为反映构件工作状态的系数，桥梁设计规范中称其为结构重要性系数。

该方法的主要特点，一是构建起以“极限状态”为特征的验算框架，既包含了现有的各种极限状态，也可方便纳入今后可能需要防止的一些极限状态，如与桥梁结构耐久性相关的极限状态，防止结构因局部破坏而引起连续倒塌的状态，等等；二是可按照具体情况采用合适的验算公式，例如，在处理承载能力极限状态时验算公式基于破坏阶段法，在处理正常使用极限状态时验算公式基于容许应力法。这样，极限状态法既继承了容许应力法和破坏阶段法的优点，又克服了上述容许应力法的不足。

7.1.5 概率(极限状态)设计法

概率(极限状态)设计法的理论基础是概率论和结构可靠度理论。早在 20 世纪 20—30 年代，德国和苏联学者就曾提出过将概率论用于阐述结构安全性的建议。40 年代，美国学者提出了结构失效概率(probability of failure)这一概念。50 年代，苏联提出了以极限状态法为特征的结构设计规范。70 年代，国际标准化组织(ISO)和国际结构安全性联合委员会(JCSS)各自发表了基于结构可靠度理论的设计原则。从 70 年代末起，世界上许多国家(包括中国)均采用结构可靠度理论来指导新一轮结构设计规范(包括桥梁设计规范)的修订。1994 年，美国 AASHTO 第一次颁布了基于 LRFD(load and resistance factor design)的设计规范。2010 年，欧盟开始全面实施欧洲结构规范。可以说，概率(极限状态)设计法代表着结构设计理论的发展趋势和当代水平。

相比极限状态法，该方法的主要进步在于，各种作用、材料强度特性指标及其对应的分项系数的取值立足于足够长时间的统计分析结果，并兼顾了发展的需要，具有明确的概率保证率。

基于概率极限状态法和概率论，进一步引入与构件失效概率相关的可靠度指标，以描述构件和结构的失效概率或可靠性，称为可靠度设计方法，即以极限状态作为结构的设计状态，以概率方法来处理结构的可靠性和安全性问题，理论上该方法可以控制结构或构件失效概率的大小，这是可靠度设计方法的基本特征。不过，对复杂桥梁结构，可靠度理论仍在完善与发展之中，关于结构可靠度理论的详细描述，读者可参阅相关专著。

总体而言，桥梁结构设计方法经历了漫长的演进过程，伴随着人类社会和科技进步而完善，时至今日，仍在研究、发展之中，如基于性能的设计方法、全生命设计方法、基于可持续发展理念的设计方法等，可以预见，21 世纪的桥梁结构设计方法将更趋完善。

［**思政元素**］方法论；设计方法演进

［**素材作者**］于向东

7.2　桥梁设计规范的不断更新

桥梁设计规范是国家或有关部门对桥梁设计所规定的技术标准，是桥梁工程设计的基本依据。世界各国或地区均制定了适合各自需求的桥梁设计规范。

桥梁设计规范制定的目的是实现结构设计的安全可靠、技术先进、经济合理和耐久环保的要求，使设计的桥梁工程结构能够满足使用功能要求，确保生命和财产安全并符合国家技术经济政策。随着科技的进步和工程的发展，规范内容需要不断发展和更新，才能推动工程科技持续进步，取得更好的社会和经济效益。桥梁设计规范一般十年左右更新一次，主要更新内容包括新的设计方法、合理的荷载形式、新的材料试验成果、新的工程经验和构造要求等。

7.2.1　设计规范及其更新

1.部分国外设计规范介绍

英国：《BS5400》(2006)。

德国：《DIN-Fachbericht 1075》等，DIN 指德国标准化协会。

日本：《道路桥示方书・同解说》(2017)。

澳大利亚：《AS5100. *—2017》。

加拿大：《CAN/CSA-S6-06 Canadian Highway Bridge Design Code》(2019)，CSA 是加拿大标准协会(Canadian Standards Association)的简称。

美国：《AASHTO- LRFD Bridge Design Specifications》(2020 年第九版)，AASHTO 是美国国家公路与运输协会的简称，LRFD 是荷载与抗力系数设计的简称。

在目前的国外规范中，欧洲规范是最先进、最完备的规范之一，下面以欧洲规范为例介绍其发展历程。

2.欧洲桥梁设计规范的更新

1975—1989 年，在各个成员国的合作下发展了欧洲规范，1980 年左右颁布第一代欧洲规范；

1989 年，决定将欧洲规范转给 CEN 和 CEN/TC 250，欧洲结构规范委员会正式成立；

1995—1998 年，预规范 ENV 正式出版；

1997—2000 年，重新回顾 ENV 并准备把 ENVs 转化为正式版本 EN；

2000—2007 年，出版正式的欧洲结构规范 EN(Eurocode 的结构设计组成部分)；

2002 年，第一部欧洲结构规范出版(EN 1990)；

2003 年，委员会建议各成员国接受欧洲结构设计规范 EN；

2007 年，出版所有的欧洲结构规范，共计 58 册；

2010 年，在欧洲各成员国全面使用。

欧洲结构规范中与桥梁设计有关的部分及相互关系如图 7-1 所示。欧洲规范 EN 1990 是 Eurocode 体系的首要规范，其他规范必须保证与其的一致性，即 EN 1991 ~ EN 1999 必须参考和遵守 EN 1990。EN 1990 为所有欧洲结构规范确立了关于结构的安全性、常规使用和耐久性的基本原则和要求，并为建筑物、土木工程的设计和校核提供了基础，还为结构可靠性的相关方面提供了指导。

自从欧洲桥梁规范颁布之后，其权威性和先进性就引起了世界各国桥梁工作者的高度关注，我国在一些桥梁设计中，尤其是钢桥设计、混凝土耐久性设计中采用了欧洲桥梁规范推荐的一些构造细节。

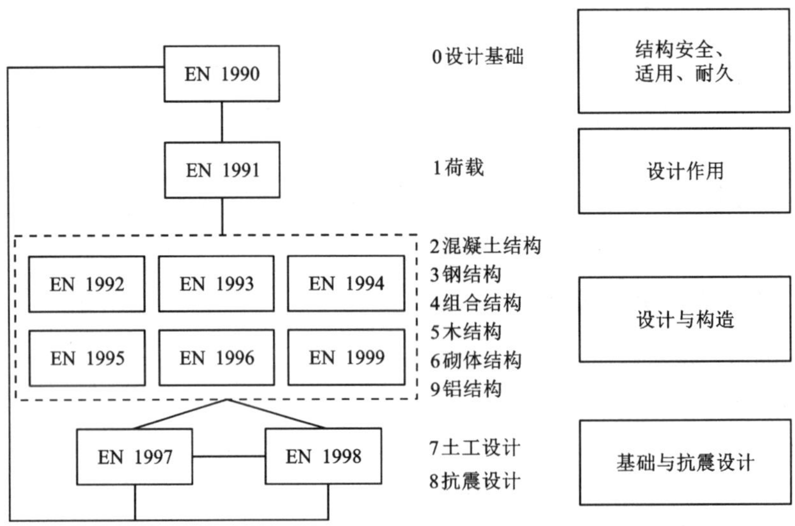

图 7-1　欧洲规范中桥梁相关部分的组成关系图

3. 我国公路桥梁设计规范的更新

1954 年，《公路工程设计准则》，分为两个部分：路线和桥涵。

1961 年，《公路桥梁设计规范》(试行)(1961 年 9 月)，涵盖各种材料和不同结构形式。

20 世纪 70 年代，《公路桥涵设计规范》(1975 年)，《公路预应力混凝土桥梁设计规范》(1978 年)。

20 世纪 80 年代，随着我国公路工程建设的发展，公路桥涵设计规范也演化为分工渐细的分类规范，形成了以材料分类为主导的设计规范体系。交通部建立了我国第一个设计标准体系，即 JTJ 体系，桥梁设计规范也首次有了编号。主要规范有：

①《公路桥涵设计通用规范》(JTJ 021—85、JTJ 021—89)；

②《公路砖石及混凝土桥涵设计规范》(JTJ 022—85)；

③《公路钢筋混凝土及预应力混凝土桥涵设计规范》(JTJ 023—85)；

④《公路桥涵地基与基础设计规范》(JTJ 024—85)等；

⑤《公路桥涵钢结构及木结构设计规范》(JTJ 025—86)等。

21 世纪，在原 JTJ 体系的基础上，增加了规范的功能类别，建立了 JTG 规范体系。在新体系下，公路桥梁设计规范逐步形成了集材料类别(混凝土、钢)、结构形式(梁桥、拱桥、缆索桥)、设计内容(抗风、抗震)于一体的规范体系，设计理论采用国际主流的概率极限状态设计理论。主要规范有：

①《公路桥涵设计通用规范》(JTG D60—2004、JTG D60—2015)；

②《公路钢筋混凝土及预应力混凝土桥涵设计规范》(JTG 3362—2018)；

③《公路桥涵地基与基础设计规范》(JTG 3363—2019)等；

④《公路钢结构桥梁设计规范》(JTG D64—2015)等。

4. 我国铁路桥梁设计规范的发展历程

1951 年,《铁路桥涵设计规程(初稿)》(基于苏联铁路桥涵设计规范)。

1959 年,《铁路桥涵设计规范》, 中-Z 标准。

1975 年,《铁路工程技术规范》第二篇：桥涵, 中-活载标准。

1985 年,《铁路桥涵设计规范》(TBJ 2—85)。

1996 年,《铁路桥涵设计规范》(TBJ 2—85)局部修订。

1999 及 2005 年, 形成了铁路桥梁结构设计的规范体系, 颁布了系列规范：

①《铁路桥涵设计基本规范》(TB 10002. 1—1999、TB 10002. 1—2005)；

②《铁路桥梁钢结构设计规范》(TB 10002. 2—1999、TB 10002. 2—2005)；

③《铁路桥涵钢筋混凝土和预应力混凝土结构设计规范》(TB 10002. 3—1999、TB 10002. 3—2005)；

④《铁路桥涵混凝土和砌体结构设计规范》(TB 10002. 4—1999、TB 10002. 4—2005)；

⑤《铁路桥涵地基和基础设计规范》(TB 10002. 5—1999、TB 10002. 5—2005)；

2017 年, 规范进一步进行了更新：

①《铁路桥涵设计规范》(TB 10002—2017)；

②《铁路桥梁钢结构设计规范》(TB 10091—2017)；

③《铁路桥涵混凝土结构设计规范》(TB 10092—2017)；

④《铁路桥涵地基和基础设计规范》(TB 10093—2017)。

2018 年, 颁布了《铁路桥涵设计规范(极限状态法)》(Q/CR 9300—2018)。

2019 年, 颁布了《铁路工程结构可靠性设计统一标准》(GB 50216—2019)。

7.2.2　规范中的设计方法

国内外, 对桥梁结构设计规范更新影响最大的因素是设计方法。这些设计方法包括我们熟知的容许应力法和极限状态法, 结构设计最早采用的基于试验和经验的方法, 正在发展中的基于结构可靠度理论的概率(极限状态)设计法, 其表达、方法特征以及相对应的采纳规范见表 7-1。各设计方法的具体描述可参见 7.1 节。

7.2.3　促进规范不断更新的主要因素

桥梁设计规范来源于工程实践, 又需要在工程实践的过程中不断更新与完善, 与之密切相关的主要因素有：

1. 设计方法

设计方法的演进对桥梁设计规范的更新影响程度最大。随着对桥梁材料、荷载数据采集与分析、统计及参数分析的逐步深入, 规范中的各种设计取值及指标也需要修正。这一点可从表 7-1 中明显看出。

表 7-1　规范演变及设计理论对照表

方法名称	设计公式	方法特征	对应规范
基于试验和经验的方法	K=破坏荷载/工作荷载	模型或实物试验； 可揭示构件的真实承载能力； 难以应付所有出现的问题	无
容许应力法	$\sigma\leqslant[\sigma]$	结构任一点的应力不超过容许值。 不足：不同状态，系数 K 单一；系数 K 凭经验；无可比性	欧规 CEN 和 CEN/TC 250； 《公路桥涵设计规范》(1975 年)，《铁路桥涵设计规范》(部分)
极限荷载法（破坏阶段法）	$KS\leqslant R$	凭计算确定荷载安全系数； 以截面内力为验算对象； 系数 K 凭经验取值	预规范 ENV； 《公路预应力混凝土桥梁设计规范》(1978 年)
极限状态法	承载能力极限状态 ($\gamma_0 S\leqslant R$) 正常使用极限状态 破坏-安全极限状态	规定了各种极限状态及其内涵； 将安全系数 K 拆分成多个系数，分别用于考虑作用、材料和构件工作的不定性影响； 解决了“不同状态”和“系数单一问题”	欧规 EN； 《公路钢筋混凝土及预应力混凝土桥涵设计规范》(JTJ 023—85)
水准Ⅰ 半概率设计法 （极限状态）	$P_f<[P_f]$ $\beta>[\beta]$	以极限状态为结构的设计状态； 以概率论方法处理结构的可靠性问题； 统一指标(P)，解决了无可比性问题	EN 1990； 《公路钢筋混凝土及预应力混凝土桥涵设计规范》(JTG D62—2004)
水准Ⅱ 近似概率法	同上	以可靠度理论为基础的概率极限状态设计方法，并提出了桥梁结构的目标可靠设计指标	欧规 EN； 《铁路桥涵设计规范(极限状态法)》(Q/CR 9300—2018)， 《公路钢筋混凝土及预应力混凝土桥涵设计规范》(JTG 3362—2018)
水准Ⅲ 全概率法	同上	对基本变量采用随机变量与随机过程描述、对全结构进行精确概率分析； 基于数据采集、统计分析	新一代规范

2. 材料

主要建筑材料更新后，需对材料特性指标等取值进行规范化，如铁路部门于 2017 年的规范更新，其重要原因之一就是采用 HRB400、HRB500 级的钢筋，淘汰原 HRB335 等钢筋。随着高强度、轻质量、耐腐蚀的高性能建筑材料的出现及玻璃钢、碳纤维、太空轻质材料等新材料的启用，桥梁建造的主要材料也在不断更新，桥梁设计规范要紧跟建筑材料的发展。

3. 荷载(作用)

荷载(作用)中，影响最大的是设计活载，它是一种包络荷载。活载图式的确定既要考虑线路当前运营的各种类型车辆的载重、轴距、运营速度，又要预留一定的安全储备，是桥梁设计中重要的基础性参数。随着我国高速、磁浮、重载、城际等铁路的运营及机车车辆类型的发展，设计规范要及时进行补充和完善。此外，其他荷载(作用)也需根据建桥环境进行不断补充和完善，例如温度、风、波浪、撞击、爆炸、泥石流等，这一部分内容可参见7.8节。

4. 新技术及新工艺

近几十年来，我国在桥梁基础、超高桥塔、主梁、拱肋、缆索制备、焊接工艺等施工技术与装备方面取得了长足的进步。因此，桥梁结构在施工阶段的荷载效应及组合、施工阶段的力学性能分析、结构的安全系数取值和结构相应的构造措施等均应在规范中不断细化及补充。

5. 耐久性与设计使用年限

21世纪前，我国各类设计规范并未明确结构的设计使用年限要求，耐久性措施也不完善。新世纪更新的规范中明确了不同结构的设计使用年限。住房和城乡建设部2009年实施的《工程结构可靠性设计统一标准》(GB 50153—2008)中规定我国大型桥梁设计使用年限是100~120年，目前桥梁规范基本上均按100年进行设计。当兼顾桥梁的经济性、使用性、重要性等来调整桥梁的设计使用年限时，桥梁设计规范无疑要做出相应调整，如明确耐久性设计的内容等。事实上，该项工作仍在进一步的研究中。

6. 新结构

近年来，我国桥梁在新结构的科学研究和工程应用方面均取得了明显进展。在主梁方面，钢箱梁、钢桁梁、钢-混凝土叠合梁、钢-混凝土混合梁、钢桁与正交异性桥面板组合梁、钢管混凝土拱肋等形式不断创新并得到推广；在结构形式和体系方面，大跨斜拉桥、悬索桥、钢管混凝土拱桥及协作体系桥梁迅速发展并应用于铁路桥梁。桥梁设计规范也需要不断完善，规范新结构的设计，确保桥梁的安全、经济及耐久性，并在促进技术进步等方面发挥作用。

设计规范是设计人员进行结构分析和设计的依据，是规范设计人员设计行为和设计成果的指导纲领，也是反映工程技术水平先进程度的重要标志。随着设计方法的演进、建筑材料的更新、新型结构使用效果的验证、计算方法的创新、结构分析能力的提升以及与国际标准的接轨，我国桥梁设计规范势必与时俱进、不断更新和完善。

[思政元素] 与时俱进；不断更新

[素材作者] 乔建东

7.3　桥梁美学与概念设计

美学是以对美的本质及其意义的研究为主题的学科，是哲学的一个分支。美学研究的主要对象是艺术，是研究艺术中的哲学问题，因此被称为“美的艺术的哲学”。桥梁美学是桥梁建设与发展过程中形成的相关美学现象，与一般的美学研究不同，桥梁美学的主要研究方向是桥梁美的认识、创造及评价，与桥梁所处环境的历史文化息息相关。

7.3.1　桥梁美学的发展

桥梁美学的发展经历了技艺不分、技艺分家、技艺再合等阶段。古代建筑包括桥梁建筑在内，没有技术与艺术之分，设计者也是造桥者，既是工程师又是艺术家，技术与艺术融合一体。

我国现今保存良好的最早的桥梁是公元595—605年由隋代李春建造的赵州桥，如图6-1所示。该桥为单跨、敞肩、圆弧石拱桥，并列28道拱圈，净跨37.02 m，高7.23 m，宽9 m，在主拱两侧有净跨分别为3.8 m、2.85 m的小拱，可宣泄流量并减轻自重；桥面呈弧形，栏杆望柱上雕刻的龙兽神采飞扬、制作精良。这是世界上最早的敞肩圆弧拱，其大拱叠小拱的造型构思巧妙，结构独创，雄伟中透出秀逸，稳重中犹见轻盈，如“初月出云、长虹饮涧”，已被列为世界文化遗产。

此后在我国的隋、唐、宋、元、明、清各朝代都建造了很多著名的桥梁，如建于清乾隆时的玉带桥(图7-2)、十七孔桥(图7-3)，都体现了极高的工艺水平和美学造诣。

图7-2　玉带桥

图7-3　十七孔桥

18 世纪末，以英国技术革新为标志的工业革命改变了整个物质生产领域的面貌，随后出现了以自然物质规律为研究对象的各种学科以及相应的教育体系。科学的明细分工以及追求结构上的纯理性主义，使科学和艺术、专业技术和艺术脱节。科学家、工程师注重于科学实验、发明创造，且分工愈来愈细，对艺术已无力兼顾，而艺术家则认为艺术是高尚的，是感情的产物，工程技术只是“雕虫小技”。

19 世纪以来，随着科学的进步与发展，传统的建筑观念不时被工程师采用的新材料、新结构、新技术所打破。人们在物质生活水平提高的同时，也需要更优美的建筑结构以满足精神上的需求，因而技术与艺术完美结合成为建筑艺术发展的必然趋势，也促使建筑师要懂结构，工程师要懂艺术。从 19 世纪末到 20 世纪初，新的建筑思想促使设计观念更新，形成以建筑师为首，包括工程师、工业设计师、工艺美术师在内的设计大军，把美学设计领域扩展到整个人造世界，出现了重视技艺的工业艺术设计和与之相应的美学理论。1941 年，英国工程师协会通过一项正式决议——“美学处理，必须是土木工程师的职能范围”，工程师必须是自觉掌握艺术规律、具有美学修养的人。

我国古代桥梁建筑艺术在世界桥梁史上占有重要地位，但近代以来，科技水平落后，桥梁建筑艺术发展几乎停滞。解放后，我国桥梁建设蓬勃发展、桥梁建筑艺术水平快速提升，遵循“适用、经济，在可能条件下注意美观”的建设总方针，在桥梁设计中注重桥梁结构形式和桥梁建筑美学，先后在 20 世纪 50—60 年代建成武汉长江大桥、南京长江大桥等多座大桥，桥梁雄伟壮观，技术先进，举世瞩目，成为我国建桥史上的里程碑。20 世纪 80 年代改革开放之后，我国经济繁荣、科技飞跃，推动了公路与桥梁建设的飞速发展，桥梁美学也越来越受到重视，“一桥一景”成为市政桥梁设计的重要原则。

7.3.2　桥梁建筑的造型规则

桥梁美学关注桥梁在充分满足结构功能要求的同时，其外观优美并与周围环境相协调。它属于现代美学中技术美学的范畴，是技术与美的和谐统一，于桥梁设计过程中产生，在桥梁结构的实现中得到表现，包括“形式美”“功能美”以及“与环境协调美”三个要素。

除了单跨小桥，作为立体建筑物的三维桥梁，一般情况下水平方向维度最大，各方向尺度显著不平衡，为呈现桥梁这种独特结构的“形式美”，需借助比例、对称、韵律、重复、交替、层次等手法来完成。

桥梁的“功能美”指的是在遵循力学原理前提下同时满足结构功能要求，于平衡并有紧张感的结构中蕴含内在美，于外观上体现力动感。

桥梁建筑和周边环境，包括自然地理环境、社会人文环境、历史文化环境、技术经济环境和规划建设环境等，均处于人们生活空间之中，构成整体景观。桥梁建筑形式和美学追求既受环境制约，同时也影响环境，并将给人们的生活带来影响。因此，桥梁建筑不但应具有本身的技术美感，还要与周围的景观或整个环境相协调。协调有两类：桥梁本身的协调，即“个体协调”；桥梁与周围环境的协调，即“公共协调”。环境协调一般有三种处理方法：消去法、融合法和强调法。特大桥梁常采用强调法，因为它本身规模宏大，气势磅礴，自然而然地成为独立的景观，并成为环境的主要景观，此时，桥梁美学设计聚焦桥梁自身美学展示，使桥梁成为环境美的主体。规模不大的桥梁常采用消去法，因为周围环境景观已经形成，不宜再突出桥梁，以免影响环境协调，只能使桥梁从属于景观，并与之相互适应。较为普遍的情况是采用融合法，使桥梁与环境融为一体，自然和谐。

桥梁建筑美学可通过一些造型规则来实现，如协调与统一、主从与重点、对称与均衡、比例与尺度、稳定与动态、节奏与韵律等。协调与统一首先指桥梁与环境达到协调；另外，桥梁自身各组成部分的功能和造型不同，这种差别和变化必须在和谐与次序中得到有机统一。主从与重点则是指桥梁结构从功能上来说有主体和附属之分；从受力体系上来说有主要构件和次要构件之分；主桥和引桥、主孔和边孔等均存在主从差异，这种差异的对立使之形成一个完整协调的整体。对称是同形同量的对称组合，其造型统一感好，规律性强，使人产生庄严、整齐的美感；均衡则是在非对称的构图中以不等的距离形成力量或体量的平衡感，对桥梁来说非对称均衡感还受地形地物的影响，均衡具有变化的美，生动活泼，具有动感。比例主要包括三方面内容，一是桥梁整体或局部本身的三维尺寸的关系，二是桥梁结构整体与局部或局部之间的三维尺寸关系，三是桥梁结构实体与空间(或称虚实)的比例关系，此外尚有凸起与凹进部分等方面的比例关系；尺度是指桥梁整体或局部与人们所习见的某些建筑细部之间的关系，是给人感觉上的大小印象和实际大小之间的关系，由于处理方法不同，两者往往出现差异。桥梁本身处于平衡状态，各部分在实现功能作用方面所显示出的安静、自信、坚固的形象，给人一种坚定、不可撼动的稳定感；当人们随车或漫步穿越于桥梁，在近桥和过桥过程中视点的变化将使看到的实际桥梁建筑形象有规律地变动，又给人以动态感。自然界的事物或现象往往由于有规律地重复或有次序地变化而激发人们的美感，当人们有意识地对韵律变化加以总结、模仿和运用，各种具有条理性、重复性和连续性特征的韵律美便随之诞生。韵律主要有连续韵律、渐变韵律、起伏韵律和交错韵律。

不同的桥梁形式其造型特点也存在差别。梁式桥以受弯为主，但主梁中潜藏着沿水平方向左右伸展的力，并由此给桥梁带来了紧张感和动势，造型要点应注意等高梁长细比、变高梁的变高方式、主梁断面形式、桥墩形态、墩梁结合部、桥台体量及与周围环境等细节处理。拱桥的基本心理引诱力线由拱肋和梁组成，但吸引力最强的还是由拱肋产生，以很大跨径一跃而过，具有极优美的力动感，造型要点需注意主拱形态、主拱与桥面的相对位置、不同拱桥的美学特点、墩台的处理等要素。刚架桥主要由直线形态构成，构图简洁、力线明确，富于力动感与轻快感，其美学设计要点在于比例尺度、构件断面的变化及构件的衔接搭配是否协调。悬索桥与斜拉桥都可以归于缆索承重桥梁，主塔向上伸展的动势和加劲梁水平伸展的动势，在保持令人满意的视觉平衡的同时，产生了桥梁整体上十分优美的力动感，造型要点在于主构要素的均衡与和谐、加劲梁的形式尽量轻巧简洁、桥塔的造型方式、悬索桥锚碇的轻量化处理、斜拉索的布置方式等。

7.3.3 桥梁概念设计中的美学考虑

桥梁概念设计是责任工程师在接到任务的最初阶段于心中酝酿着的设计构思，是设计者创意的起点，是工程设计的核心，也是整个工程设计阶段最重要和最困难的部分。概念设计的基本原则遵循桥梁设计的基本原则，即“安全、适用、经济、美观、耐久、环保”。因此，概念设计中的美学考虑应包括桥梁结构的各种美学要求以及和周围环境景观的协调。

莱昂哈特教授在《桥梁美学和设计》中介绍了桥梁工程师的具体创作过程：

①把设计所依据的各种资料完全消化和记在心里；

②了解各类桥梁的适用范围；

③构思最初的可能方案；

④勾划出第一张草图，并按合适比例拟定初步的总体布置和各部分的大致尺寸；

⑤继续考虑其他可能的方案以资比较；

⑥把各方案草图挂在墙上注视它们，并请同行和同事提出问题和批评，讨论合适的施工工法；

⑦对于满意的草案绘出大比例的图，并考虑细部构造和尺寸；

⑧进行美学考虑和处理，并请建筑师当顾问，进行美学设计的加工；

⑨请施工工程师提出意见，选择合适的工法，或针对创新的体系和结构提出新工法；

⑩经过多次讨论和改进，可以将入选方案绘制成清楚的工程图，开始计算和验算，检查所假定的尺寸是否满足要求；

⑪在此基础上进行多轮计算，修改尺寸以求得最经济的指标和合理的布局；

⑫通过制作模型和照片，从桥梁的各个透视角度观察和判断桥梁的外貌及其对周围景观的影响，审视美学效果。

从以上创作过程可以看出，在桥梁概念设计过程中思考如何使作品体现出协调、统一、对称、均衡、比例、韵律，是桥梁设计工作者非常重要的工作，决定了作品的艺术高度。

［**思政元素**］人民对美好生活的需求；建筑与环境的协调

［**素材作者**］宋旭明

7.4　桥梁结构设计的新理念与实践

桥梁是铁路、公路或城市道路的重要组成部分，特别是大中桥梁，对国家的政治、经济、国防、救灾等都具有非常重要的意义，被视为生命线工程。桥梁建设应根据所在线路的作用、性质和发展需要进行，设计时应遵循安全、适用、经济、美观、耐久和环保的原则。

近年来我国交通事业蓬勃发展，推动了桥梁结构设计理念的不断创新和发展，如可靠度设计理论深化与应用研究，基于性能优化和全生命周期的设计理论研究，桥梁抗震、抗风、车桥振动、非线性仿真分析，基于跨海、高原、高寒、铁路重载等特色问题的深化研究，基于 100 年“设计使用年限”耐久性措施的深化研究以及基于提高使用年限的耐久性措施研究；等等。这些新理念不仅提升了我国桥梁设计水平，也丰富了世界桥梁设计体系。下面以福厦高铁泉州湾跨海大桥为例，介绍桥梁结构设计的创新理念及实践。

2021 年 11 月成功实现全桥贯通的福厦高铁泉州湾跨海大桥是国内首座跨海高速铁路桥梁(图 7-4)，设计时速为 350 km，主桥为双塔双索面钢混结合梁半飘浮体系斜拉桥，跨度为 400 m。该桥的建成，实现了我国高速铁路由陆地向海洋的延伸。面对复杂的海洋建桥环境，泉州湾跨海大桥进行了大量的科技攻关，提出了以下多方面的结构设计创新理念。

泉州湾跨海大桥主桥采用斜拉桥，属于柔性体系，结构刚度较小，在频繁的高强海风冲击作用下桥梁易产生严重的横向晃动和涡振现象。泉州湾位于沿海高风速带，因此必须对结构体系或构件形式进行创新，确保桥梁整体刚度。设计团队在调研国内外铁路斜拉桥的基础上首次采用了混凝土桥面板与槽型钢梁组成的钢混组合梁，钢梁自重轻，可满足大跨度桥梁减轻结构自重的要求，而混凝土则有效提升了桥梁的刚度。

图 7-4　福厦高铁泉州湾跨海大桥

此外，泉州湾跨海大桥主梁采用流线箱型结构并附加导流板、减振栏杆、拉索电涡流阻尼器等有效气动措施，减小了复杂风环境下的风致振动，避免了异常涡振的发生。列车可以在不设风屏障等防风措施的情况下，在 8 级大风中以时速 350 km 速度 90 s 飞驰通过跨海大桥，在 11 级暴风下也不会封闭交通。

跨海大桥无砟轨道的设计也为大桥高时速提供了另一有力的保障。铺设道砟的有砟轨道最高运营速度一般较低，而采用混凝土轨道板等整体道床的无砟轨道结构，列车运行速度可以更高，但它对于桥梁的结构刚度、徐变变形等要求高，在 400 m 大跨度的跨海大桥上铺设无砟轨道，国内外没有先例。泉州湾跨海大桥引桥采用双块式无砟轨道，而通航孔主桥斜拉桥首次采用了聚氨酯固化道床结构"固定"道砟，让有砟轨道跑出无砟轨道的效果，并能有效避免碎石飞溅危及列车安全，同时减少轨道系结构的维修工作量。正是这些措施，让福厦高铁泉州湾跨海大桥实现了高铁 90 s 过桥的"风驰电掣"。

和普通桥梁相比，跨海大桥还面临着另一项考验，就是海风海水腐蚀。高铁工程结构的抗腐蚀标准是百年抗腐。在沿海地区高盐高湿的气候条件下，依靠在钢梁表面刷漆的传统防腐方式，很难达到桥梁设计"百年抗腐"的标准。为了保证大桥的寿命长久，泉州湾跨海大桥的索塔钢锚梁和支座采用国内自主研发的耐候钢新型材料，是全球首座采用免涂装耐候钢的大型跨海工程。耐候钢是世界超级钢技术前沿水平的系列钢种之一，钢材里加入微量镍元素，让钢材自身生成致密稳定的钝化锈层，阻止海水中氯离子的渗透，实现了"以锈制锈"的长效防腐效果。此外，相关团队还研发由耐候钢制成的大量钢锚梁，使大桥不仅实现了免涂装，还无须设置常规的除湿系统，真正做到了不刷漆也能百年抗腐，耐候钢技术走在国际前列。

泉州湾跨海大桥全长 20.287 km，海上桥梁长 8.96 km，大桥深水区引桥采用了多联无支座连续刚构，即整体式桥梁，共 21 联，这在国内铁路桥梁中是首次应用。该结构形式新颖，施工工艺复杂，项目团队经过多次方案讨论、工艺细化，研发了多联无支座交接墩主梁挂篮悬臂浇筑施工技术，依靠挂篮的移动，实现桥梁的空中“生长”，解决了搭设难度大、工程量大的难题，并提高了施工安全性及工效，实现了跨海高铁无支座连续刚构桥全挂篮悬臂浇筑施工。

未来桥梁工程将面对自然情况更复杂、建设难度更大的挑战，如川藏铁路建设中面临的“显著的地形高差、强烈的板块活动、频发的山地灾害和脆弱的生态环境”挑战，琼州海峡工程面临的深水、大跨的挑战；等等。新世纪，我国桥梁设计领域的新理念将更上一层楼，实现创新能力和国际竞争力的同步提升，使我国由桥梁大国成为桥梁强国。

[**思政元素**] 创新驱动；勇于追求；日臻完善

[**素材作者**] 唐冕

7.5　桥梁的总体设计与桥型方案选择

桥梁应根据其在线路中的使用功能、建设规模、性质和将来的发展需要，按照安全、适用、经济、美观、耐久和环保的原则进行总体设计。桥上须保障车辆和行人的通畅，且满足交通量增长需求，桥下须满足泄洪、通车、通航等要求，故应科学地确定桥下净空、桥梁上下的安全设施，因地制宜、就地取材，合理地进行总体布置、桥型选择，确定施工方法和工艺，实现功能、建造、维养、经济和社会效益的最佳匹配。

7.5.1　总体设计的方法

1. 桥位选择

桥位选择是一座桥梁设计的第一步，它影响桥梁的规模、结构形式、设计和施工技术难度、工期和投资等。传统的桥位选择原则是“中、小桥梁，线定桥；特大、大桥，桥定线”，即中、小跨度桥梁，其桥位原则上服从路线总体布置，如遇到不利地形、不良地质和水文条件，应通过技术手段加以解决，而不宜改变路线走向；对于特大、大跨度桥梁，因受建桥技术难度或经济等因素影响，桥位选择对路线总体走向起控制作用，即线路的线位由桥位控制，如武汉长江公铁两用大桥就是这个方面的典型案例。随着建桥技术的发展，目前，桥梁建造技术层面的制约作用已经大大降低，桥位影响线位的情况大幅度减少了，仅出现在跨越山区深壑和深水区域的个别特殊情形下，其主要制约因素为墩身高度和深水基础。

特大、大跨度桥一般应选择 2~3 个桥位(图 7-5)，依据河流的水流特征、地质条件，合理的桥梁形式及布置、施工、总造价等因素进行各方案的综合比选，确定最合适桥位。

2. 桥式方案选择

桥位确定后，开展桥式方案设计，并通过构造不同的桥式方案、比选确定合理的桥式。

对于特大桥和大桥的主桥，宜采用成熟的先进技术，通过技术的先进性融合设计基本原则。不同结构形式有其合理的适用跨径、独特的受力特性及与地质条件匹配的地基基础等。按照桥位处河床的具体情况可拟定桥梁跨径组合方案及桥跨结构形式，并依据强度、刚度、稳定性和耐久性要求进一步拟定出结构的主要尺寸。特大桥和大桥的引桥及中小桥，则一般采用成熟的标准结构，做到经济、合理。

桥梁结构合理形式并非单一，需就工程的可行性、技术的先进性、经济的合理性、造型

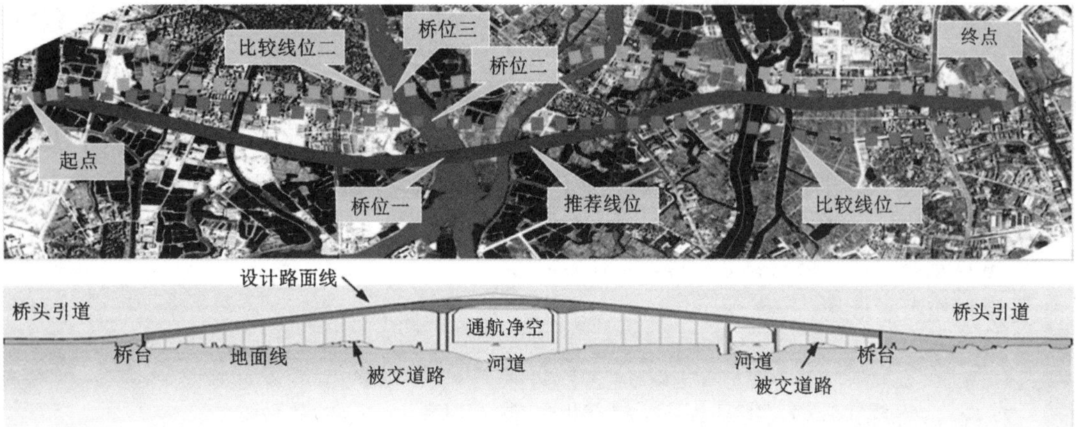

图 7-5　桥位的选择

的美观性及与周围环境的协调性、维养的方便性等诸多方面，对不同结构形式的多个可行方案进行比选，确定桥型及布置方案。

对于城市桥梁和景区桥梁，美观性可能上升为方案选择的决定性因素，体现技术美，又具备建筑美，结构布置精炼、空间比例和谐、与周围环境协调的桥式将成为首选，以满足“一桥一景”要求。受力明确、构造合理的结构形式必然显现出匀称、美观、稳定的外观，不应推崇反力学原则的设计方案，后者往往伴随着不合理的构造和投资。

桥梁设计既要遵循因地制宜、就地取材和方便施工的原则，又要综合考虑发展远景和将来的养护维修。在使用年限内，在常规养护维修下应确保桥梁正常运营，尽可能减少桥梁服役期间的检查和维修。

7.5.2　案例 1——武汉鹦鹉洲长江大桥

根据长江航运通航要求和各方面的限制条件，武汉鹦鹉洲长江大桥主跨跨度应在 800 m 以上，从技术可行角度考虑，跨径在 800 m 以上的桥型，可采用悬索桥、斜拉桥、拱桥三种桥式，设计提出的三个方案如图 7-6 所示。

方案Ⅰ：三塔两跨悬索桥——结构形式新颖，武汉尚未采用过；主缆起伏的外形富有韵律美，塔高适中，三塔具有标志性，寓意着武汉三镇均衡发展；正桥工程投资约需 30.8 亿元，经济性较好，施工工艺成熟，技术可行性较高。

方案Ⅱ：三塔斜拉桥——成熟桥型，武汉采用较多；受桥址处条件限制，需采用高低塔特殊结构，且塔高过高；正桥工程投资约需 31.2 亿元。

方案Ⅲ：钢桁拱桥——造型优美，景观效果明显；从工程技术角度考虑可行性较差，工程造价高，施工难度大。

通过技术、经济等综合比选，鹦鹉洲长江大桥最终采用三塔两跨钢-混结合加劲梁悬索桥形式，桥塔横向均采用双柱式布置，塔柱之间设置横梁连接。

(a) 方案Ⅰ

(b) 方案Ⅱ

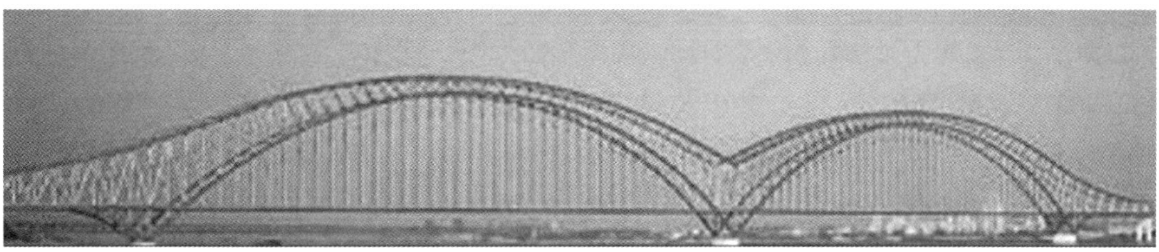

(c) 方案Ⅲ

图7-6　武汉鹦鹉洲长江大桥方案比选

7.5.3　案例2——法国米约大桥

法国米约大桥是位于法国南部A75高速公路跨越塔恩峡谷的一座七塔单索面钢斜拉桥，跨径布置为(204+6×342+204)m，如图7-7所示。桥面全宽32.05 m，设双向4车道和2条3 m宽的紧急停车带。主梁采用正交异性板钢箱梁，截面为简洁的流线三角形。该桥2号桥塔高达343 m，比巴黎埃菲尔铁塔还高。紧急停车带外侧的风嘴上，专门设计了能降低侧向风速的风障，以提升行车安全性。

单索面的桥塔采用纵向A字形，相应地，高桥墩在165 m以上也设丫形分叉，形成薄壁墩和塔柱相对接，这样既保证了塔顶的刚度，又减少了温度影响，同时也富有美感。塔的断面也经过美学处理。

考虑到塔恩河谷为软土地基，且桥位很高，为减少基础和墩身工作量，米约大桥选择了8跨大跨径连续斜拉桥。由于桥墩很高，采用了塔梁墩固结体系；由于大跨、高墩使得悬臂拼装施工难度大，需要的吊装设备也多，因此该桥大胆地采用了主梁顶推安装工艺，待主梁到位后再安装桥塔并张拉斜拉索。

为了保证桥梁顺利施工，建设单位专门研究了一套适合该斜拉桥的顶推施工方法，顶推跨径达171 m。为了改善悬臂端主梁的受力，在顶推过程中一方面采用导梁降低支点的负弯

图 7-7　法国米约大桥

矩，另一方面利用部分已经安装就位的斜拉索随时调节主梁的内力。正是这些先进的施工工艺，使得这一世界奇观的建造成为可能，同时也节省了施工费用。

2004 年 12 月 14 日，米约大桥正式竣工，时任法国总统希拉克参加了大桥的竣工剪彩仪式。这座桥梁获得了 2006 年国际桥梁与结构工程协会杰出结构奖，被认为是“一座翱翔在连接两个高地的深深峡谷中的优美纤细的桥梁，创造性的顶推施工推动了桥梁施工的技术进步”，让人不禁赞叹“行走在峡谷上空 300 多米的米约大桥上，浮云从身边飘过，让你真正体验到什么叫‘在云端’”。

[思政元素] 坚守原则；优中选优；严谨的科学态度

[素材作者] 方淑君

7.6　桥梁截面的设计优化与合理布置

随着我国铁路的不断发展，桥梁设计的标准、规范也历经多次修订和完善，设计工程师充分运用新技术、新材料，并将耐久性设计、景观设计、环境保护等设计理念引入结构设计中，不断地优化桥梁结构截面形式，以获得良好的经济效应和使用效果。下面仅以我国高速铁路简支箱梁和公路钢板梁桥为例，介绍桥梁截面设计优化与合理布置的历程。

7.6.1　高速铁路简支箱梁设计优化

整孔混凝土简支箱梁以其受力简单明确、抗扭刚度大、形式简洁、外形美观、施工速度快、基础适应性强、建成后的桥梁养护工作量小以及噪声小等特点，在我国高速铁路建设中得到广泛应用。其中，跨度为 32 m 的双线整孔简支箱梁是时速 350 km 高速铁路桥梁的最常用跨径标准设计，经历了多个阶段的研究、设计、优化和修编工作，先后发布的图纸有 2005 版、2008 版、2013 版和 2016 版，对应的标准设计图号为“通桥(20XX)2322”。2005 版是应用于工程的第一版图纸。

1. 2005 版设计概况

中铁工程设计咨询集团有限公司与铁道部科学研究院等单位共同完成了多项前期科研项目，在广泛吸收、总结了国外高速铁路和秦沈客运专线整孔箱梁设计及施工经验的基础上，确定了整孔箱梁的基本结构形式，对梁部结构尺寸、预应力束布置等参数进行了比选，进一步考虑了施工及养护维修条件，提出了优选方案，在结构构造、受力及变形性能上更趋合理，于 2005 年底完成了第一版(2005 版)高速铁路简支箱梁施工图，其截面如图 7-8 所示。

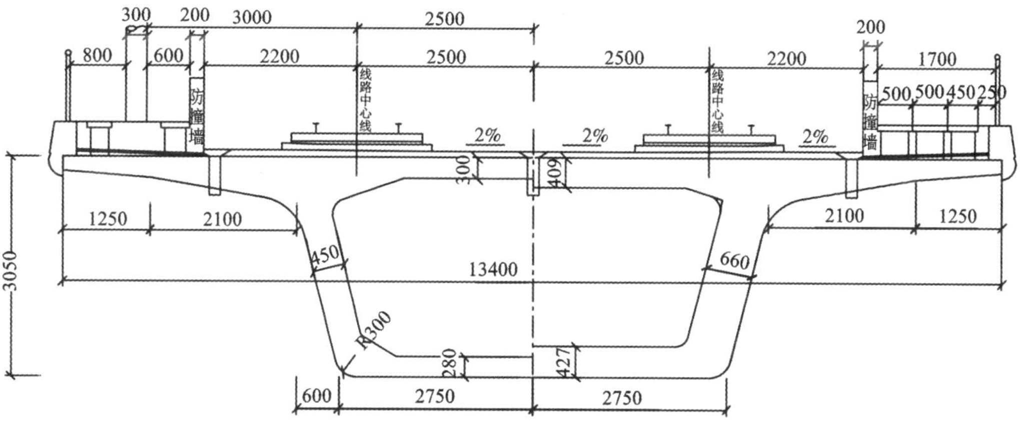

图 7-8　通桥(2005)2322 箱梁截面图(单位：mm)

2. 2008 版设计概况

2008 年，结合铁道部有关桥面系优化的要求，对 2005 版图纸进行了修订，修订内容主要有：

①桥面构造：桥面宽改为 12.0 m；梁顶面设排水坡，悬臂板每侧减少 700 mm，梁体外形与通桥(2005)2322-Ⅱ一致，箱梁截面如图 7-9 所示。

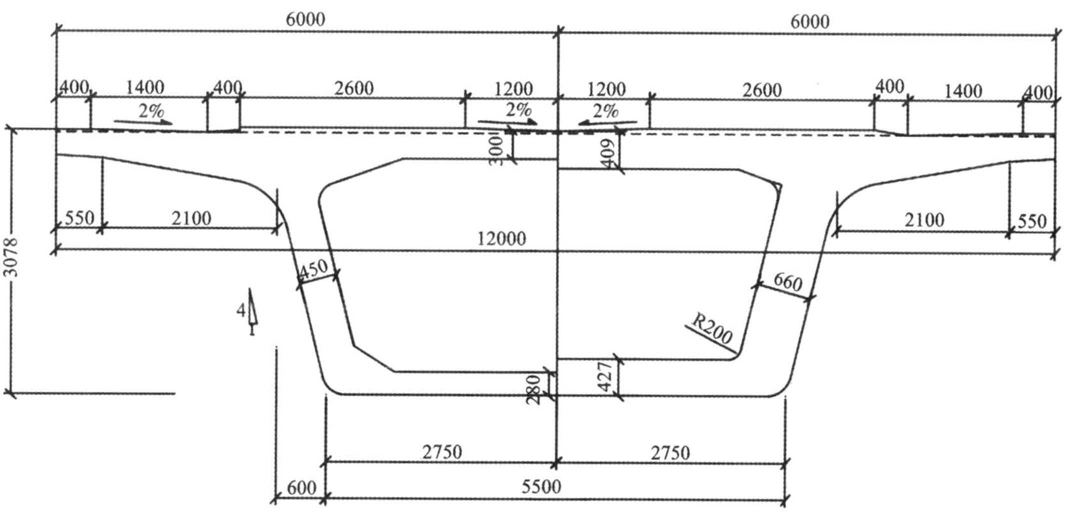

图 7-9　通桥(2008)2322 箱梁截面图(单位：mm)

②能适应无砟轨道的多种类型，二期恒载分级设置，根据不同恒载值分级确定预应力筋布置。

③接触网支柱、电缆槽、遮板、栏杆、声屏障及综合接地等桥面构造更好地适应其他专业的需求。

3. 2013 版设计概况

2013 年，主要从设计规范、标准的更新，桥面宽度、箱梁截面尺寸、梁体钢筋、结构细部构造、桥面附属设置等方面进行深入分析对比，同时借鉴 2008 版图纸在已建工程中的应用经验，优化了桥面布置中附属设施空间构造，细化了桥面构造线型。

此次修编，桥面宽度由 12.0 m 调整为 12.6 m，同时对附属设施进行了相应调整。

4. 2016 版设计概况

2016 年，结合设计图在已建客运专线中的使用情况，同时考虑到尽量利用现有施工设备及模板的原则，对双线箱梁图纸进行局部修订，截面布置如图 7-10 所示。修订内容主要有：

①梁体钢筋采用 HRB400 高强钢筋，并对梁体钢筋的布置进行了优化设计。此次优化充分发挥了高强度钢筋的作用，通过调整普通钢筋间距、直径等方式，使箱梁普通钢筋用量降低了 7%~10%。

②创新提出标准梁生产采用沿线设置预制梁场模式、双层存梁技术、施工架设过程控制技术、先架后铺架梁技术、一次施作无砟轨道及铺设无缝线路等多项技术，形成工厂化制造、运梁车运输和架桥机架设的快速、绿色、环保的建设模式。

③通过采用预张拉、初张拉及最终张拉的分阶段张拉工艺加快了施工速度，有效控制了混凝土浇筑过程的裂缝出现，减少了制梁台座数量，减少了梁场占地，绿色环保。

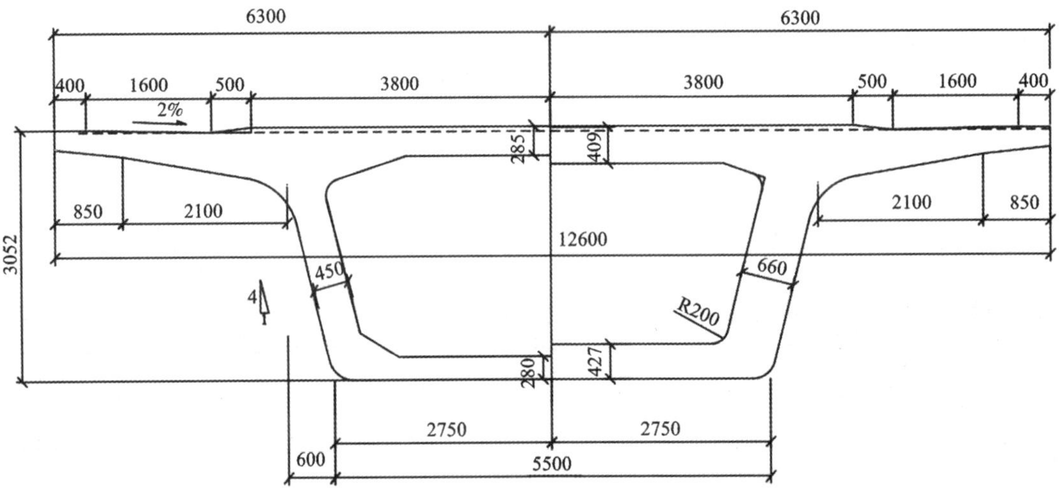

图 7-10　通桥(2016)2322 箱梁截面图(单位：mm)

④采用固定外模、移动式液压收缩内模、“集中预扎、整体吊装”钢筋骨架等工艺，加快制梁台座周转，减少了台座配置。

⑤提出整孔箱梁运架工艺控制技术与标准，形成了整孔箱梁提梁运输架设、落梁成套技术。

从上可以看出，时速 350 km 的双线整孔 32 m 跨度简支箱梁从 2005 年到 2016 年，设计的各种细节都在不断优化，事实上，从 2016 年到今天，优化设计仍在不断进行中。

7.6.2 钢板梁桥截面布置与优化

钢板梁因传力直接、构造简单、制作加工便利，已广泛应用于大跨钢结构及钢-混组合结构桥梁。钢板梁桥截面布置一直是桥梁工程师关注的重点，因为截面布置决定了钢桥的构造细节，直接影响结构整体性能。

20 世纪 60 年代，钢板梁桥在钢板梁间设置多道横梁、水平及竖向横撑，腹板上焊接大量纵、横向加劲肋，纵梁间距也很小。70 年代开始应用连续自动焊接工艺，由于横向加劲肋和纵向加劲肋多处相交，施工烦琐且质量保证困难，这些部位耐久性和施工经济性需要提升。钢板梁及其横向联系布置所反映出的问题集中体现在构件数量多、焊接量大、成本高、维护困难上，焊接部位疲劳问题突出。自 20 世纪 80 年代起，随着设计理论的发展，钢板梁优化设计水平不断提升，主要体现在以下几个方面：逐渐取消了纵向加劲肋；横向加劲肋大多为 T 形并直接与翼缘焊接在一起，不仅起到增强腹板抗局部屈曲能力，也方便桥梁竖向荷载传递至梁间横向联系，改善板梁翼缘与腹板连接部位疲劳性能；增厚腹板可增大垂直加劲肋的间隔；框架式横向联结系(横梁)取代了从前的 K 形横向联结系，大大减少了构件数量，简化了构件与腹板加劲肋的连接构造。

1980 年前后，法国开始集中力量进行钢板组合梁的开发研究，对传统的结构体系进行了大幅度简化，并以少主梁为主，使钢板组合梁适用跨径不断拓展，在 30～100 m 跨径桥梁中有很强的竞争力。例如，法国 1990 年建成的 Hopital 桥，如图 7-11 所示，采用双主梁、小横梁结构体系，主跨 64 m，两片主梁间距 12.6 m，桥梁宽 22.6 m。

日本从 20 世纪 80 年代末开始对钢板组合梁桥的承载体系进行研究，在大幅减少横撑和腹板加劲肋的同时，将两车道公路桥梁的主梁数目由 4 根减少到 2 根，3 车道公路桥梁的主梁数目由原来的 7～8 根减少到 3～4 根。通过合理的改进，不仅降低了工程费用，而且桥梁的耐久性得到提高，降低了维养费用。

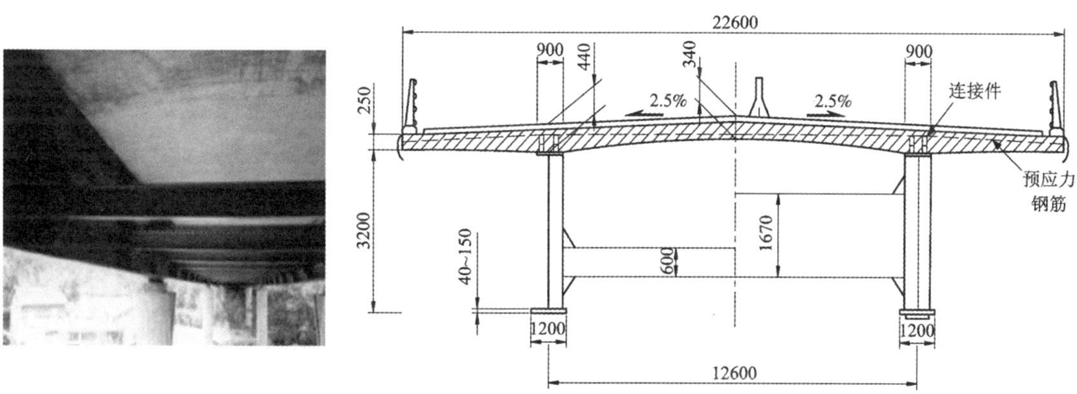

图 7-11　Hopital 桥双主梁、小横梁体系(单位：mm)

经过大量探索、研究和试验，目前截面优化后的钢板梁已高度简洁，加劲肋、联结杆件、风撑等稳定构件的形式简化、数量减少，甚至消失，提升了桥梁的工作效能和耐久性能。图 7-12 为钢板梁桥截面优化历程示意图，图 7-13 为钢板梁桥结构形式优化前后对比图。

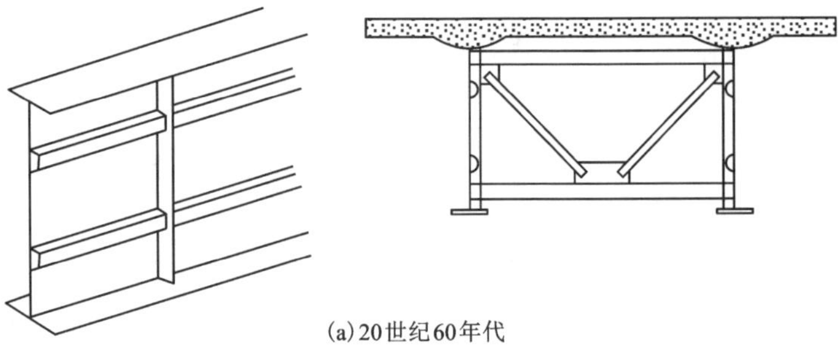

(a) 20世纪60年代

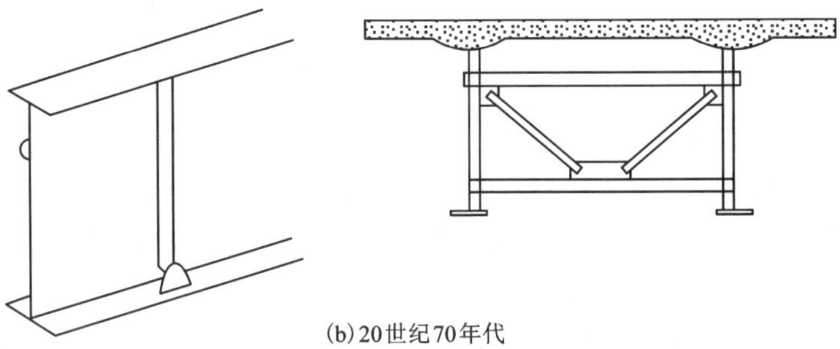

(b) 20世纪70年代

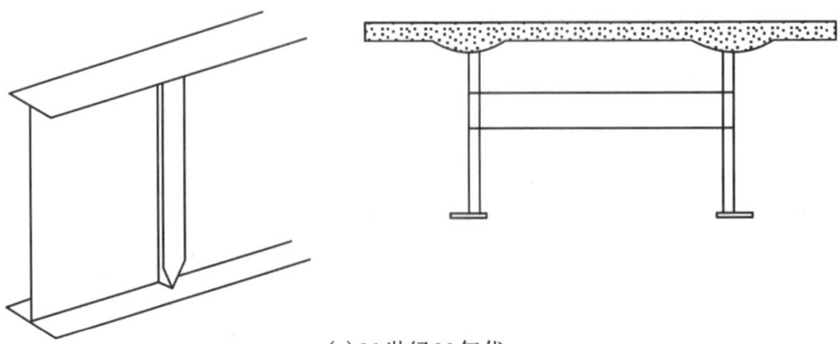

(c) 20世纪80年代

图 7-12　钢板梁截面形式演化

改进前　　　　改进后

图 7-13　钢板梁结构布置优化前后对比

桥梁截面的优化与布置是桥梁结构设计中的重要内容。预制混凝土梁因具有缩短设计与施工周期、工厂化快速施工、减少养护维修量、统一标准、延长使用寿命等优势，在桥梁建设中起到了重要作用；而钢桥的合理构造设计仍然有巨大发展空间，构造细节不仅关系到方便加工制作、简化运营阶段养护维修，甚至影响结构稳定性、疲劳与耐久性能。为此，桥梁工作者顺应时代要求，本着精益求精、与时俱进的态度，积极推进混凝土桥梁和钢桥的优化设计，以提高工程质量、加快工程进度、降低工程造价，满足了优质、高效建设的需求。

[**思政元素**]“没有最好，只有更好”；专业精神

[**素材作者**]乔建东，文颖

7.7　桥梁减振降噪新技术助力绿色低碳交通

随着我国交通强国战略中绿色出行理念的提出，以及新一代轨道交通系统向 600 km/h 甚至 1000 km/h 运营速度迈进，轨道交通桥梁减振降噪技术将是面向超高速时代、适应绿色低碳发展战略的前沿技术。

在轮轨式轨道交通运营过程中，轮轨相互作用引起的振动经轨道结构传递至桥梁或者隧道等周围基础设施，进而通过地面传递到周围建筑物，这种振动干扰对沿线的学校、医院甚至民宅都会产生不良影响。此外，轮轨相互作用所产生的振动同时也会伴随着噪声的出现。同时，当列车通过桥梁时，轨道与车轨之间的相互作用经轨道传递至桥梁的振动使得结构辐射大量噪声。列车在高速运行时会产生空气动力噪声(简称气动噪声)，而且随着列车运营速度的提升，气动噪声将会愈发显著。轨道交通振动、噪声传播示意图如图 7-14 所示。

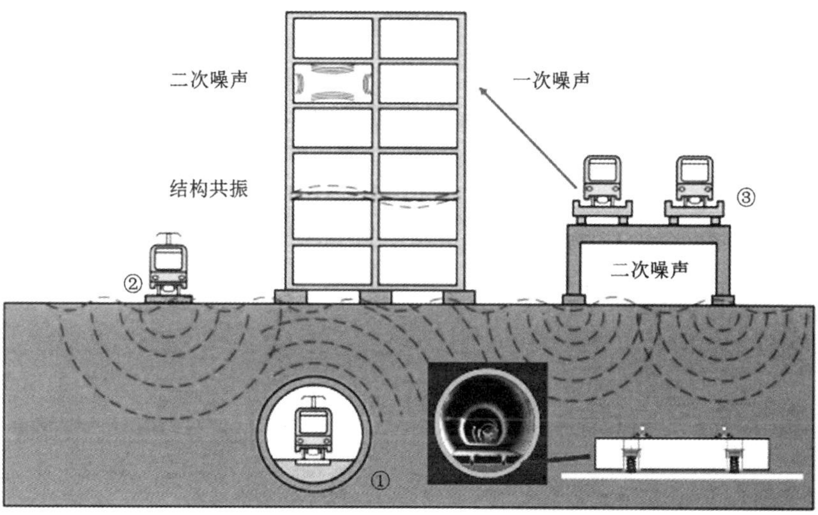

图 7-14　轨道交通振动、噪声传播示意图

“交通强国，铁路先行”，轨道交通在经济社会发展中的作用越来越重要。地铁既提高人们出行效率、节约繁忙城市中通勤时间，亦给人们日常生活带来舒适、快捷、智能的体验感；

越织越密的高铁网，不仅有效解决了旅客长途旅行问题，同时促进了城市间的互通互联，拉动沿线区域经济发展。在轨道交通建设中，高架线路具有节约土地资源、降低建设成本、便于维修养护、适应地理条件等优点。然而，随着越来越多高架线路的建造，以及人们环保意识的提高，轨道交通桥梁的振动与噪声问题也日益突出。当列车通过桥梁时，会导致噪声放大(图 7-15)，主要原因包括：①由钢轨传递到桥梁结构的振动将会使桥梁结构产生辐射噪声，而桥梁结构与路基结构相比，其在振动作用下成为一个噪声源；②轨道结构本身所产生的噪声在空间上作用范围更广。

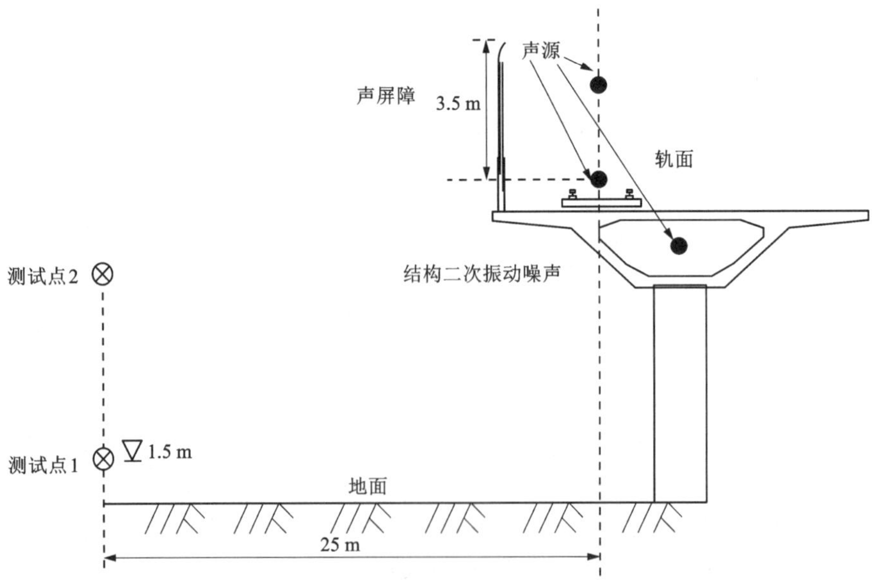

图 7-15　桥梁结构振动与噪声示意图

列车荷载作用下引起的桥梁结构振动和噪声是一个相对复杂的问题，也是在轨道交通发展过程中不得不面对的问题。影响轨道交通桥梁振动和噪声的因素有行驶车辆系统、行驶车辆车速、桥梁结构、轨道结构等，因此，轨道交通桥梁的噪声源是多方面的，常见的有如下几种：

①轮轨噪声：产生于列车高速运行时走行部的车轮与钢轨。

②集电系统噪声：由集电弓与接触网高速摩擦产生。

③空气动力噪声：由高速行车引起。

④结构噪声：行车激励引起的桥梁结构振动。

由此可见，振动和噪声会相互影响。有些减振措施同时具有降噪的作用，比如控制桥梁振动的措施同时也能够减小桥梁结构噪声；然而，有些减振降噪措施同时会带来其他的振动噪声问题，比如减振轨道能够有效减小桥梁振动但一定程度上也增大了轨道不平顺，即增大了轮轨噪声。因此，应多角度、多方位研究轨道交通桥梁振动和噪声，从系统的视角审视减振降噪问题，将多种技术联合使用才能达到最佳的减振降噪效果。

对于不同的影响因素，轨道交通桥梁减振降噪的应对措施也不同：

①优化混凝土梁截面，如增设中腹板或横隔板，优化腹板倾角等措施；

②约束阻尼层结构，可减小钢结构桥梁的振动与噪声，减小有效辐射面积，采用封闭结

构或穿孔板也具有一定的降噪效果；

③桥上轨道结构的减振措施，如定期打磨钢轨和设置阻尼钢轨、减振扣件、轨枕、浮置板轨道、道床吸音板等；

④声屏障，分为直立声屏障、半封闭声屏障、全封闭声屏障。

综上，一方面，应具有思辨力，客观分析减振降噪技术的利弊，如U型梁对轮轨噪声具有遮蔽效应，但与传统箱梁相比，U型梁结构噪声更大。另一方面，应因地制宜，根据实际的工程条件平衡技术的有效性和经济性，例如直立声屏障施工便捷、技术成熟、占据空间小，但因为高度受限不适用于城市噪声敏感区；全封闭声屏障降噪效果最佳但会造成内部噪声加大，影响乘车舒适性，适合降噪要求极高的路段；半封闭声屏障可大幅降低轨道交通噪声对高层建筑的影响，在城市中应用广泛。实际工程中遇到的往往是复杂的问题，而解决问题的途径也不仅有一种。因此，培养思维的多样性和系统性，多角度、多方位分析以获得对事物的科学认识，再因地制宜地提出解决问题的对策，才能从容应对新难题和新挑战。

[思政元素] 系统思维；思辨精神

[素材作者] 蔡陈之

7.8　桥梁设计作用的不断完善

桥梁结构服役期间承受人类活动及环境的影响，所有这些影响可统称为“作用”。作用可以是荷载形式，称为直接作用，如结构重力、车辆荷载、人群荷载等；亦可以是引起桥梁结构外加变形或约束变化的非荷载形式，称为间接作用，如基础沉降、温度、混凝土收缩徐变等。作用的大小、位置及组合方式，既关系到桥梁安全，也关系到桥梁建设费用。为便于设计安全、适用、经济的桥梁，需要制定相关的作用或荷载标准，而这些标准并非一成不变的。

在桥梁服役期间按照出现的概率不同及其对桥梁结构的不同影响(效应)，极限状态设计理论中，作用可分为永久作用、可变作用、偶然作用和地震作用。永久作用是指在设计基准期内其量值不随时间变化，或其变化与平均值相比可忽略不计的作用。大部分永久作用是荷载形式，如结构自重、预加力等，因此习惯上也称为恒载。可变作用是指在设计基准期内其量值随时间变化，且其变化与平均值相比不可忽略的作用。其中，一些荷载形式的可变作用，如汽车、火车、人群等荷载，习惯上称为活载。偶然作用是指在设计基准期内不一定出现，但一旦出现，其值很大且持续时间很短的作用，如撞击、爆炸以及滑坡、泥石流等。地震的发生概率也是偶然的，但常将其单独归类。

《公路桥涵设计通用规范》(JTG D60—2015)将作用分为永久作用、可变作用、偶然作用和地震作用，其中地震作用单列考虑。《铁路桥涵设计规范》(TB 10002—2017)则将桥梁作用分为主力、附加力和特殊荷载三大类，其中主力包括恒载(永久作用)、活载；附加力包括列车牵引力和制动力及可变作用中除活载外的部分；而特殊荷载则对应偶然和地震作用，包括列车脱轨荷载、长钢轨纵向作用力、船或汽车撞击力、地震力等。

我国公路、铁路桥梁的设计作用分类对比如图7-16所示。尽管公路、铁路规范对各种作用的分类有所不同，但基本上大同小异。需要注意的是，有些作用是设计铁路桥时所特有的，如列车横向摇摆力、牵引力等。另外，在设计公铁两用桥时，目前的设计实践是，在铁路活载的基础上，增加公路活载的75%；但对仅承受公路活载的构件，应计及全部公路活载。

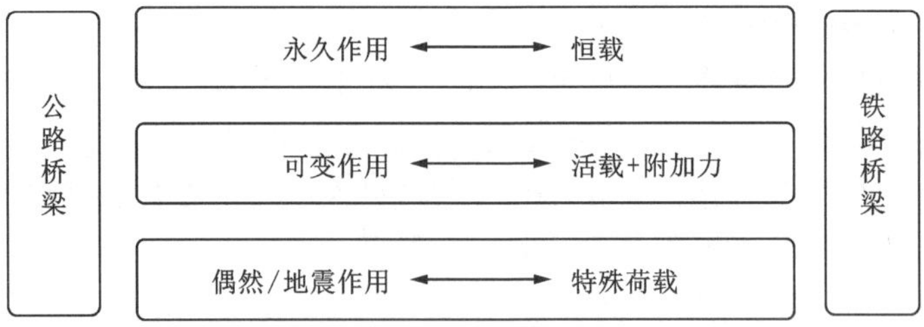

图7-16　我国公路、铁路桥梁的设计作用分类对比

随着桥梁建设的发展，新的建桥环境不断涌现，桥梁在结构上除了承受现行规范中已经列出的荷载，还会遇到一些新型作用，如海洋中波浪作用、泥石流等灾害作用等。已列入现行规范的作用，随着研究的深入，其计算方法、作用图示等也在不断更新中，以提高对作用效应分析的精度，如温度、风荷载等。

7.8.1　温度作用

温度是桥梁结构受到的主要作用之一，在桥梁设计中历来较受重视。大跨度缆索结构桥梁，在温度作用下将产生显著变形。

2020年，欧洲经历了一场前所未有的热浪，气温达到创纪录的水平，并在整个欧洲大陆造成毁灭性的野火，铁路、机场和桥梁都感受到了极端温度的影响。英国气象局曾发布其有史以来第一个特殊高温的“红色警告”，预计气温将首次达到40℃。

哈默史密斯大桥是世界上最古老的悬索桥之一，建于1887年，2020年的热浪导致大桥的铸铁基座出现细小的断裂，需要将其完全关闭。2021年7月，这座吊桥在安装上耗资42万英镑的温度控制系统后，重新对行人和骑自行车者开放。为了应对史上最强热浪气温，伦敦西部当局采取了非常措施，以确保有135年历史的哈默史密斯大桥开放运营。工人们用银色的绝缘箔包裹大桥的主要承重构件——主缆，使之保持在相对低温的状态(图7-17)。

图7-17　伦敦百年吊桥“披上”隔热银箔防晒

随着气候的变化，预计极端天气出现的频率及其严重程度都会加剧，准确预测大气极端温度并建立考虑概率的极端温度模式已成为各国学者研究的热点。

桥梁结构中温度场是一个时空的四维问题，目前各国设计规范均采用降维处理，但形成的温度模式很不统一，不少构件的温度模式甚至是缺乏的，构建通用、多维度的温度模式，甚至是时变温度模式，有待后来者完善。

7.8.2　风荷载

随着国家西部大开发战略的深入实施，大跨度山区桥梁成为西部公路和铁路等国家重大工程建设的必然选择。但长期以来，复杂山区风场形成机制不清、风场特性不明、复杂风致振动难以精准模拟等问题严重制约了西部大跨度山区桥梁建设。

图7-18是被称为“川藏第一桥”的雅康高速泸定大渡河大桥，其主跨为1100 m，索塔高188 m，桥塔顶至水面高差达364 m。与海面上的风几乎平吹不同，大渡河峡谷之中气象多变、风场紊乱，瞬间风速能达到32.6 m/s，相当于12级台风风速。受复杂地形地貌影响，桥址区易出现大风攻角来流，也就是说风的来流方向与桥梁横断面所夹角度大。除了大风攻角，大渡河桥址的风环境还具有大风向角、非均匀、非平稳等特性，桥梁抗风问题突出。

图7-18　雅康高速泸定大渡河大桥

因此，该桥开展了专项抗风设计与相关课题研究，采用了现场实测、风洞试验、数值模拟等多种研究方法。由于钢桁架的杆件纵横交错，相互之间气动干扰强烈且复杂，来流经过钢桁架后，难以形成统一的旋涡脱落频率，大桥在试验风速范围内没有发生涡激共振现象，因此实际结构发生涡振的可能性较低，从而将研究投向防颤振。面对“百年工程”的建设，设计人员对比试验了几十种措施，最后组合了试验验证最优的方案，运用气动措施、结构措施和机械措施三大“法宝”以及防风预警，以保障结构抗风稳定性和车辆行驶安全。

桥梁风工程学科兴起后，风模拟、效应分析和抗风措施等取得了丰富的成果，但仍有不少问题有待研究，如峡谷风场、龙卷风等。

7.8.3 泥石流

泥石流由黄土、黏土、松散岩石碎屑等混合形成，在暴雨、暴雪、地震或其他自然灾害的诱发下，山体滑坡并携带有大量泥沙及石块，形成比洪水密度还要大的特殊洪流。泥石流具有突然性，有流速快、流量大、物质容量大和破坏力强等特点，易引起堵塞、淤积，并冲刷、撞击桥梁构造物，造成桥梁结构的直接破坏。

几十年来，我国不少桥梁频繁受到泥石流的破坏(图 7-19)，据统计，仅 2012 年我国十余省被冲毁的桥梁有 945 座，桥梁涵洞 13420 座，并且数量呈逐年上升的趋势。

图 7-19　四川汶川雁门泥石流灾害现场

为了预防泥石流影响或破坏桥梁，无论是选线还是桥梁的设计，都需要慎重考虑，合理选择桥梁位置是避开泥石流侵害的最好方式，同时还应选择合适的桥型及合理布置桥墩、基础、桥梁孔跨、桥梁净空等，以提高桥梁整体抵御泥石流灾害的能力。另外，可以采用生物措施或工程措施加以防治。

除上述极端温度、强风、泥石流外，桥梁还可能受到波浪、撞击、落石等特殊作用。随着桥梁建设的不断发展和气候环境的改变，越来越多的桥梁将面临更加复杂的环境和极端气候的影响，这就要求桥梁设计阶段进行充分的、全面的考虑。目前，泥石流、落石作用尚未被纳入设计规范，尚属于空白区。

[思政元素] 方法论——理论联系实际；科学分析；精益求精

[素材作者] 刘文硕

7.9　桥梁结构体系的不断创新

桥梁结构体系是结构功能、外形及其受力形态的统一。拉、压和弯是桥梁结构的三种主要受力模式，相应的基本构件按受力形态和外形可以分为梁、拱和索。从古至今，随着社会的发展和交通运输量的不断增长，对桥梁的跨越能力和承载能力的要求也不断提高，其基本体系经历了梁桥—拱桥—缆索体系桥梁的发展历程。在这些基本体系桥梁中，主要依靠单一类型构件起到承重作用。例如，梁桥的主要承重构件为主梁，拱桥为拱圈或拱肋，悬索桥则为主缆。为了充分发挥各个体系的优势，克服各自的缺陷，由几种基本体系形成的组合体系桥梁随之诞生。所谓组合体系桥梁，是指主要受力构件类型为两种或两种以上的桥梁，如斜拉桥是典型的梁-索组合体系桥梁。

从单一结构体系跃向组合体系，是桥梁结构体系创新的必然结果，尤其进入21世纪以来，更多新型组合体系桥梁不断涌现，如连续-刚构、刚构-拱、梁-拱、拱-拱、刚构-斜拉和斜拉-悬索等，结构体系组合化已逐渐成为未来大跨度桥梁结构的发展方向。

7.9.1　结构新型组合体系

1. 连续-刚构组合体系

顾名思义，连续-刚构组合体系桥梁是连续梁桥和刚构桥的组合，通常是在一联连续梁桥的中部一孔或数孔采用墩梁固结，而边部数孔墩梁间设置支座的结构体系。这种组合体系可以解决多联刚构桥桥墩变形和内力过大的问题，同时又在一定程度上保留了刚构桥桥面平顺性的优势。1993年建成通车的东明黄河公路大桥(图7-20)开创了连续-刚构组合体系在我国应用的先例，此后该体系被广泛采用，如长沙湘府路湘江大桥、杭州下沙大桥、厦门海沧大桥西航道桥等。该体系尤其适于山谷或峡谷地形，高桥墩墩梁固结，而矮桥墩上设支座与主梁相连，例如贵阳火石坡特大桥、广东清连高速公路杜步3号桥等。

图7-20　连续-刚构组合体系(东明黄河大桥)

2. 刚构-拱组合体系

传统刚构桥在主梁跨中和墩梁支点处具有较大弯矩、跨中变形大。为了解决该问题，我国于2010年在宜万铁路宜昌长江大桥上首创了刚构-拱组合体系(图7-21)，设计思想是利用拱加劲主梁，提高桥梁刚度。其中，主梁自重主要由连续刚构承受，二期恒载及活载由拱肋和主梁共同承受。由于拱肋将部分桥跨荷载传递至墩顶，大大减小了主梁弯矩，可大幅度减小主梁截面尺寸及自重。这种体系充分发挥了梁、拱的受力优越性，使其具有整体性能优越、竖向刚度大、跨越能力强等优点，可以较好地满足高速列车运行需求。

图 7-21　刚构-拱组合体系(宜昌长江大桥)

3. 梁-拱组合体系

传统梁桥主要缺陷是跨中弯矩较大，且跨度受限，而拱桥墩台产生的较大推力则对地基提出了更高的要求。为了解决这些问题，梁-拱组合体系应运而生。梁和拱相互配合共同受力，拱的吊杆限制了梁的向下挠曲，显著减小了主梁跨中弯矩；同时梁和拱的相连也使拱的水平推力可由梁承担，大大减小了墩台和地基的负担。梁-拱组合体系具有材料省、造价低、外形优美、施工方便等优点，同时钢管混凝土技术的进一步发展也大大促进了梁-拱组合体系的应用。在实际工程中，梁-拱组合体系多为中承式或下承式，卢浦大桥[图 7-22(a)]和重庆朝天门长江大桥是中承式的代表，广州新光大桥则是下承式的代表。此外，贵州水盘高速公路北盘江大桥(图 1-16)和重庆礼嘉嘉陵江大桥[图 7-22(b)]所代表的空腹式连续刚构体系同样是基于梁-拱组合体系受力原则所设计的。该桥类似于上承式梁-拱组合体系，其三角区分上下弦设置，均为单箱单室截面，在减轻自重的同时保证了桥梁的刚度和跨越能力。

(a) 上海卢浦大桥

(b) 重庆礼嘉嘉陵江大桥

图 7-22　梁-拱组合体系桥梁

4. 拱-拱组合体系

我国 2009 年建成通车的甬台温铁路雁荡山特大桥(图 7-23)采用了钢主拱和钢辅拱的叠

合受力体系，该体系设计独特，结构新颖，可满足雁荡山风景区和小角度跨越甬台温高速公路的需求。该桥同时具有两跨连续梁、下承式拱桥和主辅拱叠合受力的特点，完美实现了结构功能、外形及其受力形态的统一。

图 7-23 拱-拱组合体系（雁荡山特大桥）

5. 刚构-斜拉组合体系

由于混凝土收缩、徐变及荷载等因素影响，大跨连续刚构桥易出现跨中下挠的问题；而铁路桥梁的列车荷载大、行车安全性和旅客舒适度等高要求使得铁路斜拉桥的应用受到很大的限制。刚构-斜拉组合体系则是在此类问题下催生出的新型组合体系。与普通刚构桥相比，该体系中斜拉索对跨中的竖向加劲作用将显著降低成桥状态下主梁跨中内力，从而明显减小收缩、徐变挠度，并可大大减少主梁混凝土用量；与普通斜拉桥相比，该体系能够满足铁路桥梁的刚度需求。2010 年建成通车的广珠城际西江特大桥是此类桥型的代表，如图 7-24 所示。

图 7-24 刚构-斜拉组合体系（西江特大桥）

6. 斜拉–悬索协作(组合)体系

对于悬索桥而言，更大的跨度意味着更小的结构刚度。从铁路桥梁或公铁两用桥的角度出发，大跨度悬索桥的竖向和横向刚度很难满足桥梁结构、轮轨关系、舒适度等三方面要求。对于斜拉桥而言，跨度的增加会导致更大的主梁轴压、严重的屈曲稳定性、突出的斜拉索垂度和抗风稳定性等问题。这些缺陷都制约了悬索桥和斜拉桥的进一步发展。而斜拉–悬索协作体系作为缆索承重桥梁的另一种形式，在桥梁向更大跨度发展的过程中，得到了越来越多的关注。斜拉–悬索协作体系主要有 Roebling 体系和 Dischinger 体系，如图 7–25 所示。但斜拉–悬索协作体系存在内力间断性、刚度差异性、端吊索疲劳和线形控制等问题，随着桥梁设计理论和建造技术的飞跃式发展，这些问题将逐渐得到解决，从而使这种体系开始逐渐得到应用。我国川黔高速乌江大桥是世界上首座现代化斜拉–悬索协作体系桥梁，该桥主跨 288 m，于 1997 年建成通车。目前正在建设、计划 2025 年建成的主跨 988 m 的 G3 铜陵长江公铁两用大桥[图 7–26(a)]以及正在建设的主跨 1488 m 的甬舟高速铁路西堠门公铁两用大桥亦采用了斜拉–悬索协作体系。2012 年建成的汉中龙岗大桥[图 7–26(b)]是斜拉–悬索组合体系的另一种形式，桥塔一侧为斜拉体系，另一侧为悬索体系；该桥造型独特，呈现出“鱼跃龙门”的生动造型，为亚洲首座三塔斜拉–自锚式悬索组合体系桥梁。

(a) Roebling 体系　　(b) Dischinger 体系

图 7–25　斜拉–悬索组合体系的常用形式

(a) G3 铜陵长江公铁两用大桥　　(b) 汉中龙岗大桥

图 7–26　斜拉–悬索组合体系

此外，随着道路向湖区、宽河道区延伸，在传统的斜拉桥、悬索桥基础上，还创新性地提出了多塔索结构体系，具体参见 1.1 节。

7.9.2　主梁新型截面形式

除了结构体系上的创新，学者们和设计师们还对主梁截面形式进行了创新和改进，以适应我国高速铁路和重载铁路桥梁的刚度和交通量需求，其中以箱–桁和多主桁截面形式最具代表性。箱-桁截面是由箱梁桥面结构与主桁相结合形成的组合截面形式，若箱梁桥面结构为带边箱的正交异性板，则称为开口箱-桁组合截面；若箱梁桥面结构为封闭式箱，则称为闭口箱-桁组合截面，如图 7-27(a) 所示。这种组合截面不仅可以增大主梁刚度，还有利于主桁现场拼装。蒙华洞庭湖大桥和商合杭高铁裕溪河特大桥均采用了该截面形式。多主桁截面是由两片以上主桁在纵桥向平行设置共同受力的结构形式，如图 7-27(b) 所示。这种体系可以增加主梁桥面宽度和横向刚度，以适应多线铁路的需求。武汉天兴洲长江大桥和沪苏通长江公铁两用大桥均采用了三主桁形式。

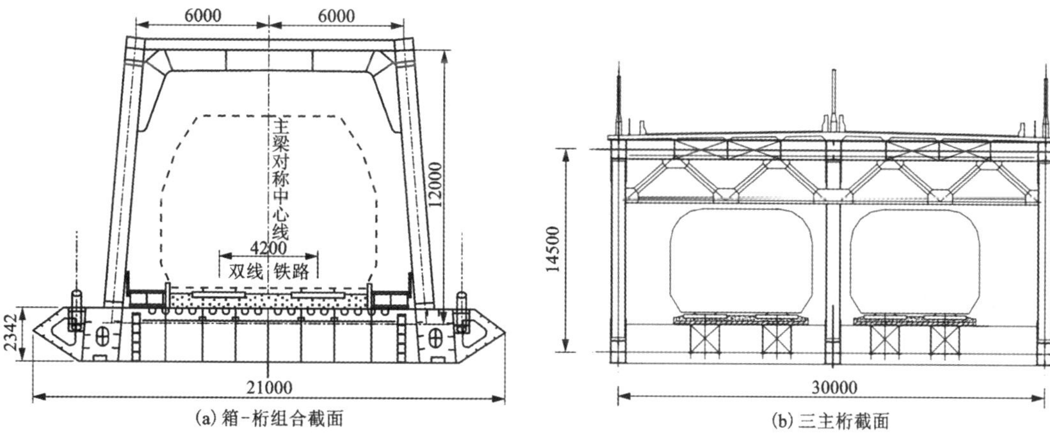

图 7-27 主梁新型截面形式(单位：mm)

7.9.3 桥梁结构体系适用性问题

桥梁结构服役期间，会受到车辆或列车荷载、人群荷载及温度、风、混凝土收缩徐变等作用，在极端条件下会受到地震、浪流等作用。这些荷载或作用都会引起桥梁结构在不同方向上的静力和动力响应。为了保证桥梁结构在正常运营的适用性和极端荷载作用下的安全性，有时仅仅依靠桥梁结构本身是难以实现的，此时，通常需要采用针对性的减振/震、抗风等措施，确保桥梁结构能适应上述荷载的作用，这就是桥梁结构体系的适用性问题及解决方案。对于梁桥和拱桥，由于结构自身刚度大，往往受地震荷载控制设计，通常会采用多维隔震支座来减小结构地震响应；作为附属防落梁装置，通常还会在梁桥的横向设置挡块，根据需要在纵向设置拉索或阻尼器等。对于缆索结构飘浮体系桥梁，由于其主梁纵向刚度和阻尼较小，在正常运营和地震作用下均会产生较大纵向位移，通常需要采用纵向减振/震装置来减小该位移值，这类装置主要有黏滞阻尼器、磁流变阻尼器、电涡流阻尼器、黏滞-软钢阻尼器组合系统、摩擦阻尼器、碳纤维复合材料连杆等；在横向，由于温度位移影响较小，一般可以采用金属屈服阻尼器或直接设置塔梁连接的形式。此外，由风荷载引起的桥梁结构的主梁颤振、涡振、拉索风雨振等问题也是不可忽视的，一般可以通过设置风嘴等气动措施、改变拉索表面光滑度、附加阻尼装置等措施进行控制。对于超大跨度铁路桥梁，除上述措施外，还需增设梁端钢轨变形适应性措施。

综上所述，桥梁结构受力合理、安全、适用、经济、造型美观，是每位桥梁设计师的永恒追求。但对于每一座桥梁，尤其是大跨度桥梁，其建桥条件和所处环境不完全相同，且使用功能和需应对的极端荷载也不尽相同，桥梁工程师须因地制宜、量体裁衣，设计并建造一座最适合的桥。这就要求工程师们在已知结构体系的基础上，不断创新、优化、完善，直到寻找到那座最适合的桥。

［思政元素］方法论——理论指导实践；合理构建新体系

［素材作者］杨孟刚

7.10 助推可持续发展的桥梁建造新技术

我国桥梁的建设成就举世瞩目，桥梁建造技术水平已步入世界先进行列。未来的建造技术必然更注重绿色、智能建造，同时也面临更多复杂建桥环境的挑战。如何做到科学合理地设计，绿色、智能地建造，且在追求桥梁工艺尖端的同时，还能够缓解资源与环境问题，维护生态环境稳定，是实现桥梁建造可持续发展的重要问题。

7.10.1 绿色建造新技术

1. 装配式施工

装配式施工是指在工厂进行模块化装配式构件生产，然后将其运送到施工场地，再通过吊装设备进行装配完成的施工方法，简称装配法。装配法在提高生产质量和效率的同时，能够节约材料、低碳减排、绿色环保和降低成本。装配式建筑具有“设计标准化、生产工厂化、施工装配化、装修一体化、管理信息化、应用智能化”的特征。京雄城际铁路首次在铁路领域实现了从基础、桥墩、主梁到桥面系的全装配式结构的设计和施工，如图 7-28 所示，形成了成套设计技术，为提高铁路行业劳动生产率、促进铁路行业节能减排和可持续发展发挥了积极作用。

图 7-28　京雄城际铁路桥梁装配式施工

2. 环保、节能技术

将环保、节能技术应用于工程设计、施工中，目的是在充分利用资源、提高能源的使用效率、降低施工成本的同时，尽量减少对周围环境造成的污染和破坏，与大自然和谐相处，使其符合可持续发展的要求，如少占用耕地；减少对绿地、人文环境的破坏和对水源的污染等；注重对动物生态环境的保护；发展和使用高强等高性能材料，高度重视对建材、水、电资源的节约利用；合理采用光污染防治、噪声污染控制以及废水、混凝土、钢材等废弃物处理技术等。

桥梁桩基旋挖干钻成孔节能减排技术是新环保、节能技术的代表，该技术多用在新疆戈壁滩等地区，这些地区属中温带干旱大陆性气候区，气候干燥、降雨量小，人畜饮用水紧张，而采用干钻成孔施工，无须大量水，能避免造成地方水资源紧张，节约用水量，同时避免泥浆的排放，保护了环境。

青藏铁路建设中，针对其生态脆弱的特点，研发的野生动物迁徙通道和高原植被恢复再造技术等，是人与自然和谐共处的生动案例。

7.10.2　智能建造新技术

1. BIM 技术

BIM 技术是一种多维模型信息集成技术，可以使建设项目的所有参与方在项目从概念产生到完全拆除的整个生命周期内都能够在模型中操作信息和在信息中操作模型，从而从根本上改变从业人员依靠符号、文字形式的图纸进行项目建设和运营管理的工作方式，实现在建设项目全生命周期内提高工作效率和质量以及减少错误和风险的目标。桥梁建设中，BIM 技术可用于设计复核，施工碰撞，可视化交底，工序模拟，进度、成本和合同管理等。

在京雄城际铁路修建过程中，应用 BIM 技术取得了良好效果。通过 BIM 与 GIS 的技术结合，为铁路工程建设信息化、可视化、数字化、智能化施工管理提供了参考，如图 7-29 所示；应用 BIM 软件提供的三维可视化空间，优化了连续梁钢筋设计，提前减少或避免了钢筋与预应力管道、钢筋与支座螺栓等预埋件之间的干扰，深化了装配式墩身、墩帽设计等。

图 7-29　大型临时设施场地布置模型（BIM+GIS）

2. 智能张拉和智能压浆

智能张拉系统（图 2-46）通过现代传感技术、数字控制技术，实时采集、分析每台张拉设备的压力数据和位移值数据，经自动对比分析后由程序实时、同步控制油泵和千斤顶的每一个机械动作。智能张拉系统可实现张拉力精确控制、伸长值精确控制、张拉同步和持荷过程的精细补压。

预应力管道智能压浆技术的核心思想是采用"循环压浆"的工艺，并对压浆过程中的水胶比、压力和流量进行"三参数"控制，如图 7-30 所示。通过无线传感技术，对循环压浆施工过程进行实时在线监测，并与控制中心进行实时信息交换，从而完成预应力管道压浆施工的全自动控制。

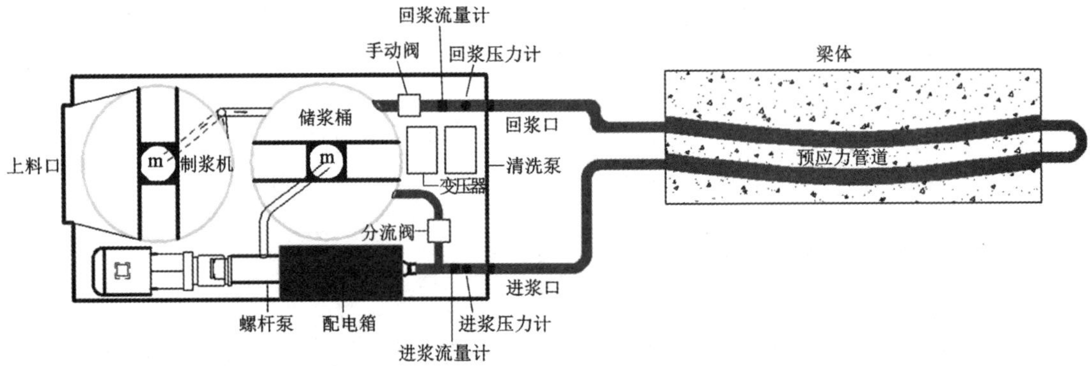

图 7-30　预应力智能压浆系统示意图

3. 智能养护

智能养护是指依靠先进的自动化控制技术，根据水化热释放速率、温湿度的实时监测数据合理调整自动喷淋时间进行有针对性的养护，同时对养护全过程技术信息进行记录与保存，如图 7-31 所示。智能养护突破传统自然养护的困境，可以完全杜绝人工洒水养护不当带来的不利影响，相对于传统养护施工，是一种工艺技术上的飞跃。

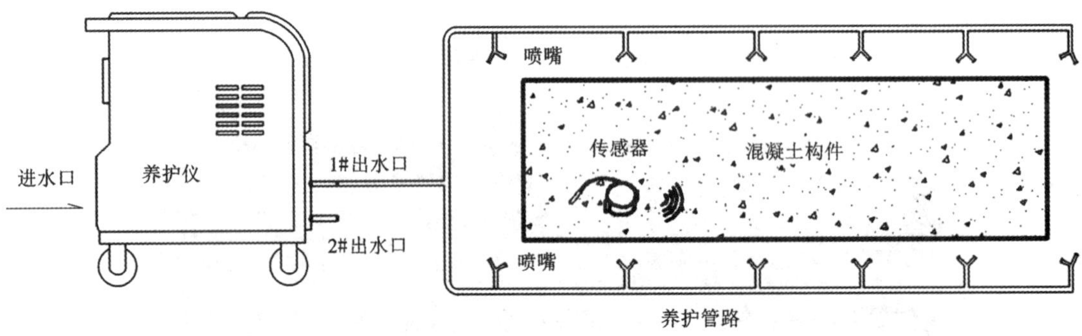

图 7-31　智能养护系统

4. 智能管理

智能管理系统是指桥梁管理部门应用网络信息、GIS 等先进技术建立具有较高智能化水平的桥梁管理系统，以此加强桥梁健康状态数据库的构建，并通过系统的实时监测、检测评估、地理信息以及维修预算等各子系统功能的发挥实现对桥梁工程的动态健康监测，以准确判断桥梁工程状态，确保桥梁的安全畅通。

这些智能技术相互结合，高效、规范地进行桥梁建设、监督管理，提高了桥梁建造行业整体的核心竞争力。深中通道中山智慧梁场（图 7-32）全面推行自动化、智能化、工厂化及装配化的建设理念，应用“物联网+”、BIM及信息化等技术，实现模板自动化、钢筋部品化及混凝土生产智能化，倾力打造了目前国内最先进的梁场。BIM控制中心拥有“一平台三系统”，即智慧梁场管理平台、钢筋自动化加工系统、混凝土智能控制系统、监控监测系统，这些组成了智慧梁场的“大脑”，实现了生产可视化、施工流程标准化、业务管理数字化、机械设备智能化和管理决策智慧化。

图7-32 智慧梁场

7.10.3 复杂环境的桥梁建造新技术

1. 海洋环境

海洋桥梁规模宏大、结构庞大、构造复杂，这些都会给桥梁建造带来诸多困难；复杂多变的海洋环境，如深水、强风、海流、海浪作用等，更是桥梁建造所面临的巨大难题。海水、海洋空气的高腐蚀性对结构耐久性提出了新的挑战。

(1)深水基础

海洋桥梁主墩基础以采用钻孔桩施工为主，为应对复杂海洋环境，超长大直径桩基将是发展趋势。我国平潭海峡公铁两用大桥通航孔桥主墩桩基直径达到 $\phi4.9$ m，且桥址海域水深、流急、潮汐显著，岩面倾斜起伏大、裸岩硬岩分布广，气象水文及地质条件均十分复杂。为解决该复杂海域大直径钻孔桩难题，我国研发了KTY5000型全液压动力头旋转钻机和相关配套的打桩设备，实现了大直径嵌岩钻孔桩一次钻孔成型。

(2)抗风浪施工技术

由于海洋环境一般具有风大、浪高、波流力大等特点，抗风浪施工技术显得尤为重要。为此，我国平潭海峡公铁两用大桥的部分深水裸岩区域采用导管架辅助建立施工平台，承台施工采用集主体防撞结构与施工围堰一体的防撞箱围堰结构，永久结构与临时结构相结合，节约材料的同时降低了施工的安全风险性。该技术已推广到福清兴化湾海上风电、珠海金海公路大桥等工程。

(3)海洋工程施工装备

如今海上建桥架梁的高新设备大体上包括钻机、大型起重船、新型架梁吊机、海上造桥机等，而这些设备也在不停地换代更新当中。我国在海洋工程起重船设计和制造方面也由原先的起重能力几百吨发展到现在的万吨级，同时船舶数量也日趋增多。中铁大桥局的“小天鹅号”和“天一号”起重船起重能力分别达到了 2500 t 和 3000 t。海洋石油工程股份有限公司的“海洋石油 201 号”深水起重铺管船和“蓝鲸号”(图 7-33)起重船具备了 4000 t 和 7500 t 的单吊最大起重能力。架梁吊机是悬臂拼装法常用设备，我国研制的全球首台 1800 t 架梁吊机已成功应用于沪苏通长江公铁两用大桥的主梁架设(图 7-34)，有效提高了施工速度。

图 7-33 “蓝鲸号”起重船

图 7-34 沪苏通长江公铁两用大桥架梁吊机

2. 山区环境

山区的地理条件复杂且多变，地势落差起伏一般较大，桥梁建造安全风险高，施工难度大。高墩设计和施工是山区桥梁中常需面对的技术问题，目前高墩的世界纪录为 245 m(法国米约大桥)，我国最大墩高为 195 m(贵州赫章特大桥)，超过这些纪录就需技术创新。

高墩建造方法也是必须重点解决的问题，而模板工程是其核心施工内容，一般采用拼装法、滑模法、爬模法、翻模法等，施工中的难点是确保高墩的垂直度。

此外，为应对山区建设环境，相关人员提出了一些创新施工技术。

多级转体法在山区大跨度拱桥施工中被逐渐应用，如澜沧江特大桥采用二次竖向转体（图 7-35）的方法施工主拱劲性钢骨架，即依据山势将半拱分成两段拼装，通过竖转牵引索，首次竖转成半拱，再次竖转完成主拱合龙。该方法在解决山区峡谷场地空间受限问题的同时，减少了山体开挖，实现了绿色建造。

大跨度悬索桥加劲梁的安装方法也在不断突破传统施工方法，如矮寨特大钢桁梁悬索桥创造性地采用了轨索滑移法加劲梁架设技术（图 7-36），基本思路是利用大桥永久吊索，先在其下端安装水平轨索，再将水平轨索张紧作为加劲梁的运梁轨道，实现了由跨中往两端拼装大桥的钢桁加劲梁架设。

图 7-35　二级转体施工

图 7-36　加劲梁架设的轨索滑移法

3. 高原高寒环境

高原高寒地区由于地势较高，氧气浓度低，环境温度低，且长期寒冷而形成的冻土层硬度较大，不易挖掘，对施工是一个极大的考验。高原高寒冻土是一种对温度极为敏感的土体介质，由于桥梁建造改变了原地层水热交换条件，因此选择合理的施工季节、施工方法是减少施工对多年冻土热扰动的必要措施。此外，我国青藏铁路钻孔灌注桩大量采用了旋挖钻机钻孔，不仅能适应多年冻土区的各种地质情况，且钻孔产生的摩擦热小于其他钻具，可以把冻土热平衡的影响降到最低。

高原地区多地质断裂带，地质条件复杂，且伴有崩塌、滑坡、近断层地震、峡谷风等极端灾害，给桥梁建造带来了极大的挑战。对此，我国研发了陡峻斜坡、破碎岩体区的桩基钻孔平台以及保证成孔、成桩质量的施工信息化控制系统，智能防风抗风液压爬模系统，空间主缆的成套施工技术和 BIM 虚拟建造预拼装等先进施工技术。

[思政元素] 绿色建造；可持续发展

[素材作者] 杨剑

7.11 多学科融合的桥梁智能检测和维养技术

桥梁结构从建成交付运营开始，其技术状况就处于不断的退化过程中，桥梁维养是确保桥梁结构能保持设计功能并正常运营的重要技术保障。至 2021 年底，我国高速铁路运营总里程超过了 4.0 万公里，桥梁里程占 50%以上；我国公路桥梁总数达 96 万座，平均桥龄 22.7 年，且随着时间推移，桥龄将逐年增加。通常在运营 10~20 年后，桥梁耐久性将明显降低，桥梁安全性及正常使用功能亦可能面临显著下降的问题，桥梁管理、检测、养护和维修工作亦将越来越繁重，因此，亟须运用精准、高效、智能化的技术手段对服役桥梁的工作状态进行管理、检测、技术状况评定、养护和维修，确保桥梁健康及安全运营。

7.11.1 桥梁智能检测技术

美国是较早开展桥梁智能检测新技术研究的国家之一，在钢结构桥梁检测方面，美国开展了基于声发射技术的悬索桥主缆断丝监测、正交异性桥面板疲劳裂纹监测及桥梁伸缩缝区域损伤特性监测等；美国罗格斯大学研发了混凝土桥面板无损检测机器人。日本针对桥梁等基础设施的运营状态，制定了跨部门战略创新促进计划，力争以尖端技术为突破口，为基础设施的安全及健康提供先进的技术解决方案，计划用 5 年左右的时间，通过采用图像视频、雷达扫描、激光扫描、InSAR 扫描、电磁检测技术、机器人技术、无人机技术等智能检测技术提高桥梁检测的精度及效率。

桥梁检测主要包括结构外观缺陷检测、内部及隐蔽性损伤检测、几何形状参数检测、力学参数检测和材料参数检测等项目。目前，智能检测技术在我国的桥梁检测中已有应用，但应用深度、广度以及系统化、自动化程度尚需进一步提高。为此，我国全面开展桥梁智能检测及快速检测技术的研究，自主研发了一系列桥梁健康状态智能检测技术及装备。

针对结构外观缺陷特征，我国研发了基于计算机视觉图像识别处理技术的桥梁结构表面裂缝、蜂窝、麻面等病害检测技术，提高了桥梁表观病害检测的效率、精度及标准化程度；针对桥梁结构动态位移特性，采用超长焦镜头和工业电荷耦合元件(CCD)高频采集结构待测部位的数字化图像，开发了高精度结构动态位移图像识别程序，充分利用计算机优越的数据处理能力，对图片同步进行识别和计算，实时得到待测点的动态平面二维位移，实现对桥梁结构动态位移的监测；针对斜拉桥、悬索桥等缆索承重结构中拉索构件构造特点和受力特征，以频率法为测试原理研发了将智能手机(Android 系统)作为现场终端的便携式无线索力测试系统。

拉索的外部 PE 损伤及内部钢丝断裂等病害，处于高空且具隐蔽性，常规的拉索检测方法需要大型卷扬机牵引挂篮载人作业，而且占用交通，费时费力。我国武汉桥梁科学研究院自主研发了“探索者”桥梁拉索智能检测机器人，如图 7-37 所示。该机器人通过集成步进驱动系统、视频系统、雷达系统、测速系统、陀螺防翻转系统，可实现全时四驱、爬升返回、自动导航、定向定位和远程遥控的功能。

针对常规无人机在桥梁检测作业中存在抗风能力弱、GPS 易发生失锁、定位精度不高、仰视拍摄困难、图片数据依赖人工分析等诸多不足，我国研制了新一代桥梁智能巡检无人机，如图 7-38 所示。该无人机具备高精度定位巡航、上下双置云台、图像校正拼接、病害特征高精度识别提取等功能，具有抵抗 6~7 级风场的能力，能够实现桥梁结构的无人化检测，可完成桥梁结构高耸塔柱、梁底表面等不易到达部位的检测。

图 7-37　"探索者"桥梁拉索智能检测机器人

图 7-38　桥梁智能巡检无人机

智能检测技术大大提高了桥梁检测的广度、精度及效率，未来的桥梁检测将向更智能、更高效、更精确的方向发展。声波、雷达、电磁、图像、激光等先进传感技术将会越来越多地应用于智能桥梁检测中，物联网、云计算等信息化技术可显著提升桥梁检测及监测的效率和效果，机器将更多地替代人工开展传统的桥梁结构检测及长期监测工作。

7.11.2　桥梁智能维养

开展科学化、信息化、智能化桥梁智能运营管理和维养技术研究，是保障桥梁安全运营的关键。人工智能(artificial intelligence，AI)及大数据、物联网(internet of things，IoT)、工业互联网等新一代信息技术(New IT)发展，特别是数字孪生(digital twin，DT)，为桥梁智能运营管理和维养提供了有力的技术支撑。

数字孪生是工业 4.0 的核心技术，通过传感器实时采集数据建立物理世界与虚拟世界的动态连接，在建筑信息模型(building information modeling，BIM)、地理信息系统(geographic information system，GIS)与有限单元法(finite element method，FEM)等高精度建模基础上，结合 IoT 监测数据，可实现结构的动态监控、模拟、预测、诊断与决策，如图 7-39 所示。

针对桥梁等铁路基础设施，我国提出了基于数字孪生的铁路基础设施智能运维框架，如图 7-40 所示，包含现场层、平台层、应用层三个层次。现场层将物联网传感技术与计算机视觉相结合，获取建立数字孪生模型所需的数据基础。平台层基于数字孪生技术平台，将多源数据融合集成，建立数字孪生模型，利用大数据挖掘进行损伤诊断分析。应用层主要由结构健康监测系统、结构损伤诊断与状态评估、维护策略优化与运维管理三部分组成，其中，使用大数据对 SHM 数据进行聚类分析和关联性分析，提取有价值的信息用于后期结构损伤识别及性能评估；运用大数据挖掘、虚实交互、人工智能等方法，对结构损伤进行智能诊断，并结合安全运营报警阈值，提出基础结构服役状态的实时预警及报警方法，同时对运维成本进行资产管理，指导结构及时维修与更新。

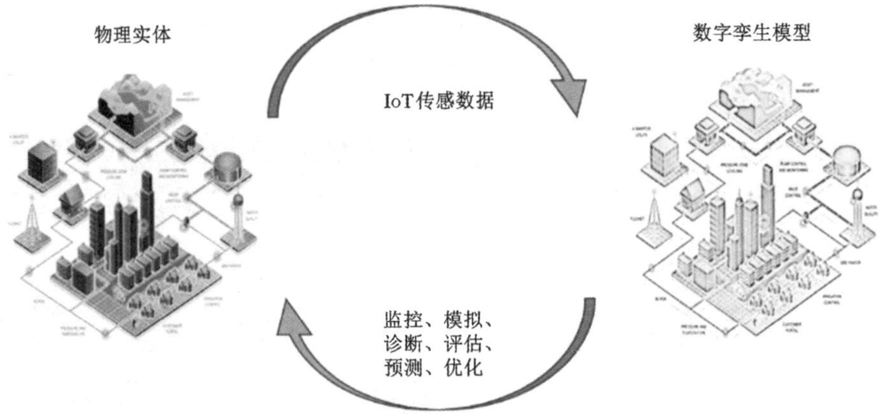

图 7-39　数字孪生基本功能

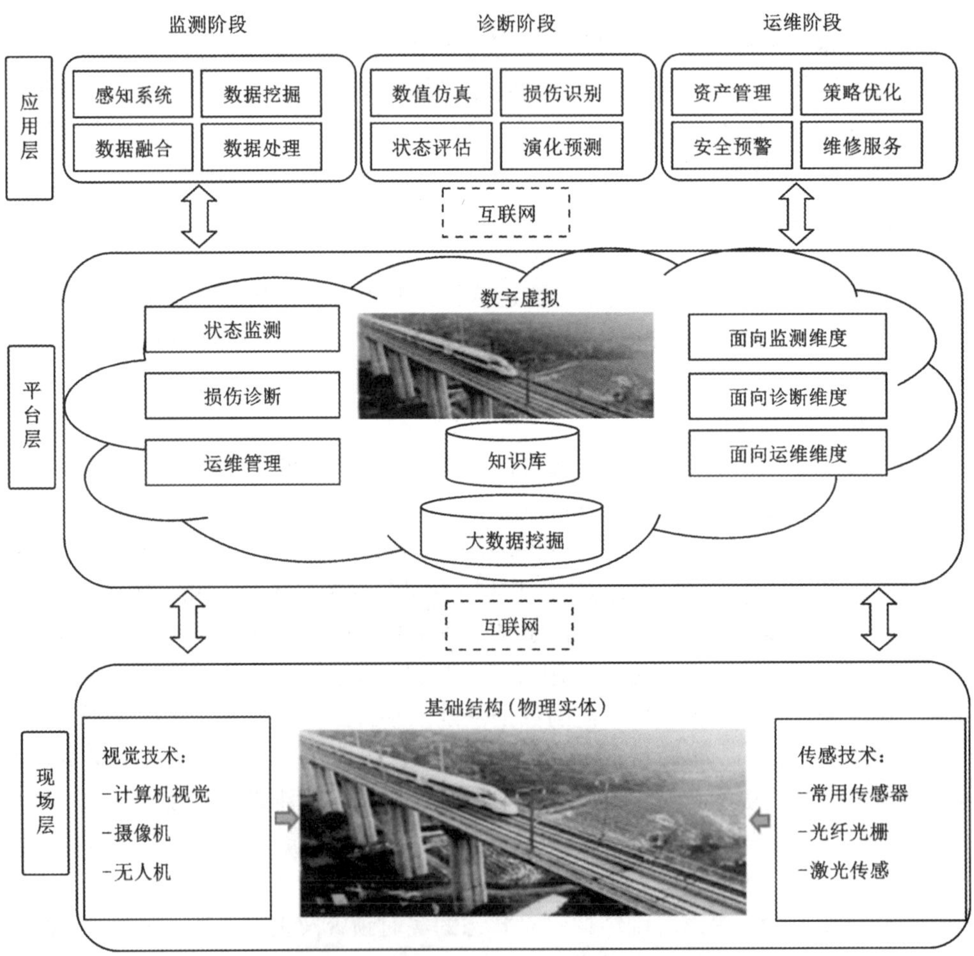

图 7-40　基于数字孪生的铁路智能运维技术框架

7.11.3　多学科融合促进传统土木行业升级

如前所示，智能的桥梁检测和维养技术，涉及声波、雷达、电磁、图像、激光等先进传感技术，需要相应的物理知识储备；也涉及人工智能及大数据、物联网、云计算、深度学习、数字孪生等新兴信息技术，需要相应的计算机知识储备。

先进传感技术和新兴信息技术融入传统的土木工程领域，对促进传统土木行业的升级具有重要的作用，同时也对土木行业的从业者带来了巨大的挑战。土木工程专业人员除了要掌握好传统的力学基础、结构设计原理知识、设计方法和施工技术，还需要储备更完善的物理知识并具备应用新兴计算机和信息技术的能力。

[**思政元素**] 与时俱进；交叉融合与升华

[**素材作者**] 黄天立

7.12　多维并进，推动桥梁强国建设

“科技强国”“民族复兴”等国家发展目标的实现，必须是科技先行。当下，全球的科技水平日新月异，我国的综合国力也蒸蒸日上，借此东风，应培育好桥梁建设中“科技”这第一生产力，推动桥梁强国建设，实现交通强国目标。

7.12.1　学科融合化

学科交叉、融合发展，推陈出新。改革开放以来，计算机计算、信息技术、传感计算、控制技术、网络技术、卫星定位技术、地球信息技术、遥感技术等先进技术以及生物医学和先进制造等学科与土木工程的融合发展，为基础设施建设业界带来了新气象：计算机辅助设计、生物仿真、结构拓扑优化、云计算、大数据学习、数字孪生、机器学习、数控加工、智能张拉与压浆、BIM、预警预报技术、智慧工地、少人化施工等，大大提高了桥梁的设计、建造和维养水平与能力，甚至发展出交通医学等新型学科，以改善从业人员和司乘人员的环境状态。

但在通往智慧交通、桥梁强国的发展道路上，进一步加强学科融合，还有很多事情需要勠力：

①科技强国，人才先行，人才是发展的根本抓手和动力。改造传统专业，设置新型工科专业，大量培养多学科交叉的复合型人才，这是大势之趋。

②2022 年国务院新闻办公室发布的《新时代的中国青年》白皮书介绍，2021 年，中国高等教育毛入学率达 57.8%、在学总规模达 4430 万人，居世界第一。而学科建设方面，先是学苏联，后是学欧美，建立具有中国特色、符合中国国情和发展需求的学科体制尚有待强化。

③学科交叉融合的学术团队建设、联合攻关项目有待强化。这些方面的短板严重制约了我国科技的发展，如拥有自主产权的专业软件开发，高端芯片、高尖控制技术研发，智能技术开发与应用等。

④面向新型学科领域的原创性尚不显著，大都处于跟跑状态，离首创、领跑尚有差距。

7.12.2 科技尖端化

新中国成立70多年来，面向基础建设的主战场，我国取得了丰富的科学研究成果，包括新材料、新结构、新工艺、新装备、新理论和新理念、标准体系等，并将其转化为工程建设的强大生产力，极大地推动了我国基础设施建设，但在如下领域尚大有作为：

①将在建桥梁计算在内，连续体系梁桥、拱桥、斜拉桥、悬索桥等典型大跨度桥型的跨度世界之最均在中国，占据了世界前十排行榜的半壁江山，实现了从追赶到超越的目标，下一阶段，将向传统桥式结构的极限跨度发起挑战。

②深水、高原高寒、大跨桥梁的成套建造技术有待深化，琼州海峡、渤海湾、台湾海峡以及西部山区的桥梁建造，需要新的技术支撑。

③全生命设计理念完善与应用，防灾减灾理论及控制技术研发与应用，类似无人驾驶的智慧施工装备以及一机多能的集成施工装配开发等大有可为。

④桥梁大数据、云计算系统有待建立健全，并从中挖掘科学规律。

⑤机器人作业仅在个别作业环境很差或难度很大的工序中应用，如水下开挖取土，人工智能的实际应用范围还很小。

⑥建设与运维过程中，节能、环保等绿色建造技术需要突破。

⑦基于传感设备、网络技术、桥梁有限元修正算法、桥梁状态评估理论和预警预报技术等学科交融，对桥梁赋予“智能”“智慧”，实现桥梁的“生命感知”，这类技术的研发和应用刚刚在个别大跨度桥梁启动，远未达到“设备长效、感知能力强大”的应用需求。

⑧各类地面交通若需全天候安全平稳运行，以满足人民对美好生活的需求，面向地震、台风、龙卷风、洪水、滑坡、泥石流等自然灾害的减灾防灾理论和技术需要更大的突破。

⑨新材料、新结构、新工艺、新装备、新理论和新理念永远在路上。

7.12.3 产业智能化

经过几代人的不懈努力，新中国成立后提出的标准化、机械化等建设目标现已基本实现，钢结构加工高度机械化和数控化、标准梁的制运架、轨道板等预制构件的工厂化流水作业、现场混凝土拌制、丰富多样的现代化工程机械等，都是该成果的具体表现。伴随科技发展，愿景更美好：

①桥墩、基础的装配式建造技术应用远不如梁部普及，大跨度混凝土桥梁、钢-混组合桥梁的装配建造技术应用潜力很大。

②构建营运桥梁智能检测、智能修复装备和团队，大幅度提升维养水平，为桥梁安全运营保驾护航。

③相对于20世纪，目前桥梁建造作业发展为少人状态，实现全自动、无人作业尚有很大的发展空间，也是我国人口红利逐渐散失的大势所趋。我国无人作业的集装箱码头已经建成，空间站在地面遥控下实现对接，展望未来，无人作业桥梁建造工地的画卷已经展开。

④CAD技术使尺规绘图、描图工退出了舞台，集卫星定位技术、地球信息技术、无人机技术、网络技术、图形识别等技术为一体的智能测量技术能否取代标尺、棱镜和测工？

⑤全天候的3D打印技术可否直接打印水下混凝土基础、混凝土桥墩、混凝土梁体和钢结构焊缝，从而彻底解放混凝土工、模板工和焊工？

⑥如同道路连接着每个小区和楼栋一样，用管线桥等新型桥梁结构连通千家万户，构建智慧交通网，基于大数据系统、智能车辆和智能调度，公交化的小型车辆可以随时到达家庭站台，彻底解决老百姓出行的“最后一公里”问题，并大幅度地提高产业集群建设。

7.12.4　管理智慧化

我国现阶段已经开始了智慧工地、智慧城市、智慧交通的建设，并取得了可喜的成就，随着“智慧”在桥梁建设中的应用，相应的管理理念和体系也亟待更新。

智慧管理是指发挥企业运用智慧的能力(包括建设能力、操作能力等)，对企业的智慧资源进行系统管理，以实现企业可持续发展的过程。智慧资源包括企业家特殊才能、高级技能人员经验、组织惯例和组织本能、产业链适应性资源、产品品牌价值等。智慧管理是一种新型管理模式，其过程包括战略决策、经营组织、内涵领导、智能控制等。现代化的生产车间中应用了智慧管理，但桥梁建造尚处于理论探索阶段，如下的两种模式分别代表了目前建设管理和运维管理中的最高管埋水平。

①智慧工地。智慧工地指运用信息化手段，通过三维设计平台对工程项目进行精确设计和施工模拟，围绕施工过程管理，建立互联协同、智能生产、科学管理的施工项目信息化生态圈，并将此数据在虚拟现实环境下与物联网采集到的工程信息进行数据挖掘分析，提供过程趋势预测及专家预案，实现工程施工可视化智能管理，以提高工程管理信息化水平，从而逐步实现绿色建造和生态建造，满足政府监督、集团管控及项目管理等需求。

目前，它仅为将人工智能、传感技术、虚拟现实(VR)等高科技技术植入建筑、机械、人员穿戴设施、场地进出关口等各类物体中，形成“物联网”，再与“互联网”整合在一起；或者基于BIM平台进行扩充，实现工程管理与工程施工现场的整合(图7-41)，如作业人员安全帽佩戴等着装问题、人员识别与到岗情况管理、基于BIM的进度可视化和信息管理、明烟明火检测等。

推进智慧工地建设是推动智能建造与建筑工业化协同发展的重要举措。智慧工地建设现在还处于探索阶段，相应法律法规、标准体系、关键核心技术、产业管理机制体制等方面仍有大量工作需要推进。

②服役桥梁智慧管理系统。服役桥梁智慧管理系统基于机器检测智能化、人工检测智能化、遥感监测智能化三位一体的数据收集智能体系，采集足够的桥梁动态数据，将这些数据传送至计算机数据统计分析中心，然后通过云计算、机器学习、大数据分析等人工智能手段，获得桥梁的实时运营状况，并及时将分析结果上传至智能管理系统平台，以便各级部门进行工作安排，有效开展桥梁后期养护维修处置工作，如我国青岛市建立的桥梁智慧管理系统(图7-42)。该系统目前处于应用起步阶段，但它可以利用有限的预算达到最好的养护效果，提高养护工作效率，降低养护成本，显著延长桥梁的使用寿命。

坐在空调房，喝着茗茶，看着屏幕，敲着键盘，下着指令，窗外，系列智慧装备正在忙碌着……一座座现代化桥梁拔地而起，这也许不是梦！

路漫漫其修远兮，吾将上下而求索。毛主席说，“世界是你们的，也是我们的，但是归根结底是你们的。你们青年人朝气蓬勃，正在兴旺时期，好像早晨八、九点钟的太阳。希望寄托在你们身上”。

到新中国成立100周年时，上述蓝图大都会变成现实。

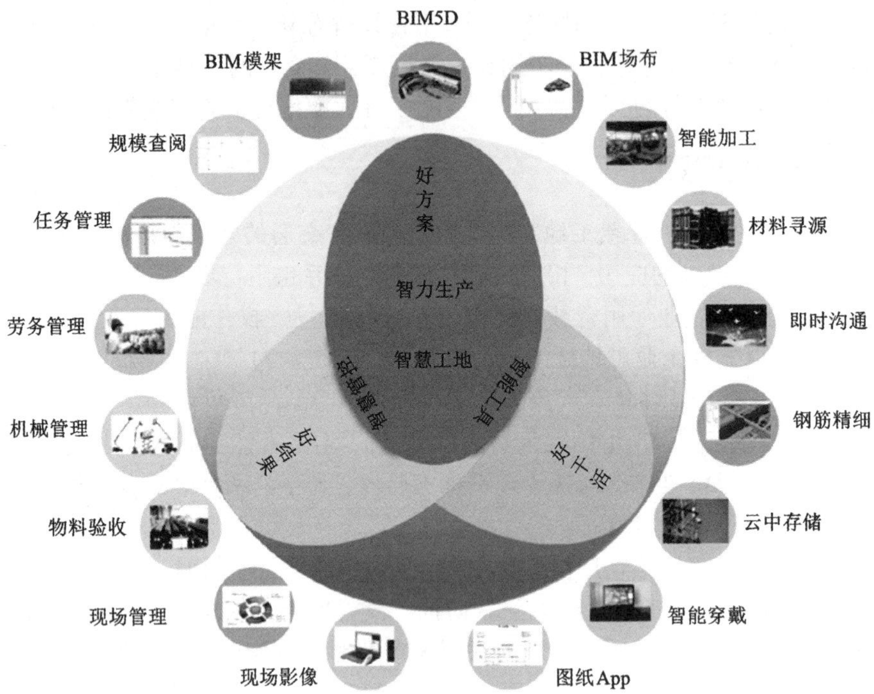

图 7-41　智慧工地管理内容架构

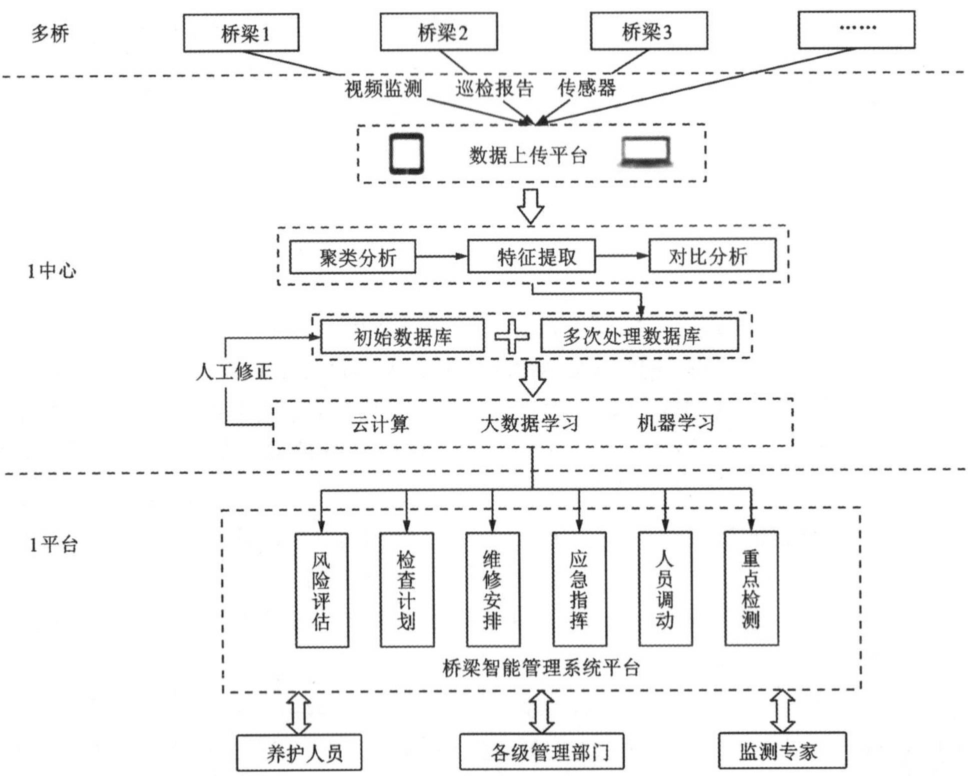

图 7-42　桥梁智慧管理系统架构

[思政元素] 助推桥梁强国建设；“希望寄托在你们身上”
[素材作者] 盛兴旺，杨孟刚

本篇参考文献

[1]盛兴旺，乔建东，杨孟刚等. 桥梁工程[M]. 2 版. 北京：中国铁道出版社有限公司，2020.
[2]李亚东. 桥梁工程概论[M]. 3 版. 成都：西南交通大学出版社，2014.
[3]高策，薛吉岗. 铁路桥梁结构设计规范由容许应力法转换为极限状态法的思考[J]. 铁道标准设计，2012(2)：41-45.
[4]周诗广，张玉玲. 我国铁路工程结构设计方法转轨的认识与思考[J]. 铁道经济研究，2011(3)：27-32.
[5]戴公连，于向东. 桥梁文化与创新[M]. 长沙：中南大学出版社，2014.
[6]王应良，高宗余. 欧美桥梁设计思想[M]. 北京：中国铁道出版社，2008.
[7]和丕壮. 桥梁美学[M]. 北京：人民交通出版社，1999.
[8]盛洪飞. 桥梁建筑美学[M]. 北京：人民交通出版社，2009.
[9]项海帆，肖汝诚，徐利平. 桥梁概念设计[M]. 北京：人民交通出版社，2011.
[10]宋晖，刘锡明. 泉州湾跨海大桥总体设计与技术创新[J]. 福建交通科技，2012(4)：54-58.
[11]李家全. 京广—沪蓉长江铁路交叉枢纽武汉鹦鹉洲大桥构想——兼与天兴洲大桥之比较[J]. 装备维修技术，2000(3)：53-54.
[12]陈述，胡勇. 武汉鹦鹉洲大桥桥位选择与孔跨布设[C]. 第二十届全国桥梁学术会议论文集(上册)，2012：162-168.
[13]盛黎明，邓运清. 中国铁路预制梁[M]. 北京：中国铁道出版社有限公司，2020.
[14]邵长宇. 梁式组合结构桥梁[M]. 北京：中国建筑工业出版社，2014.
[15]孟凡超，金秀男. 装配化工字组合梁设计[M]. 北京：人民交通出版社股份有限公司，2021.
[16]Loannis V，Aristidis L. 钢-混组合桥梁设计(欧洲规范)[M]. 冯海江，等译. 北京：科学出版社，2019.
[17]David Thompson. 铁路噪声与振动-机理、模型和控制方法 [M]. 北京：科学出版社，2015.
[18]康健. 城市声环境导论 [M]. 北京：科学出版社，2015.
[19]韩方，陈兴长，孙聿卿，等. 川藏公路北线泥石流特征及其防治措施研究[J]. 人民长江，2022，53(7)：20-26.
[20]王强. 泥石流威胁区高速公路优化布设与灾害防治研究[D]. 重庆：重庆交通大学，2017.
[21]杨剑，黄天立，李玲瑶，等. 桥梁建造与维养[M]. 北京：中国铁道出版社有限公司，2023.
[22]钟继卫，王波，王翔，等. 桥梁智能检测技术研究与应用[J]. 桥梁建设，2019，49(S1)：1-6.
[23]陈华鹏，鹿守山，雷晓燕，等. 数字孪生研究进展及在铁路智能运维中的应用[J]. 华东交通大学学报，2021，38(4)：27-44.
[24]王建，王翔，周智敏. 微型桥梁索力测量毫米波雷达[J]. 国防科技大学学报，2022，44(2)：118-122.
[25]温巍，罗超刚，邱健. BIM 技术在道路桥梁工程实践课程中的应用[J]. 中阿科技论坛，2021(6)：182-184.
[26]张翔，连飞，王同民，等. BIM+互联网技术在鳊鱼洲长江大桥施工中的应用[J]. 铁路技术创新，2020(3)：70-75.
[27]王宏坤，刘锦军，张义桂，等. 南京长江大桥维修改造 BIM 智能管理系统[J]. 公路，2020，65(11)：361-365.
[28]罗利，袁弘毅，李岩松，等. 基于 BIM 技术的市政工程智慧建造技术研究[J]. 四川建筑，2021，41(6)：274-277.

[29]洪森. 机械自动化在桥梁施工中的应用[J]. 四川水泥, 2019(4): 46.
[30]杨扬, 王连发, 张宇峰. 无人机桥梁检测技术进展与瓶颈问题分析[J]. 现代交通技术, 2020, 17(4): 27-32.
[31]王海波, 勾红叶, 韩冰, 等. 用于正交异性面板疲劳裂纹检测的装置及其使用方法: CN201911190522.1[P]. 2020-02-21.
[32]何志文, 赵新铭, 叶宇霄, 等. 基于BOTDA的混凝土管双裂缝监测试验研究[J]. 混凝土与水泥制品, 2020(7): 43-46.
[33]杨颖, 李坤, 王银广. 基于模拟退火算法的BP神经网络在桥梁智能养护中的应用[J]. 智能城市, 2020, 6(21): 12-13.
[34]刘纪平, 刘猛猛, 徐胜华, 等. 大数据时代下的一体化综合减灾技术综述[J]. 武汉大学学报(信息科学版), 2020, 45(8): 1107-1116.
[35]苏延文, 颜永逸, 曾永平, 等. 复杂山区铁路大跨桥梁施工大风监测预警技术[J]. 铁道标准设计, 2020, 64(S1): 204-207.
[36]赵天祺, 勾红叶, 陈萱颖, 等. 桥梁信息化及智能桥梁2020年度研究进展[J]. 土木与环境工程学报(中英文), 2021, 43(S1): 268-279.
[37]刘守宇, 宋海港, 周亮等. 基于BIM+智慧工地精细化协同管理平台架构[J]. 重庆建筑, 2022, 21(3): 23-25.
[38]谭甲凯, 吕明航, 刘畅, 等. 基于大数据的青岛市混凝土桥梁智慧管理系统设计研发[J]. 北方交通, 2022(10): 77-80.

附录

中南大学桥梁工程系开设的中文课程一览表

序号	课程名称	授课对象	课程性质
1	土木工程概论	本科，新生课程	必修
2	混凝土结构设计原理	本科	必修
3	钢结构设计原理	本科	必修
4	土木工程施工技术	本科	必修
5	混凝土桥	本科，桥梁方向	专业必修
6	钢桥	本科，桥梁方向	专业必修
7	桥涵水文	本科，桥梁方向	专业必修
8	桥梁工程	本科，非桥梁方向	选修
9	诗话桥	本科	选修
10	桥梁建造与维养	本科	选修
11	桥梁文化与创新	本科	选修
12	桥梁振动	本科	选修
13	高等预应力技术	本科	选修
14	实践环节课程	本科	必修
15	土木工程前沿	研究生	必修
16	结构动力学	研究生	选修
17	结构稳定理论	研究生	选修
18	桥梁抗震	研究生	专业选修
19	桥梁风工程	研究生	专业选修
20	大跨度桥梁设计理论	研究生	专业选修

注：

（1）实践环节课程包括混凝土结构设计原理、钢结构设计原理、混凝土桥、钢桥的课程设计，以及桥梁认识实习、桥梁生产实习和桥梁毕业设计。

（2）课程 1、4 和 15：仅承担桥梁部分内容。

图书在版编目(CIP)数据

架起中国桥：桥梁工程专业课程教学素材集 / 中南大学桥梁工程系编著. —长沙：中南大学出版社，2023.3

ISBN 978-7-5487-5286-8

Ⅰ. ①架… Ⅱ. ①中… Ⅲ. ①桥梁工程—高等学校—教学参考资料 Ⅳ. ①U44

中国国家版本馆 CIP 数据核字(2023)第 038254 号

架起中国桥——桥梁工程专业课程教学素材集

中南大学桥梁工程系　编著

□**出 版 人**　吴湘华
□**责任编辑**　刘颖维
□**封面设计**　李芳丽
□**责任印制**　李月腾
□**出版发行**　中南大学出版社
社址：长沙市麓山南路　　邮编：410083
发行科电话：0731-88876770　　传真：0731-88710482
□**印　　装**　湖南省众鑫印务有限公司

□**开　　本**　787 mm×1092 mm 1/16　□**印张** 24.75　□**字数** 610 千字
□**版　　次**　2023 年 3 月第 1 版　□**印次** 2023 年 3 月第 1 次印刷
□**书　　号**　ISBN 978-7-5487-5286-8
□**定　　价**　59.00 元

图书出现印装问题，请与经销商调换